哈佛给学生做的
1500个思维游戏

黎娜 主编

中国华侨出版社
·北京·

图书在版编目（CIP）数据

哈佛给学生做的 1500 个思维游戏 / 黎娜主编 . —北京：中国华侨出版社，2014.5（2024.1 重印）

ISBN 978-7-5113-4600-1

Ⅰ . ①哈… Ⅱ . ①黎… Ⅲ . ①智力游戏—青少年读物 Ⅳ . ① G898.2

中国版本图书馆 CIP 数据核字（2014）第 094778 号

哈佛给学生做的 1500 个思维游戏

主　　编：黎　娜
责任编辑：唐崇杰
封面设计：冬　凡
美术编辑：李梦婷
经　　销：新华书店
开　　本：720mm×1020mm　1/16 开　印张：34　字数：700 千字
印　　刷：三河市兴博印务有限公司
版　　次：2014 年 7 月第 1 版
印　　次：2024 年 1 月第 6 次印刷
书　　号：ISBN 978-7-5113-4600-1
定　　价：78.00 元

中国华侨出版社　北京市朝阳区西坝河东里 77 号楼底商 5 号　邮编：100028
发 行 部：（010）88893001　传　　真：（010）62707370
网　　址：www.oveaschin.com　E－m a i l：oveaschin@sina.com

如果发现印装质量问题，影响阅读，请与印刷厂联系调换。

前言

Preface

　　创立于 1636 年的美国哈佛大学，被誉为高等学府王冠上的宝石。无论是学校的名气、设备、教授阵容、还是学生的综合素质，都堪称世界一流。300 多年间，哈佛大学先后培养出 8 位总统、40 位诺贝尔奖获得者、32 位普利策奖获得者，以及数以百计的财富精英，为商界、政界、学术界及科学界贡献了无数成功人士和时代巨子。

　　正如哈佛大学第 21 任校长艾略特所言："人类的希望取决于那些知识先驱者的思维，他们所思考的事情可能超过一般人几年、几代人甚至几个世纪。"具有超常思维能力的人，到哪里都是卓尔不群的人，他们办事更高效，行动更果敢，更容易获得成功。对于哈佛大学这样的百年世界名校来说，培养青年学子的超常思维能力，其重要性远排在教授具体的知识技能之前。

　　人的一生可以通过学习来获取知识，但思维训练从来都不是一件简单容易的事，作为一种能"使思维流动的活动"思维游戏无疑是一种训练思维的有效方式，它不但能够帮助发掘个人潜能，而且能使人感到愉快。本书将向你展示哈佛大学是通过何种途径挖掘学生的大脑潜能，培养各种思维能力的。

　　书中的 1500 个思维游戏是哈佛大学为训练学生思维专门设计的，从缜密思维、发散思维、创新思维、逻辑思维、综合思维等方面出发，锻炼游戏者综合运用逻辑学、运筹学、心理学和概率论等多种知识的能力，兼具挑战性、趣味性与科学性。游戏内容丰富，形式活泼，难易有度，有看似复杂但却非常简单的推理问题，有让人迷惑不解的图形难题，有运用算术技巧以及常识解决的纵横谜题等。其中形象思维类游戏需要你调动敏锐的洞察力，一眼发现事物的关键点；逻辑思维类游戏需要你以已有的事实为起点，沿着归一或单一的方向进行推导；立体思维类游戏将帮助你培养结构化智能；创新思维类游戏需要你打破思维的枷锁；数字思维类游戏需要你通过数学运算，按照特定的规则找到答案；发散思维类游戏将提高你神经系统的活跃性；综合思维类游戏需要你同时调动分析与综合、抽象与概括、联想与猜想等思维能力。这些浓缩哈佛大学思维训练精华的游戏，将使你在享受乐趣的同时，发掘你的大脑潜能，让你越玩越聪明，越玩越成功。

　　本书虽是一本游戏书，但却不是一本简单的娱乐书，书中的游戏富有思维训练的张力，无论孩子、大人、或是学生、上班族、管理者，甚至高智商的天才们，都能在此找到适合自己的题目。

　　本书首先想献给千千万万热爱思维游戏的读者朋友们：这是一本思维游戏玩家必备的工具书，让你在享受乐趣的同时带动思维高速运转。

　　本书还想献给那些喜欢不断挑战自我的读者朋友们：书中的思维游戏具有极大的挑战性，

一次次挑战成功，就是一次次超越；一次次破解，就是一次次创新。

　　本书同样想献给那些渴望进入世界著名大学的莘莘学子们：和聪明的人玩同样的思维游戏，一起思考，掌握有效的思维方法，提升思维的敏捷性、深刻性、灵活性和解决问题的能力，帮助你迈入梦寐以求的世界名校。

　　本书最想献给天底下所有望子成龙的家长们：这是一部具有"魔法"的游戏书，能帮助孩子开启智慧，发掘潜在的天赋，提高思维能力，培养学习兴趣、激发求知欲。

　　本书也想献给那些渴望开拓学生思维、提升教学水平的老师：用哈佛大学的理念帮助你提高学生的智力，开拓学生的思维，提升学生的综合能力，培养优秀的学生。

目录
Contents

第 1 章　形象思维游戏

第2章 逻辑思维游戏

第 3 章　立体思维游戏

第 4 章　创新思维游戏

第 5 章 数字思维游戏

第 6 章　发散思维游戏

第 7 章　综合思维游戏

第 1 章

形象思维游戏

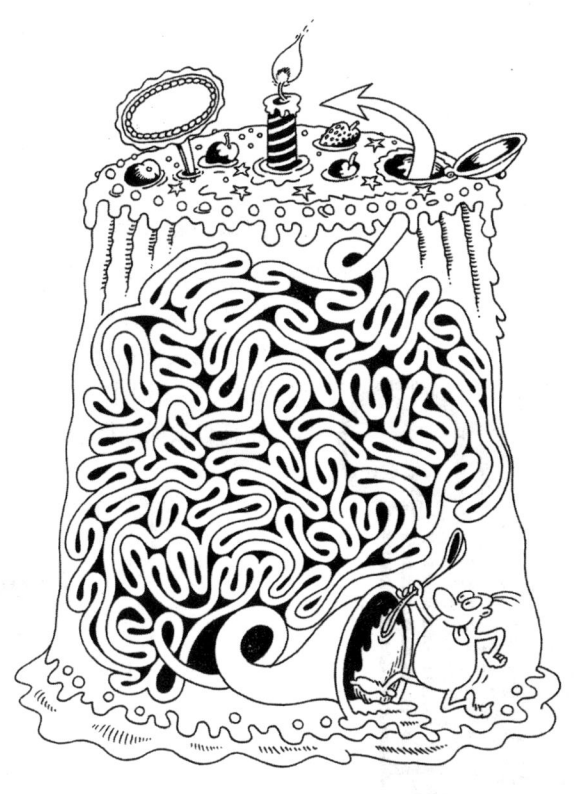

001. 特雷瓦路斯与电视机

天啦,特雷瓦路斯已经把电视机吞掉了。现在,请给这幅图画着色,找出通往电视机的路线。

002. 骑士与财宝

这 6 个英勇的骑士中,只有 1 个能最终到达藏有财宝的地方,你猜是哪个呢?

003. 风筝

下图就是著名的"风筝思维游戏"。要做这个游戏,你得先画 1 个风筝。然后画 1 条线把风筝连接起来,但是必须 1 步完成(即用 1 条线连续画出)。线与线之间不能交叉,也不能重复出现。你必须从线团开始画,然后到风筝的正中央结束。

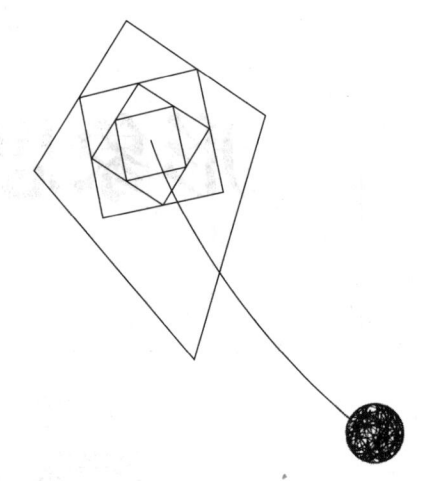

004. 冰激凌棒与樱桃

我们用 4 根冰激凌棒做 1 个带柄的高玻璃杯,杯中涂色的圆圈是 1 个多汁的樱桃。你要把樱桃从杯子里拿出来,但是只能移动其中的 2 根木棒的位置。你不能把樱桃拿走,而且必须保证杯子的形状不变。

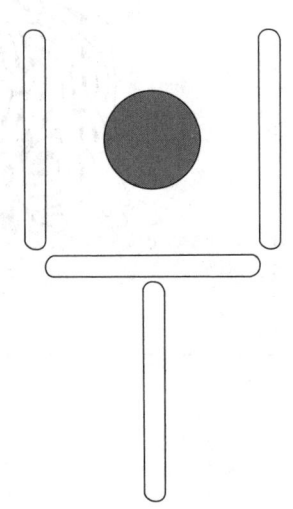

005. 牙签与金枪鱼

将8根牙签按照图中所示的样子摆放。再把1个纽扣当做眼睛放在方框内。

这时，突然我们的"牙签"金枪鱼看见了1条鲨鱼！它必须转身逃命。你能否将3根牙签和纽扣移动一下位置，使金枪鱼转到左边呢？

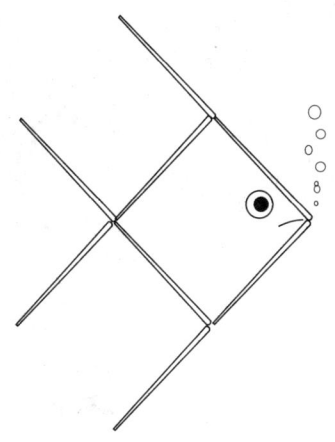

006. 小蚂蚁妮娜

小蚂蚁妮娜得赶快上岸，快来帮帮她吧，不然的话她就要被河水冲走了。

007. 邮票与十字形

这里有6张来自世界各国的不同邮票，

问题是如何将这些邮票摆成1个十字形。并且，要保证十字架的每条线都有4张邮票。

008. 印第安箭头

有1种办法可以只通过移动位置就能将这4支印第安箭头变成5支。你有什么好办法来解决这个难题，请想一想。

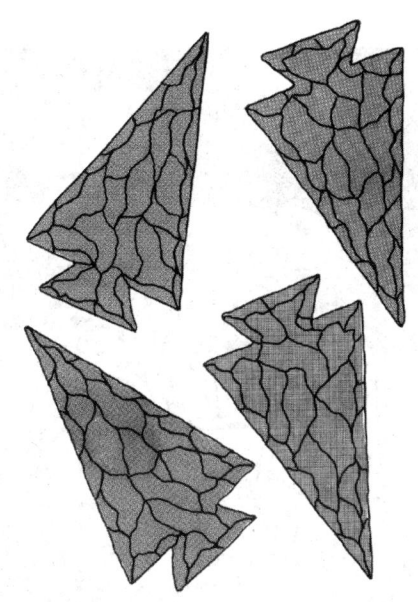

009. 餐叉

我们的好朋友刚刚不小心在吃饭的时候

吞下了 1 把餐叉，你要赶快帮它找出来呀！

010. 小行星与宇航员

请你帮助站在小行星外面的宇航员进去与他的朋友会合，他的朋友刚刚发现了一些令人惊奇的事物。

011. 乌贼与锚

是哪只乌贼把锚绞住了呢？

012. 寻找公主

走哪条路才能与公主会面呢？

013. 魔鬼迷宫

你能以最快的速度走出这个迷宫吗？

014. 巡逻

在世纪之交，奥拉夫·安德森成为 1 名小城市的警察。他的任务是巡逻这个城市的 6 个正方形街区。作为 1 个尽职尽责的警察，他希望在巡逻时找出 1 条可以 1 次把所有街区都巡视完的路线。答案中已经给出了他所制定的路线，我们认为那可能是最好的路线。但是，或许也有 1 条更便捷的路线，所以在查看答案之前请你来试一试。

015. 园丁与树叶

请帮助园丁找到最后 1 片树叶。

016. 木匠与钉子

这个游戏来自 1 位老木匠。你必须重新排列这 6 根钉子，并使它们彼此相接触。这个游戏看似简单，但是要注意：也许你在放弃之前就已经"结束"自己的尝试了。

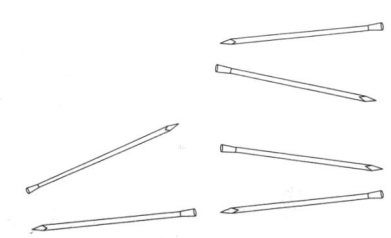

017. 老鼠迪克

老鼠迪克怎样才能吃到奶酪呢？

018. 烟雾通道

请帮助 2 位研究员找到烟雾的通道。

019. 宝石徽章

思维游戏起源于 3000 多年前的尼罗河流域。这里，我们关注的是那些石匠们正在抛光的智慧之神斯塔姆尤莫斯特的头像。他的头盔上的徽章就是有记载的最早的直线思维游戏。要解决这个题，你必须用 1 笔把这个饰有宝石的徽章画下来。在画的过程中，你既不可以把铅笔从纸上抬起来，也不可以使线条交叉在一起。

020. 密室里的手稿

探险者要找到藏在密室里的手稿，密室四周是走廊迷宫，现在他显然需要你的帮助。

021. 旋转盘子

图中所示的那个人正是 19 世纪 90 年代著名的盘子旋转大师约翰·马斯基林。他可以同时使 6 个盘子和 1 个脸盆旋转 5 分多钟。现在，他有 1 个关于盘子的游戏等着你。他向你提出挑战：看谁能将盘子的中心点稳稳当当地放在针尖上，而这根针插在瓶口的瓶塞上。你可以利用 4 个叉子和 2 个瓶塞来完成这个看似不可能完成的表演。如果你能够正确使用，你就可以与马斯基林先生不相上下。把盘子平稳地放在针尖上后，就可以开始旋转这个盘子了。

022. 火柴游戏

阿布丝诺·隆戈兹是火柴游戏的改进者，现在他又开始玩这个游戏了。那么，你可以在可怜的贝提伯尔尼先生掏钱包之前完成这个思维游戏吗？

午餐真是好极了，贝提伯尔尼先生。那么，我们来打个赌看谁付账，好吗？我敢打赌你不可能在桌子上把 15 根火柴摆成 8 个大小完全相同的正方形。所有的火柴都不可以重叠或者折断，同时，正方形里面不允许存在别的正方形。

023. 被人遗忘的宝藏

这是 1 个被人遗忘的巨大宝藏，帮帮诺罗斯老师吧，别让他迷路了。

024. 圣诞老人

圣诞老人走的是几号通道啊？

025. 逃生通道

太幸运了，小蚂蚁妮娜还有 1 条逃生的通道，但是千万不要搞错了呀！

026. 塔

注意不要走得太快，以免从塔上掉下来！

027. 狼牙棒

从蛇或者从大象开始，看看是谁拿着巨大的狼牙棒。

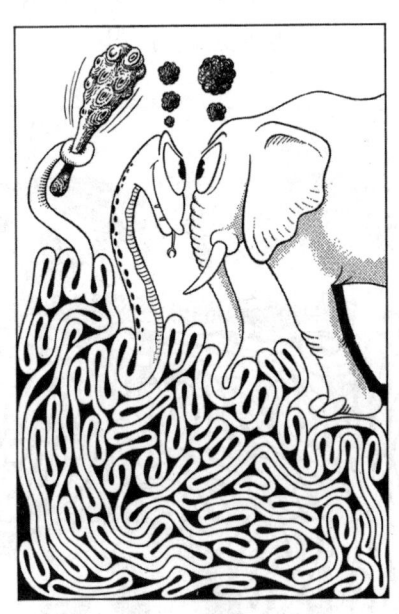

028. 卡特尔·凯特

按照过去的观念，卡特尔·凯特称得上

是位高人。她使用 6 发装左轮手枪的本领堪称传奇，这里我们看到的是她如何打赌取胜的。她说她可以在扭转头的同时往墙上射 12 颗子弹，这 12 个弹孔排列成 7 行，每行 4 个弹孔；当然，某些弹孔将同时存在于多个行列。钢琴师萨姆一点儿也不担心。那么，你认为弹孔在墙上是如何排列的呢？

029. 法老

法老要怎样才能走出金字塔呢？快来帮帮他吧！

030. 蛋糕上的蜡烛

你能吹灭蛋糕上的蜡烛吗？

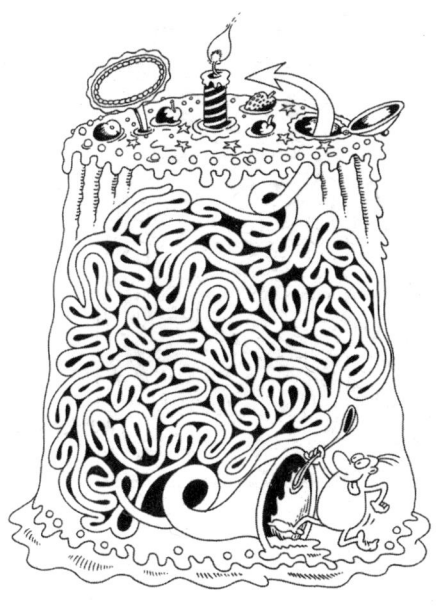

031.3 个海盗

这 3 个海盗谁能最先找到财宝呢？

032. 数字 4

到达数字 4 的最好的线路是哪条呢？

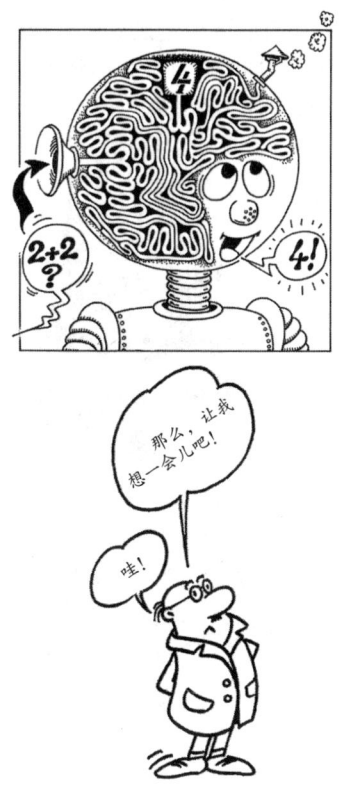

033. 电动汽车

这辆电动汽车的插头是哪个？

034 岗哨

下图是山上城堡的布局图。城堡各个岗哨都用字母标注出来了，从图中可以看出所有的岗哨都与通道相连接。如果警察想 1 次检查完所有的岗哨并且最终回到出发点的话，那么，应该走什么路线呢？

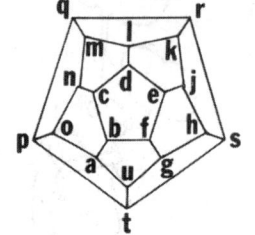

035. 水下基地

在火山岛上，隐藏着 1 个秘密的水下基地，你需要找到正确的通道，直接下到藏有潜艇的地方，一定要注意陷阱哦。

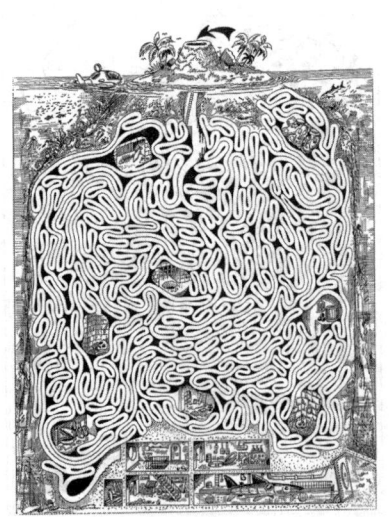

036. 蛇的尾巴

是哪条蛇的尾巴从罐子里伸出来了？

037. 热狗

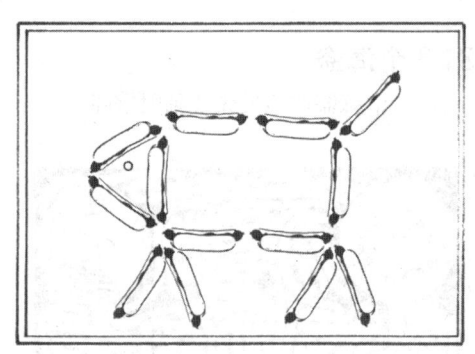

你好，孩子们，这次我给你们带来另外 1 个莫尔博斯难题。我已经把 13 根热狗摆成了 1 只面朝西的狗。那么，你们能不能只移动其中的两根热狗，使这只狗面朝东呢？那只狗的尾巴要保持向上翘。它的眼睛是 1 枚硬币，你可以自由移动。谁先做出谁就会得到涂了芥末酱的莫尔博斯热狗！

038.2 个金字塔

请找出连接着 2 个金字塔的秘密通道。

039.5 个三角形

昨晚的作业中有 1 道几何难题。要求是从下图中去掉 4 条短线，这样，只剩下 5 个三角形。你如何解决这个问题呢？

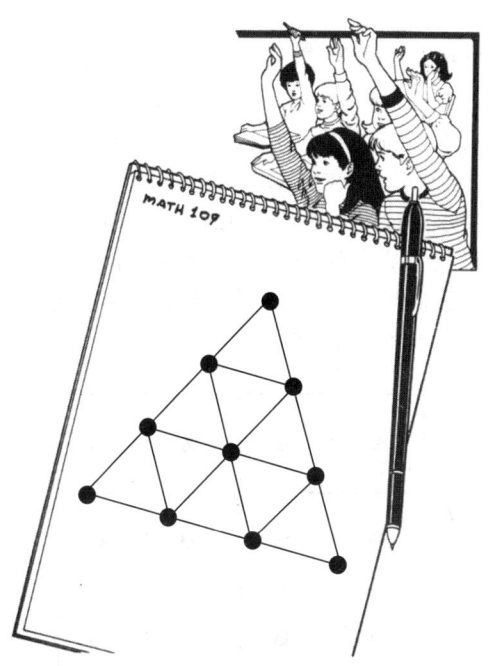

040. 地心旅游

轮到你投入到这次新奇的历险中了，作家儒勒·凡尔纳想象出来的地心旅游。

041. 沙滩假期

阿莫斯·埃德哈根想要 1 笔画出下图的图案，每部分的线条彼此不能交叉。

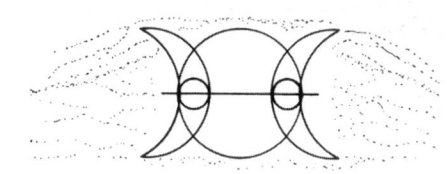

042. 美味的种子

迪克先生在家里准备了美味的种子，等待着以前和它住在一起的老朋友，但是，它的朋友忘了应该走哪条路。快帮帮它吧！

043. 毛毛虫尼鲁

毛毛虫尼鲁要怎样才能到达它的好朋友约克的家呢?

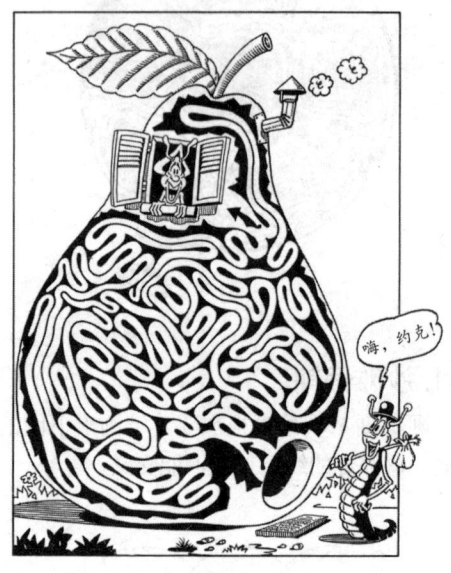

044. 古董

亚历克斯·莫卡托是无新古董市场的所有者。上个月他出乎意料地在思维游戏大会上获胜,而他现在正在兴致勃勃地浏览这一新闻。他向比赛的裁判员提出挑战,看谁能把他带来的 17 件古董分 4 行放在地上,而且每行都有 5 件古董。那么,你能完成那些著名裁判员都无法完成的任务吗?

045. 黑色幽灵

帮帮诺罗斯老师找出神秘的黑色幽灵的藏身之处吧。

046. 方格与圆点

按下图的样子,在纸上画 1 个方格,分成 16 个正方形,然后在每个正方形的中间点 1 个圆点。现在解答题:请设法画出 6 条直线,要求经过每个正方形中的圆点,但是在画的过程中铅笔不可以从纸上抬起。提示:其中有 2 个圆点要经过 2 次;而且,第 1 笔要从这个方格外面开始。

047. 奇幻屋

　　如果被关在这个迷宫里就太糟了！快来帮帮这两兄弟找到正确的路吧。

048. 晚餐

　　下面的 2 幅图中一共有 7 处不同，你能找出来吗？

049. 老鼠造反

　　老鼠造反啦。这 2 幅图中有 7 处不同，请把它们找出来。

050. 香茶公司的标志

　　下面站着的那个人是余武陵，他是著名的香茶出口公司的广告经理人。他胳膊下面夹的是公司的标志——1 个内有十字的正方形，表示整个世界。许多年前，余武陵根据这个标志想出来 1 道题。他说他可以用 1 把东方的喷水刷子在纸上把这个标志画出来，而且前提是笔不离纸、线不重复。那么，你知道他是如何做到的吗？

051. 地毯

阿布杜是个地毯商，现在他遇到了 1 个大麻烦。他必须在太阳落山之前把 1 个边长为 10 米的正方形地毯交给 1 位十分富裕的客户。他在仓库里找出 1 个长 12 米宽 9 米的地毯，他打算用这个地毯来做客户所要的地毯。可是，当他展开这个地毯时，发现中间被剪掉了 1 块，被剪掉的部分长 8 米宽 1 米。然而，老练的阿布杜却很快想出 1 个办法，他把剩下的地毯剪成了两块，然后再缝在一起，这样便做出一整块边长为 10 米的正方形地毯。那么，他是怎么做的呢？

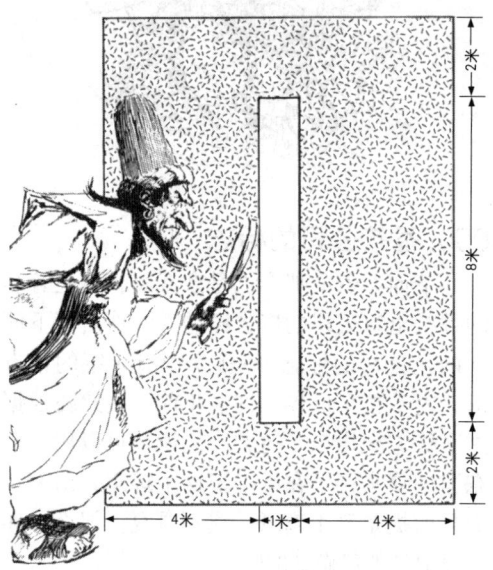

052. 5 对圆点

这个题虽然很古老，但是很有趣。在下边的格子上有 5 对圆点，分别标着 A 至 E 这几个字母。请将各对字母相连：A 与 A，B 与 B，C 与 C，D 与 D，E 与 E。你必须沿着格子上的直线连线，彼此路线不能相交或者重叠。

053. 碰碰车

这 2 个碰碰车长得非常像，不过它们还是有 7 处不同，你能找出它们的不同吗？

054. 跳房子

下面是 19 世纪年轻人在消磨时间时所玩的跳房子游戏。在跳房子游戏中其中有 1 种是"难题型"的跳房子游戏。这个题要求你用 1 笔把这个跳房子的轮廓画出来，但前提是笔不离纸、线不重叠。同时，任何部分也不可以重复。

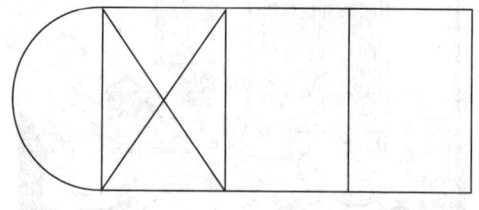

055. 飞机旅行

下面的 2 幅图中共有 10 处不同，请把它们找出来。

056. 不同的小丑

这 2 个小丑有 7 处不同，请把它们找出来。

057. 不同的机器人

这 2 个机器人有 7 处不同，把它们找出来。

058. 12 个黑色圆点

下图均匀地分布着 12 个黑色圆点，如果利用任意 4 个圆点作为长方形的顶点（角），那么，你能否计算出有多少个长方形呢？记住，正方形也看做是长方形。

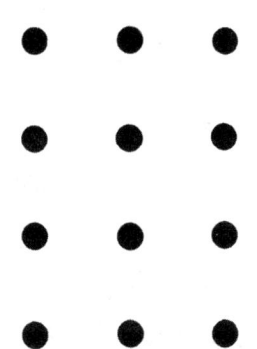

059. 冰上垂钓

这 2 幅图中有 7 处不同，你能找出来吗？

060. 潜水艇拦截网

现在，你要把图中的网由上而下剪成两部分，但是要用最少的次数。在你剪的过程中，不可以把网的节点剪断。请你找出最佳位置并开始剪。

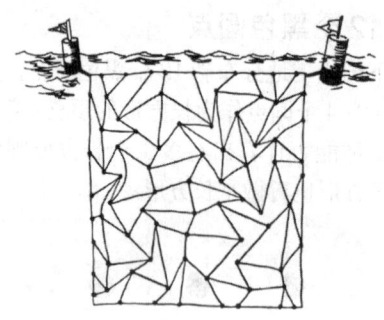

063. 海盗与宝藏

用线把 1 ~ 93 号点连起来，出现在你面前的会是什么呢?

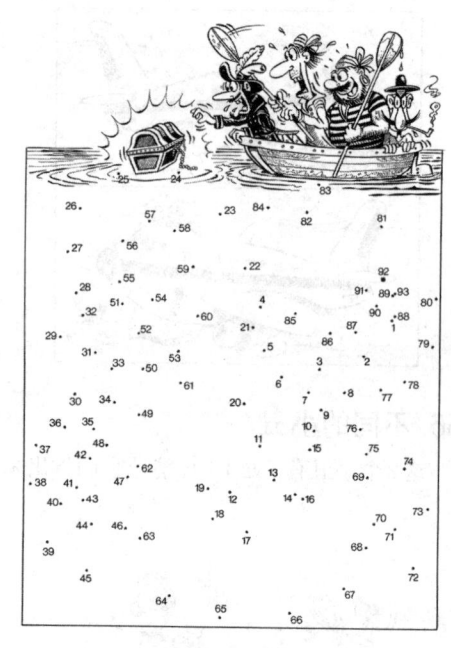

061. 海底世界

这 2 幅图中有 10 处不同, 你能找出来吗?

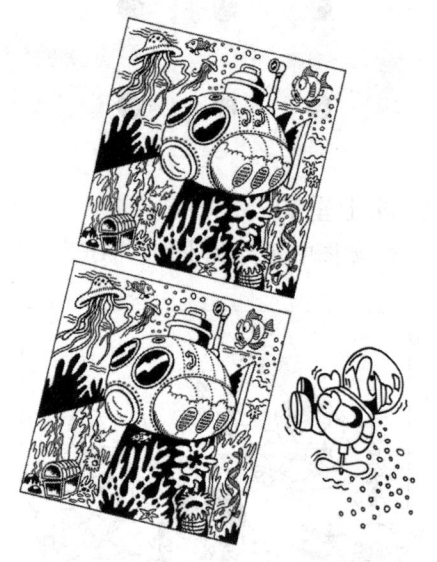

064. 神庙

公元前 1480 年，埃及斯塔姆尤莫斯特神庙刚刚建成。在神庙入口旁边的雕刻是最早有记载的思维游戏。问题是要将这个有 20 条边的图形切成 4 块儿，而且每块儿的大小形状都相同，同时，这 4 部分可以拼成 1 个完整的正方形。

062. 捕捉蝴蝶的小丑

这 2 个正在捕捉蝴蝶的小丑有 7 处不同, 你能找出来吗?

065. 铜锣的秘密

这名罗马士兵不幸落入敌人手中。如果他无法解开这个铜锣的秘密，那么，他将成为太阳神的祭品。

你能在铜锣上直切两下，把它分成至少 5 块儿吗？但是，在切第 2 下时，不可以把一块儿放在另一块儿上。

066. 幽灵

用线把 1 ~ 49 号点连起来，你看见什么？

067. 恐龙

这好吃的食物是给谁的呢？嗯，用线把 1 ~ 97 号点连起来吧。

068. 汽水吸管

特雷塔尔·本特利这次想出来 1 个好主意。他在桌上摆了 24 根汽水吸管（如下图所示），这样，便组成了 9 个小方块儿。首先，他拿走 4 根吸管，桌上剩下了 5 个小方块儿；把吸管重新放好，这次拿走 6 根吸管，桌上剩下 5 个小方块儿；再一次把吸管放好，这次拿走 8 根吸管，桌上还是剩下 5 个小方块儿！他是怎么做的呢？每个方块的每条边都要有 1 根吸管。

喂，你们来得正好。我刚刚被特雷塔尔的这个汽水吸管思维游戏给难住了。你们能帮我一把吗？

069. 飞行计划

在离开北极之前，圣诞老人停下来制定到城镇——欢乐谷的飞行计划。欢乐谷共有 64 个家庭，它们的分布位置如下图所示。每个家庭都在他的计划名单上。圣诞老人想从塔克家开始，到维卡家结束。在这个过程中，他的前进路线需要保持直线，按照水平或者垂直方向在家与家之间飞行；但是，不能重复走过的路线。那么，你能否只用 21 条直线就可以帮圣诞老人把飞行计划画出来呢？

070. 长颈鹿

为了看到完整的画面，请你把 1 ～ 85 号点用线连接起来。

071. 管式电车

这里我们看到的是赫尔曼·贾泽尔，他正驾驶他那引人注目的贾泽尔管式电车穿过纽约有 100 年历史的河流，在水涨上来之前希望他可以穿过那里。当人们把他的电车用船从他在欧立斯康尼的工厂运出来时，大家就造了 1 个特殊的盒子把它装了起来。这个盒子有 14 个角、21 个边。那么，你能计算出这个盒子有多少个面吗？

072. 电视天线

巴罗·威盖特退休后便搬到了山区，他确信他的电视天线大得足够可以接收到他喜欢看的节目。那么，你能否用 1 笔将这个天线画出来？前提是直线不能在任意点交叉或者与已画直线重复。

073. 蜗牛

为了看到整幅图，请你把 1～29 号点用线连起来。

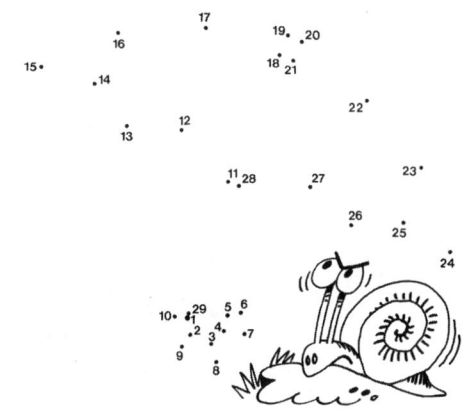

074. 巫师梅林

古代巫师梅林为你准备了 1 个有趣的问题。布置 5 行圆点，每行各有 5 个。现在，设法用 1 笔将圆点连成 1 个希腊十字架。完成的时候，十字架的外面应该有 8 个圆点，而里面则有 5 个圆点（十字架的架臂长度都相等）。

075. 卡拉培尔思维游戏

卡拉培尔又迎来了思维游戏展览会，所有的商人都用思维游戏装饰自己的销售窗口。迪利·托诺尔是提沃利市迪利·托诺尔玩具店的老板，今年她想出来 1 个很好的题目。她用儿童玩具做了 1 个由 9 个大小相同的三角形组成的金字塔。如果你想进入最后决赛，你必须使这个金字塔在移走 4 根梁之后留下 5 个相同大小的三角形。那么，你有没有兴趣参加这个比赛呢？

076. 受惊吓的迪克

用线把 1～51 号点连起来，你会看见什么呢？

077. 杜德尼线条画

078. 烟

这些烟都是从哪里来的呢？把上面 1 ～ 95 号点用线连接起来，你就知道了。

079. 太妃糖

莫尔博斯太太代售各种好吃的东西，也包括糖果。近来，她的生意肯定不错。她在这里为你准备的是 1 个有关糖果的题。如果你想免费品尝太妃糖，你需要把 21 块儿糖排成 9 条直线，每条直线上有 5 块儿。当然，每块儿糖不止在 1 条直线上。

080. 木马计

请你把 1 ～ 38 号点用线连接起来，并猜猜看这个游戏是从哪个传说故事中得到的灵感。

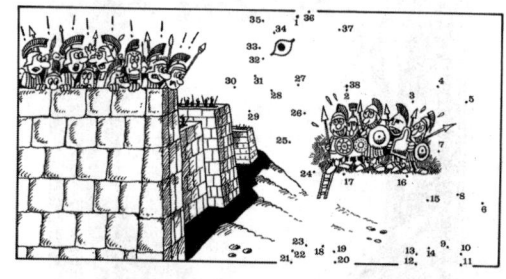

081. 骨牌塔

准备 7 个多米诺骨牌，然后把它们搭建成 1 个小塔（如图所示）。再拿 1 个骨牌放在塔的前面，你可以在塔不塌的情况下利用这个骨牌将 A 骨牌从塔上移开吗？除了用 B

骨牌之外，你不可以用其他东西接触塔。

没有外出滑雪，你也可以用汽水吸管来完成。

082. 垂钓者

这位垂钓者钓到的是什么？试试按序号将各个点连接起来看看。

083. 滑雪

下次当你外出滑雪时，如果你想在温暖的临时营地赢得 1 块儿热巧克力的话，这里有 1 个万全之策。跟你的朋友打赌，说他们不可能把 6 个滑雪橇组成 8 个完整的三角形。如果你

084. 魔术帽

按照序号连起来，看看这到底是什么？

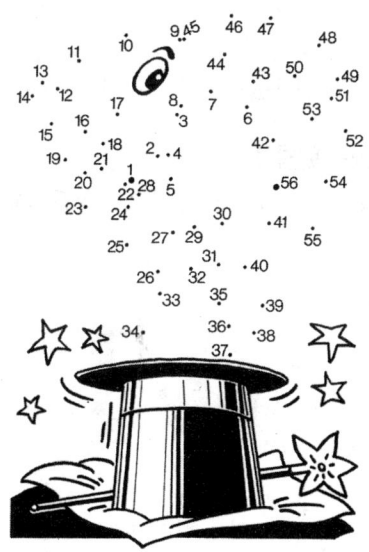

085. 电池城

埃尔默·拉泽罗是电池城的主人，这个电池城位于威斯康星州的拉辛市。他举办了 1 场比赛，也就是下图中的两个人所提到的比赛。他在陈列室的地上将 36 块儿电池摆成了 1 个正方形，并答应提供给任何 1 个答对的人 1 次为期两周的费用全免的新泽西州海洋树林之旅。但是要求如下：参加比赛的人必须从上面拿走 6 块儿电池，使剩下的每行

21

电池不论在水平方向还是垂直方向都保持偶数。从下面我们可以看出威拉德好像找到了解决办法。

086. 蚂蚁国王

按序号将各点连接起来，看看这幅图的本来面目。

087. 杂务工

海勒姆·鲍尔皮尼不仅是当地最好的杂务工人，而且也是 1 个思维游戏业余爱好者，他的作品都是自己通过切割创作的。梅尔是他忠实的助手，他买了 1 块儿胶合板，上面有 3 个正方形的洞。梅尔向海勒姆提出挑战：把它切成两块儿，并使它们正好可以拼成 1 个没有洞的矩形。那么，你认为海勒姆会从哪里下手呢？

088. 可爱的小家伙

试试按序号将各个点连接起来看看。

089. 饼干派对

我们的小狗杰姬约了它的几个朋友参加狗食饼干思维游戏派对。派对中的问题如下图所示，即要求你在铅笔不离开纸的前提下用 4 条直线将这 9 块儿饼干连起来。这个游戏你可要好好想一会儿。

090. 老鼠厨师

请按顺序把这些点连接起来。

091. 老鼠与樱桃

为了帮助这只老鼠采到樱桃，你需要先完成连线游戏。

092. 快乐的海盗

这些快乐的海盗要行动了，请把 1 ~ 72 号点和从 a ~ u 的字母用线连接起来吧。

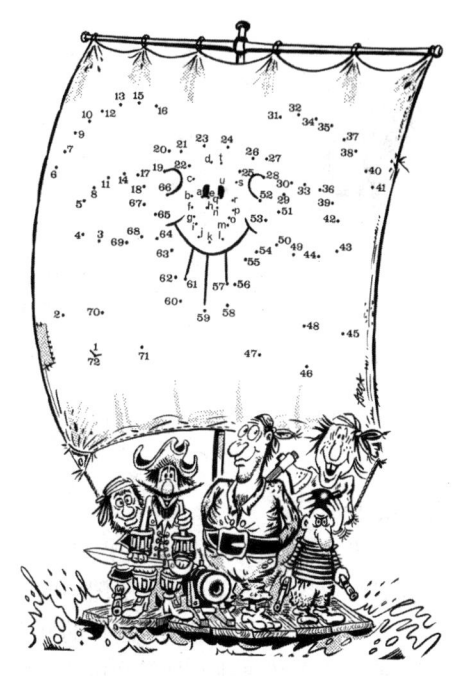

093. 奇怪的飞碟

把 1 ~ 72 号点用线连接起来，你将会发现 1 个奇怪的飞碟。

094. 小蜜蜂古迪克

小蜜蜂古迪克看上去很忙，它拎着2个水桶准备干什么呢？

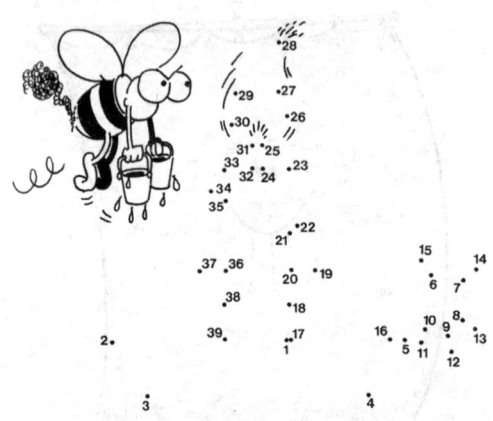

095. 占卜

虽然你不是巫师但同样可以解决这个题，而且可以令人刮目相看！下图中的保罗和维维安正在与样子看起来像暹罗的好斗鱼进行交流。我不知道他们是怎么做的，他们告诉我这幅画是这个占卜写板用1条线画出来的，写板上的笔没有离开纸，而且线条也没有相互交叉。那么，你能按照这些规则重复以上的过程吗？

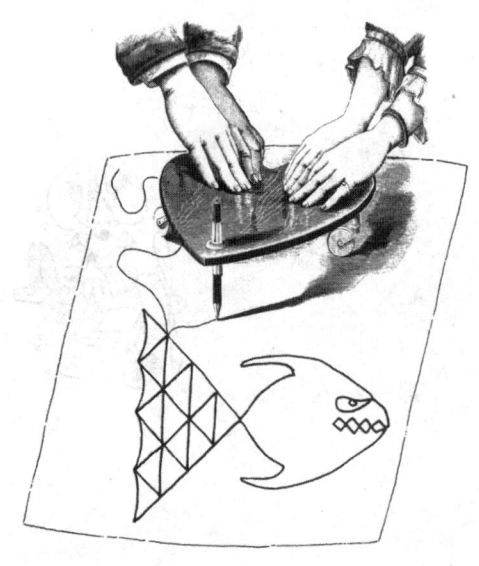

096. 惊叹的机器人

097. 海岛

098. 魔术师迪克

魔术师被自己的魔术吓了一跳！

099. 雕刻品

"米利森特，你说你的花园里的那个雕刻品其实是1个很不错的思维游戏。那么，它所隐藏的题是什么呢？"

"珀西，那个题最早是由奥利弗·维尔德莱特设计的。那个题要求你找出奥利佛应该在哪里焊接3根铁条才能使它们经过雕刻品上的所有方格。希望你在下午茶之前把答案想出来！"

100. 快跑！

101. 教堂的钟（一）

那天虽然没有下雨，但是雨却浇在善良的斯皮尔牧师的心里。他不但失去了教堂尖塔上的十字架，而且时钟的表面也被飞来的树枝撞成了 4 块儿。当他检查损坏的钟表时，他发现了 1 件不同寻常的事情。每块儿碎片上的罗马

数字相加的结果都是 20。那么，你知道时钟表面是如何断裂以致发生了这样的事情吗？

102.3 个朋友

把 1 ~ 44 号点用线连接起来，你将会跟这 3 个朋友一样感到惊奇。

103. 英王的皇冠

这里我们看到的是 1 位城堡的护卫，他的任务是保护英王的皇冠。这个坚强的小伙子注视这些世界瑰宝已经好几个小时了。当哈罗德注视这个装有 12 个镶嵌了宝石的箱子时，他突然想出来 1 道题，即能否用 5 条直线将这 12 个皇冠全部连起

来？每条直线都是从前一条直线的末端开始。10 分钟之后，哈罗德就找出了答案。如果你也能找出答案，我们将授予你"思维游戏王子"的称号！

104. 捕鱼者

这位捕鱼者非常努力地想要把他的猎物拉上来。想知道他钓到了什么吗？把 1 ~ 60 号点用线连起来吧。

105. 天平与鸡

天平两端达成了平衡，可天平右侧究竟是什么呢？试着按照数字的大小顺序在右侧连线吧。

106. 不连续的数字

这里有 1 个很好的思维游戏，它可以考验你解答思维游戏的能力。下图的圆圈已经连接起来，它们里面包括从 1 到 8 的数字。你的任务是将这几个数字重新排列使任意 1 条直线上的两个数字彼此不连续。

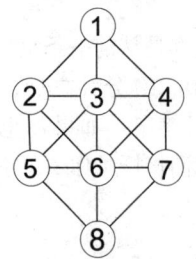

107. 西德尼的土地

西德尼是当地的 1 个建筑商，他把 1 块长方形的土地分成了 8 块儿建筑用地，并打算在每块儿地上建造 1 间房子。按他的计划，每块儿土地的大小、形状都要一样。西德尼遇到的问题是有人把每块儿地上的边界碑偷走了，而且房产规划图也丢失了。他在猜测是谁做了如此卑鄙的事情。那么，你能帮助西德尼重新划定各块儿土地的边界线吗（图中的 H 表示每间房子所在的位置）？

108. 郊游

按数字从小到大连线，你会得到一幅图像，我们来看看你会得到什么。

109. 龟形岛

方格最下面 1 行符号指示的是龟形岛上的藏宝地点，你能以最快的速度找到宝藏吗？

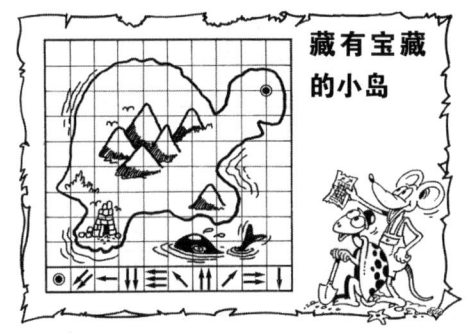

藏有宝藏的小岛

110. 搅拌棍

如果你下次买饮料时，你就可以打这个赌，这很划算。在桌子上放 4 根搅拌棍和 1 枚硬币。然后，与在场的人打赌，说他们不可能只凭借第 5 根搅拌棍就可以把这 4 根搅拌棍和这枚硬币拿起来。在把它们从桌子上拿起来后，挑战者必须保证在扭转那根搅拌棍时，其他的搅拌棍或者硬币不落地，同时，也要使它们在空中逗留片刻。

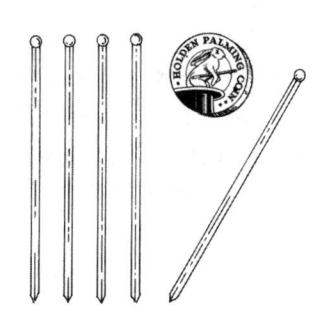

111. 感恩节

感恩节过后便没有比馅饼思维游戏更好的游戏了。这个题实在是太古老了，许多年前，在第 1 个感恩节上，布拉德福总督可能在享用甜点的时候玩过这个游戏。你要判断的是：如果在馅饼上切 4 下，那么，最多可以切成多少大小不同的块呢？

112. 帐篷

下面的 12 顶帐篷看上去各不相同，但是其中有 2 顶是相同的，是哪 2 顶呢？

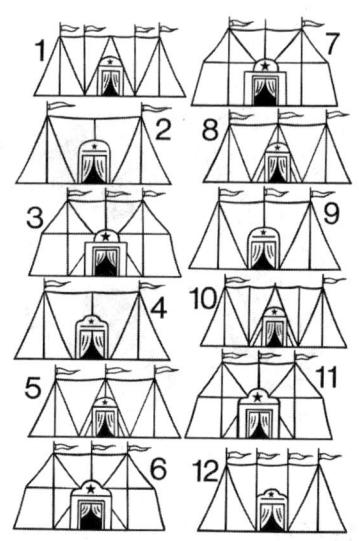

113. 机器人乐师

这个机器人乐师一共演奏了多少种乐器呢？

114. 搬运雪块

这 2 个人以同样的速度搬运同样大小的雪块，逻辑上来说，谁会第 1 个完成呢？

115. 鱼形岛

地图下面的符号指示的是鱼形岛上的藏宝地点，你能快速找到宝藏吗？

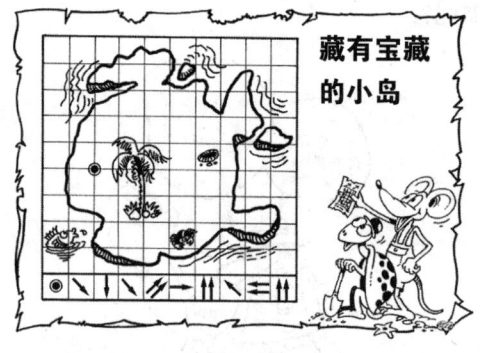

116. 箭头

这是 1 个很巧妙的手段，每次都会把别人迷惑住。在 1 小张硬纸板上画 1 支箭，越别致越好。然后，把这幅画对准桌上的某个物体，使箭头正好指向它（如图所示）。现在，跟任何 1 个人打赌，说你可以在不接触这张纸板或者移动桌子的情况下使这支箭改变方向转向左边。这听起来不可能完成，但是……

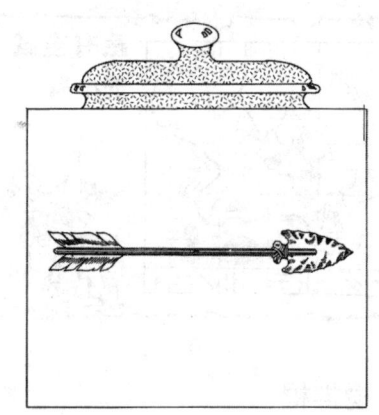

117. 危险

小蚂蚁妮娜刚刚躲过了什么危险呢？你想知道吗？那就赶快根据数字所代表的颜色，认真地在图上标注了数字的区域中涂上相应的颜色吧。

0 = 白色　1 = 浅蓝色　2 = 橘红色　3 = 深蓝色　4 = 绿色　5 = 红色

小窍门：你最好使用彩色铅笔，这样，如果你涂错了，可以擦掉重来，不会像使用水彩笔那样把纸都浸透了，不能够修改。

118. 害怕的布尔都索尔

为什么我们的朋友布尔都索尔看上去那

么害怕呢？把图中标注数字的区域用它所对应的颜色填好，你就知道为什么了。下面是数字对应的颜色。

0 = 白色 1 = 黑色 2 = 粉色 3 = 橘红色 4 = 棕色

119. 管状面包

这是1个有关螺旋状的思维游戏。奥拉夫刚刚从烤箱里取出热腾腾的"深红色种子面包"，他的这种管状面包非常有名。当他的顾客走过来时，他就问他们："如果我拿刀子从任意地方将面包切开，那么，我最多可以把它分成多少份呢？"你知道答案吗？

120. 森林中的怪事

森林中发生了1件非常奇怪的事情，到底是什么事呢？把图中标注数字的区域涂上对应的颜色，你就知道了。

1= 浅蓝色 2= 绿色 3= 黑色 4= 棕色 5= 黄色

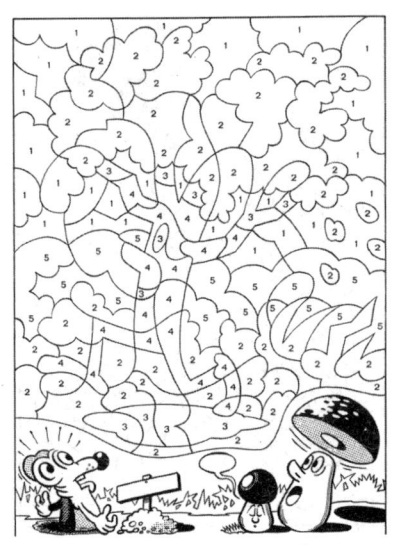

121.4 张 5

这次，我们的英雄智穷力竭了，我们来帮帮他吧。题是这样说的：从1副牌中挑出4张5，然后，把它们正面放在桌上，你如何使20个牌点只显示出16个。你有10分钟的时间来解答这个题。

122. 奇怪的房子

这栋房子建筑在 1 块奇怪的地方。到底是什么地方呢？把图中标注数字的区域涂上对应的颜色，你就知道了。

0= 白色　1= 红色　2= 橘红色　3= 黄色　4= 黑色　5= 绿色

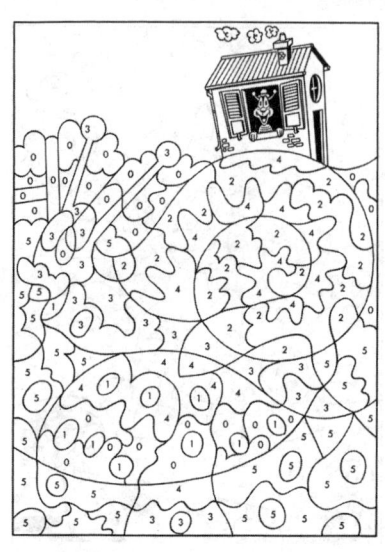

124. 开心的妮娜

小蚂蚁妮娜看上去很开心。想知道为什么吗？赶快拿起你的彩色铅笔吧。

0= 白色　1= 浅蓝色　2= 红色　3= 棕色　4= 橘红色

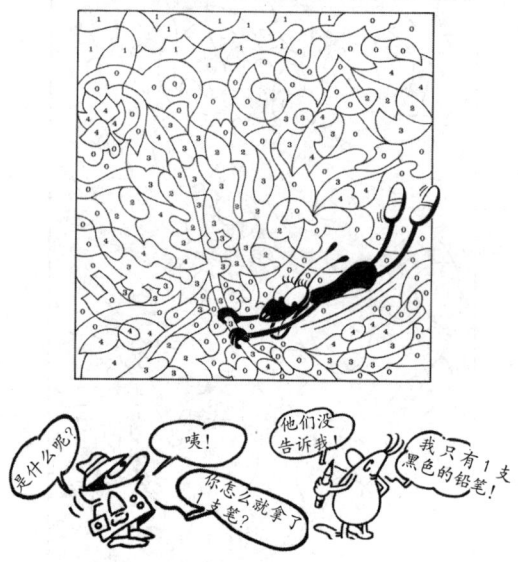

123. 陷阱

这是 1 个伟大的 "陷阱" 思维游戏。在桌子上放 4 个矩形硬纸板，然后请几个朋友将它们重新排列，使它们拼成 1 个完整的正方形，图中的数字表明了各自的尺寸数。当他们屡次失败后，你再得意地告诉他们你可以向他们展示这个过程。当然，你在看答案之前，要先自己尝试一下。

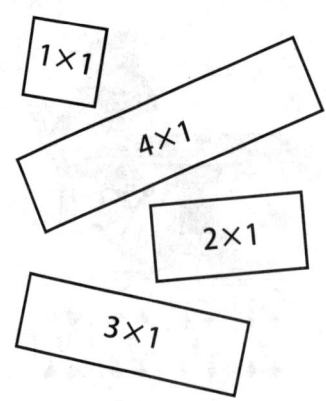

125. 米克所勒

想知道在哪里能遇到 1 只米克所勒，你只需要给图画上色。

0 = 白色　1 = 黑色　2 = 深绿色　3 = 浅绿色　4 = 黄色　5 = 红色

126. 年轻的艺术家

这是我们所喜欢的"一笔连线"题当中的 1 个。手里拿着 1 支铅笔，然后按照下图再重新画 1 个。画的时候必须用 1 笔画完，线条不能彼此交叉、也不能重复，从图中那位年轻的艺术家手中铅笔的笔尖所指的位置开始。

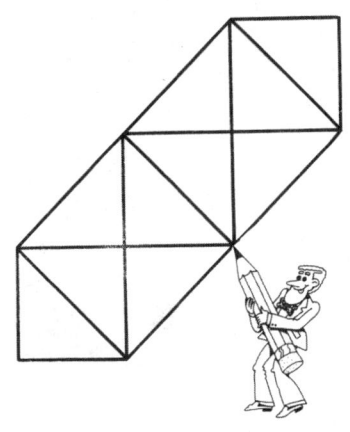

127. 彩色公鸡

快拿起你的彩色铅笔完成这个游戏。

1 = 棕色　2 = 黑色　3 = 橘红色　4 = 红色　5 = 深绿色　6 = 白色

128. 长方形七巧板

在世界上的机械思维游戏当中，持续时间最长的莫过于七巧板。它已经持续了大约 100 年。

下图是 1 个长方形的七巧板，在它的上面是 1 条东方好斗鱼的轮廓。这个游戏就是要把这 7 块儿七巧板重新排列成鱼的形状。那么，你能否展示这个过程呢？

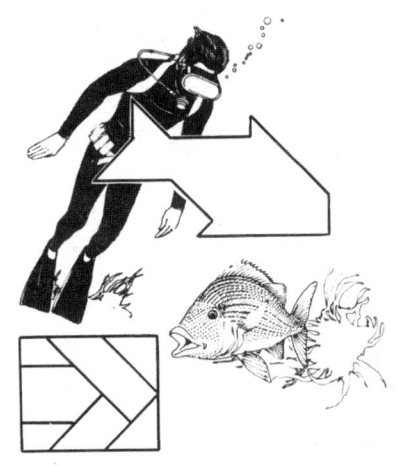

129. 锯木板

巴兹·索·贝利路过咖啡店，在那里，他把刚从木材推销员那儿听到的 1 个思维游戏告诉了大家。那个推销员拿出 1 块儿钻着小洞的木板让贝利看，小洞位于偏离中心的位置。"问题是，"他对贝利说，"如果将木板锯开，那么最少锯成多少块儿可以在重新拼组之后使这个洞位于中间位置。"你能找出答案吗？

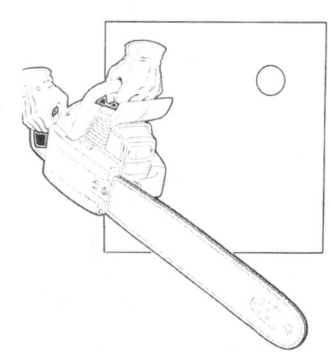

130. 尼斯湖中的大怪物

尼斯湖中的大怪物隐匿身份去度假了。为了找到它的住所，需要用你的彩色铅笔给画面上色。

0= 白色 1= 黄色 2= 黑色 3= 棕色 4= 绿色 5= 浅蓝色

131. 热气球

这个空中的热气球好像受到了什么干扰。想知道发生了什么事情吗？那就按照下面的指示来给图画上色吧。

0= 白色 1= 红色 2= 绿色 3= 黄色 4= 黑色 5= 棕色

132. 淘金者若尔

是什么让淘金者若尔这样吃惊呢？把画面按照下面的指示上色，你就知道了。

1= 橘红色 2= 黑色 3= 黄色 4= 红色 5= 绿色 6= 白色

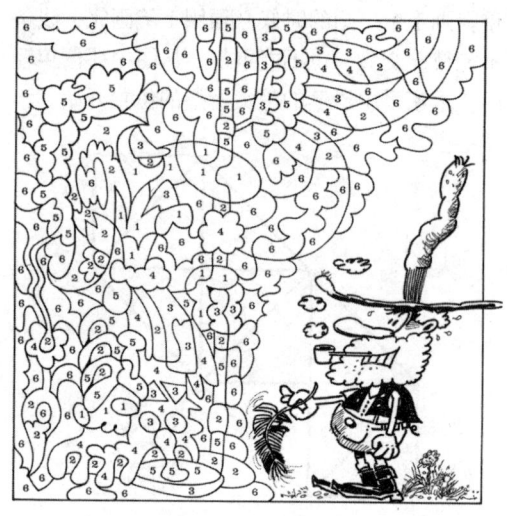

133. 移动铅笔

你可以用这个题为难你的朋友。将 35 支铅笔呈螺旋状摆放（如图所示）。现在，向任何人挑战，看谁能把 4 支铅笔移动到新位置可使所有的铅笔形成 3 个完整的正方形。

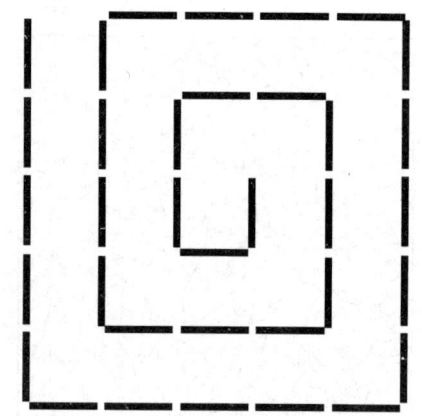

134. 胶水罐

小蚂蚁妮娜看上去好像很惬意，但是它为什么在自己的窝门口放 1 个胶水罐呢？

0= 白色 1= 粉色 2= 浅绿色 3= 黄色 4= 黑色 5= 棕色 6= 橘红色

135. 两个玻璃杯

如果下次你和朋友外出，这里有个好办法让你白吃 1 顿饭。在桌子上放两个玻璃杯，它们之间的距离不要太远，然后，将 1 块儿较硬的纸放在两个杯口上面。接着，你就说如果在纸的中间再放 1 个杯子，你可以使这张纸具有支撑第 3 个杯子的力量。这是个很好的题，但是在你去餐厅吃饭之前要好好练习一下。

136. 小可爱

快拿起你的彩色铅笔，游戏开始了！

0= 白色 1= 深蓝色 2= 黄色 3= 浅绿色 4= 粉色 5= 棕色

137. 野餐

3 个好朋友正在快乐地野餐。在大树后面藏着 1 条蛇，但是它并不是唯一的不速之客。还有谁呢，你能找到吗？

138. 不寻常的动物（一）

这个不同寻常的动物身上一共包含了几种动物的特征呢？请从下面的动物名单中把它们找出来：

狮子、长颈鹿、老鼠、猫头鹰、大象、山羊、熊、马、猎豹、鳄鱼、斑马、狐狸、水牛、鱼、猫。

139. 老木匠

有一天，老木匠海勒姆·鲍尔皮尼在木场把所有人都给难住了。他拿出来1块儿不规则的胶合板，然后向工厂工人提出了挑战，看谁能把它切成3块儿并把它们拼成1个正方形。

140. 不规则的地产

西德尼是当地房地产的内行，这次，他又把自己圈在了1个角里。他买了1处不规则的地产，现在他想把它分割成8块儿尺寸、形状相同的建筑用地。那么，你能告诉他应该把分界线布置在地产的哪些地方，以便他把这些精选品展示给可能的买家吗？

141. 不寻常的动物（二）

这个不同寻常的动物身上一共包含了6种动物的特征，你一定能够辨认出来！

142. 牙签与正方形（一）

为了娱乐，苏珊今天把费尔韦瑟尔市长带到了思维游戏俱乐部。茶、三明治和牙签的题好像是菜单上的主要项目，可以容纳多人的房间总是在下午的时间开放。所以，你何不拉把椅子坐下，并且给市长一些帮助呢？在这种比赛上，他总能在很短的时间内把答案想出来。

143. 不寻常的动物（三）

这个不同寻常的动物身上一共包含了几种动物的特征呢？

请从下面的动物名单中把它们找出来：丛林狼、天鹅、巨嘴鸟、羊驼、公鸡、凯门鳄、乌龟、沙丁鱼、野兔、袋鼠、野牛、熊、单峰驼、鹿、海豚。

144. 风景画

这幅风景画中，出现了 12 个"100"。其中有的隐藏得很好，睁大眼睛，把它们找出来吧。

145. 雪景画

仔细找找，这幅雪景画中一共有多少个人呢？

146. 左轮手枪

淘金者若尔把 1 支左轮手枪分成 6 部分，

藏在了这片风景里，你能把它们找出来吗？

147. 潜艇

　　10 个不同的物品挂在潜艇上，请你把它们的名单列出来。

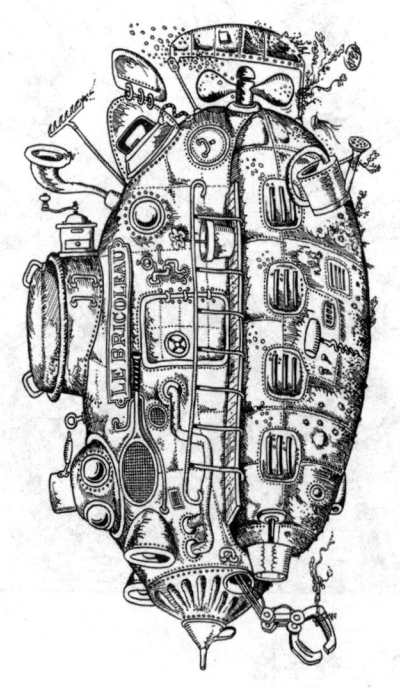

148. 鸟巢

　　这些鸟都有它们自己独有的鸟巢，请你把鸟巢旁边的数字和与它对应的鸟找 出来。

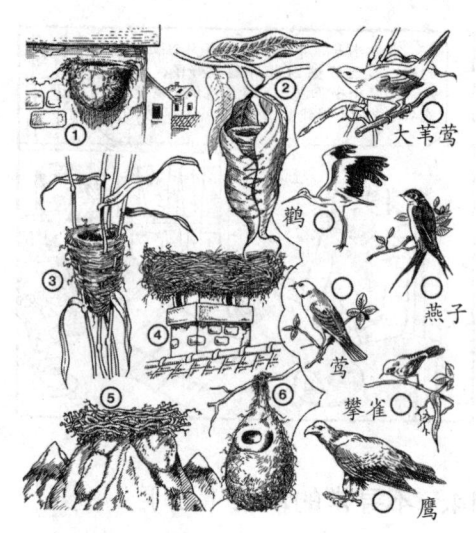

149. 蒸汽小火车

　　虽然有烟雾，你也可以辨认出这个蒸汽小火车的细节吧？

150. 设计图

　　艺术家遇到了一大堆麻烦。他画的那个五角星上有 5 条线路和 10 个金字塔，每条路上各有 4 个金字塔，每个金字塔都可以直接通往沙漠。虽然这个设计图也符合法老所要求的 5 条直线路、每条路上各有 4 个金字塔，但是除此之外，他还要求设计图内要有 2 个金字塔，这样，任何 1 个从沙漠来的人只有通过外线的 1 条路才能进入金字塔内。那么，他应该设计什么样的设计图呢？

151. 艾克和迈克

沃尔夫冈的豪斯啤酒店里最聪明的服务员是阿达尔伯特孪生兄弟——艾克和迈克，除了端送啤酒和土豆，他们还用一些思维游戏招待喝酒的客人。下面这个啤酒搅拌器游戏展示的是 1 个由罗马数字组成的等式。这个等式是错误的，但是如果你只移动其中的 1 个搅拌器，将它放到另外 1 个地方，那么这个等式就是对的。请你试试，看能否成功过关。

152. 远古的石头

作为消遣，1 位远古的祖先在石头上雕刻了 5 幅图画，其中有一些是他想象出来的，另外一些则完全是复制的背景图画中的事物。那么，哪些是复制的呢？快找出来吧。

153. 萨尔兹堡方块

萨尔兹堡方块思维游戏是要把由 20 个边长为 2 厘米的正方形组成的大巧克力板分成 9 份，这 9 份巧克力在重新排列之后可以拼成 4 个大小相同的完整正方形。

妈妈，你看这块儿巧克力这么大！爸爸说只要我们把这个著名的"萨尔兹堡方块"糖果题解答出来就可以尝尝巧克力了！

154. 月球基地的卫星

图中有 8 颗卫星围绕着月球基地运行，其中有 4 颗卫星上的图画完全是描绘的月球基地的某个细节，请把它们找出来吧。

156. 眼力测试

这位年轻的士兵刚刚成功地通过了酋长设置的眼力测试，你能不能像他一样，从下面 6 个图片中找出包含图腾内容的几幅呢？

155. 肖像画家

女士们、先生们，约翰是莎士比亚风格的画猿高手也是出色的肖像画家！他的吟游诗人画像很受欢迎。这个神奇的画是约翰 1 笔画下来的，线条无一重叠。你能做到吗？

157. 神像（一）

你能辨认出下边的 5 幅图中哪些是神像的细节吗？

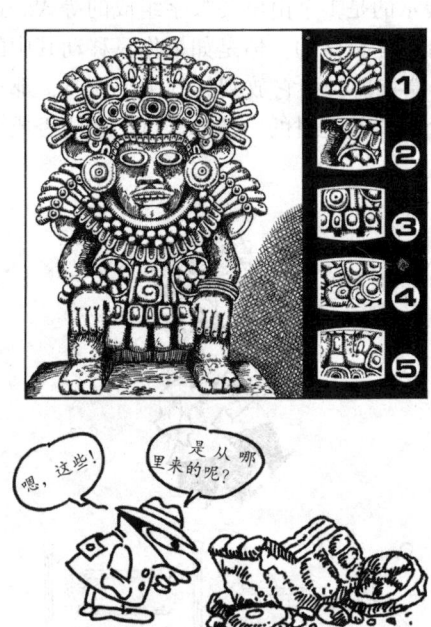

158. 奇怪的装饰品

"罗莎琳德，那边塔顶上的奇怪装饰品究竟是从哪里弄来的呢？""怎么了，这个结构由 18 根棍子焊接而成，里面有 9 个三角形。有 1 个关于它的思维游戏，如果去掉其中的 3 根，那么可以剩下 7 个三角形。"

那么，你能不能帮这个年轻人完成呢？

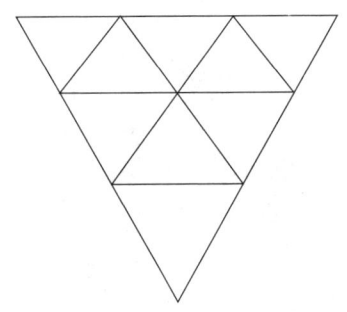

159. 杰姬的新家

在下图中，我们的狗——杰姬在向她的朋友炫耀她的新家。我们用 10 根火柴把她家的轮廓拼了出来。

那么，你能否将 2 根火柴移到别的位置使她的家面对路呢？

160. 动物图形的碎片

这里有多少种动物呢，你可以辨认出来吗？把每种动物图形的碎片收集起来并拼接完整，注意，其中有 2 种是成对的。

161. 动物的腿

把每种动物和它对应的腿连起来。

162. 斯芬克司的思维游戏

回顾历史，我们会找到世界上第 1 个伟大的思维游戏大师—斯塔姆尤莫斯特二世。他创作了全新的题，名叫"斯芬克司的思维游戏"，并用它来为难他的朝臣。答题人必须将下图中抽象的斯芬克司画像分成形状相同的 4 部分。同时，这 4 部分必须与原图形状相同。

的地方，使原来的 5 个正方形变成 6 个。那么，你来试试，看能否把答案想出来。

163. 运动的房子

尽管画面上的房子都在运动，但请你保持镇静，仔细观察，在 6 幅小图片中，哪几幅是完全与大图中的场景对应的。

165. 鱼

图中的每条鱼都有 1 个名字，下面是它们的名单，你能把它们对号入座吗？

六须鲇鱼：___ 号；海象：___ 号；电鳐鲨：___ 号；海番鸭：___ 号；槌头双髻鲨：___ 号；犁头鳐：___ 号；海马：___ 号；海梭：___ 号；鳗螈：___ 号；锯鳐：___ 号；箱鲀：___ 号；海菇：___ 号；鼠鱼：___ 号；火枪鱼：___ 号；飞鱼：___ 号；翻车鲀：___ 号。

164. 钉子游戏

年迈的查理·克罗斯卡特·卡拉威是我们当地木场的地方长官，他早上刮脸的时候遇到了 1 个麻烦。仓库里男孩子跟他打赌，说他不可能将下图构造中的 4 根钉子移到别

166. 死胡同

下图中的迷宫也许是 19 世纪思维游戏当中最著名的 1 个。这个迷宫是刘易斯·卡莱尔为了和兄弟姐妹娱乐而设计的，但是它很容易让人步入歧途。里面的线路进进出出、一会儿上又一会儿下，并有许多死胡同。那么，你能进入迷宫中央吗？

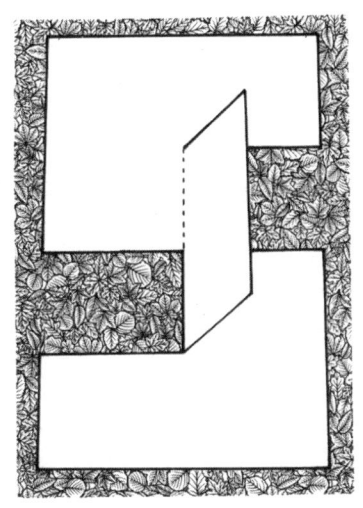

167. 勘测员

1 天，有 1 个勘测员路过马嚼子和玉米咖啡店，在那里他讲述了他刚刚完成的工作。两个农夫买了 1 块土地，这块儿土地已经分割成了农场，他们让他把买来的这块地分成相等的两部分。深思熟虑之后，这位勘测员想出了答案。但问题是他并没有在离开前把答案告诉任何人。那么，你能告诉咖啡店的人们他是如何做的吗？

168. "不可能" 的纸

下面这个看似 "不可能" 的纸张思维游戏只用 1 张纸就完成了。"内折边" 是纸的 1 部分，它可以向前后移动，但是它并没有被剪掉也没有被粘住。内折边的面积正好与剪掉的两个部分的面积相等。这个纸张思维游戏是如何完成的呢？

169. 返回陆地

天哪，这位飞行员就这样返回 "陆地" 了。重新看看他是经过了怎样的路线着陆的！

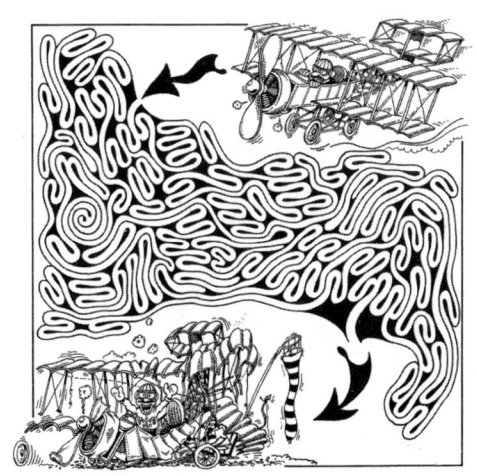

170. 诺罗斯的警犬

诺罗斯老师的小警犬跑了，请你帮助老师找回它吧。

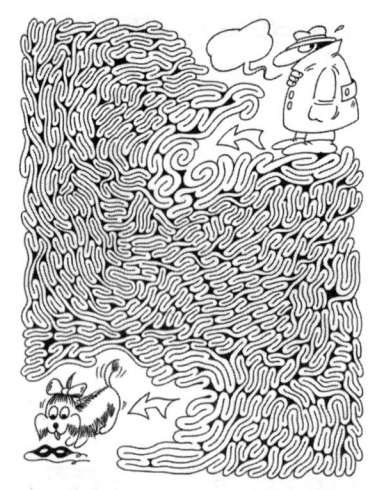

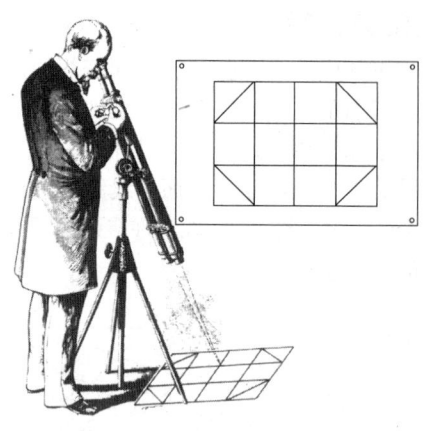

173. 魔术师的兔子

在从最后 1 个帽子中跑出来之前，魔术师的兔子跑过了很多个地方。你能找出它经过的路线吗？

171. 老钟表匠

这个小个子的老钟表匠过来考验你对准确性和规律的把握能力。他从自己的名贵手表当中拿出 9 块，他要求你做的是将这些手表排成 10 个组合、每个组合 3 块。你能在 15 分钟之内解决吗？

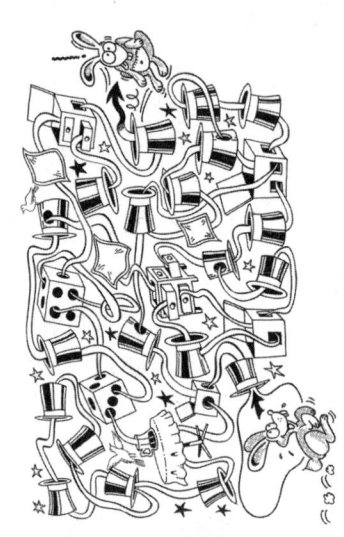

172. 道廷奇教授

道廷奇教授去年参加了国际思维游戏竞赛，下图中的他正在寻找解答第 77 道题的良策。教授断定答案中的直线不会在任何地方相交。为了验证，教授在这里用 1 笔将图形画了出来。请你试试，但是你既不能使直线相交也不能在画的过程当中把铅笔从纸上抬起。同时，你不可以把纸任意折叠。

174. 快递货车

下图是巴顿纽扣店的快递货车，它正在运货的途中。很明显，货车 1 个侧面上的纽扣图形可以编成 1 个思维游戏。10 个纽扣排成 3 行、每行有 4 个纽扣（其中，1 行在水平方向、两行在垂直方向）。现在你要将 2 个纽扣移到新的位置使纽扣排成 4 行、每行有 4 个纽扣。看看你能不能在 10 分钟之内快速解答这个题。

用不了那么多呢，盖这面墙你绝对不会用太多的砖和灰泥！"

那么，你认为他们谁对谁错呢？

175. 小沙丁鱼

快来帮小沙丁鱼从鲸鱼的肚子里逃出来吧。

176. 泥瓦匠

有 1 天，矮胖人邓布迪先生叫来 1 个泥瓦匠，让他在自己的花园里盖两面砖墙。两面墙的高度以及长度都相等（图中，ab 墙的长度和 cd 墙相等）。泥瓦匠说对 cd 墙的花费要大一些，因为它位于 1 座山上，所以需要的建筑材料会多一些。

"胡说八道，"邓布迪先生说，"它才

177. 冰激凌棒

下面的这个思维游戏所需要的就是 36 根冰激凌棒以及足够的耐心。按照下图的样子将冰激凌棒摆好，这样，里面就有 13 个小正方形。现在，从中拿走 8 根冰激凌棒使最后只剩下 6 个正方形。

178. 投票箱

在新泽西竞选的政客给了我们 1 个十分有趣的思维游戏。图中有 1 个投票箱，箱子上画着 1 个 "×"。你的任务就是把这个投票箱用 1 笔连续画出。当然，线条不可以在任何地方交叉。

总而言之，朋友们，如果你们准备明天参加投票选举的话，我就给你们出 1 个题。投票要迅速、要慎重！

179. 罗莎蒙德的凉亭

这个思维游戏虽然不难解决但却足够可以引起你的好奇心。进入迷宫后，请在 60 秒内到达"罗莎蒙德的凉亭"。

180. 蜡烛、教堂和塔

牧师斯皮尔现在身陷困境，教堂司事吃午饭时给他出了个难题，如果将 12 根蜡烛摆成教堂和塔的样子的话，那么他不能把其中的 5 根蜡烛换到其他位置，使它们变成 3 个大小相同的正方形。

> 但愿我们教堂的司事维因斯科特先生不会在周六的晚上拿这个题向我挑战。如果这个题很难的话，我明天的布道就完不成了。那么，他究竟是怎么把这些蜡烛融合在一起的呢？

181. 栅栏

欢迎读者朋友按照我们分隔果园的要求找出插放栅栏的方法。

> 天啊，艾玛，你知道苏巴克现在要干什么吗？他要用 4 个栅栏把果园分开，这样他就可以在里面放马了！

> 那还不够！他还说了，4 个栅栏会圈出 11 块儿地，每块儿地都会有 1 棵苹果树。我知道每个栅栏都会相互交叉，但是我不知道它们应该怎么放。等把这些馅饼做好了，我们一起来试试，看能不能把这题解答出来！

182. 自由速记员

库克为了磨炼自己的书写技巧，她每天都会进行练习。其中就包括用 1 笔连续画出右图所示的 4 个完整的圆圈，而且它们不会在任何地方交叉。

183. 比夫的风筝

欢迎读者朋友来解答这个思维游戏。

> 迈克，这是我新做的思维游戏风筝，漂亮吧！这个题要求你把风筝用 1 笔连续画出来，线条不能在任何地方交叉。我花了一晚上的时间才把这个风筝做好的，我明天准备把它带到学校组织的思维游戏大赛上。

184. 高尔夫球座

纳尔达·尼伯里克是闲暇时刻乡村俱乐部业余组女子冠军,为人十分傲慢。在酒馆时,她被安德鲁·麦克戴维特的1个著名的第19洞赌注给难住了,使她在比赛当中受到了影响。当时,麦克戴维特跟纳尔达赌1套新的铁头球杆,他说她不可能将24个高尔夫球座拼成4个完整的正方形。那么,你能在开球之前帮她击败麦克戴维特吗?

自从上周安德鲁·麦克戴维特跟我打了那个高尔夫球座的赌之后,我就再也无法在比赛中集中精神了。照这样下去,我就不可能再次取得俱乐部锦标赛的冠军了!

185. 智慧之星

在古埃及,每逢举行娱乐集会,人们总是在修建金字塔的闲暇时刻聚在一起做思维游戏。在一个六边形的盾牌上有9颗智慧之星。答题者必须在上面画出9条长度相同的直线并使每颗星单独享有自己的长方形。如果谁成功解答了问题,那么他会受到埃及王室的邀请;但是如果失败,那么他将受邀参加鳄鱼赛跑。读者朋友们,你们有没有兴趣参加比试呢?

186. 磨坊主蒂莫西

磨坊主蒂莫西念过一些书,他总是喜欢为难他的邻居。每到秋天,他都会在自己的磨坊出1个思维游戏并承诺给第1个回答出来的农夫免费磨10袋粮食。问题是:如何把4袋粮食放到别的位置使所有的粮食排成5行、每行各有4袋粮食。

首先,你必须把10袋粮食排成两行、每行各有5袋粮食。

我可以做到,我敢打赌。

187. 跨栏迷宫

欢迎参加"跨栏迷宫"大赛。为了完成比赛,选手必须找出最短的路线并且跨过偶数数量的跨栏。同时,所跨栏上的数字相加必须是最大值。右图中每个正方形盒子各代表1个跨栏。

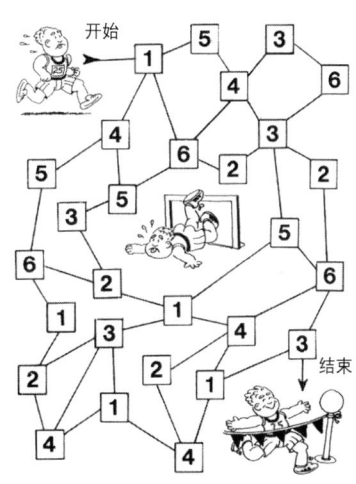

188. 国际思维游戏大赛

时间：20 世纪 20 年代；事件：国际思维游戏大赛；地点：后湾区波士顿名流花园内威尼斯风格的宫殿。下图中有 3 名思维游戏鉴赏家，他们在思考大厅中央地板上的题：如何用 6 条直线将 16 个黑圆圈连接起来，而且每个圆圈不能同时出现在 2 条直线上。

189. 锚

将下表中的一些格子涂黑。同一行或同一列上连续几个涂黑的格子形成 1 个格子组，每行或每列上有 1 个或者多个这样的格子组。表格外面的数字表示该行（列）的格子组分别包含的格子数。不同的格子组之间至少由 1 个空白格子隔开。请问哪些格子应该涂黑？如果你完全做对了，就会出现 1 幅画。

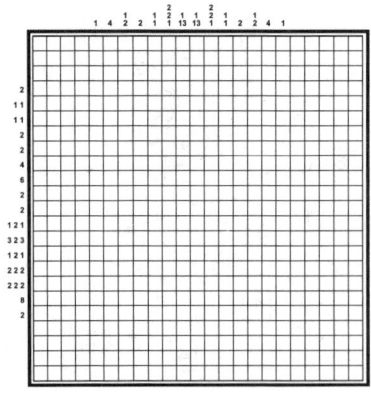

190. 游泳池

下面两幅图有 8 处不同，你能全部找出来吗？

191. 格子与蝴蝶

将表中的一些格子涂黑。同一行或同一列上连续几个涂黑的格子形成 1 个格子组，每行或每列上有 1 个或者多个这样的格子组。表格外面的数字表示该行（列）的格子组分别包含的格子数。不同的格子组之间至少由 1 个空白格子隔开。请问哪些格子应该涂黑？如果你完全做对了，就会出现 1 幅画。

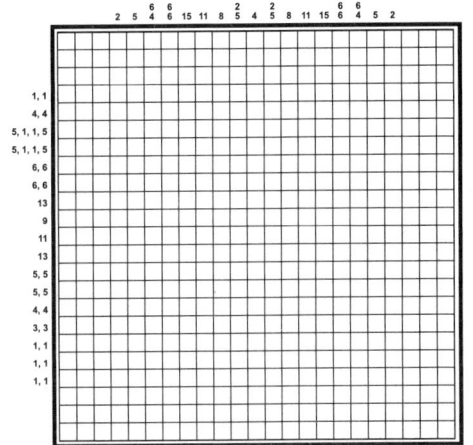

每行或每列上有1个或者多个这样的格子组。表格外面的数字表示该行（列）的格子组分别包含的格子数。不同的格子组之间至少由1个空白格子隔开。请问哪些格子应该涂黑？如果你完全做对了，就会出现1幅画。

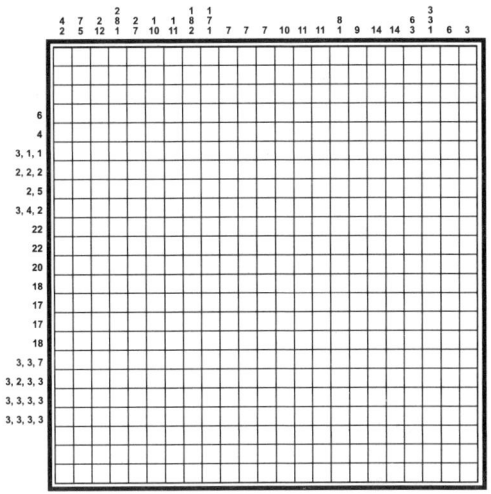

192. 海边

下面两幅图有8处不同，你能全部找出来吗？

193. 猫

将表中的一些格子涂黑。同一行或同一列上连续几个涂黑的格子形成1个格子组，

194. 更衣室

画下边这幅图的画家犯了一系列视觉的、概念的和逻辑的错误。你能把这些错误全部找出来吗？

195. 十字箭头

将表中的一些格子涂黑。同一行或同一列上连续几个涂黑的格子形成1个格子组，每行或每列上有1个或者多个这样的格子组。表格外面的数字表示该行（列）的格子组分别包含的格子数。不同的格子组之间至少由

1 个空白格子隔开。请问哪些格子应该涂黑？如果你完全做对了，就会出现 1 幅画。

如果你完全做对了，就会出现 1 幅画。

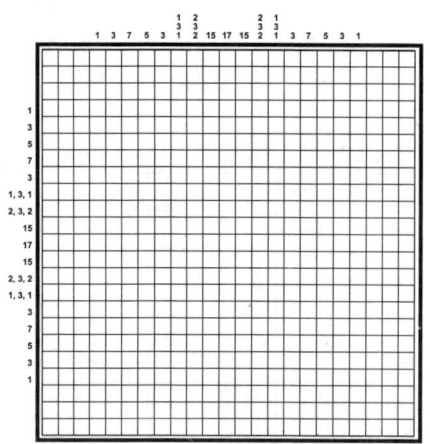

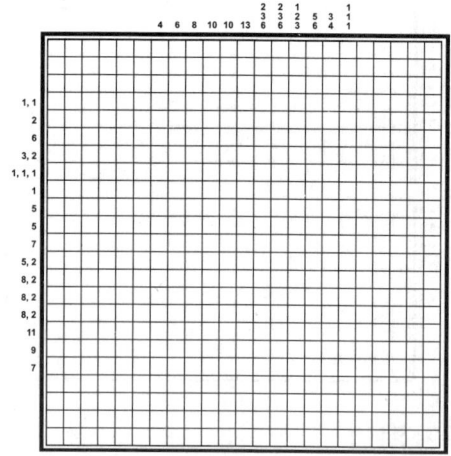

196. 自驾游

下面两幅图有多处不同，你能全部找出来吗？

197. 炸弹

将表中的一些格子涂黑。同一行或同一列上连续几个涂黑的格子形成 1 个格子组，每行或每列上有 1 个或者多个这样的格子组。表格外面的数字表示该行（列）的格子组分别包含的格子数。不同的格子组之间至少由 1 个空白格子隔开。请问哪些格子应该涂黑？

198. 起风了

下面两幅图有多处不同，你能全部找出来吗？

199. 心

将下表中的一些格子涂黑。同一行或同一列上连续几个涂黑的格子形成 1 个格子组，每行或每列上有 1 个或者多个这样的格子组。表格外面的数字表示该行（列）的格子组分别包含的格子数。不同的格子组之间至少由 1 个空白格子隔开。请问哪些格子应该涂黑？如果你完全做对了，就会出现 1 幅画。

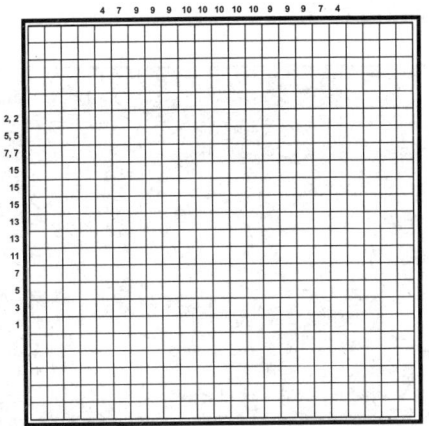

200. 赌桌

画下面这幅图的画家犯了一系列视觉的、概念的和逻辑的错误。你能把这些错误全部找出来吗？

201. 锁

将表中的一些格子涂黑。同一行或同一列上连续几个涂黑的格子形成1个格子组，

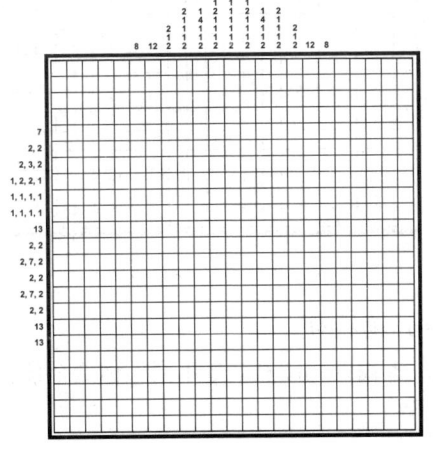

每行或每列上有1个或者多个这样的格子组。表格外面的数字表示该行（列）的格子组分别包含的格子数。不同的格子组之间至少由1个空白格子隔开。请问哪些格子应该涂黑？如果你完全做对了，就会出现1幅画。

202. 十字路口

画下边这幅图的画家犯了一系列视觉的、概念的和逻辑错误。你能把这些错误全部找出来吗？

203. 徽章

将表中的一些格子涂黑。同一行或同一列上连续几个涂黑的格子形成1个格子组，每行或每列上有1个或者多个这样的格子组。表格外面的数字表示该行（列）的格子组分别包含的格子数。不同的格子组之间至少由1个空白格子隔开。请问哪些格子应该涂黑？如果你完全做对了，就会出现1幅画。

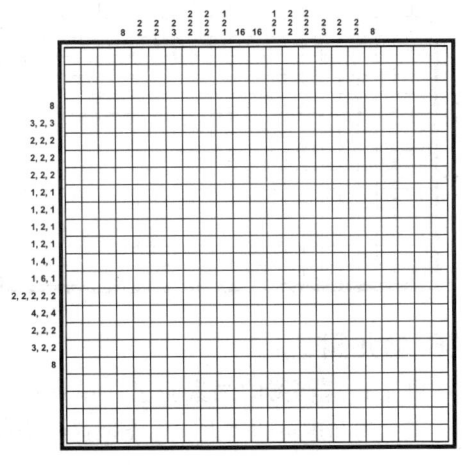

204. 试鞋

画下边这幅图的画家犯了一系列视觉的、概念的和逻辑错误。你能把这些错误全部找出来吗？

205. π

将表中的一些格子涂黑。同一行或同一列上连续几个涂黑的格子形成 1 个格子组，每行或每列上有 1 个或者多个这样的格子组。表格外面的数字表示该行（列）的格子组分别包含的格子数。不同的格子组之间至少由 1 个空白格子隔开。请问哪些格子应该涂黑？如果你完全做对了，就会出现 1 幅画。

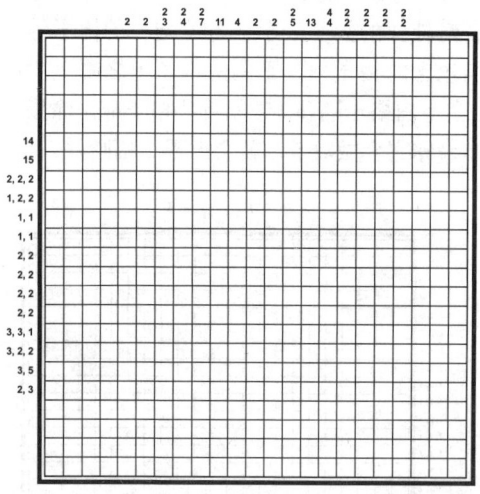

206. 幼儿园

画下边这幅图的画家犯了一系列视觉的、概念的和逻辑的错误。你能把这些错误

全部找出来吗？

207. 格子与笑脸

将表中的一些格子涂黑。同一行或同一列上连续几个涂黑的格子形成 1 个格子组，每行或每列上有 1 个或者多个这样的格子组。表格外面的数字表示该行（列）的格子组分别包含的格子数。不同的格子组之间至少由 1 个空白格子隔开。

请问哪些格子应该涂黑？如果你完全做对了，就会出现 1 幅画。

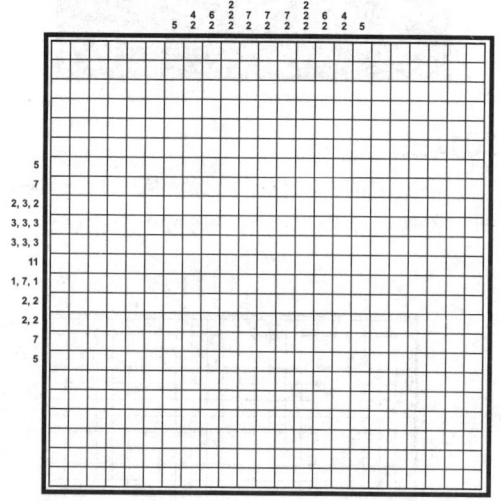

208. 美容院

下面两幅图有 8 处不同，你能全部找出来吗？

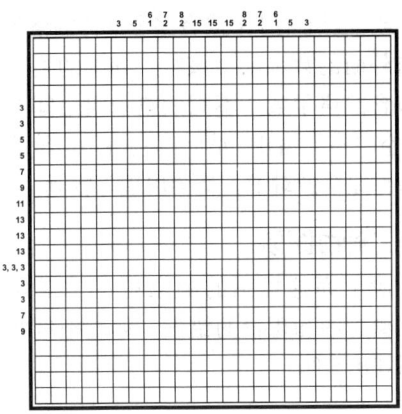

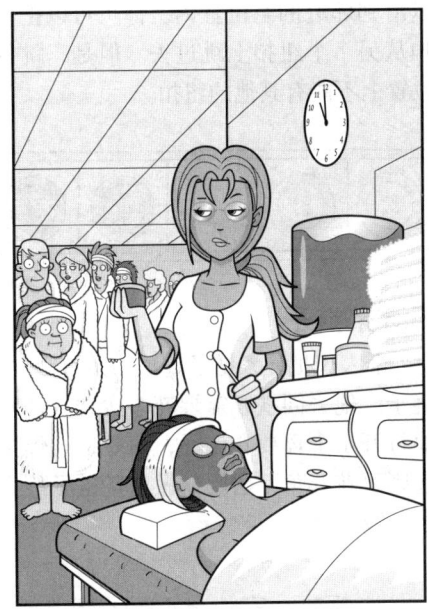

210. 快乐滑雪

画下边这幅图的画家犯了一系列视觉的、概念的和逻辑的错误。你能把这些错误全部找出来吗?

211. 太极

将表中的一些格子涂黑。同一行或同一列上连续几个涂黑的格子形成 1 个格子组,

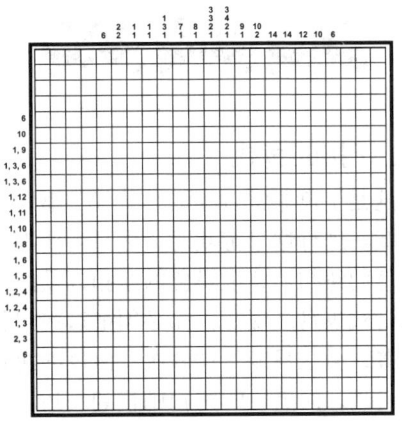

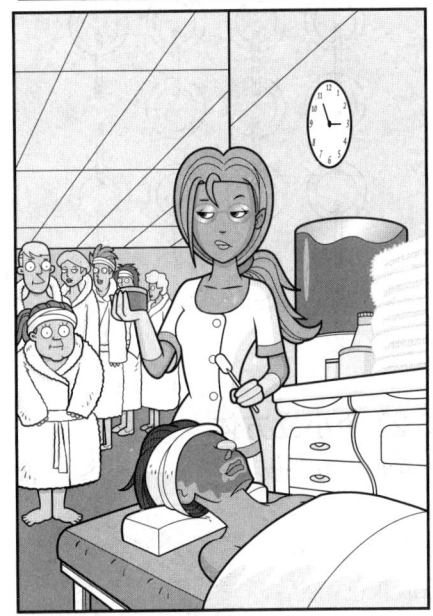

209. 黑桃

将表中的一些格子涂黑。同一行或同一列上连续几个涂黑的格子形成 1 个格子组,每行或每列上有 1 个或者多个这样的格子组。表格外面的数字表示该行(列)的格子组分别包含的格子数。不同的格子组之间至少由 1 个空白格子隔开。请问哪些格子应该涂黑?如果你完全做对了,就会出现 1 幅画。

每行或每列上有 1 个或者多个这样的格子组。表格外面的数字表示该行（列）的格子组分别包含的格子数。不同的格子组之间至少由 1 个空白格子隔开。请问哪些格子应该涂黑？如果你完全做对了，就会出现 1 幅画。

212. 宠物医院

画下面这幅图的画家犯了一系列视觉的、概念的和逻辑的错误。你能把这些错误全部找出来吗？

213. 斗嘴

下面每幅图中都有 1 处与其他图不同。你能把它们全部找出来吗？

214. 纽扣的替代

这是 1 道非常有趣的"替代类型"的思维游戏。进行这个游戏时，你只需要准备 2 个白色的纽扣、2 个黑色的纽扣以及图中所示的游戏棋盘。现在，你必须把这些纽扣交换位置，但是只能移动 8 次。白色的纽扣要移到右边，而黑色的纽扣则移到左边。纽扣可以滑到邻近的空位置内。你也可以把 1 个纽扣从另 1 个纽扣上跳过去。但是，跳过去的位置上不能有其他的纽扣。

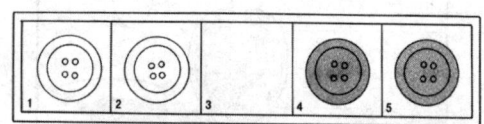

215.6 条链子

1 个人想把 6 条链子连成 1 条有 29 个节的链子。他去问铁匠需要花多少钱。铁匠告诉他打开 1 个环要花 1 元，而要把它焊接在一起则要花 5 角。请问，做这条链子最少要花多少钱？

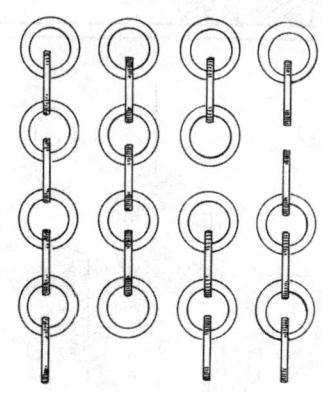

216.27 个小立方体

在把立方分成 27 个小立方体之前，先把它的 6 个面涂成灰色。然后，检测你自己能否回答出以下有关这 27 个小立方体的问题：（1）这个立方的 3 个面上的灰色小立方体有多少？（2）这个立方的 2 个面上的灰色小立方体有多少？（3）这个立方的 1 个面上的灰色小立方体有多少？（4）这个立方的无色小立方体有多少？

第 2 章

逻辑思维游戏

217. 水手比利·特里劳尼

比利·特里劳尼是 1 名老水手。1 天，他带了 100 元去南特基特，到了晚上带了 1500 元回到家。

他在水手和船桅服装店为自己买了 1 条领带，又在宾纳克宠物旅馆为他的鹦鹉买了一些鸟食。然后，他剪了头发。他的工资在每个星期四以支票的形式支付。银行在这个时候只是在周二、周五以及周六营业，理发店每个周六休息，而宾纳克宠物旅馆在周四以及周五不营业。你能否根据上面所说的情况判断出老比利是在星期几去镇上的吗？

218. 女孩埃莉诺

1 天，尼德尔瓦勒先生骑自行车外出时碰到了 1 个老朋友。

"我们都好几年没见了吧。"他说。

"是啊，"他的朋友回答说，"自从上次我们在缅甸见面之后，我就结婚了，我和我的爱人都在仰光工作。你肯定不认识，这是我们的小女儿。"

"好漂亮的孩子，"尼德尔瓦勒先生回答说，"你叫什么名字？"

"谢谢您，先生，我和我妈妈同名。"

"哦，是吗，你和埃莉诺长得真像。这也是我很喜欢的 1 个名字。"尼德尔瓦勒先生回答说。

那么，尼德尔瓦勒先生是如何知道这个小女孩的名字是埃莉诺的呢？

219. 理发师

法国的 1 个小镇有两个理发师——亨利和皮埃尔。亨利很注重外表，他的理发店总是很整洁，而皮埃尔的发型却总是很难看而且也该刮脸了。亨利经常说他宁愿为两个德国人理发也不愿意给 1 个美国人理发。你知道这是为什么吗？如果你拜访那个小城，你会去哪家理发店理发呢？

220. 小丑的工作

有 3 个小丑，约翰、迪克和罗杰，他们每个人在冬季都扮演两个不同的工作。这 6 个工作分别是：卡车司机、作家、喇叭手、高尔夫球手、计算机技术员和理发师。请根据以下 6 条线索确定这 3 个小丑各自的工作。

1. 卡车司机喜欢高尔夫球手的妹妹。

2. 喇叭手和计算机技术员在和约翰骑马。

3. 卡车司机嘲笑喇叭手脚大。

4. 迪克从计算机技术员那里收到 1 盒巧克力。

5. 高尔夫球手从作家那里买了 1 辆二手汽车。

6. 罗杰吃比萨饼比迪克和高尔夫球手都要快。

221. 结婚日

这两个人很显然是 1 对情侣。这位年轻的女士问她的未婚夫星期几结婚。虽然他的话不多，但却说得含糊不清。那么，你能确定他想在星期几结婚吗？

> 那个日子的后天是"今天"的昨天，那个日子的前天是"今天"的明天，这两个"今天"距离那个日子的天数相等，我们就在那个日子结婚。

222. 女巫的诅咒

在万圣节前夕，有个喝醉的农民十分倒霉，他被 1 个恶毒的女巫抓住并被带到破烂的教堂里。"如果你想活命，你只能说 1 句话！"她咆哮说，"如果你说对了，我会把你榨成油；如果说错了，我会把你喂蝙蝠！"这时，那个农民立刻清醒过来，然后说了 1 句话，而这句话却让女巫诅咒了他并且把他放了。那么，那个农民说了什么呢？

223. 节日的夜晚

下图中有 3 个男人，他们是克劳德、贺瑞斯和塞尔温，他们分别与迪尔德丽、爱利卡和伊莫金结了婚，尽管他们未必是按下图中的顺序就座，但他们都喜欢在俱乐部度过节日的夜晚。请你猜猜他们谁跟谁是一对儿。

克劳德的妻子和爱利卡的丈夫是桥牌的搭档，他们的对手是迪尔德丽和伊莫金的丈夫，所有的男人都不是和自己的妻子搭档，贺瑞斯根本就不玩桥牌。

224. 古特洛克斯先生的生日

古特洛克斯先生突然忧虑起来。你能根据他所说的话判断出他的生日是哪天吗？

> 名声在外有什么好处？随着时间的流逝，财富又有什么好处呢？两天前我还是 54 岁，明年我就 57 岁了。这会意味着什么呢？

225. 烈酒走私者

在禁酒时期，斯威夫特·奥布莱恩是芝加哥北部最聪明的烈酒走私者。现在我们看到斯威夫特正把班尼最好的20箱烈酒送到他选出的4个客户那里。他是这样分配的：

汉拉迪的酒吧获得的酒比荷兰人的咖啡厅多2箱。

埃德娜的海德威酒吧比萨尔的酒吧少6箱酒。

萨尔的酒吧比汉拉迪的酒吧多2箱。

荷兰人的咖啡厅比埃德娜的海德威酒吧多2箱。

那么，这几个酒吧各自获得几箱酒呢？

226. 岔路口

爱丽丝在去参加麦德·哈特举办的茶会途中遇到1个岔口，她不知道该走哪条路。幸好，半斤和八两哥俩在那里帮忙。

"瓦勒斯告诉我，1条路通向麦德·哈特的家，而另外1条路则通向魔兽的洞穴，我可不想去那里。他说你们知道正确的那条路应该怎么走，但同时也提醒我你们当中的1个总是说实话而另外1个总是说谎。他还说我只能问你们1个问题。"然后，爱丽丝提出了她的问题，而不论问他们当中的哪个，她都能得出正确的答案。那么，你知道她问了他们什么问题后找到了正确的路吗？

227. 艺术鉴赏家

下面这位先生很高兴，他对自己的新艺术品非常满意。但是，有1个大问题，这幅画上的人是谁呢？同时，这位艺术鉴赏家和这幅杰作上的主人公之间是什么关系呢？

达芙妮，你觉得怎么样？这是我拜托威廉·法卡帮我画的。这幅肖像画不错吧，你知道他是谁吗？我没有兄弟姐妹，但是这个人的父亲是我父亲的儿子。

228. 马·博斯科姆斯公寓

威廉姆斯先生、巴尼特先生和爱德华兹先生都寄宿在马·博斯科姆斯公寓。他们当中，1个是面包师，1个是出租车司机，还有1个是司炉工，你要把他们一一对应。下面的线索可以给你帮助：

1. 威廉姆斯先生和巴尼特先生每天晚上都下棋。

2. 巴尼特先生和爱德华兹先生一起去打棒球。

3. 出租车司机喜欢收集硬币，司炉工带过兵，而面包师则喜欢集邮。

4. 出租车司机从来没看过棒球比赛。

5. 爱德华兹先生从来没听说过集邮。

229. 10 条鱼

加尔文、怀利、埃米特和昆廷寄宿在马·博斯科姆斯公寓。他们一起到莫兰河钓鱼，一共钓了10条鱼。当他们把鱼交给玛让她放在冰箱时，她注意到：

1. 加尔文钓的鱼比昆廷多。

2.怀利和埃米特两个人钓的鱼与加尔文和昆廷钓的鱼一样多。

3.加尔文和怀利两个人钓的鱼比埃米特和昆廷两个人钓的鱼少。

那么，你能计算出他们每个人各钓了几条鱼吗？

230. 扑克牌的数值

迈克·米勒、琳达·凯恩和比夫·本宁顿正在思维游戏俱乐部的游戏室里玩。迈克刚刚把扑克牌正面朝下放好，现在他向他们挑战，让他们找出这些扑克牌的数值。欢迎读者朋友一起玩（为了表达清楚，假设读者看到的线索与扑克相一致）。

这4张正面朝下的扑克是黑、红、梅、方4种扑克，它们的数字是A，K，Q，J。下面有5条线索，它们会帮你确定每张扑克：
（1）扑克A在黑桃的右边。
（2）方块在扑克Q的左边。
（3）梅花在扑克Q的右边。
（4）红桃在扑克J的左边。
（5）黑桃在扑克J的右边。

231. 宠物的主人

根据所给的条件，你能否判断出下面的宠物主人分别是上面的哪个吗？

232. 图形识别

依据图形变化规律找出第四幅图形。

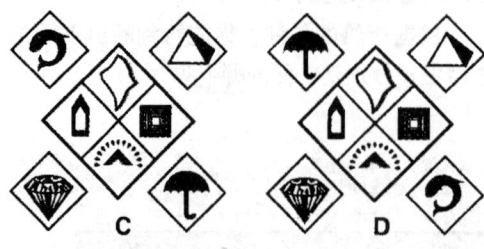

233. 摇滚乐队

5 个年轻人准备组建摇滚乐队。通过下面的信息，你能否说出这 5 个人的名字（1）、乐队的名字（2）、乐队的第 1 首歌（3）和乐队的音乐风格（4）？

1. 史蒂夫的乐队叫红色莱姆，但是他们录制的不是前卫摇滚风格的《黑匣子》。

2. 内克乐队的歌——《突然》不属于歌德摇滚或另类摇滚风格。

3. 布鲁斯的乐队不叫空旷的礼拜。梅根的乐队也不叫空旷的礼拜，同时她也不是前卫摇滚风格。

4. 贝拉松是 1 个情绪摇滚风格的乐队名字，但是他们的歌不叫《朱丽叶》。

5. 莱泽开始组建 1 个独立摇滚风格的乐队。

6. 雷尔的乐队在录制 1 首名为《毁灭世界》的歌，这首歌的曲风不属于情绪摇滚。

7. 有 1 个乐队叫倾斜。有 1 首歌叫《帆布悲剧》。

234. 航空公司

5 家航空公司的业务范围都是欧洲的大城市，但是不同的价格所包含的服务差距是很大的。根据下面的信息，你能否说出这些航空公司的名称（1）、分别的总部（2）、飞往的城市（3），以及服务的主要问题（4）？

1. Simplejet 公司的总部在荷兰或葡萄牙，飞往法兰克福或巴黎。

2. Herta 航空公司飞往巴塞罗那或布拉格。

3. 比利时航空公司要么就是食物很贵，要么就是不允许儿童乘坐。

4. 座位很狭窄的航空公司不是 BabyAir 就是 EFD，不是葡萄牙的就是比利时的航空公司。

5. 总是晚点的航空公司不是飞往布拉格就是法兰克福。

6. 飞往伦敦的航空公司不是儿童不能乘坐，就是每两天才飞 1 次。

7. Connor 航空公司飞往巴塞罗那或法兰克福，它的总部不是在葡萄牙就是在意大利，不是飞机晚点就是食物很贵。

8. EFD 航空公司飞往伦敦或法兰克福，不是座位很狭窄就是飞机晚点。

9. 有 1 家航空公司的总部在丹麦。

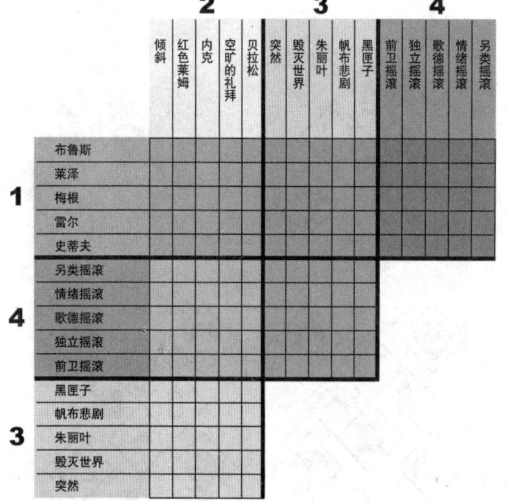

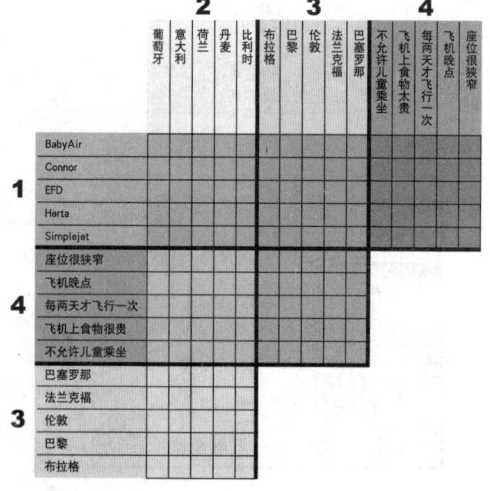

235. 孩子与父亲

根据题目所给的条件，你能否判断出下面的孩子分别属于上面哪个爸爸？

236. 聚餐

5 个年轻人在 1 家鱼和薯条店里聚餐。根据下面的信息，你能否说出哪个人（1），吃了什么鱼（2），还吃了其他的什么食品（3），他们各自付了多少钱（4）？

1. 莫顿比点了鲽鱼套餐的男孩付钱付得多。

2. 点了面包的男孩比没有点加拿大鲽鱼，但是点了玛氏巧克力棒的男孩付钱付得少。

3. 要么莱恩点了加拿大鲽鱼，阿里斯德尔点了比萨；要么莫顿点了加拿大鲽鱼，莱恩点了比萨。

4. 尼尔点了 1 块芝士，他比点北大西洋鳕鱼的男孩多付了 5 元，这个人可能是多戈尔或者莫顿。北大西洋鳕鱼比鳕鱼套餐要贵。

5. 多戈尔或莫顿中有 1 个人总共付了 55 元，并且点了 1 个玛氏巧克力棒。

6. 有人点了薯片。

7. 这 5 个人分别所付的钱是 40 元，45 元，50 元，55 元和 60 元。

237. 飞行训练

某年，有个学校的 5 个男孩被选去进行飞行训练，但是最后没有 1 个人成为飞行员，因为他们在训练过程中不能顽强地坚持下去。根据下面的信息，你能否说出这几个男孩的名字（1）、他们被派往训练的学校（2）、他们的昵称（3），以及他们没有完成训练任务的原因（4）？

1. 被人叫做水塘的人去了温切斯特大学。他既不是雷奥纳多也不是贾斯汀。

2. 去西鲁斯伯里大学的总是不能瞄准。他不是亚当，亚当的昵称是海雀。

3. 去海洛的那个人不会驾驶。

4. 塞巴斯蒂安被叫做生姜，他的枪法好极了。

5. 詹姆士和塞巴斯蒂安都不会起飞发生错误。

6. 被叫做烤面包的人去的不是伊顿大学。

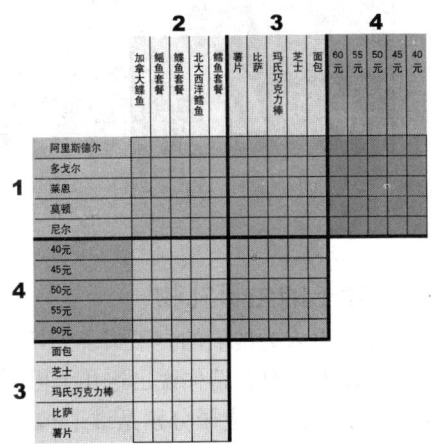

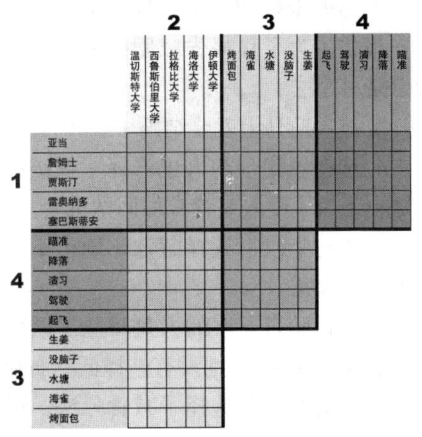

7.雷奥纳多在演习时总是表现不好，他的绰号不叫没脑子。

8.有1个人总是不能准确降落。

9.有1个人去了拉格比大学。

238. 丈夫和妻子

根据题目所给的条件，你能否把上面的丈夫和下面的妻子正确配对？

为了度假。

8.有人选择了低GI值疗法。

9.有人选择了壁球。

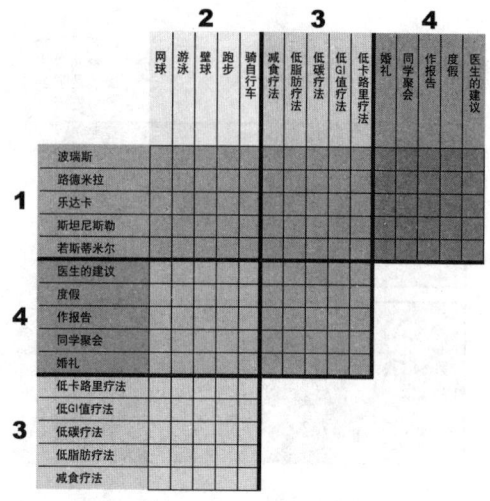

240. 老师与学生

根据题目所给的条件，你能否说出下面的小孩分别是上面哪个老师的学生？

239. 减肥

5个人因为不同的原因开始减肥。根据下面的信息，请你说出这5个人的名字（1）、减肥所选择的运动（2）、所选择的食疗方案（3），以及减肥的原因（4）？

1.斯坦尼斯勒没有选择游泳。

2.路德米拉选择了网球，但是并不是为了作报告（为了作报告减肥的那个人选择了低卡路里疗法）。

3.波瑞斯马上就要结婚了。

4.选择了跑步的人也选择了低碳疗法，但她不是为了度假或者参加同学聚会。

5.乐达卡没有选择游泳，她也不是为了作报告而减肥。

6.选择骑自行车的人是听从了医生的建议开始减肥的，但是她没有选择低脂肪疗法。

7.若斯蒂米尔选择了减食疗法，但不是

241. 妻子的生日礼物

几个男人为他们的妻子买了生日礼物。根据下面的信息，请你说出这几个男人的名字（1）、他们的妻子分别是谁（2）、他送她的礼物是什么（3）、他们结婚多久了（4）。

1.蒂瑞斯和贝格特比买项链的那个男人结婚要早。

2.恩格瑞德将收到1枚戒指。

3.买耳环的男人已经结婚16年了；这个人不是沃尔克。

4.米切尔买的是摄像机。

5.罗兰德已经结婚14年了，但是他的妻子不是安妮特。

6.卡罗蒂结婚5年了。

7.贝特不会收到项链，也不会收到内衣，她的丈夫不是米切尔。

8.其中有1对结婚7年了，有1对结婚3年了。

9.有1个男人的名字叫库特。

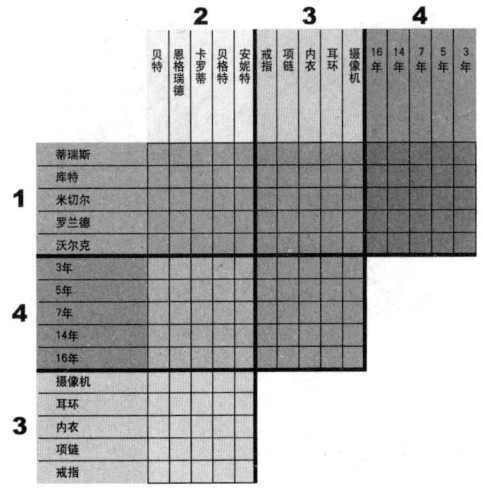

242. 送货

5个司机将不同的货物送往不同的地点。根据下面的信息，你能否说出这5个司机的名字（1）、运输的货物（2）、运往的城市（3）、用的是哪种车（4）？

1.床单不是用卡车运输的。

2.面包车开往巴林群岛。

3.大卫·海塞尔弗的专辑是用有篷货车运输的，但司机不是扎弗尔也不是勒瑞切尔。

4.奥玛运输的是DVD,但不是运往利雅得。

5.运往大马士革的车司机不是布切斯，

也不是奥玛。

6.用救护车运往利雅得的货物，不是面粉（运面粉的车是由艾拉丁开的）。

7.扎弗尔的车开往开罗，但是车里装的不是棉花。

8.有1种货物是运往麦地那的。

9.有1种货物是用小汽车运的。

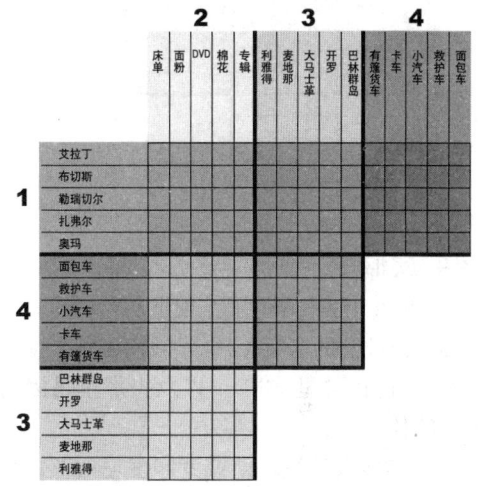

243. 出租车

5个女人在某城市坐出租车。根据下面的信息，请你分别说出她们的名字（1）、她们要去哪里（2）、去干什么（3），以及付了多少钱（4）。

1.泰娜比坐车去健身的女人付的车钱多。

2.琳达和泰娜中有1个人去喝咖啡了，并且付的车钱比去见朋友的女人多 5 元。

3.去中央公园的女人比去世纪中心车站的女人付的钱少，去车站的女人不是去购物的。

4.要么是菲琳去苏豪公寓，泰娜去购物；要么是格斯去苏豪公寓，菲琳去购物。

5.艾妮去了阳光屋，而且她比去喝咖啡的女人多付了5元的车钱。

6.泰娜和琳达中有1个人去观光了，总共付了45元的车钱。

7.有1个女人去自由岛了。

8.这5个女人付的车钱分别是30元，35

元，40元，45元和50元。

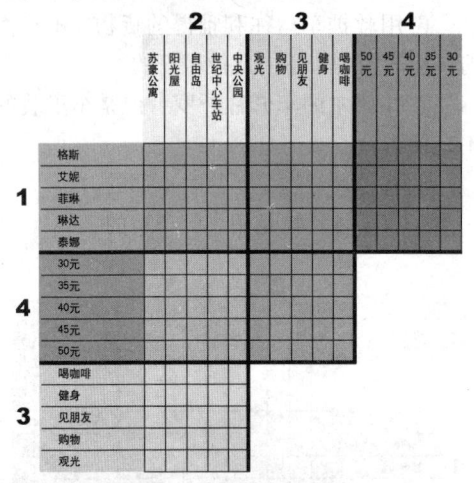

		2				3				4				
		苏豪公寓	阳光屋	自由岛	世纪中心火车站	观光	购物	见朋友	喝咖啡	50元	45元	40元	35元	30元
1	格斯													
	艾妮													
	菲琳													
	琳达													
	泰娜													
4	30元													
	35元													
	40元													
	45元													
	50元													
3	喝咖啡													
	健身													
	见朋友													
	购物													
	观光													

244. 度假

5位女士去国外度假。根据所给的信息，请你说出她们的名字（1）、她们去哪个国家（2）、住在哪里（3），以及去那里是因为那里的什么（4）。

1.泰莎去毛里求斯或者印度尼西亚，为的是那里的商店或者沙滩。

2.莫娜是为了当地的森林或者寺庙去度假的。

3.在柬埔寨度假的女士住的既不是酒店也不是度假村。

4.别墅是在印度尼西亚或柬埔寨，选择住别墅的不是艾德瑞就是罗梅。

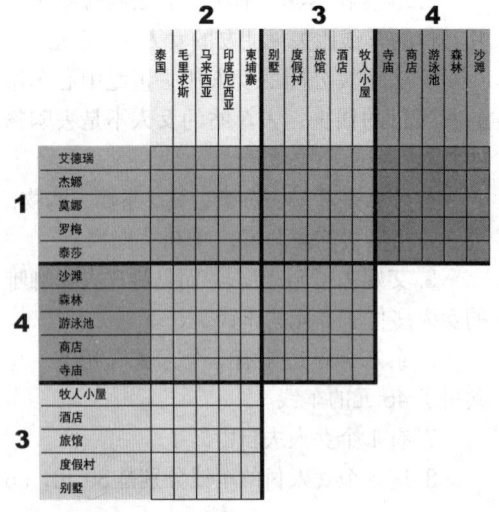

		2					3					4				
		泰国	毛里求斯	马来西亚	印度尼西亚	柬埔寨	别墅	度假村	旅馆	酒店	牧人小屋	寺庙	商店	游泳池	森林	沙滩
1	艾德瑞															
	杰娜															
	莫娜															
	罗梅															
	泰莎															
4	沙滩															
	森林															
	游泳池															
	商店															
	寺庙															
3	牧人小屋															
	酒店															
	旅馆															
	度假村															
	别墅															

5.牧人小屋可能是在寺庙或者商店附近。

6.要么就是酒店，要么就是旅馆有1个游泳池。

7.杰娜要么去印度尼西亚，要么去泰国；她可能是为了那里的森林，也可能是去那里的商店购物；她可能待在牧人小屋或者度假村。

8.罗梅可能住在牧人小屋或者别墅里，她去度假是为了那里的游泳池或者商店。

9.有1位女士去了马来西亚。

245. 爷孙

根据题目所给的条件，你能否将孙子孙女跟爷爷奶奶正确配对？

246. 生病的小孩

5个小孩生病了。根据所给的信息，请你说出他们的名字(1)、他们得的什么病(2)、他们睡衣的颜色(3)，以及他们得到了什么作为安慰(4)。

1.穿红色睡衣的小孩得到了1本书。

2.得了麻疹的小孩（不是贝利叶也不是弗兰克）得到了1个玩具。

3.艾丽斯得了腮腺炎。另外1个小孩（穿着绿色睡衣）有朋友来看望。

4.弗兰克穿着橘色的睡衣，他得的不是扁桃体炎。

5.里伊得了猩红热,他的睡衣不是绿色的。

6. 得了水痘的小孩没有得到冰激凌。

7. 穿蓝色睡衣的不是罗宾，也不是里伊。

8. 有 1 个小孩穿着黄色睡衣。

9. 有 1 个小孩得到了果冻。

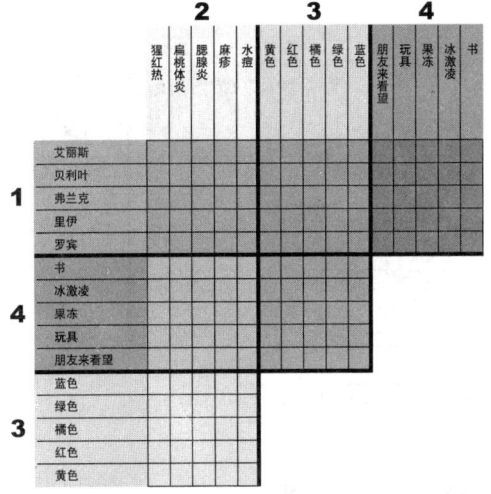

247. 躲雨

1 群小孩躲雨进了家糖果店。根据所给的信息，你能否说出她们的名字（1）、她们分别买了什么糖（2）、买了几个（3），以及她们穿着什么颜色的雨衣（4）？

1. 沃里穿着 1 件黑色雨衣。

2. 穿蓝色雨衣的小孩（不是古恩娜）买了 12 块糖。

3. 何瑞莎比穿黄色雨衣的小孩多买两块糖。

4. 有 1 个小孩买了 6 个棒棒糖。

5. 买甘草糖的不是沃里，也不是穿黄色或者白色雨衣的小孩。

6. 穿紫色雨衣的小孩买的是巧克力。

7. 比亚妮买了 10 块糖，但不是太妃糖。

8. 有 1 个小孩买了 4 块糖，另外 1 个买了 8 个。

9. 有 1 个小孩叫若哥娜。

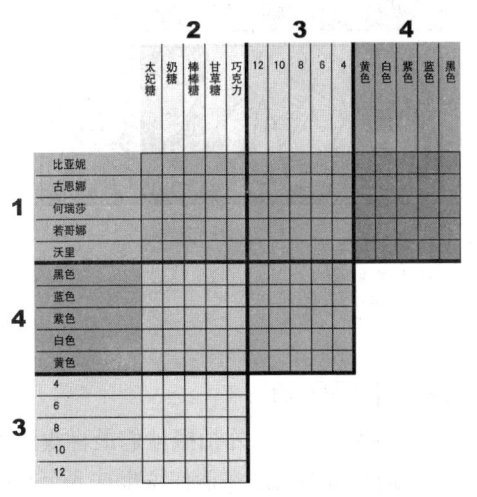

248. 编织的女人

5 个女人经常聚在一起编织。根据所给的信息，你能否说出她们的名字（1）、她们分别织的是什么（2）、她们喜欢喝什么（3），以及喜欢吃什么（4）？

1. 丽丝喜欢黄油饼干，但是不喜欢喝汤。

2. 正在织披肩的女人喜欢喝橙汁。

3. 喜欢吃生姜饼干的女人正在织毛衣；她不是凯伊，也不是尼斯萨。

4. 正在织围巾的女人喜欢喝汤。但她不是格瑞特，格瑞特喜欢吃消化饼。

5. 凯伊喜欢喝水，她不喜欢吃朱古力饼干。

6. 喜欢吃果酱饼干的女人正在织的不是袜子。

7. 喜欢喝咖啡的既不是艾达，也不是丽丝。

8. 有 1 个女人喜欢喝茶。

9. 有 1 个女人正在织围裙。

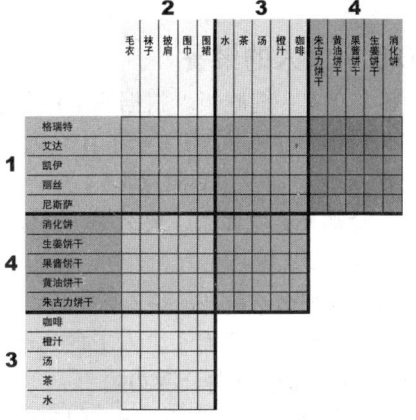

249. 母亲节

就要到母亲节了。根据所给的信息，你

能否说出每位母亲（1）将会从她的儿子（4）那里收到什么颜色（3）的什么花（2）？

1. 安特尼特会收到蓝色的花。

2. 乔治准备送给母亲黄色的花，但不是菊花。

3. 塞宾不是蒂第尔的母亲，她收到的花不是红色的。

4. 罗恩特准备给母亲买玫瑰，但既不是粉色也不是白色的。

5. 玛克西是华森特的母亲，她不会收到红色的兰花。

6. 蒂第尔的母亲不是多米尼克。

7. 艾丝泰勒会收到康乃馨，但不是粉色的。

8. 有 1 位母亲会收到百合花。

9. 有 1 位母亲的儿子叫巴斯坦。

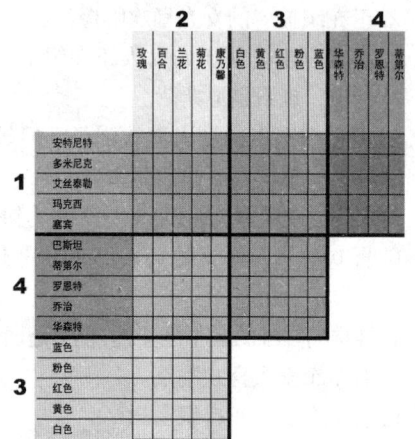

250. 5 个女人的聚餐

5 个女人一起吃饭。根据所给的信息，你能否说出每个女人（1）吃了什么肉（2）和配餐（3），以及饭后甜点（4）？

1. 黛娜要么吃面条，要么喝汤；甜点要么吃蛋糕，要么吃巧克力。

2. 玛丽要么吃蔬菜，要么吃豆腐。

3. 丽丽和黛娜中有 1 个人主食会选择鸭肉或者羊肉，甜点选择巧克力。

4. 米琳会点鸡肉或者羊肉，配餐会选米饭或者汤。

5. 苏伊会点牛肉或者羊肉，配餐会点豆

腐或者汤，甜点会点咖啡或者蛋糕。

6. 蛋糕会紧跟着汤或者蔬菜上。

7. 点鸭肉的会点咖啡或者冰激凌作为甜点。

8. 点面条的会点荔枝或者冰激凌作为甜点。

9. 有 1 个女人点的是猪肉。

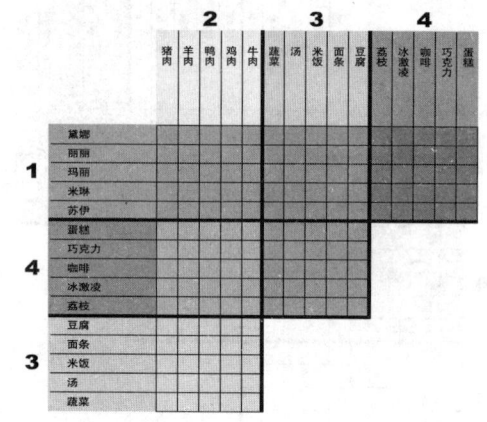

251. 病人和医生

根据题目所给的条件，你能否将下面的病人和上面的医生正确配对？

252. 5 个摄影师

5 个摄影师去国外拍摄他们最喜欢的事物。根据所给的信息，请你说出这 5 个摄影师的名字（1）、他们最喜欢拍摄的对象（2）、他们在哪个城市（3），以及他们到现在为止拍了多少张照片（4）。

1. 麦古米在汉诺威。

2. 在柏林的摄影师（不是尤瑞）拍了 18 张照片。

3. 艾耶姆最喜欢拍花，他拍的照片比在达姆施塔特的摄影师多 1 张。

4. 其中有 1 个人拍了 15 张教堂的照片。

5. 喜欢拍动物的摄影师不是麦古米，他所在的城市名字不是由两个字组成的。

6. 在慕尼黑的摄影师喜欢拍房屋。

7. 尤凯克拍了 17 张照片，但不是关于陌生人的。

8. 其中有 1 个人拍了 14 张照片，1 个人拍了 16 张。

9. 有 1 个人在纽伦堡。

10. 有 1 个摄影师叫阿瑞萨。

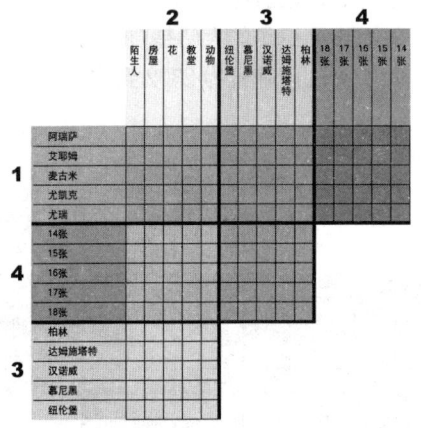

253. 撒克逊人

传说很久以前某国的几个村子是由撒克逊人管理的。根据下面的信息，请你分别说出这几个撒克逊人的名字（1）、他们来自哪里（2）、他们管理哪个村子（3），以及他被称做什么（4）。

1. 西温林的外号是"大胆"，他来自艾塞克斯。

2. 奥发被称做"野兽"，他不是来自麦

西亚。

3. 来自怀斯的撒克逊人管理着弗瑞弗德村。他不是奥发，也不是艾伯特。

4. 艾利和西温林的外号都不是"伟大"。

5. 管理查德林顿的撒克逊人被人称做"公正"。

6. 来自苏塞克斯的人不管理卡斯西顿。

7. 有 1 个人被人称做"革命"。

8. 有 1 个人管理阿斯恩沃村。

254. 女朋友

根据题目所给的条件，你能否判断出女孩与男孩的关系？

255. 恋人

5 个男人打算在满月的时候向各自的恋人献上 1 首歌来表达爱意。根据下面的信息，请你说出他们的名字（2）、他们恋人的名字（1）、他们是怎么相遇的（3），以及这 5 个男人分别打算唱什么歌（4）。

1. 塞恩娜不是西欧卫的恋人，她将要听到的也不是《我发誓》这首歌。

2. 安顿尼尔在买黄瓜时遇到了他的恋人。他不准备唱《惊奇》和《忠诚》。

3.多纳特罗准备给他的恋人唱《永远》这首歌。他们不是在给摩托车加油的时候认识的。

4.艾丽娜将会听到《呼吸》这首歌。

5.西欧卫的恋人不是玛若。

6.里欧的恋人是多娜特。他不是在看足球赛的时候遇见她的—看足球赛的那个女人将听到恋人给她唱《我发誓》。

7.莫尼卡和男朋友是在买香烟时认识的。她将听到的歌是《惊奇》。

8.有1对恋人是在葡萄酒酿造厂认识的。

9.有1个男人名叫弗瑞泽欧。

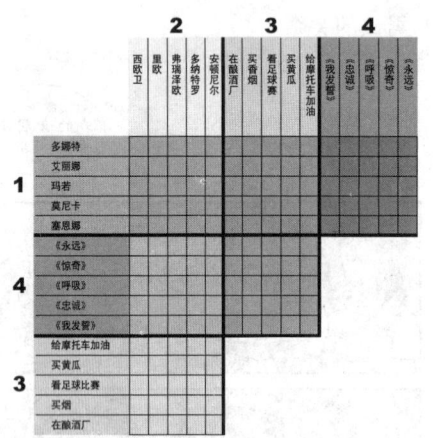

		2					3					4				
		西欧卫	里欧	弗瑞泽欧	多纳特罗	安顿尼尔	在酿酒厂	买香烟	看足球赛	买黄瓜	给摩托车加油	《我发誓》	《忠诚》	《呼吸》	《惊奇》	《永远》
1	多娜特															
	艾丽娜															
	玛若															
	莫尼卡															
	塞思娜															
4	《永远》															
	《惊奇》															
	《呼吸》															
	《忠诚》															
	《我发誓》															
3	给摩托车加油															
	买黄瓜															
	看足球比赛															
	买烟															
	在酿酒厂															

256.警察与小偷

根据题目所给的条件,你能否判断出下面的小偷分别是被上面的哪个警察抓到的吗?

257.邻居

5个邻居喜欢待在自己家的院子里。根据所给的信息,你能否说出他们的名字(1)、他们家的门牌号(2)、他们家的大门的颜色(3),以及他们各自喜欢在院子里干什么(4)?

1.大卫家的门牌号比喜欢野餐的人大。

2.绿色大门房子的门牌号比黄色大门房子的小,黄色大门房子的主人不喜欢打篮球。

3.要么是沃尔特喜欢打篮球,约翰的房子大门是蓝色的;要么是大卫喜欢打篮球,沃尔特的房子大门是蓝色的。

4.迈克的房子大门是红色的,他家的门牌号比喜欢看报纸的人(不是别克就是大卫)家的大。他家的门牌号也比喜欢洗车的人家的大。

5.门牌号是2305的人喜欢晒太阳,这个人不是大卫就是别克。

6.有1座房子的大门是白色的。

7.所有的门牌号为2302到2306。

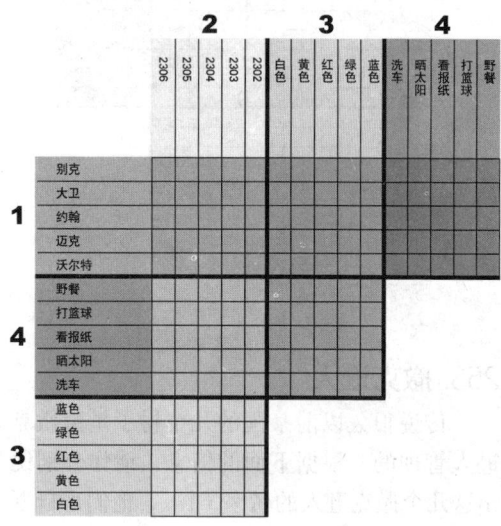

		2					3					4				
		2306	2305	2304	2303	2302	白色	黄色	红色	绿色	蓝色	洗车	晒太阳	看报纸	打篮球	野餐
1	别克															
	大卫																
	约翰																
	迈克																
	沃尔特																
4	野餐																
	打篮球																
	看报纸																
	晒太阳																
	洗车																
3	蓝色																
	绿色																
	红色																
	黄色																
	白色																

258.采访

根据所给的条件,你能否判断出上面的

记者分别要采访下面的哪个人？

259. 电话

某天早晨，3个女人都在同一时段打电话。从以下给出的线索中，你能说出打电话和接电话的人分别是谁吗？

1.伯妮斯在她母亲接完电话之后打了1个电话。

2.玛格丽特曾和艾莉森电话聊天。

3.劳拉是接到电话的一方。

4.女儿去接电话是在某人打电话给乔伊斯之后。

260. 跳棋

跳棋协会这个星期举办了1场激动人心的跳棋比赛。从以下给出的线索中，你能说出3个让人有所期待的选手名字、俱乐部及他们最后的排名吗？

1.跳棋选手泰勒代表红狮队。

2.在史蒂夫胜出比赛后，紧接着是沃尔顿胜出。

3.在第3场比赛中胜出的选手姓汉克。

4.比尔比来自五铃队的选手早胜出比赛。

	汉克	泰勒	沃尔顿	五铃队	红狮队	船星队	第1名	第2名	第3名
比尔									
玛丽									
史蒂夫									
第1名									
第2名									
第3名									
五铃队									
红狮队									
船星队									

名	姓	俱乐部	名次

261. 古卷轴

伦敦大都会博物馆在最近的展览中新展出了4个古卷轴。从所给出的线索中，你能分别写出这4个卷轴中的语言类别、分别属于哪种形式，以及发现它们的考古学家的名字吗？

1.雀瓦教授发现的卷轴是用古巴比伦文撰写的。

2.卷轴 D 是用最早的拉丁文字撰写的。

3.卷轴 A 是1份衣物清单，它不是被布卢斯教授发现的。

4. 迪格博士发现的卷轴B, 不是起源于亚述。

5. 古埃及卷轴是用象形文字撰写的, 不是那部带有色情色彩的情书。

6. 夏瓦博士发现的那本小寺庙官员的日记被展出在类似于1个商人账本的卷轴旁。

语言: 亚述语, 古巴比伦文, 拉丁文, 埃及语

形式: 账本, 日记, 衣物清单, 情书

发现者: 布卢斯教授, 迪格博士, 夏瓦博士, 崔瓦教授

262. 战舰(一)

这道题是按照1个古老的战舰游戏设计的, 你的任务是找出表格中的船。方格中已填入了几个代表海或某种船的局部的图案, 而紧靠行和列边上的数字表示这行或这列被占的方格总数。船和船之间可以水平或垂直停靠, 但是任何两艘船或船的某个部分都不可以在水平、垂直和对角方向上相邻或重叠。

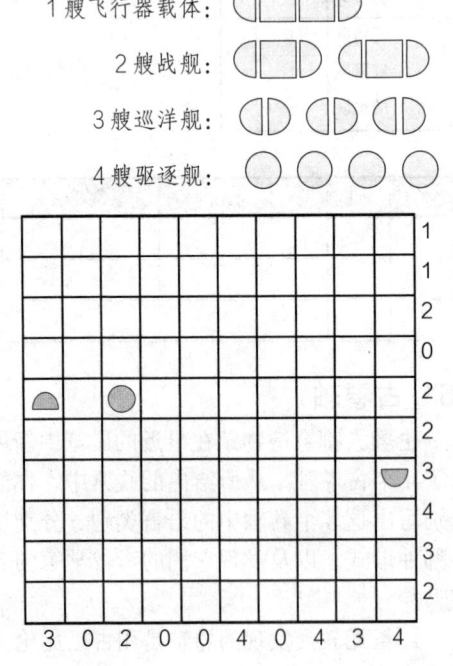

263. 回到地球

"大不列颠"号航天飞机结束了它的火星之旅, 要返回地球。飞机上一共有5个成员, 其中包括1位飞行员和4位负责不同实验程序的科学家, 他们已经在变速躺椅上做好了返回地球的准备, 从以下所给的线索中, 你能推断出在各个躺椅上成员的全名和他们的身份吗?

1. 克可机长的名字不是萨姆, 坐的是A躺椅, 他不和其中1位宇航员相邻, 这位宇航员不是官员姜根。

2. E躺椅上的宇航员是巴石, 戴尔上校没占着躺椅B。

3. 尼克·索乐是"大不列颠"号上年纪最大的成员。

4. 在躺椅D上的成员是1个研究火星引力实验的物理学家。

5. 多明克教授, 船员中的两位女性之一, 是1位化学家, 但是从别人和她说话的方式你看不出来她是1位女性。

6. 多克是1位生物学家, 但如果飞机上有需要时, 她也是飞机上的医疗官, 她不是机长克尼森, 也不在A躺椅上。

名: 巴石, 多克, 尼克, 萨姆, 姜根

姓: 戴尔, 多明克, 克尼森, 克可, 索乐

身份: 宇航员, 生物学家, 化学家, 物理学家, 飞行员

264. 蜂窝

由14个小六边形组成了1个蜂窝状图形, 每个小六边形都包含字母A到N中的1个, 你能把各个字母按以下线索填进各个小六边形中吗?

1. 字母A在F的右下角, 且紧挨着F, 并在M的左上方。

2. 六边形1中的字母是字母表中前5个之一。

3. 字母H在D的右上方, 这两个字母的周围均不包含元音字母。

4. N和I在垂直线上, N在较高的位置。

5. 六边形7中的是字母K。

6. 六边形9中的字母在字母表中的位置

要比它上方六边形 4 中的字母前 2 位。

7.六边形 14 中的字母是个元音字母，在字母表中，它紧排在六边形 5 的字母的前面。

8.G 和 L 相邻，L 更靠右边。

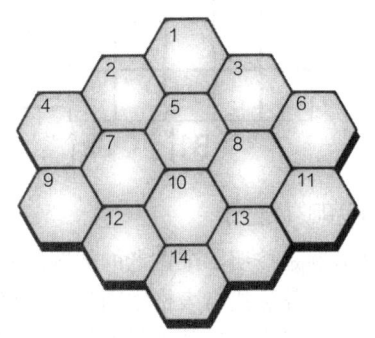

265. 寄出的信件

根据所给出的线索，你能说出位置 1～4 上的女士的姓名和她们要寄出的信件的数目吗？

1.埃德娜和鲍克丝夫人是离邮筒最近的人；前者寄出的信件数比后者少。

2.邮筒两边的女士寄出的总信件数一样。

3.克拉丽斯·弗兰克斯所处位置的编号，比邮筒对面寄出 3 封信的那个女人小。

4.博比不是斯坦布夫人，她不在 3 号位置。

5.只有 1 个女人所处的位置编号和她要寄的信件数是相同的。

名：博比，克拉丽斯，埃德娜，吉马
姓：鲍克丝，弗兰克斯，梅勒，斯坦布
信件数：2，3，4，5

266. 柜台交易

有两位顾客正在 1 家化学用品商店买东西。从以下所给的线索中，你能正确地说出

售货员和顾客的姓名、顾客各自所买的东西以及找零的数目吗？

1.杰姬参与的买卖中需要找零 17 便士，而沃茨夫人不是。

2.朱莉娅是由 1 个叫蒂娜的售货员接待的，但她不是买洗发水的奥利弗夫人。

3.图中的 2 号售货员不是莱斯利，而莱斯利不姓里德。

4.阿尔叟小姐卖出的不是阿司匹林。

5.2 号售货员给 4 号顾客找零 29 便士。

名：杰姬，朱莉娅，莱斯利，蒂娜
姓：阿尔叟，奥利弗，里德，沃茨
商品：洗发水，阿司匹林
找零：17 便士，29 便士

267. 填空（一）

要求每行每列上均有字母 A，B，C，D，E，同时，在粗线条构成的图形里，也要有字母 A，B，C，D，E。你能做到吗？

	D			
B		E		
	C			
				A

268. 赛马（一）

图中向我们展示了业余赛马骑师的 1 场点对点比赛，其中 1 场的照片展示在田径运动会的宣传卡片上。

从以下所给出的线索中，你能说出每匹马的名字以及各骑师的姓名吗？

1. 第 2 名的马名叫艾塞克斯女孩。

2. 海员赛姆不是第 4 名，它的骑师姓克里福特，但不叫约翰。

3. 蓝色白兰地的骑师，他的姓要比萨利的姓少 1 个字母。

4. 麦克·阿彻骑的马紧跟在西帕龙的后面，西帕龙不是理查德的马。

马的名字：蓝色白兰地，艾塞克斯女孩，海员赛姆，西帕龙

骑师的名字：埃玛，约翰，麦克，萨利

骑师的姓：阿彻（Archer），克里福特（Clift），匹高特（Piggott），理查德（Richards）

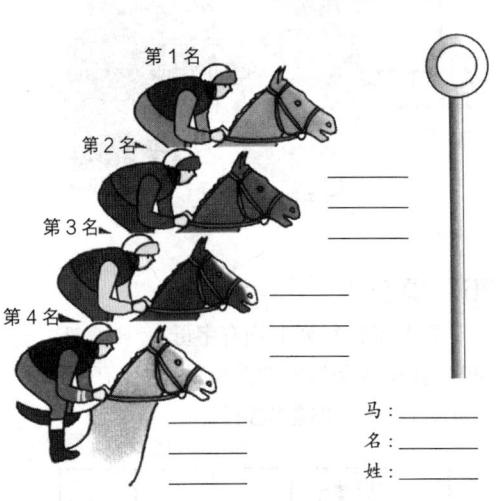

马：_____
名：_____
姓：_____

269.ABC（一）

按要求填表格。要求每行每列均包含字母 A，B，C 和两个空格。

表格外的字母表示箭头所指方向的第 1 或者第 2 个出现的字母，如 B1 代表箭头所指方向出现的第 1 个字母为 B，你能完成要求吗？

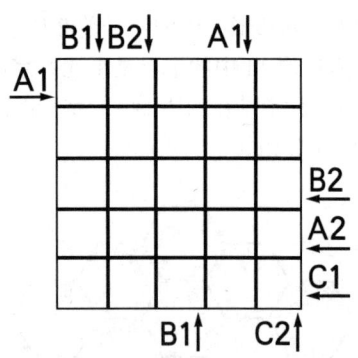

270. 战舰（二）

这道题是按照 1 个古老的战舰游戏设计的，你的任务是找出表格中的船。方格中已填入了几个代表海或某种船的局部的图案，而紧靠行和列边上的数字表示这行或这列被占的方格总数。船和船之间可以水平或垂直停靠，但是任何两艘船或船的某个部分都不可以在水平、垂直和对角方向上相邻或重叠。

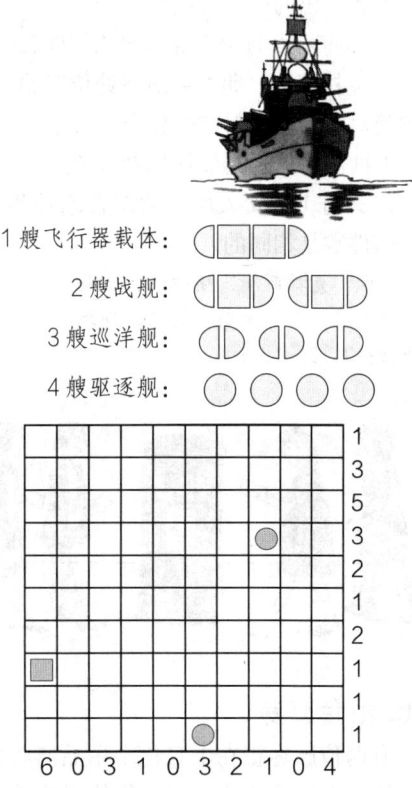

1 艘飞行器载体：
2 艘战舰：
3 艘巡洋舰：
4 艘驱逐舰：

271. 往返旅途

昨天，北切斯特的3个市民都去了市中心，他们来去都采用了不同的交通方式。从以下所给的线索中，你能说出这3个人的全名以及他们来回的交通方式吗?

1. 在市中心遭劫之后被警察带回家的受害者不是巴里·沃斯。

2. 姓扎吉的人不是坐巴士去市中心的。

3. 由于天下雨，范是坐计程车回来的。

4. 喜欢保持身材而步行的家伙是被救护车送回来的，因为他撞到了井栏石上。

5. 乔安妮不是那个骑新折叠自行车的人。

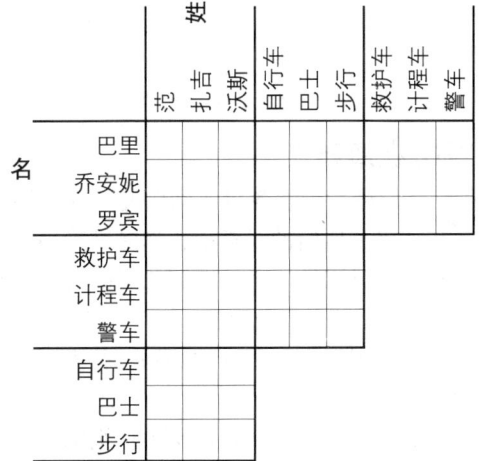

272. 扮演马恩的4个演员

马恩是20世纪最伟大的人物之一，最近，不列颠电视台将上演休·马恩的自传，电视台的新闻办公室公布了分别扮演马恩各个时期的4个演员的照片。从以下所给出的线索中，你能说出4个演员的名字以及所扮演的时期吗?

1. C饰演孩童时代的马恩，他不姓曼彻特。

2. 安东尼·李尔王不饰演晚年的马恩，马恩在晚年时期已经成为哲学家。

3. 理查德紧贴在哈姆雷特的左边，哈姆雷特饰演的是那个正谈论他伟大军事理想的马恩。

4. A是朱利叶斯。

名：安东尼，约翰，朱利叶斯，理查德
姓：哈姆雷特，李尔王，曼彻特，温特斯
时期：孩童，青少年，士兵，晚年

273. 五月皇后

考古学家最近在1个小村镇里挖掘出了1张关于五月皇后的名单，在18世纪早期，五月皇后连续7年被推选出来执政。从以下所给的线索中，你能说出1721～1727年分别推选出的五月皇后的全名是什么、她是谁的女儿吗?

1. 萨金特在教区长女儿之后两年、汉丽特之前两年成为五月皇后。

2. 布莱克是在1723年5月当选的。

3. 安·特伦特是偶数年份当选的五月皇后，她的父亲不是箍桶匠。

4. 安德鲁是在织工的女儿之前当选为五月皇后的，她不是比阿特丽斯。

5. 铁匠卢克·沃顿的女儿也是其中1位五月皇后，在沃里特之后当选，而且不是在1725年当选的。

6. 木匠的女儿苏珊娜是在索亚之前当选的五月皇后。

7. 米尔福德，在箍桶匠的女儿当选之后两年成为五月皇后，她的前任是旅馆主人的女儿，旅馆主人的女儿在玛丽当选的两年之后当选。

8. 教区长的女儿紧接在简之后当选为五月皇后。

名：安，比阿特丽斯，汉丽特，简，玛丽，苏珊娜，沃里特

姓：安德鲁，布莱克，米尔福德，萨金特，索亚，特伦特，沃顿

父亲：铁匠，木匠，箍桶匠，旅馆主人，教区长，茅屋匠，织工

274. 战舰（三）

这道题是按照 1 个古老的战舰游戏设计的，你的任务是找出表格中的船。方格中已填入了几个代表海或某种船的局部的图案，而紧靠行和列边上的数字表示这行或这列被占的方格总数。船和船之间可以水平或垂直停靠，但是任何两艘船或船的某个部分都不可以在水平、垂直和对角方向上相邻或重叠。

1 艘飞行器载体：

2 艘战舰：

3 艘巡洋舰：

4 艘驱逐舰：

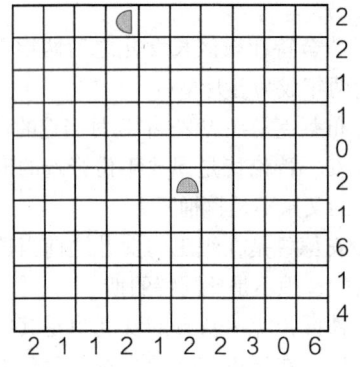

275. 年轻人出行

某一天，同一村庄的 4 个年轻人朝东、南、西、北 4 个方向出行。从以下所给的线索中，你能推断出他们各自走的方向、出行的方式以及出行原因吗？

1. 安布罗斯和那个骑摩托车去上高尔夫课的人走的方向刚好相反。

2. 其中 1 个年轻人所要去的游泳池在村庄的南面，而另外 1 个年轻人参加的拍卖会不是在村庄的西面举行。

3. 雷蒙德离开村庄后直接朝东走。

4. 欧内斯特出行的方向是那个坐巴士的年轻人出行方向逆时针转 90°的方向。

5. 坐出租车出行的西尔威斯特没有朝北走。

姓名：安布罗斯，欧内斯特，雷蒙德，西尔威斯特
交通工具：巴士，小汽车，摩托车，出租车
出行原因：拍卖会，看牙医，上高尔夫课，游泳

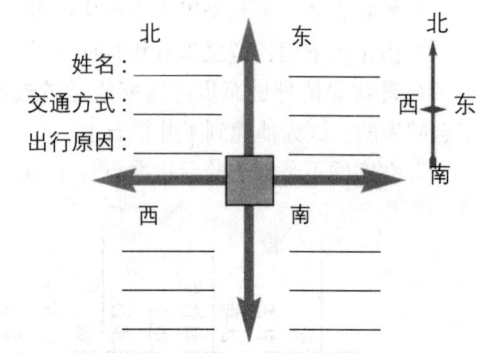

276. 在海滩上

3 位母亲带着各自年幼的儿子在海滩上玩，从以下所给的线索中，你能准确地推断出这 3 位母亲的姓名、她们儿子的名字以及孩子所穿泳衣的颜色吗？

1. 丹尼斯不是蒂米的妈妈，蒂米穿红色泳衣。

2. 莎·卡索在海滩上玩得相当愉快。

3. 曼迪的儿子穿绿色泳衣。

4. 那个叫响的小男孩穿着橙色泳衣。

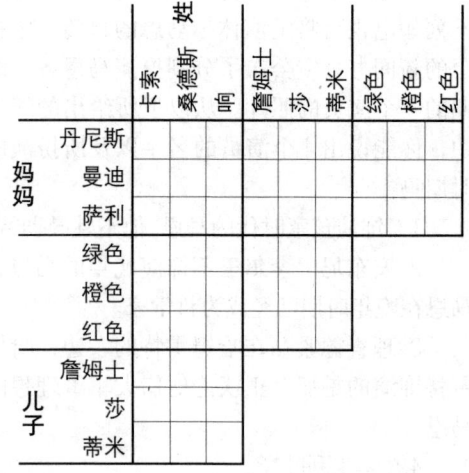

277. 路径逻辑（一）

运用你的逻辑推理能力，推导出符合以下条件的 1 条路径：从"开始"一直到"结束"，这条路径可以沿水平也可以沿垂直方向。各行各列起始处的数字代表这行或这列所必须经过的格子数（如下图例）。

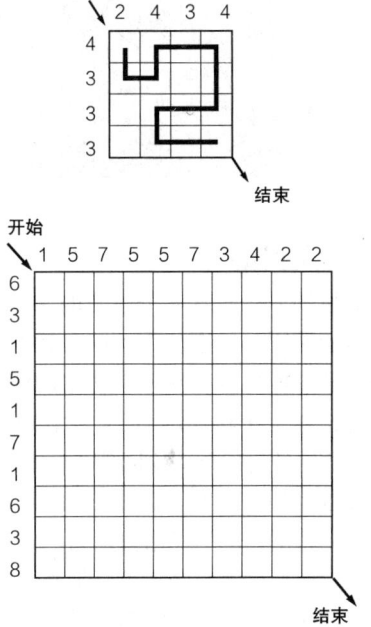

278. 堆积（一）

这里的砖堆并不是孩子们玩耍时随意堆砌的，而是暗示了右边空白砖堆的最终结果，和其他砖堆一样，空白的 1 堆内有 6 块砖，每块上标有字母 A，B，C，D，E，F 中的 1 个，且各不相同。砖堆下面的数字告诉你两个信息：

1. 每堆内符合以下条件的砖对数：这堆中相邻的砖对在结果中仍相邻且顺序 相同。

2. 每堆内符合以下条件的砖对数：这堆中相邻的砖对在结果中仍相邻，但顺序颠倒。

如：

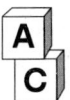

1 堆内如有 AC，结果堆内包含相同的相邻的两块砖，若 A 在 C 上面，就在该堆下面的"正确"栏内标 1，相反，如果结果堆内相邻两块砖中 C 在 A 上面，就在相应的"颠倒"栏内标 1，根据所给信息，你能标出结果堆上面的字母序列吗？

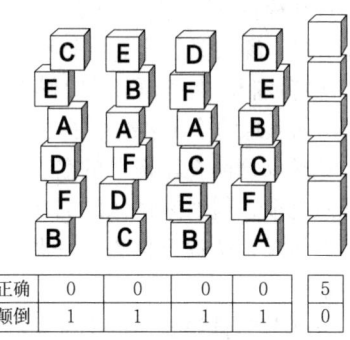

| 正确 | 0 | 0 | 0 | 0 | 5 |
| 颠倒 | 1 | 1 | 1 | 1 | 0 |

279. 工作服

3 位在高街区不同商店工作的女店员都需要穿工作服上班。从以下所给的线索中，你能推断出每个店员所在的商店名称、商店的类型以及她们工作服的颜色吗？

1. 艾米·贝尔在半岛商店工作，它不是 1 家面包店。

2. 埃德娜·福克斯每天都穿黄色的工作服上班。

3. 斯蒂德商店的女店员都穿蓝色的工作服。

4. 科拉·迪在 1 家药店工作。

	半岛商店	梅森商店	斯蒂德商店	面包店	药店	零售店	蓝色	粉红色	黄色
艾米·贝尔									
科拉·迪									
埃德娜·福克斯									
蓝色									
粉红色									
黄色									
面包店									
药店									
零售店									

280. 排行榜

比较一下圣诞节时和赛季末足球联盟的排行榜，发现前 8 支球队还是原来的那 8 位，但其中只有 1 支球队的名次没变。从以下所给的线索中，你能填出圣诞节时和赛季末足球联盟前 8 位的排行榜吗？

1. 贝林福特队到赛季末下降了 2 个名次，而罗克韦尔·汤队则上升了 3 个名次。

2. 匹特威利队在圣诞节的时候是第 2 名，却以不尽如人意的第 7 名结束了本赛季。

3. 克林汉姆队在圣诞节的名次紧靠在格兰地威尔之前，但后来两队的名次均有所提升，而克林汉姆队提升的更大一些，加大了两队的差距。

4. 圣诞节时排第 5 名的那个队在最后的排行榜中不是第 4。

5. 米尔登队的球迷为他们队在本赛季获得第 3 名的好成绩而欢呼。这样在半赛季排名时，他们队的名次处在了罗克韦尔·汤队之前。

6. 内德流浪者队的名次下降了，而福来什运动队在后半赛季迎来了好运。

7. 圣诞节时第 1 名的球队在赛季末只得了第 5 名。

球队：贝林福特队，福来什运动队，格兰地威尔，克林汉姆队，米尔登队，匹特威利队，罗克韦尔·汤队，内德流浪者队

281. 航海

在某个阳光灿烂的夏日午后，4 艘游船在某海湾航行，位置如图，从以下所给的线索中，你能说出这 4 艘船的名字、航海员以及帆的颜色吗？

1. 海鸠在马尔科姆掌舵的船东南面，马尔科姆掌舵的船帆是白色的。

2. 燕鸥在图中处于奇数的位置，它的帆是灰蓝色的。

3. 有灰绿色帆的那艘船不是图中的 4 号。

4. 维克多的船处于 3 号位置。

5. 海雀的位置数要比有黄色帆的游船小，但比大卫掌舵的船位置数要大。

6. 埃德蒙的船叫三趾鸥。

船名：海鸠，三趾鸥，海雀，燕鸥

航海员：大卫，埃德蒙，马尔科姆，维克多

帆：灰蓝色，灰绿色，白色，黄色

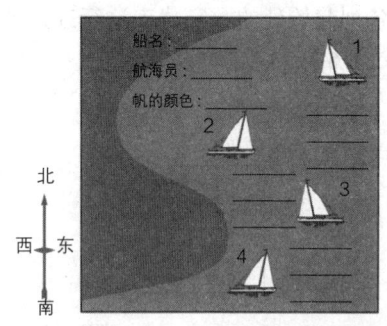

282. 交叉目的

上星期六，住在 4 个村庄的 4 位女士由于不同的原因，如图所示，同时朝着离家相反的交叉方向出发。从以下所给的线索中，你能指出这 4 个村庄的名字、4 位女士的名字以及她们各自出行的原因吗？

1. 波利是去见 1 位朋友。

2. 耐特泊村的居民出去遛狗。

3. 村庄 4 的名字为克兰菲尔德。

4. 西尔维亚住的村庄靠近参加婚礼的人住的村庄，并在这个村庄的逆时针方向。

5. 丹尼斯去了波利顿村，它位于举行婚礼的利恩村的东面。

村庄：克兰菲尔德村，利恩村，耐特泊村，波利顿村

名字：丹尼斯，玛克辛，波利，西尔维亚

原因：参加婚礼，遛狗，见朋友，看望母亲

283. 演艺人员

阳光灿烂的夏日，4个演艺者在大街上展现他们的才艺。从以下所给的线索中，你能判断出在1～4位置中的演艺者的名字以及他们的职业吗？

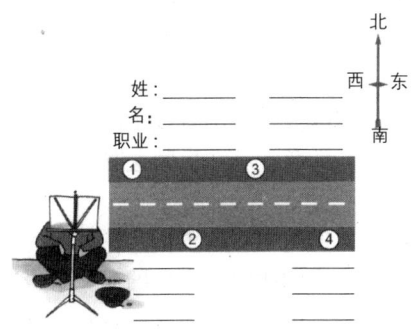

1.沿着大道往东走，在遇到弹着吉他唱歌的人之前你一定先遇到哈利，并且这两个人不在街道的同一边。

2.泰萨不是1号位置的演艺者，他不姓克罗葳。莎拉·帕吉不是吉他手。

3.变戏法者在街道中处于偶数的位置。

4.西帕罗在街边艺术家的西南面。

5.在2号位置的内森不弹吉他。

名：哈利，内森，莎拉，泰萨
姓：克罗葳，帕吉，罗宾斯，西帕罗
职业：手风琴师，吉他手，变戏法者，街边艺术家

284. 奇特的迷宫

这是1个路径奇特的迷宫，其中迷宫的直道构成了1幅图，当你用粗线条作标记的时候就会特别明显，这个图案看起来像1个小伙子。试试看吧！

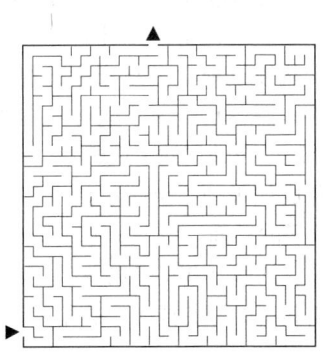

285. 可爱的熊

我妹妹在她梳妆台的镜子上摆放了4张照片，这4张照片展示的是她去年去动物园时所看到的熊。从以下所给的线索中，你能说出这4只熊的名字、种类以及各个动物园的名字吗？

1.布鲁马的照片来自它生活的天鹅湖动物园。

2.A照片上的熊叫帕丁顿，它不来自秘鲁。

3.格林斯顿动物园的灰熊的照片在1张正方形的明信片上。

4.眼镜熊的照片在鲁珀特的右边，鲁珀特熊不穿裤子。

5.泰迪的照片紧靠来自布赖特邦动物园那只熊的左边，后者不是东方太阳熊。

熊名：布鲁马，帕丁顿，鲁珀特，泰迪
种类：灰熊，极地熊，眼镜熊，东方太阳熊
动物园：布赖特邦，格林斯顿，诺斯丘斯特，天鹅湖

A	B	C	D

熊名：
种类：
动物园：

286. 下一个出场者

乡村板球队正在比赛，有4位替补选手正坐在替补席上整装待发。从以下给出的线索中，你能说出这4位选手的名字、赛号以及每个人在球队中的位置吗？

1.6号是万能选手，准备下一个出场，他坐的位置紧靠帕迪右侧。

2.尼克是乡村队的守门员。

3.旋转投手的位置不是7号。

4.图中C位置被乔希占了。

5.选手A将在艾伦之后出场。

6.坐在长凳B位置的选手是9号。

姓名：艾伦，乔希，尼克，帕迪
赛号：6，7，8，9
位置：万能，快投，旋转投手，守门员

姓名：＿＿＿＿ ＿＿＿＿ ＿＿＿＿ ＿＿＿＿

赛号：＿＿＿＿ ＿＿＿＿ ＿＿＿＿ ＿＿＿＿

位置：＿＿＿＿ ＿＿＿＿ ＿＿＿＿ ＿＿＿＿

287. 寻找骨牌（一）

1副标准形式的骨牌已经展开，为了清楚起见，它使用数字而非点数来表示。用你尖锐的笔尖和灵活的脑瓜，你能把每个骨牌都画出来吗？这些格子将对你非常有帮助。

| 0 |
| 1 |
| 2 |
| 3 |
| 4 |
| 5 |
| 6 |

| 0 | 1 | 2 | 3 | 4 | 5 | 6 |

0	3	0	3	6	4	6	2
5	5	0	5	0	4	3	0
6	2	0	4	2	3	4	1
1	2	2	4	3	4	1	3
1	1	0	6	5	3	3	1
1	3	6	6	6	2	2	5
2	1	4	0	4	0	6	5

288. 囚室

图中的Ⅰ，Ⅱ，Ⅲ，Ⅳ分别代表了4个囚室，你能依据线索说出被囚禁者以及他或她父亲的名字等细节吗？

1. 在房间Ⅰ里的是国王尤里的孩子。

2. 禁闭阿弗兰国王唯一的孩子的房间，是尤里天的郡主所在房子的逆时针方向上的第1间，后者的房子在沃而夫王子的对面。

3. 禁闭欧高连统治者孩子的房间，是国王西福利亚的孩子所在房间逆时针方向上的第1间。

4. 勇敢的阿姆雷特王子，在美丽的吉尼斯公主所在房间顺时针方向的第1个房间，即马兰格丽亚国王的小孩所在房间逆时针方向的下一间。

5. 卡萨得公主在1位优秀王子的对面，前者的父亲统治的不是卡里得罗。卡里得罗也不是国王恩巴的统治地。

被囚禁者：＿＿＿＿＿＿   ＿＿＿＿＿＿
国王：＿＿＿＿＿＿   ＿＿＿＿＿＿
王国：＿＿＿＿＿＿   ＿＿＿＿＿＿

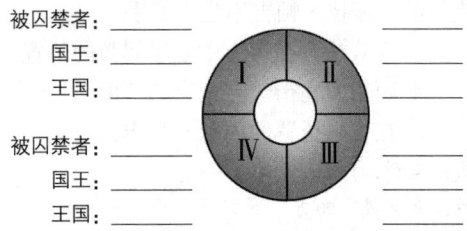

被囚禁者：＿＿＿＿＿＿   ＿＿＿＿＿＿
国王：＿＿＿＿＿＿   ＿＿＿＿＿＿
王国：＿＿＿＿＿＿   ＿＿＿＿＿＿

被囚禁者：阿姆雷特王子，沃而夫王子，卡萨得公主，吉尼斯公主

国王：阿弗兰，恩巴，西福利亚，尤里

王国：卡里得罗，尤里天，马兰格丽亚，欧高连

289. 夏日嘉年华

3个自豪的母亲带着各自的小孩去参加夏日嘉年华服装比赛，并且赢得了前3名的好成绩。从以下所给的线索中，你能将这3位母亲和她们各自的孩子配对，并描述出各小孩的服装以及他们的名次吗？

1. 穿成垃圾桶装束的小孩排名紧跟在丹妮尔的孩子的后面。

2. 杰克的服装获得了第3名。

3. 埃莉诺的服装像1个蘑菇。

4. 梅勒妮是尼古拉的母亲，尼古拉不是第 2 名。

	埃莉诺	杰克	尼古拉	机器人	垃圾桶	蘑菇	第1名	第2名	第3名
丹妮尔									
梅勒妮谢莉									
莉									
第1名									
第2名									
第3名									
机器人									
垃圾桶									
蘑菇									

290. 英国士兵的孩子们

退役士兵汤米·阿托肯的 3 个孩子都跟随他们的父亲加入了英国军队，并且都成了军官。从以下的线索中，你能说出汤米·阿托肯的 3 个小孩的出生年份、他们具体在哪种类型的部队服役以及他们现在驻扎的地方吗？

1. 在皇家工程队的阿托肯军官出生于 1977 年。

2. 皇家炮兵队的大卫·阿托肯要比在奥尔德肖特的兄弟年轻。

3. 詹姆士·阿托肯不在步兵团。

4. 布赖恩驻扎在伦敦的 1 个步兵团里。

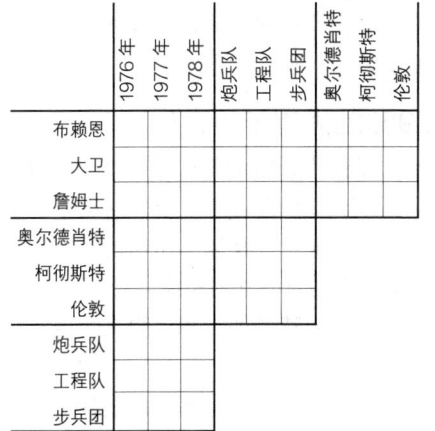

	1976年	1977年	1978年	炮兵队	工程队	步兵团	奥尔德肖特	柯彻斯特	伦敦
布赖恩									
大卫									
詹姆士									
奥尔德肖特									
柯彻斯特									
伦敦									
炮兵队									
工程队									
步兵团									

291. 战舰（四）

这道题是按照 1 个古老的战舰游戏设计的，你的任务是找出表格中的船。方格中已填入了几个代表海或某种船的局部的图案，而紧靠行和列边上的数字表示这行或这列被占的方格总数。船和船之间可以水平或垂直停靠，但是任何两艘船或船的某个部分都不可以在水平、垂直和对角方向上相邻或重叠。

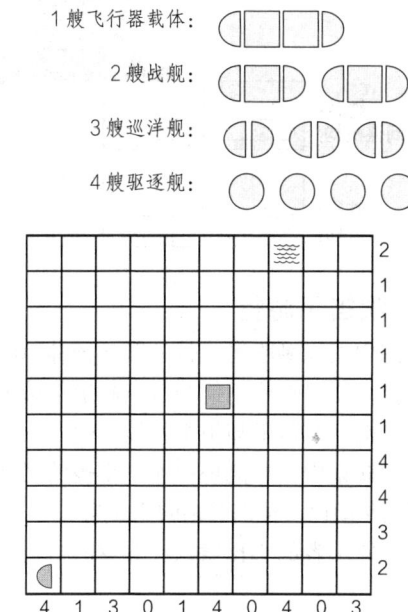

292. 房间之谜

第二次世界大战期间，西班牙保持中立，马德里的 1 个旅馆经常有战争双方的间谍居住，而在那里，西班牙的 1 个便衣警官也会监视着他们。以下是 1942 年的某天晚上旅馆第 1 层的房间房客分布情况，你能说出各个房间被间谍占用的情况以及他们都分别为谁工作吗？

1. 英国 M16 特务的房间在加西亚先生的正对面，后者的房间号要比罗布斯先生的房间小 2。

2. 6 号房间的德国 SD 间谍不是罗佩兹。

3. 德国另 1 家间谍机关阿布威的间谍行动要非常小心，因为房间 2，3，6 的人都认识他。

4. 毛罗斯先生的房间号要比苏联 GRU 间谍的房间大 2。

5. 法国 SDECE 间谍的房间位于鲁宾和美国 OSS 间谍的房间之间，美国 OSS 间谍的房间是三者中房间号最大的。

姓名：戴兹，加西亚，罗佩兹，毛罗斯，罗布斯，鲁宾

间谍机构：阿布威，GRU，M16，OSS，SD，SDECE

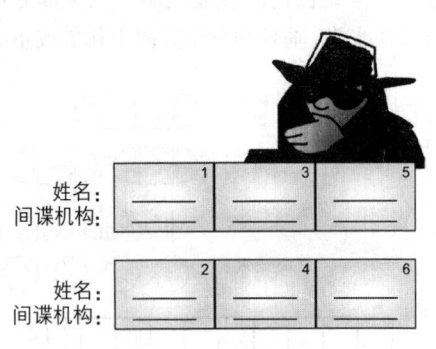

姓名：＿＿＿ ① ＿＿＿ ③ ＿＿＿ ⑤
间谍机构：＿＿＿ ＿＿＿ ＿＿＿

姓名：＿＿＿ ② ＿＿＿ ④ ＿＿＿ ⑥
间谍机构：＿＿＿ ＿＿＿ ＿＿＿

293. 吹笛手游行

图中展示了吹笛手带领着哈密林镇的小孩游行，原因是他用他的笛声赶走了镇里的所有老鼠，但镇里却拒绝付钱给他。从以下所给的线索中，你能说出 4 个小孩的名字、他们的年龄以及他们父亲的职业吗？

1. 牧羊者的小孩紧跟在 6 岁的格雷琴的后面。

2. 汉斯要比约翰纳年纪小。

3. 最前面的小孩后面紧跟的不是屠夫的孩子。

4. 队列中 3 号位置的小孩今年 7 岁。

5. 玛丽亚的父亲是药剂师，她要比 2 号位置的孩子年纪小。

姓名：格雷琴，汉斯，约翰纳，玛丽亚

年龄：5，6，7，8

父亲：药剂师，屠夫，牧羊者，伐木工

294. 假日阵营

调查者正在英国海滩上采访 4 个"快乐周末无极限"阵营的工作人员。从以下所给的信息中，你能说出每个被采访者的全名、他们的工作以及他们为哪个阵营服务吗？

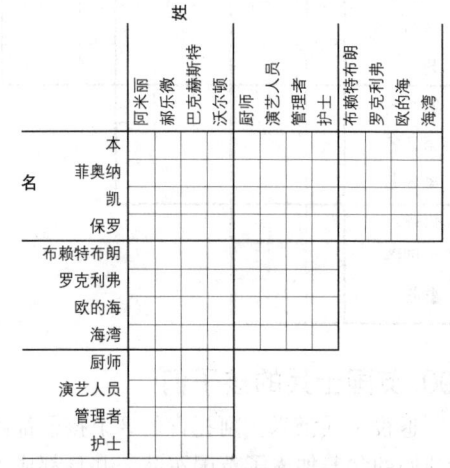

名	姓	工作	所属单位

1. 某个演艺人员（白天逗小孩子开心的小丑以及晚上为父母们表演的人员）在欧的海阵营工作，他不是菲奥纳和巴克赫斯特，后两人也不在布赖特布朗工作。

2. 护士凯负责节假日工作人员的健康问题，她不姓郝乐微，也没有被海湾阵营雇佣。

3. 在罗克利弗阵营工作的沃尔顿的名字不是保罗，他也不是厨师。

295. 戴黑帽子的家伙

红石西野镇治安长官的办公室墙上挂着 4 张图片，他们是臭名昭著的黑帽子火车盗窃团伙的成员。从以下所给的线索中，你能说出他们各自的姓名和绰号吗？

1. 赫伯特的图片和"男人"麦克隆水平相邻。

2. 图片 A 是雅各布，而图片 C 上的不是

西尔维斯特·加夹德。

3. 姓沃尔夫的男人照片和绰号"小马"的照片水平相邻。

4. 在 D 上的丘吉曼的绰号不是"强盗"。

名：赫伯特，雅各布，马修斯，西尔维斯特

姓：丘吉曼，加夹得，麦克隆，沃尔夫

绰号："强盗"，"男人"，"小马"，"里欧"

名：＿＿＿＿＿
姓：＿＿＿＿＿
绰号：＿＿＿＿＿

296. 戒指女人

洛蒂·吉姆斯本是 1 个不起眼的女演员，但是却因和很多有钱男人订过婚，关系破裂后得到他们价值连城的婚戒而扬名，从而成为名副其实的"戒指女人"。从以下所给的线索中，你能说出每个戒指里所用的宝石的类型、戒指的价值以及这些戒指分别是哪个男人给的吗？

1. 洛蒂从企业家雷伊那得到的钻戒就在价值 10000 英镑的戒指旁边。

2. 从电影导演马特·佩恩那得到的戒指要比那个硕大的红宝石戒指便宜。

3. 那个翡翠戒指价值不是 15000 英镑，它不是休·基恩给她的。

4. 戒指 3 花了她前未婚夫 20000 英镑。

宝石：钻石，翡翠，红宝石，蓝宝石

价值（英镑）：10000，15000，20000，25000

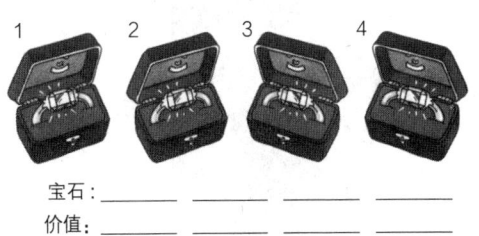

宝石：＿＿　＿＿　＿＿　＿＿
价值：＿＿　＿＿　＿＿　＿＿
未婚夫：＿＿　＿＿　＿＿　＿＿

未婚夫：艾伦·杜克，休·基恩，马特·佩恩，雷伊·廷代尔

297. 堆积（二）

下面的砖堆并不是孩子们玩耍时随意堆砌的，而是暗示了右边空白砖堆的最终结果，和其他砖堆一样，空白的 1 堆内有 6 块砖，每块上标有字母 A，B，C，D，E，F 中的 1 个，且各不相同。砖堆下面的数字告诉你两个信息：

1. 每堆内符合以下条件的砖对数：这堆中相邻的砖对在结果中仍相邻且顺序相同。

2. 每堆内符合以下条件的砖对数：这堆中相邻的砖对在结果中仍相邻，但顺序颠倒。

如：

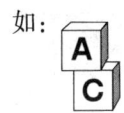

1 堆内如有 AC，结果堆内包含相同的相邻的两块砖，若 A 在 C 上面，就在该堆下面的"正确"栏内标 1，相反，如果结果堆内相邻两块砖中 C 在 A 上面，就在相应的"颠倒"栏内标 1，根据所给信息，你能标出结果堆上面的字母序列吗？

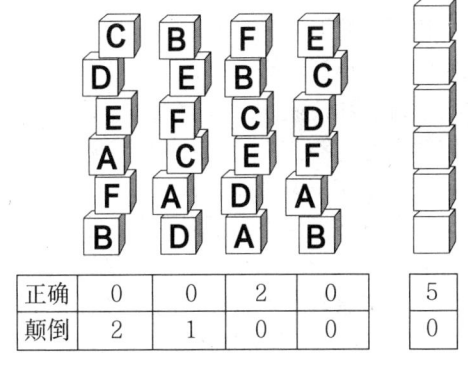

正确	0	0	2	0	5
颠倒	2	1	0	0	0

298. 剧院座位

1 次演出中，某剧院前 3 排中间的 4 个座位都满了，从以下所给的线索中，你能将座位和座位上的人正确对上号吗？

1. 彼得坐在安吉拉的正后面，也是在亨利的左前方。

2.尼娜在 B 排的 12 号座。

3.每排 4 个座位上均有 2 男 2 女。

4.玛克辛和罗伯特在同一排,但要比罗伯特靠右边 2 个位置。

5.坐在查尔斯后面的是朱蒂,朱蒂的丈夫文森特坐在她的隔壁右手边上。

6.托尼、珍妮特、莉迪亚 3 个分别在不同的排,莉迪亚的左边(紧靠)是个男性。

姓名:安吉拉(女),查尔斯(男),亨利(男),珍妮特(女),朱蒂(女),莉迪亚(女),玛克辛(女),尼娜(女),彼特(男),罗伯特(男),托尼(男),罗伯特(男),文森特(男)

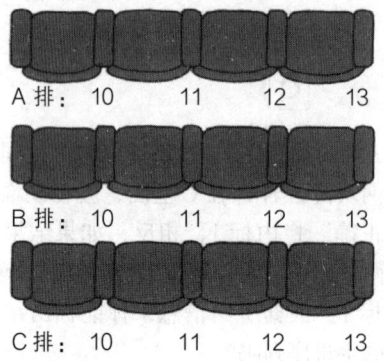

A 排: 10　　11　　12　　13

B 排: 10　　11　　12　　13

C 排: 10　　11　　12　　13

299. 小猪储蓄罐

诺斯家的柜子上摆放着 5 个小猪储蓄罐,他家的 5 个小孩正努力存钱。从以下所给的线索中,你能描述这几个小猪的详细情况——它们的颜色、名字以及各自的主人吗?

提示:先找出那个 12 岁小孩的名字。

1.蓝色的小猪不属于杰茜卡,它的主人比大卫大 1 岁。大卫拥有自己的小猪储蓄罐,大卫的小猪储蓄罐不是红色的,它的位置在蓝色小猪的右边,但相隔不止 1 只小猪。

2.紧靠大卫小猪左边的绿色小猪的主人比大卫大 2 岁。

3.卡米拉的小猪储蓄罐紧靠红色小猪的左边。卡米拉要比红色小猪的主人年纪大,但她不是 5 个小孩中最大的。

4.黄色的小猪不是大卫的,它紧靠杰茜卡的小猪左边,它的主人要比图中 B 小猪的主人大 1 岁,但要比大卫小 1 岁。

5.本比纯白色小猪的主人小 1 岁,但比卡蒂大 1 岁,卡蒂的小猪比本的小猪和白色小猪更靠左。

6.诺斯先生和夫人一直想让孩子们按年龄大小把他们各自的小猪从左到右排列,但都没有如愿。事实上,如果按他们的方案来看,目前没有 1 只小猪在它们应该在的位置上。

颜色:蓝、绿、红、白、黄

小孩名字:本、卡米拉、大卫、杰茜卡、卡蒂

小孩年龄:8,9,10,11,12

A　　B　　C　　D　　E

300. 桥牌花色

4 位桥牌选手各坐桌子一方,手中各有不同花色的 1 副牌。从以下给出的线索中,你能说出这 4 个人的名字以及他们握的是什么花色的牌吗?注意:南北和东西是对家。

1.理查德的牌颜色和拉夫的牌颜色一样,拉夫坐北边的位置。

2.玛蒂娜对家握的牌花色是红桃。

3.坐在西边的女人手握黑桃,她不姓田娜思。

4.保罗·翰德的搭档是以斯帖。

5.坐在南边的人握的牌花色不是梅花。

名:以斯帖,玛蒂娜,保罗,理查德

姓:翰德,拉夫,田娜思,启克

花色:梅花,钻石,红桃,黑桃

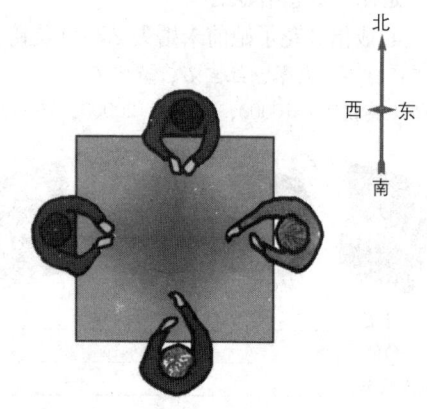

北

西　东

南

301.ABC（二）

填下边的表格，使得每行每列均包含字母 A、B、C 和两个空格。表格外的字母表示箭头所指方向的第 1 或者第 2 个出现的字母，如 B1 代表箭头所指方向出现的第 1 个字母为 B，你能完成要求吗？

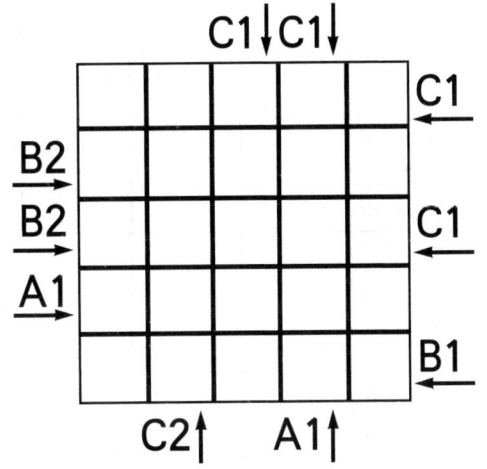

302.顶峰地区

在安第斯山脉的某个人迹罕至之地，那里的 4 座高峰都被当地居民当做神来崇拜。从以下所给的线索中，你能说出 4 座山峰的名字以及它们之前被当做哪个神来崇拜吗？最后将 4 座山峰按高度排序。

1.最高那座山峰是座火山，曾经被当做火神崇拜。

2.格美特被当做庄稼之神崇拜，是 4 座山峰中最矮那座的顺时针方向上的下一座。

3.山峰 1 被当做森林之神崇拜。

4.最西面的山峰叫飞弗特尔，而普立特佩尔不是第 2 高的山峰。

5.最东面那座是第 3 高的山峰。

6.辛格凯特比被崇拜为河神的山峰更靠北一些。

山峰：飞弗特尔，格美特，普立特佩尔，辛格凯特

峰高次序：最高，第 2，第 3，第 4

神：庄稼之神，火神，森林之神，河神

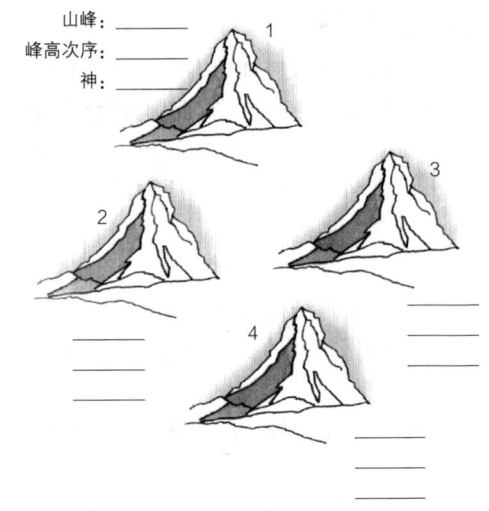

303. 牛奶送错了

送奶工出去度假了，他的亲戚瓦利早上替他去送奶，结果把某街道中的 1，3，5，7 号人家的牛奶送错了，从以下所给的线索中，你能说出这 4 户人家分别住的是谁、他们本该收到的和实际收到的牛奶瓶数吗？

1.那天早上布雷特一家定购了 4 瓶牛奶。

2.1 号人家收到的要比劳莱斯定购的牛奶瓶数少 1 瓶，劳莱斯一家那天收到的不是 2 瓶牛奶。

3.克孜太太那天早上发现门口放着 3 瓶牛奶，她和汀斯戴尔家中间隔了 1 户人家，克孜每天要的牛奶比汀斯戴尔家多。

4.瓦利在 5 号人家门口只留了 1 瓶牛奶。

5.7 号人家应该收到 2 瓶牛奶。

家庭：布雷特，克孜，汀斯戴尔，劳莱斯

定购：1，2，3，4

收到：1，2，3，4

家庭：_____

定购：_____

收到：_____

304. 出师不利

在最近的乡村板球比赛中，头 3 号种子选手都发挥得不甚理想，都因某个问题出局，从以下所给的线索中，你能找出得分记录簿中各人的排名、他们出局的原因以及总共得分的场数吗？

1. 犯规的板球手得分的场数比克里斯少。

2. 史蒂夫得分的场数不是 2，他得分要比被判 LBW（板球的 1 种违规方式）的选手要低。

3. 哈里不是 1 号，因滚球出场，他的得分不是 7。

4. 3 号的得分不是 4。

305. 战舰（五）

这道题是按照 1 个古老的战舰游戏设计的，你的任务是找出表格中的船。方格中已填入了几个代表海或某种船的局部的图案，而紧靠行和列边上的数字表示这行或这列被占的方格总数。船和船之间可以水平或垂直停靠，但是任何两艘船或船的某个部分都不可以在水平、垂直和对角方向上相邻或重叠。

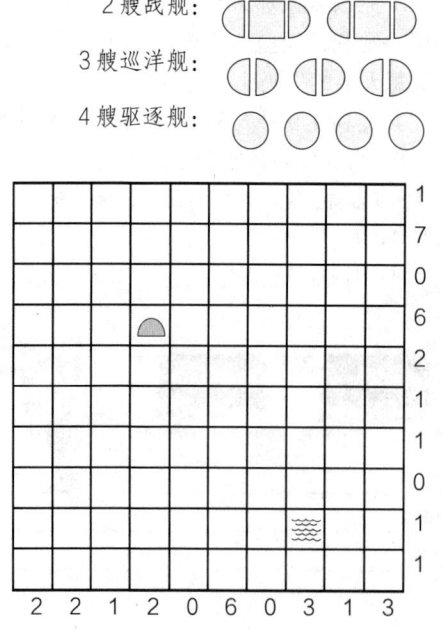

306. 汤姆的舅舅

汤姆是思道布市的市长，他在镇上有 3 个舅舅，3 人在退休之前从事着不同的职业，退休之后都把时间花在各自的爱好上，从以下所给的线索中，你能说出每个舅舅出生的时间、他们曾经的职业以及各自的爱好吗？

	1910年	1913年	1916年	工程师	士兵	教师	诗歌	钓鱼	制作挂毯
安布罗斯									
伯纳德									
克莱门特									
诗歌									
钓鱼									
制作挂毯									
工程师									
士兵									
教师									

1. 伯纳德要比他有不寻常爱好——制作挂毯——的兄弟年纪大。

2. 退休之前从事教师职业的舅舅不是出生于 1913 年，也不爱好诗歌。

3. 以前是工程师的舅舅把大部分的时间花在钓鱼、阅读和书写钓鱼书籍上，他年纪要比安布罗斯小。

307. 前方修路

正值度假高峰，政府委员会决定将通往景区的必经之路拓宽。以下的图片说明了 6 辆游客车被堵在施工场地大概 40 分钟，从所给的线索中，你能说出每辆游客车的司机名字、车的颜色、游客的国籍以及每辆车所载的游客人数吗？

1. 阿帕克斯的汽车紧跟在载芬兰游客的车之后，后者要比黄色那辆少载 2 人，黄色那辆车载的人数少于 52 人，在阿帕克斯汽车后面。

2. 没有载俄罗斯游客的蓝色车辆紧靠在贝尔的车之前，前者比后者要至少多 2 人。

3. 红色汽车紧跟在载有 47 名游客的汽车之后，紧靠在载有澳大利亚游客的汽车之前。

4. 墨丘利的汽车在载有日本游客的车之后，而且相隔 1 辆车，后者亦在橘黄色车的后面，并不紧邻。墨丘利的汽车载的游客比这两者都要多，但要比美国游客乘坐的那辆少。

5. 乳白色汽车紧跟在 RVT 的汽车之后，后者紧跟在意大利游客乘坐的汽车之后。乳白色汽车载的游客比意大利游客多，但要比 RVT 少至少 2 人。

6. 肖的车紧靠在俄罗斯游客乘坐的车之前，而且要比后者多载 3 人，但它不是游客人数最多的车。

7. F 车要比 A 车多载 1 人，比 E 车少载 3 人，绿色汽车要比 D 车多不止 1 人，但要比 B 车少不止 3 人。

汽车司机：阿帕克斯，贝尔，克朗，墨丘利，肖，RVT

汽车颜色：蓝，乳白，绿，橘黄，红，黄

游客国籍：澳大利亚，芬兰，意大利，日本，俄罗斯，美国

游客人数：44，45，46，47，49，52

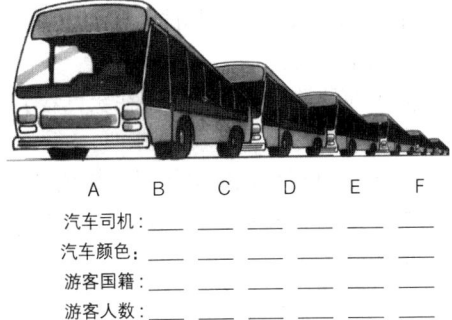

汽车司机：A ___ B ___ C ___ D ___ E ___ F ___
汽车颜色：___ ___ ___ ___ ___ ___
游客国籍：___ ___ ___ ___ ___ ___
游客人数：___ ___ ___ ___ ___ ___

308. 女运动员

5 位年轻的运动员正在伦敦机场等出租车，她们都刚从国外回来。从所给的线索中，你能说出她们的姓名、分别从哪里回来以及都从事什么运动项目吗？

1. 从来没去过东京的凯特·肯德尔紧靠在滑冰者之后，并在刚从洛杉矶飞回来的女士之前。

2. 高尔夫球手紧跟在斯特拉·提兹之后。

3. 射手在图中 3 号位置，羽毛球手紧靠在刚从卡萨布兰卡回来的旅客之前。

4. 台球手在莫娜·洛甫特斯之前，中间隔了不止 1 个人，刚从东京飞回来的女士排在格丽尼斯·福特之后的某个位置。

5. 黛安娜·埃尔金不是队列中的第 1 位也不是最后 1 位。图中 1 号不是刚从罗马回来的，图中 2 号不是从东京回来的。

1　2　3　4　5

姓名：黛安娜·埃尔金，格丽尼斯·福特，凯特·肯德尔，莫娜·洛甫特斯，斯特拉·提兹

离开地：布里斯班，卡萨布兰卡，洛杉矶，罗马，东京

运动项目：射击，羽毛球，高尔夫，滑冰，台球

309. 寻找骨牌（二）

1 副标准形式的骨牌已经展开，为了清楚起见，它使用数字而非点数。用你尖锐的

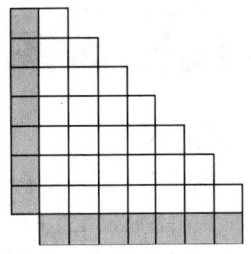

1	4	2	1	1	6	0	2
3	6	2	1	1	6	6	5
4	3	2	5	3	3	3	4
0	1	4	2	4	4	6	1
3	5	0	4	2	5	3	0
1	5	5	6	5	0	0	0
3	2	5	6	0	4	6	2

笔尖和灵活的脑瓜,你能把每个骨牌都画出来吗? 这些格子将对你非常有帮助。

310. 巴士停靠站

巴士停靠站已经被图中所示的 1 ~ 7 号双层巴士停满了,其中 1 号靠近入口处。从所给的线索中,你能说出每个司机的名字和这些车子的车牌号码吗?

1. 324 号巴士要比司机雷停靠的巴士远离入口 2 个位置,并且雷的牌号要比 324 号大。

2. 2 号和 7 号位置的车牌号末位都是奇数,但是首位数字不同。

3. 特里的巴士的车牌号是 361。

4. 图中 3 号位置的巴士不是戴夫驾驶的巴士,它的车牌号要比相邻的两辆巴士小。

5. 5 号位置的巴士车牌号是 340,车牌号为 286 的巴士没有停在图中 6 号位置。

6. 肯停靠的巴士刚好紧靠在车牌号为 253 的巴士左边。

7. 赖斯把双层巴士停在图中 4 号位置。

8. 埃迪把巴士停在罗宾的巴士左边某个位置,但不在它的旁边。

司机:戴夫,埃迪,肯,赖斯,雷,罗宾,特里
巴士车牌:253,279,286,324,340,361,397

311. 狮子座的人

我们知道有 8 个人都是狮子座的。从所给线索中,你能找出各日期出生的人的全名吗?

1. 查尔斯的生日要比菲什晚 3 天。

2. 某女性的生日是 8 月 4 号。

3. 安格斯的生日在布尔之后,但不是 7 月 31 号。

4. 内奥米的生日要比斯盖尔斯早 1 天,比阿彻晚 1 天,阿彻是男的,但 3 人都不是出生在同一年。

5. 安妮在每年的 8 月 2 号庆祝她的生日。

6. 克雷布是 8 月 1 号生的,但拉姆不是

7 月 30 号生的。

7. 斯图尔特·沃特斯的生日和波利不是同一月,波利的生日在巴兹尔之后,而巴兹尔的生日是个偶数日。

日 期	名 姓	
7 月 28 日		
7 月 29 日		
7 月 30 日		
7 月 31 日		
8 月 1 日		
8 月 2 日		
8 月 3 日		
8 月 4 日		

名:安格斯(男),安妮(女),巴兹尔(女),查尔斯(男),内奥米(女),波利(女),斯图尔特(男),威尔玛(女)

姓:阿彻,布尔,克雷布,菲什,基德,拉姆,斯盖尔斯,沃特斯

312. 小屋的盒子

每次乔做家务要用到东西的时候,他就会去盒子里找。图中架子上立着 4 个不同颜色的盒子,每个盒子里都是一些有用的东西。从以下所给的线索中,你能弄清有关盒子的所有详细细节吗?

1. 不同种类的 43 个钉子不在灰色盒子里。

2. 蓝色的盒子里有 58 样东西。

3. 螺丝钉在绿色的盒子里,绿色盒子一边的盒子里有洗涤器,另一边的盒子里放着数目最多的东西。

4. 地毯缝针在 C 盒子里。

盒子颜色:蓝,灰,绿,红
东西数目:39,43,58,65
东西条目:地毯缝针,钉子,螺丝钉,洗涤器

盒子颜色:_____ _____ _____ _____
东西数目:_____ _____ _____ _____
东西条目:_____ _____ _____ _____

313. 填空（二）

要求每行每列上均有字母 A，B，C，D，E，并且每个字母最多出现 1 次。同时，要求在用粗线条隔开的图形里，也均有字母 A，B，C，D，E，同样，每个字母最多只能出现 1 次。你能做到吗？

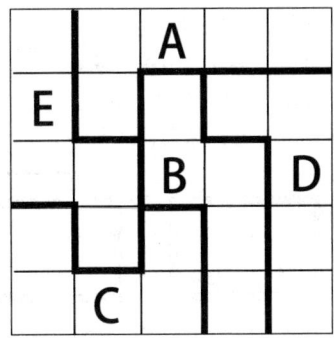

314. 换装

在大不列颠的鼎盛时期，有素养的女士不像现在这样能在海边游泳，她们只能穿着及膝的浴袍坐在沐浴用的机器上，让机器把她们缓缓降入水中。下图展示的是 4 个机器，从所给的线索中，你能说出使用机器的 4 位女士的名字以及她们所穿浴袍的颜色吗？

1. 贝莎的机器紧挨马歇班克斯小姐的。

2. C 机器是兰顿斯罗朴小姐的。

3. 卡斯太尔小姐穿着绿白相间的浴袍。

4. 拉福尼亚的机器位于尤菲米娅·坡斯拜尔的机器和穿黄白相间浴袍小姐的机器之间。

5. 使用 B 机器的女士穿红白相间的浴袍。

名：贝莎，尤菲米娅，拉福尼亚，维多利亚

姓：卡斯太尔，兰顿斯罗朴，马歇班克斯，坡斯拜尔

浴袍：蓝白相间，绿白相间，黄白相间，红白相间

315.ABC（三）

填右面的表格，使得每行每列均包含字母 A，B，C 和两个空格。表格外的字母表示箭头所指方向的第 1 或者第 2 个出现的字母，如 B1 代表箭头所指方向出现的第 1 个字母为 B，你能完成要求吗？

316. 路径逻辑（二）

运用你的逻辑推理能力，推导出符合以下条件的 1 条路径：从"开始"一直到"结束"，这条路径可以沿水平也可以沿垂直方向。各行各列起始处的数字代表这行或这列所必须经过的格子数（见图例）。

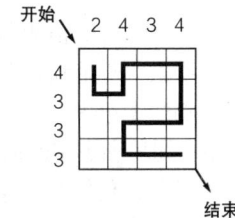

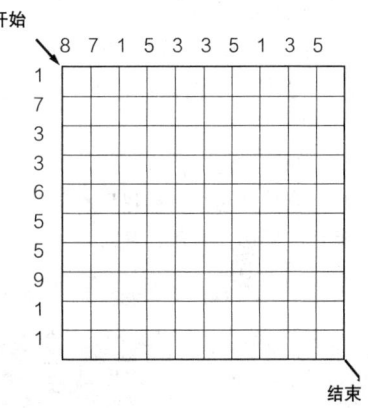

317. 清仓大拍卖

1 次屋内用具的清仓大拍卖中，头 3 样拍卖物被 3 个不同的竞标人所获，你能说出拍卖物、竞标人以及他们所给出的价码吗？

1. 第 2 桩买卖中付出的钱比钟贵。

2. 唐纳德带了咖啡桌开心地回家了。

3. 丽贝卡出了 15 英镑买了东西，她买的东西紧挨着墙角柜竞标。

	咖啡桌	墙角柜	钟	塞德里克	唐纳德	丽贝卡	10英镑	15英镑	18英镑
1号									
2号									
3号									
10英镑									
15英镑									
18英镑									
塞德里克									
唐纳德									
丽贝卡									

318. 信箱

4 位家庭主妇家门口的信箱颜色都不相同，根据下面的线索，你能说出每位主妇的姓名和她所用信箱的颜色吗？

1. 绿色信箱在加玛和杰布的信箱之间。

2. 阿琳选择了黄色信箱，她家的门牌号要比菲什贝恩夫人家的大。

3. 巴伦夫人家的信箱是红色的。

4. 232 号家的信箱是蓝色的，但是这不是路易丝的家。

名：阿琳，加玛，凯特，路易丝

姓：巴伦，菲什贝恩，弗林特，杰布

信箱：蓝色，绿色，红色，黄色

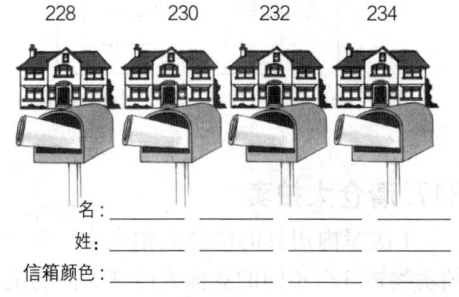

名：_____

姓：_____

信箱颜色：_____

319. 邮票的面值

下面是 4 种不同面值的邮票。根据给出的线索，你能找出每张邮票的设计方案（包括它们的面值、边框及面值数字的颜色）吗？

1. 每张邮票中的数字 5 都不是棕色的。

2. 画有大教堂的那张邮票面值中有个 0，它在有棕色边框邮票的右边。

3. 第 4 张邮票的面值中有个 1，而第 3 张邮票上画的不是海湾。

4. 面值为 15 的邮票在蓝色邮票的正上方或正下方。

5. 画有山峰的不是第 1 张邮票，它仅比有红色边框的邮票面值大。

图案：大教堂，海湾，山峰，瀑布

面值：10 分，15 分，25 分，50 分

颜色：蓝色，棕色，绿色，红色

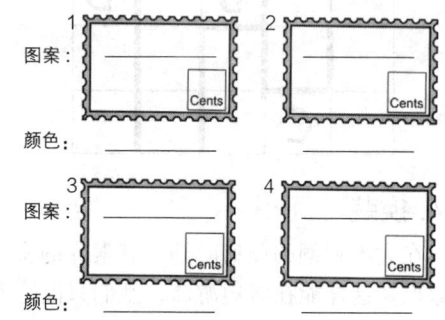

320. 等公车

站台上 7 个职员正焦急地等待着下一趟公车。根据下面的信息，你能说出每位职员的名字及他们在哪个公司上班吗？

1. 站台上，塞布丽娜站在那位在证券公司上班的职员右边第 2 个位子上。

2. 格伦在第 4 个位子，他不在法律顾问公司上班，但他右边那个人在那里上班。

3. 其中 1 位男性乘客站在第 6 个位子上。

4. 在纳尔逊的一边是 1 位女乘客。

5. 雷切尔左边的那位乘客在银行工作。

6. 第 3 位乘客在家保险公司工作。

7. 站在吉莉安旁边的 1 个人在家律师事务所工作。

8. 托奎是家投资公司的雇员，马德琳在他的右边。

名字：吉莉安（女），格伦（男），马德琳（女），纳尔逊（男），雷切尔（女），塞布丽娜（女），托奎（男）

公司：银行，律师事务所，建筑公司，保险公司，投资公司，法律顾问公司，证券公司

321. 生日礼物

当14岁生日那天，拉姆收到了4个信封，每个信封内都有1张购物优惠券。根据下面的线索，你能猜出每封信的寄信人姓名、优惠券发行方及每张优惠券的面值吗？

1.Ten-X 所发行优惠券的面值比旁边 C 信封里优惠券的面值小，而且不仅仅只是小5。

2.理查德叔叔寄来的优惠券在 B 信封内，其面值比 HBS 发行的优惠券小5。

3.马丁叔叔寄来的 Benedam 的优惠券不在 D 信封内。

4.最有价值的优惠券是卡罗尔阿姨寄来的，但不是 W S Henry 发行的优惠券。

5.丹尼斯叔叔寄来的礼物不是最便宜的。

寄信人：卡罗尔阿姨，丹尼斯叔叔，马丁叔叔，理查德叔叔

代币发行方：Benedam, HBS, Ten-X, W S Henry

代币价值：5, 10, 15, 20

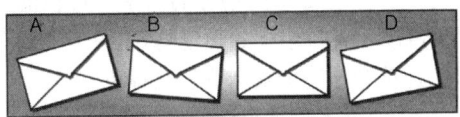

322. 寻找骨牌（三）

1 副标准形式的骨牌已经展开，为了清楚起见，它使用数字而非点数来表示。用你尖锐的笔尖和灵活的脑瓜，你能把每个骨牌都找出来吗？你会发现这些格子对你非常有帮助。

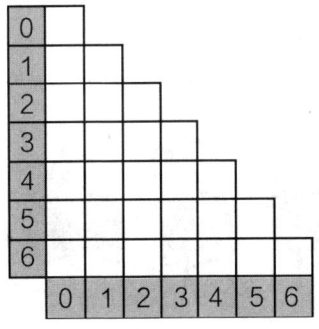

2	0	6	6	3	6	2	1
1	0	6	3	4	3	3	6
5	1	1	1	3	6	0	0
1	2	5	2	2	5	5	1
2	0	5	2	5	4	5	4
4	6	6	4	0	1	0	4
0	3	3	3	5	2	4	4

323. 巫婆和猫

中世纪时期的1个小乡村里，4个巫婆分别霸占了村里的4幢别墅。根据下面的线索，你能说出每幢别墅中巫婆的名字、年龄以及巫婆的猫的名字吗？

1.马乔里住在那个 86 岁的老巫婆的东面，这个巫婆有只猫叫颇里安娜。

2.罗赞娜刚过 80 岁。

3.凯特的主人住在村里池塘后面的 2 号别墅里，她总是用诡异、甚至可以说是邪恶的眼神从她密室的窗口向外窥视。

4.3 号别墅的主人 75 岁，她的猫不叫托比。

5.人们把塔比瑟的那只老猫叫做尼克。

6.和格里泽尔达住得最近的巫婆已经 71 岁了。

巫婆：格里泽尔达，马乔里，罗赞娜，塔比瑟

年龄：71, 75, 80, 86

猫：凯特，尼克，颇里安娜，托比

324. 填空（三）

要求每行每列上均有字母 A，B，C，D，E，同时，在粗线条构成的图形里，也要有字母 A，

B，C，D，E。你能做到吗？

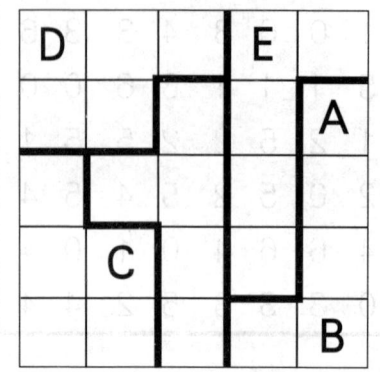

325. 留学生

　　歌兹弗瑞大学城的 3 层楼房里住着留学生。根据下面的信息，你能找出每层楼所住学生的名字、家乡和所学的专业吗？

　　1. 佐伊·温斯顿所在楼层比那个物理学专业的学生高。

　　2. 约翰·凯格雷来自新西兰的惠灵顿。

　　3. 住在 3 楼的学生来自南非的德班。

　　4. 凯茜·艾伦不是来自底特律的美国学生，也不是历史系的。

	凯茜·艾伦	约翰·凯格雷	佐伊·温斯顿	底特律	德班	惠灵顿	历史	医学	物理学
1楼									
2楼									
3楼									
历史									
医学									
物理学									
底特律									
德班									
惠灵顿									

326. 职业女性

　　图片展示了"有成就和魄力的杰出职业女性"颁奖典礼上的 4 位获奖者。根据下面的线索，你能确定每位女性的姓名和获奖时她们的职业吗？

　　1. 马里恩·帕日斯女士的头发是红色的，对不起，图上没有显示。

　　2. 图片 3 是迪安夫人，她来自伯明翰，但这对你可能也没有帮助。

　　3. 图片 4 的救助队军官不是卡罗尔。

　　4. 消防员埃利斯夫人不是图片 2 中的人物，她喜欢古典音乐，但你也不需要知道这个吧。

　　5. 萨利站在交警和托马斯夫人中间。

名：卡罗尔，盖尔，马里恩，萨利
姓：迪安，埃利斯，帕日斯，托马斯
职业：消防员，护理人员，救助队军官，交警

327. 改变形象的染发

　　4 位女士在美发沙龙内坐成 1 排等着染头发。你能说出每位顾客的名字、现在的头发颜色以及各自想染的颜色吗？

　　1. 莫利左边的女士头发是棕色的。

　　2. 1 位女士想把头发染成白色，另外 1 位现在的头发是金黄色，霍莉坐在她们两人之间。

　　3. 坐在 1 号位置上的女士的头发是红的。

　　4. 颇莉坐在想把头发染成黑色的女士旁边，而多莉坐在偶数位置上。

　　5. 灰头发的妇女想把她的头发染成赤褐色，她不在 3 号椅子上。

名字：多莉，霍莉，莫利，颇莉
现在的头发颜色：棕色，金黄色，灰色，红色
想染的颜色：赤褐色，黑色，白色，红色

328. 寻找骨牌（四）

　　1 副标准形式的骨牌已经展开，为了清楚起见，它使用数字而非点数来表示。用你尖锐的笔尖和灵活的脑瓜，你能把每个骨牌都找出来吗？你会发现这些格子对你非常有帮助。

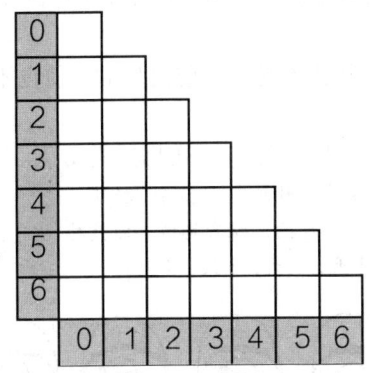

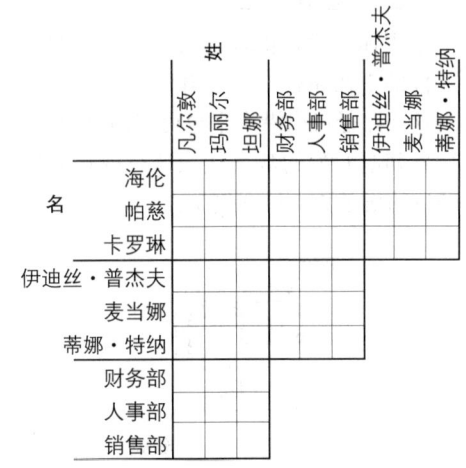

329. 模仿秀

　　潘尼卡普公司雇佣了 3 位女性，让她们按自己的想法来模仿 3 个著名歌星。根据下面的信息，你能说出每位女性的姓名、在潘尼卡普公司的工作部门以及她们将要扮演的角色吗？

　　1. 帕慈将扮演麦当娜，她不在财务部工作。

　　2. 海伦·凡尔敦自从离开学校后就一直在潘尼卡普工作。

　　3. 销售部门的领导将扮演蒂娜·特纳，但她不是坦娜夫人。

　　4. 将扮演伊迪丝·普杰夫的不是卡罗琳。

330. 在国王桥上接客人

　　今天豪华轿车司机卡·艾弗将去伦敦的国王桥火车终点站 3 次，去接几个相当重要的乘客，并把他们带到卡莱尔旅馆。根据下面的信息，你能确定他每次去接客人的时间、站台、所接客人的名字以及他们都是来自哪里吗？

　　1. 林肯方向驶来的火车的到站站台号比艾弗要接的斯坦尼夫人下车的站台号大。

　　2. 德拉蒙德夫人所乘的火车将进入 9 号站台，艾弗上午 10:00 接站的站台号比下午 3:00 的小。

　　3. 来自北安普敦的火车将进入 4 号站台，但要等到中午。

　　4. 来自剑桥的乘客将在下午 3:00 到。

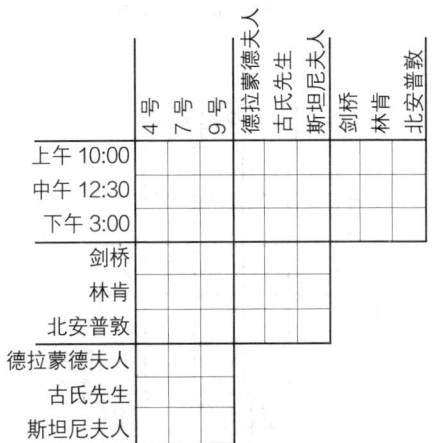

331. 路径逻辑（三）

运用你的逻辑推理能力，推导出符合以下条件的 1 条路径：从"开始"一直到"结束"，这条路径可以沿水平也可以沿垂直方向。各行各列起始处的数字代表这行或这列所必须经过的格子数（见图例）。

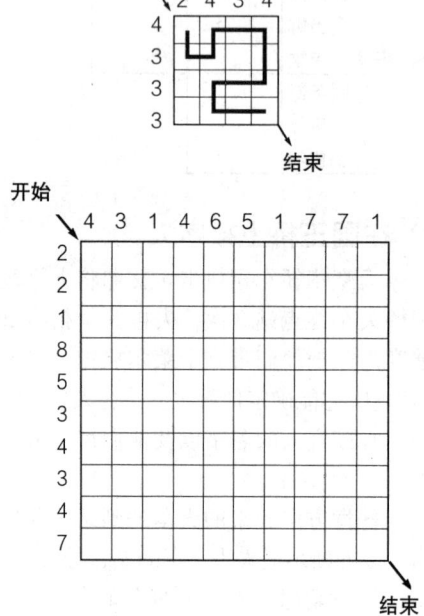

332.ABC（四）

填下边的表格，使得每行每列均包含字母 A，B，C 和两个空格。表格外的字母表示箭头所指方向的第 1 或者第 2 个出现的字母，如 B1 代表箭头所指方向出现的第 1 个字母为 B，你能完成要求吗？

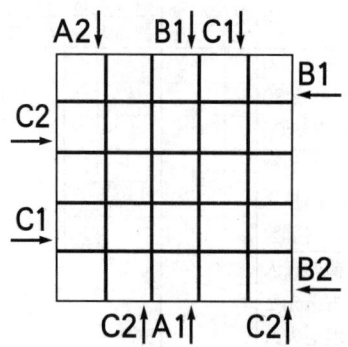

333. 新生命

4 个刚出生的婴儿躺在产科病房内相邻的几张帆布床上。根据下面的信息，你能辨认出每个新生命的姓名以及他们各自的年龄吗？

1. 2 号床上的丹尼尔比基德早 1 天出生。

2. 阿曼达·纽康姆博比 1 号床的婴儿晚出生 1 天。

3. 托比不是 2 天前出生的，他也不在 3 号床上。

4. 博尼夫人的小孩刚刚出生 3 天。

名：阿曼达，丹尼尔，吉娜，托比

姓：博尼，基德，纽康姆博，沙克林

年龄：1 天，2 天，3 天，4 天

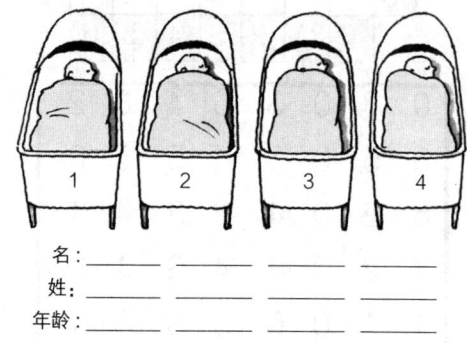

名：＿＿　＿＿　＿＿　＿＿

姓：＿＿　＿＿　＿＿　＿＿

年龄：＿＿　＿＿　＿＿　＿＿

334. 罗马遗迹

博物馆的展品中有 20 世纪 60 年代发现的 4 个罗马墓碑。根据下面的线索，你能填出图片上每块墓碑的细节，包括墓碑主人的名字、职业以及去世的时间吗？

1. 墓碑 C 的主人是 1 位物理学家，卢修斯·厄巴纳斯在他去世之后的 12 年也去世了。

2. 墓碑 A 的墓主人不是酒商泰特斯·乔缪尔斯。

3. D 是朱尼厄斯·瓦瑞斯的墓碑。

4. 马库斯·费迪尔斯在公元 84 年去世。

5. 那名职业拳击手在他的最后 1 场拳击赛中被杀，当时是公元 96 年。

6. 在公元 60 年去世的不是古罗马 13 军团的百人队长。

名字：朱尼厄斯·瓦瑞斯，卢修斯·厄巴纳斯，马库斯·费迪尔斯，泰特斯·乔缪尔斯

职业：百人队长，职业拳击手，物理学家，酒商

去世时间：公元 60 年，公元 72 年，公元 84 年，公元 96 年

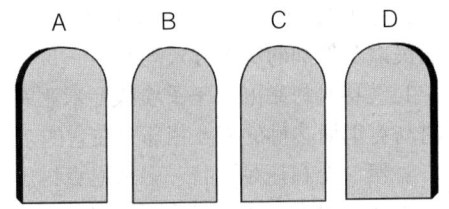

A　　B　　C　　D

335. 信件

斯托贝瑞正在整理早晨要发送的信件，桌上的 4 封信都是寄给镇上的居民的。根据下面的信息，你能找出每封信的收信人姓名以及收信人各自的完整地址吗？

1. 寄给本德先生的信挨着收信地址为 31 号的信，并在它的右边。

2. 4 封信中有 1 封信的地址是特纳芮大街 10 号。

3. 3 号信将会在今天早上稍晚时间寄给雪特小姐，她不住在斯达·德弗街。

4. 梅尔先生的地址号码比 1 号信封上的收信地址号码大。

5. 收信地址为 6 号的那封信与寄给格林夫人的那封信之间隔了 1 封信。

6. 寄到斯坦修恩路那封信的号码比它右边那封信的收信地址号码大。

名字：本德先生，格林夫人，梅尔先生，雪特小姐

地址号码：6，10，31，45

街名：斯达·德弗街，朗恩·雷恩街，斯坦修恩路，特纳芮大街

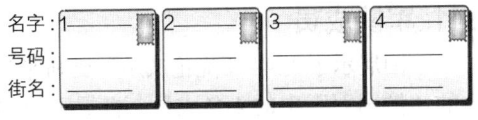

名字：1　　2　　3　　4
号码：
街名：

336. 下火车后

4 名妇女刚刚乘火车从北方到达国王十字站，她们将搭乘 4 辆出租。根据下面的信息，你能认出 1 到 4 号出租车的司机和乘客的名字以及乘客上车时的站名吗？

1. 詹森所载的那名女乘客乘火车所走的路程比黛安娜长，黛安娜坐的是詹森后面的那辆出租车。

2. 诺埃尔所载的不是在皮特博芮上车。

3. 来自格兰瑟姆的那名妇女坐上了 1 号出租车，开车的司机不是伯尼，伯尼车上的乘客叫帕查。

4. 索菲是在多恩卡斯特上车。

5. 克莱德是 4 号出租车的司机。

司机：伯尼，克莱德，詹森，诺埃尔

乘客：安妮特，黛安娜，帕查，索菲

站名（按距离顺序，由远至近）：约克角，多恩卡斯特，格兰瑟姆，皮特博芮

4　　3　　2　　1

337. 最快的路程

有 3 个职员对到达某个小餐馆的最快路程起了争议，他们决定通过实验的方法解决这个问题。根据下面的信息，你能找出每个职员所走的两段路以及他们各自所用的时间吗？

1. 选择走斯拜丝巷和哥夫街的那个英国职员比尼克少花了两分钟。

2. 帕特先是沿着佩恩街去小餐馆的。

3. 从维恩广场（第 2 段路）操近路过去只需要 10 分钟。

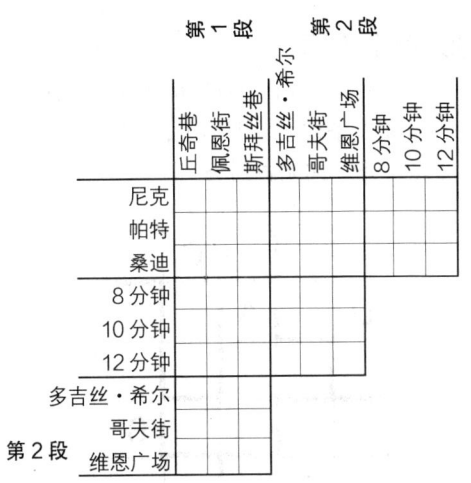

	丘奇巷	佩恩街	斯拜丝巷	多吉丝·希尔	哥夫街	维恩广场	8 分钟	10 分钟	12 分钟
尼克									
帕特									
桑迪									
8 分钟									
10 分钟									
12 分钟									
多吉丝·希尔									
哥夫街									
维恩广场									

338. 记者艾弗

上周末记者艾弗对3位国际著名女性进行了采访（这家伙的生活多幸福啊）。你能找出每天他所采访的女性的名字、职业和家乡吗？

1. 艾弗在采访加拿大女星的第2天又采访了帕特丝·欧文。

2. 艾弗在星期五采访了1名流行歌手。

3. 艾弗在采访了1位澳大利亚的客人之后采访了畅销小说家阿比·布鲁克。

4. 艾弗在星期天访问的不是女电影演员。

	阿比·布鲁克	利亚·凯尔	帕特丝·欧文	电影演员	小说家	流行歌手	澳大利亚	加拿大	美国
星期五									
星期六									
星期日									
澳大利亚									
加拿大									
美国									
电影演员							
小说家							
流行歌手							

时间	名字	职业	家乡

339. 填空（四）

要求每行每列上均有字母A，B，C，D，E，同时，在粗线条构成的图形里，也要有字母A，B，C，D，E。你能做到吗？

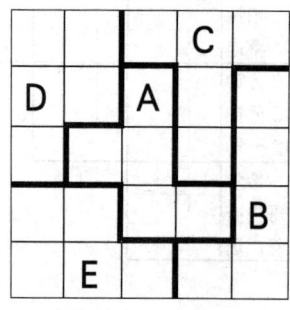

340. 欢度国庆

在国庆这一天，4个住在法国相邻村庄的居民选择了不同的庆祝方式。根据下面的信息，你能分别说出每个村庄的名字、该村的居民以及他们的庆祝方式吗？

1. 波科勒村举办了圣子埃特鲁米亚展览，该村与克里斯多佛的家乡相邻并在它的东面。

2. 第2个村庄是丝特·多米尼克村。

3. 丹尼斯住在第3个村庄，而村庄1不是以街道舞蹈为庆祝方式。

4. 住在墨维里村的安德烈不是那个花整晚的时间在电视前看庆祝活动的懒汉，这个懒汉也不是住在4号村庄。

5. 以烟花大会为庆祝方式的村庄比马丁的家乡更靠西面。

村庄：波科勒，格鲁丝莫，墨维里，丝特·多米尼克

居民：安德烈，克里斯多佛，丹尼斯，马丁

庆祝活动：街道舞蹈，烟花大会，圣子埃特鲁米亚展览，看电视

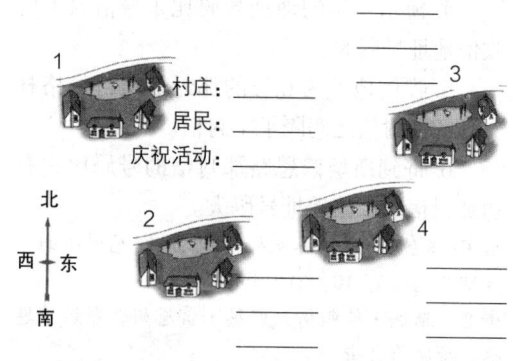

村庄：
居民：
庆祝活动：

341. 军队成员

下图展示了1644年克伦威尔·奥利弗领导的"护国军"中的4名成员，根据下面的线索，你能填出每名成员的姓名、兵种以及各自所穿制服的颜色吗？

1. 伊齐基尔·费希尔所穿制服为灰色，不过上面布满了灰尘和泥浆，他紧挨在鼓手的右边。

2.1名配枪士兵穿着又破又脏的棕色制服，他和末底改·诺森之间隔着1个士兵。

3.1号士兵是个步兵，他不是法国人，而是英国人。

4.4号士兵是所罗门·特普林。

5.吉迪安·海力克所穿的上衣不是蓝色。

名字：伊齐基尔·费希尔，吉迪安·海力克，末底改·诺森，所罗门·特普林

兵种：鼓手，炮手，步兵，配枪士兵

制服颜色：蓝色，棕色，灰色，红色

342. 签名售书

伦敦展览中心举办了1个签名售书会，6位作者（分别位于1，3，4，6，7，10号签售点）正在为读者签名。根据下面的线索，你能推断出每名作家的姓名及每个人是签售哪本书吗？

1.离大卫·爱迪生的书摊最近的是拜伦·布克的书摊，它就在大卫的右边，而其中1位女作家在大卫的左边。

2.坦尼娅·斯瓦不是在3号摊签售，《乘车向导》一书是在3号摊的右边签售，而《超级适合》的作者曾经是1名运动员，他的签售摊位在3号摊的右边的某个地方。

3.靠电视节目成名的1位厨师签售《英式烹调术》一书，他紧挨在卡尔·卢瑟的右边，而卡尔又紧挨在拜伦·布克的右边。

4.《城市园艺》一书的签售书摊号码与曼迪·诺布尔的书摊号码相差2，并且曼迪写的不是《超级适合》。

5.《自己动手做》一书的作者是拜伦·布克。

作者：拜伦·布克（男），大卫·爱迪生（男），卡尔·卢瑟（男），曼迪·诺布尔（女），保罗·帕内尔（男），坦尼娅·斯瓦（女）

著作：《自己动手做》，《英式烹调术》，《乘车向导》，《超级适合》，《业余占星家》，《城市园艺》

343.ABC（五）

填下边的表格，使得每行每列均包含字母A，B，C和两个空格。表格外的字母表示箭头所指方向的第1或者第2个出现的字母，如B1代表箭头所指方向出现的第1个字母为B，你能完成要求吗？

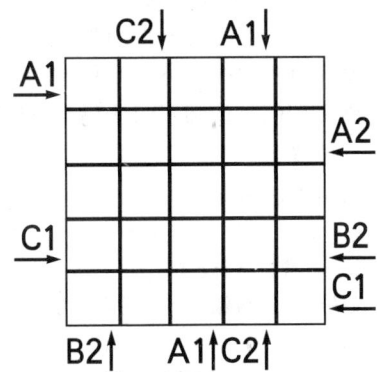

344. 黑猩猩

在西非举行的1次动物学会议上，专家们正在就1项饲养稀有黑猩猩的计划进行讨论，下图展示了去年下半年出生的5只小猩猩。根据下面的线索，你能填出每只小猩猩的名字、出生月份及其母亲的名字吗？

1.1号黑猩猩比5号黑猩猩至少大1个月，它们两个都不叫罗莫娜，也都不是格雷特的后代，而罗莫娜或格雷特的后代都不是在7月出生。

2.里欧比它右边的格洛里亚小，它们两个都比里欧左边的雌猩猩晚出生，这个雌猩猩的母亲叫克拉雷。

3.贝拉比左边的黑猩猩晚出生1个月，

这只黑猩猩的母亲叫爱瑞克。

4. 马琳比丽贝卡晚 1 个月生产，丽贝卡的后代紧挨着马琳的后代并在其右边。

名字：贝拉，格洛里亚，里欧，珀西，罗莫娜

出生月份：7，8，9，10，11

母亲：爱瑞克，格雷特，克拉雷，马琳，丽贝卡

345. 四人车组

英国电视台正在录制 1 部反映鸟类生活的纪录片。根据下面的线索，你能说出车中每个人的全名和他们的身份吗？

1. 瓦内萨·鲁特坐在录音师的斜对面。

2. 坐在 D 位置上的鸟类学专家不姓温。

3. 姓贝瑞的摄像师不叫艾玛，而植物学家不在 C 位置上。

4. 盖伊不姓福特。

名：艾玛，盖伊，罗伊，瓦内萨

姓：贝瑞，福特，鲁特，温

身份：植物学家，摄像师，鸟类学专家，录音师

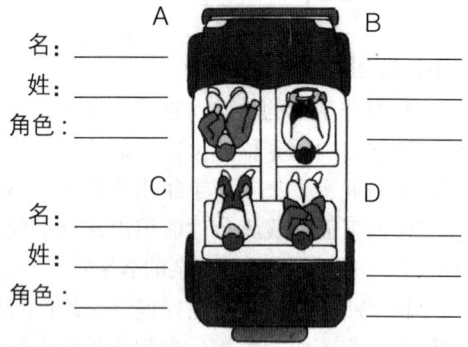

346. 野鸭子

在池塘的周围有 4 栋别墅，每栋别墅的花园都是 1 只母鸭子和她的 1 群小鸭子的领地。根据下面的线索，你能说出图中每个别墅的名字、别墅主人给母鸭子取的名字以及

每只母鸭子生了多少只小鸭子吗？

1. 戴西生了 7 只小鸭子，她把巢筑在与洁丝敏别墅顺时针相邻的那栋别墅里。

2. 沃德拜的别墅在池塘的西面。

3. 迪力生的小鸭子比在罗斯别墅孵养的小鸭子少 1 只，而后者在逆时针方向上和前者所在的别墅相邻。

4. 多勒生的小鸭子数量最少。

5. 达芙妮所在的别墅和小鸭子数最少的那栋别墅沿逆时针方向是邻居。

别墅：洁丝敏别墅，来乐克别墅，罗斯别墅，沃德拜别墅

鸭子：戴西，达芙妮，迪力，多勒

小鸭子数量：5，6，7，8

347. 刺绣展览

几位女性刺绣爱好者正在举行她们的作品展，下面 4 幅作品是其中的 1 部分。根据所给出的信息，你能说出每幅作品的具体信息（包括作品的主题以及作者的全名）吗？

1.《雪景》在凯维丝夫人作品的斜对面。

2. 伊冯为她的刺绣作品取名为《村舍花园》，而伊冯不姓福瑞木，福瑞木夫人的作品不在 2 号位置上。

3. 赫尔迈厄尼的作品比《河边》挂的高。

4. 萨利·斯瑞德的作品在《乡村客栈》斜对面，而后者的号码比 2 小。

5. 以斯帖作品的号码比尼得勒夫人的小。

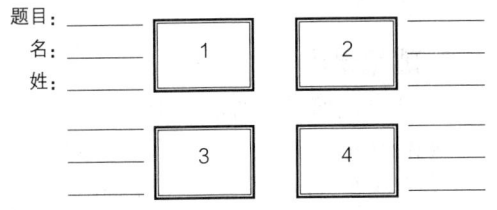

题目：_____
名：_____
姓：_____

主题：《河边》，《村舍花园》，《雪景》，《乡村客栈》

名：以斯帖，赫尔迈厄尼，萨利，伊冯

姓：凯维丝，福瑞木，尼得勒，斯瑞德

348. 机车

在考伦喀斯特铁路展览馆里有 3 辆曾经服役于大益格鲁人车站的机车。根据下面的信息，你能说出每辆机车的名字、颜色、各自所属的类型以及制造时间吗？

1. 顾名思义，沃克斯·阿比属于阿比类发动机。

2. 外面被漆成深红色和白色的亚历山大曾被应用于制造机载导弹，而亚历山大不是越野类发动机。

3. 罗德·桑兹不是那辆制造于 1942 年外表为橄榄绿的机车。

4. 越野类型的机车直到 1909 年还没有被设计出来。

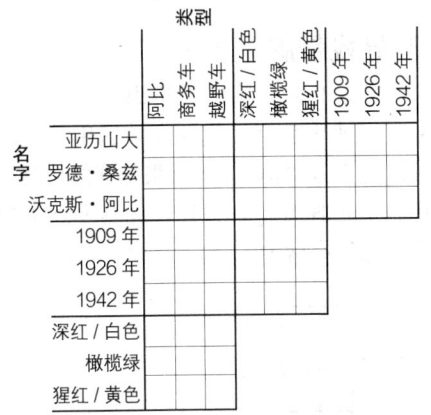

349. 移民

去年 3 个家庭从思托贝瑞远迁到了其他国家，现在他们在那里有声有色地经营着自己的小店。根据下面的信息，你能说出每对夫妻有几个孩子、他们移民到了哪里以及所做的是何种生意吗？

1. 有 3 个孩子的家庭移民到了澳大利亚，他们没有在那里开旅馆。

2. 移民到新西兰的布里格一家开的不是传统英国风味鱼片店。

3. 开鱼片店那家的孩子比希金夫妇的孩子少。

4. 基德拜夫妇有 2 个孩子，他们每人照看 1 个。

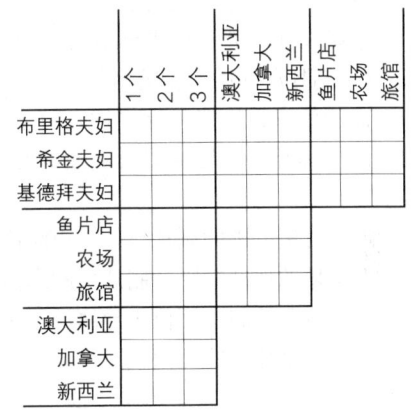

350. 帕劳旅馆之外

在 1 个明媚的夏日，4 位老绅士坐在班吉斯·格林镇帕劳旅馆外的长凳上，享受着啤酒，回忆着往事。根据下面的信息，你能推断出图中每位老人的名字、年龄以及在那段让他们念念不忘的美好时光中从事什么工作吗？

1. 乔·可比大约做了 50 年的牧场主人，在少女农场上照顾牧群。

2. 现年 74 岁的退休邮递员坐在他的老朋友珀西·奎因的左边。

3. 坐在 C 位置上喝酒的那位是罗恩·斯诺，D 位置上的老人的年龄已经超过 72 岁了。

4. 现年 76 岁的来恩·摩尔在 75 岁后的生活很充实，没有虚度光阴，他不是班吉斯·格林镇上给马钉掌或者照看那些笨拙马匹的老马医。

5. 坐在 B 位置上喝酒的人不是那位过去经常帮助别人维修拖拉机和农场设备的前任机修工。

名字：乔·可比，来恩·摩尔，珀西·奎因，罗恩·斯诺

年龄：72，74，76，78

过去的工作：牧场主人，马医，机修工，邮递员

351. 电影制片厂

在好莱坞电影市场的鼎盛时期，会同时有 4 部电影在 4 个邻近的电影制片厂进行拍摄，这 4 个制片厂同属一家著名的电影公司。根据下面的信息，你能具体描述在每个制片厂拍摄的电影类型、导演以及美丽的女主角的名字吗？

1.那部言情电影的制片厂位于由海伦·皮奇担任女主角的那部电影的制片厂的东面。

2.枪战电影的制片厂位于导演沃尔多·特恩汉姆所在的制片厂的北面。

3.西尔维亚·斯敦汉姆是导演卡尔·卡马拉所拍摄电影的主角。

4.拉娜·范姆帕在 1 部警匪片里担任女主角，其制片厂在奥尔弗·楞次导演所在制片厂的斜对面。

5.C 制片厂拍摄的不是喜剧片。

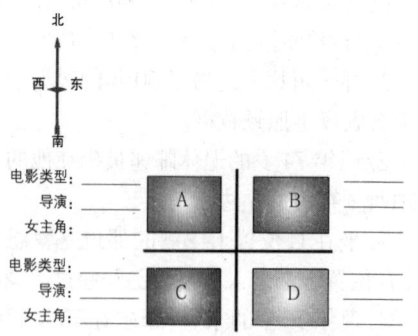

电影类型：喜剧，警匪，言情，枪战

导演：奥尔弗·楞次，鲍里斯·旭茨，卡尔·卡马拉，沃尔多·特恩汉姆

女主角：多拉·贝尔，海伦·皮奇，拉娜·范姆

帕，西尔维亚·斯敦汉姆

352. 破纪录者

这张新闻照片上的是 4 名年轻的女运动员，她们在最近的国家青年运动锦标赛中打破了各自参赛项目的纪录。根据下面的信息，你能认出图片中的 4 个女孩，并说出她们各自打破了什么项目的纪录吗？

1.凯瑞旁边的两个女孩都是打破了跑步类项目的纪录。

2.戴尔芬·赫尔站在标枪运动员旁边。

3.洛伊斯不在 2 号位置。

4.1 号位置的女孩打破了跳远项目的纪录，她不姓福特。

5.1 名姓哈蒂的运动员打破了 400 米项目的纪录，但她不叫瓦内萨。

名：戴尔芬，凯瑞，洛伊斯，瓦内萨

姓：福特，赫尔，哈蒂，斯琼

比赛项目：100 米，400 米，标枪，跳远

353. 寻找骨牌（五）

1 副标准的骨牌已经摆出，为了表达清楚，我们使用数字替代圆点。运用锋利的笔和敏锐的头脑，你能标出每张骨牌的位置吗？每找到 1 张牌就把它去掉，你会发现下边的表格对你很有帮助。

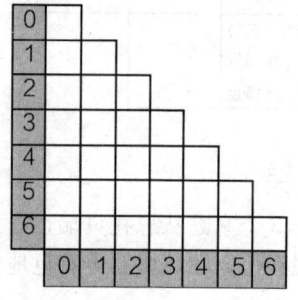

1	3	4	0	2	3	0	0
6	5	5	1	2	3	4	6
4	4	4	2	2	5	5	6
3	1	0	0	3	0	5	6
6	1	1	2	2	5	3	3
1	5	6	0	2	5	6	1
4	0	4	6	2	4	1	3

354. 请集中注意力

乡长老斯布瑞格正在指派任务，4 个老朋友看上去都很认真。根据下面的信息，你能认出 1～4 号位置的每个人，说出他们想做的事以及每个人穿的衣服是什么面料的吗？

1.1 个人穿着狼皮上衣，艾格挨着他并在他的右边。

2.埃格正在想怎样面对他自己的岳母耐格，本身他的妻子就很能言善辩。

3.穿着山羊皮上衣的人在 3 号位置。

4.奥格穿着小牛皮上衣，他不打算靠粉刷他的窑洞的墙壁打发时间。

5.穿着绵羊皮外套的那个人打算在假日里把他小圆舟上的漏洞修补一下，坐在他左边的是阿格。

集会成员：艾格，埃格，奥格，阿格
想做的事：钓鱼，修小圆舟，粉刷窑洞的墙壁，
拜访岳母
上衣：小牛皮，山羊皮，绵羊皮，狼皮

355. 美好的火车旅行

在乘火车的旅行中，我从特洛斯坦特出发驶向哈格施姆，途中经过的 4 条河流各自有 1 座极富特色的桥。根据下面的线索，你能在地图上填出每座桥的名字、类型及其所跨河流的名字吗？

1.我们花费了 90 分钟跨过了托福汉姆桥，之后就来到了波罗特河上的吊桥。

2.第 2 条河横穿斯杰普生德桥。

3.横跨戴斯尔河的那座桥离哈格施姆的距离比大石拱桥离哈格施姆更近。

4.我们在到达科玛河前，穿过了悬臂式建筑维斯吉格桥（因为它建在维斯吉格）。

5.大摆桥在地图上的标示是偶数，每当有船只经过时它可以从中间开启。

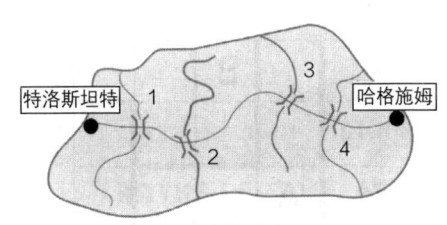

桥名：埃斯博格，斯杰普生德，托福汉姆，维斯吉格
河名：波罗特，科玛，戴斯尔，斯沃伦
桥的类型：拱桥，悬臂桥，吊桥，摆桥

356. 洗车工

		科顿恩先生	派恩思先生	斯蒂尔先生	福特	普乔特	沃克斯豪	蓝色	红色	黄色
男孩	比尔									
	卢克									
	罗里									
	蓝色									
	红色									
	黄色									
	福特									
	普乔特									
	沃克斯豪									

男孩	车主	品牌	颜色

97

为了赚些外快，比尔和他的两个朋友约定每个人清洗 1 辆邻居的车。根据下面提供的信息，你能找出他们各自为谁洗车、车的品牌及颜色吗？

1. 比尔清洗 1 辆红色的车，不是福特车。

2. 派恩先生的车是蓝色的。

3. 在他们所洗的几辆车中有 1 辆是黄色的普乔特。

4. 罗里清洗了斯蒂尔先生的车。

357. 填空（五）

要求每行每列上均有字母 A，B，C，D，E，同时，在粗线条构成的图形里，也要有字母 A，B，C，D，E。你能做到吗？

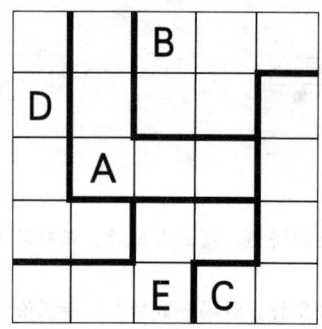

358. 在购物中心工作

3 位年轻的女性刚刚到新世纪购物中心的几个店面打工。根据下面的线索，你能找出雇佣她们的商店的名字、类型，以及她们

各自开始工作的具体时间吗？

1. 和在面包店工作的女孩相比，安·贝尔稍晚一些找到工作，那家面包店不叫罗帕。

2. 艾玛·发不是 8 月份开始在万斯店工作。

3. 卡罗尔·戴不在零售店工作。

4. 其中 1 个女孩不是从 9 月份开始在赫尔拜的化学药品店工作。

359. 机器人时代

诺福克的洛特河是著名的波罗兹的一部分，4 个勇敢的海员家庭把他们的船停在了几家不同旅店的停泊处。根据下面的信息，你能填出图表中每个家庭的名字、所拥有的船只名，以及所停泊的旅店名吗？

1. 费希尔的船停泊在挪亚方舟处，斯恩费希的停泊处在挪亚方舟处的左边。

2. 帕切尔号停在狗和鸭码头。

3. C 位置上的旅店叫升起的太阳，停泊在那里的船不属于罗德尼家庭，也不是南尼斯号。

4. 在最右边的船属于凯斯一家。

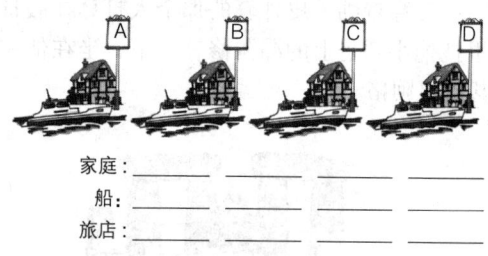

家庭：_____

船：_____

旅店：_____

家庭：德雷克，费希尔，凯斯，罗德尼

船名：罗特斯，南尼斯，帕切尔，斯恩费希

旅店：钓鱼者休息处，狗和鸭，挪亚方舟，升起的太阳

360. 路径逻辑（四）

运用你的逻辑推理能力找出 1 条路径，使之符合以下条件：从"开始"到"结束"，可以水平也可以垂直方向。各行各列的起始处的数

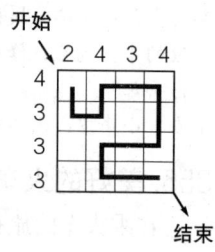

	赫尔拜店	罗帕店	万斯店	面包店	化学药品店	零售店	7月	8月	9月
安·贝尔									
卡罗尔·戴									
艾玛·发									
7月									
8月									
9月									
面包店									
化学药品店									
零售店									

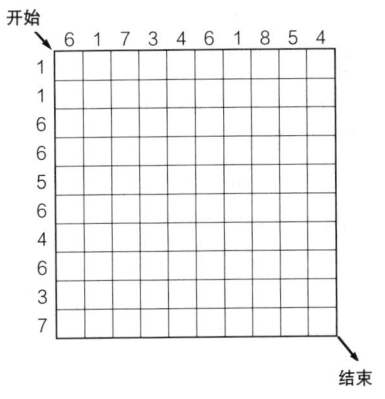

字代表这行或这列所必须经过的格子数。下面是1个简单的例子。

361. 杰克和吉尔

无论杰克和吉尔去哪里或者做什么，他们都喜欢为自己找些借口，比如为了取1桶水而爬上山。根据下面的信息，你能说出星期一到星期四他们从小屋出发所走的方向、目的地以及去每个地方的原因吗？

1. 在沿2号方向前进的第2天他们爬了山，说是为了打水。

2. 星期四他们去了草地，对昏昏欲睡的小男孩布鲁也视而不见。

3. 他们说朝4号方向前进是去清理茶匙。

4. 他们为星期三的旅行找的借口是去喂猫，那天他们走的不是1号方向。

5. 他们为去河边找的借口不是割卷心菜。

日期：星期一，星期二，星期三，星期四
位置：河边，草地，树林，山上
活动：割卷心菜，清理茶匙，喂猫，取水

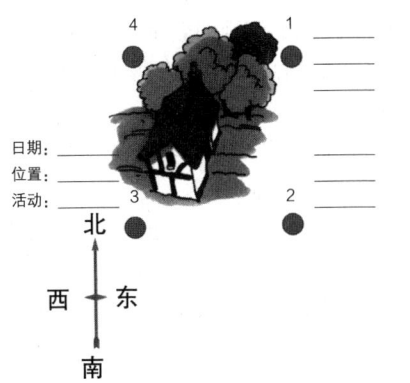

362. 跨栏比赛

下图展示的是1次跨栏比赛中冲刺阶段的前4匹马。根据下面的信息，你能说出每匹马的名字，并具体描述每匹马的主人吗？

1. "跳羚"还没有到达栅栏。

2. 安德鲁领先于赫多尔两个名次。

3. 在图片中，迪克兰·吉姆帕稍稍领先于处于跨栏阶段的"杰克"。

4. 海吉斯是那个正在跳栏的职业赛马师。

5. 加百利所骑的"跳过黑暗"在当时的比赛中稍稍落后于沃特的马。

马："小瀑布"，"杰克"，"跳过黑暗"，"跳羚"
（主人）名：安德鲁，迪克兰，加百利，吉斯杰姆
（主人）姓：海吉斯，赫多尔，吉姆帕，沃特

363. 曼诺托1号

图中展示了太空船曼诺托1号控制舱中的4名工作人员的位置。根据下面的线索，你能找出每名成员的名字、军衔以及在曼诺托1号中做何种工作吗？

1. 弗朗茨·格鲁纳工程师坐在陆军少校的对面。

2. A位置上的军官是罕克·吉米斯，他不是军医。

3. 空军上校在B位置上。

4. 萨姆·罗伊斯的顺时针方向上是尤瑞·赞洛夫。

5. 坐在C位置上的宇航员不是海军司令官。

名字：弗朗茨·格鲁纳，罕克·吉米斯，萨姆·罗伊斯，尤瑞·赞洛夫
军衔：空军上校，陆军少校，海军司令官，海军上尉
工作：宇航员，工程师，军医，飞行员

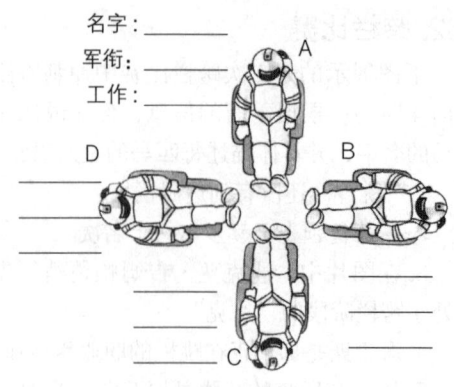

名字：_____
军衔：_____
工作：_____

364. 势单力薄的警察们

4 个警察在执行 1 项制止骚乱暴行的任务，他们试图用警戒线隔离人群。在行动后期每个人的身体都受到了的伤害，那种折磨让他们难以忍受。根据下面的信息，你能分辨出 1～4 号警官并说出他们所受到的伤害吗？

1. 时刻紧绷的神经使 2 号警官的肩膀都麻木了，这个让他感觉很不舒服。

2. 内卫尔的鼻子痒得厉害，但他不能去抓，因为卡弗的左手紧紧抓着他的右手。

3. 图片上这群势单力薄的警察中，布特比亚瑟更靠左边，艾尔莫特站在格瑞的右面，中间隔了 1 个位置。

4. 斯图尔特·杜琼和有鸡眼的警官之间隔了 1 个人。

名：亚瑟，格瑞，内卫尔，斯图尔特
姓：布特，卡弗，艾尔莫特，杜琼
问题：鸡眼，肩膀麻木，发痒的鼻子，肿胀的脚

365. 抓巫将军

在 17 世纪中期，"抓巫将军"马太·霍普金斯主要负责杀死那些被人们认为是巫婆

或者巫师的人，其中有 3 个巫婆来自思托贝瑞附近的乡村。根据下面的信息，你能说出每个巫婆的名字、绰号，以及各自的家乡和具有法力的时间吗？

1. 艾丽丝·诺格斯被称为"诺格斯奶奶"是很自然的事情。

2. 马太·霍普金斯在 1647 年在盖蒙罕姆抓到了 1 个女巫并把她送到了法院接受审判。

3. "蓝鼻子母亲"不是在 1648 年被确定为女巫，也不是来自里球格特乡村，一生居住在这个乡村的也不是克莱拉·皮奇。

4.1649 年，经抓巫将军证实，"红母鸡"是 1 个和魔鬼勾结在一起的女巫；从希尔塞德抓到的那名妇女被证实是女巫，随后的第 2 年伊迪丝·鲁乔也被确认为女巫。

	"诺格斯奶奶"	"蓝鼻子母亲"	"红母鸡"	盖蒙罕姆	希尔塞德	里球格特	1647 年	1648 年	1649 年
艾丽丝·诺格斯									
克莱拉·皮奇									
伊迪丝·鲁乔									
1647 年									
1648 年									
1649 年									
盖蒙罕姆									
希尔塞德									
里球格特									

366. 英格兰的旗舰

1805 年 10 月 21 日，罗德·纳尔逊在战役中不幸受伤，他在特拉法尔战役中战胜了法国舰队。他的旗舰的名字由 16 个字母组成，根据下面的信息，你能在每个小方框中填出正确的字母吗？

1. 任何两个水平、垂直或对角线方向上的相邻字母都不同。

2.V 在其中 1 个 R 下面的第 2 个方框内，并在 C 的左边第 2 个方框内。

3.L 不在 A2 位置，也不在最后 1 行。

4. 其中 1 个 A 在 D3 位置上，但没有 1

个 R 在 D4 位置上。

5.A4 和 C2 中的字母相同，紧邻在它们下面的方框内的字母都是元音字母。

6.G 在 I 所在行的上面 1 行。

7.O 就在 T 上面的那个位置，在 Y 下面 1 行的某个位置，而 Y 在与 O 不同的 1 列的顶端。

要填的 16 个字母：A，A，A，C，F，G，I，L，O，R，R，R，T，T，V，Y

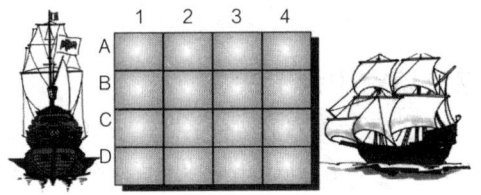

367. 龙拥有者俱乐部

龙拥有者俱乐部是为那些拥有多里卡特·龙跑车的人创办的，这些车都在 1930 ~ 1955 年之间制造。开始时没有多少位车主加入俱乐部，下图展示的是幸存的 4 辆在 1940 年之前制造的跑车。根据下面的线索，你能说出每辆车的主人、颜色以及制造时间吗？

1.D 号车是辆红色的龙跑车，它的主人不是加里·合恩，也不是 1934 年制造的。

2.B 号车在 1938 年由多里卡特工厂制造，当时他们没有生产线。

3. 特德·温的车在黄色跑车和 1932 年生产的车之间。

4. 伦·凯斯的跑车被漆成深绿色，曾被认为是绿色英国跑车，该车不是 A 号车。

5.C 号车不是蓝色的。

跑车主人：克里斯·丹什，加里·合恩，伦·凯斯，特德·温

跑车颜色：蓝色，绿色，红色，黄色

制造时间：1932，1934，1936，1938

368. 谁的房子

始建于 17 世纪的别墅风格别具特色。根据下面的线索，你能分别说出 1 ~ 4 号每栋别墅的名字、建造时间，以及现在主人的名字吗？

1. 佛乔别墅现在属于丽贝卡·德雷克，2 号房产在该栋别墅之后建造。

2. 巴兹尔·布立维特拥有的别墅沿顺时针方向与狗和鸭建筑相邻，而后者至今仍然是 1 家酒吧。

3. 詹姆士·皮卡德那栋始建于 1685 年的别墅不是曼纳小屋。

4. 在最东面的不是建于 1708 年的瑞克特立建筑。

5. 最晚建造的那所房子不是史密塞斯上校的财产。

房子：狗和鸭建筑，佛乔别墅，曼纳小屋，瑞克特立建筑

时间：1610，1685，1708，1770

主人：巴兹尔·布立维特，史密塞斯上校，詹姆士·皮卡德，丽贝卡·德雷克

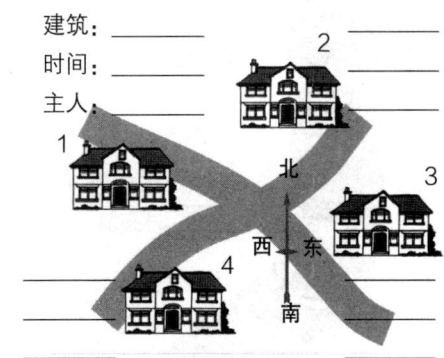

369. 战舰（六）

这道题是按照 1 个古老的战舰游戏设计的，你的任务是找出表格中的船。方格中已填入了几个代表海或某种船的局部的图案，而紧靠行和列边上的数字表示这行或这列被占的方格总数。船和船之间可以水平或垂直停靠，但是任何两艘船或船的某个部分都不可以在水平、垂直和对角方向上相邻或重叠。

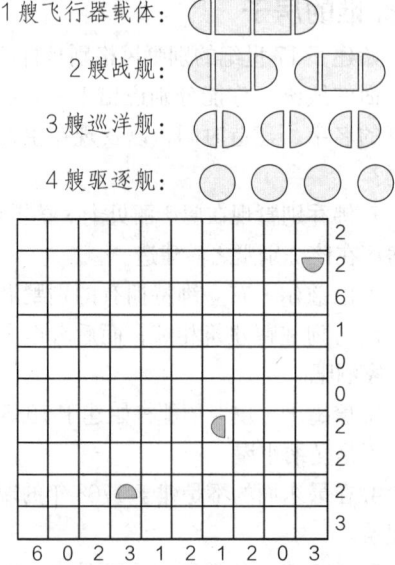

1 艘飞行器载体：

2 艘战舰：

3 艘巡洋舰：

4 艘驱逐舰：

1. 黄车的车牌号是 27，它在菲利普所开那辆车的前面。

2. 2 号位置车的车牌号是 15。

3. 曼纽尔的车在 38 号车的后面某个位置，38 号车不在 3 号位置。

4. 汉斯的车紧跟在绿车后面。

5. 红车紧跟在安东尼奥的车后面。

司机：安东尼奥，汉斯，曼纽尔，菲利普
颜色：蓝色，绿色，红色，黄色
车牌号：9，15，27，38

370. 穿过通道

在机动车道上的 4 辆汽车正要穿过通道。根据以下线索，你能说出 1 ~ 4 号每辆车的驾驶员姓名、车的颜色以及车牌号吗？

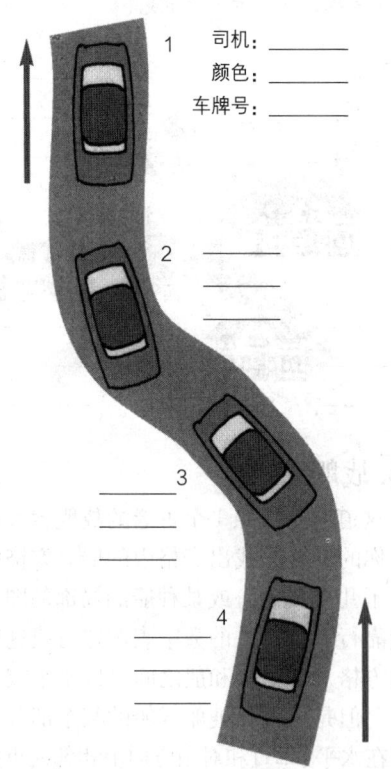

1 司机：_____
颜色：_____
车牌号：_____

2 _____
_____
_____

3 _____
_____
_____

4 _____
_____
_____

371. 填空（六）

要求每行每列上均有字母 A，B，C，D，E，同时，在粗线条构成的图形里，也要有字母 A，B，C，D，E。你能做到吗？

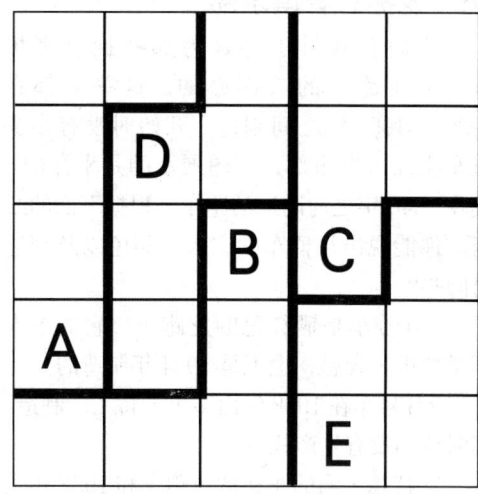

372. 在沙坑里

在操场的 1 个角落里有 1 个沙坑，4 位母亲站在沙坑的四周（A，B，C，D），看着自己的孩子在沙坑里（1，2，3，4）玩耍。根据下面的信息，你能分别说出这 8 个人的名字，并给他们配对吗？

1. 站在 C 位置上的不是汉纳，她的儿子站在顺时针方向上爱德华的旁边。

2. 卡纳在 4 号位置上，而他的母亲不在 B 位置。

3.詹妮的孩子在 3 号位置。

4.丹尼尔是莎拉的儿子，他在逆时针方向上的雷切尔儿子的旁边，而雷切尔站在 D 位置。

5.没有 1 个孩子在沙堆里的位置与各自母亲的位置相对应。

母亲：汉纳，詹妮，雷切尔，莎拉

儿子：卡纳，丹尼尔，爱德华，马库斯

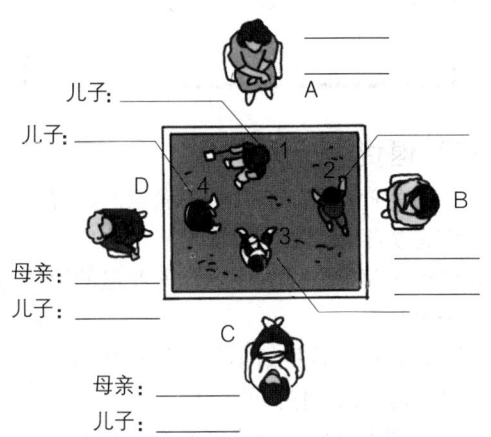

373. 神像（二）

英国著名的考古学家琼斯在南美考古时，发现了 1 尊公元前 700 年的四面神像。根据下面的线索，你能填出神像上每个面的动物面孔、所代表的神，以及在莱曼尼特克文化中掌管的领域吗？

1.神像的一面是南美洲的 1 种水怪，它的名字叫乌卡特克斯赖特。或许你听说过，那是 1 种大型啮齿动物。

2.以美洲虎为面孔的神像在叫爱克斯卡克斯特的神像的反面，后者是莱曼尼特克的战神。

3.D 面上的神像拥有水蟒的面孔。

4.神像的 A 面代表莱曼尼特克的气候神，B 面的面孔不代表他们的爱神，这两个神都不叫奥克特拉克斯特。

5.事业神不叫埃克斯特里卡特尔，与事业神在顺时针方向上相邻的那尊神像是以 1 只特别丑陋的蝙蝠为面孔。

面孔：水蟒，蝙蝠，水怪，美洲虎

名字：埃克斯特里卡特尔，爱克斯卡克斯特，奥克特拉克斯特，乌卡特克斯赖特

所管领域：事业，爱情，战争，气候

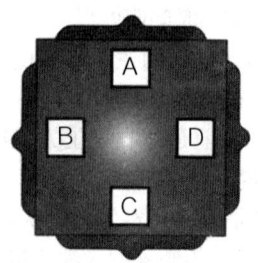

374. 新来的人

泰克斐尔德·圣·安德鲁是萨福克郡上 1 个有趣的镇，它的居民非常保守——他们始终认为几年前搬来的退休的伦敦人是“新来的人”。从以下给出的线索中，你能推断出这些“新来的人”来自伦敦哪里、在镇里住了多久、现在的家在哪里吗？

1.住在牧场的沃尔特·杨，不是那个以前在艾林特居住和工作的伦敦人。

2.以前家在帕丁顿火车站后面的那个人，居住在泰克斐尔德·圣·安德鲁的时间比艾伦·布拉德利的要长。

3.怀特盖茨村的那个“新来的人”居住时间已经超过 8 年了。

4.其中 1 个“新来的人”已经在罗斯村住了 16 年了。

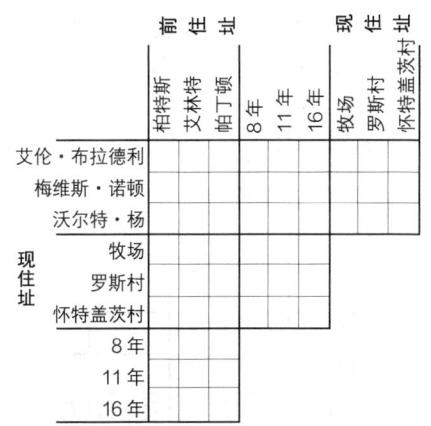

375. 百岁老人

斯多布里的山楂牧场住着3位百岁老人。从以下给出的线索中，你能推断出每位百岁老人的全名、他们搬去山楂牧场前居住的村庄和他们搬家的时间吗？

1. 名叫西尼尔的住户搬到山楂牧场的时间，比曾住在莫博里的那个人迟。

2. 亨利以前是位农场工人，搬来山楂牧场前他一直生活在威逊韦尔。

3. 玛格丽特·格雷经营着1家乡村邮局。

4. 在1995年搬家的人姓艾尔德，但不叫戴西。

		艾尔德	格雷	西尼尔	莫博里	布莱伍德	威逊韦尔	1985年	1990年	1995年
名	戴西									
	亨利									
	玛格丽特									
	莫博里									
	布莱伍德									
	威逊韦尔									
	1985年									
	1990年									
	1995年									

376. 寻找骨牌（六）

1副标准形式的骨牌已经展开，为了清楚起见，它使用数字而非点数来表示。用你尖锐的笔尖和灵活的脑瓜，你能把每个骨牌都找出来吗？你会发现这些格子对你非常有帮助。

2	5	1	1	1	2	0	6
5	0	6	6	5	3	4	4
2	3	4	5	2	5	4	2
1	1	6	5	2	5	0	4
0	0	4	5	3	3	3	2
6	6	6	3	3	2	1	6
4	1	0	0	0	1	4	3

377. 退货

百货商店里，有4位不满意的顾客排队等在退货柜台边。从以下给出的线索中，你能将图中每位女士的全名和所要退的货填写出来吗？

1. 希拉·普里斯不是那位排在第3位、并要求退1条牛仔裤的女士。

2. 想退有问题的烤箱的那位女士不是夏普夫人。

3. 马里恩退的是1个一点都不能旋转的旋转式剪草机。

4. 希瑟排在第4位，她不是克拉普夫人。

5. 特威德夫人排在第1位。

名：马里恩，希拉，卡罗尔，希瑟
姓：特威德，普里斯，克拉普，夏普
退货：剪草机，烤箱，牛仔裤，手提箱

378. 叠纸牌

4 个小朋友分别用不同颜色的纸牌成功地叠出了纸房子，但每个人叠的层数不同。从以下给出的线索中，你能叫出 4 个人的名字，并说出他们各自所用的纸牌背景颜色和分别叠了几层吗？

1. 使用绿色纸牌的夏洛特，坐在叠到 5 层的那个朋友对面。

2. 座位 2 的那个女孩用纸牌叠到 4 层高。

3. 安吉拉用的不是黑色的纸牌。

4. 在座位 3 用蓝色纸牌的女孩，她叠的房子没有用红色纸牌的女孩叠的高。

5. 罗斯是最成功的建筑师，在坍塌之前，她叠到第 7 层。她不是坐在座位 4。

名字：安吉拉，夏洛特，罗斯，蒂娜

纸牌颜色：黑，蓝，绿，红

层数：4，5，6，7

379. 书报亭

位于巴黎塞纳河左岸的公开市场里有 4 家书亭，4 位顾客正在向各家书亭购买不同种类的书。从以下给出的线索中，你能说出书亭主人的名字、在 1～4 号书亭购书的顾客的名字以及他们买的是什么书吗？

1. 威廉正在买书的那个书亭在波莱特经营的书亭的西边某个位置。卖字典的书亭的东边。

2. 乔·埃尔刚买了诗集，但不是从艾兰恩那里买来的。

3. 小说是在 3 号书亭购得的。

4. 雅克的顾客是阿曼裕。

5. 传记是在玛丽安的书亭购得的，她的

书亭在斯尔温买书的那个书亭的西边。

亭主：艾兰恩，雅克，玛丽安，波莱特

顾客：阿曼裕，乔·埃尔，斯尔温，威廉

书：传记，字典，小说，诗集

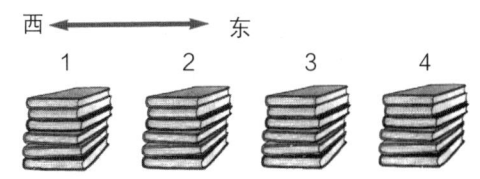

380. 票

4 个人正在售票亭前排队买票。从以下给出的线索中，你能叫出 4 个人的名字，并说出他们各自买的是哪个晚上的票、坐在剧院的哪个位置吗？

1. 要买星期六晚上包厢票的那个人排在珀西瓦尔后面。他看星期六晚上的演出来庆祝 1 个重要的周年纪念。

2. 马克斯紧排在买剧院花楼票的那个人前面，那张剧院花楼的票不是星期四演出的票。

3. 亨利排在队伍的第 3 个位子，在演出的上演日期上，他的票比正厅后排座位的票要早。

4. 威洛比买的是星期五晚上的票。

名字：亨利，马克斯，珀西瓦尔，威洛比

时间：星期三，星期四，星期五，星期六

位置：正厅后排座位，包厢，剧院花楼，正厅前排座位

381. 加薪要求

4个工会的代表正在开会协议向 W & S 公司提交 1 份增加工资要求的声明。

从以下给出的线索中，你能推断出图中每个人的名字、所代表的工会，以及代表的成员人数吗？

1. 思德·塔克坐在 C 位置，他代表的成员人数不是 4 人。

2. 阿尔夫·巴特坐在来自 ABM 的那个代表的对面。ABM 有 6 个成员在 W & S 公司。

3. 有 7 个成员的工会不是 BBT。

4. 坐在 D 位置的人代表的是 BBMU。

5. UMBM 的雷·肖所代表的成员人数没有坐在 B 位置的人代表的多。

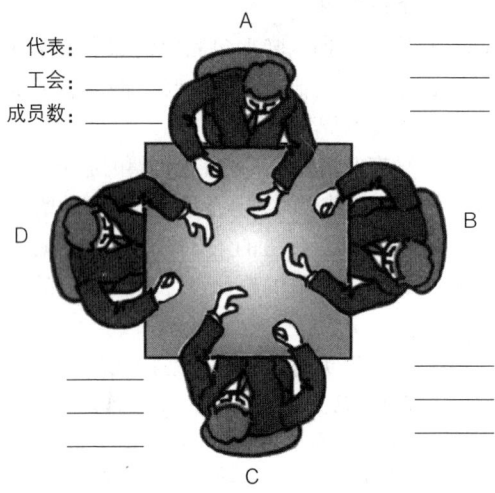

代表：＿＿＿＿＿＿

工会：＿＿＿＿＿＿

成员数：＿＿＿＿＿＿

代表：阿尔夫·巴特，吉姆·诺克斯，雷·肖，思德·塔克

工会：ABM, BBT, BBMU, UMBM

成员数：3, 4, 6, 7

382. ABC（六）

填下边的表格，使得每行每列均包含字母 A，B，C 和两个空格。

表格外的字母表示箭头所指方向的第 1 或者第 2 个出现的字母，如 B1 代表箭头所指方向出现的第 1 个字母为 B，你能完成要求吗？

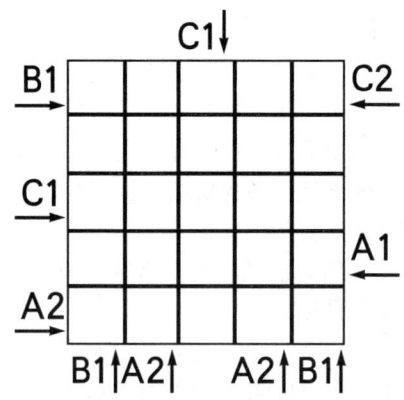

383. 不同颜色的马

3个女孩各自拥有 1 匹不同颜色的小马。从以下给出的线索中，你能说出每个女孩的全名和她们各自的马的名字、颜色吗？

1. 贝琳达的褐色小马不叫维纳斯。

2. 姓郝克斯的那个女孩有 1 匹黑色小马。

3. 灰色小马的名字叫邦妮。

4. 费利西蒂姓威瑟斯。

		姓			马				颜色	
		郝克斯	梅诺	威瑟斯	邦妮	潘多拉	维纳斯	黑色	褐色	灰色
名	贝琳达									
	凯蜜乐									
	费利西蒂									
	黑色									
	褐色									
	灰色									
马	邦妮									
	潘多拉									
	维纳斯									

名	姓	马	颜色

384. 长长的工龄

昨天，如同往常所有的工作日一样，3 位女士在大学食堂的服务台上工作。从以下给出的线索中，你能推断出她们的名字、年龄、工龄和每个人的职责吗？

1.那位54岁的女士工作的时间没有内尔长。

2.提供主菜的那位女士今年有56岁了。

3.洛蒂已经有18年的工作经验，她的工作不是分配饮料。

4.布里奇特的职责是提供餐后甜点。

	52岁	54岁	56岁	16年	18年	20年	主菜	餐后甜点	饮料
布里奇特									
洛蒂									
内尔									
主菜									
餐后甜点									
饮料									
16年									
18年									
20年									

385. 照片定输赢

最近1次在爱普斯高特的赛马比赛是根据照片上的差距定输赢的。从以下给出的线索中，你能说出每匹马的排名、它们的骑师和骑师所穿衣服的颜色吗？

1."矶鹬"马的后面紧跟着卢克·格兰费尔骑的马。卢克·格兰费尔穿着黑蓝两色的衣服。

2."国王兰赛姆"的骑师是马文·盖尔，他穿的衣服不是粉色和白色。

3.科纳·欧博里恩的马比杰姬·摩兰恩的马的排名靠前。

4.穿红色和橘黄色衣服的骑师和他的马排第3名。

5.裁判研究了拍下的照片，最后由于微小的领先，判定是名叫"布鲁克林"的马赢得了此次比赛。

马："蓝色闪电"，"布鲁克林"，"国王兰赛姆"，"矶鹬"

骑师：科纳·欧博里恩，杰姬·摩兰恩，卢克·格兰费尔，马文·盖尔

衣服颜色：黑色和蓝色，粉色和白色，红色和橘黄色，黄色和绿色

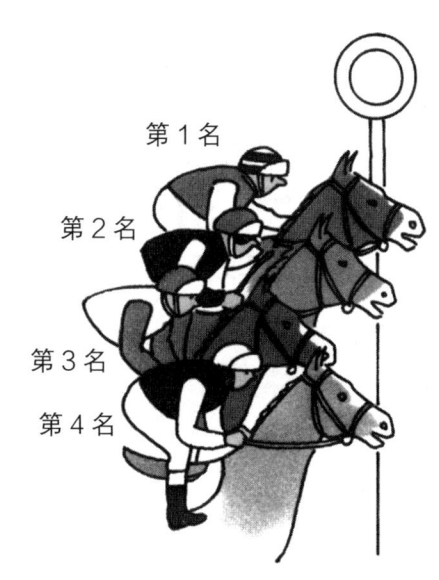

第1名
第2名
第3名
第4名

386. 租车

在出租车公司外面的停车场停着5辆顾客预定的车。从以下给出的线索中，你能说出每辆车的品牌、颜色和它的位置数吗？

1.罗孚停在位置5。

2.红色汽车停在福特旁边，福特不是停在位置4。

3.菲亚特是黄色，在位置3的车是白色的。

4.中间3辆车的生产商名字都不是5个字母的。

5.丰田不是停在位置2，棕色汽车在丰田的相邻位置，且停在其左面。

颜色：棕色，绿色，红色，白色，黄色

牌子：罗孚(Rover)，菲亚特(Fiat)，丰田(Toyota)，福特（Ford），沃尔沃（Volvo）

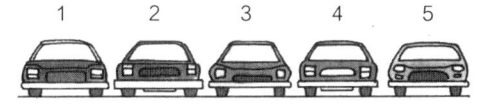

1　2　3　4　5

387. 路径逻辑（五）

你能从正方形标有"开始"的一端找出1条途径到标有"结束"的另一端吗？要求途

中只能横着走或竖着走（不能对角走）。每行或列的开头标的数字提示你在那行或列里必须经过的方格数。下面是 1 个简单的示范。

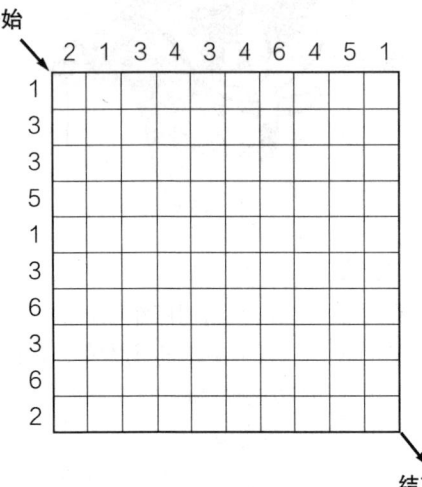

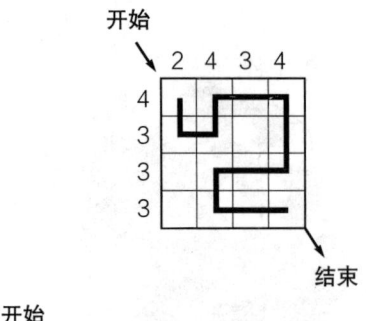

溜冰者：＿＿＿＿＿＿＿＿
姓　名：＿＿＿＿＿＿＿＿
围　巾：＿＿＿＿＿＿＿＿

389. 小镇

如图所示，有 10 个距离很近的小镇，从以下给出的线索中，你能把每个镇名都写出来吗？

1. 亚克斯雷镇在科尔布雷杰镇的北方某处，在布赖圣特恩镇的西南方，而且其在地图上标示的是 1 个偶数。

2. 波特菲尔得镇在勒索普镇的东北方。

3. 德利威尔镇比欧德马克科特镇位置更偏南。

4. 图上标号 3 的是肯思费尔德镇。

5. 摩德维尔镇在威格比镇的西边。威格比镇在另外 1 个镇的正北方向。

镇名: 布赖圣特恩镇，科尔布雷杰镇，德利威尔镇，肯思费尔德镇，勒索普镇，摩德维尔镇，欧德马科特镇，波特菲尔得镇，威格比镇，亚克斯雷镇

388. 溜冰

4 位年轻的女士来到 1 个公园的湖上溜冰。

从以下给出的线索中，你能确定图中 4 位溜冰者的名字和她们围巾的颜色吗？

1. 伯妮斯·海恩在戴黄色围巾的朋友的右边某处。

2. 叫肖特的溜冰者戴着红色的围巾。

3. 戴着绿色围巾的溜冰者在路易丝左边的某处。

4.1 号溜冰者戴的是蓝色围巾。

5. 杰姬不在 2 号位置，她也不姓劳恩。

名: 杰姬，夏洛特，伯妮斯，路易丝
姓: 特利尔，劳恩，海恩，肖特
围巾: 蓝色，绿色，红色，黄色

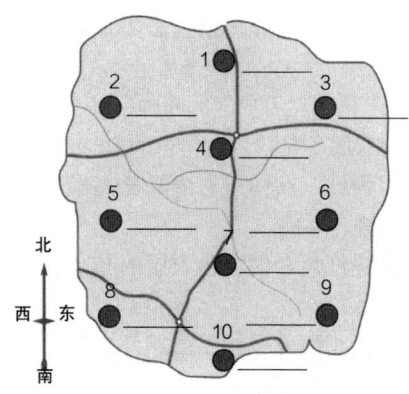

390. 环行线路

1 条环行路线连着 4 个村庄，它的起始点即下图中标 1 的地方。开车的 4 位驾驶员分别住在 4 个村庄里。根据给出的线索，你

能叫出每个村庄住的驾驶员的名字，并推算出环线上各村之间的距离吗？

1. 格里斯特里村是最北边的村庄，在环线上它与前面或后面的村庄的距离都不是 7 千米。

2. 驾驶员德莫特是提姆布利村的住户。提姆布利村不是最东面的村庄。

3.6 千米长的那段路程起始在桑德莱比村，阿诺德不住在那里。

4. 环行车在 5 千米长的那段路上是朝往西南的方向开的，起始自罗莉住的村庄。

村庄：提姆布利，格里斯特里，桑德莱比，托维尔
驾驶员：阿诺德，德莫特，吉姆，罗莉
距离：4 千米，5 千米，6 千米，7 千米

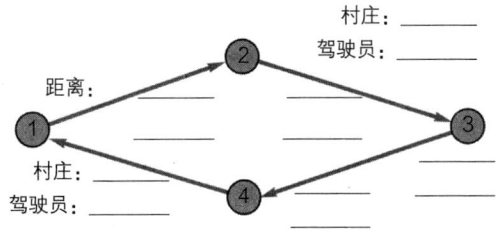

391. 冬日受伤记

去滑雪的 3 个朋友不幸都摔了一跤，导致某个部位骨折。从以下给出的线索中，你能确定他们的名字、所去的旅游胜地和骨折部位吗？

1. 泊尔在法国滑雪。

2. 去澳大利亚的那位女子摔断了 1 条腿。

3. 斯塔布斯夫人选的度假地点不是瑞士，她也没有把手臂摔断。

4. 索尼亚摔断了她的锁骨，她不姓霍普。

392. 美好记忆

爱丽丝经常翻阅她那些老照片，那是她以前去度假时拍的 3 组照片。从以下给出的线索中，你能推断出照片分别是在哪里拍的、爱丽丝是乘坐什么交通工具、在什么时候去的吗？

1. 长途汽车旅行的月份比 1971 年那次旅行的月份小。

2. 爱丽丝在科茨沃尔德开着小汽车观光。但不是在 8 月份去的。

3. 爱丽丝曾去英国的湖泊地区度假，坐的不是火车。时间上则在 5 月份的假期之后。

	1986 年	1971 年	1974 年	康沃尔	科茨沃尔德	英国的湖泊地区	小汽车	长途汽车	火车
5 月份									
6 月份									
8 月份									
小汽车									
长途汽车									
火车									
康沃尔									
科茨沃尔德									
英国的湖泊地区									

月份	年份	地点	交通工具

393. 勋章

乔内斯特的宫廷博物馆有 1 个陈列橱，里面排放着 14 ~ 19 世纪中期的前乔内斯特

的国王们保留的 4 个骑士团大勋章。从以下给出的线索中，你能填出下图的 4 个勋章分别代表的 4 个勋爵士团的名字、制造大勋章用的金属材料和它上面的绶带的颜色吗？

1. 勋章 C 上悬挂着绿色的绶带。

2. 大勋章 A 是用纯银制作的。

3. 为 14 世纪乔内斯特王位的继承人命名的赖班恩王子勋爵士团的勋章有 1 个紫色的绶带。

4. 铁拳勋爵士团的勋章，顾名思义是铁制的大勋章，上面烙印着代表性图案：握紧的拳头。展示在有蓝色绶带的勋章旁边。

5. 青铜制的勋章紧靠在由纯金制造的勋章的右边，金制勋章不是伊斯特埃尔勋爵士团的代表。

勋爵士团：赖班恩王子，圣爱克赞讷，伊斯特埃尔，铁拳

勋章的材料：青铜，金，铁，银

绶带的颜色：蓝色，绿色，紫色，白色

394. 四人骑自行车

骑行俱乐部的成员制造了一些特别的自行车，它的 1 辆车上可以骑不多于 4 个人，它被用来为慈善机构牟利。在某个展示场合，4 个人骑在这种自行车上，每个人扮演儿童故事书中的 1 个角色。从以下给出的线索中，你能说出每个人的全名以及他或她所扮演的角色吗？

1. "托德先生"紧靠在詹妮后面。

2. 扮演"诺德"的不是斯普埃克斯，他在基思的前面某个位置。

3. 骑在 2 号位置的人扮演"迈德·海特"。

4. 贝尔穿成飞人"贝格尔斯"的样子。

5. 戴夫在自行车的 3 号位置。

名：戴夫，詹妮，基思，莫尼卡

姓：贝尔，切诺，福克斯，斯普埃克斯

角色："贝格尔斯"，"迈德·海特"，"托德先生"，"诺迪"

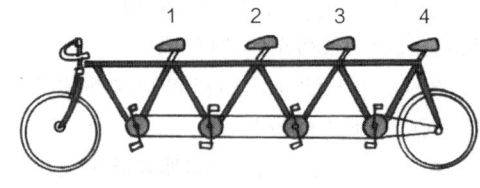

395. 修理店的汽车

汽车修理店停着 4 辆汽车，其中汽油泵旁边有 2 辆汽车，另外 2 辆在使用其他设备。从下面所给的线索中，你能说出司机的名字、每辆车的颜色和品牌吗？

1. 当你看着这个平面图时，你会发现那辆灰色美洲豹比哈森的汽车停得更靠右边。

2. 蒂莫西驾驶的汽车不是蓝色的。

3. 阿尔玛的汽车不是宝马，它也不停在 2 个汽油泵的前面。丰田汽车停在了汽油泵的前面，但它不是绿色的。

4. 4 号汽车是深蓝色的，但不是流浪者牌。

司机：阿尔玛，杰拉尔丁，哈森，蒂莫西

颜色：深蓝色，绿色，灰色，浅蓝色

品牌：宝马，美洲豹，流浪者，丰田

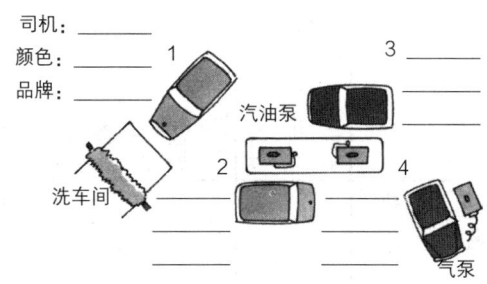

396. 阳光中的海岛

这是 1 个小岛，它近来刚刚被开发成旅游中心，它由 4 个主要的市镇组成，分别坐落在沿海岸线编号为 A，B，C，D 的位置上。从所给的线索中，你能说出每个市镇的名称、

在那里旅游的是哪个家庭，以及那里所提供的娱乐设施吗？

1. 罗德斯一家人住在国王乡村的 1 个旅馆中，而游艇港湾镇沿着海岸线顺时针方向的下一站就是国王乡村镇。

2. 莱斯特一家人住在东海岸的 1 个旅游胜地上，而巴瑞特一家人住在拥有宜人海滩的旅游胜地上。

3. 西海岸的旅游胜地叫做白色沙滩。

4. 卡西诺赌场位于蓝色海湾镇上，但是沃德尔一家人没有在这里旅游。

旅游胜地：蓝色海湾，国王乡村，纳尔逊镇，白色沙滩

家庭：巴瑞特，莱斯特，罗德斯，沃德尔

设施：卡西诺赌场，游艇港湾，宜人海滩，潜水中心

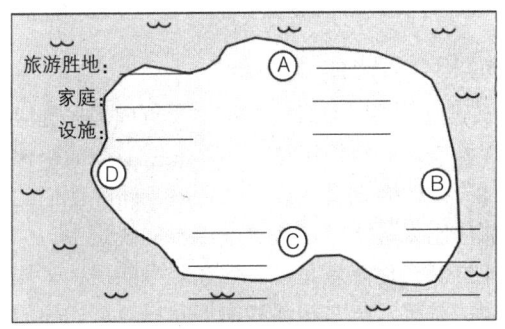

397.21 点牌戏

在下图中，构成矩形的每个方格都包含了 1 个不同的数字，数字从 1 ~ 21 不等。从所给的线索中，你能在每个方格中填上正确的数字吗？

1. 数字 20 在第 1 行中，7 在它的左边，6 在它的右边。

2. 方格 A4 中的数字比它的邻居 A3 大 2，同时又是它另 1 个邻居 A5 的 2 倍。

3. C3 中的数字是 2，而数字 3 不在 B 行中。

4. 数字 10 与 15 在同一水平行中，而且 10 在 15 左边第 3 个方格中。

5. 方格 B1 中的数字是方格 A1 中数字的 2 倍，而方格 A1 中的数字是方格 C1 中数字的 2 倍。

6. B3 中的数字比 C6 中的数字少 1，同时 B3 又比 C2 中的数字少 2。

7. 数字 1 所在的方格是在 18 的上面，1 又在 13 的左边。

8. 数字 12 所在纵列的 3 个数字之和是 31，而第 7 纵列的 3 个数字之和大于 25。

9. 数字 21 和 9 都在 C 行内，它们位于相邻的两个方格之内，前者上面方格的数字是个位数，后者上面方格的数字是两位数。

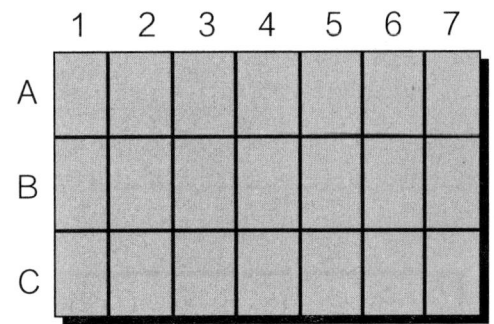

398. 遍地开花

小镇教堂举行了一年一度的花节，其中 4 个成员准备的展览受到好评，她们在图中所示 1 ~ 4 的位置。从以下给出的线索中，你能说出 4 位女士的名字、她们的职业和她们的展览的主打颜色吗？

1. 夏洛特的黄色鲜花展览比由牙科接待员筹备的展览位置更靠东北。

2. 在圣餐桌上的展览不是由小镇的蔬菜水果商设计的。

3. 卢斯的花被放在南耳堂展示。

4. 艾里斯的工作是健康访问员，她展示的基本颜色不是粉红色。

5. 蓝色花展是 1 位家庭主妇展示的。

名字：夏洛特，艾里斯，米兰达，卢斯

职业：牙科接待员，蔬菜水果商，健康访问员，家庭主妇

颜色：蓝色，粉红色，白色，黄色

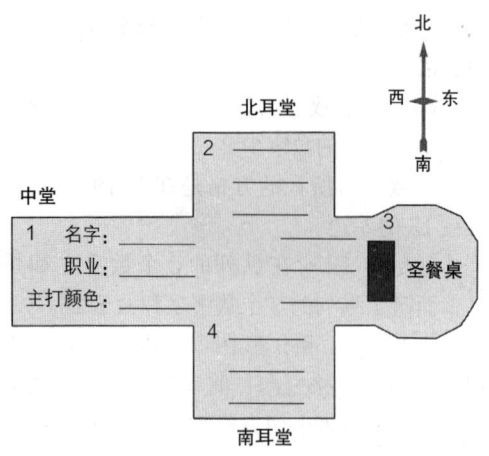

		5 岁	6 岁	7 岁	5 便士	10 便士	20 便士	停车场	公园	人行道
	阿曼达									
	约瑟夫									
	韦斯利									
	停车场									
	公园									
	人行道									
	5 便士									
	10 便士									
	20 便士									

名字	年龄	硬币面值	地点

399. 寻找骨牌（七）

1 副标准形式的骨牌已经展开，为了清楚起见，它使用数字而非点数来表示。用你尖锐的笔尖和灵活的脑瓜，你能把每个骨牌都找出来吗？

2	3	2	1	6	6	0	5
3	6	6	2	2	4	5	1
3	4	3	2	6	0	1	1
3	5	5	0	1	3	4	5
0	0	0	1	3	1	4	6
4	4	2	5	2	4	0	6
4	6	5	5	5	0	2	1	3

400. 偶然所得

某天，3 个少年在不同地点各捡到了 1 枚硬币。从以下给出的线索中，你能说出每个人的年龄、硬币的面值和捡到它的地点吗？

1. 韦斯利捡到的硬币面值比在公园捡到的那个要大，在公园捡到硬币的人年纪比韦斯利大。

2. 阿曼达捡到了 1 枚面值为 20 便士的硬币，但不是在停车场捡到的。

3.6 岁小孩是在人行道上捡到硬币的。

401. "多产的果树林"

很多英国的居民都很享受英国国民健康保险制度，他们甚至开始叫它"多产的果树林"。此时就有 3 位居民住院，昨晚他们的邻居刚来拜访过。从以下给出的线索中，你能推断出住院者是谁、住在几号病房、来探望的是哪对与之相邻的夫妇及每对夫妇住的房子编号吗？

1. 住在 26 号房子的那对夫妇探望了克劳普先生。

		39 号病房	47 号病房	53 号病房	多赫尔蒂	莱德雪姆	萨克森比	26 号	65 号	81 号
病人	克劳普先生									
	唐纳斯夫人									
	菲尔夫人									
房子	26 号									
	65 号									
	81 号									
夫妇	多赫尔蒂									
	莱德雪姆									
	萨克森比									

2. 菲尔夫人是 39 号病房的病人。

3. 多赫尔蒂家房子的编号数目比去 53 号病房探望的夫妇家的大。53 号病房住的不是唐纳斯夫人。

4. 萨克森比夫妇探望的是住在 47 号病房的女士。

402. 腼腆的获奖者

在农业展览会上，4 位养羊的农场主被分配到编号为 1 ~ 4 的圈栏，来让他们展示各自的羊群。从以下给出的线索中，你能推断出各农场主分配到的圈栏的编号、农场的名称和得到的名次吗？

1. 来自格兰其牧场的人获得的名次比克罗普得的名次高 1 名。克罗普位于 1 号围栏。

2. 第 2 名农场主被分到了 4 号圈栏。它们不是来自布鲁克菲尔得牧场。

3.2 号圈栏的羊来自高原牧场，它们得到的名次比普劳曼得的要高。

4. 在此次比赛中，提艾泽尔是第 3 名的农场主。

农场主：克罗普，普劳曼，提艾泽尔，海吉斯
农场：高原牧场，格兰其牧场，曼普格鲁牧场，布鲁克菲尔得牧场

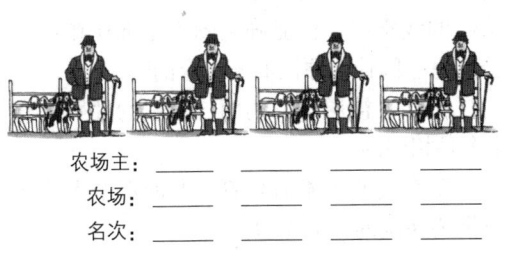

农场主：_____ _____ _____ _____
农场：_____ _____ _____ _____
名次：_____ _____ _____ _____

403. 迷宫与猴子

这是个令人迷惑的题目，同样它的答案也令人惊讶：如果你使用 1 支黑线笔描绘出正确的路径，你就可以得到 1 幅画。在此题中，最后画出的图是 1 只猴子。为了不走错路，可以使用 1 个小窍门：一旦你辨认出这条路是死路时，就先用笔封闭这条死路，然后再进行下一步。

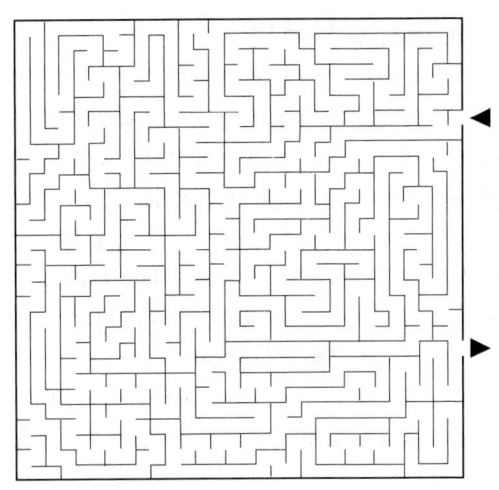

404. 服务窗口

下面的图向我们展示了 1 个繁忙的城市邮政局，分别有 4 位顾客在 4 个服务窗口前办理业务。从下述的线索中，你能说出今天在各个窗口上班的职员的名字、每个顾客的名字以及每位顾客办理的业务吗？

1. 艾莉斯正在提取她的养老金。

2. 某人正在办理公路收费执照，而亨利就站在此人左边第 2 个窗口处。亨利不在亚当的窗口前办理业务。

3. 路易斯在 3 号窗口处工作。

4.4 号窗口前的顾客不是玛格丽特，此处的顾客正在购买 1 本邮票集锦。

5. 某人正在寄 1 封挂号信，大卫就在此人的右边 1 个窗口工作。

职员：亚当，大卫，路易斯，迈根
顾客：艾莉斯，丹尼尔，亨利，玛格丽特
业务：邮票集锦，养老金，挂号信，公路收费执照

职员：_____ _____ _____ _____
顾客：_____ _____ _____ _____
业务：_____ _____ _____ _____

405. 运货车与司机

有 4 位司机在 1 家运输公司工作，如图所示：该公司的停车场通往 1 条环形马路，该环形马路又发出 4 条直行马路。从下面所给的线索中，你能将停车场中标号 1～4 的运货车与 4 位司机名字逐 1 匹配出来吗？并指出那天早晨出发时他们是按照何种顺序离开停车场的，同时推断出每位司机是选择 A～D 中哪条马路来行驶的吗？

1. 汤米在 1 号运货车司机启程之后出发。在 2 号运货车司机亚瑟之前驶离出口，并离开环形马路。

2. 第 3 个离开停车场的运货车到达环形马路后，它朝着马路 C 的方向行驶。

3. 当天早上，罗斯是第 2 个离开停车场的。

4. 4 号货车行驶的是马路 D。

司机：亚瑟，盖瑞，罗斯，汤米

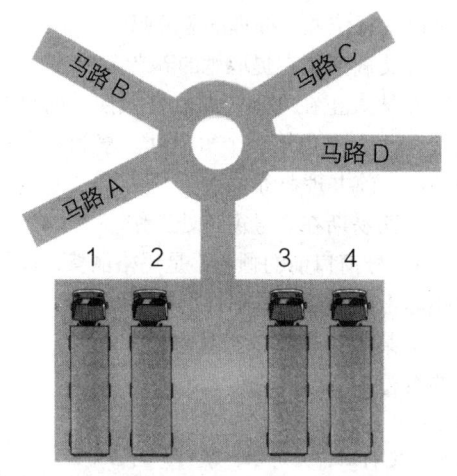

406. 文学奖项

评委们正在对文学奖"震撼人心奖"进行评审工作。从下面所给的线索中，你能指出图中每个位置上坐着的评论家的名字，以及他们最喜欢的小说是哪本吗？

1. 有 1 位评论家喜欢《木乃伊的诅咒》，他坐在科兰利·斯密斯特顺时针方向的下 1 位，同时坐在 1 位女性评论家的对面。

2. 喜欢《无血的屠宰场》的评论家坐在德莫特·谷尔的对面。

3. 评审团成员中有 1 位最喜欢《恶魔的野餐》，他坐在迪尔德丽·高尔顺时针方向的下 1 位，同时坐在盖莉·普拉斯姆的对面。

4. 《太空的魔王》受到 D 座的评论家支持。

评论家：科兰利·斯密斯特（男），迪尔德丽·高尔（女），德莫特·谷尔（男），盖莉·普拉斯姆（女）

题目：《无血的屠宰场》，《木乃伊的诅咒》，《恶魔的野餐》，《太空的魔王》

407. 聪明的女士

这周没有牛奶或报纸送到彭姆布雷庭院来，而且每家每户都关着灯，因为 6 个公寓的居住者都因不同的原因离开了家。从以下给出的线索中，你能确定图中是谁住在哪个公寓里、因什么原因而不在家的吗？

1. 同一楼层相邻的两户户主的性别没有 1 个是相同的。

2. 在女儿手术后陪着女儿的那个人住在近期要住院的人的左边。

3. 两个楼层之间有很好的隔音效果，但是隔壁房间则不尽如人意。当戴克斯先生的超强音乐打扰到他邻居格蕾小姐时，她还是非常和善的，而她现在去了新西兰。里弗斯夫人右手边的邻居去度假了。

4. 6 号楼里住着 1 位女士。

5. 沃特斯小姐右边的隔壁邻居去商业旅行了，而她跟布洛克先生则隔了个楼层。

6. 伯恩斯先生不在家的理由跟工作没有

关联，他也没有跟女儿在一起。格蕾小姐没有参加商业会谈。

居住者：布洛克先生，伯恩斯先生，戴克斯先生，格蕾小姐，里弗斯夫人，沃特斯小姐

原因：住院，在新西兰，谈生意，商业旅行，度假，陪女儿

408. 射球明星

鲍勃·克劳斯是 1 名足球报道员，上星期六他为本地球队的五球杯赛作了报道，他的报道结合了 5 位进球员的图画。从以下给出的线索中，你能确定图中每位球员的名字、球衣号码和他进球的时间吗？

1.8 号的左边是文斯，右边是最后进球的人。文斯是紧接在 8 号后面进球的。A 紧接在 E 的后面进球。E 的球衣号码比 A 大。

2. 艾伦紧接在 B 后面进球，B 的左边是 7 号。3 号紧接在格雷厄姆后面进球。格雷厄姆比 3 号更靠左边不止 1 个位置。

3. 大卫比靠在他左右两边的人的球衣号码都大，进球都早。

4.9 号是在第 47 分进球的。

A   B   C   D   E

5. 保罗的球衣号码比在第 34 分进球的人的号码小，那个人比保罗更靠左边不止 1 个位置。

球员：艾伦，大卫，格雷厄姆，保罗，文斯
球衣号码：3，6，7，8，9
时间：第 21 分，第 34 分，第 47 分，第 65 分，第 88 分

409.ABC（七）

填下边的表格，使得每行每列均包含字母 A，B，C 和两个空格。空格外的字母表示箭头所指方向的第 1 或者第 2 个出现的字母，如 B1 代表箭头所指方向出现的第 1 个字母为 B，你能完成要求吗？

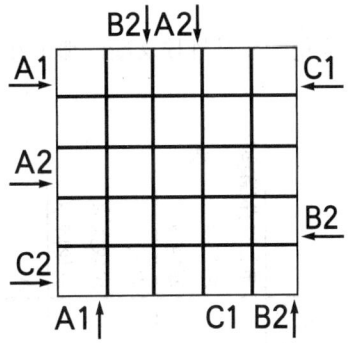

410.3 个兄弟

3 个兄弟在教堂和他们的新娘举行了婚礼。从以下给出的线索中，你能分别说出 3 对新人的名字和他们举行婚礼的教堂吗？

		女名			姓			万圣教堂	圣三教堂	圣约翰教堂
		黛安娜	琼	梅格	贝尔弗莱	希尔斯	佩	万圣教堂	圣三教堂	圣约翰教堂
男名	罗德尼									
	肖恩									
	威廉									
	万圣教堂									
	圣三教堂									
	圣约翰教堂									
姓	贝尔弗莱									
	希尔斯									
	佩									

1.在圣三教堂结婚的那对不包括罗德尼或黛安娜，他们两个不是 1 对。

2.威廉跟贝尔弗莱结婚了。

3.琼的婚礼在圣约翰教堂举行。

4.梅格的新婚丈夫不是肖恩，肖恩妻子结婚前不姓希尔斯。

411. 变化多端的题目

那什利浦高中二班的学生分别要进行 1 项研究。从给出的线索中，你能推断出 3 个学生的全名、所选的主题和得到的评分吗？

1.哈里特不姓布兰得弗德，她的作业得了个 A－。

2.选内战主题的女孩得分比海伦·罗伯茨高。

3.克伦威尔是姓埃文斯的那个女孩的研究对象。

	姓			主题			得分		
	布兰得弗德	埃文斯	罗伯茨	内战	伦敦大火	克伦威尔	A	A⁻	B⁺
艾玛									
哈里特									
海伦									
A									
A⁻									
B⁺									
内战									
伦敦大火									
克伦威尔									

名	姓	主题	得分

412. 岛屿的选择

1 个意向调查小组想要调查出公众最喜爱的度假岛屿。从以下给出的线索中，你能写出 3 个人对 5 个岛屿的排序吗？注意：他们每个人的排序都不同。

1.鲍勃把马德拉岛选为自己第 2 喜欢的岛屿，塞浦路斯岛不是他最喜欢的也不是最不喜欢的。卡拉喜欢塞浦路斯岛更甚于克利特岛。3 人中谁都没有把克利特岛排在第 3 位。

2.其中 1 个人的排序中，塞浦路斯岛排名比马略卡岛前两位。

3.安吉首选的那个岛屿，鲍勃把它排在第 5 位。

4.在鲍勃的序列表上名列第 3 的岛屿，被卡拉选为第 2。

5.克利特岛在安吉的序列表上的排名，跟塞浦路斯岛在鲍勃的序列表上的排名相同。

6.没有人把罗底斯岛排在第 1 位。

岛屿：克利特岛，塞浦路斯岛，马德拉岛，马略卡岛，罗底斯岛

413. 找出皇后

这是 1 场考验耐心的游戏，图中所示的 9 张扑克牌就是这场游戏的道具。从以下给出的线索中，你能准确地指出这 9 张牌各自的牌值和花色吗？

1.9 张牌里，只有 1 种花色出现过 3 次，而在图中的排列，没有哪列或行的花色是完全相同的。

2.皇后紧靠在 "7" 的右边，梅花的上面。

3. "8" 紧靠在黑桃的下面。

4.杰克紧靠在 1 张红桃的左边。

5.图中中央那张牌是红桃 10。

6.图中有 1 排的第 1 张是梅花 5。

7.9 号牌是 1 张方块。

8.国王紧靠在 "4" 的左边，它们的花色不一样。"4"和 3 号牌的花色是一样的。

9.6 号牌和"8"为不同花色。而 2 号牌和"7"为相同的花色。

414. 路径逻辑（六）

运用你的逻辑推理能力，推导出符合以下条件的 1 条路径：从"开始"一直到"结束"，这条路径可以沿水平也可以沿垂直方向。各行各列起始处的数字代表这行或这列所必须经过的格子数（见图例）。

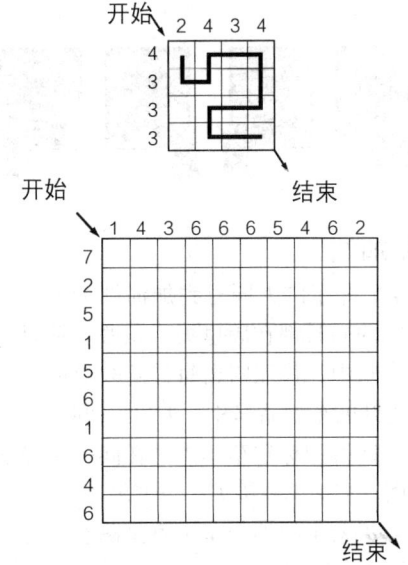

415. 盾形徽章

4 位世袭的贵族拥有如图所示的盾形徽章。从以下给出的线索中，你能说出字母编号为 A，B，C，D 的盾形徽章的所有者及每个徽章上的图案和颜色吗？

1. 莱可汉姆领主的盾形徽章以火鸡图案为特征，用以见证自己某位祖先在对抗异教徒的宗教战争中的英勇行为。这个火鸡图案的徽章排在蓝色徽章的左边。

2. 黄色的盾形徽章在描刻有鹰的徽章的右边。鹰徽章是在代表伯特伦领主徽章的邻旁。

3. 狮子不是曼伦德领主徽章上的图案。

4. 盾形徽章 C 的背景颜色是绿色。

5. 盾形徽章 A 的图纹是莱弗赛奇领主的外衣徽章。

领主：伯特伦领主，莱弗赛奇领主，曼伦德领主，莱可汉姆领主

图案：鹰，狮子，牡鹿，火鸡

颜色：蓝，绿，红，黄

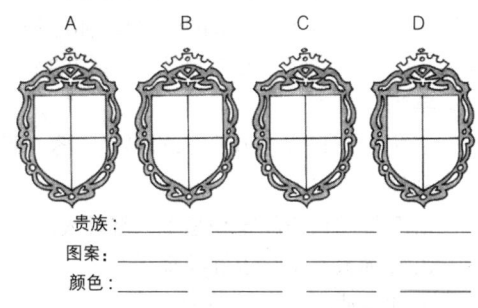

贵族：_____
图案：_____
颜色：_____

416. 卢多

某个下雨天，4 个小女孩在玩 1 种叫卢多的游戏。从以下给出的线索中，你能说出 4 个女孩分别在哪个位置上、各自所选的筹码颜色以及最近 1 次掷的骰子点数吗？

1. 没有人掷出的点数跟她的座位号一样。

2. 掷出 3 点的雷切尔坐在用黄色筹码的女孩的左手边。

3. 桌上的红色筹码是特里萨的。

4. 在 2 号座位的玩家掷出 6 点。

5. 蓝色筹码持有者掷了 4 点。持有者不是安吉拉。

6. 伊冯不是坐在 3 号位置。

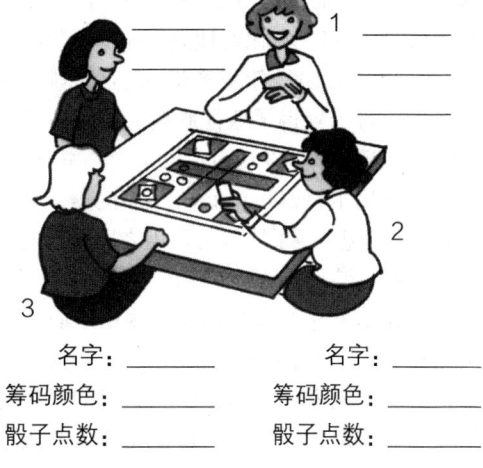

名字：_____　　　　名字：_____
筹码颜色：_____　　筹码颜色：_____
骰子点数：_____　　骰子点数：_____

名字：安吉拉，雷切尔，特里萨，伊冯

筹码颜色：蓝色，绿色，红色，黄色

骰子点数：1，3，4，6

417. 宠物

4个毗邻而居的家庭各自拥有1条不同品种的狗。从以下给出的线索中，你能说出编号17～23的房子住户和每家宠物的品种和名字吗？

1. 阿尔萨斯犬住在萨姆的隔壁人家，萨姆是利德家的狗。

2. 17号的住户的宠物是1只拳师犬。

3. 克勒家有1只吉娃娃狗。

4. 弗雷迪住的房子是21号。

5. 19号的那户人家不姓肯内尔。

6. 马克斯是1只约克夏小猎犬。

家庭：波尼家，可勒家，肯内尔家，利德家

品种：阿尔萨斯犬，拳师犬，吉娃娃狗，约克夏小猎犬

狗名：迪克，弗雷迪，马克斯，萨姆

17　　19　　21　　23

418. 罗希的玫瑰花结

在一年一度的障碍马术赛上，罗希·兰姆斯勃特和她的马再次在比赛中获胜。5年里她已经赢了4次。每次比赛她都骑着不同的马上场。从以下给出的线索中，你能说出她所骑的马的名字、比赛地点和比赛年份吗？

1. 紧接在1998年罗希获胜之后，她骑着"爵士"再次赢得了象征胜利的玫瑰花结。这两场比赛都不是在切尔特娱乐中心举行的。

2. 在切尔特娱乐中心的那次比赛，是在她骑着"小鬼"赢了比赛的两年之后举行的，并且罗希赢得的不是D玫瑰花结。有关"小鬼"的玫瑰花结紧靠在来自切尔特娱乐中心的那次比赛的玫瑰花结的左边。

3. 罗希骑着"花花公子"赢得的玫瑰花结在骑着"斯玛特"赢的玫瑰花结的右边某

个位置。

4. 罗希在梅尔弗德公园的那场比赛赢的玫瑰花结紧靠在她最近1次比赛中赢的花结的右边。

5. 罗希在1996年赢的玫瑰花结紧靠在斯特克农场那场比赛中赢得的玫瑰花结的左边。

小型马的名字："花花公子"，"小鬼"，"爵士"，"斯玛特"

比赛地点：切尔特娱乐中心，梅尔弗德公园，斯特克农场，提伊山

年份：1996，1998，1999，2001

A　　B　　C　　D

419. 加油

4个开车的人同时到加油站加油，并在付油钱的同时都在店里买了东西。从以下给出的线索中，你能叫出每位驾驶员的名字、他或她开的车的品牌和所买的东西吗？

1. 彼得和标致车车主站在同一组加油泵的对面。那个车主买了1袋糖果。

2. 买杂志的那个车主不是萨利，开的也不是沃克斯豪尔车。

3. 伯特在5号泵加油。

4. 买报纸的车主在3号泵加油。

5. 在2号泵加油的女士没有买书，福特车的主人也没买书。开福特车的不是尤妮斯。

驾驶员：＿＿＿＿＿＿　＿＿＿＿＿＿

车：＿＿＿＿＿＿　＿＿＿＿＿＿

买的东西：＿＿＿＿＿＿　＿＿＿＿＿＿

驾驶员：＿＿＿＿＿＿　＿＿＿＿＿＿

车：＿＿＿＿＿＿　＿＿＿＿＿＿

买的东西：＿＿＿＿＿＿

驾驶员：伯特，尤妮斯，彼得，萨利
车：福特，标致，丰田，沃克斯豪尔
买的东西：书，杂志，报纸，糖果

420. 发错的邮件

克拉伦斯是 1 家邮递公司的派送员，有 1 天，他把订单的顺序给弄乱了，订单被送到错误的城市。从以下给出的线索中，你能推断出他把订单送到了哪个错误的城市吗？说出所列书目的作者名字，以及它原来要送到的城市和克拉伦斯派送的错误地址。

1. 每本书相关的名字，包括作者和相关的两个城市名字的首字母都是不同的。

2.《布达佩斯的秋天》和道森写的书，它们的目的地都不是卡莱尔。被送到切姆斯弗德的那本书，它的作者不是格雷尼，它原来的目的地也不是布莱顿。

3.《斯多葛学派》一书，既不是克罗瞿的著作，也不是被送到格拉斯哥的那本书。

4.《伊特鲁亚人》的作者名字的首字母在字母表上接在最后被送到威根的那本书作者名字的后面。

作者：艾伦·比格汉姆（Alan Bingham），伊利斯特·克罗瞿（Ernest Crouch），格兰特·道森（Grant Dawson），马丁·格雷尼（Martin Greene）
正确的城市：布莱顿（Brighton），卡莱尔（Carlisle），马特洛克（Matlock），索尔兹伯里（Salisbury）
错误的城市：切姆斯弗德（Chelmsford），格拉斯哥（Glasgow），斯旺西（Swansea），威根（Wigan）

421. 快乐家庭

住得很近的 3 对夫妇各有不同数目的孩子。从以下给出的线索中，你能将每对丈夫和妻子对应起来，并推断出他们的姓名和他们拥有的孩子数目吗？

1. 比尔和他的妻子拥有的孩子人数比贝尔家少。

2. 艾伦的孩子比朱蒂多。

3. 迪波拉·维克斯不是瑞克的妻子。

4. 梅格是 3 个孩子的母亲，她不姓皮尔森。

		妻子			姓					
		迪波拉	朱蒂	梅格	贝尔	皮尔森	维克斯	2	3	4
丈夫	艾伦									
	比尔									
	瑞克									
	2									
	3									
	4									
姓	贝尔									
	皮尔森									
	维克斯									

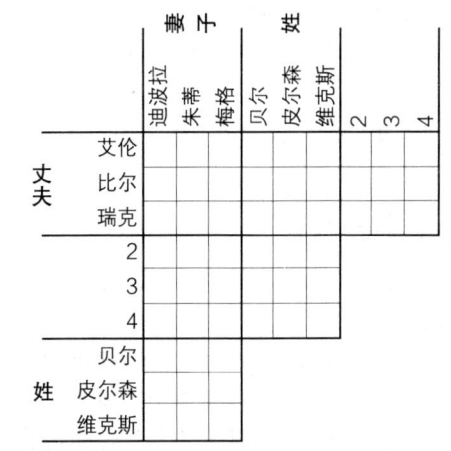

丈夫	妻　子	姓	孩　子

422. 迟到

我有位年长的朋友艾丽丝曾经在 1 个礼拜里预约了 3 次出租车，但每次车都迟到。从以下给出的线索中，你能推断出她是在哪天预定的、定的几点的车，车分别迟到了多少分钟和她要去的目的地吗？

1. 预定在上午 9:20 的出租车迟到的时间少于 15 分钟。此次预约是在预定在上午 11:15 那次之后。

2. 星期四艾丽丝去她的皮肤科医生那里，

	上午 9:20	上午 11:15	下午 2:40	5 分钟	10 分钟	15 分钟	皮肤科医生	中心公园	医院
星期二									
星期四									
星期五									
皮肤科医生									
中心公园									
医院									
5 分钟									
10 分钟									
15 分钟									

等车不是等了 10 分钟。

3. 她去中心公园的时候，出租车迟到了 5 分钟。

4. 去医院时预约了下午 2:40 的车，那天不是星期五。

423. 遮住眼睛

4 个小女孩在生日派对上玩"遮住眼睛"的游戏。

从以下给出的线索中，你能推断出 4 个女孩的名字以及她们所戴帽子的颜色吗？

1. 杰西卡在派对上戴着粉红色的帽子。

2. 爱莉尔在戴着黄色帽子的女孩的右边。

3. 戴着绿色礼帽的曼尼斯在莎拉左边的某个地方。

4.3 号女孩戴着白色帽子，她不姓修斯。

5. 路易丝紧靠在肯特的左边或右边。

名：爱莉尔，杰西卡，路易丝，莎拉

姓：巴塞特，休斯，肯特，曼尼斯

帽子：绿色，粉红色，白色，黄色

名：_____

姓：_____

帽子：_____

424.ABC（八）

填下边的表格，使得每行每列均包含字母 A，B，C 和两个空格。

表格外的字母表示箭头所指方向的第 1 或者第 2 个出现的字母，如 B1 代表箭头所指方向出现的第 1 个字母为 B，你能完成要求吗？挑战一下自己吧！

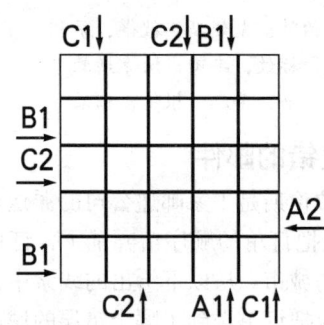

425. 在碰碰车上

4 个年轻的朋友在同一时间坐上了碰碰车，图示的是他们 4 个在圆形的运动场中央正在掉头的时刻。从以下给出的线索中，你能将 1 ~ 4 号碰碰车上的年轻人全名叫出来并说出碰碰车的颜色吗？

1. 布里格斯坐在蓝色的碰碰车上，他的右手边是刘易斯。

2.3 号碰碰车的颜色是黄色。它上面坐的是个男孩。

3. 达芙妮·艾伦坐的不是红色的碰碰车。

4. 在 1 号车上的年轻人姓格兰特。

5. 埃莉诺开的是 2 号碰碰车。

名：_____

姓：_____

颜色：_____

名：达芙妮，大卫，埃莉诺，刘易斯

姓：艾伦，布里格斯，格兰特，鲍威尔

颜色：蓝色，绿色，红色，黄色

426. 填空（七）

要求每行每列上均有字母 A，B，C，D，E。同时，在粗线条构成的图形里，也要有字母 A，

B，C，D，E。你能做到吗？

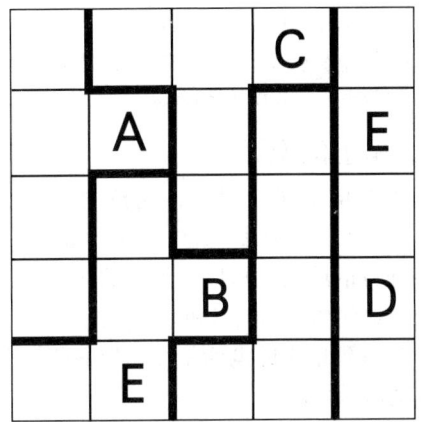

427. 学习走廊

在 1 条走廊上相邻的 5 个教室里，有不同人数的学生组成的 5 个班级，分别由 5 位教员授以不同的课程。从以下给出的线索中，你能说出班级、人数、正在上的科目及授课老师吗？

1. 拉丁语课在教室 4 上，上这门课的班级比汉森太太教的班级高两个年级。

2. 正在教室 5 上课的是 2B 班，班级人数不是 29 人。上历史课的教室位于培根先生上课的那个教室的右边。有 30 个学生正专心致志地听培根先生讲课，这个班级比海恩斯先生带的班级高两个年级。

3. 由 28 个学生组成了 5B 班，他们所在的教室在数字上比课程表安排的史宾克斯小姐上英语课的教室大 1 个数字。

4. 4A 班人数比 1A 班少，4A 班上的是地理课。

5. 3A 班的人数少于 30，给他们上课的不是伯尔先生。

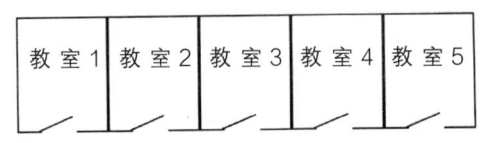

班级：1A，2B，3A，4A，5B
课程：英语，地理，历史，拉丁语，数学

老师：培根先生，伯尔先生，汉森太太，海恩斯先生，史宾克斯小姐
班级人数：26，28，29，30，32

428. 寻找骨牌（八）

1 副标准形式的骨牌已经展开，为了清楚起见，它使用数字而非点数来表示。用你尖锐的笔尖和灵活的脑瓜，你能把每个骨牌都找出来吗？你会发现这些格子对你非常有帮助。

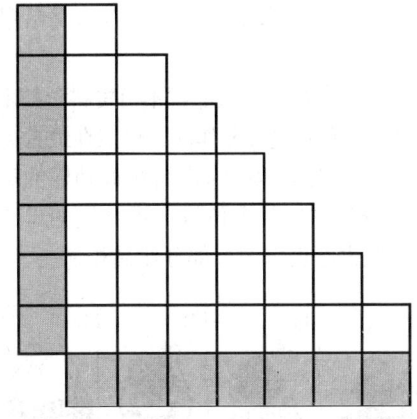

0	5	2	2	5	4	6	5
3	6	2	2	4	4	4	1
3	6	1	2	3	4	6	1
0	1	4	3	0	2	2	1
3	5	3	0	1	3	5	6
6	4	0	3	6	0	4	1
1	6	0	0	2	5	5	5

429. 善于针织的妈妈们

作为对那斯利浦高中 100 周年纪念庆典的捐赠，各有 1 个女儿在读的 4 位母亲共同织就了 1 幅挂毯，这幅挂毯有 4 个主题，每位母亲负责其中的 1 个。

从以下给出的线索中，你能说出每个部分作品的主题，以及相对应的母亲和女儿的名字吗？

1. 没有 1 位母亲和她女儿的名字有相同的首字母。

2. 描绘艺术类的作品放在梅勒妮的母亲负责的那部分作品的左边。最有可能负责描绘艺术类部分作品的母亲，她的名字在字母表顺序上排在其女儿的前面。

3. 米歇尔负责的那部分作品排在崔纱的母亲的右边某个位置，这两部分都不是关于物理教育方面的。而关于物理教育的那部分作品，它左边是海伦的作品，右边是哈里特的母亲的作品。

4. 莎拉的母亲和索菲都不负责科学技术部分的作品，负责这部分作品的母亲在最右边。

5. 阐述人文学科的作品在梅勒妮的母亲负责部分的左边某个位置；梅勒妮的母亲的作品不跟索菲负责的那部分作品相邻。

主题：物理教育，科学技术，艺术类，人文学科

母亲：海伦（Helen），米歇尔（Michelle），索菲（Sophie），坦尼娅（Tanya）

女儿：哈里特（Harriet），梅勒妮（Melanie），莎拉（Sarah），崔纱（Trisha）

430. 早上的电话

不久前的某个早上，克拉丽莎分别在 8:30，9:30，10:30 和 11:30 打了电话给住在不同地方的朋友。从以下给出的线索中，你能说出这些朋友的姓名和地址吗？

1. 打到里丁的电话是在克拉丽莎打完给雪莉的电话之后。

2. 奥德丽是洛斯特的居民，她不姓彼得斯。

3. 与伯妮斯的通话是在那天早上的 10:30。

4. 克拉丽莎的朋友里得雷住在朴次茅斯。

5. 打电话给罗莎蒙德·纳尔逊的时间比克拉丽莎打到剑桥的电话要迟。

6. 早上第 1 通电话不是打给基思太太的。

名：奥德丽，伯妮斯，罗莎蒙德，雪莉

姓：基思，纳尔逊，彼得斯，里得雷

地址：剑桥，洛斯特，朴次茅斯，里丁

第 3 章

立体思维游戏

431. 大玻璃杯

右图中有两个细长玻璃杯。大玻璃杯的杯口直径和杯身高度正好是小玻璃杯的 2 倍。现在要做的就是把小玻璃杯当做量器将大玻璃杯装满水。先把小玻璃杯装满水，然后把水倒进大玻璃杯。那么，我们需要多少次才能把大玻璃杯装满水？

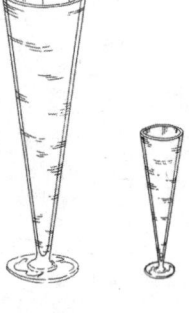

432. 苍蝇

1 只苍蝇发现 1 块儿大理石的底座，并想从上面飞过。它准备从图中所示的这个立方体左下角的 A 点出发，然后到达立方体对面的右上角 B 点。这个立方体的每条边都长 60 厘米。那么，你能为这只苍蝇找出 1 条最短的路线吗？

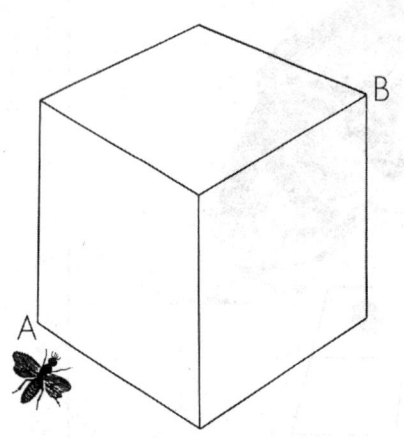

433. "皇后"的路线

下图中的米莉·赛克斯是谦逊主教国际象棋俱乐部的女服务员。她正在思考昨晚那个把所有人都难住的思维游戏。把皇后放在正方形棋盘上的 1 个格里（如图所示），你能否只走 4 步就可以使它经过棋盘左上角的全部 9 个方格呢？在你移动每步棋时，你可以穿过任意多个方格，但是只能朝着 1 个方向移动。现在，试试看你能否在 5 分钟内把这个难题解答出来。

434. 蜂房

下图中的蜜蜂正在设法将蜂箱中从 1 到 14 这几个数字重新排列。它们要使相邻的两个蜂房内的数字彼此不连续；同时，排列完之后，任意 1 个数字都不能与可以整除它的数字相邻（数字 1 除外）。

435. "剪刀手"赛明顿

在电视机还没有出现前，晚上当人们围坐在餐桌前闲聊时，思维游戏就成了甜点之后最流行的娱乐方式。这里所说的就是"剪刀手"赛明顿向人们炫耀的三角题。他手里拿着 1 张等边三角形的纸, 然后将它剪成 5 块; 他随后把这些小块组成 4 个小的等边三角形（并不是所有的纸块儿在组成三角形时都会用上）。所有 5 个纸块儿都是三角形。你知道他是怎么剪的吗？

木匠学院的聚会回来, 而在聚会上他新创作的胶合板思维游戏把每个人都给难住了。他向大家展示了 1 块由 5 个大小相同的正方形组成的木板。首先, 你要沿直线在木板上切两下, 将它分成 3 块, 然后, 把这几块儿木板拼在一起组成 1 个正方形。那么, 海勒姆是怎么做到的呢？

436. 铁匠蒂莫西

时间要回到 1776 年, 约克人蒂莫西是波士顿最好的铁匠。每次他做完 1 件酒杯, 都会去路南边的布拉迪·马林·格罗格商店为这家店的老板解决高难度的思维游戏。后面长凳上放着 1 大块儿铁皮, 蒂莫西把它切成 5 小块儿后组成了 1 个正方形。那么, 你能推断出他是如何做到的吗？

438. 柏拉图立方体

皮特里, 这有 1 个柏拉图立方体。别人都说那个立方体不存在, 可是我们坚持到底, 现在付出终于有了回报。柏拉图说, 中间的那个大型立方体是由许多小的大理石立方体组成的, 而立方体所在的正方形广场也是由小的大理石立方体构成的。广场上的小立方体个数与大立方体中的小立方体个数相同。

437. 木匠的聚会

杂务工人海勒姆·鲍尔皮尼刚刚参加完

很好, 霍金斯, 我们只有 1 次达成一致。另外, 你看, 如果正方形广场的边长是大立方体边长的 2 倍, 那么, 它就是柏拉图的题了。如果不去测量这个广场, 那么你能计算出建造这个广场和大立方体一共用了多少块儿小立方体吗？尽管这个题的答案有好几个, 我们只要找出那个最小能够满足所有条件的数就行了。

439. 白色棋子与黑色棋子

这纯粹是 1 个"换位置"的题。将 3 个白色的棋子分别放在 1，2，3 号位，把 3 个黑色棋子分别放在 10，11，12 号位。你只能通过 22 步将它们的位置互换。每个颜色的棋子轮流沿着直线从 1 个圆圈移动到另外 1 个圆圈。任何 1 个棋子都不可以放在对方棋子下一步可以移动到的圆圈内；每个棋子只能在它所在的圆圈内停留 1 次。

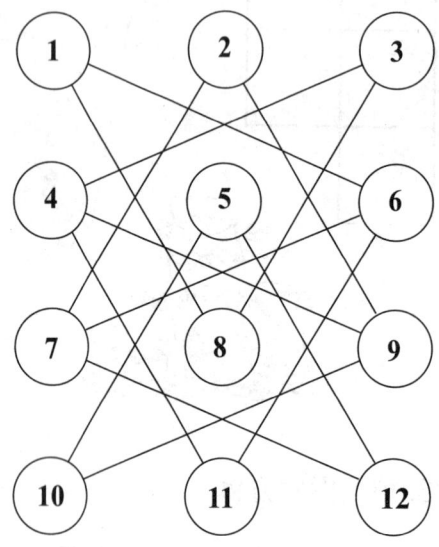

440. 16 格棋盘

按照下图的样子画 1 个有 16 个方格的棋盘，然后，将 10 个扑克筹码放在棋盘上的

10 个方格内。你的任务是将它们分布在最多行列内，并使每行每列的筹码个数为偶数。

441. 死亡三角

我们看到的是杂技团的芬顿·凯奇奥尔，他正在表演自己的拿手好戏——死亡三角，芬顿对这些像剃须刀一样锋利的钢碎片毫无惧色。这些碎片和他在表演中所使用的其他小道具一样都是源自 1 个著名的思维游戏。如果你把这 5 个三角形中的任意 1 个切成两半，那么，就可以把它们拼成 1 个完整的正方形。那么，你愿不愿意试一试这个游戏呢？

442. 火柴金字塔

这是 1 个验证移动的思维游戏。做这个游戏时，你需要准备 4 根火柴。按照下图的样子，将其中的 3 根火柴摆成 1 个"金字塔"。接着，把第 4 根交给你的"受害者"。你来挑战他，看谁能只凭借第 4 根火柴杆就可以把那 3 根竖直放置的火柴提起来并且在保持金字塔形状的情况下把它们抬起来拿到屋子的对面并放在另 1 张桌子上面。

五金器具店的几个好朋友整个下午都在

研究这个题。

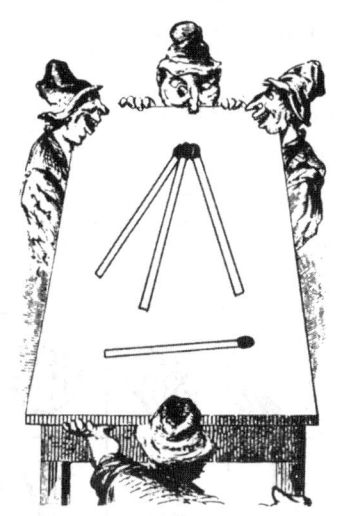

443. 撞球

　　波齐兹·普兰德加斯特是闲暇时刻台球社团的经理,他总是千方百计地赚取顾客的钱。图中所示的就是他使用的伎俩之一。他将 8 个撞球排成 1 条直线,1 个花色目标球和 1 个白色主球交替放置。他打赌说你在 4 步之内不可能使直线上的 4 个白色球移动到左边,使 4 个花色球移动到右边。每次移动时,你必须将任意相邻的两个球移动到直线上的其他位置。那么,让我们看看你能否在波齐兹连续将所有的球都打入袋中之前把这个难题解答出来。

444. 正方形风筝

　　加尔文·博斯特伯这次真的遇到了麻烦。如果风不能停下来的话,他那个极有"雄心"的风筝真的会把他带到某个神秘之地。这个风筝不仅因为空气动力飞得很高,而且也包含了 1 道题。风筝的撑木形成了形状各异、彼此相连的正方形。请试试,看你能否正确计算出风筝上大大小小的正方形有多少个。而你只能在 60 秒之内正确地计算出正方形的总数。

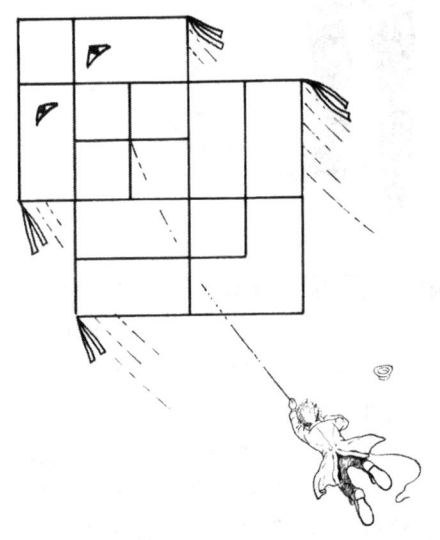

445. 慈善捐献

　　比利·索尔皮是 1 位思维游戏天才,此时他正面临 1 个巨大的挑战。在台上表演时,他经常解答观众提出的题。最近,1 家思维游戏俱乐部的老板十分肯定地认为比利不可能在 3 分钟之内把图中的幻方题解答出来;并且他答应如果比利成功的话,他将为比利所热衷的慈善事业捐献 1 万元。在这个题中,比利需要将图中格子内的数字重新排列,使每行、每列中的数字不能重复出现两次;同时,两条对角线上的数字也不能重复出现两次。如果排列正确的话,那么每行、每列中的数字相加的总和为 10。比利真的在 3 分钟之内把这个难题解答出来了。那么,你呢?

0	1	3	0	4
2	2	4	2	1
4	1	3	4	0
3	0	1	3	1
4	2	0	3	2

446. "巨蛋" 游戏

当你下次参加聚会时, 就可以用这个 "巨蛋" 游戏为难你的朋友。挑战在场的所有人, 跟他们进行鸡蛋平衡比赛。在桌子上放 1 个鸡蛋、2 把叉子、1 个瓶塞和 1 个拐杖。你事先声明自己可以用 2 把叉子和 1 个瓶塞把鸡蛋稳放在拐杖的末端。先让他们来尝试。在清理干净他们遗留的痕迹之后, 你再来展示这个过程——但是, 你得先下 1 个适当的赌注。

447. 棋盘与硬币

在下图的棋盘上将 3 枚 5 角硬币放在 1, 2, 3 号方格内, 然后将 3 枚 1 角硬币放在 5, 6, 7 号方格内, 接着再将它们的位置互换。在这个过程中, 你可以将硬币移动到与之相邻的空格内或将其从与之相邻的硬币上跳到后面的空格内, 你可以沿水平或者垂直方向移动。请设法在 15 步之内将硬币相互交换位置。

448. 金融投资公司

珀西瓦尔·彭布罗克丢掉了自己的高薪工作, 他想再找 1 个也不过是小菜一碟。但是, 他应聘的金融投资公司却给了他个措手不及。公司给他出了 1 个能力测试题, 而他没有通过! 他们给了他 4 个正方形和 8 个三角形, 他的任务是在 5 分钟之内把它们拼成 1 个正方形。那么, 你能通过这个测试吗?

449. 瓢虫表演

接下来桑蒂尼将带来精彩的瓢虫表演，这一有史以来最伟大的表演将展示昆虫如何准确前进的。在 3 分钟之内，将 7 只瓢虫排成 1 行，这样，它们外壳上的字母就会有很多的排列方式。那么，你能判断出共有多少种排列方式吗？

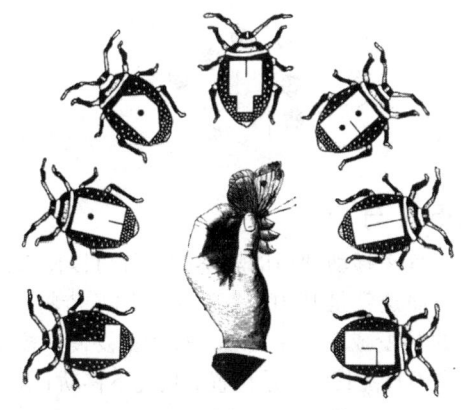

450. 修栅栏

地主查普曼准备在自己房子外边的路上围 1 个新栅栏。这段路长 99 米，每对栅栏柱相隔 3 米，柱子之间有 3 根横杆。西姆斯拿来 33 根栅栏柱、99 根横杆以及 99 米长的围栅栏用的铁丝，但他却不能完全围成栅栏。那么，西姆斯错在哪里了呢？

对不起，先生！不够的那部分，我已经让蒂莫西到城里去买了。

西姆斯！时间就是金钱，而你把这两样东西都丢了。如果再这样，你就给我走人！

451. 教堂的十字架

斯皮尔牧师又一次在教堂遇到了麻烦。昨天晚上，狂风暴雨袭来，将教堂尖塔上的十字架刮倒在地，并将它摔成了 5 块儿。教堂司事温斯洛宣称他知道如何将它们重新拼在一起使十字架重见天日。各部分已经展现在下图之中。那么，你能帮助牧师和教堂司事了解其中的神秘之处吗？

452. 可可豆盒

在这个甜味题当中，你遇到的是 1 个密封的贝克早餐可可豆盒，里面装满了可可豆。另外，还有 1 把 15 厘米长的尺子。那么，你能否在不打开盒子的情况下，测量盒子内部的尺寸并计算出盒子主要对角线的长度呢？

比如这条从底部右侧前角（B）到顶部左侧后角（A）的直线，盒子内有 4 条这样的直线。盒子侧面、底顶部以及底部的厚度可以忽略不计。通过数学计算你可以得出结果，但是有 1 个更为简单的方法，即只利用尺子直接测量，我们要找出这个方法。

我们已经将体积因素排除在外，因为它们并不是找出这个方法的关键所在。那么，你能找到这个题的解答方法吗？

453. 动物管理员

沃尔特·斯奈尔特拉普是当地动物园里的公园管理员，他在为 1 群动物划分界线时遇到了麻烦，可以说都怪狮子不安分守己。斯奈尔特拉普把 9 只动物混合圈在 1 个正方形的围栏里。可是，没过多久，狮子开始咬骆驼，而大象却把狮子踩了，这让大家很是不悦。于是，斯奈尔特拉普决定把每只动物分别圈在各自的围栏里。他只在大围栏里建了两个围栏就把所有的动物各自分开了。那么，你知道他是如何修建围栏的吗？

454.3 个骰子

这个题需要你准备 3 个骰子。先在桌子上放 1 个骰子，然后把另外 2 个骰子夹在拇指和食指之间。接着，与在场的人打赌，说他们不能（按照下图所示的角度）将 2 个骰子并排放在桌上的那个骰子的顶部。不用说，

他们每次都会失败。当他们最终认输时，你可以毫不犹豫地将骰子稳稳当当地放在上面。你如何去做呢？

455.H 与 O

许多移动硬币的思维游戏都可以使人愉快，而这就是其中之一。你要用 5 步将图 1 中的 H 变成图 2 中的 O，每步都要使 1 枚硬币在不打乱其他硬币位置的情况下移动 1 次。当这枚硬币移动到新位置后，它必须与另外 2 枚硬币相接触。

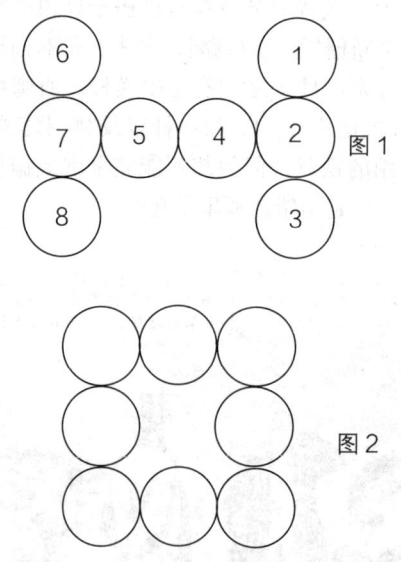

图 1

图 2

456.32 个多米诺骨牌

假如我们有 32 个多米诺骨牌，每个多米诺骨牌可以占棋盘上的 2 个方格。把所有的多米诺骨牌放在棋盘上，它们会占满所有 64

个方格。现在，将棋盘对角上的 2 个方格切掉并去掉 1 个多米诺骨牌。那么，你能否将剩下的 31 个多米诺骨牌放在棋盘剩余的 62 个方格上呢？如果可以的话，请给予证明；如果不可以的话，请解释原因。

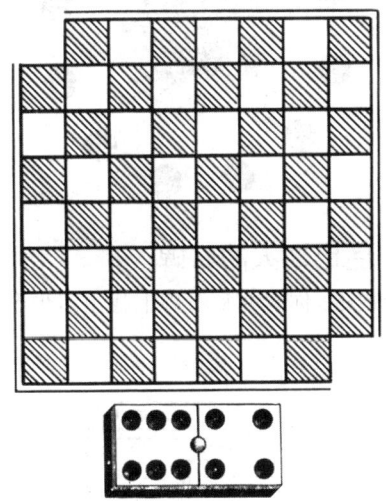

457. 迷惑人的形状

事情发生在 1877 年，雷诺德教授的展示引起了轰动。其中之一就是幻灯片思维游戏，他是借助自己 1 个著名的发明—实用镜来完成展示的。他正在这里表演这个称作"迷惑人的形状"。下图屏幕中显示的上下两个形状分别是 1 个实心木块儿的正面图和侧面图。通过对这两幅图的研究，你能推断出这个物体的形状吗？

458. 形状各异的三角形

尼罗河下游的人们经常就金字塔和三角形进行思考。下图中的那个年轻女子正在计算图中所示的三角形的个数，这个图形里有许多形状各异的三角形。你能在 60 秒之内找出多少个三角形。

459. 虚构的立方体

教授现在陷入了困境。他忘记了下图中题的答案，离上课只剩下 5 分钟了！线段 BD 和 GD 已经画在虚构的立方体的两个面上。两条线段相交于 D 点。那么，你能帮教授计算出这两条对角线之间的角度吗？

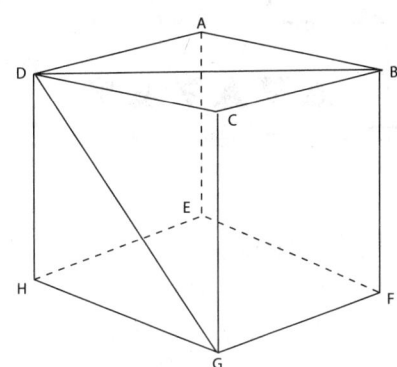

460. 新风筝游戏

这位勇敢的海盗正坐在那里摇晃，他在打发这段萧条时期。这样他就可以完成他的"新风筝游戏"。这个风筝需要你计算出各种不同形状的正方形和三角形的个数。但是你只有 1 次机会，要争取利用这次机会计算出正确结果。

461. 6 个金字塔

这个古老而珍贵的问题来自尼罗河谷。祭坛上的图示中有 6 个金字塔，问题是把它们重新排列，使它们摆成祭坛下面的样子。排列的规则如下：你只能用 3 步完成；每步都要使金字塔两端的位置颠倒；每个金字塔都必须保持在原位置。

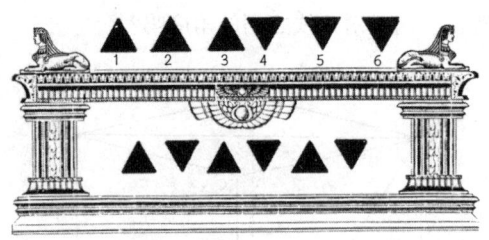

462. 盾牌与硬币

这个思维游戏来自巴比伦。下图的那个盾牌周围有 12 个黑点，现在的问题是按照下面的规则将 11 枚硬币放在 11 个黑点上。可以从任何 1 个点开始，接下来数 6 个点并把 1 枚硬币放在第 6 个点上；总是按顺时针方向进行；从另外 1 个空点开始，绕圆圈计数，并把另外 1 枚硬币放在 1 个空点上。依此类推。直到把所有的硬币都放在不同的点上。计数的时候，将放有硬币的点看做是空点，

并且把这个点计算在内。记住，你必须总是从 1 个空点开始计数。

463. 底比斯人的石碑

如图，你能在瓦石碑上找出多少个正方形呢？

464. 神奇的 "Z"

那个埃及的奇迹制造家—乔德·赫拉比正准备表演"神奇的'Z'"。他在大家的面前把这个图形劈成了 3 块儿，然后使它们在空中旋转后返回，并拼成了 1 个完整的正方形。那么，你知道这 3 块儿如何重组才能拼成 1 个正方形吗？

465. 直线和正方形

好像沃尔多·奎勒已经把这个著名的直线和正方形游戏解决了。这个题要求用最少的直线画 1 个图形，这个图形要有 100 个正方形。在下图的例子里，你会找出 20 个正方形。

466. 骑车路线

下图中的奥托·凡·斯普洛奇特是位怪才，在自行车的鼎盛时期，奥托是高飞自行车厂的首席工程师。每天早晨，奥托骑车从图中 A 点出发到 B 点的自行车厂，奥托喜欢每天从不同的路线走。那么，你能计算出在他家与工厂之间有多少不同的路线吗？他骑车总是先向上，再向右。

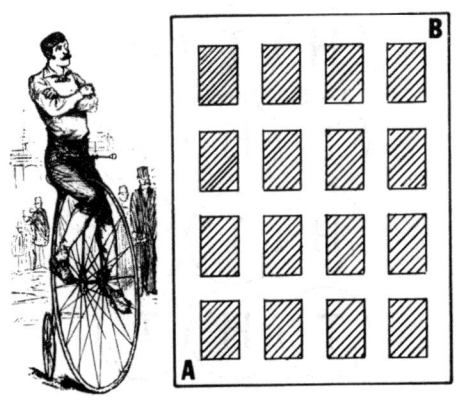

467. 最少的正方形

下图中的那位先生正设法找出这幅画可以剪成的最少正方形个数。如果沿着所有直线剪，那么可以剪成 169 个正方形，这是最多的正方形。这幅画可以剪成，比如，1 个 6×6 的正方形（即 36 个小正方形）、1 个 4×4 的正方形（即 16 个小正方形），或者 1 个 2×2 的正方形（即 4 个小正方形）。相同尺寸的正方形可以重复出现，但是所有的正方形的尺寸不能都相同。

提示：我们的答案中的不同尺寸正方形的个数少于 20。

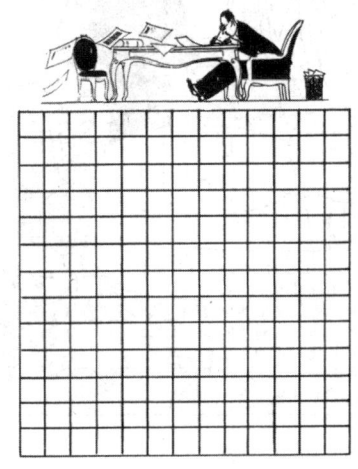

468. 赌火柴棍

爱德在海运湾工作，每天他都与老板玩赌火柴棍的游戏，一旦他赢了，就会从老板那里得到报酬。上周，他按下图中的样子摆

出了 24 根火柴，与老板赌上了。火柴围成了 9 个正方形，所要做的就是移走其中的 8 根火柴，使其成为 3 个正方形。

469. 牙签与正方形（二）

470. 划分圣诞老人

这个很棒的思维游戏你可以等到下次圣诞派对时再使用。下图的正方形里有 2 个圣诞老人，把这个正方形打印 12 份，然后交给你的客人。告诉他们这个圣诞老人思维游戏

要求把这个正方形切成 4 份，然后把它们重新拼成 2 个独立的正方形，而且每个正方形里各包含 1 个完整的圣诞老人。你能解决这个问题吗？

471. 固体表面

你们有 60 秒的时间来完成这个测试。

472.12 枚硬币

按照图中的样子在桌上放 12 枚硬币，6 枚硬币正面朝上、6 枚硬币背面朝上。注意，在这 4 行硬币当中，每行都同时包括正面硬币和背面硬币。你只能接触其中的 1 枚硬币使水平方向的 4 行硬币全部是正面或者全部是背面。

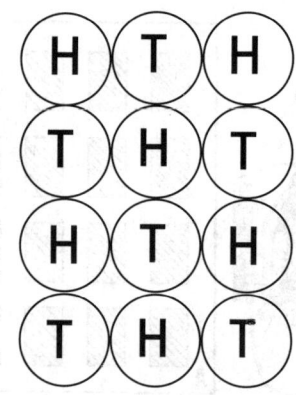

473. 长方形与格子数

将下面的表格分隔成多个长方形，使得每 1 个长方形里都包含 1 个数字，而这个数字正好等于该长方形所包含的格子个数。

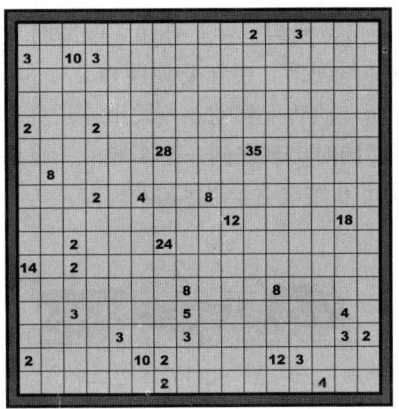

474. 财产

已过世的著名农学家法莫尔·布朗曾留下话，他要把他的财产平分给 4 个儿子。他特别声明：他那个种有 12 颗珍贵果树的果园应分成大小、形状相同的 4 份，每份包括 3 颗树。那么，4 个儿子应该如何按照父亲的遗愿用栅栏将果园隔开呢？

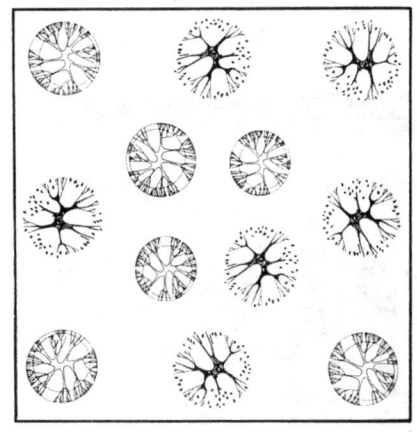

475. 随意的图形

这是 1 个真正的智商测试题。下图中有 6 个随意的图形，它们由圆圈、三角形和正方形构成，这个题要求你判断接下来该是哪

3 个图形。各就各位，预备，开始画！

476. 吝啬的骗子

威尔休斯·威利既是臭名昭著的保险箱窃贼，也是最吝啬的骗子。为了省钱，他买了 1 叠打折建筑平面图，他不打算让人看出来他将抢劫商店的哪间房子。售货员告诉他整个建筑是个正方形，主室的门朝外，商店平面图被分成了 6 个正方形房间，4 个小房间的门都通向主室，第 5 个小房间里有 1 个保险箱。另外，售货员还说他要完成平面图，所要做的就是在下图所示的平面图内的正方形上画 4 条直线。那么，直线应该怎么画呢？

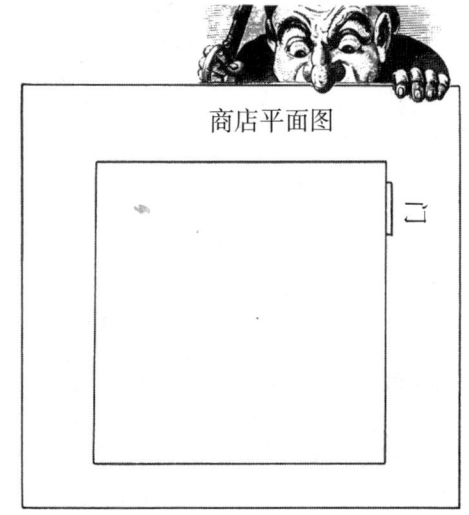

商店平面图

477. 良种小母牛

地主默多克是附近很有声望的农场主，他极富绅士风度，同时，他也十分古怪。下图中的他正在研究平面图，他准备把他 9 头良种小母牛重新圈起来，他让手下的农夫必须用栅栏圈出 4 块儿地，每块儿地里要有奇数数量的母牛。那么，你知道农夫是如何解决这个问题的吗？

478. 风筝架

现在是思维游戏俱乐部的放松时间，沃先生是日本思维游戏的常驻专家，他在展示自己最新的设计。那么，你能击败其他"专家"吗？在风筝架上有多少个不同大小的等边三角形呢？

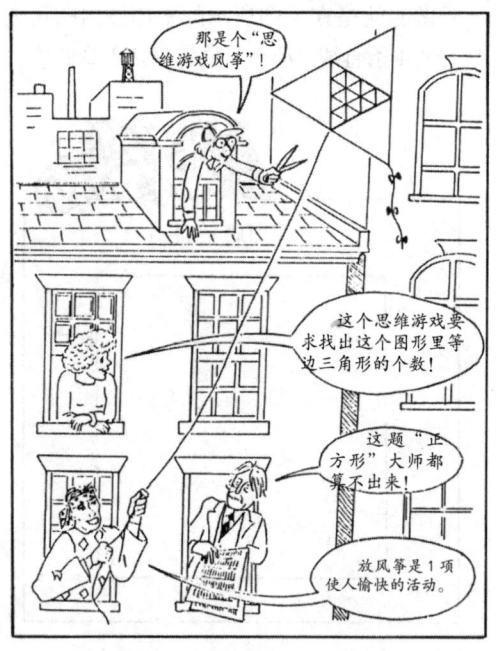

479. 老式莱昂内尔玩具火车

下图中有 8 个老式莱昂内尔玩具火车头和车厢，我们用 6 节铁轨将它们连接起来，这样就给大家献上 1 个有趣的转移车厢思维游戏。首先，在 1 号和 3 号车厢上各放 1 枚 1 角硬币，然后，在 6 号和 8 号车厢上各放 1 枚 5 角硬币。现在要使硬币交换位置，1 次只能在铁轨上移动 1 枚硬币。任意 2 枚硬币不能同时出现在同一个车厢上，并且你只能用 16 步解决这个思维游戏。

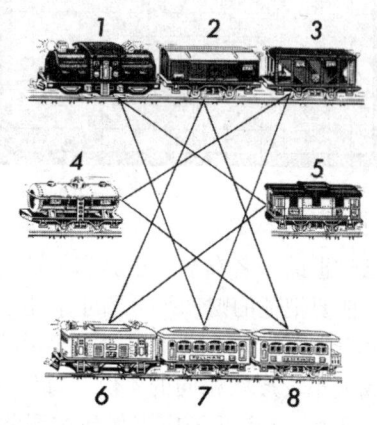

480. 黄金之城五角星

下图中的巫师来自另一个时代，他正准备解答那个著名的"黄金之城五角星"思维

游戏。这个题要求将硬币放在任意 1 个标有数字的圆圈内然后将它沿着其中的 1 条线跳过下 1 个圆圈，最后放在接下来的 1 个空圆圈内；依此类推，直到从 1 号到 9 号圆圈内都放有硬币。

481. 裁剪布料

巴顿·伯尔特遇到了麻烦，这家商店的布料商跟他打赌，说他不可能把任意 1 块儿正方形布剪成几块儿然后再把它们拼成 3 个小正方形。布料商说巴顿只需要在布料上剪两下就可以完成。然后，把 2 块儿碎布沿着 1 个边缝合就可以形成其中的 1 个正方形。

那么，你能为巴顿想出办法吗？

482. 奶油刀

瓦拉顿·沃姆伍德是格雷教授镀银学院的优秀毕业生，下图中的他正在翻修马·巴斯卡姆的银器。不仅如此，瓦拉顿还是 1 个聪明的赌客。在凯利的绿洲糕点屋，他把 4 个奶油刀拼成 1 个十字然后放在柜台上。

"我敢跟在座的任何人打赌，我只需移动其中的 1 把奶油刀就可以把它们拼成 1 个正方形。谁敢跟我打赌？"那么，你知道瓦拉顿是如何做的吗？

新办法可以使您获利丰厚，我们免费教授您如何使用，简单易学，无须经验

一流的镀银操作装置

每天 5 至 10 元不等。欢迎订购格雷教授最新改进的电镀机，保证真品绝非戏言；家庭或者旅行都适用，您也可以征集代理商出售。这是 1 个注重实用、设计科学的装置，可以在以下领域完美地完成电镀任务：手表、珠宝、刀具、勺具、车辐、各种餐具、自行车、缝纫机、旋转器、马具和马车焊缝以及金属制品。镀层厚实、经久耐用。使用本机无须经验。

483. 贷款资格

恭喜你，斯本登勃洛先生。你已经通过申请获得贷款的所有资格。可是，我们还要最后检测你管理钱财的能力。国家银行的思维游戏第 1 人设计了下面的题。你必须将这 6 枚 1 角硬币放在格子里的点上，但是要保证水平方向、垂直方向或者对角线上的同一条直线上不能同时出现 2 枚硬币，你只有 10 分钟的时间解答这个题。

484.12 个棋子

请你也要把时间限制在 5 分钟内，看看能不能把这道思维游戏解答出来。

> 杜尔伍德，现在我来试试这个，看我能不能在 5 分钟内把它解答出来。我把 12 个棋子排成 7 行，使每行都有 4 个棋子。如果我失败了，我们就看今天下午在塞·科恩克利伯农场举行的克莱德谷马拉拖拉机大赛；如果我成功的话，那我们就去公园听音乐会。

485. 直的还是弯曲的

这些竖线条是直的还是弯曲的？

486. 咖啡馆的墙

下边是家咖啡馆的墙壁。你看到的是楔形线还是平行线？

487. 火柴三角形

16 根火柴组成了 8 个相同的三角形。你能拿掉 4 根火柴，使这些三角形只剩下 4 个吗？注意，不允许有 2 个三角形共用 1 条边的情况出现。

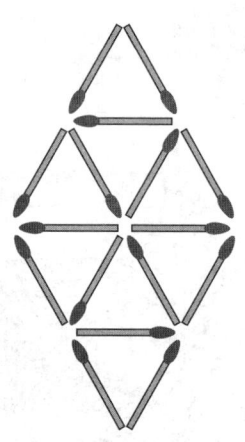

488. 直线与十字形

画 2 条直线可以把这个十字形分成 4 部分，重新组成 1 个正方形。你能做到吗？

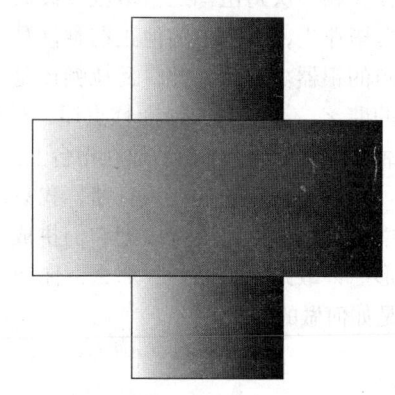

489. 八角形迷宫

从起点到终点，你只能沿箭头所指的方向前进。能够带你穿越这座八角形迷宫的路线一共有多少条呢？

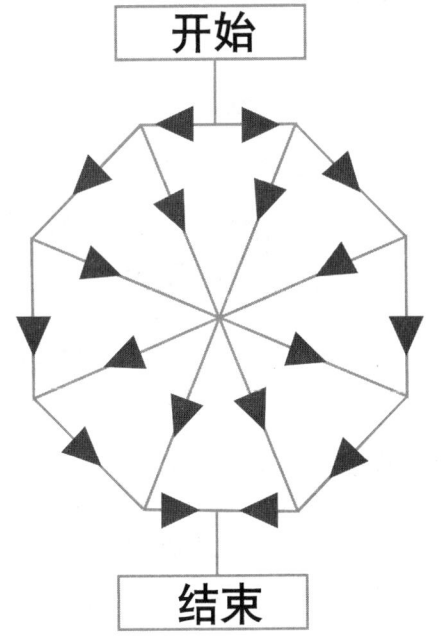

490. 两种镜子

1 个男孩分别从 1 面平面镜和两面以 90°角相接的镜子中观察自己。

男孩的脸在两种镜子中所成的像是一样的吗？

491. 牧场栅栏

农场主给儿子出了 1 道题目：在下面的 1 片大的牧场上对称地竖立起 8 道笔直的栅栏，把它分割成 5 块小的牧场，使每块牧场都畜养 2 头牛、3 头猪和 4 只羊。农场主的儿子应该怎样做呢？

492. 完美的六边形

如果将直线部分连接起来的话，能形成 1 个完美的六边形吗？

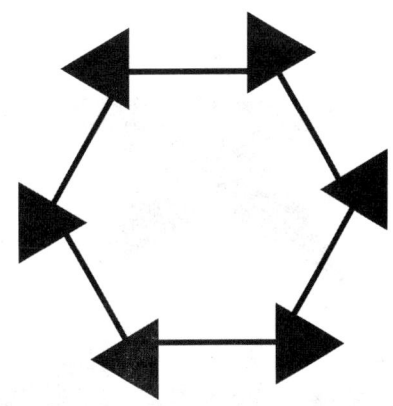

493. 两个单词

这个图中有 Figure 和 Ground 两个单词，你能看见吗？

494. 音符

现在来 1 道关于音乐的题目让你放松一下。下边哪 1 个音符与其他音符不同呢?

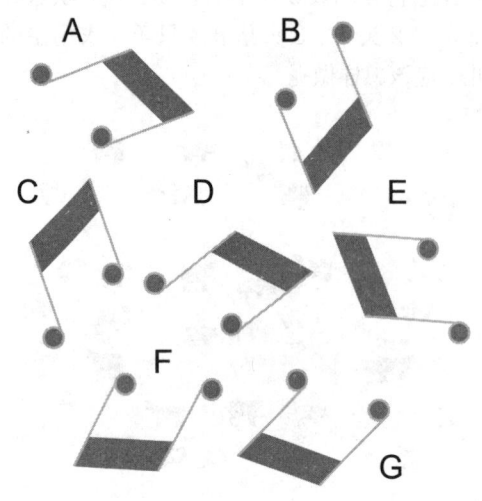

495. 三角形与五角星

你能用下面的 6 个直角三角形拼出 1 个五角星吗?

496. 瓷砖（一）

如果按照正确顺序排列，这些瓷砖可以组成 1 个方形，横向第 1 排的数字等同于纵向第 1 列的数字，依次类推。你能成功地组合吗?

497. 萨拉与内德

你能找到 1 张女人的脸和 1 个萨克斯演奏家吗? 萨拉是 1 个女人的名字，内德是吹萨克斯的男人。

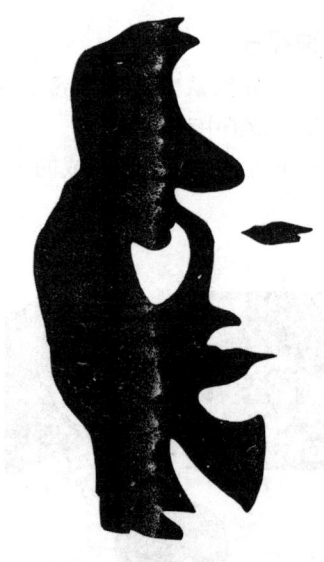

498.4 个梯形

你能把这个梯形剪成更小的形状相同的 4 个梯形吗?

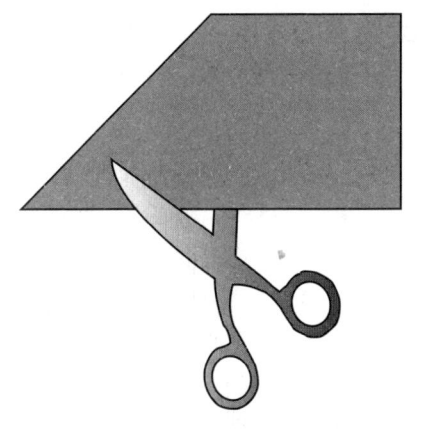

499. 旋转的风车

你能用这 6 个三角形拼出 1 个六角星吗（类似旋转的风车）？

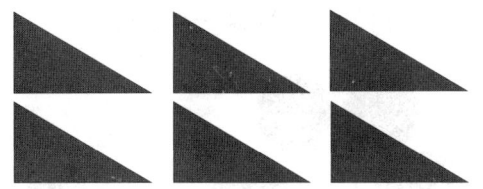

500. 方框与符号

每个方框中都放进这些符号中的 1 个，使每行、每列和每条对角线包含的符号每种各 1 个。

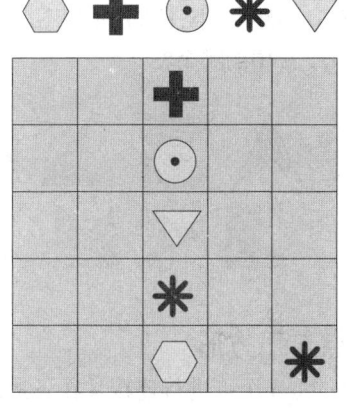

501. 曲线半径

哪条线的曲线半径最大？

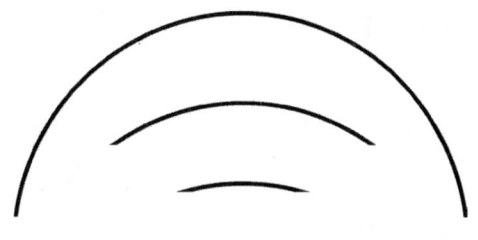

502. 更长的线段

哪条线段更长？

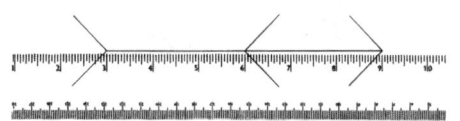

503. 线段 AB 与 BC

线段 AB 长还是线段 BC 长？

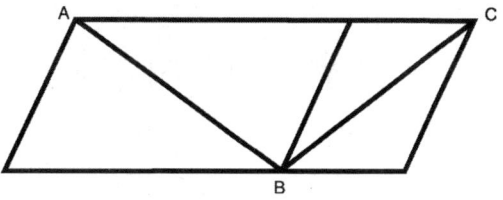

504. 高与宽

帽子的高度是不是比宽度长？

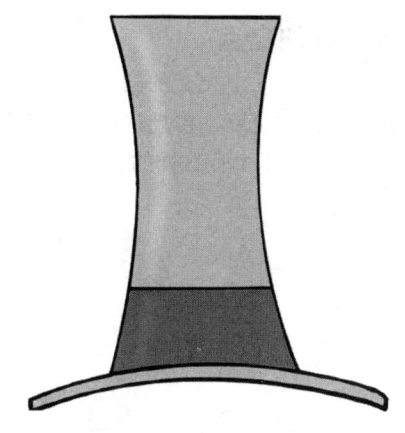

505. 多出来的图片

除了 1 块图片，所有其他图片如果正确摆放，它们将组成 1 个正方形。你能找出这

141

块多出来的图片吗?

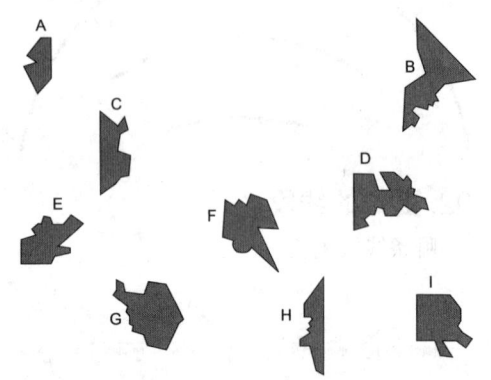

506. 整圆

下图中只有 2 幅能够恰好拼成 1 个整圆, 是哪 2 幅呢?

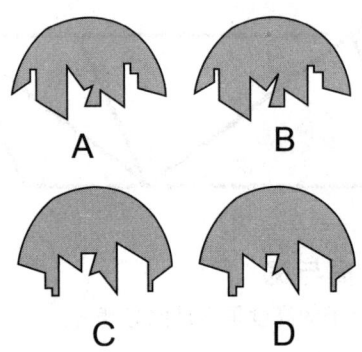

507.3 条弦的交点

这里有 3 组 3 个相交的圆, 分别找出每组圆的 3 条弦的交点, 再把这些交点连接起来, 看看会组成 1 个什么样的多边形?

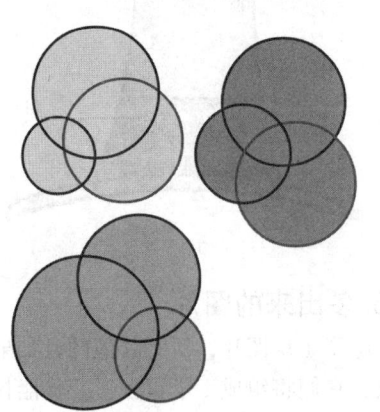

508. 竖直的线段

所有的竖直线段都一样长吗?

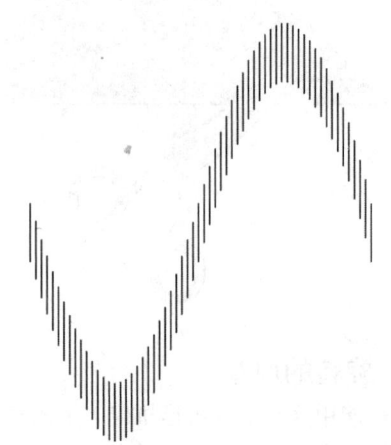

509. 一样大的圆

两个图形中间的圆一样大吗?

510. 图形顺序

如图所示, 各个图形是按一定顺序排列的, 按照这一顺序, 接下来的 1 幅图应该是 A, B, C, D, E 中的哪个?

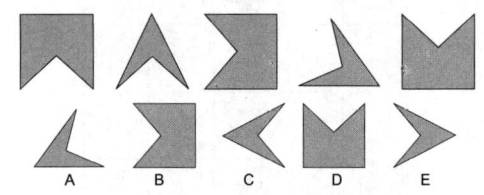

511. 点与正方形

通过将 4 个点进行连接, 在下边的图形中你总共能制造出多少个正方形呢? (注意: 正方形的角必须位于点上。)

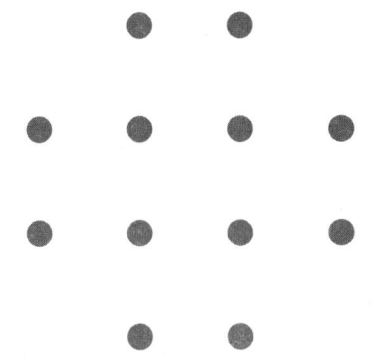

512. 手

把双手放在与眼睛同一水平线的位置上，伸出食指也保持在同一水平线，盯着离手指几厘米远的墙看，你会看到什么？将手逐渐移近自己，发生了什么？

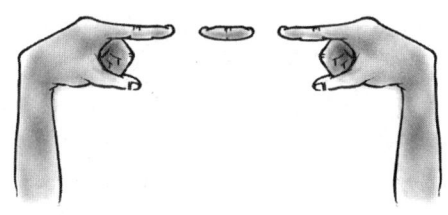

513. 手掌上的圆洞

在眼前举起 1 个圆筒，看 5 米外的某物（其中 1 只眼睛透过圆筒看）。然后把另外 1 只手举起放于圆筒外的眼睛前。你就能透过手掌上的圆洞看到物体。你能解释其中的原因吗？

514. 升起来的线

你能让这些线离开纸升起来吗？

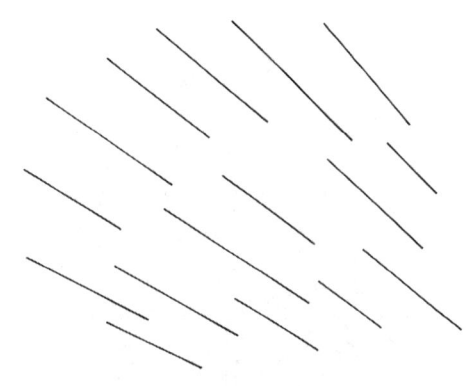

515. 字母立方体（一）

以下立方体中，哪两面上的字母相同？

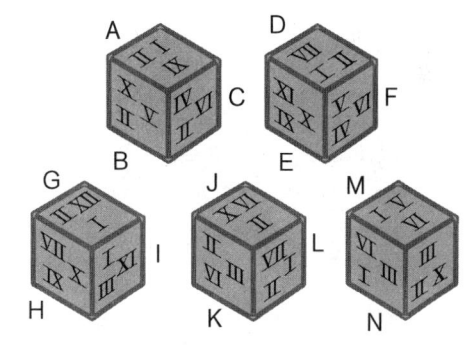

516. 视线的移动

将视线从图上来回移动，你看见了什么？

517. 转动圆

将此图按同一方向快速转动，你会发现中间那个圆有什么变化呢？

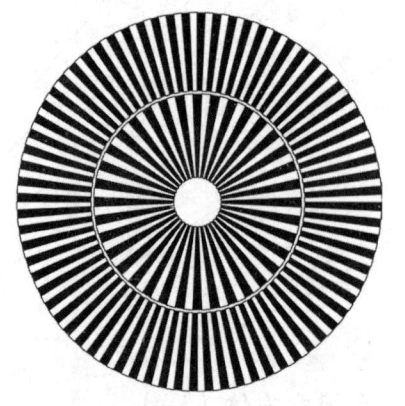

518. 企鹅回家

不横过这些道路，你能让企鹅都回到它们自己的家吗？

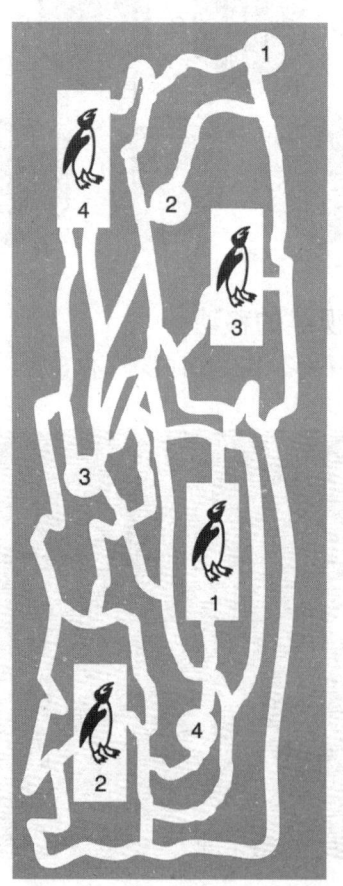

519. 字母立方体（二）

以下立方体中，哪两个面上的字母相同？

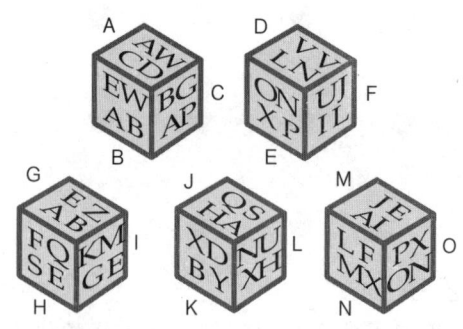

520. 虚与实

将视线在此图上来回移动，或轻轻移动此图，你会发现什么呢？

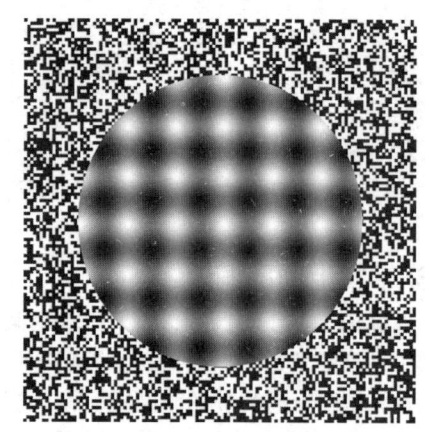

521. 菱形与立方体

只移动 3 根火柴，将这个图案变成由 3 个菱形组成的 1 个立方体。

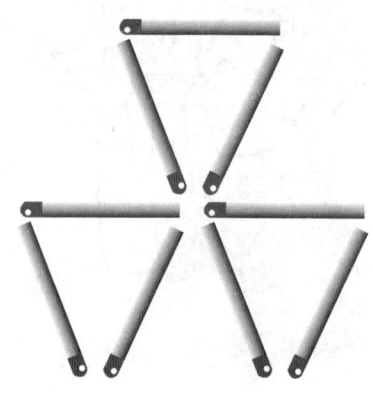

522. 变幻

仔细观察图片，会有什么变化呢？

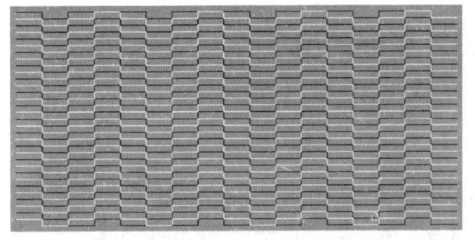

523. 不可能的三叉戟

这是1幅经典的图像——不可能的三叉戟。你能数出几根尖齿？仔细看中间那根齿，发现什么了吗？

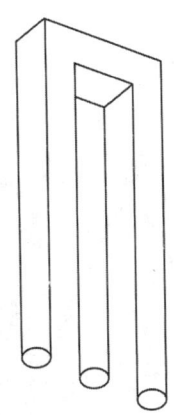

524. 瓷砖（二）

这些瓷砖如果按照正确顺序排列，可以组成1个方形，横向第1排的数字等同于纵向第1列的数字，依次类推。你能成功的组合吗？

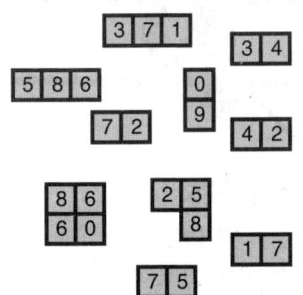

525. 有问题的图

这幅图有问题吗？

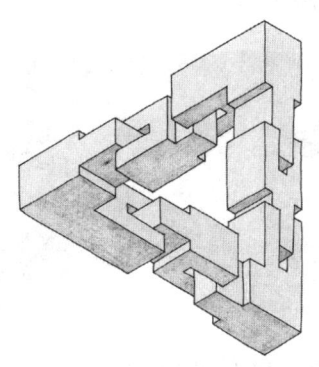

526. 排列的阶梯

这样排列的阶梯在现实中可能存在吗？

527. 折叠立方体

哪个立方体不能由A图折成？

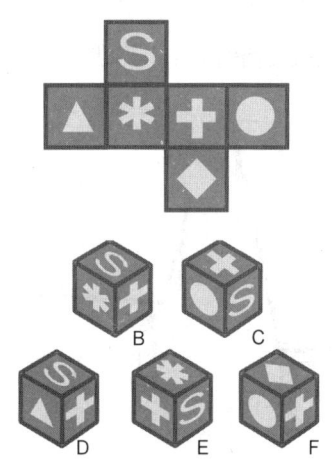

528. 球面

图中有多少个球面是凹陷的？多少是凸起的？将图片旋转 180° 再数数。

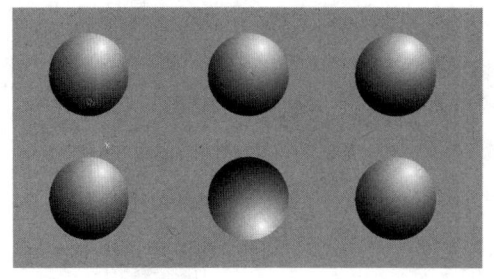

529. 周长最长的图形

从 A，B，C，D 中找出周长最长的那个图形。

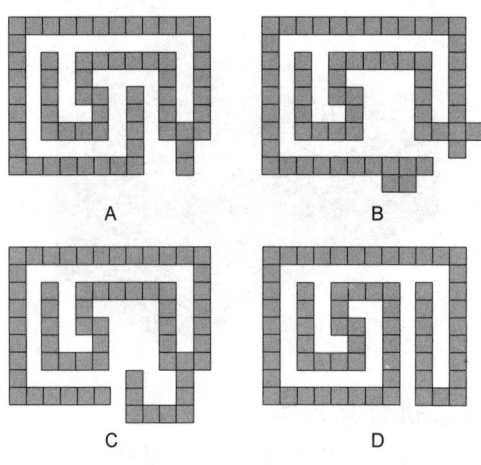

530. 桌面

这两张桌面的大小、形状一样吗？

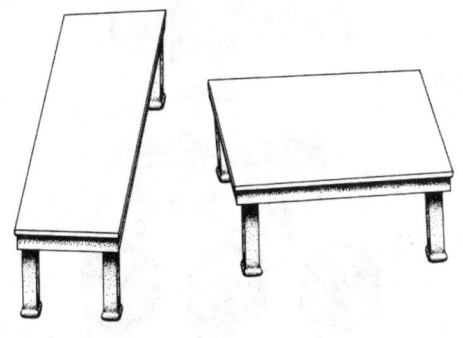

531. 金鱼

你从鱼缸的上面向下看，所看到的金鱼位置和金鱼在鱼缸里的实际位置是一致的吗？

532. 延伸的房子

线段 AB 与 CD 谁更长？

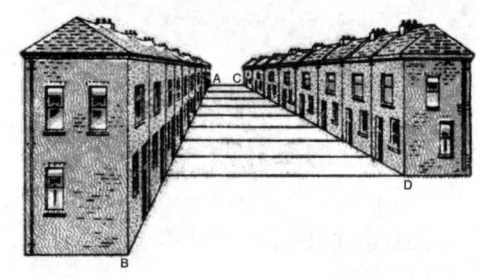

533. 两个幽灵

后面那个幽灵和前面的那个幽灵相比哪个大？

534. 数字立方体（一）

以下立方体中有两个面的数字是相同的，你能把它们找出来吗？

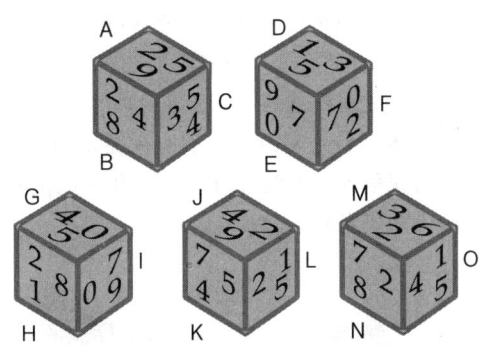

535. 谁更大

除了右下角那个小人之外，这幅图看上去再自然不过了。那么，这个小人与后面的那个人谁大？

536. 横向的线段

图中横向的两条线段哪条更长？

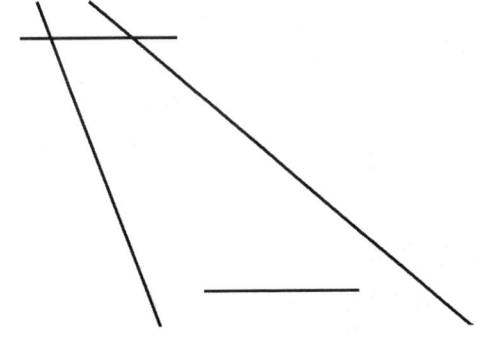

537. 侧面的线

细看立方体侧面的那 3 条线，哪条线是与竖线垂直的，哪条线是斜着的？

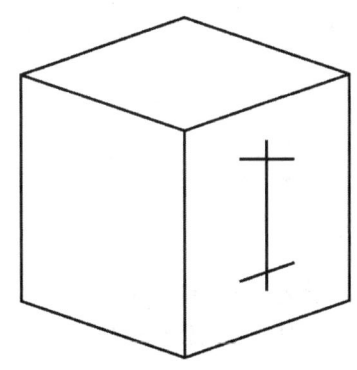

538. 画三角形

画 1 个三角形根本不成问题，但是，A，B 和 C 必须落在每条边的中间。记住规则了吗？

539.8 枚硬币

将 8 枚硬币按图中所示摆放。你能只变更 1 枚硬币的位置，使得每个方向上的每排都有 5 枚硬币吗？

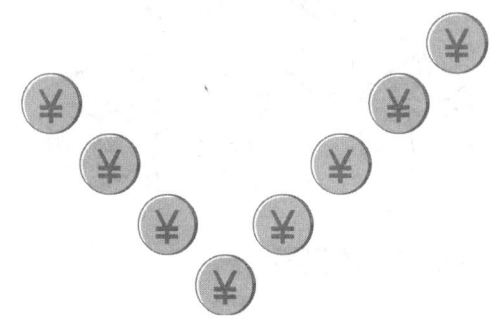

540. 三角形与平行四边形

只移动 2 根火柴，拼出 4 个三角形和 3 个平行四边形。

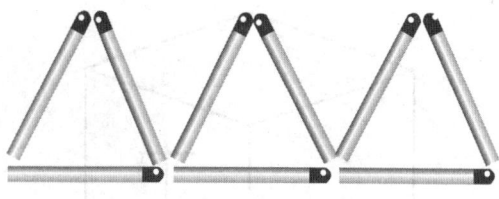

541. 齿轮

如果齿轮 A 按照顺时针方向旋转，那么滑轮 E 将按什么方向旋转呢？

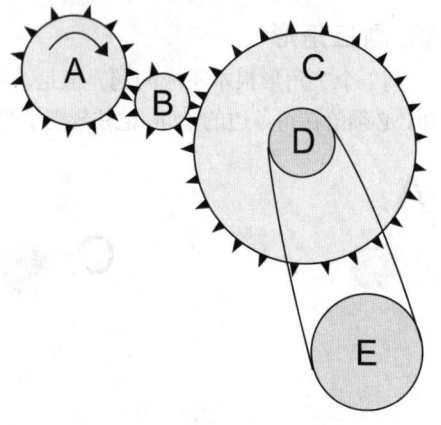

542. 符号立方体（一）

你能在以下立方体中找到含有相同符号的两个面吗？

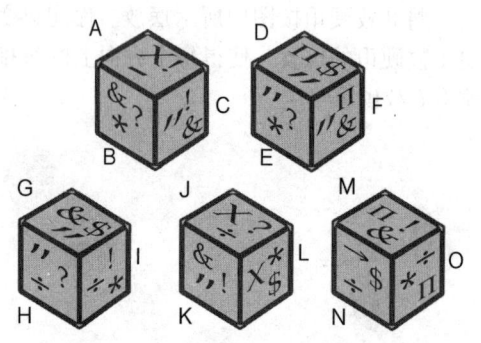

543. 安装监视器

这个形状奇怪的美术馆里一共有 24 堵墙，在美术馆里的任何一个角落都可以安放监视器。在下图中，一共安放了 11 台监视器。

但是，监视器的安装和维护都非常昂贵，因此美术馆希望安放最少的监视器，同时它们的监视范围必须覆盖到美术馆的每个角落。问最少需要安放几台？

544. 瓷砖（三）

如果按照正确顺序排列，以下瓷砖可以组成 1 个方形，横向第 1 排的数字等同于纵向第 1 列的数字，依次类推。你能成功地组合吗？

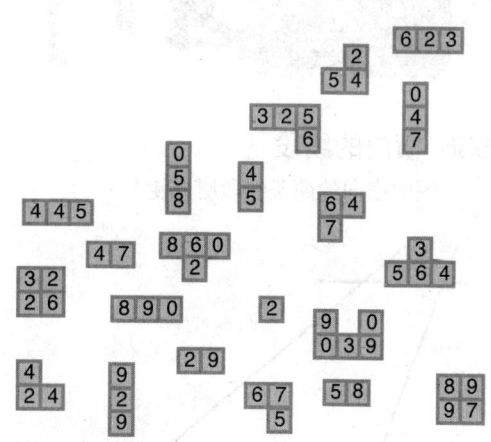

545. 隐藏

这幅图里隐藏着什么？

546. 符号立方体（二）

你能在以下立方体中找到含有相同符号的两个面吗？

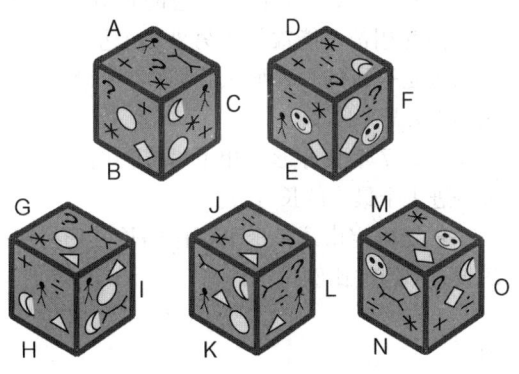

547. 捷径

从中央的数字"4"开始，按你喜欢的方向走4步，横走、竖走或对角走。到达1个标有数字的方框后，再次按照你喜欢的方向，根据方框内数字所指示的步数走。通过这种方式，你可以找到走出迷宫的路。但是，最后1次移动时，你只能走1步离开迷宫。你的任务就是找到只移动3次就可以走出迷宫的捷径。

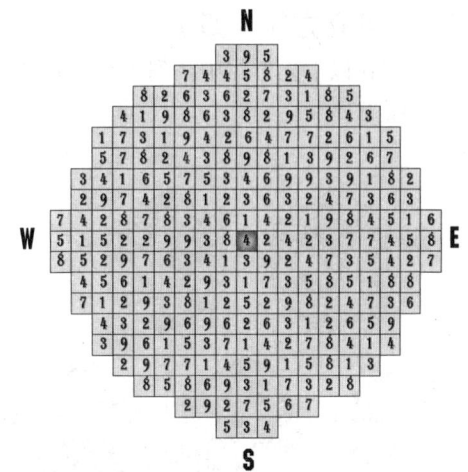

548. 尼斯湖怪兽

这是著名的苏格兰尼斯湖怪兽的照片。你觉得它是怪物吗？

549. 符号立方体（三）

你能在以下立方体中找到含有相同符号的两个面吗？

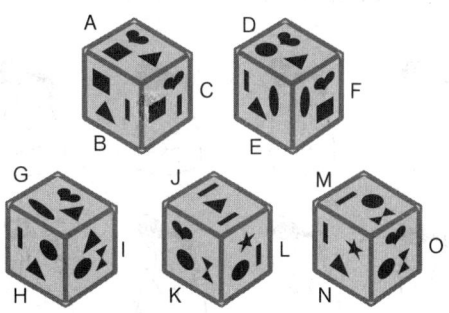

550. 符号立方体（四）

你能在以下立方体中找到含有相同符号的两个面吗？

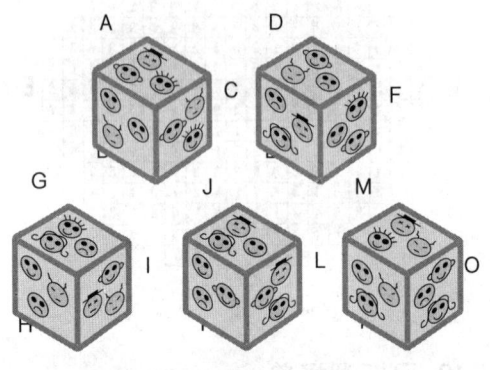

551. 完整的正方形（一）

将下图剪成 4 片，拼成 1 个完整的正方形。

552. 男人与女人

图中的一系列头像在逐渐变化，从男人的头变成了跪着的女人。从最左边的男人的头开始，依次观察每个头像，决定在哪个点你的感知发生了质的变化，即开始感觉到了跪着的女人；然后反过来，从跪着的女人开始，看看在哪里发生了质的变化，即看到了男人的头。

553. 折叠平面图

用可折叠的平面图不能折成哪个立方体？

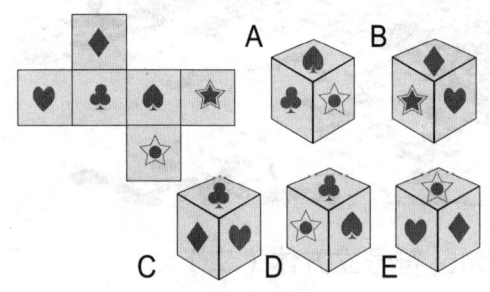

554. 不可比的长方形

在数学上，2 个有整数边的长方形，如果它们互相都不能被放进另外 1 个里面（它们的边是平行的），那么我们称它们为不可比的长方形。

下面 7 个长方形互相不可比，而且可以被拼进 1 个最小的长方形。

你能确定由这 7 个不可比的长方形拼成的长方形边的比例吗？

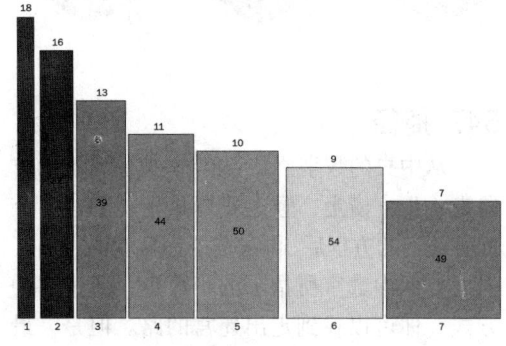

555. 数字立方体（二）

你能在以下立方体中找到含有相同数字的两个面吗？

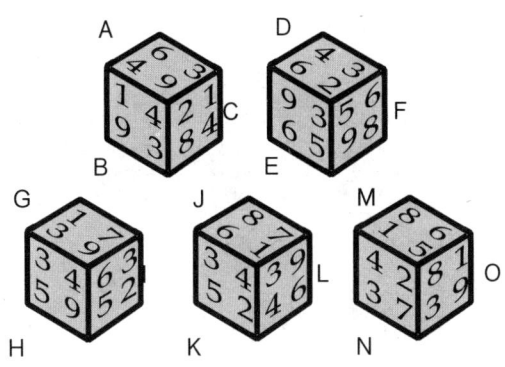

三角形，同时这些三角形还必须能组成 1 个星形。组成的星形要有 8 个尖，中间还有 1 个八角形的孔。

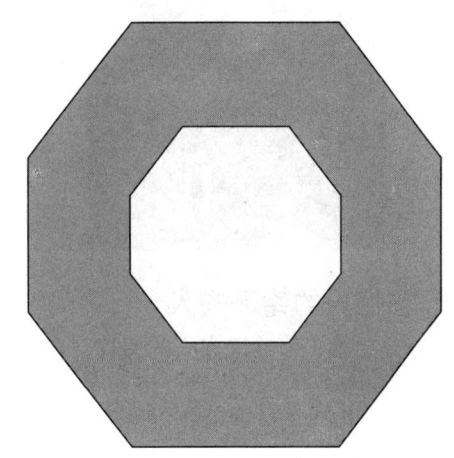

556. 直线与点

只利用 6 条直线，将下边的 16 个点全部连接起来。

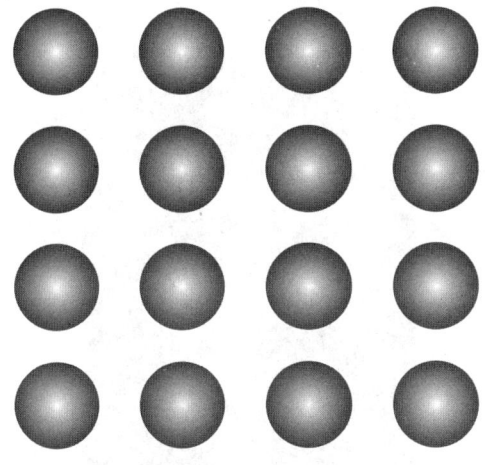

559. 三等分正三角形

如图所示，要把 1 个正三角形三等分非常简单。

现在的要求是沿直线将三角形剪成几片，使各片拼起来能够正好拼成 3 个一模一样的形状。且剪刀不能通过该三角形的中心。请问应该怎样剪？

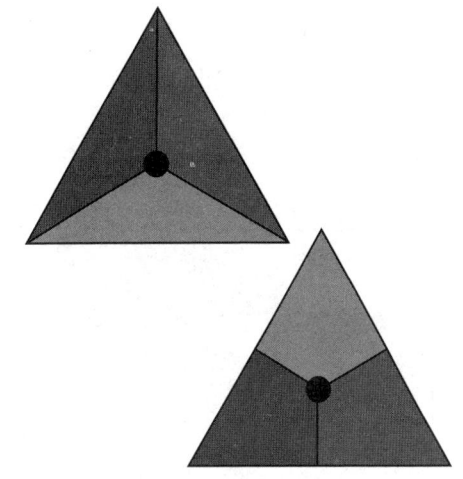

557. 快乐的脸

哪张脸看起来快乐一些？

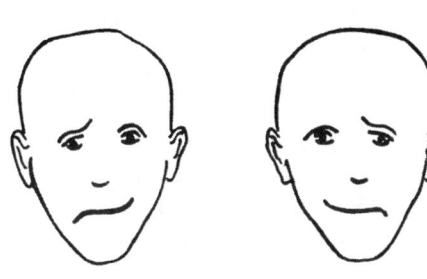

558. 八边形与星形

拿 1 张纸，在上面描绘出这个八边形。然后想一想怎样将这个图形分成 8 个相同的

560. 政治家

这两位政治家是谁？仔细看看，确定你是对的吗？

561. 伯德·约翰逊夫人

这是伯德·约翰逊夫人的照片，在这张未经处理的照片中，人头属于哪个身体？

562.15 个正方形

你能从这个图形中找出 15 个正方形吗？

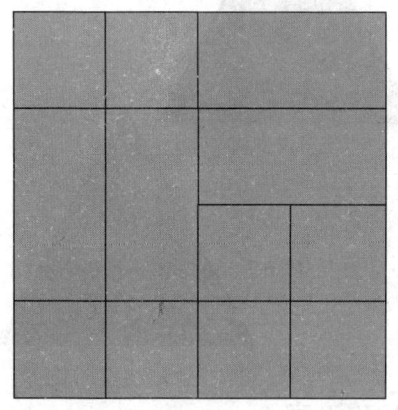

563. 纸条绕成的图形

下图分别是由 6 张纸条绕成。问哪幅图

与其他的都不同？

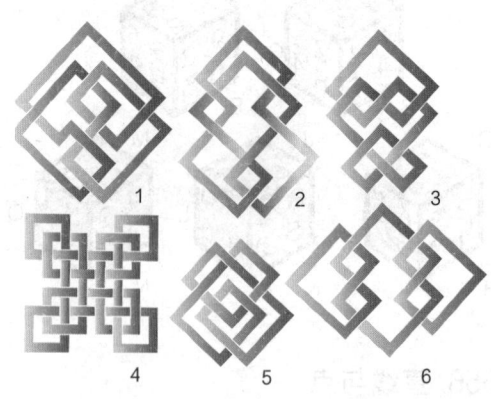

564. 马与人

仔细观察图片，你看到了什么？

565. 符号立方体（五）

你能在以下立方体中找到含有相同符号的 3 个面吗？

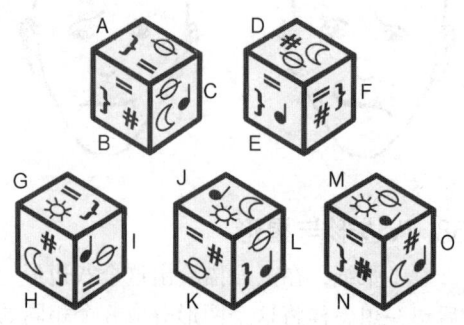

566. 相同的直径

这 5 个圆圈有着相同的直径，穿过点 A 画条线将它们分成面积相同的两部分。

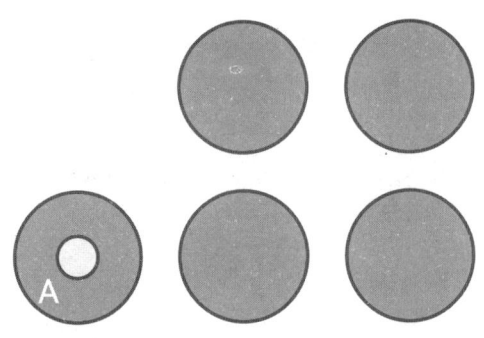

567. 围栏

这 3 个围栏的面积相同，请问制作哪个围栏所用的材料最少？

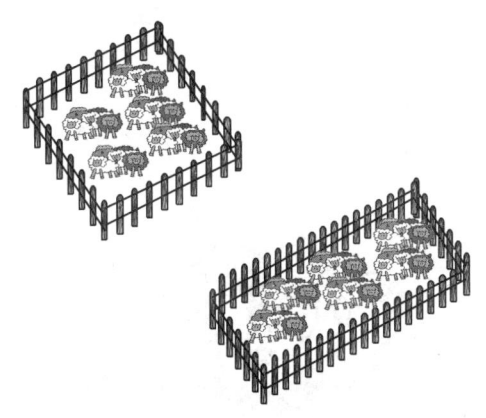

568. 矩形围栏

2 个矩形围栏全等，并且有 1 条边重合，这种情况下怎样才能使制造围栏所用的材料最少呢？

如图所示，3 种围栏中哪种所用材料最少？3 幅图都是按照相同的比例尺画的，并且面积都相等。

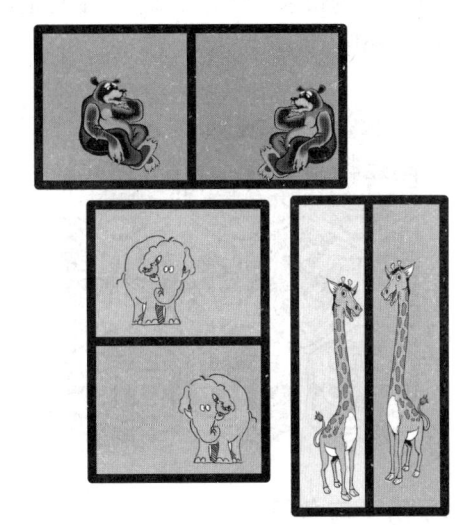

569. 折叠

想想看，把 A 图案折叠成 1 个立方体，能够折成 B，C，D，E，F 中的哪几个图？

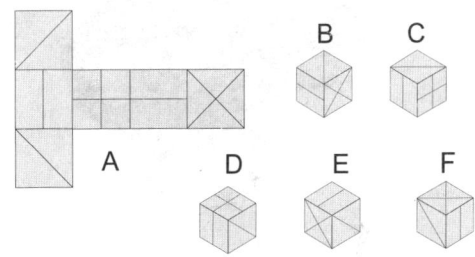

570. 符号

下边哪个符号与众不同？

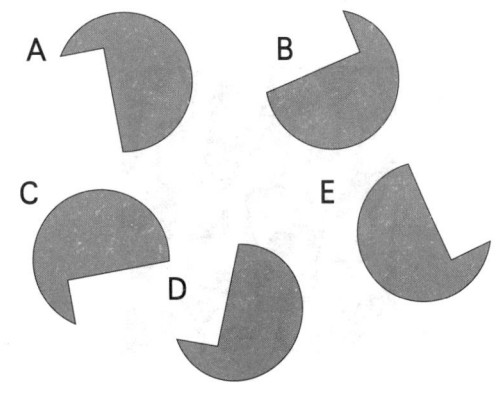

571. 变换心情

他们有的快乐，有的忧郁，你能使他们变换下心情吗？

572. 鸭子与兔子

这幅图由美国心理学家约瑟芬·简斯特罗于 1888 年创作。从不同的角度看，你会看到什么呢？

573. 埃斯彻尔的肖像

该图像包含了艺术家埃斯彻尔的多重小方格肖像。如果把该图片颠倒一下，你会看到什么呢？

574. 叶轮

想一想，在 A，B，C，D 选项中，哪个可以放入 5 中？

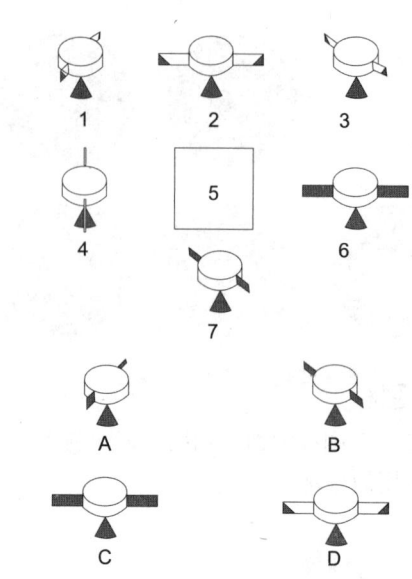

575. 马戏团小丑

你能找到马戏团的小丑吗？

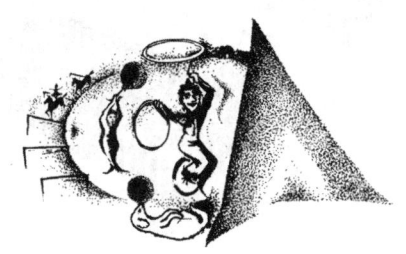

576. 组合三角形

B，C，D，E，F 中哪个图可以恰好和 A图组成 1 个三角形。

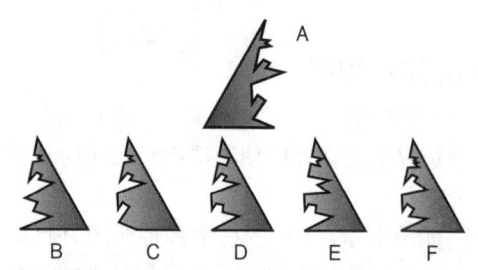

577. 分割五角星

图中显示了 11 颗星的分布位置。你能只利用 5 条直线将图案进行分割，使得每颗星星都有属于它们自己的空间吗？各部分空间不必相等。

578. 电路

哪个部件能将这个电路连通？

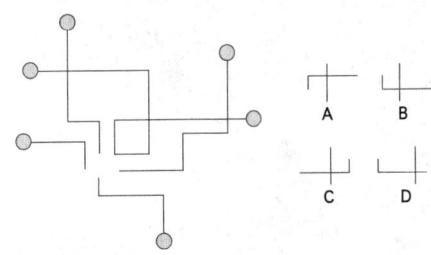

579. 找不同（一）

哪幅图不同于其他 4 幅？

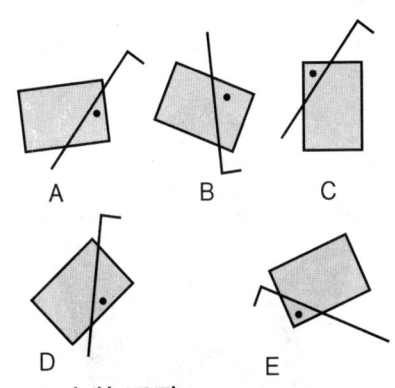

580. 立方体干酪

任何立方体的表面积都等于立方体 6 个面单面面积相加的总和。例如，这块立方体干酪每面的边长都是 2 厘米。因此，每面的表面积就等于 2 厘米 ×2 厘米，即 4 平方厘米。由于总共有 6 个面，因此这个立方体的表面积就是 24 平方厘米。

现在，挑战来了。要求你将这个立方体切成若干块，使得切割后的形体的表面积之和等于原来这个 2×2 立方体表面积的 2 倍，需要几刀就切几刀。

581. 等边三角形

哪个图形能组成等边三角形呢？在 1 张纸上复制 3 个该图形，将它们组合成 1 个等边三角形。

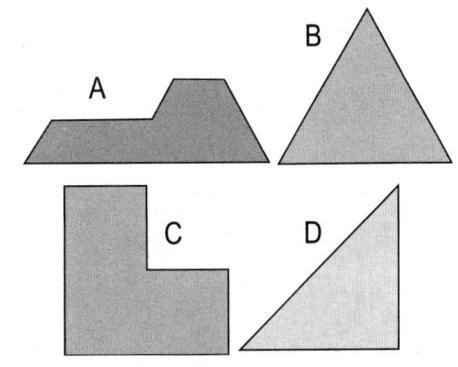

582. 拼图游戏

下边的图形中有 3 个组合在一起正好组成 1 个正方形，是哪 3 个？

1. A B C
2. B D E
3. B C D
4. A D E
5. A C D

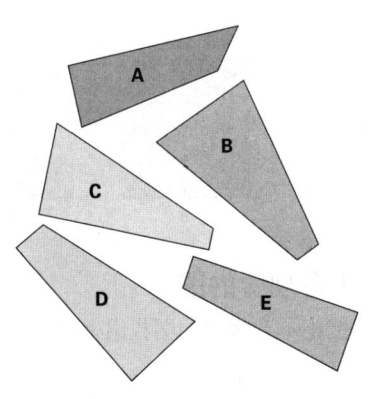

583. 六边形

图中有多少个六边形?

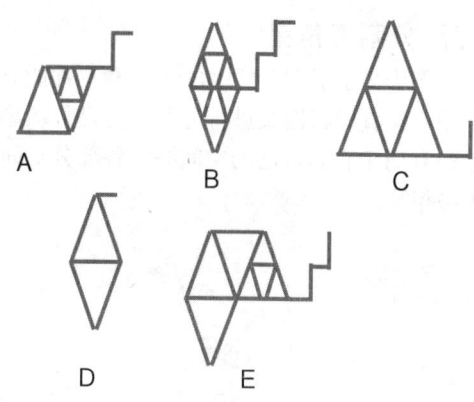

584. 色子的点数(一)

让色子滚动1面,到方框2里面,依此类推,每次滚动1面,依次滚到方框3,4,5,6中。

想一想,在方框6里面色子顶上点的数是几?

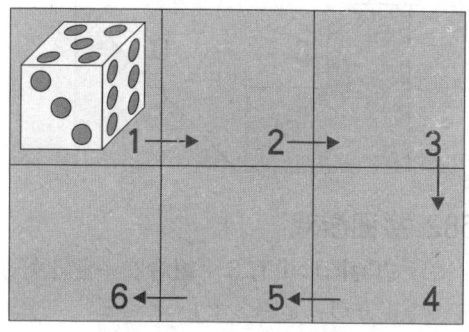

587. 岩石

仔细看这张图片,你看到了什么?

585. 份数

在3秒内说出哪个图形被分成的份数最多。

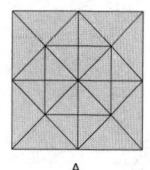 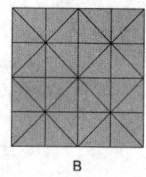 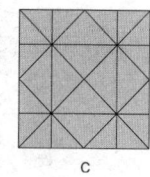

588. 五边形中的三角形

在这个图形中总共有多少个三角形呢?

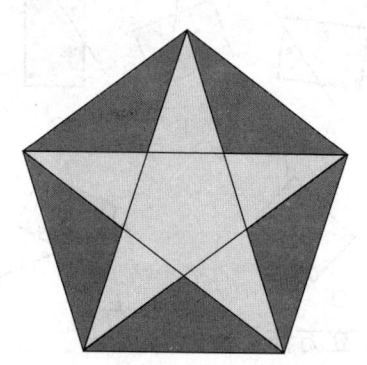

586. 不合规律的图

你能把不合规律的图找出来吗?

589. 组图

如果 A 对应于 B，那么 C 对应于 D，E，F，G，H 中的哪组图？

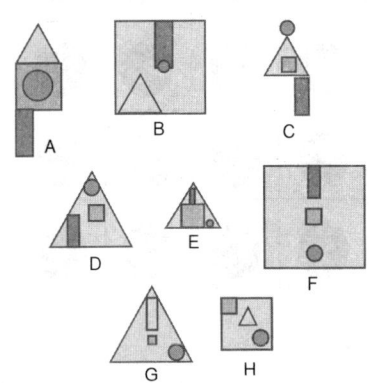

590. 立方体的折叠

你能找出哪个立方体是不能由例图折叠而成的吗？

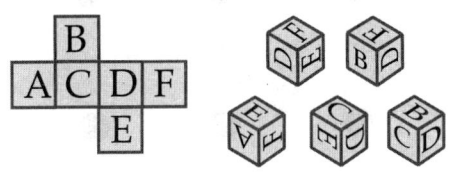

591. 图纸

B，C，D，E，F 中哪张图纸能够折叠成 A 图所示的立方体？

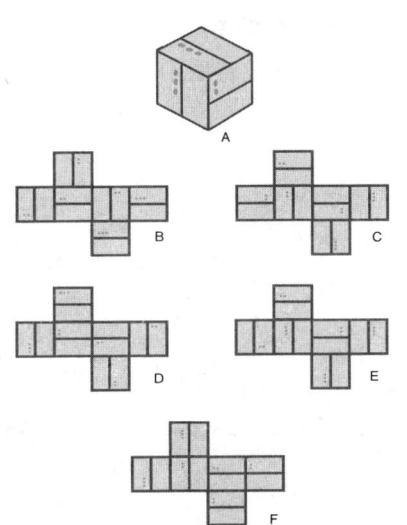

592. 菱形

在这个图形中，你能找出多少个菱形？

593. 错的图像

这里有 1 个正方体，从 5 个角度看到的图像如下。其中的 1 个图像是错的。你知道哪个是错的吗？

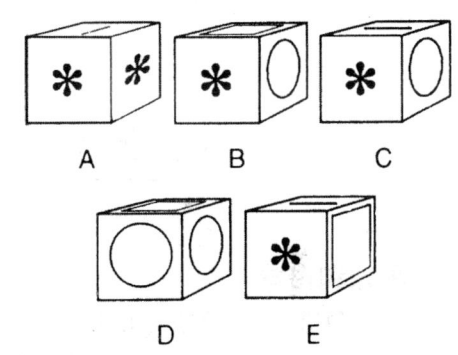

594. 拆开正方体

这里是把正方体拆开的 1 种方式。除此之外，还有多少种方法来拆开 1 个正方体？

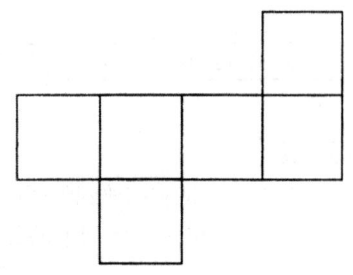

595. 数三角形（一）

图中有多少个三角形？

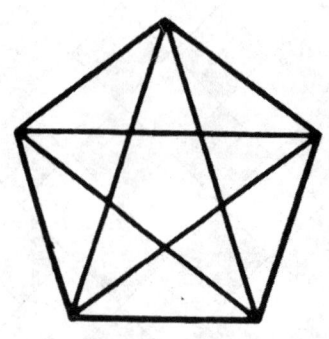

596.3 个图形组合

下面 5 个图形中的 3 个组合在一起可以组成 1 个三角形。它们是哪 3 个？

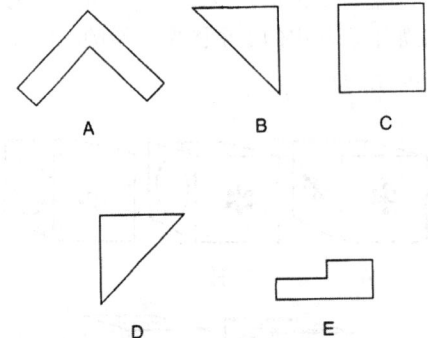

597. 黑球和白球

在 1 条斜道上有 4 个黑球和 4 个白球，较小的黑球在左侧，较大的白球在右侧。斜道的中间有 1 个凹槽，它可以容纳 1 个球。斜道的右侧底部有个小洞，恰好可以让黑球通过，而白球过不去。那么，请你把所有的黑球滚出这个小洞吧！（注：不准把球拿起来。）

598. 拿走棋子

拿出 16 枚棋子，把它们放到如图所示的方格中。请拿走 6 枚棋子，使剩下的每行和

每列的数目都是偶数。

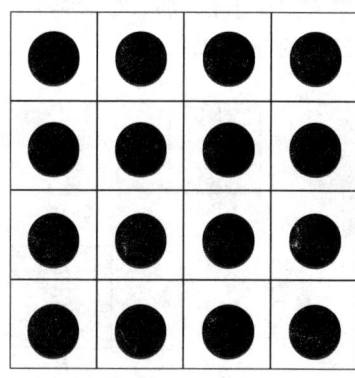

599.9 个点

将 9 个点摆成如图所示的图形。请用 4 条线把 9 个点连接起来，并且不可以重复经过 1 个点，同时不允许笔离开纸。

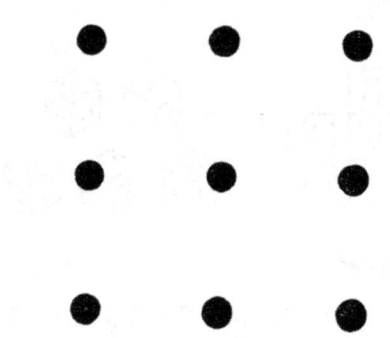

600. 山羊和卷心菜

请用 3 条直线将图中的山羊和卷心菜分开。

601. 不透明立方体

假设 1 个 3×3×3 立方厘米的不透明的立方体被分割成 27 个边长为 1 厘米的正方体。请在最短的时间内说出 1 个人从空间的任意角度所能看到边长为 1 厘米的小正方体的最多数目是多少？

602. 街区

有 16 块街区（如图所示），如果只允许向上走和向右走的话，从 A 点走到 C 点一共有多少条路线呢？

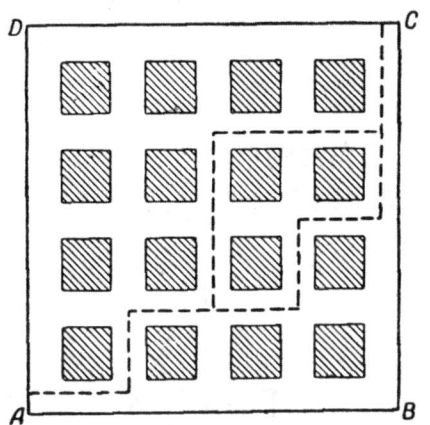

603. 国际象棋棋盘

国际象棋棋手把硬纸板做成的国际象棋棋盘拆成了如图所示的 14 个部分，想找他下象棋的朋友只好在下棋之前把这些部分拼成

完整的棋盘。你知道是怎么拼的吗？

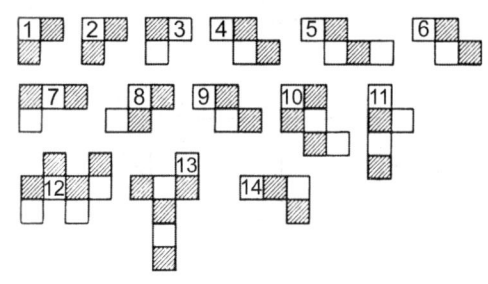

604. 野战地图

1 名军官指着 1 张野战地图对士兵说："2名士兵带着地雷探测器来探测这个地区敌人埋下的地雷并把地雷排掉。他们必须检查图上除了中心方块以外的所有方块，因为中心那个方块代表 1 个小池塘。他们可以纵向或者横向移动，但是不允许斜向移动。此外，禁止重复经过同一个方块。他们 1 个人从 B点出发走到 A 点，另外 1 个从 A 点出发走到B 点。你们要在图上画出两人的行进路线，要求两人走过的方块数目相同。"你知道怎么画吗？

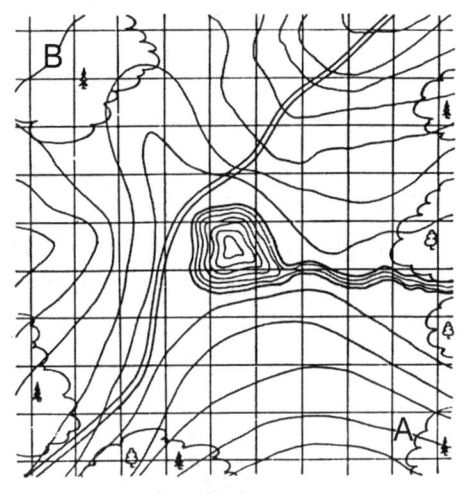

605. 切立方体

从 1 个立方体的 3 个面切 3 刀，最多可以分成 8 块。那么，从这个立方体表面切 4刀的话，这个立方体最多可以分成多少块？

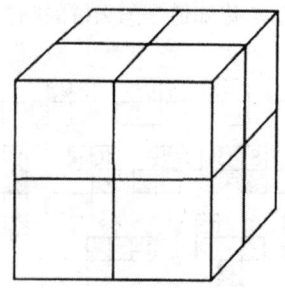

606. 通道

想象你要修筑 1 条通道穿过 1 个由 8 个大小一样的小立方体组成的大立方体。通道必须是连续的，并且从立方体暴露在外边的 3 个面进入。通道只能通过 8 个小立方体每个 1 次，而且不能从超过 2 个小立方体相接触的地方通过。当通道最终从大立方体中出来时，哪几个小立方体是不可能通过的？

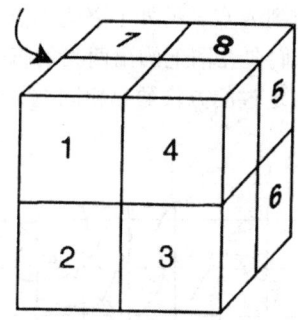

607.5 个面

下面是 1 个由几个完全相同的小立方体构造成的物体的 5 个面。它的第 6 个面是什么样子？

608. 窗户

把 12 根牙签摆成如图所示的窗户形状。你能不能移动 3 根牙签，组成 8 个三角形呢？

609. 单独的立方体

在这个图形中，有多少个单独的立方体？除非你可以看到它们的边界，否则每行每列都是完整的。

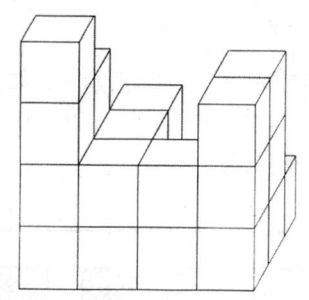

610. 三角形的个数（一）

下面的这个图形总共包含多少个三角形？

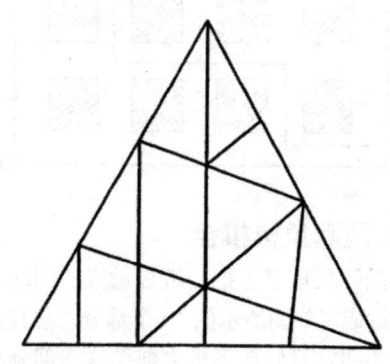

611. 牙签

下图中的是10根等长的牙签。你能仅仅移动2根牙签就组合成2个正方形，并且没有多余的牙签剩下吗？

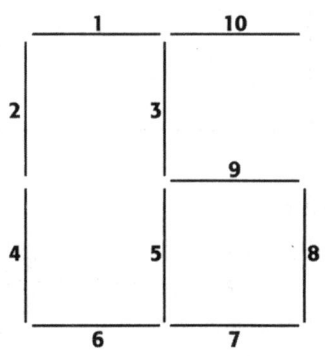

612. 火柴和硬币

有7根火柴和6枚硬币。如图所示，桌上的火柴被摆放成1个星形。从任意1根火柴沿顺时针方向开始数，数到第3根就把1枚硬币放到火柴的顶端。接着仍然沿着顺时针方向数，在每次数到没有放过硬币的第3根火柴上面放1枚硬币。在数的时候不可以跳过顶端已经有硬币的火柴。那么，你能把6枚硬币分别放到不同的6根火柴的顶端吗？

613. 棋子与空位

4枚白色棋子和4枚黑色棋子间隔开摆成1排，这排棋子的左端留下2个空位。每次把相邻的两枚棋子移位，经过4次移动，使所有的黑棋在一边，所有的白棋在另一边。并且使整排的右端留下2个空位。

614. 圆纸片与正方形

将12个圆纸片摆成1个正方形，试试看能不能使每条边上有5个圆纸片。

615. 漂亮的盒子

加里给妹妹罗卡买了1个漂亮的小盒子。罗卡还没到上学的年龄，但是已经能从1数到10了。她很喜欢这个盒子，因为在盒子的每条边都可以数出10枚贝壳。

1天，妈妈在擦拭盒子的时候不小心打碎了4枚贝壳。加里重新排列了一下剩余的32枚贝壳的摆放位置，然后把贝壳粘好，盒子里每条边上仍然有10枚贝壳。几天后，盒子掉到了地板上，又有6枚贝壳摔碎了。加里又重新排列了一下剩余贝壳的摆放位置，使罗卡数贝壳的时候仍然在每条边上都能数到10。你知道加里两次是怎么排列贝壳的吗？

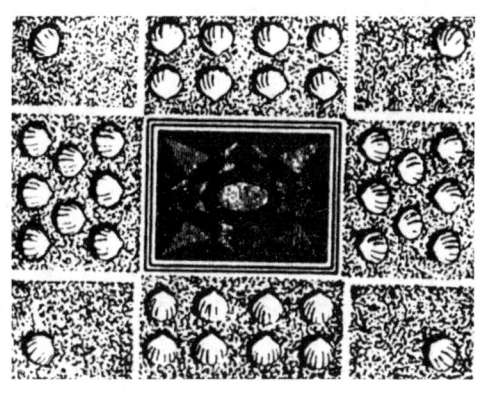

616. 坚守雪垒

1队勇敢的"守军"正在坚守他们的雪垒。如图所示（小方块里的数字代表守军的总人数），指挥官将部队分配了一下：雪垒的4个面上，每个面有11个人把守。守军在防守敌人的第1次、第2次、第3次和第4次袭击时都损失了 4 名"士兵",在第 5 次损失了 2 名"士兵"。但是每次打退进攻后,雪垒的 4 个面上仍旧是每个面有 11 个人把守。这是怎么做到的呢?

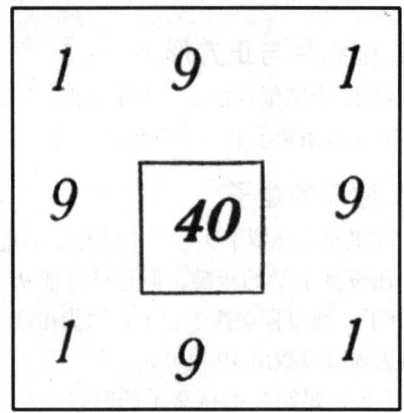

617. 霓虹灯

1 位舞台技师在为 1 间电视转播室安装霓虹灯。开始,他在每个角落里各安了 3 盏,在 4 面墙中部各安了 3 盏,如图所示,总共是 24 盏灯。后来,他又试验用 20 盏灯和 18 盏灯的情况。在这几种情况下,每面墙仍然是 9 盏灯。他是怎么做的呢?

3	3	3
3		3
3	3	3

618. 摆花

将 12 盆花排成 6 排,每排有 4 盆花。如何排列呢?(提示:本题不止有 1 种方法。)

619. 正方形的个数

下面的图中共有多少个正方形?

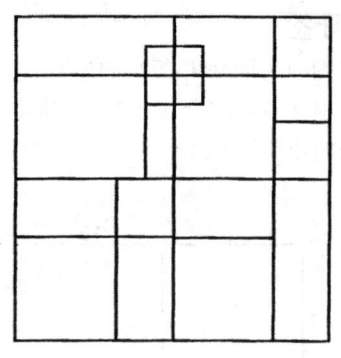

620. 橡树

图中的 27 棵橡树排成了 1 颗漂亮的六角星,共 9 行,每行 6 棵树。1 名林业人员看到后,他反对将 3 棵橡树单独排列出去,因为橡树喜欢从顶部吸收阳光,并且周围要有绿色植物。请将 27 棵橡树排成 9 行,每行 6 棵,形成对称图形,并且要将所有的橡树分成 3 丛。

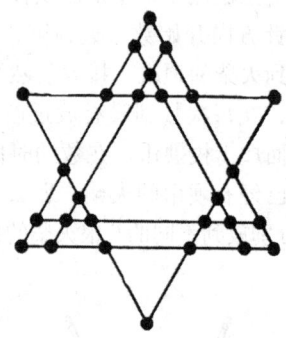

621. 最少的纸

最少需要多少张正方形的纸叠在一起才能组合成下面的图形?

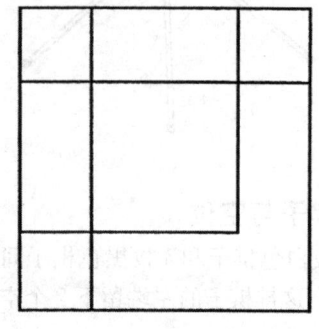

622.10 枚棋子

如图所示，将10枚棋子在桌上摆成2排，每排5枚。移动1排棋子中的3枚，再移动另外1排中的1枚（在不移动其他棋子以及不叠放的情况下），使这10枚棋子形成5条线，每条线上有4枚棋子。答案不止1种，动动脑筋，看你能想出几种答案。

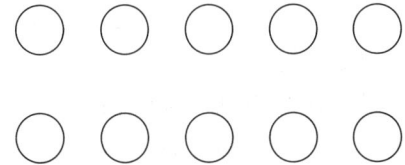

623.25 枚棋子

如图所示，25枚棋子放入棋盘中的25个格子里。请通过一对一地交换棋子位置把它们按照数字顺序摆好，棋子1，2，3，4，5在第1排按顺序从左至右；6，7，8，9，10在第2排，依此类推。那么，最少的换位步骤是多少步？

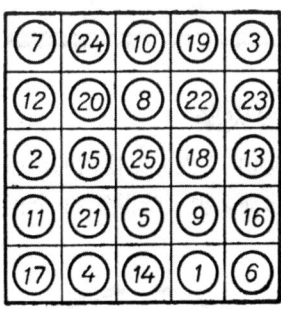

624. 立方体的个数

下面共有多少个立方体？

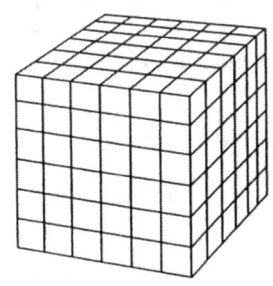

625.7 颗星

如图所示，图中的白色方块中已经放了1颗星。

现在要求你在图中的白色方块中放入7颗星，但是任意2颗星在纵向、横向和斜向上均不处于同一条直线上。

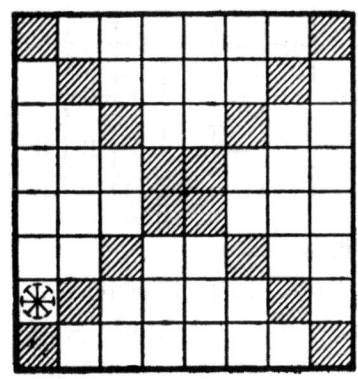

626. 空间类推

这是1个关于空间的类推，答案就在图中。第2个图中的"×"的位置是怎么确定的？

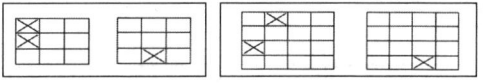

627. 地牢（一）

1名囚犯被投入了1处地牢中，地牢里一共有145扇门。

在图中共有9扇门（黑条块）门已被锁住，只有恰好走完8扇已打开的门才可以解开门锁。不必穿过所有打开的门，但是必须经过所有的房间以及9扇被锁住的门。

如果囚犯重复进入某个房间或者重复经过某个打开的门，那么所有的门都会关上，房间就会变成陷阱。

囚犯（在右下角的方块内）手里有1张地牢的图。思考了很长时间后，他开始出发了。终于，他经过了9扇锁住的门并且成功地从左上角的那扇门逃了出去。请你画出他的逃生路线。

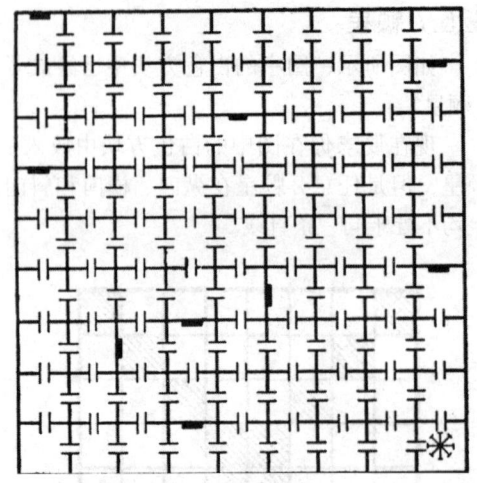

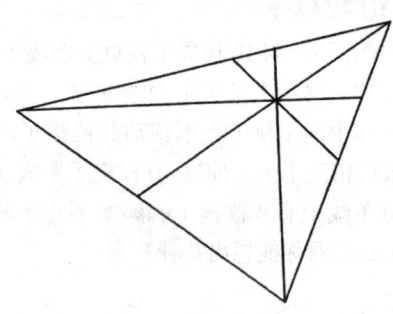

630.8 根火柴

图中 8 根火柴摆成了 14 个正方形。请拿走 2 根火柴,剩下 3 个正方形。

628. 地牢(二)

地牢共有 49 间屋子。其中的 7 间屋子(A 到 G)里有被锁住的门(黑色条块表示),门钥匙在相对应的 a 到 g 的房间里,其余的门只朝 1 个方向打开。囚犯可以随意通过任意 1 处门,他的最终目标锁定在房间 g 里的钥匙上,得到这把钥匙他就可以顺利地从房间 G 逃跑了。那么,在房间 O 中的囚犯如何逃生呢?

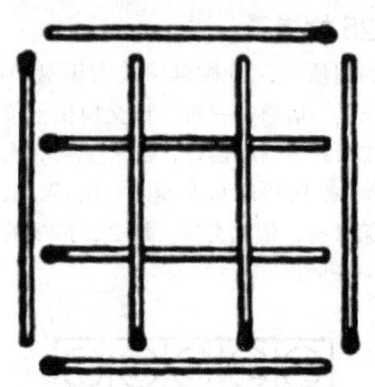

631.11 根火柴

图中是由 11 根火柴摆出的房屋正面结构图。请你移动 2 根火柴得到 11 个正方形。

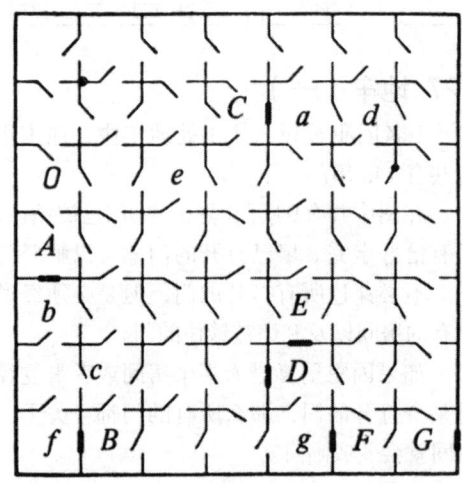

629. 三角形的个数(二)

右面的图形中一共有多少个三角形?

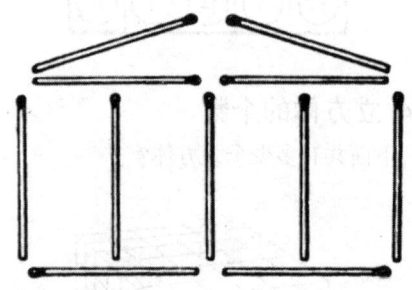

632. 几何图形

下图是 1 个几何图形。这个图形可以被

1 条直线分为 2 部分，这 2 部分正好可以组合成 1 个正方形。请通过连接 2 个数字画出这条直线。

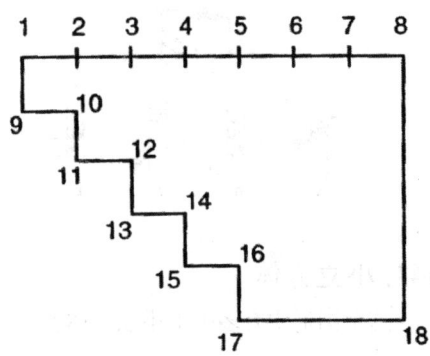

633. 蓝色立方体

把 1 个边长为 4 厘米的正方体每个面都涂成蓝色，然后把这个正方体切成边长为 1 厘米的小正方体。你知道有多少个小正方体是三面蓝色的吗？

634. 数正方形（一）

右图中有多少个正方形？

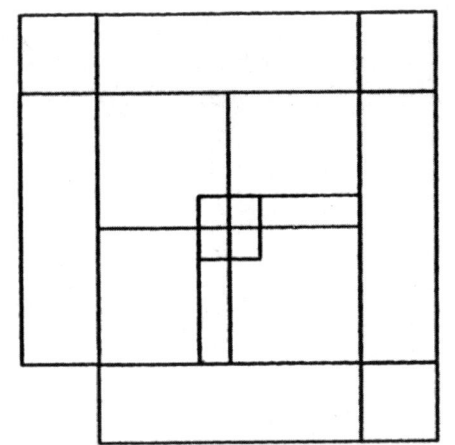

635.9 根火柴

下面是 9 根长度相同的火柴。请重新排列火柴使之组成 3 个大小相同的正方形。

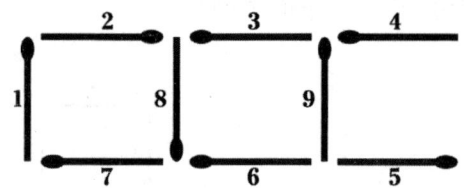

636. 立方体的图案

图 1 是 1 个立方体的展开图，将 6 个彼此连接的正方形折起即可得到 1 个立方体。图 2 则是这个立方体在 4 个不同方向所显示的图案，你能将这几个图案准确填入展开的方格中吗？

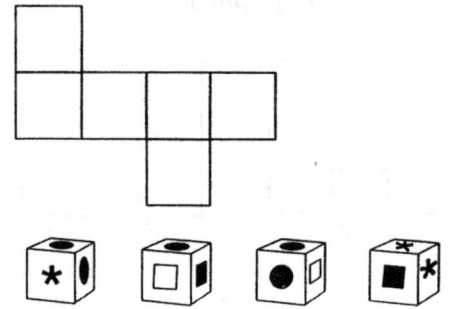

637. 方格折叠

将这 6 个相连的方格折叠成 1 个立方体。选项中有 2 个立方体图案是不可能看到的，是哪 2 个？

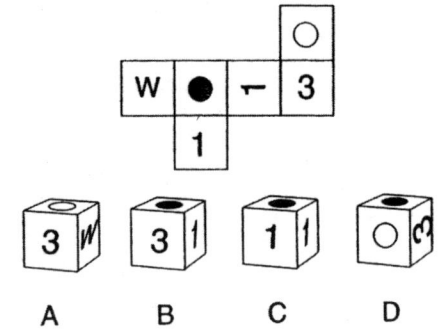

638. 移动牙签

下面的这 5 个正方形是由 16 根牙签组成的。你能否只移动其中的 3 根牙签，使它变成大小相同的 4 个正方形呢?

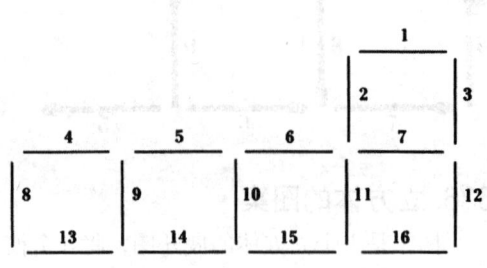

639. 正视图和俯视图

下面是 1 个物体的正视图和俯视图。你能画出这个物体的立体图吗?

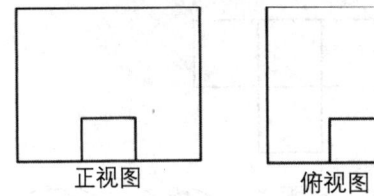

正视图　　　　　俯视图

640. 盒子

这个盒子是由下面 4 个选项中的其中 1 个折叠而成的,是哪个呢?

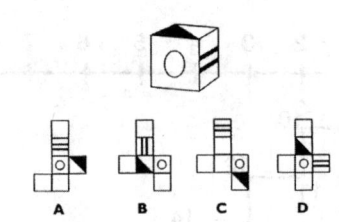

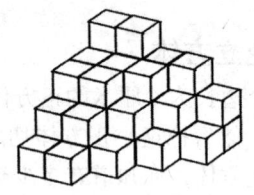

A　　B　　C　　D

641. 小立方体

这个图形中有多少个小立方体?

第 4 章

创新思维游戏

642. 麦秆与汽水瓶

这里有 1 个考验你技术的难题。你必须把 1 个空的汽水瓶从桌子上拎起来，但是你只能用 1 只手和 1 个麦秆。

做游戏时，要遵守以下两个规则：不能把麦秆系成结；麦秆不能和瓶子外的任何部分接触。

643. 鱼缸

下图中的鱼缸已经注满了水。如果不用测量杯或者测量棒，你能否把水从鱼缸中倒出并使水平面正好处于鱼缸的正中间呢？这个办法比你想得要简单！

注意：这个游戏也可以用 1 个玻璃杯来进行，这样溅出来的水会比较少。

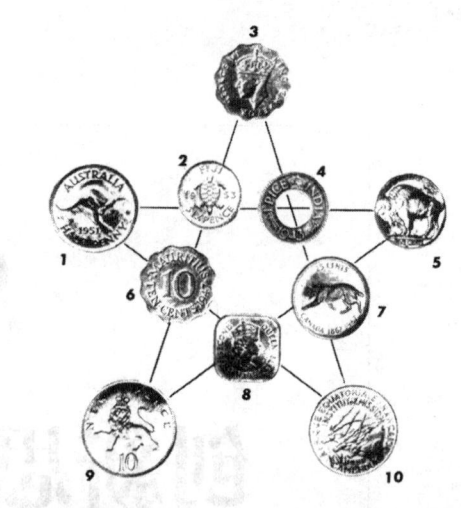

644. 硬币与五角星

这里有 1 个很有意思的思维游戏等着你来做。将除 8 号硬币之外的 9 枚硬币放在五角星的各个位置上。游戏的目的就是除 1 枚硬币外把其他硬币从五角星上拿下来。拿硬币时，必须用另外 1 枚硬币沿着线从它的上面跳过去，这个硬币跳过去的地方必须是没有硬币的地方（这种移动硬币的方法与跳棋的跳法相同）。

645. 厚重的书

你可以用这个思维游戏为难你的朋友们。把 1 根绳子在 1 本厚重的书（约 1000 ~ 1500 克）上系 1 圈，然后将绳子的一端固定在门把手上，并使书悬挂在距地面 30 厘米的地方。你抓住书下面的绳子，然后对你的朋友们说，你可以随意把书上面或者下面的绳子拽断。这时，他们一定会大吃一惊的。那么，你知道这个神奇的变戏法是如何实现的吗？

646. 套在手腕上的绳子

要和1个朋友一起做这个游戏。将绳子的两端松散地分别系在两个手腕上。当然，你的朋友也是这样，同时，套在你的那根绳子上。这样，两根绳子就连接在一起（如图所示）。

现在，你要和朋友分开，但是不能把结解开，不能割断绳子，也不能把手从绳圈内脱出。

注意：图中所示的物品都是20世纪初发明的。请特别注意右上方的闪光灯和左下方的观剧镜。

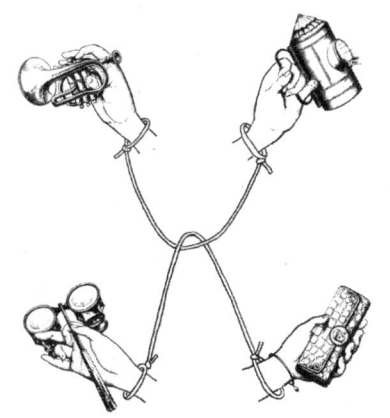

647. 糖与茶杯

这个有关糖的思维游戏会让你的朋友遇到一些小麻烦。在桌子上放6块糖以及3个茶杯。做游戏者需要做的是将这6块儿糖按下面的方式放入茶杯中：每个茶杯内的糖块儿必须是奇数，而且这6块儿糖都必须用上，但是不能有任何损坏。

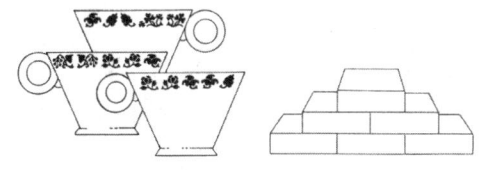

648. 杯垫

按照图中的样子在桌子上放6个圆形的饮料杯垫。这几个杯垫必须相互紧挨。现在，你必须把它们重新排列，形成1个"完整的圆"，但是你只能移动其中的3个杯垫，并且每个杯垫只能移动1次。

649. 圆圈的中心点

给你1支铅笔以及1张比这个圆圈大的正方形纸板，让你找出这个圆圈的中心点。如何操作呢？这个做起来要比看起来简单！你有5分钟的时间寻找解决方法。

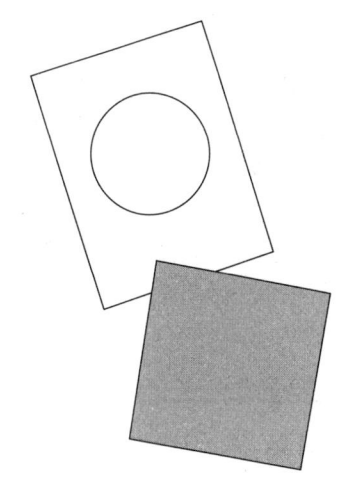

650. 爱吃醋的丈夫

3个爱吃醋的丈夫在和他们的妻子旅游时发现渡河的船只能容纳2个人。因为，每个丈夫都极力反对自己的妻子和其他2个男性成员中的任何1个人乘船渡河，除非自己也在场；同时，他们也不同意自己的妻子单独和其他男人站在河对岸。

那么，应该如何安排呢？记住，尽管船只能搭乘 2 个人，但是，其中的 1 个人必须把船划回来供其他人使用。

651. 箭头与数字

在下面的方框中填上数字 1 ~ 7，使得每横行和每竖行中这 7 个数字分别出现1次。方框中箭头符号尖端所对的数字要小于另一端的数字。

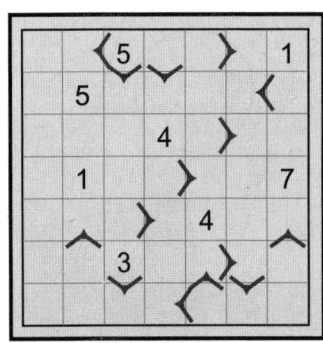

652. 小甜饼

小阿里阿德涅现在很烦。今天早些时候，她收到妈妈亲手做的 1 包新鲜小甜饼。正当她打开礼物时，她的 4 个朋友就到了，她们提醒阿里阿德涅以前她们带的小甜饼也曾和她分享过，现在也该她反过来回赠她们了。她不情愿地把其中的一半和半个甜饼分给了她的朋友劳拉；然后把剩下的一半和半个甜饼分给了梅尔瓦；接着，她又把剩下的一半甜饼和半个甜饼分给了罗伦；最后，她把盒子里剩下的一半甜饼和半个甜饼分给了玛戈特。这样，可怜的阿里阿德涅就把盒子里的甜饼都分了出去，她真是伤心极了。

那么，你能否计算出盒子里原来有多少小甜饼吗？顺便说一下，阿里阿德涅绝对没有把盒子里的甜饼切成或者掰成两半。

653. 烟头

尼古丁·奈德是咖啡厅里的饭桶。他看起来十分落魄，甚至连买 1 盒好烟的钱都没有。他只能在著名的快速卷烟机的帮助下自己卷烟抽。至于烟草，他是从抽过的烟头里积攒下来的。他可以把 3 个烟头卷成 1 支烟。他攒了 10 个烟头，可是他却想卷 5 支烟。也许这个听起来好像是不可能的，但是奈德却卷成了。那么，你知道他是怎么做的吗？

654. 拉斯维加斯扑克筹码

了不起的龚德尔斐魔镜可以看到一切、知道一切、可以说明一切……只要花 25 元买 1 张票。当他表演时，龚德尔斐在屏幕上展示了他在全世界搜集来的著名思维游戏题。下图中所放映的正是置人于困境的拉斯维加斯扑克筹码。人们为了解答这道难题花费了许多钱。这个题是将 5 个扑克筹码排成两行，其中 1 行有 3 个筹码，而另外 1 行要有 4 个筹码。这个题最难的地方就是你只有 60 秒的时间来解决这个问题。

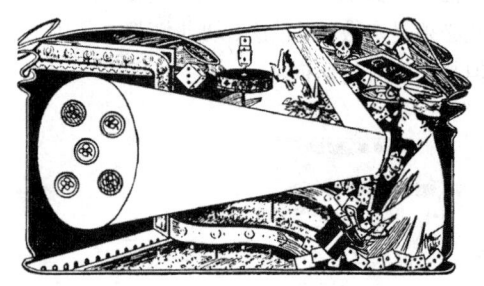

655. 扑克牌与日历

1 副扑克牌至少在 6 个方面与日历有着惊人的相似之处。你能说出几处相似之处呢？

656. 哪张先落地

一次，在造纸厂的舞会上，场面很狂热。图中的沃尔多·彭尼帕克举臂齐肩然后同时扔下两张纸。那么，哪张纸先落地呢？很多人站在他的旁边观看。你为什么断定纸张 a 比纸张 b 先落地呢？当然，每张纸上都不可以附加其他东西。

657. 瓶塞（一）

一般情况下，瓶塞是不会停留在杯内水的中央，相反，它会慢慢漂到玻璃杯的一侧，并且停在那里。然而，却有 1 个简单的方法可以使瓶塞停留在玻璃杯的中央（使水旋转不算答案）。

658. 音乐节目

令人称奇的福隆特纳克斯是本世纪最奇特的音乐节目。贝莎和莱因霍尔德所演奏的两件乐器叫做贝莎风。当他们开始演奏之前，莱因霍尔德将 1 个旧的手提箱放在桌子上，使这个箱子伸出桌子边大约 $\frac{1}{3}$。接着，他便投入到经典的混成曲演奏当中。过了一会儿，这个手提箱突然翻倒在地上，演出随即结束，这让大家很吃惊。手提箱里并没有任何钟表装置，那么，你知道他们的演出时间是如何控制的吗？

659. 字母 A 和 Z

各位思维游戏爱好者们，现在我们来解决 1 个很难的题。这个正方形格子每边都有 6 个小方格，其中，有 4 个 A 字母以及 4 个 Z 字母。现在，要将这个格子剪切成 4 块儿，每块儿的大小和形状都必须一样，同时，每块都得包括 1 个 A 字母以及 1 个 Z 字母。剪的时候，一定要沿着方格线。

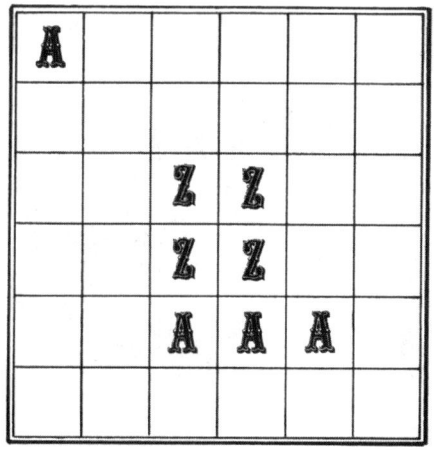

660. 遗嘱

这份遗嘱是几个世纪之前的易斯特维奇伯爵留下的，内容十分生动。那么，你能从中推断出他给后人留下了什么东西吗？

致我挚爱的家人，他们为此已经等待了很长时间，现将以下东西留给后人：
1 个人对什么爱得胜过自己的生命，
而恨得却胜过死亡或者致命的斗争。
这个东西可以满足人的欲望，
它是穷人所有的，却是富人所求的，
它是守财奴所想花费的，却是挥霍者所保留的，
然而，所有人都要把它带进自己的坟墓。

661. 胶卷

爷爷汤森年轻时曾买过 1 个新款的柯达相机作为自己的圣诞礼物。这个相机配有彩虹光圈和快门，里面的胶卷容量也很大。当他把所有的亲戚都叫过来时，他发现如果给每个人照 4 张照片的话，他需要 2 卷胶卷，因为他所需照的相片数比 1 卷胶卷多 4 张；然而，如果给每个人照 3 张照片的话，胶卷将会剩下 12 张。那么，爷爷需要为多少亲戚照相呢？ 1 卷胶卷可以照出多少张照片呢？

改进型的可折叠式柯达相机，价钱从 400 元到 800 元不等。

本相机背后采用双面缝合技术，相机前部可抬高。

662. 小狗杰姬（二）

我把这个有创意的纸张思维游戏献给我的爱犬——杰姬。图 1 展示了组合图。它是

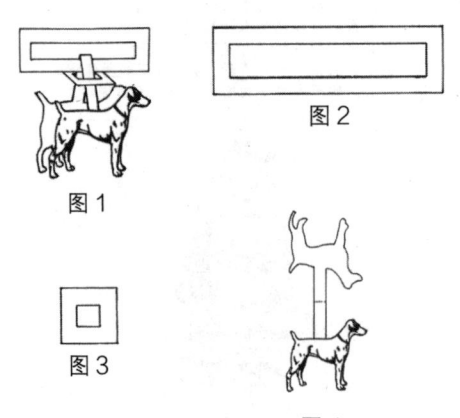

图 2

图 1

图 3

图 4

由 3 块儿硬纸组成的。你的任务是判断出它们是如何组装起来的，但是前提是不能撕开或者损坏纸片。注意：小狗是由小纸环牢固地连接在大纸环上的；小纸环上的口太小，小狗是不可能串进去的。组成这个题的 3 部分纸片分别显示在图 2、图 3 和图 4。请试试，你能否找到解决的办法。

663. 咒语金字塔

在神秘的东方，我们的朋友为我们带来了著名的咒语金字塔思维游戏题。如果从金字塔的顶部开始，即从顶部的"A"到底部的那行字母，你能算出拼写 abracadabra 的可能途径数吗？在你走下金字塔这 11 层的过程中，你可以向左或者向右分叉并从分叉点的字母下面的两个字母中再任选 1 个然后继续。

664. 花式台球

下面我们看到的是库申斯·哈利布尔顿即将打进制胜一球，他随后获得了 1903 年曼哈顿花式台球锦标赛的冠军。5 轮之后，他用球杆打进了 100 个球。而每轮他都要比前一轮多打进 6 个球。那么，你能否计算出他 5 轮中的各轮进球数吗？

莱克斯福德，谁把第 7 个球打进袋子谁就获胜！

665. 思维游戏盒子

世纪之交时，哈姆雷在伦敦的商店销售各种各样的思维游戏盒子。盒子里有白、绿、红 3 种不同颜色的罐子。绿色罐子的容量比红色罐子多 3 升，而白色罐子的容量则比绿色罐子多 4 升。现在的问题是用这 3 个罐子来准确量出 2 升的水。那么，你如何只倒 9 次就可以把水量出来呢？

666. 派波尔教授的幻灯片

下图是派波尔教授于 1896 年在伦敦的埃及礼堂展示的著名的幻灯片思维游戏。在这个题当中，3 张纸牌并排放置，正面朝下。下面给出了线索：有 1 张牌是 2，它在 K 牌的右边；1 张方块牌位于 1 张黑桃牌的左边；1 张 A 牌位于 1 张红桃牌的左边；红桃牌位于黑桃牌的左边。那么，你可以把每张牌都猜出来吗？

667. 圣诞装饰物

圣诞老人为你准备了 1 个了不起的圣诞节思维游戏。他先把装饰物固定在 1 条 3 米长的绳子的一端，然后将另一端系在 1 束槲寄生树枝的上面。

"我会给你两份圣诞礼物，"他说，"如果你可以将绳子从中间剪断使装饰物不会摔落在地。记住：一旦你剪断绳子，你就不能触摸绳子或者装饰物。"

那么，读者朋友，你会怎么剪呢？

668. 魔术师的硬币

当你尝试这个游戏时，也许你会认为只有求助某种魔术才能把它解决。这里放了 5 枚魔术师使用的硬币，我们要使它们彼此相接触。如果你手头没有这种硬币，你也可以使用 1 角硬币。我们这只爱为难人的小兔子认为解决这个题最多用 10 分钟。

669. 备用轮胎

前不久思维游戏俱乐部出发到当地的海滩进行 1 日游旅行。途中我们的车爆胎了，于是，司机用千斤顶把汽车托起，取下坏的轮胎，准备换上备用轮胎。当他正要在车轮上安装备用轮胎时，他把轮毂盖踢到地上，由于用力过猛，它飞出路边掉入了悬崖，5个螺母也在这个轮毂盖上，而没有它们，轮胎就无法固定在车轮上。

"这样吧，"他说，"我得到我们刚才经过的城镇找几个螺母的替代品。"

"小家伙，来不及了，"贝莎阿姨说，"你这么……做就可以了！"

那么，你知道贝莎阿姨想出什么办法应对这个旅行中的不幸事件吗？

670. 4 与 8

威灵顿·曼尼拜格斯带着 1 袋子的赌金又回到镇上，这次他打算把当地贵族的钱统统赢光。

这天晚上，我们在咖啡店围坐在一起，这时，威灵顿在桌子上放了 1 张纸和 1 支铅笔，然后说："我敢跟任何 1 个人打 100 元的赌，从 4 去掉 4 之后将得到 8，而我要证明你们都可以做得到。"

我们都知道，这里肯定有蹊跷，但是埃尔莫·沃姆伍德最终在桌子上放了 1 元，说："曼尼拜格斯，我要看看你能不能把它拿走。我的钱会说，'你无法证明'。"

毫无疑问，威灵顿把钱拿走了，并向大家展示了从 4 去掉 4 之后得出 8，而我们的确也可以做得到。那么，他是怎么做的呢？

671. 漂浮的钢针

洛伦佐叔叔是 1 个十分喜欢餐后娱乐的人。虽然与威灵顿不是同一级别，但是他偶尔也有好的表现。他毫不夸张地说他可以让 1 根钢针漂浮在水上。那么，你能否想出这是怎么实现的？

672. 托尼的猴子

托尼很不幸，他的身体不听使唤了，但是他却还能长时间的站立。下图的人们绞尽脑汁不但无法使他停止唠叨，也无法使他离开去另寻他处。

现在他的"观众"已经屈服了，那么，你能否为那只拿着小罐的猴子找出最短的路线，使他从每个窗户处收到钱呢？这只猴子必须从上图的位置出发，并且最后停在主人的肩膀上。

673.1 元硬币

桌上有 2 枚 1 元硬币、1 枚 1 角硬币，1 角硬币在 2 枚 1 元硬币的中间。你的任务是用 1 元 1 角硬币取代中间那枚 1 元硬币的位置，但是在移动硬币时要按照以下规则进行：可以移动第 1 枚 1 元硬币，但是不能碰到它；可以接触那枚 1 角硬币，但是不能移动它；至于最后那枚 1 元硬币，你既可以接触它也可以移动它。想一想，你能不能解答这个题呢？

674. 印度绳索戏法

下图中的这位大师让大家完成他的"印度绳索戏法"。在平台上有 1 根普通的绳子，把这根绳子的两端分别放在两只手上，然后在绳子中间系 1 个结。但是，你在系结时不能使绳子的两端从手上松开。

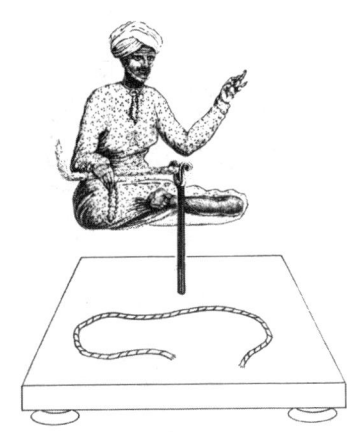

675. 盐与胡椒粉

赫伯特的这个游戏总是令朋友很吃惊。他先在桌子上放一些盐，然后在盐上撒一些胡椒粉。接着，他让客人把胡椒粉从盐里分离出去，但是不能接触盐或胡椒粉。尽管这个听起来好像是不可能的，但是聪明的赫伯特很快就把胡椒粉分离了出来。那么，你能发现其中的奥妙吗？

676. 翻转硬币

现在有 9 枚硬币，总共有 7 元。正面的硬币（H）有 2 元 5 角，而反面的硬币（T）有 4 元 5 角。这个题是要求你翻转 1 枚价值 1 元的硬币，使正面的硬币为 3 元。

677. 瓶子里的钥匙

这是以前的 1 份充满魅力的魔术杂志的封面，封面上有 1 个十分迷人的古老思维游戏。在 1 根绳子的一端系 1 个钥匙，然后使绳子的另一端从瓶塞钻的洞内穿过并系好。接着，把钥匙放到瓶子里，并且把瓶颈上的瓶塞固定。如果你愿意接受挑战的话，你就得把钥匙从绳子上取下来，但是你不能接触瓶塞、绳子、瓶子或者瓶子所在的桌子。

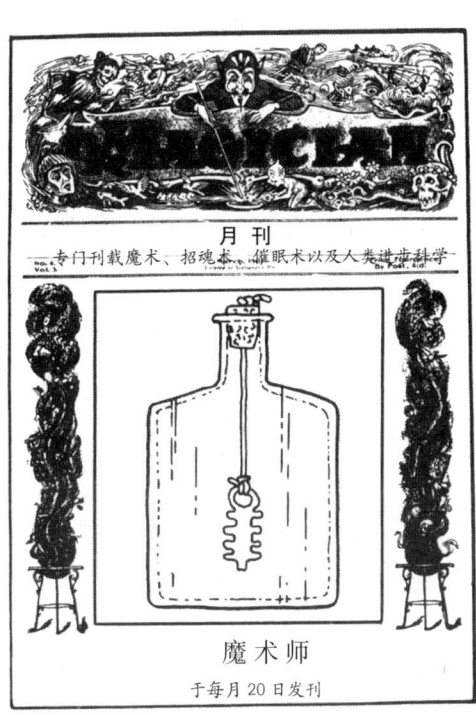

月刊

专门刊载魔术、招魂术、催眠术以及人类进步科学

魔术师

于每月 20 日发刊

678.8 个单词

下图中的 8 个单词有什么共同点呢?

crabcake   stupid
laughing   hijack
calmness   first
canopy   deft

679. 硬币与扑克牌

把 1 张扑克牌水平放在你的右手拇指上,然后,把 1 枚硬币(1 元硬币或者 5 角硬币)放在牌上,使它们保持平衡。接下来,不接触硬币把这张扑克牌拿走。如果你 1 次就可以完成,那么你将得到热烈的掌声。

680. 螺钉

在伯灵顿螺钉和螺母厂,如果哪个学徒不能回答这个著名的螺钉思维游戏,那么他就不能成为 1 个合格的铸造工人! 每个学徒都必须拿两个相似的大螺钉,然后把它们放在一起,使螺纹相啮合,步骤如下:学徒必须按图中所指的方向将螺钉 A 沿着螺钉 B 移动。在这个过程当中,两个螺钉要抓紧,这样它们才不会旋转。现在要回答的问题就是:两个螺钉头究竟是越离越近、越离越远还是彼此之间距离保持不变?

681. 两位学者

第 1 个学者:"亨利·德朗普斯所著的《自然力奇术解密》的未删节版本上说如果你吸足气就完全可以把很重的物体吹倒。他举了魔术师派尼蒂的例子:这位魔术师在 1 本字典的顶部放了一大本书,然后只用了几口气就把两本书都吹翻了。"

第 2 个学者:"他肯定不只是用气吹的,也许他还用了托盘呢!"

那么,你能帮这两位学者找出这个秘密的奥妙所在吗?

682. 分苹果

有了足够的时间和她的霍洛威阅读书架,就没有哪个题能把莫德·马里恩贝丽难倒。那么,你认为呢?

农夫塞·科恩克利伯买了 1 筐苹果放在厨房里,他的 6 个儿子排成行。筐里有 6 个苹果,可当他把苹果平分给他们之后,筐里还剩下 1 个苹果,他既没有切苹果也没有把苹果弄碎。那么,这是怎么回事呢?

真是不简单啊! 怎么这么难应付! 我会尽快把它解答出来!

683. 建筑法规

当施工人员将下图中的 3 座房子盖好之后,他们遇到了十分麻烦的建筑法规。现在要将水、煤气和地下电线通到每座房子，但是施工人员被告知任何 1 条线路都不能从其他线路的下面、中间以及上面穿过。其中 1 个施工人员想了 1 个星期才想出来可以把任务完成的办法。那么，他是如何摆脱城市建设中的困境的呢？

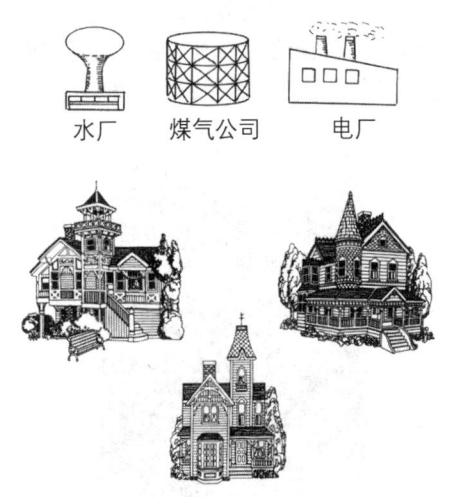

水厂　　煤气公司　　电厂

684. 置换游戏

下面是我们所喜欢的置换思维游戏中的 1 个。首先，在 2，3，4 这 3 个盒子的黑色圆点上各放 1 枚 5 角硬币，在 5，6，7 这 3 个盒子的白色圆点上各放 1 枚 1 角硬币。然后用 7 步把它们的位置互换，把硬币从 1 个盒子沿着连接盒子的深色线移到另外 1 个盒子里，每枚硬币都必须移到 1 个空盒子里。

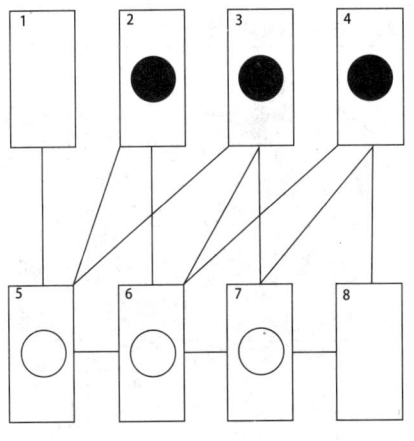

685. 连线碑

读者朋友们，你们也可以尝试做一下这个测试，只要将字母 a 到 g 这 7 个字母来代替图中的符号就可以了。

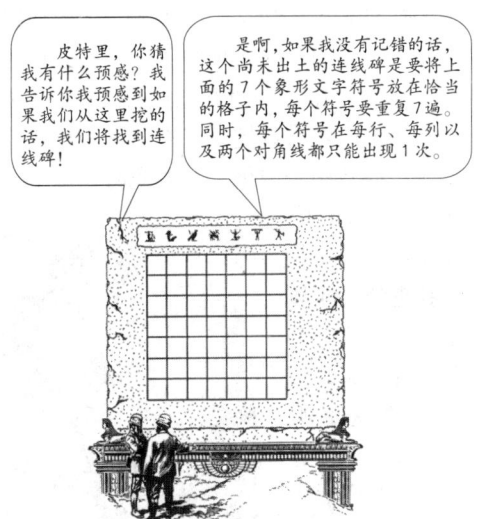

686. 领导人

	丘吉尔	罗斯福	斯大林	希特勒	墨索里尼
出生年份	1874 年	1882 年	1879 年	1889 年	1883 年
1944 年时的年龄	70 岁	62 岁	65 岁	55 岁	61 岁
就职年份	1940 年	1933 年	1924 年	1933 年	1922 年
截至 1944 年的掌权时间	4 年	11 年	20 年	11 年	22 年
总计	3888	3888	3888	3888	3888

那么，读者朋友，你能解释这个巧事吗？

687. 围着玫瑰丛绕圈子

图中是火车纸牌作弊老手——"牌王"爱丽丝·艾夫斯，她把 1 个来自东方的花花公子的钱赢光了。当这个受骗者对老输钱感到厌倦时，爱丽丝又跟他打了 1 个机会均等的赌：她拿出 13 张扑克并把它们摆成 1 个圆圈放在桌上，然后说她可以在"围着玫瑰丛绕圈子"游戏中击败他。在游戏时，每个人轮流从圆圈中按顺序拿走 1 张或者两张扑克牌，谁拿到最后 1 张扑克牌谁就获胜。那么，爱丽丝在这个所谓机会均等的游戏中采取了什么制胜战略呢？

688. 石雕组

你能否根据下面的对话所给出的信息判断出石雕组一共有多少人吗？

> 普珀尔，今天是这个工程的最后1天，而这个组就剩下我们两个人了。为了完成这个日历石我们已经花了好几个月的时间，要知道这个月数跟我们组的人数相同！

> 是啊，库库，如果我们组再多6个工人的话，那么我们就可以在1个月内把这个工作完成！

689. 烹饪决赛

艾伯特是 1 个很有名的男管家，从未引起争论的他这次又成功了。他连续两年因设计烹饪决赛的思维游戏而获得尊重。他的问题是："如果你只有 2 个沙漏——1 个 11 分钟的、1 个 7 分钟的，那么你如何把鸡蛋煮 15 分钟呢？"他因此得到长时间的热烈掌声并获得了 1 瓶香槟酒。读者朋友欢迎你们加入这个宴会，并把这个题解答出来。

690. 父亲的遗愿

这几个 49 岁的人是如何完成他们父亲的遗愿的呢？

> 爸爸说如果他有什么不测，我们就可以平分他的黄金产权！
> 那个简单。产权所在地就是 1 块儿正方形的地！
> 等等！爸爸还说每块儿地必须与其他 3 块儿地分别接壤！
> 还要记住，爸爸说土地必须是真正的边界接壤，土地在角落处的接壤是不算数的。

691. 符号序列

哪个符号可以将这个序列继续下去？

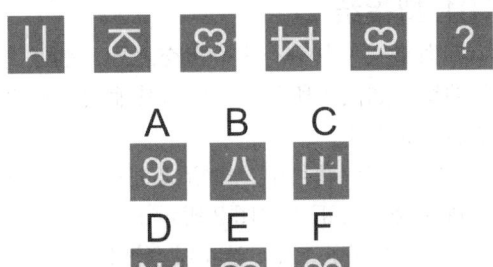

692. 图形的关系（一）

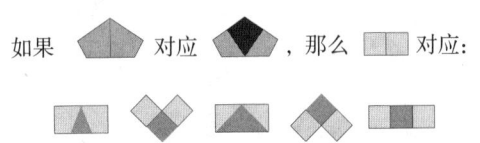

693. 数列

如果数列 1 对应数列 2，那么数列 3 对应的是哪个？

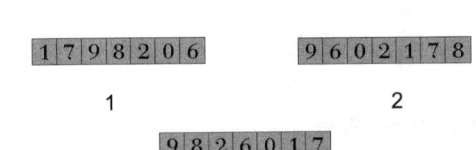

694. 黑白三角形

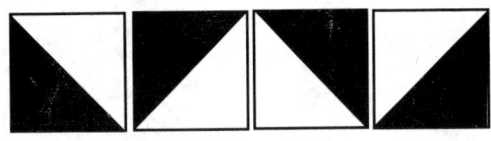

已知图形是 1 个被对角线分成 2 个三角形的正方形，这 2 个三角形分别为黑色和白色，而且这个正方形可以通过旋转得到 4 种不同的图案，如图中所示。

现在把 3 个这样的正方形排成 1 行，请

问一共有多少种排列方法？

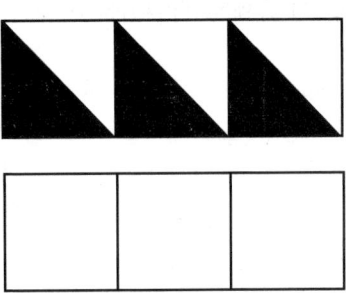

695. 猜数字

猜猜看，问号处应该填上什么数字？

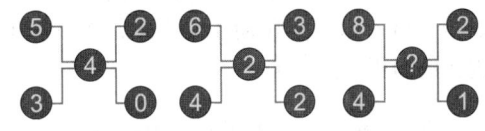

696. 猜字母

猜一猜，哪个字母可以完成这道谜题？

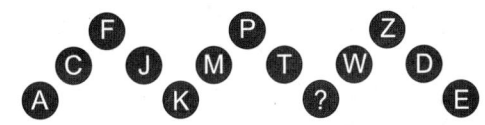

697. 算一算

仔细算一算，哪些数字可以完成这道谜题？

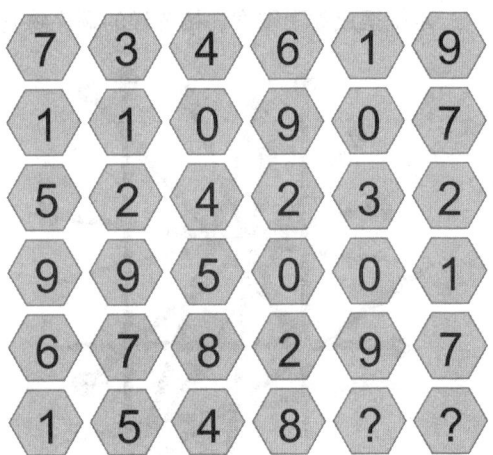

698. 找不同（二）

选项中哪项与其他项都不相同？

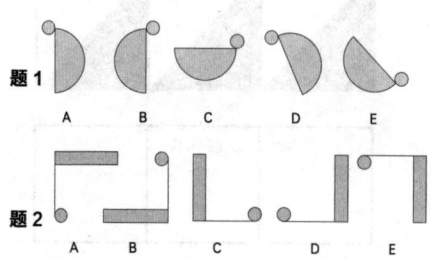

699.12 根火柴确定的三角形

这是 1 个 4×3 的图形，用 12 根火柴确定了 1 个三角形，这个三角形占用了一半的面积。试一试，只移动 4 根火柴，能不能把现在的面积减少一半。

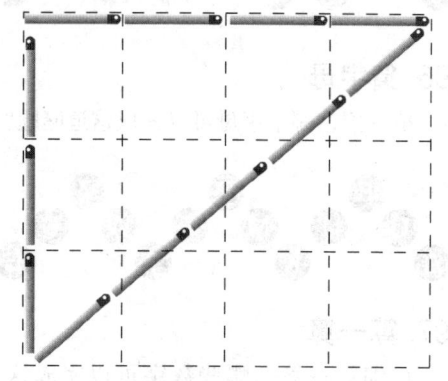

700. 第 12 根棍子

木棍摆成如下图案，按怎样的顺序将它

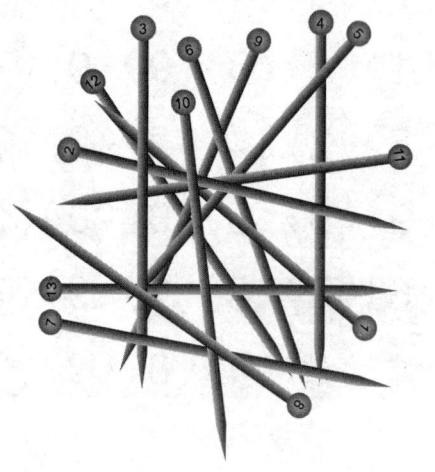

们拿开才能最终"解放"第 12 根棍子？记住：每根木棍被拿掉时上面不能压着别的木棍。

701. 拇指结

拇指结一共只有 3 个相交之处，是最简单的结（如图 1 所示），也是其他很多种复杂的结的基础。

在我们的题目中，拇指结的末端在绳子上再次绕了 2 下（如图 2 所示）。请问：现在拉一下绳子的末端，这个结会被打开吗？

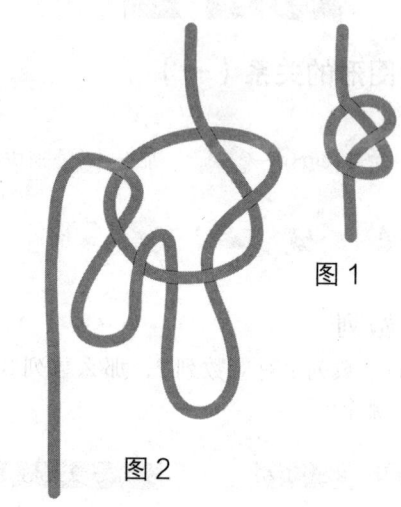

图 1

图 2

702.6 个符号

画 3 条直线将下图分成 6 个部分，每部分都包含 6 个符号——每种符号各 2 个。

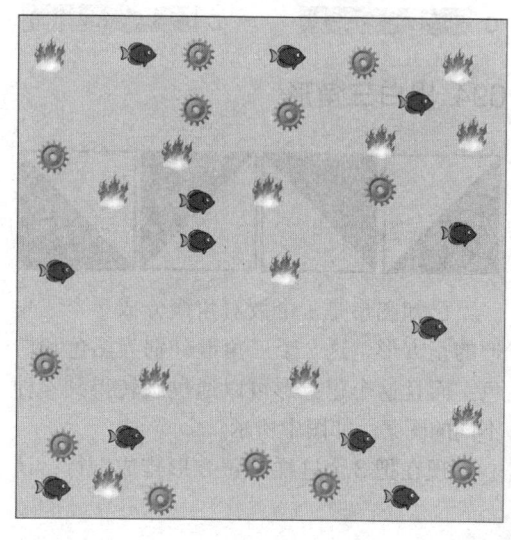

703. 台球

台球击中了球台边的缓冲橡皮垫，即图中箭头所标示的点位。如果这枚台球仍有动力继续滚动，那么最后它将落入哪个球袋呢？

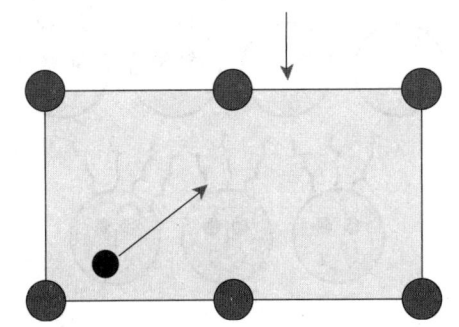

704. 丛林任务

这次，你要到丛林里执行任务。当你路过 1 条河时，你必须小心翼翼地踩着这些石头才能到达河对面，如踩错了石头你就会跌进河里，要知道河里到处都是鳄鱼。

从 A 开始，每排里只能踩 1 个石头，你会选择踩哪些石头呢？

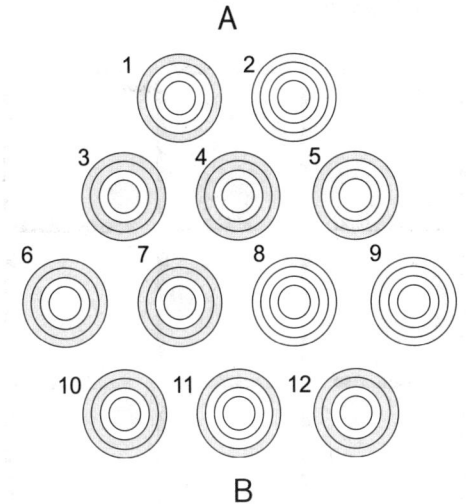

705. 剪正方形

如果剪掉正方形角上 1/4 的部分，你能在剩下的部分剪出 4 个大小形状完全相同的图形吗？

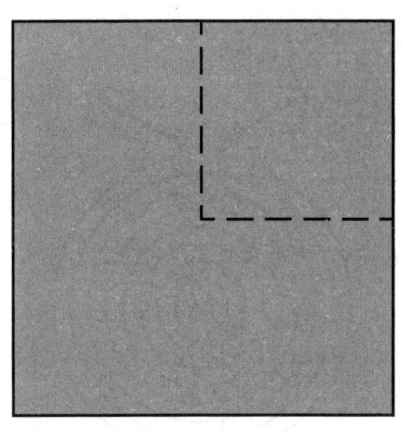

706. 银行密码

1 位男士在银行新开了 1 个账户，他需要为这个账户设定 1 组密码。按照银行的规定，密码一共有 5 位，前 3 位由字母组成，后 2 位由数字组成：

问：按照下面的条件，密码的设定分别有多少种可能性？

1. 可以使用所有的字母和所有的数字。

2. 字母和数字都不能重复。

3. 密码的开头字母必须是 T，其他条件同条件 2。

707. 绳子与管道

1 条管道坐落于 1 段奇特的绳圈的中央。假设从开放的两端拉动这条绳子，那么这条绳子究竟是会和管道彻底分离，还是会和管道连在一起呢?

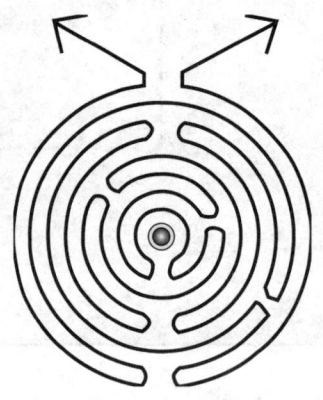

708. 饥饿的蛇

这些饥饿的蛇正在互相吞食着对方。由于它们采用了这种怪异的进餐方式,它们所组成的圆环正在逐渐缩小。如果它们仍旧继续吞食对方的话,最后这个由蛇构成的圆环会出现什么情况呢?

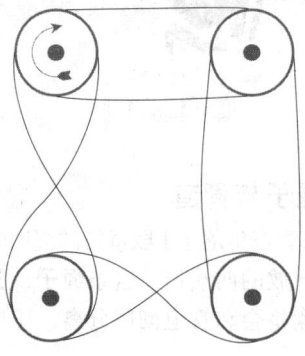

709. 驱动带

这组轮子通过驱动带连在一起。如果左上角的轮子顺时针方向旋转,所有的轮子都能自由转动吗?

710. 笑脸

找出规律,从 A,B,C 选项中找出符合规律的那个。

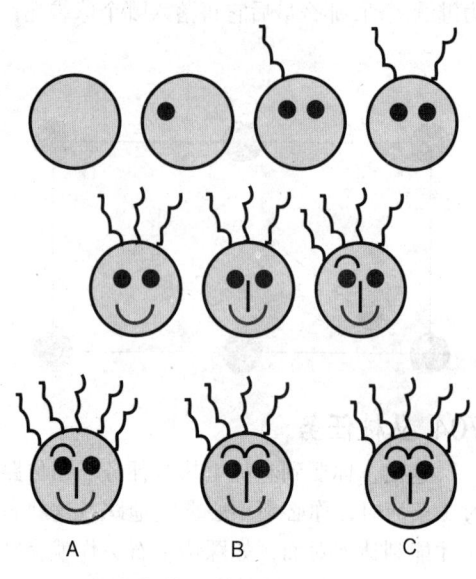

711. 移走火柴

你能不能移走 6 根火柴使得最后只剩下 3 个正方形呢?

712. 侧面像

你看到的是老太太的侧面像,还是少妇的侧面像?

713. 矩阵

　　你能沿着这些线条把这个矩阵分成 4 个部分，每部分里都必须包含 1 个三角形和 1 个五角星吗？每部分的形状和尺寸都必须相同，但三角形和五角星的位置可以不同。

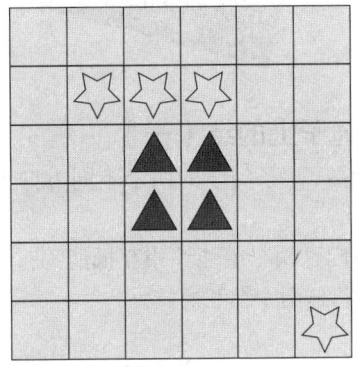

714. 嘴唇

　　你看到嘴唇了吗？

715. 数一数

　　你能找到多少个人？

716. 大厦的编号

　　街道上的大厦从 1 开始按顺序编号，直到街尾，然后从对面街上的大厦开始往回继续编号，到编号为 1 的大厦对面结束。每栋大厦都与对面的大厦恰好相对。

　　若编号为 121 的大厦在编号为 294 的大厦对面，这条街两边共有多少栋大厦？

717. 隐藏的小狗

仔细观察图片,你能看到小狗隐藏在哪吗?

718. 火柴等式

如你所见,由火柴拼出的每行内容都是个错误的等式。现在你所面临的挑战就是在每行里只挪动 1 根火柴,使得原来错误的等式变成正确的。

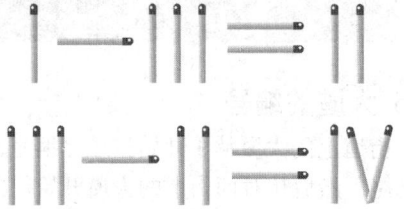

719. 不中断的链条

你要做的就是把这些图片组成 1 个正方形,且链条不允许中断。

720. 巧克力

要把这块巧克力分成 64 块相同的部分,

你最少需要切几次?

注意:你可以把已经切好的部分放在没有切的巧克力上面。

721. 绳子上的结 (一)

如图,1 条绳子的两个不同方向上分别有两个结。

请问这两个结能够相互抵消吗?还有,你能否将这两个结互换位置?

722. 9 升罐 (一)

最开始的时候,9 升罐是满的,5,4 和 2 升罐都是空的。

游戏目的是将红酒平均分成 3 份(这将使最小的罐留空)。

因为这些罐都没有标明计量刻度,倒酒只能以如下方式进行:使 1 个罐完全留空或者完全注满。如果我们将红酒从 1 个罐倒入

2个较小的罐中，或者从2个罐倒入第3个罐，这两种方式的每种都算做2次倒酒。

达到目的的最少倒酒次数是多少？

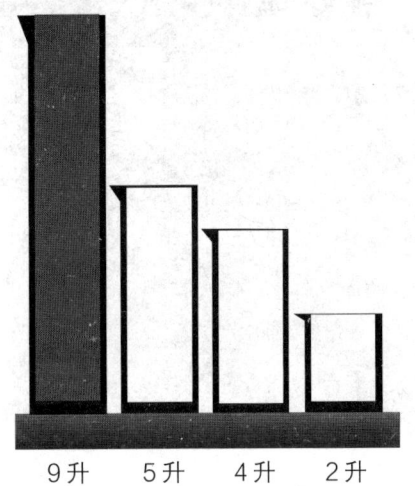

9升　5升　4升　2升

者完全注满。如果我们将红酒从1个罐倒入2个较小的罐中，或者从2个罐倒入第3个罐，这两种方式的每种都算做2次倒酒。

达到目的的最少倒酒次数是多少？

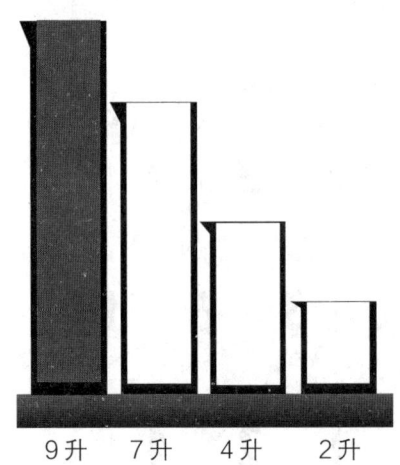

9升　7升　4升　2升

723. 9个物体

给如图所示的单位为千克的重物分组，把它们分成3组，使它们的总重量尽可能相等。

如果是3个2千克重的物体和2个3千克重的物体，答案就简单了。但是有9个物体，问题就麻烦了。你可以完成吗？

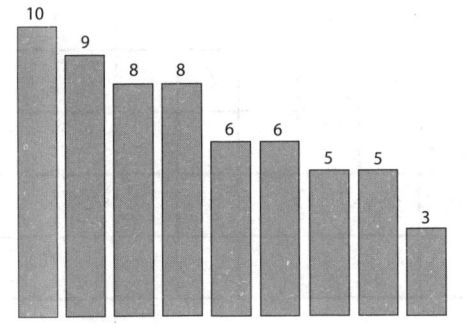

724. 9升罐（二）

最开始的时候，9升罐是满的，7，4和2升罐都是空的。

游戏目的是将红酒平均分成3份（这将使最小的罐留空）。

因为这些罐都没有标明计量刻度，倒酒只能以如下方式进行：使1个罐完全留空或

725. 吉他弦

如图所示，1根吉他弦两端分别固定在1和7两处，从1～7每两点之间的距离相等。

在4，5，6处分别放上3个折叠的小纸片。

用手捏住琴弦的3处，然后拨动2处。

纸片会有什么反应？

726. 六边形与球

每个六边形底部 3 个球对应的数之和减去六边形顶端的 3 个球所对应的数之和，等于六边形中间相对应的这个数。请填出空白处对应的数字。

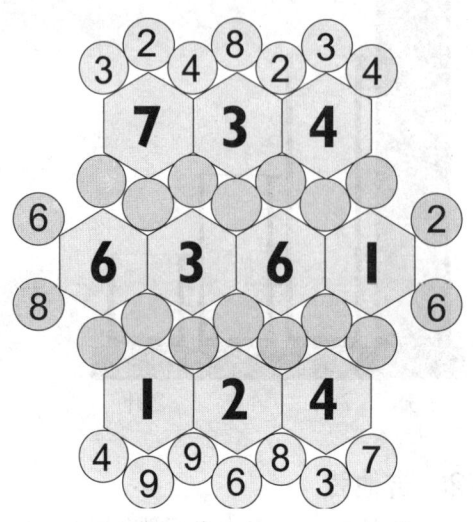

727. 图形的关系（二）

如果 1 对应于 2，那么 3 对对于 A，B，C，D，E 中的哪幅图？

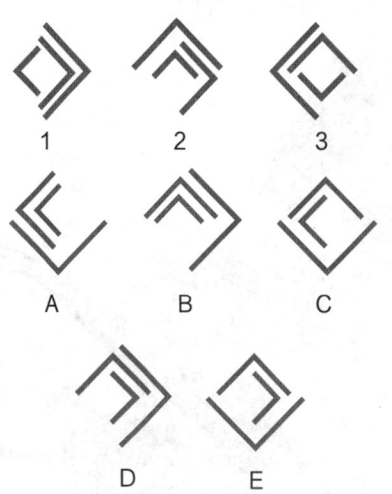

728. 肖像

认出这个肖像了吗？

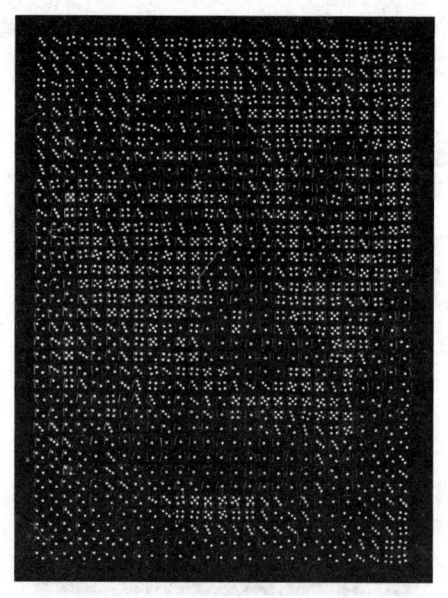

729. 过山车

唉，游乐场关门了。过山车的列车部分已经被卖掉了，现在剩下的只是这一段轨道和护挡框架了。要想把它们移走，必须将下边的图形分成相同的两部分。你能做得到吗？

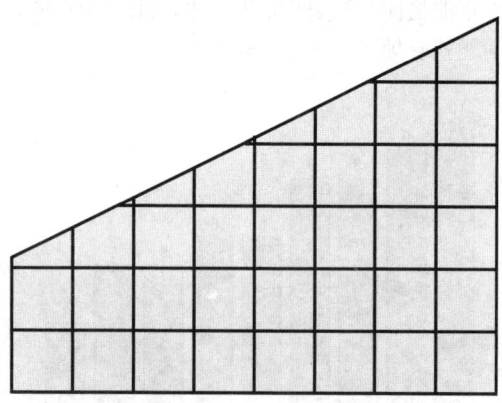

730. 描画图形

你能仅仅利用 1 根连续的线就把下边的图形整个描画下来吗？将你的铅笔放置于图形的任意 1 个点，然后描画出整个图形，铅笔不得离开纸面。

注意：这条线既不能自行交叉也不能重

复路线中的任何部分。

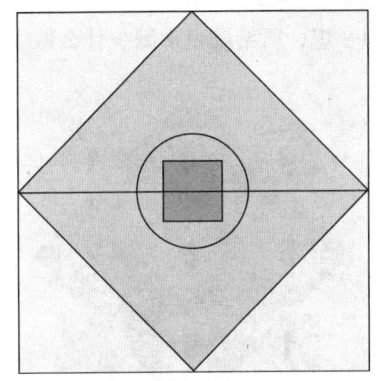

731. 排列不规则的正方形

下图是若干个全等正方形不规则地排列在白色的桌面上，但是在这些正方形上面铺了1张有镂空图案的白色桌布，把很多正方形都部分地覆盖住了。

请问你能数出桌子上正方形的个数吗？

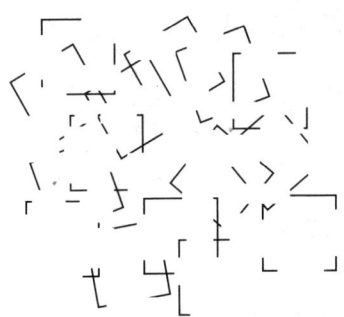

732. 图形的关系（三）

图形1对应图形2，那么图形3对应的是哪个？

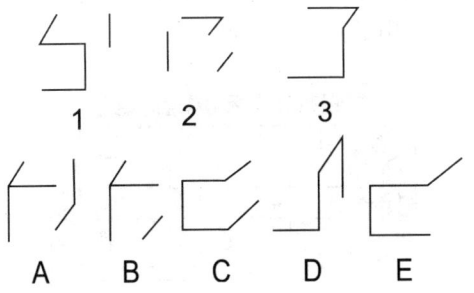

733. 8 个金币

一共有8个金币，其中1个是假币。其余的7个重量都相等，只有假币比其他的都要轻。

请问用天平最少几步能够把假币找出来？称重量的时候只能使用这8个金币，不能使用其他砝码。

734. 1 滴水

将1滴水染上红色，然后滴入1碗水中。当它落入水中之后，你还能再看到这个水滴吗？

735. 点燃的蜡烛

如图所示，把1根点燃的蜡烛放在1个装有水的容器里，再在蜡烛上面罩上1个玻璃瓶。

你能预测一下，这个实验最终会出现什么结果吗？

736. 找不同（三）

你能找出下图中与其他不同的 1 幅吗？

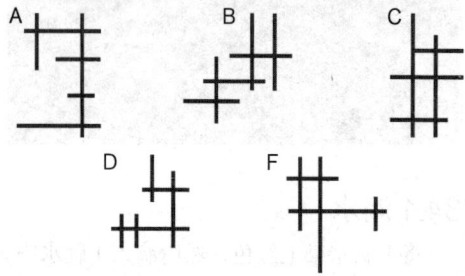

737. 数字填空（一）

问号所在位置应该填入哪个数字？

2	6	7	2
1	4	3	3
7	1	5	4
2	7	5	?

738. 数字填空（二）

你知道问号处应该填上什么数字吗？

739. 数字填空（三）

想一想，所给题目中缺少什么数字？

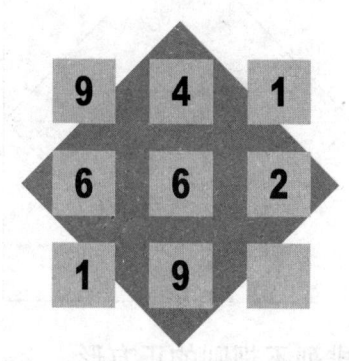

740. 正方形纸（一）

将 1 张正方形的纸进行折叠，然后如图所示，在完成折叠的最后 1 个步骤之后，用剪刀剪下所折成图形的一角。如果将纸张打开，所得到的正方形将会与哪个选项相类似呢？

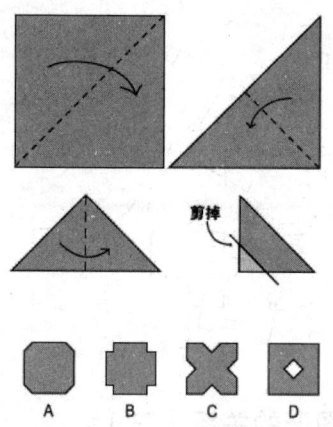

741. 砖

如果下面这个建筑四面都很完整，那么它总共用了多少块砖呢？

742. 箭轮

这 9 个箭轮中哪个是与众不同的呢?

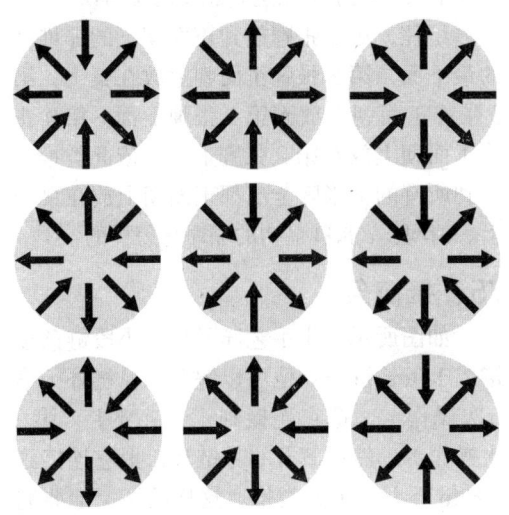

743. 打孔

观察下面这张纸的折叠步骤,最后 1 个步骤是要在折好的纸上穿透打孔。

现在打开这张纸,哪个图案才是与之相像的呢?

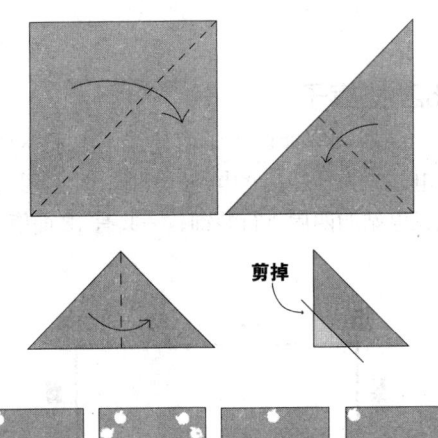

744. 填字母(一)

找一找,哪个选项可以完成这道难题?

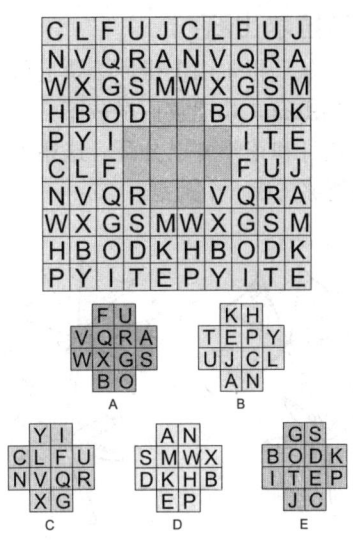

745. 不同的脸

仔细看看,哪幅图与众不同呢?

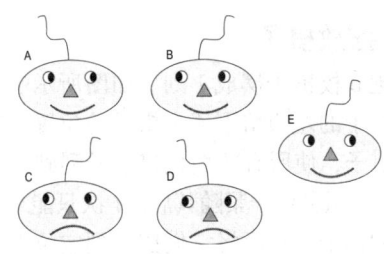

746. 墙壁纸

已经给出墙壁纸的形状,在可供选择的墙壁纸中,哪两幅适合挂在它的两边?

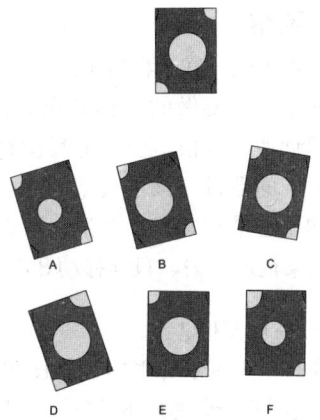

747. 乌拉尔山石

尼拉从乌拉尔山上带回 2 块近似于宝石的乌拉尔山石，并把它们凿成了 2 朵花，花的叶、茎秆和花瓣可以分开。这些可以分开的部分能够拼成 1 个圆盘。

用 1 张纸或者硬纸板，按照图中所示画出 2 朵花，然后剪下叶、茎秆和花瓣，你是否能把它们拼在一起，形成 1 个圆。

748. 摆放棋子

把 6 枚棋子摆成 1 列（如图所示），在这列棋子的左边留下 4 个棋子的位置。现在移动棋子，使所有的白色棋子排列到这一列的左侧，黑色棋子紧随其后。1 次只能拿 2 个相邻的棋子，然后将它们摆放到空位上。解决这个问题只需要 3 步。你知道如何完成吗？

749. 火柴堆

有 3 堆火柴，第 1 堆 11 根，第 2 堆 7 根，第 3 堆 6 根。你要做的是移动火柴，使第 1 堆火柴里面留下 8 根。要保证每次将火柴添加到任 1 堆的数目与该堆火柴的数目相等。例如，如果这堆有 6 根火柴棍，那么你只能拿 6 根火柴棍加上去。只准移动 3 次。

750. 纸牌 K 和 Q

想象你有 1 副纸牌里的 4 个 K 和 3 个 Q。请排列 7 张牌，使之以 K，Q，K，Q，K，Q，K 的顺序排列。开始时，7 张牌必须都是

正面朝下。依次移动这 7 张牌，把它们放到桌面上。从第 2 张牌开始，每隔 1 张把牌正面朝上放在桌子上以达到想要的交替次序。

记住，第 1 张牌放到正面朝下的那堆牌的最下面，第 2 张牌正面朝上放在桌上，第 3 张牌正面朝下放到第 1 张牌下面，第 4 张牌正面朝上放在第 2 张牌上边，依此类推，直到所有的 7 张牌全部都正面朝上放在桌子上。请问：7 张牌最初的顺序是怎样的？

751. 接链条

如图所示，小手艺匠要把 5 小段链条连接成 1 条长链条。他可以解开 3 号链环（第 1 次操作），把它连接到 4 号链环上（第 2 次操作），然后解开 6 号链环，把它连接到 7 号链环上，依此类推。这样的话，他要完成这个任务需要 8 次操作，但他想只用 6 次操作就完成这个任务。他应该怎么做呢？

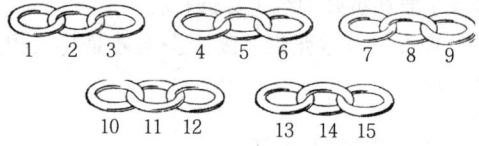

752. 挂旗子

一些刚毕业的大学生建成了 1 家小水力发电站。为了迎接水电站的开业，他们用旗子在发电站的四周进行装饰，一共有 12 面旗子。

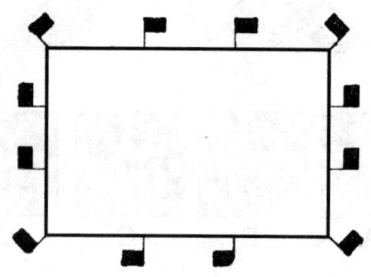

起初，他们给每面墙上挂 4 面旗子（如图所示），但是后来他们发现每面墙上可以有 5 面旗，甚至可以有 6 面旗。那么，怎么

挂呢?

753. 连续图形

你能不能确定下面这4个连续图形中所包含的逻辑规律,之后的图形会是什么样子的呢?

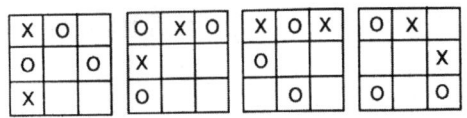

754. 图形类推(一)

下面的4个选项中,哪个是正确的类推结果?

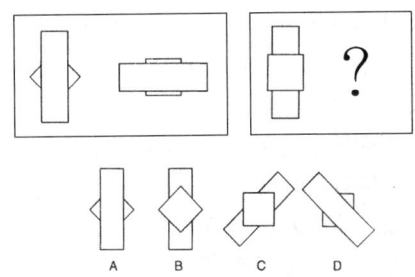

755. 图形类推(二)

请完成这个类推。

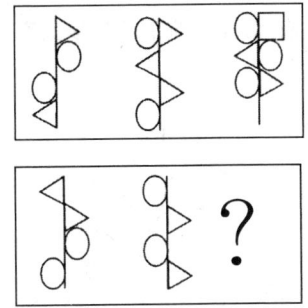

756. 图形类推(三)

下面的哪个图形和其他图形的类型不同?(提示:不考虑图形对称。)

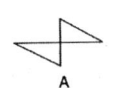   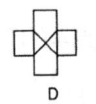

757. 圆圈与字母

你能推算出圆圈内外字母间的逻辑关系,并确定最后1个圆圈内缺失的字母是什么吗?

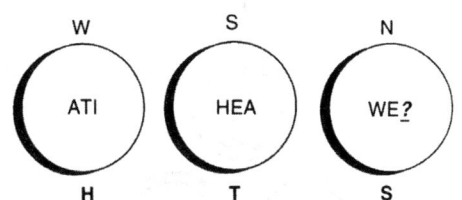

758. 半圆与数字(一)

第3个图中缺失的数字是多少?

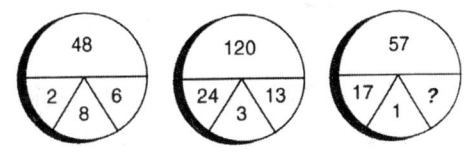

759. 5个箱子

总共有5个箱子。箱子C嵌入箱子A中,箱子D嵌入箱子B或者箱子C中。并且,箱子A不是最大的。

如图所示,我们可以看到箱子1是最大的,越往上箱子越小。箱子5是最小的。箱子A和箱子E对应箱子的数字之和等于箱子D和箱子C对应箱子的数字之和。那么,你知道箱子A,B,C,D,E和箱子1,2,3,4,5之间的对应关系吗?

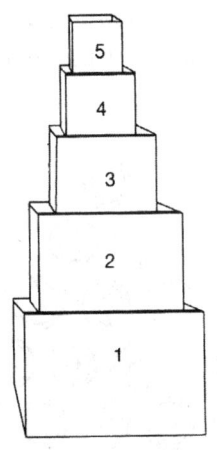

191

760. 排列硬币

将 3 枚硬币排成如下图所示的形状。

现在，如果你想移动最少的硬币使得顶点向上的三角形变成顶点向下的三角形，那么你可以把硬币 1 移动到硬币 2 和硬币 3 的下方。

对下图来说，你最少需要移动多少枚硬币才能把这个顶点向上的三角形变成顶点向下的三角形？

你能找到 1 个通用的规律或者算式来计算你最少需要移动多少枚硬币才可以把 1 个边长为 N 枚硬币的三角形倒过来吗？

761. 挂钟

有一天，杰克忘记上发条，挂钟停了。之后他去拜访 1 位朋友，朋友的表时间准确，杰克待了一阵就回家了。然后他把挂钟的时间调对了。

杰克身上没有表，他是怎么把挂钟的时间调对的呢？

762. 三角形与硬币

在规定区域的三角形内，使用 1 枚硬币跳过另外 1 枚硬币。每跳过 1 枚硬币，就把被跳过的硬币拿掉。最终，三角形内只剩下 1 枚硬币。游戏使用 14 枚硬币，并把最中间的那个位置空着。

下面展示的是正确行动的前 6 步。当然，如果你想自己尝试，可以选择不看它们。

第 1 步：从 12 到 5。
第 2 步：从 10 到 8。
第 3 步：从 14 到 12。
第 4 步：从 3 到 10。
第 5 步：从 2 到 9。
第 6 步：从 7 到 2。
总共有 13 步。剩下的 7 步见答案。

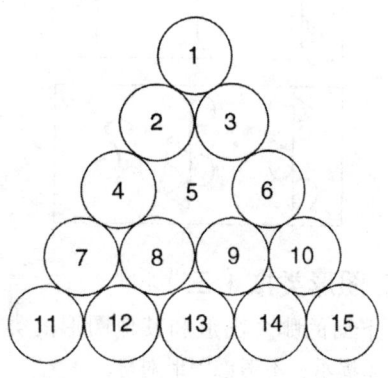

763. 彼得的梦

彼得做了个奇怪的梦。梦中，1 位守门

員的身体越来越小，最后变成了1个乒乓球。而足球却迅速膨胀，变成了1个巨大的铁球。铁球疯狂地到处乱滚，想把那个拼命飞奔的乒乓球压碎。请问：在不离开地面的情况下，乒乓球能够逃生吗？

764. 不同类的图形（一）

下面的5个图形中有1个和其他4个不是一类的。同类的4个图形的相似点不是对称。哪个图像是不同类的？为什么？

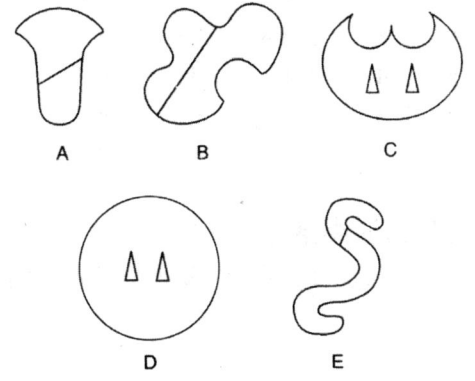

765. 不同之处

下面的6个图形中有1个图形不包含其他几个图形所共有的特征。请把它找出来，并指出它的不同之处。（提示：这个不同之处与直角或者对称无关。）

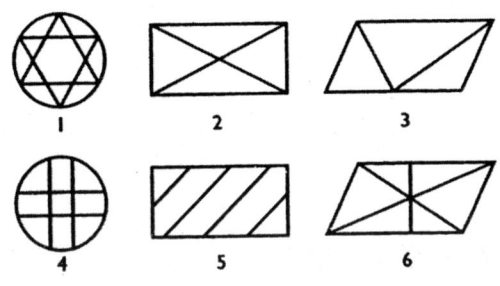

766. 正方形纸（二）

左图是由3张尺寸不同的正方形纸1张叠1张组成的。如果要组合成右图，至少要多少张正方形的纸？

第4章　创新思维游戏

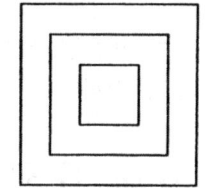 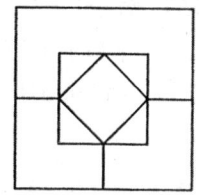

767. 字母R

这是个古老的谜题的变化体。字母R属于哪边呢？

AB D　　　　　OPQ
C EFGHIJKLMN

768. 完成句子（一）

2个缺失单词的第1个字母（大写）已经给出，请完成这个句子。

There are 100 Y in a C.

769. 首字母

下面的4个单词的首字母组合其实包含1个众所周知的规律。你能找出后面的2个字母吗？

ON
DJ
FM
AM
? ?

770. 奇怪的文字

在1个岛上，那里的文字看起非常奇怪。下面是这个岛上1个月份的拼写方式，这个月和我们的哪个月份对应呢？

193

771. 格子中的数字（一）

每个格子中的 2 个数字之间的关系都是一样的。你知道缺失的数字是多少吗？

| 3, 8 | −5, 24 | 0, −1 | 9, 80 | 6, ? |

772. 数字 9 和 10

数字 9 和数字 10 是属于线上的部分还是线下的部分呢？

```
1  2                    6
        3   4   5       7   8
```

773. 图形类推（四）

下面的 4 个选项中，哪个是正确的类推结果？

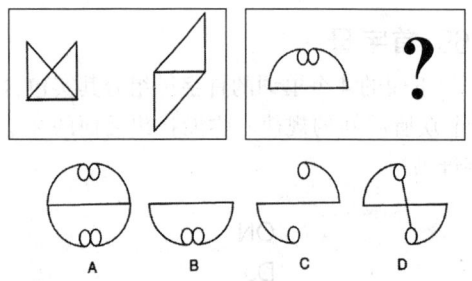

774. 字母 T

在下面的题中字母 T 的值是多少？

$$A+B=H$$
$$H+P=T$$
$$T+A=F$$
$$B+P+F=30$$
$$A=2$$

775. 金丝雀和画眉

夏令营结束了，孩子们决定放飞夏令营期间捉到的 20 只鸟。老师建议说："把所有的鸟笼摆成 1 排。从左向右数，每数到 5 的有鸟的笼子，就把笼子打开。数到最后那只笼子再从头开始数，你们可以把最后剩下的两只鸟带回家。"

许多孩子并不关心哪两种鸟被带回家，只有尼亚和阿里特别留意 1 只金丝雀和 1 只画眉。于是，他们在帮着安排鸟笼子的时候做了些手脚。那么，应该把装有金丝雀和画眉的笼子放到什么位置呢？

776. 问号与数字

问号所在位置的数字是多少？

2	6	7	2
4	4	3	6
7	2	6	4
2	7	5	?

777. 图形类推（五）

下面的 5 个选项中，哪个是正确的类推结果？

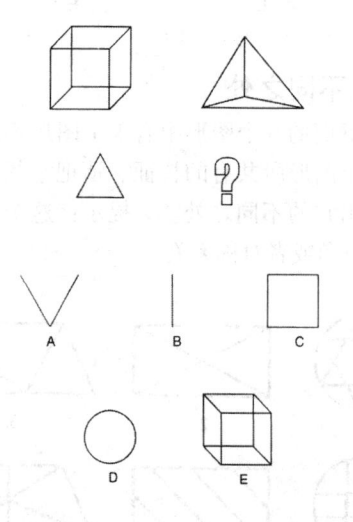

778. 变化的图形

请找出相应的变化后图形。

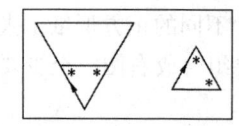
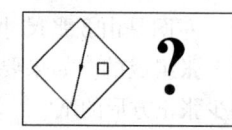

779.10 张扑克牌（一）

从 1 副扑克牌中取出 1 套同一花色的从 A 到 10 的牌。把 A 朝下放到桌子上，把 2 放到手中那一摞牌的最下面，接着把 3 朝下放到桌子上，把 4 放到手中那一摞牌的最下面，依此类推，直到所有 10 张牌都放到桌子上。自然，桌子上面的牌不是以数字顺序排列的。如果按照上面的摆放方法，想要在桌子上排出的顺序变成从 A 到 10，10 在上，A 在下，那么，发牌顺序应该是怎样的？

780. 和为 245

最少需要做怎样的改变才能使下面的加法题之和变成 245 ？

```
    89
    16
  +98
———————
```

781. 异样的图形

下面的图形中有 1 个是不属于同一类的，请找出来。

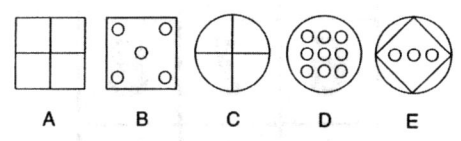

782. 罗马数字与阿拉伯数字

找到与左列的罗马数字相对应的阿拉伯数字。

$\overline{\text{V}}$	100
$\overline{\text{M}}$	500
$\overline{\text{C}}$	1 000
C	5 000
$\overline{\text{L}}$	10 000
$\overline{\text{X}}$	50 000
$\overline{\text{D}}$	100 000
D	500 000
M	1 000 000

783. 最后 1 个数字

以下的数字中，最后 1 个应该是多少？

$$84 \quad 12 \quad 2 \quad \frac{2}{5} \quad \frac{1}{10} \quad ?$$

784. 半圆与数字（二）

找出下面的规律，填上最后 1 个图中所缺的数字。

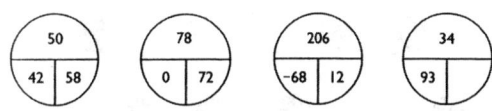

785. 完成句子（二）

根据所缺单词的词首字母（大写），完成下面的句子。

There are 180 D in a T.

786. 数字与字母（一）

完成下面的这个算式。用数字代替字母，已知 M=6，N=3。

```
  SPEND
   MORE
————————
  MONEY
```

787. 改变字母（一）

1 行改变 1 个字母，通过 3 次改变把第 1 个单词变成最后 1 个单词。

BIKE
———————
———————
MATH

788. 黑圈和白圈金字塔

下图是 1 个由黑圈和白圈组成的金字塔，上层圆圈的颜色是由下层圆圈的颜色所决定的。请完成金字塔上面的 3 层。

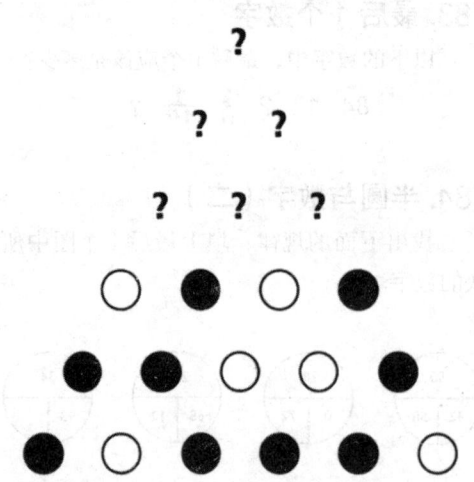

789.8 枚象棋

如图所示,将8枚象棋叠起来。用最少的步骤将1,3,5,7号棋子从中心位置移动到奇数圆圈A中,将2,4,6,8号棋子移动到偶数圆圈B中。

移动时,不允许将数字序号大的棋子放在数字序号小的棋子上,不允许将奇数棋子放在偶数棋子上,也不允许将偶数棋子放到奇数棋子上。(提示:C,D,E处3个圆圈可以当做中转战。)

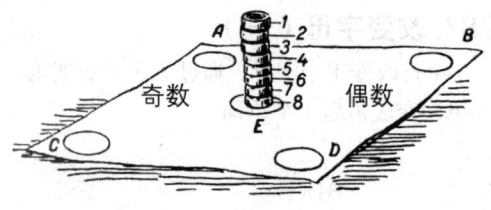

790. 中国盒

用4个盒子一盒套一盒做成1个中国盒。里面的3个盒子里各放4块糖,外面的大盒子里放9块糖。

把这个盒子作为生日礼物送给你的朋友,并且告诉他(她)必须使每个盒子里的糖果变成偶数对再加1颗之后才可以吃糖。你知道答案吗?

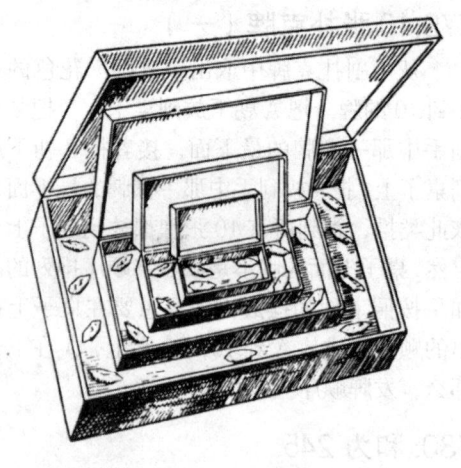

791. 不相连的数字

重新排列这些数字,避免连续数字彼此相连(包括横向、纵向或者对角线方向)。

1	2	
3	4	5
6	7	8
	9	10

792.5 组数列

下面是 1 ~ 15 共15个数字组成的5组数列,每组有3个数字:

$$\left.\begin{matrix}1\\8\\15\end{matrix}\right\}d=7 \quad \left.\begin{matrix}4\\9\\14\end{matrix}\right\}d=5 \quad \left.\begin{matrix}2\\6\\10\end{matrix}\right\}d=4 \quad \left.\begin{matrix}3\\5\\7\end{matrix}\right\}d=2 \quad \left.\begin{matrix}11\\12\\13\end{matrix}\right\}d=1$$

现在,第1组保持不变动,再做出4组新的数列,使后4组的数列差仍为5,4,2,1。

793. 杰克在说什么

杰克说:"老鹰(eagle)、大象(elephant)

和梭子鱼（walleye）各有 2 个。老虎（tiger）、驼鹿（moose）、熊（bear）、海龟（turtle）和蛇（snake）各有 1 个。但是人类（human）和大猩猩（gorilla）1 个都没有。"杰克在说什么？

794. 硬币移动

将 6 枚大小相同的硬币按照图 A 所示放置。最多移动 4 次把它们摆成新的形状（图 B）。每次移动时，必须将 1 枚硬币移动到可以触碰 2 枚以上硬币的位置上，并且期间不能使其他硬币移动。

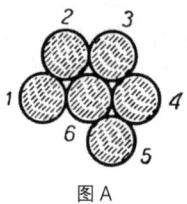 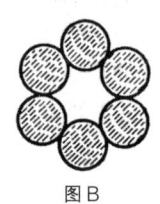

图 A　　　　　　　图 B

795. 花型滑冰场

1 块滑冰场由 64 朵花型方块组成，1 个女孩从图外面的黑点处的指示箭头进入花型滑冰场（与箭头的长度无关）。她沿着 14 条直线滑过所有的花（有些花重复），最后回到了出发点。请你把她滑行的路线画出来。

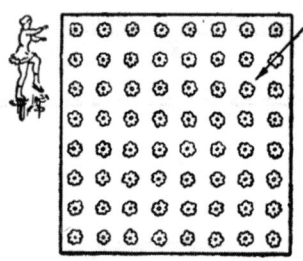

796. 正整数

假设所有的正整数都按照顺序列在下图中。那么数字 100 会是在哪个字母下面？

A	B	C	D	E	F	G
1	2	3	4	5	6	7
8	9	10	11	12	13	14
15	16	17				

797. 滑行路线

1 个男孩为了考验自己的滑冰技巧，滑完所有的白色方块共走了 17 条直线（有些方块重复，但最多只在某处方块上重复了 4 次），没有经过任何黑色方块。

请你画出他的滑行路线，起点是黑点，终点在右下角。

798. 一位数

哪个一位数应该被填在问号的格子中？

6	5	9	2	7
1	4	3	5	?
8	0	2	8	1

799. 24 根火柴

用 24 根长度相等的火柴可以摆出多少个大小相同的正方形？（注：不可以折断火柴。）

800. 火柴与正方形

如图所示，用 12 根火柴摆出下面的图形。请移动 3 根火柴，形成 3 个面积相同的正方形。

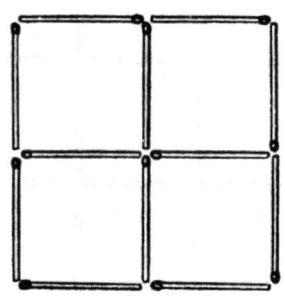

801. 图的关系

根据前 2 个图的关系确定最后 1 个图的形状。

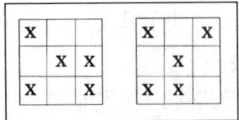 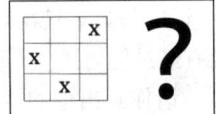

802. 移动 4 根火柴

如图所示,用 12 根火柴摆出下面的图形。请移动 4 根火柴,形成 10 个正方形,面积可以不等。

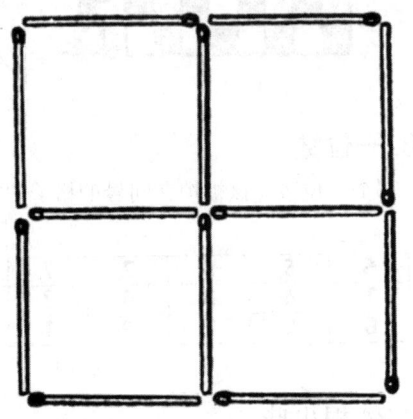

803. 拿走 4 根火柴

用 24 根火柴摆出如图所示的图形。请拿走 4 根火柴,形成 4 个面积较小的和 1 个面积较大的正方形。

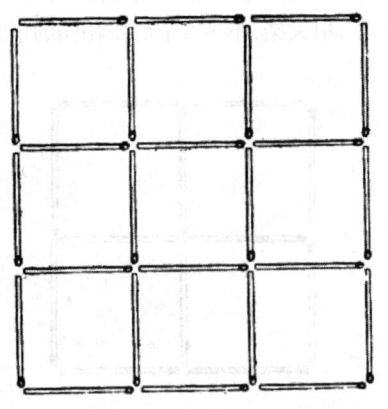

804. 拼正方形

用 18 根火柴拼成 3 个正方形,大小可以不同。

805. 图的逻辑

下面的图形中存在某种逻辑顺序,你知道接下来出现的图形是什么样的吗?

806. 碟片

下面是堆在 1 个栓子上的 6 个碟片,使用最少的移动次数,把这些碟片一个一个转移到另一个栓子上。完成后的碟片必须还保持同样的顺序,大碟片不允许放在小碟片上边。总共需要多少步来完成呢?

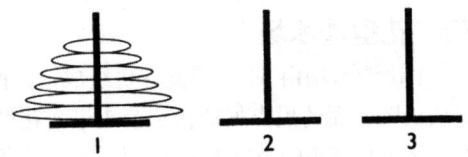

807. 护城河

图中的城堡外面环绕着 1 条护城河。请用两根火柴在护城河上面铺成桥。

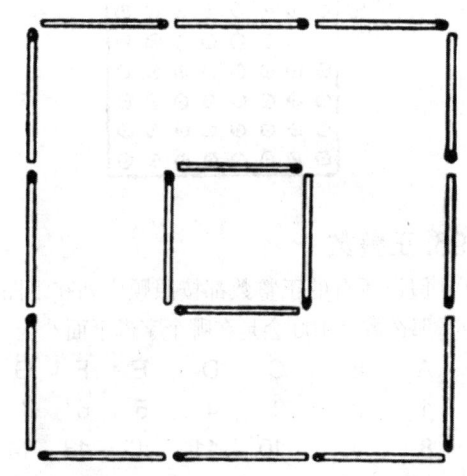

808. 没有正方形

你至少需要拿走多少根火柴才能使图中没有任何正方形存在？

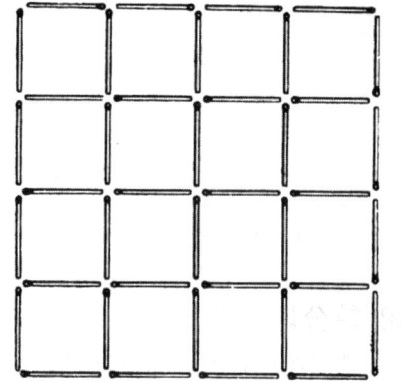

809. 箭与四边形

如图所示，16 根火柴摆出了箭的形状。请移动 7 根火柴形成 5 个大小相同的四边形。

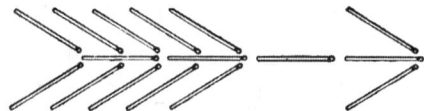

810. 正方形花园

用 4 根火柴摆出 1 间房子（小正方形），外面用 16 根火柴摆成 1 个正方形花园。请用 10 根火柴将花园分成 5 部分，并且每个部分的大小和形状均相同。

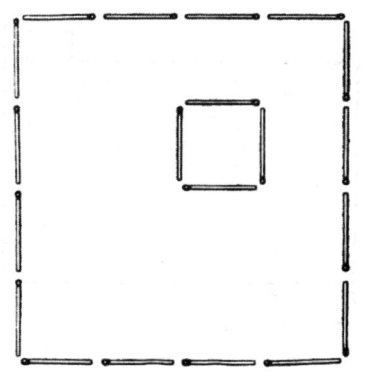

811. 不同类的图形（二）

下面哪个图形和其他的 4 个图形不是一类的？

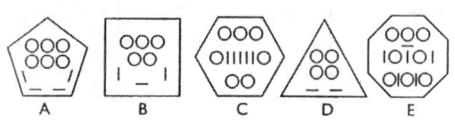

812. 等分梯形

将下图上面的等边三角形拿走，剩下 1 个梯形。请把这个梯形分成 4 个全等的四边形。

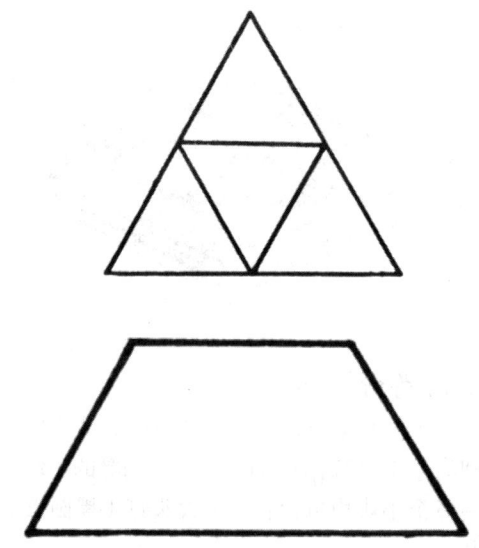

813. 分割图形

将下图分割成 6 个全等的图形。

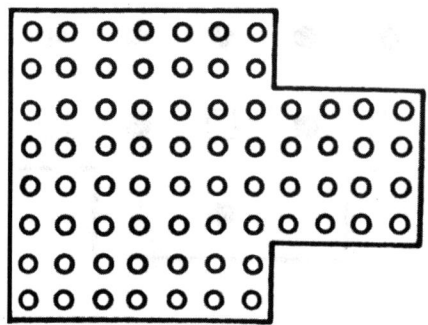

814. 不同类的图形（三）

下面哪个图形和别的不是同一类的？为什么？

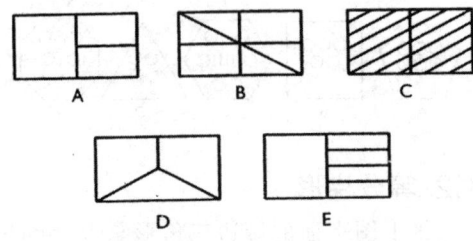

815. 蛋糕上的玫瑰

用 3 条直线将蛋糕分成 7 块，使每块蛋糕上均有 1 朵玫瑰。

816. 等分零件

下图是某个设备零件的草图。请给出合理的建议，把这个零件分成 4 个相等的小块，使每个小块均包含着 2 个大头钉（黑圆点）和 1 个孔（小正方形）。

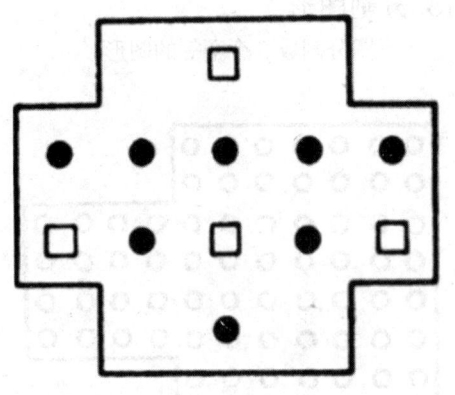

817. 滴水式谜题

在这个滴水式谜题中，从顶部到底部你必须每行换 1 个字母，最后把 PART 变成 WINE。或许有不止 1 种方法——开动你的创造力吧！

818. 等分熔丝盘

1 块熔丝盘上有 4 个方孔和 40 个圆孔。请将它分成 4 块相等的小盘，并且每块盘里有 1 个方孔和 10 个圆孔。

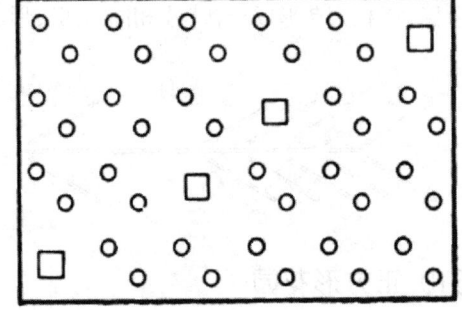

819. 木板与棋盘

如何一点儿不浪费地把这块木板做成国际象棋的棋盘呢？

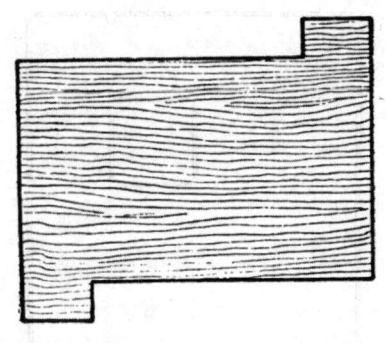

820. 巧拼正方形（一）

将下图 ABCDE 切成两部分，用这 2 部分拼成 1 个正方形。

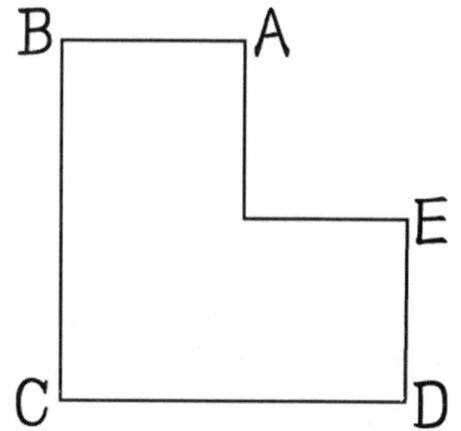

821. 分割马蹄形

如何用两条直线把马蹄形分割成 6 个部分？不允许 1 次分割后打乱图形再进行分割。

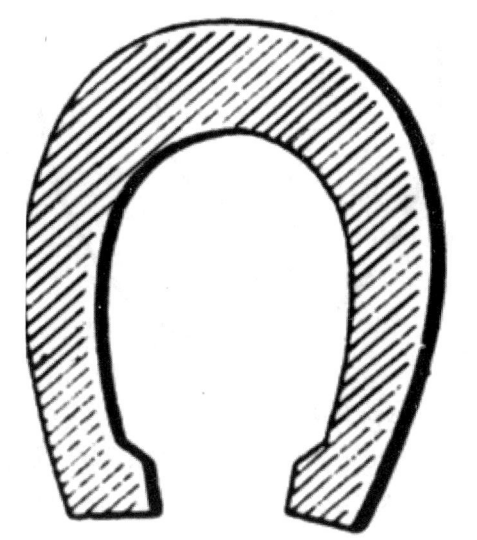

822. 罐子与正方形

用两条直线把图中的罐子分成 3 个部分，用这 3 个部分拼成 1 个正方形。

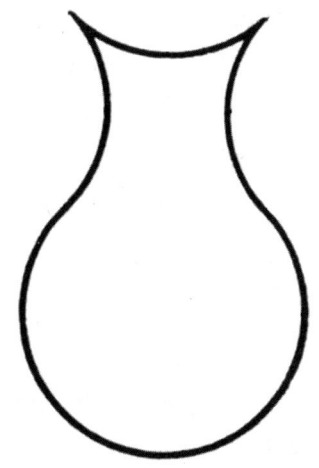

823. 5 个正方形

你能摆放 4 个一样的正方形，最后拼成 5 个一模一样的正方形吗？

824. 帐篷与树

下面的方格代表 1 片林地。其中一些格子里面是草，其他的里面是树（已标出）。在长草的一些格子里放上帐篷，使得每棵树在垂直或水平方向有 1 个帐篷与它相邻，而 1 个帐篷可以与多棵树相邻。所有的帐篷之间不能在垂直、水平，或者斜向上相邻。方格外面的数字分别表示该行或者该列帐篷的总数。请问这些帐篷分布在哪些格子里？

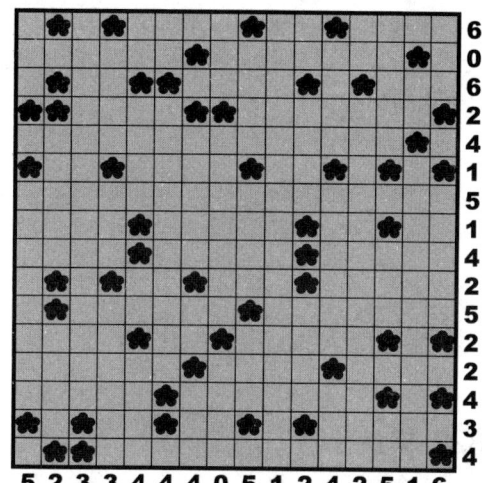

825. 大写字母

这些大写字母所共有的特性是什么？

A H I M O T U V W X Y

826. 贵重的地毯

有人从 1 条贵重的地毯上剪走了 2 小块三角形地毯（阴影部分）。

1 位裁缝决定将这块地毯重新修整一下，使现有地毯的面积和图案不变。他用几条直线将这块地毯分割成两部分，重新拼接出了 1 个正方形。而且地毯的图案没有任何改变。他是怎么做的呢？

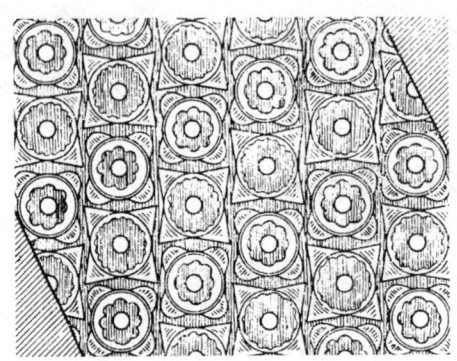

827. 修补地毯

里亚在做实验的时候不小心把 1 罐化学溶液打翻到地毯上。后来把受损的部分剪掉以后，地毯上出现了 1 个 1×8 分米的矩形大洞。

里亚决定修补地毯。她把受损的地毯剪成两部分，然后缝到一起形成了正方形。她是怎么剪的呢？

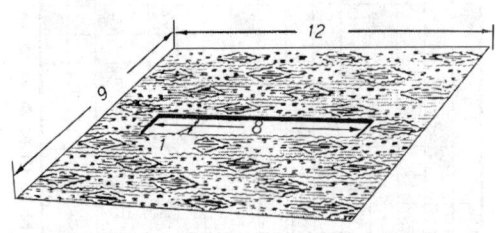

828. 棋盘分割

1 个国际象棋棋盘有 64 个小方格。看看你能不能把棋盘分割成 1 块如图 A 和 10 块如图 B 形状的棋盘。

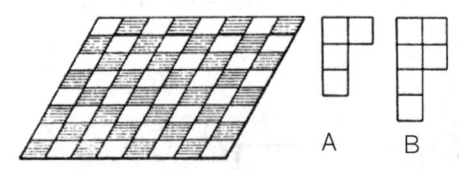

829. 萨米的姐姐

萨米有 2 个姐姐，但是萨米的姐姐却没有兄弟。这是为什么？

830. 圆形桌面

1 位木匠想把 2 块椭圆形的木板锯开，并在不扔掉任何 1 块的情况下组成圆形桌面。他应该怎么锯呢？

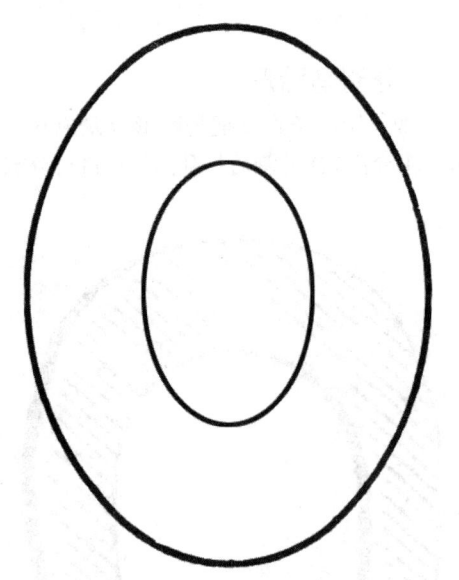

831. 毛皮修整师

1 位毛皮修整师要把 1 块不等边三角形形状的补丁补到 1 块毛皮破了的窟窿上面。之后，他意识到 1 个严重的错误。补丁是补到了窟窿上，但是带毛的那面朝向了毛皮里面。毛皮修整师想了一会儿，把这块三角形的补丁分割成 3 份，把这 3 个部分全部翻转后，仍然保持原来的不等边三角形的形状。他是怎么做的呢？

832. 棋盘与骑士

将图中的国际象棋棋盘分成4个部分，每个部分的格子数相等，并且使每个部分包含1个骑士。

833. 切割圆

用6条直线切割1个圆，把这个圆分成尽可能多的部分。

834. 缺失的数字（三）

每个格子中的2个数字都有同一个规律，你能找出这个规律并确定缺失的数字是什么吗？

2, 11	4, 67
5, 128	3, ?

835. 巧拼正方形（二）

你能将下图分成3个部分，最后拼成1个正方形吗？

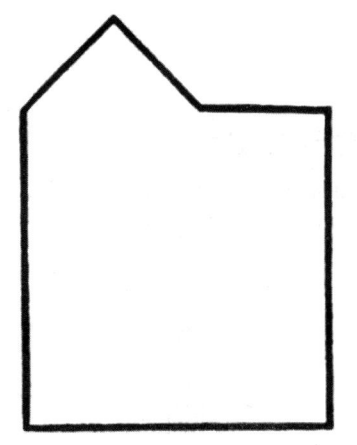

836. 分割正六边形

如何将1个正六边形分割成6块，最终拼成1个等边三角形呢？

837. 数三角形（二）

这个图形中包含多少个三角形？

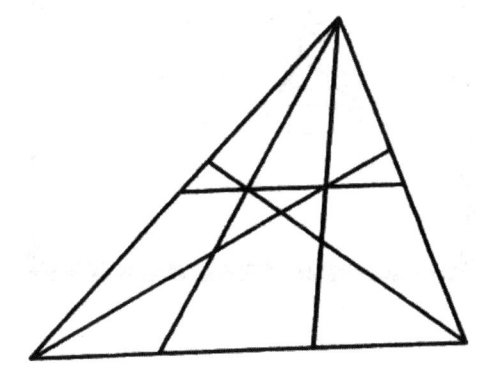

838. 谁在前

下面的这个数列包含了从1到10的所有数字。现在需要把2和3放在后面合适的位置。哪个数字在前面，2还是3？为什么？

8　5　4　9　1　7　6　10　?　　?

839. 不同类的图形（四）

哪个图形和其余的不属于同一类？为什么？

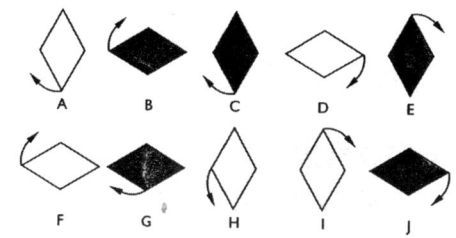

840. 回文词

回文词是指顺着看和反过来看都一样的词语，比如 noon，dad，deed 等，你能否举出3个至少由5个字母组成的回文单词？

841.PRIZE

找出下图中隐藏的短语或标题。

842. 调整算式

若要使下面这个式子的结果为 173，最快的是做何调整？

$$
\begin{array}{r}
68 \\
99 \\
+ 81 \\
\hline
\end{array}
$$

843. 字母的顺序

下面哪个字母组符合题中的顺序？

 PRS PRT PRU PST PSU ？

① PSV

② PSR

③ PUT

④ PTU

⑤ PUS

844. 完成类推

请完成下面的这道类推题。

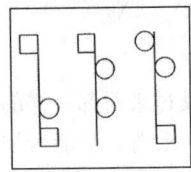 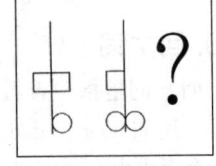

845. 数字填空（四）

图中的问号处应该填入什么数字呢？

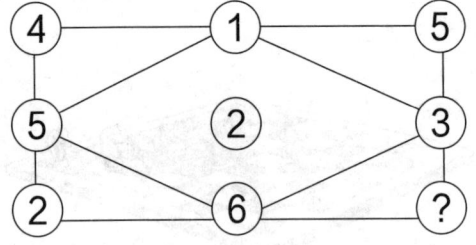

846. 破译字母信息

破译下面三角内外的字母信息，这 3 个单词可以组成 1 个谜语，这个谜语的谜底是什么？

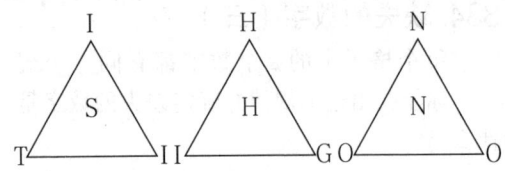

847. 数正方形（二）

图中有多少个正方形？

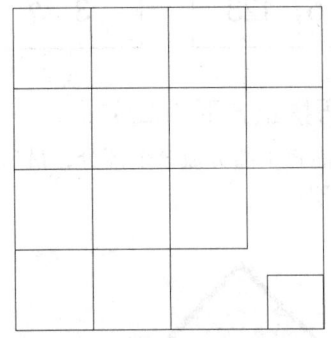

848. 适当的数字

你能否找到适当的数字来代替下面算式中的字母，从而解开这个谜题。

$$
\begin{array}{r}
HE \\
\times ME \\
\hline
BE \\
YE \\
\hline
EWE
\end{array}
$$

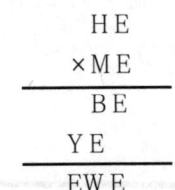

849. 数三角形（三）

下图中有多少个三角形？

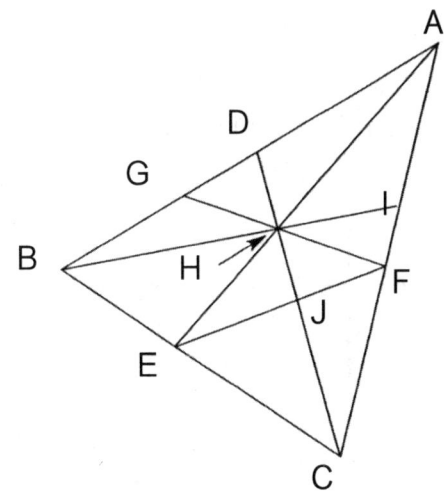

850. 数字算式题

下面是 1 个数字算式题，你能完成这个算式吗？

```
  SE.ES
  TE.ES
+FE.ES
───────
  CA.SH
```

851. 字母和星号

在这道算式题中，数字被字母和星号所取代。同样的字母代表同样的数字，1 个星号代表任意数字。请你写出算式。

```
   ABC
 ×BAC
────────
 * * * *
  * * A
* * * B
────────
* * * * * *
```

852. 素数算式题

在这道算式题中，每个数字均是素数（2，3，5 或者 7）。这里不提供作为线索的数字和字母，但正确答案只有 1 个。

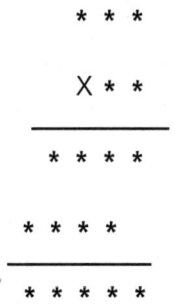

```
      * * *
    X * *
   ─────────
    * * * *
  * * * *
 ─────────────
  * * * * *
```

853. 4 张 K 和 Q

从 1 副牌里抽出的 4 张 K 和 4 张 Q。将这 8 张牌放 1 堆，Q 正面向下放在 K 的上边。把这堆牌拿起，把第 1 张牌（Q）正面向上放在桌子上。然后拿起第 2 张牌把它正面向下放到手里牌的底部。把第 3 张牌正面向上放在桌子上。第 4 张牌正面向下放在手里牌的底部。依此类推，直到所有的牌都是正面朝上。这个时候这 8 张牌的顺序是什么？

854. 移动棋子

在图中 8 个方块的 d，f，h 位置上有 3 枚棋子。甲乙两人轮流移动棋子，每次移动必须将棋子从右向左移动，移动到任意位置均可，不论该位置上是否已有棋子。把最后 1 枚棋子放入 a 中的玩家获胜。如果甲先走，你能找到必胜的走法吗？

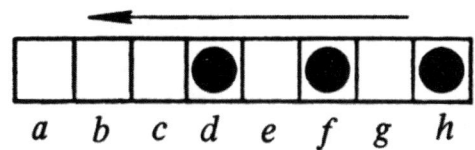

855. 缺失的数字（四）

图中缺失的数字是多少？

6	3	7	11
8	2	9	7
9	2	9	9
7	3	6	?

856.40 颗宝石

1 家宝石店出售宝石，售货柜台由线和圆圈组成 1 个五角星形，宝石就放在圆圈中。15 个圆圈中分别摆放了 1 到 15 颗宝石（每

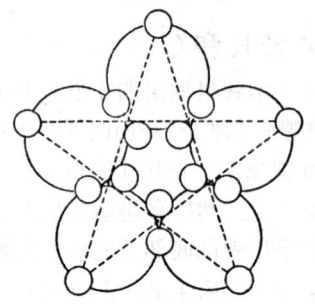

个数字只用 1 次），每个大圆上的 5 个小圆里共有 40 颗宝石，同时，5 个顶点圆中共有 40 颗宝石。如何摆放呢？

857. 共有的特性

下面的图中有 1 个没有其他 5 个所共有的特性。这个不一样的图形是哪个？为什么？（提示：不是对称问题。）

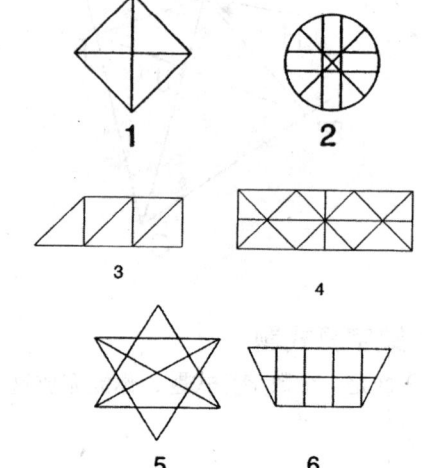

第 5 章

数字思维游戏

858. 贪婪的书蛀虫

"贪婪的书蛀虫"游戏很早就有了，而且非常有意思。书架上有套思维游戏书，共3册。每册书的封面和封底各厚 0.2 厘米；不算封面和封底，每册书厚 2 厘米。现在，假如书虫从第 1 册的第 1 页开始沿直线吃，那么，到第 3 册的最后 1 页需要走多远？

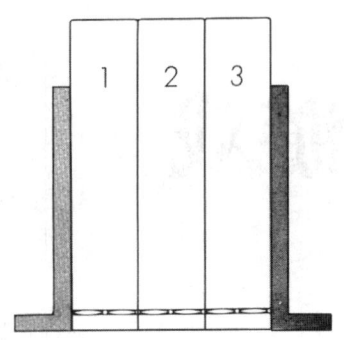

859. 线段 AC

这是个很好看的几何思维游戏，而且要比想象的简单。下图中，圆的中心是 O，∠AOC 是 90°，线段 AB 与线段 OD 线平行，线段 OC 长 12 厘米，线段 CD 长 2 厘米。你要做的是计算线段 AC 的长度。

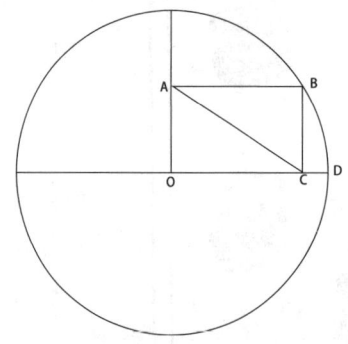

860. 射箭

费尔图克曾就一道古老的射箭难题向罗宾汉挑战。他把 6 支箭射在靶子上，这样他的总分就刚好达到 100 分。看样子，费尔图克好像知道答案而且可以摘得奖牌了。

他会怎样做到呢？

861. 狮子和鸵鸟

有个管理员决定计算一下公园里的狮子和鸵鸟的数量。出于某种原因，他是通过计算这些动物的头和腿的数目来统计动物的数量的。最后，他算出一共有 35 个头和 78 条腿。那么，你知道公园里分别有多少狮子和鸵鸟吗？

862. 青蛙与井

1 口井深 3.5 米，青蛙每天可以向上爬 1 米，当晚上休息时，就会滑落 0.6 米。那么，如果按照这个速度向上爬的话，这只青蛙需要用几天的时间才能从那口井里爬出来呢？

863. 骑车人

一天，有 2 名年轻的骑车人，贝蒂和纳丁准备骑车到 20 千米外的乡村看望姑妈。当走过 4 千米的时候，贝蒂的自行车出了问题，她不得不把车子用链子拴在树上。由于很着急，她们决定继续尽快向前走。她们有 2 种选择：要么 2 人都步行；要么 1 个人步行，1 个人骑车。她们都能以每小时 4 千米的速度步行或者以每小时 8 千米的速度骑车前进。她们决定制定 1 个计划，即在把步行保持在最短的距离的情况下，利用最短的时间同时到达姑妈家。那么，她们是如何安排步行和骑车的呢？

864. 两副扑克牌

这个游戏来自于澳大利亚，取两副扑克牌，一副扑克牌的背面是蓝色，另一副是红色。然后，从扑克牌里挑选出 4 张，2 张面朝上而另外 2 张面朝下（如下图所示）。现在，问题是：桌子上的每张蓝色底面的扑克牌在其另一边都有 1 张 K 吗？

要解决这个难题，你可以将 2 张扑克牌翻过来。那么，你会翻哪 2 张扑克牌呢？

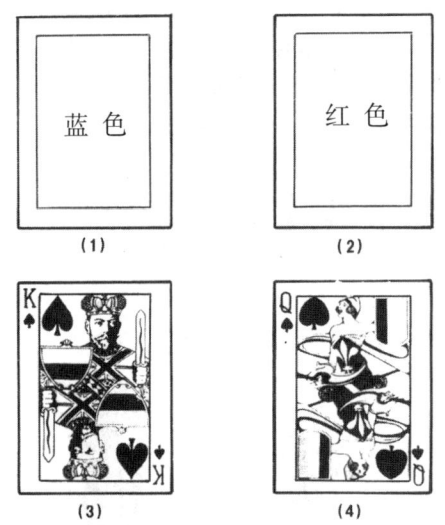

（1）　　　　　　（2）

（3）　　　　　　（4）

865. 古玩

有 1 天，古董商加尔文·克莱克特伯尔买了 1 个铸铁的喷水龙头：上面是 1 支鳄鱼，嘴里吞着 1 条鱼。他为这件绝妙的艺术品支付了 90% 的"账面"价值。第 2 天，1 个收藏家看见后，说愿意支付高出他 25% 的费用将其买下。加尔文毫不犹豫地答应了，这样，他就从这笔交易中赚了 105 元。那么，你能推算出这件诱人的古玩的账面价值是多少吗？

866. 赛马（二）

两位喜爱运动的绅士决定进行 1 场赛马比赛，双方规定谁的马车先到终点谁将输掉比赛，而第 2 个到达终点的才是获胜者。他们抽打自己的马向前跑，当跑出 1000 米的时候，马已经通身是汗了。在离终点不远处，他们两人都开始减速，然后在距终点只剩100 米的地方停下来。想到先前打的赌，两人纷纷下车去跟 1 个在地里观看比赛的农民

商量这件事。当这个农民听完他们的故事之后，就给他们提了个建议。而他们听完之后就跳进马车里开始在路上加速行驶，好像每个人都在争着第 1 个到达终点。

那个农民给他们提的建议绝不可能改变他们打过的赌，那么，你能猜出这个建议是什么吗？

867. 数独

在下面的空白格子里填上 1 ~ 9 这 9 个数字，使得横向或纵向上没有被深色格子截断的 1 条空白格子里的数字之和等于它左边的数字（横向）或上面的数字（纵向）。在同 1 条没有被截断的格子里每个数字只能使用 1 次。应该怎样填呢？

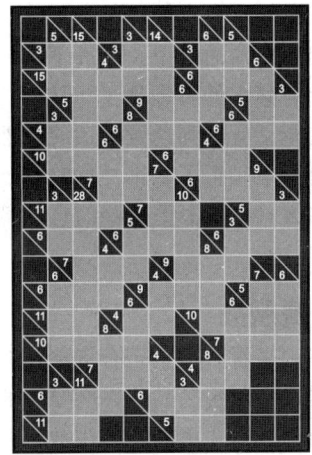

868. 喇叭

葛鲁丘·马克斯买了 1 个喇叭作为弟弟哈波的生日礼物。包装好之后，他把它带到邮局邮寄。

"对不起，马克斯先生，"邮局的职员说，"这个包装实在是太长了，邮局规定任何包装都不能超过 1.2 米，而这个包裹却长 1.5 米。"

无奈之下，葛鲁丘把这个喇叭带回商店。店员把喇叭上的橡胶球拆掉了，可是即便如此，这个喇叭仍然长 1.35 米。这时，葛鲁丘想出来 1 个主意。他让他们用另外 1 种方法把喇叭重新包装。当他再次到邮局时，喇叭

的包装得到了认可，因为现在的包装符合要求。那么，他是怎么做的呢？请记住，这个喇叭既没有被截断也没有弯曲。

869. 偷窃者

在犯罪纪录上，没有哪个贼比纳库克拉斯·哈里伯顿更卑鄙。当他到别人家里行窃时，他会毫不犹豫地去偷孩子们的存钱罐。他撬开保险箱偷走了 125 枚硬币，一共有 70 元。其中没有 1 角的硬币。那么，你能否判断出他偷走的是哪些硬币，而每枚硬币的面值又是多少吗？

870. 长角蜥蜴

伯沙撒是我们镇上的自然博物馆从某个地方得到的 1 只长角蜥蜴，它十分神奇。工作人员特意把它放在爬行动物观赏大厅新建的 1 个圆形有顶的窝里。刚放下，伯沙撒就马上开始考察它的新领地了。从门口开始，它向北爬行了 4 米到达圆的边缘；然后，它急忙转身向东爬行了 3 米，这时它到达了围栏边。那么，你能根据这些信息计算出它这个窝的直径吗？

871. 免费赠品

让我们来看看你是否有资格在润滑油补给站获得这份免费赠品。你所要做的就是将下图中数学表达式里的字母用数字代替，相同的数字必须代替相同的字母。竞赛的时限是 1 个小时。祝你好运！

```
              F  D  C
A  B  / G  H  C  B
        A     B
       F  F     C
       F  E     E
          F  C  B
          F  C  B
```

872. 玩具火车

小时候，爸爸给我买了 1 列玩具火车作为我的生日礼物。除了火车配备的车厢之外，

他又花了 20 元买了另外 20 个车厢。乘客车厢每个 4 元，货物车厢每个 0.5 元，煤炭车厢每个 0.25 元。那么，你能否计算出这几种类型的车厢各有几个？

873. 奇数与偶数

思罗克莫顿能写出这个数字吗？彭尼帕克先生给了他 1 个很难的题，他只能利用 1，3，5，7，9 这些数字来写成这个数字。很显然，诸如 333，753 或者 717 这些数字都不是偶数。那么，你能否帮助思罗克莫顿走出这个困境呢？

我是不会上当的，思罗克莫顿少爷！放学后，你不可以回家，直到你用奇数写出 1 个在数值上等于偶数的数字。现在，回教室扫地去！

874. 草莓酱和桃酱

哈丽和桃瑞斯正在做开商店游戏。哈丽花了 3.1 元从桃瑞斯那里买了 3 罐草莓酱和 4 罐桃酱。那么，你能根据上面说的情况计算出每罐草莓酱和每罐桃酱的价钱吗？

875. 降价

啊，达芙妮，今天我终于把那辆破车卖掉了。原来我标价 1100 元，可没有人感兴趣，于是我把价钱降到 880 元，还是没有人感兴趣，我又把价钱下调到 704 元。最后，出于绝望，我再一次降价。今天一早，奥维尔·威尼萨普把它买走了。那么，你能猜出他花了多少钱吗？

876. 数字之和（一）

这道计算机题曾让有的人花费了好几个

小时仍不得其解。问题是将 1 到 9 这几个数字排列成 3 行，并使第 2 行的 3 个数字相加的和比第 1 行的 3 个数字之和大 3，而且使第 3 行的 3 个数字之和比第 1 行的 3 个数字之和大 6。那么，请你试试看能否找到答案！

877. 多米诺骨牌的摆放

下面的方框中放了 1 整套多米诺骨牌，即从（0，0）到（9，9）的数字组合。这些骨牌可以横放，也可以竖放。每个小格子里的数字指代 1 张骨牌上的其中 1 个数（1 张多米诺骨牌上有两个数）。这些多米诺骨牌分别是怎样摆放的？

4	4	8	7	7	6	8	8	5	4
2	8	5	7	4	9	5	0	4	2
7	2	1	3	6	7	4	1	4	9
5	4	5	9	2	5	0	8	0	1
8	3	5	0	1	9	0	0	0	4
2	1	5	4	0	7	1	5	2	8
3	0	7	8	6	6	6	3	3	6
2	0	0	2	2	9	1	3	3	2
0	1	3	6	9	3	3	9	1	6
9	7	8	7	1	3	5	9	5	5

878. 加号改乘号

熊爸爸好像被它在佩尔特维利报上看到的 1 个思维游戏难住了。趁它还没有被烦透，我们来看看这个思维游戏吧：下面所示的 1

行数字相加之后正好等于 45。那么，你能否将其中的 1 个加号改为乘号，使这行数字相加的值变成 100 呢？

$1 + 2 + 3 + 4 + 5 + 6 + 7 + 8 + 9 = 45$。

879. 木板游戏

当 1 位魔术师在装书的箱子里翻找时遇到了 1 个很麻烦的思维游戏，他手里拿的木板就是这个思维游戏。要解决这个思维游戏，你必须把全部圆点用 1 至 9 这几个数字代替，这样，其实就形成了 1 道数学题。上面没有数字 0，同时，每个数字都只能使用 1 次。请你试一试，看能否在半个小时之内得出答案。

880. 吹泡泡派对

爷爷以前经常说他年轻时最快乐的 1 件事就是参加吹泡泡派对。派对上，每个人都发 1 个管，谁吹的泡泡最大或者谁 1 次吹出来的泡泡最多谁就可以获得奖品。当我问爷爷 1 次最多吹出来多少个泡泡时，他是这么回答的：

"我要把这个数字放在 1 个思维游戏里！

"如果在那个数字的基础上加上那个数，然后再加上那个数的一半，接着再加上 7，我就吹出来 32 个泡泡。"

那么，你能根据他所说的提示计算出他究竟 1 次吹出来多少个泡泡吗？

881. 移动硬币

罗索姆·乔治虽然努力解题但仍无法得

到答案，我们来帮帮他吧。将 2 枚 1 分硬币放在 1 号和 2 号位置，然后把 2 枚 1 角硬币放在 8 号和 10 号位置。我们只能通过 18 步把这 4 枚硬币交换位置。在移动硬币时，要遵循下面的规则：你 1 次可以将 1 枚硬币移动到任意 1 条直线上的任何 1 个带数字的圆圈之内；相同的硬币不能在某条直线上移动 2 次；不允许 1 分硬币和 1 角硬币同时停止在同一条直线上。你有 15 分钟的时间来解答这个题。

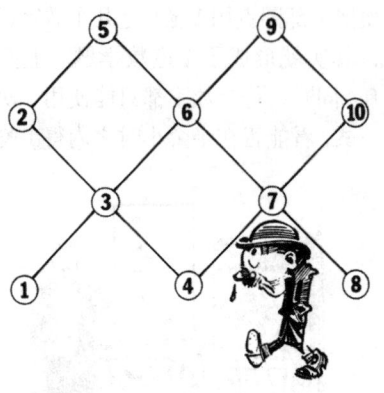

882. 转盘

狂欢小丑英勒斯说得很对。这个老板是个非常迷信的人，他总是把 1 到 11 这几个数字写在转盘上并使每条线上的 3 个数字相加后等于 18。那么，你能把这些数字正确填写吗？

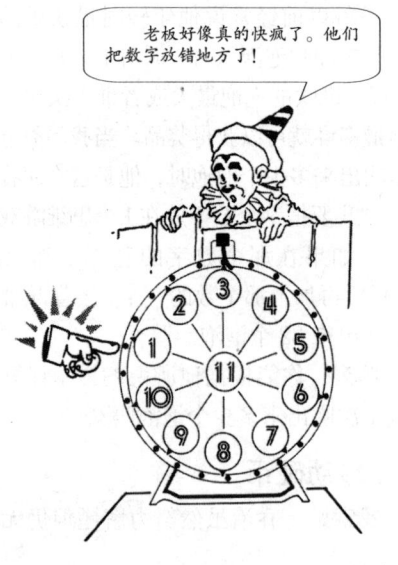

老板好像真的快疯了。他们把数字放错地方了！

883. 气球

小格温多林看上去对哥哥的这一很有创意的照看方式并不感到高兴。然而，标有数字的气球却使我们想起 1 个古老的思维游戏。那么，你能否将这些气球重新排列使十字线上的 5 个气球的数字相加之后的和都等于 27 吗？

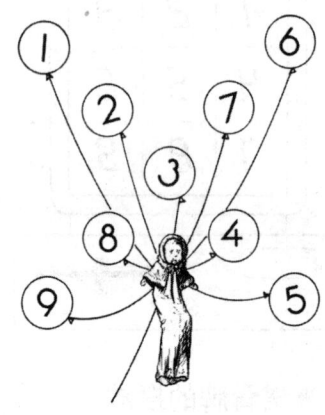

884. 多米诺骨牌的点数

这是为数不多的多米诺骨牌思维游戏中的 1 个，而且你完全可以把它做出来。下图是 4 个空白的多米诺骨牌。你要做的就是按照规则将 18 个点放在多米诺骨牌上：4 个多米诺骨牌的上半部分的点的总个数等于下半部分的个数。同时，第 1 个多米诺骨牌上的点数要等于最后 1 个牌的 2 倍。另外两个中的 1 个只有 1 个点，而另外 1 个则有两个点（上下两部分各有 1 个）。有 3 个多米诺骨牌的上半部分的点数相同，有两个多米诺骨牌的下半部分的点数相同。

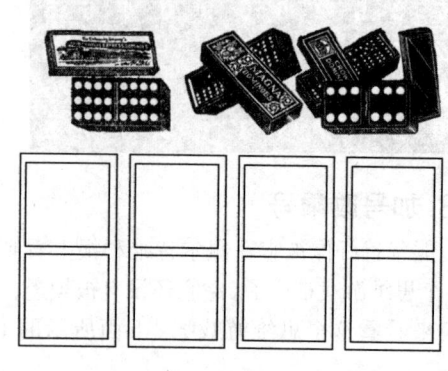

885. 抢香蕉

现在是动物园的午餐时间，我们在灵长类动物的观看亭所听到的叫声是它们在抢香蕉的声音。管理员每天都会分给这100只灵长类动物100个香蕉。每只大猩猩有3个香蕉，每只猿有2个香蕉，而狐猴因为最小，只有半个香蕉。

你能否根据上面所给出的信息计算出动物园里的大猩猩、猿、狐猴各有多少只？

886. 思考帽

沃里克·博斯特伯教授是博斯特伯电子思考帽的发明者，现在退休的他接受了枫树林中学计算机俱乐部的挑战。他带上自己这顶著名的思考帽，试图在身后的这些强大计算机之前把这道题解答出来。那么，你能计算出上面的数字串中第4个数是什么吗？

887. 艾玛和苏琦的年龄

20世纪20年代迪丝姐妹艾玛和苏琦曾经风光好莱坞，工作室拒绝泄露她们的年龄，而其中的1位滑稽的广告人员利用这个题来嘲弄那些娱乐记者。

"如果把她们的年龄加在一起，一共是44岁。艾玛的年龄曾是苏琦的3倍，而艾玛现在的年龄是当艾玛还是苏琦到了3倍于艾玛那个年龄一半的那个年龄时苏琦年龄的2倍。根据这个你们应该可以推算出这两位女士的年龄了。"

888. 古董店的雕像

20年前，当加尔文·克莱克特伯尔刚开始经营他的古董店时，他总是很骄傲地把这两尊小雕像摆放在橱窗的前面。就在上个星期，它们还放在那里。而在两天之内，他先把第1个雕像以198元卖掉，赚了10%，然后又把第2个雕像以198元卖掉，这次赔了10%。那么，加尔文在这两个雕像交易中是赚了还是赔了？

889. 面布袋

当塞·科恩克利伯核对自己的补给品时，他在面布袋上发现了一些有趣的东西。面布袋每3个放在一层，共有9个布袋，上面分别标有从1到9这几个数字。在第1层和第3层，都是1个布袋与另外两个布袋分开放；而中间那层的3个布袋则被放在一起。如果他将单个布袋的数字（7）乘以与之相邻的两个布袋的数字（28），得到196，也就是中间3个布袋上的数字。然而，如果他将第3层的两个数字相乘，则得到170。

塞于是想出来1道题：你能否尽可能少的移动布袋，使得上、下两层上的每对布袋上的数字与各自单个布袋上的数字相乘的结果都等于中间3个布袋上的数字吗？

890. 垫圈与螺钉

本上周日去了托特勒尔零件铺，在那里

他玩了一会儿祖父的天平，这个天平是祖父1903年在1个古城带回来的。玩了一会儿，本发现：

（1）3个螺母加上1个螺钉等于12个垫圈的重量。

（2）1个螺钉等于1个螺母加上8个垫圈的重量。

本根据这些信息，想出来1道题：多少个垫圈等于1个螺钉的重量？

891. 马奇的年龄

你能帮助罗杰猜出马奇的真实年龄吗？

说真的，马奇，我们现在都交往一年多了。你不觉得应该告诉我你的年龄吗？

罗杰，只有无赖才会问1位女士的年龄。但是，为了满足你这一病态的好奇心，我给你1个提示：我出生在1个大家庭。5年前，我的年龄是我最小的妹妹维罗妮卡的5倍；而现在，我是她年龄的3倍。我只能给你这些信息。我可知道你在数学方面的能力，所以我敢肯定你还是无法知道这个秘密的。

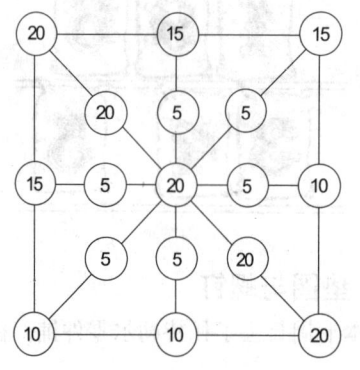

892. 重新排列数字

这纯粹是1道数字题。有人向你挑战要将图表中的17个数字重新排列，使排列之后的每条直线上的数字相加之和都等于55。

893. 幻方（一）

这位绅士正在解答1道设有奖项的幻方思维游戏。要解决这道题，需要将所有方格内的X换成数字，并使每列、每行以及两条对角线的数字相加的和都等于34。使用1到16之间的数字；同时，每个数字只能使用1次。

894. 返航

巨轮出现在蒸汽运用的鼎盛时期，而纽约港便成了它们的停泊地。1天，有3艘轮船驶出纽约湾海峡并驶向英国的朴茨茅斯。第1艘轮船12天后从朴茨茅斯返回，第2艘轮船用了16天完成了航行，而第3艘轮船用了20天才回到纽约港。因为轮船在港内的恢复时间是12个小时，所以轮船抵港的日期就是它们返航的日期。那么，需要多少天这3艘轮船才能再次同一天驶出纽约港，同时，在这期间每艘轮船将会航行多少次？

895. 卖小鸡

艾米和贝茜是邻居，她们每天都去集市上卖小鸡。贝茜每天卖30只，两只卖1元，回家时她可以卖15元；艾米每天也卖30只，3只卖1元，一共可以卖10元。有天，艾米生病了，于是她请贝茜帮她卖小鸡。贝茜带了60只小鸡去了集市，并以5只2元的价钱卖。当她回家时，她一共卖了 24 元。因此，这个要比两人分别卖所赚的钱少了 1 元。那么，为什么会少 1 元呢？是贝茜拿走了吗？

896. 高尔夫专家

桑迪·班克尔是闲时乡村俱乐部的高尔夫专家，那天他在高尔夫球场的表现不稳定，前 6 洞的成绩看起来就像在过山车，起伏很大。有趣的是，他的相邻两洞的成绩呈现出一定的规律性。那么，你能计算出桑迪第 7 洞的成绩吗？

897. 赛马（三）

贝特萨罗特教授是赛马爱好者，现在他正在研究下一场的赛马比赛，他把比赛的胜者限定在 3 匹马：斯威·贝利，赔率 4：1；杨特·萨拉，赔率 3：1；桑德·胡弗斯，赔率 2：1。教授想计算出应该给每匹马下注多少钱，这样不论哪匹马获胜他都可以赢 13 元。

比如，如果给每匹马下注 5 元，当斯威·贝利获胜时，他可以在它身上赢 20 元，而在另外两匹马身上输 10 元。请你试试，看能否在比赛开始之前解决教授的这个难题。

898. 多米诺骨牌的顺序

1 套包括（0，0）到（7，7）所有数字组合的多米诺骨牌竖放在下面的格子中，每张骨牌上的上部分的数要大于下部分的数。格子上面的数是这一列的所有骨牌上部分的数，格子下面的数是这一列的所有骨牌下部分的数。格子左边的数是与之相对应横行的骨牌上的数。所有给出的数都是打乱了顺序，按照数字从大到小的顺序重新排列的。原来多米诺骨牌的顺序是怎样的？

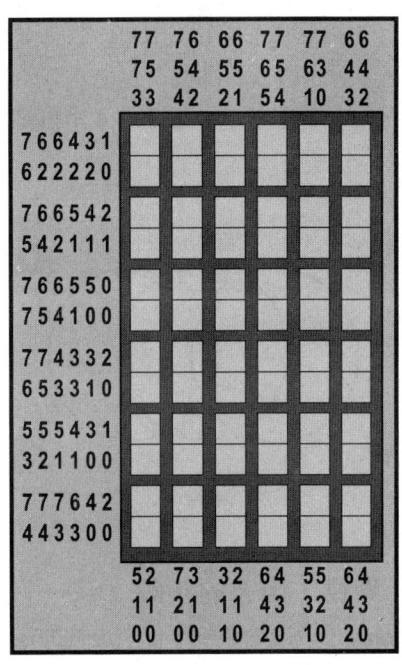

899. 交叉的圆圈

在解答这个题之前，你也许会发现自己在"看圆圈"。这里有 7 个相互交叉的圆圈，也就有 14 个有限区域。现在，请你把图中的字母用数字代替，这样在图中就只剩下从 1 到 14 的数字。同时，要使每个圆圈内的数字相加的和等于 21。

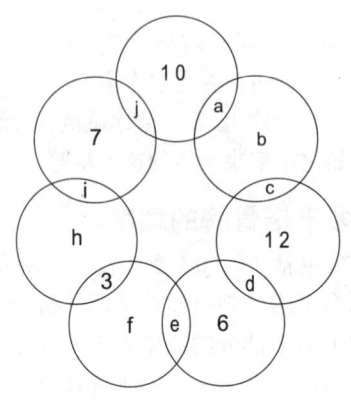

900. 重叠的轨道

威拉德·斯达芬德在观看自己最新的发现。他发现太阳系中的 6 个恒星是在 3 个重叠的轨道上旋转的，他在它们会聚在一点产生超新星之前很快给它们起了名字。威拉德把这几个恒星从 1 到 6 标上号，这样就组成 1 个恒星思维游戏。那么，你能重新给这几个恒星标号，使每个轨道上的 4 个恒星相加的和是 14 吗？

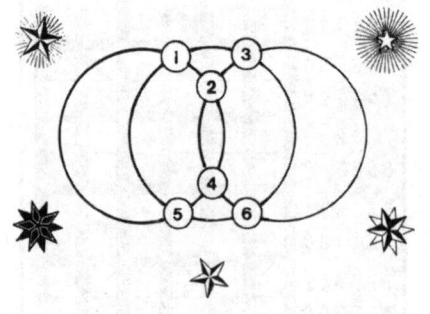

901. 奈德·诺波的年龄

奈德·诺波是廉价小说中虚构的运动英雄，他在学校的运动生涯比历史上其他任何学生都要长。他运动生涯的 $\frac{1}{4}$ 是在从事橄榄球这个运动项目，接下来的 $\frac{1}{5}$ 是作为大学一年级学生，随后的 $\frac{1}{3}$ 是作为大学二年级和三年级学生，而他的最后 13 年则是作为大学四年级学生。这之后，他终于退役并且毕业，但他却是班里最后 1 个毕业的学生。那么，当奈德获得毕业证书时，他的年龄是多少呢？

902. 标志牌

"波普，你说得不对！那个标志牌才是思维游戏呢！你的任务就是把它解答出来，即把标志牌上所有的相同字母用相同的数字来代替。如果正确完成的话，那么你会得出 1 个正确的数学表达式。你试试，看能不能在我们到达海滩之前把它解答出来！"

903. 8 个数字

普里西拉·孙珊女士今天是我们的代课老师，可得当心啊。

"同学们，我上次站在这里已是好几个星期之前了，这样吧，我给大家出 1 道题。大家需要把黑板上的这 8 个数字分成两组，每组各有 4 个数字，将每组的 4 个数字排列组合成 2 个数并相加，而两组相加后的结果必须一致。谁能把这个题解答出来呢？"

巴里　　伯特　　哈利　　拉里

904. 硬币计数器

这里是安装在 1 个银行的克赖顿硬币计数器。特莱梅尼先生正在用 1 袋子硬币检测它，这个袋子里装了 50 枚硬币，且面值分别为 1 元、5 角、1 角、5 分。经计算后，这些硬币总共 20 元。那么，袋子里每种硬币各有多少枚呢？

906. 夏娃的信

亚当从别人那里收到 1 封信。可是，我们发现这封关于夏娃的信却给我们留下 1 个很大的难题。那么，你能用相同的数字代替相同的字母最后得出 1 个正确的数学表达式吗？

$$\frac{EVE}{DID} = .TALKTALKTALKTALKTALKTALK \dots$$

朋友，你不会没听见吧！

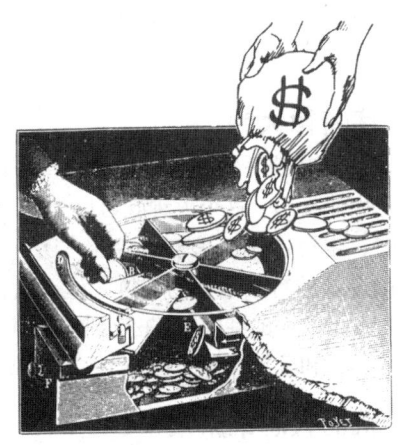

905. 单轮脚踏车赛

著名的佛塔纳兄弟是单轮脚踏车赛的冠军，他们总是在 4 个长为 $\frac{1}{3}$ 千米的圆形轨道上进行赛前练习。兄弟 4 人从中午开始每人沿着 1 个轨道进行骑车练习，他们各自的速度分别为每小时 6 千米、9 千米、12 千米以及 15 千米。直到他们第 4 次在圆圈中央相遇时才停下来。那么，他们需要骑多长时间呢？

907. 总数 99999

如果你能答出来，那么，你也是英雄。

的当天上午，她们先将相同数量的玩具以 10 元出售；下午的时候，她们更改了玩具熊的数量，但仍以 10 元出售。有趣的是，一天结束的时候，她们虽然卖了不同数量的玩具熊，但是赚的钱数却相同。那么，你能知道这是怎么回事吗？

908. 圆圈与阴影

将下表中的一些圆圈涂成阴影，使得任意横行或者任意竖行中，同一个数字只能出现 1 次。所有涂成阴影的圆圈之间不能在垂直或水平方向上相邻，并且不能将没有涂成阴影的圆圈分成几组——也就是说，没有涂成阴影的圆圈必须横向或纵向相连成 1 个分支状。应该将哪些圆圈涂成阴影？

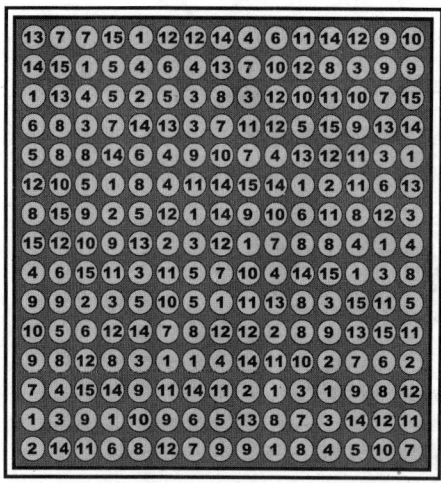

909. 泰迪玩具熊店

下图中的 3 个女人在最近的教堂节日期间共同投资经营 1 家泰迪玩具熊店。在开业

910. 底特律大钟

重达 2 吨的底特律大钟在费城举办的展览会上大放异彩。这个大钟既可以为 13 座城市报时，也可以体现季节的变迁，还可以显示太阳周围的行星运行的轨迹。这个大钟同时也引发了下面的疑问：从午夜到正午时分，大钟的时针和分针相遇（重合）了多少次？

911. 机器人思维游戏

世界上的许多超现实的梦想都源自这个机器人思维游戏。下图中的机器人的不同部位已经用从 1 到 12 这几个数字标注。由于某种奇怪的原因，它无法离开这个超自然的行星，除非它身上的数字可以以 7 种不同的方式重新排列，并使各行各列相加的结果都是 26。其中包括水平的两行数字、垂直的两行数字、4 个中间的数字、胳膊上的 4 个数字以及脖子和腿上的 4 个数字。

914. 丹佛铸币厂的硬币

当布莱克·巴特第 13 次袭击丹佛公共马车时，他实在是不走运。唯一的现金是他在 1 个推销员的旅行包里发现的，这些硬币总计 5 元。而这 5 元正好是由丹佛铸币厂铸造的 100 枚硬币组成。那么，你能判断出各种硬币的面值以及包内各种硬币的个数吗？

915. 奖状

解决这个题只需将下图中奖状里的 4 个 5 重新排列，使排列后的总数值为 56。

912. 序列数（一）

西德尼很迷恋思维游戏，因为会学到许多东西。请你试试，看能否在他从糖果商店回来之前把这个题解答出来。

西比尔，我知道你很喜欢思维游戏，所以我一听到这个新的大难题，就飞奔过来了。这是个递进的题。下面序列后的数字是什么：1，2，6，24，120，720…？

很好，西德尼，很感谢你一有思维游戏就首先想到我，但是如果我解答出来的话，我希望你会为我买盒糖果！

913. 克尔特林银行的游戏

克尔特林银行正在举行一年一度的思维游戏竞赛，而设立的一等奖几乎世上难寻。这里有个提示可以帮你获胜。找出最小的 1 个数，使它与 2，3，4，5，6，7，8，9，10 相除后得出的余数都是 1。

916. 西尔威斯特的调查

从表面上看，可以说西尔威斯特的调查结果越来越让人担心了。我们先不说芥末账目的出入。火山芥末公司委托他们调查有多少人喜欢辛辣的芥末、有多少人喜欢清淡的芥末。下面是他们呈交的报告：

接受调查的人数 ....300 人

喜欢辛辣芥末的人数 ....234 人

喜欢清淡芥末的人数 ....213 人

既喜欢辛辣芥末又喜欢清淡芥末的人数 ....144 人

从来不使用芥末的人数 ....0 人

当火山芥末公司认真研究这份报告之后，公司十分生气并立刻解除与西尔威斯特调查公司的合作关系，原因是总数计算不正确。那么，你能找出报告中的错误吗？

917. 大象身上的思维游戏

喜爱思维游戏的印度王子正在去往阿格拉的路上，那里将举行思维游戏大会。这头皇家大象身上的布的上面印有 1 道题，而它就是由印度王子设计的。这个题需要你找出图画里大小正方形（最大的正方形边长为 8 厘米）的个数。在队伍出发前，你有 5 分钟的时间把这个题解答出来。

918. 燃气式浴缸

威拉德·沃兹沃斯教授居住在马·巴斯卡姆的公寓里。二楼浴室有 1 个维多利亚燃气式浴缸，而他观察到了一些有关它的事情：如果打开凉水的水龙头，浴缸放满水需要 6 分 40 秒；如果打开热水的水龙头，放满水需要 8 分钟；如果拔掉塞子，放完水需要 13 分 20 秒。现在，威拉德的题是：如果拔掉塞子，并同时打开热水和凉水的水龙头，那么，将浴缸放满水需要多长时间呢？

919. 磨面

对于安格斯的讨价还价，你不能怪他。然而，他的确遇到了麻烦。如果在伊恩扣除 10% 之后要正好带回 100 千克的玉米面，他应该带来多少玉米呢？假设磨面的过程当中没有浪费。

920. 添加加减号

普里西拉·孙珊女士就是那位出色的代课教师，她又来检测你们的数学才能了。

"同学们，现在注意了！如果你在等式左边的某些数字中间添加两个减号和 1 个加号，就可以得出 1 个正确的数学表达式，并且可以使结果等于 100。你们要在这堂课结束之前把符号放在正确的位置。"

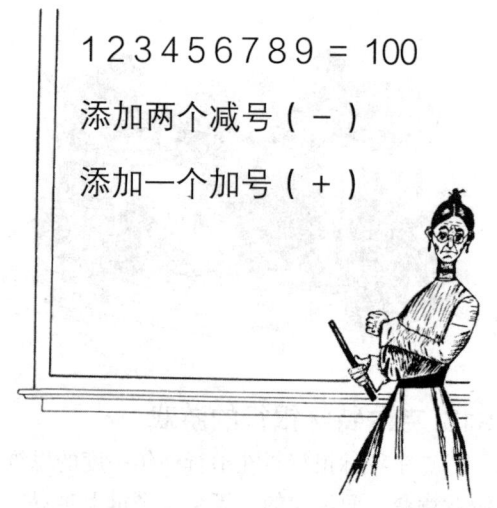

921. 幻方（二）

我们这台著名的游戏计算机好像感染某

种病毒了。程序应该使计算机在水平方向、垂直方向以及对角线的数字相加结果为6。可是，却出现了下面的现象。那么，你能重新排列显示屏上的数字使这个幻方显示正确吗？

922. 射击（一）

慈善盛宴正在举行，巴尼·布朗德巴斯想在长廊上进行的射击比赛中赢得奖品。射击3次需要支付10元；如果击倒的3只鸟上的数字相加正好等于50，那么，你将赢得1只喂饱了的短吻鳄。但是，巴尼却把钱输光了。那么，你有没有兴趣试试呢？

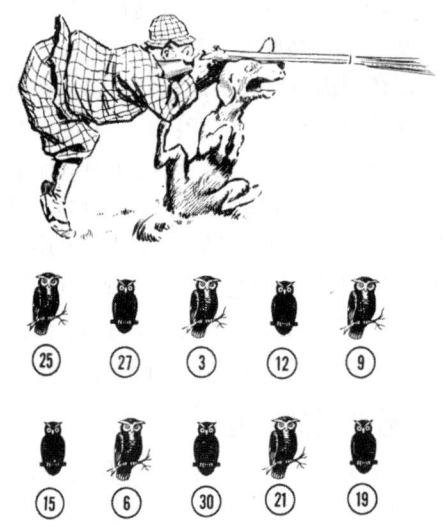

923. 巨型鱼

渔夫上岸后肯定会把这个刻骨铭心的故

事告诉给他的朋友们。好像他的祈祷真的应验了，那个庞然大物从他身边经过。那条鱼有多大呢？据他猜测，这条巨型鱼的头有60米长，它的尾巴是身体长度的一半与头的长度的总和，而它的身体又是整个长度的一半。那么，这个深水动物各部分的长度该如何计算呢？

924. 数字模式

要解决这个思维游戏，完全依靠的是你在金字塔方面的能力。三角形中的数字遵循某种模式排列，如果你能够发现这种模式，那么，你就可以找出三角形中5个问号所代表的数字。你要在沙漏中的沙子全部落在下面之前找出答案。

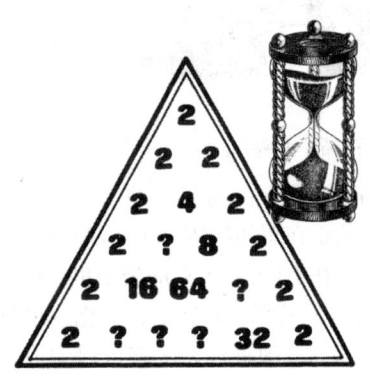

925. 小费

克拉姆兹·卡拉汉是巴伐利亚花园餐厅里行走最快也是最邋遢的服务员，正是由于他快如飓风的步伐，他总是把客人的衣服弄脏。1天，1位愤慨的客人只给了卡拉汉1角钱的小费，并说："你把我的衣服给毁了，我就给你1角钱的小费。但是，如果你能够在不接触桌子、盘子以及硬币的情况下把硬币拿走，我就赏你25元的小费。"然而，克拉姆兹却没能解决。那么，你呢？

926. 任意三位数

曼特尔·维扎德又一次看透了你的心思。他是这样做的：让1个人写下任意1个三位数，每位上的数字可以不一样。然后，让出题者把数字颠倒，并且用大的数减去小的数。

最后，让出题者告诉他这个结果的末位数。在下面例子中，这个末位数字是 8。根据这些信息，他就可以猜出完整的结果。在查看答案之前，你试试，看能否明白维扎德的计算方法。

好，现在我知道结果了！完整的结果为 198，对不对？

927. 砝码（一）

海·哈特·路易是纽约唐人街著名的老茶商，他正在想如何用 1 个简易秤将 20 千克的茶分放在 10 个 2 千克的袋子里。他在店里只找到两个砝码，1 个是 5 千克，另外 1 个是 9 千克。他知道称 9 次就可以完成，但是他却忘记怎么称了。那么，你能否在顾客光临之前帮助海·哈特把这个难题解决呢？

928. 神秘的正方形

让我们抽时间来解决另外 1 个有趣而又神秘的正方形思维游戏吧。你所要做的就是将下图中正方形里的数字重新排列，使每个水平方向、垂直方向以及对角线上的数字相

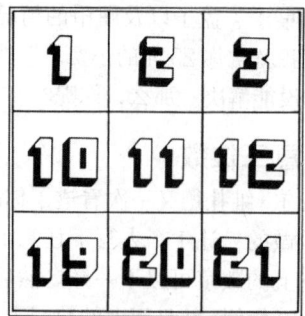

加的结果为 33。我希望你用大约 5 分钟的时间把答案推测出来。

929. 附加题

大家对苏珊女士在数学课上出的这个附加题好像都算出了答案。如果你对这种题型不熟悉的话，我会告诉你：你必须用 0 到 9 这几个数字代替图中数学表达式中的 10 个不同字母，最后的结果必须是 1 个正确的加法算式（要把相同的字母替换成相同的数字）。

930. 姑妈家的晚餐

年轻的奥斯汀·泰特科勒每个星期天都会去姑妈家和姑妈共进晚餐（17:00）。奥斯汀住在利佛格罗夫，而他的姑妈住在市中心。教堂的茶叙时间（12:00）一过奥斯汀就马上动身出发。很久以前他就知道如果按每小时 15 千米的速度骑车，那么他会在晚餐开始前 1 个小时到。但是，如果以每小时 10 千米的速度骑，那么他会迟到 1 个小时。

如果奥斯汀想在晚餐时间正好到的话，他应该骑多快呢？他家和姑妈家相距多远呢？

931. 葛鲁丘的难题

葛鲁丘看上去没心情加入我们的俱乐部，我想知道他是否可以解决下面那个入口的题。他所要做的就是计算出最后那个数字是什么！

好，那么，顶部和底部的各 3 张牌相加等于 18，两列的各 4 张牌相加等于 18。

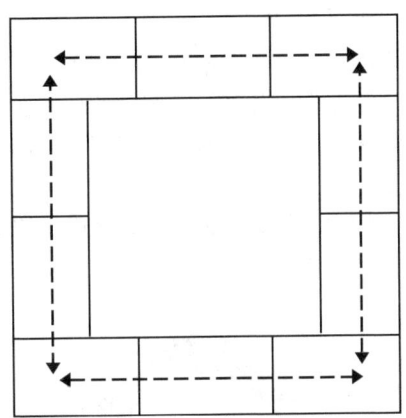

932. 碑铭

斯皮尔牧师在去做晚祷的路上碰到了下图中的墓碑，而碑铭中的某些东西让他很烦恼。他思考了一会儿发现里面有个错误。那么，你能找出牧师发现的那个错误吗？

悼念教区的爱德华·方丹先生，他于 1823 年 10 月 28 日逝世，享年 66 岁；同时，也悼念莎拉·方丹太太，方丹先生的寡妇，她于 1812 年 9 月 23 日逝世，享年 82 岁。

933. 扑克与正方形

可以用 1 种新方法构建 1 个有趣的正方形。在 1 副扑克当中抽出 10 张牌，要求从 A 到 10，A 可以看做 1；然后，把它们拼成 1 个正方形，而且要使正方形的每条边上的数字相加都等于 18。如果按下图的样子把牌放

934. 散步

亚特兰大市以数千米的木板路著称。每年夏天威兰·阿姆斯特朗都会推着妈妈在木板路上散步，一直走到钢铁码头才返回。威兰的行车速度保持不变：当逆风而行时，他 4 分钟可以走 1 千米；当顺风而行时，他 3 分钟就可以走 1 千米。根据这些信息，你能计算出他在没有风的时候走 1 千米用多长时间吗？

935. 阴影的面积

这是 1 个很巧妙的几何题。下图中有两个正方形，小正方形的边长为 3 厘米，大正方形的边长为 4 厘米，大正方形的左上角正好位于小正方形的中心点 X，大正方形绕 X 点旋转直到它的顶边与线段 ac 相交于 b 点。

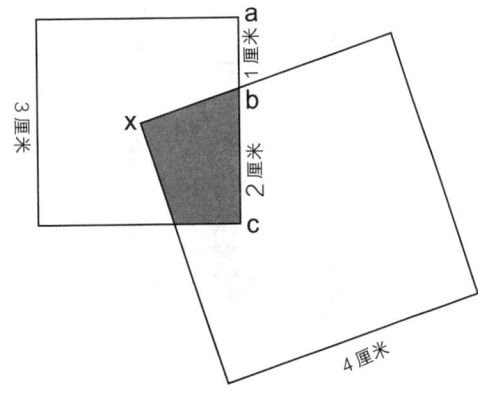

那么，你能根据以上的提示信息计算出阴影部分的面积吗？

936. 数字竞赛

很久以前，有个先生叫霍华德·迪斯丁，他是 1 个乐器制作商。下图中的他正在击鼓召唤大家来参加 1 个数字竞赛。在今年的乐器集会上，为了增加大家的兴趣，他把题印在了鼓膜上。那么，你知道数字串里的下一个数字是什么吗？

77，49，36，18，？

接下来的数字是什么呢？

937. 蜘蛛与苍蝇

你不能被这个问题难倒。下图的玻璃圆

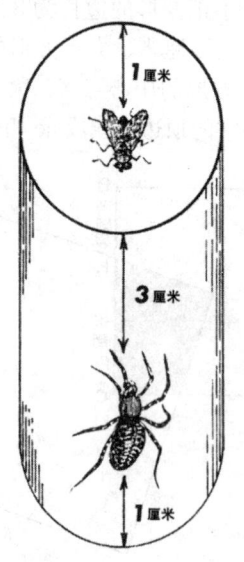

柱体高 4 厘米，周长为 6 厘米。圆柱体外面有 1 只蜘蛛，距离圆柱底部 1 厘米；里面有 1 只苍蝇，距离圆柱顶部 1 厘米。蜘蛛看到苍蝇后，找出了最近的路线，然后猛扑向苍蝇。那么，蜘蛛的行走路线是什么？同时，它走的路程有几厘米呢？

938. 给父亲的信

"请多寄些钱过来。"这个大学生已经把钱花完了，他在向家要——而他的请求只有当他的父亲解读之后才能得到回复。信中的每个字母代表 1 个数位上的数字——数字是从 0 到 9，其中的一些数字被重复使用。那么，这个大学生想要多少钱呢？

亲爱的爸爸：

SEND
+MORE
MONEY

939. 埃德娜阿姨的钱

埃德娜阿姨总是在家存放大笔钱以备急用。仅有的问题就是她从来不相信纸币，所以她存放的都是硬币。同时，她把自己的存款藏在窃贼最不可能想到的地方——盛汤的碗里。当她数钱时，她发现了 1 个极巧的事：她的 1500 枚硬币正好是 800 元，硬币分为 1 元硬币、5 角硬币以及 1 角硬币。那么，你能说出这些硬币各有多少个吗？

940. 蜘蛛网

有 1 个雕像存放在格力姆斯力城堡的阴暗凹室里。凹室的部分入口被 1 张巨大的蜘蛛网挡住了，拱状网的弧正好是圆周长的 $\frac{1}{4}$，长 20 厘米。那么，你能根据这些情况计算出蜘蛛网遮盖部分的面积是多少平方厘米吗？

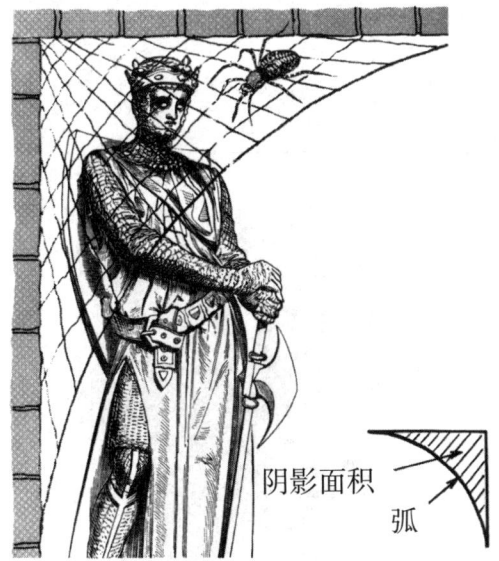

阴影面积

弧

941. 1 到 100

潘奇在思考这个题时想把它清楚地表达出来。他必须在心里把从 1 到 100 的数字加起来，但是，他尝试了 10 分钟就宣布了放弃，他抱怨说自己总是忘记前面加的那些数字。然而，潘奇却不知道有 1 个简单的方法可以让他快速解答这个题。那么，你知道这个方法是什么吗？

942. 火柴的游戏

很多年以前，抽烟是社交上的常事，每个人都随身带着火柴并知道至少 6 个有关火柴的游戏。下图中的 12 根火柴拼成了 1 个正方形。这个正方形的面积是 9 个平方单位，而这个单位的长度就是火柴的长度。那么，你能否将这 12 根火柴重新排列，使它们的面积为 4 个平方单位呢？当然，所有的火柴都

不能重叠在一起。

943. 6 袋硬币

戴佛尔·邓肯在 1 艘失事的船里检查时，找到了 1 个保险库，而就在那一天，他赚了大钱。他先提出来 4 袋钱，里面各有 60 枚、30 枚、20 枚和 15 枚金币。当他数完剩下 2 个袋子里的钱时，他发现这 6 个袋子硬币的个数形成 1 个特殊的递进关系。那么，你能否计算出第 5 袋和第 6 袋里的硬币个数呢？

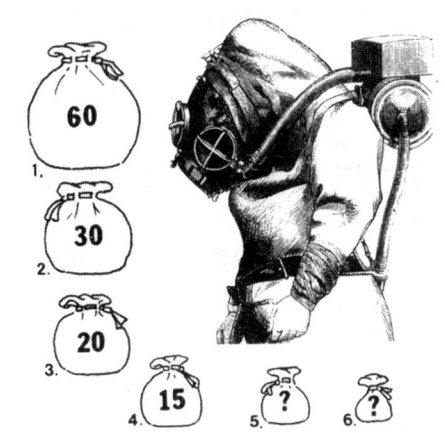

944. 城堡里的思维游戏

在城堡里长大的孩子不仅会格斗和打仗，他们也会做相当数量的思维游戏。这里我们看到的是令人尊敬的兄长正在让这些孩子解答 1 个数字替换题。在这个乘法算式里，

有些数字已经被星号所代替。那么，请你试试，看能否把这个算式还原。

945. 机械玩具

有一天，加尔文·克莱克特伯尔碰到了一些铁制的机械玩具收藏品，他因此大花了一笔。其中，包括自动倾卸卡车、蒸汽挖土机以及农用拖拉机，我们把他的发现编成了1个题。他买了下面4堆玩具：

第1堆有1辆拖拉机、3辆挖土机以及7辆卡车，花了140元。

第2堆有1辆拖拉机、4辆挖土机以及10辆卡车，花了170元。

第3堆有10辆拖拉机、15辆挖土机以及25辆卡车。

第4堆有1辆拖拉机、1辆挖土机以及1辆卡车。

请计算出加尔文为第3堆和第4堆玩具花了多少钱。

946. 下蛋

从它们出现在思维游戏中的次数就可以断定鸡是圈养动物里最聪明的动物。有一天，塞·科恩克利伯又在西洋跳棋比赛中输给了波普·本特利，于是他就问波普下面这个问题：如果1只半鸡在1天半下了1个半鸡蛋，那么6只鸡6天下多少个鸡蛋？波普现在研

究这个题。那么，你认为这几只鸡会下多少个鸡蛋呢？

947. 盒子的重量（一）

你想听听哈肯布什先生回来时巴斯卡姆还记着哪些吗？同时，你能否计算出每个盒子的重量呢？

好的，先生！等哈肯布什先生一回来我就转告他。盒子1和2的总重量是12千克，盒子2和3的重量是$13\frac{1}{2}$千克，盒子3和4的总重量是$11\frac{1}{2}$千克，盒子4和5的总重量是8千克，同时，盒子1，3，5的总重量是16千克。您让他计算出每个盒子的重量，然后再打电话告诉您。别担心，先生！我已经把它们全部详细记在脑子里了！

948. 纪念胜利

有一位将军为士兵出了这样一道题：我们战胜了无敌舰队，这是一场伟大的胜利，请大家原谅我的措辞，这场胜利使我们成为欧洲的老大，为了纪念它，我以我的名义创作了下面的这个题：找出由同一个数字组成的两个数，这两个数不论相加还是相乘，结果都相同。

949. 杂耍大师

这里我们看到的是查理·秦，他是1位著名的杂耍大师，他此刻正在解决由某位观众提出的1个加法题。查理必须将下图中5个三位数中的6个数位上的数字删去并使删除后的数相加的结果等于1111（当1个数位上的

数字被删去后，这个数位的数字用零代替）。
查理可以在 30 秒内把问题解决。那么，你呢？

950.13 个 3

对那些在万圣节前夕迷信的人来说，这是 1 个很好的思维游戏。南瓜先生给你 13 个 3，让你把这些数排列成 1 个等式并使结果等于 100。

951. 动员会

随着神圣一天的日益临近，参加圣诞老人讨论会的动物助手也开展了圣诞前的动员会。现在我们看到的是他们正在解答 1 个很难的数学题。要解决它，你必须用从 1 到 9 这 9 个数字替换数学表达式中的字母，同时，必须使最后得出的减法算式表达正确，相同的数字要替换相同的字母。

952. 新式计算机

哦，亨利教授，我当然希望您的新式计算机能帮我一把。我的学生认为我无能，因为他们觉得我无法解答他们认为是很简单的题。他们向我提出了挑战，让我找出最小的那个数：如果被 2，3，4，5 或者 6 除，余数总是 1；如果被 7 除，那么就不会有余数。您能帮帮我吗？

当然了，我亲爱的朋友！我只需要把你这个问题的参数输进去，瞧，我们的答案打印出来了！现在有结果了！这个数字就是……

953. 喝啤酒

很显然，这是发生在巴伐利亚的婚姻生活片段。但是，下面的对话中又出现 1 个有趣的问题。假如奥托没有跟他在一起，那么布伦希尔德自己喝光 1 桶啤酒要用多长时间呢？

哦，布伦希尔德，生活是多么令人愉快啊！你想想，在我遇到你之前，我喝光 1 桶啤酒要用 20 天！

我知道，奥托。而自从和我在一起之后，我们两个只用 14 天就能把 1 桶啤酒喝光。生活真是很美好！

954. 古老的难题

法雷现在已经智穷力竭了，他解决不了这个古老的难题：将 1 至 9 按顺序写下来，将 1 个减号和 3 个加号插在某些数位之间，使数学表达式的结果等于 70。

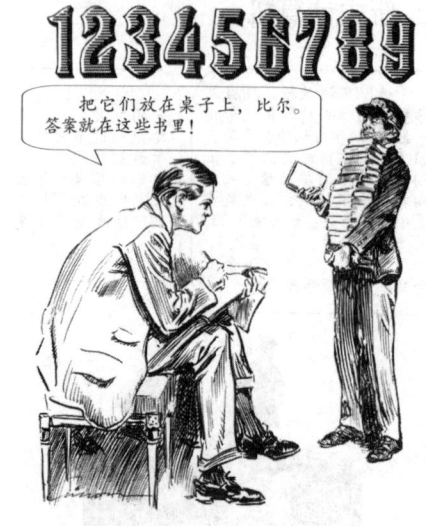

955. 36 变 37

那位优秀的代课老师——普里西拉·孙珊女士今天给我们上数学课。大家注意听啊!

"你们的老师——特雷西先生告诉我你们需要在解答幻方上面多加练习。现在,我把 9 到 16 这几个数放在这个正方形的边的周围,同时,各边上的 3 个数字相加的结果都是 36。你们的任务是将其中的 8 个数字重新排列,使各边上 3 个数字相加的结果都等于 37。"

956. 三明治

卡米拉,那些三明治还没有做好吗?现在做了几个?最后 1 个四人组正在打第 18 个果岭。作为锦标赛的东道主,我的声誉保不住了!

诺伯特,你要有耐心。你要是一开始帮我做芦笋三明治的话,1 个小时之前我就做完了。你要是想知道我要做多少个三明治的话,我可以给你 1 个提示。如果用三明治的总数除以 2,3,4,5 或者 6,你会发现所有的余数都一样;但是,如果除以 11 的话,将不会有余数。你要找出符合以上条件的那个最小值。现在他们来了,开始把菠萝倒进去。

957. 赌客

在 1903 年的夏天,赌客们正忙着为下轮比赛的马匹下注。在第 6 站比赛里,这 6 匹马在长 200 米的赛道上赛跑,最后的结果显示在下图的揭示牌上。1 位十分喜爱马匹思维游戏的改良者发现 1 个有趣的题:如果将上面各栏中的数字改变位置,那么就可以使每行、每列中从 1 到 6 这 6 个数字只出现 1 次,从而形成 1 个数字幻方。你能在 10 分钟内解决问题吗?

亚特兰大市——第 6 站比赛

马匹	第1站	第2站	第3站	第4站	第5站	第6站
八号	6	2	3	5	4	1
干草燃烧炉	3	6	1	4	5	2
慢速启动	5	1	6	2	4	3
不走运	5	4	1	2	3	4
凹背	4	1	3	6	2	5
倒数第一	2	5	3	1	4	6

958. 千禧年幻方

第 2 个千禧年时人们用 1 个特殊的"千禧年幻方"思维游戏庆祝了一下。建立的这个幻方里的数字无论在水平方向、垂直方向还是对角线上相加的结果都是 2000。现在,

X	X	507	X
506	X	X	X
X	509	X	X
X	X	X	508

我们已经为你填出了其中的 4 个数字，而剩下的 12 个范围在 492 到 503 之间的数要由你来填。你能解答这道题吗？

959. 3 个孩子的年龄

以前过圣诞节是多么美好！妈妈和孩子们围在圣诞树周围，爸爸在他喜爱的椅子上打盹，而对其中的 3 个孩子来说，这一天不同寻常，因为圣诞节是他们的生日。我们来看看你能否判断出他们的年龄。今天巴顿的年龄是温德尔和苏珊年龄相加的总和。去年圣诞节时，温德尔的年龄是苏珊的 2 倍。如果从现在算，那么 2 年后，巴顿的年龄将是苏珊的 2 倍。

那么，你能在火鸡和菜肴摆在桌子上之前猜出他们的年龄吗？

960. 毕达哥拉斯之星

19 世纪初的表演者当然也有五花八门的表演。但是，他那个极瘦的助手看起来却对他的能力表示怀疑。下图的毕达哥拉斯之星思维游戏要求玩家把圆圈中的数字重新排列，使五角星内任意 1 条线上的 4 个数字相加的结果等于 24。那么，你准备怎么排列呢？

961. 蚱蜢与青蛙的比赛

比赛路线从起跑线到老橡树长 14 米，所以，整个比赛路线的总长度就是 28 米。蚱蜢一下能跳 3 米，而青蛙一下只能跳 2 米。蚱蜢每跳 3 次，青蛙可以跳 5 次，它们谁会首先越过终点线获胜呢？

好了，绅士们，你们要朝着那棵老橡树跑，到达老橡树时，转而往回跑，跑到起跑线。最先到达起跑线的获胜！好，现在各就位！

962. 长裤里的玩具

现在，大家可以发现我们今年为孩子们准备了两种尺寸的长裤。1 种是"我很棒"，另外 1 种是"我非常地棒"！哦，我的天哪！我注意到 1 个思维游戏。那只大的长裤里的玩具数和小的长裤里一样，都是由相同的数字组成的。同时，两个数的差是两个数相加的和的 $\frac{1}{11}$。

那么，每只长裤里各有多少个玩具呢？

963. 录音筒

卡斯卡特家的孩子们最喜欢的 1 个玩具就是号角民谣口琴，这 19 个孩子每人都有 1 个录音筒，里面记录了他们睡觉前的 1 个小故事，他们把录下的声音保存在专门的记录盒内。莫尔叔叔告诉他们记录槽被 12 根横木连接起来，外部有 6 根，另外 6 根作为辐条放在里面。每根横木上连接 3 个槽。"我给你们出 1 个思维游戏，"他说，"看看你们能不能将这 19 个标有数字的记录筒进行排列，使排列之后任意 1 根横木上的 3 个数字相加的结果等于 23。"

964. 孪生兄弟

诺贝尔沃尔佛教授人如其名（他的名字

意思为火箭发射器），5 分钟后，伊克曼这对孪生兄弟将"升空"，教授会用独一无二的方法表达对笨蛋的不悦。汉斯和费德尔的惊惶失措都因下面的问题而起：将 1 个五位数的奇数重新排列，使其数位上数字相加的结果等于 20，相同的奇数可以重新使用。你也有 5 分钟的时间解答这个问题。

965. 点菜语言

欢迎参加新泽西州布卢姆菲尔德镇的美味晚宴。哈里特经济餐馆点菜时所使用的语言十分有趣，我们把这些字母编成了思维游戏。你在解答这个题时，要将所有的字母用数字来替换，相同的字母用相同的数字替换。而替换之后，你会将她所点的东西变成 1 个正确的数学表达式。

966. 午餐托盘

我记得上高中的时候，"大块儿头"马修斯·莫兰在学习之余赚的钱都是通过把其他学生在午餐之后的托盘拿回厨房挣来的。1 个托盘他收 5 分钱，他因 1 次能拿许多托盘而名噪一时。有一天，他两趟一共拿了 99 个托盘。当我问他每趟拿了多少个托盘时，他回答说："第 1 趟所拿托盘的 $\frac{2}{3}$ 等于第 2 趟托盘的 $\frac{4}{5}$。现在，你应该知道了吧！"

967. 钟楼

修士塞巴斯蒂安和修士撒迪厄斯在钟楼值班，但是，我敢肯定他们这个晚上是不会很清闲的。通常情况下，钟在正常运转时，他们的工作量是稳定的。比如，5 点时他们撞钟的时间是 25 秒。那么，你能否根据这些条件计算出 10 点时他们撞钟的时间是多少呢？

968. 护身符

这是有名的赌徒威灵顿·曼尼拜格斯的护身符。但不幸的是印刷工把数字排在错误的位置，以至于它失灵了。如果要恢复它的威力，你必须把 1 至 9 这 9 个数字重新排列，使每个边上的 4 个数字相加的结果等于 17（三角形角上的数字同时算在相邻的两个边上）。

969. 高尔夫球交易

特拉斯丁·奈德·阿姆斯特朗是奈德精

彩体育世界的老板。有一天，他与 1 个看起来很可疑的人完成了当天的第 1 笔交易。顾客花 12 元买了 1 筐高尔夫球，他支付了 20 元，奈德没有零钱，于是去隔壁的面包店换钱，然后把东西交给顾客并找给他 8 元。10 分钟后，面包师进来抱怨说那 20 元是假的，然后奈德从柜台拿出 20 元还给他。现在，奈德想的是他到底在第 1 笔交易当中损失了多少钱。记住，这筐高尔夫球的利润是 100%。

970. 哈比的帽子

以斯拉·沃尔顿是湍流船队的船长，哈比·贝克维尔正搭乘他的船前往自己的新业务地区。船刚刚离开码头，哈比就睡着了。当船航行了 1 千米时，哈比的帽子被吹到了水里，并开始向下游漂去，而船却继续向上游前进。当哈比醒来发现自己的帽子不见时，已过了 5 分钟，他马上让以斯拉调转船头往下游走。他们最终找到了帽子，而帽子那时则刚刚到达他们原来出发的地方。无论上游还是下游，船航行的速度保持不变。那么，你能根据这些信息计算出河流的漂流速度吗？

971. 墨尔本教授的思考

墨尔本教授正在思考 1 个古老的思维游戏，这个题是他的 1 个学生带到课堂上的。这个题是这样说的：将 12 个数字放在下图的 12 个圆圈内，要求是外圈的数字相加的结果必须是内圈数字相加结果的 2 倍，而内圈的 4 个数字必须是连续的数字。

972. 兜风狂

麦德·曼·莫里提是早期的驾车兜风狂。他正从老秃山的山顶往下狂奔，崎岖的山路十分危险，幸好他的车很结实，他从自己在乎特维利的家里出来之后以每小时 10 千米的速度从老秃山的一侧爬上去，然后又以每小时 20 千米的速度从山的另一侧下来。如果这时莫里提再折回到乎特维利，那么他往返旅行的平均速度是多少呢？

973. 结账

每到星期五的中午，大家都会在撒玛利亚极品俱乐部聚餐，每次到了结账的时候，本森哥俩总是借口因为公事离开。弗雷德里克让鸡汤浇了一身的那天，他们剩下的这几个人平摊了 80 元的账。他们在场的人每次都是平分花销，为了弥补本森哥俩的账，他们每个人必须多支付 2 元。那么，你知道原来有多少人在聚餐吗？

我算看透了！这一次，本森这对孪生兄弟又像往常一样，一到平摊钱的时候就溜走了。如今，我被秋葵鸡汤浇了一身。这个俱乐部以后再也见不到弗雷德里克·海克勒了！

974. 速降滑雪赛

每到参加西奥伦奇速降滑雪赛的时候，哈利和哈里特都会遇到布罗迪·邦奇一家人。在 1 千米的赛道上，哈利的新款雪橇比布罗迪的旧款大雪橇快了两倍半，哈利和哈里特最后领先他们 6 分钟取得了胜利。那么，你能否根据这些信息判断出他们各自用了多长时间跑完了 1 千米呢？

975. 伪钞

私人侦探——"帽子"哈利·哈伯森又被称为伞人，他曾经在 19 世纪 90 年代破获纽约最大的 1 个造假集团。从他帽子的剖面图可以看出这是个伞状的装置，既可以遮光也可以保证他的安全。当记者问他在房子里发现了多少伪钞时，他回答：

"为了清算，我们把造假太太印制的全部伪钞堆放在桌上。我们发现 5 元的伪钞数量是 1 元伪钞的 10 倍，而 50 元的伪钞数量是 10 元伪钞的 2 倍，一共有伪钞 1500 元。那么，现在，请你根据上面的信息作出判断，各种面值的伪钞分别有多少？"

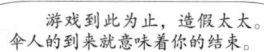

游戏到此为止，造假太太。伞人的到来就意味着你的结束。

976. 饭钱

读者朋友也要在 15 秒内计算出结果。

阿巴斯诺特，这顿饭吃得非常好。花 111 元也值了。我们何不打个赌呢？谁输了谁付账，怎么样？我跟你赌两顿饭钱：你不可能在 15 秒之内计算出我们这顿饭钱的 $\frac{3}{4}$ 的 $\frac{2}{3}$ 是多少钱！

就这么办了，温迪尔。现在就给我计时吧！

977. 数学题

维克托，这就是克劳德·史密斯，昨天晚上使我在卡法斯大学全体教师面前蒙羞的人就是他。他不但怀疑我的理论，还公开向我叫板，让我解答我身后黑板上用粉笔写的这个微不足道的数学题。要解答这个题，你要将上面的 4 个符号重新排列并使它们等于 100。如果你愿意的话，你也可以填上或者删减符号。可是我现在还没有把它解答出来。

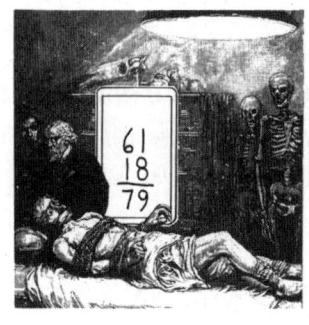

978. 港口

下图是著名的查普曼滚轮船，它建于 1895 年。这艘船通过转动两边的巨大滚轮在水中行驶，而滚轮则都是由电气机车在轨道上运行提供动力的。船在服役的第 1 年往返于亚马逊河上的两个港口，从 A 港口顺流而下，它的行驶速度可以达到 20 千米 / 小时，到达 B 港口后，等旅客上船并装载邮件，它开始返回上游的 A 港口。返航时，它的行驶速度只能达到 15 千米 / 小时，就是说相同的距离船要多走 5 个小时。那么，你能计算出 A 港口距离 B 港口有多远吗？

979. 水下答题人

这是娱乐节目历史上最奇特的表演。尼莫教授和水下答题人米兰达环游过北美洲和欧洲，他们还解答了那里的观众提出的每个思维游戏。米兰达面对的只有问题，她别无选择，要么快速找到答案，要么面临溺水而亡的危险。那么你能帮她算出拜罗斯夫人现在的年龄吗？

980. 小于 20 的数

迈克和他的朋友们正在思维游戏俱乐部的图书馆里研究 1 个问题。我们也来试试，看能不能给他们帮上忙。

981. 牲畜

苏巴克说："埃比尼泽，我用 6 头猪换你 1 匹马。这样，你的牲畜就是我的 2 倍。"

押沙龙说："等等，苏巴克，我用 14 只绵羊换你 1 匹马。这样，你的牲畜就是我的 3 倍。"

埃比尼泽说："我有个更好的主意，押沙龙，我用 4 头母牛换你 1 匹马。这样，你的牲畜就是我的 6 倍。"

听完这 3 个马匹交易者所说的话，你应该有足够的信息计算出他们各自有多少牲畜了。

982. 隧道

弗瑞德是廉价小说中的英雄，他现在急需你的帮助！弗瑞德和他的朋友们抓住了一伙火车打劫者，现在他必须解救午后乘车的旅客。他想打信号使刚刚从死人隧道中出来的火车停下，但是距离太远。正好，有辆日常客车正从隧道另一端的入口进入，它的行驶速度是 75 千米 / 小时，隧道长 0.5 千米，火车需要 6 秒钟才能完全进入隧道。如果弗瑞德以最快的速度跑，他到达隧道的出口需要 27 秒的时间。那么，要使火车司机在看到信号后停车，他是否足够快呢？

233

983. 弗朗昆教授的困惑

弗朗昆教授的学生都知道只要他们用粉笔在他研究室窗户外的墙上写 1 个有趣的问题，教授就会陷入其中并因此忘记自己的课。这会儿他正思考如何将 5 个 4 和 1 个加号重新排列使它们相加的结果等于 55。如果你想出来的话，请不要告诉教授，因为他的学生会让告密者难堪的。

984. 线轴

那是 1902 年的圣诞节，巴塞洛缪家的孩子们把家按照富兰克林杂货店的样子布置好了。既有做游戏用的钱，也有出售的商品，他们的头顶上还有送款机。内维尔负责找零钱，而巴斯卡姆在接待他的妹妹弗勒莱特。那个时候，8 元钱可以买很多东西。那么，你知道她在下面的交易中每种线轴各买了多少吗？

我们现在来看看。虽然我只能花 8 元，但我想我可以买到一批颜色各异的细线。给我几个价值 2 角的蓝色线轴，10 多倍于蓝色线轴的价值 1 角的红色线轴，用剩下的钱买价值 5 角的绿色线轴，请快点啊，我的马车并排停在路边呢！

985. 安德鲁叔叔的抽屉

塞尔温，我今天才收到你的信，但是我对信中的思维游戏感到有些迷惑。你说安德鲁叔叔的桌子有 1 个抽屉，而且他把它用来放现金，你提到这个抽屉分为 9 个隔间，每边各有 3 个隔间，他把自己的零钱放在正中央的那个隔间里。你的题说他 1 次把 40 张 1 元的纸币放在其余 8 个隔间内的纸币总数为 15 元。我没说错吧？

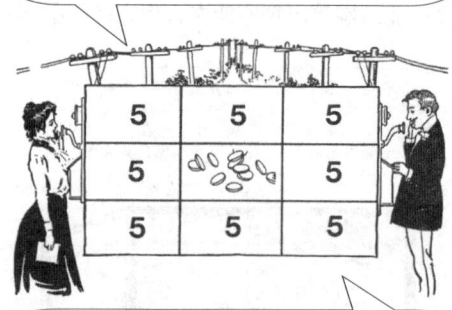

没错，哈蒂，安德鲁叔叔在这 8 个隔间内各放了 5 张纸币。然后，他把所有的钱都拿走，并且在原来的基础上又增加了 16 张 1 元的纸币。接着，把它们重新放回 8 个隔间里，而这次每个边上的 3 个隔间内的纸币总数仍是 15 元。那么，你能告诉我他是怎么做的吗？

986. 法拉比奥手表

要解决这个令人头疼的法拉比奥手表比赛，你要做的就是将六边形手表面上从 1 到 12 这几个数字重新排列，使每个边上的 3 个数字相加的结果等于 22。如果解答出来的人

不止 1 个，那么法拉比奥兄弟将会宣布"结束营业大减价"。

987. 催眠士

追求时尚的催眠士弗朗茨·安东·梅斯梅尔准备在圣诞前夜招待他的贵族朋友。下图中他的实验对象正在解答他的思维游戏。这个题要求幻方上的数字在每个方向上，即水平、垂直以及对角线的相加结果都等于 79。

而读者朋友需要补充剩下的 12 个数字，这些数字要从 11 到 29 中选择。但是，每个数字只能出现 1 次。

夫人，您现在是全法国最伟大的数学家。1779 年的新年快到了，请您想出 1 个幻方思维游戏。只要相加的结果等于年份的最后两位数字就可以了。

好吧，尊贵的梅斯梅尔。前 4 个数字是 26，25，28，27，请您把它们放在第 3, 5, 10, 16 方格内。

988. 变换加号

虽然流感季节来临，但是优秀的代课老师普里西拉·孙珊女士却毫不退缩。

"同学们，我看了昨天的测试结果，你们需要在如何使用符号上进行练习。下面的数学表达式是不正确的，你们只有把 1 个加号改为乘号，4 个加号改为减号才能使它前后成立。因为这是最后阶段，所以即便下课铃响也要继续安心把它解答出来。"

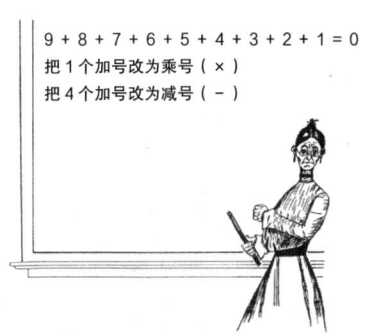

$9 + 8 + 7 + 6 + 5 + 4 + 3 + 2 + 1 = 0$

把 1 个加号改为乘号（×）

把 4 个加号改为减号（-）

989. 乘法式

嗨，琳达！我知道你这道思维游戏的答案了！

迈克，我参加竞赛的思维游戏是跟数字有关的。题中要求用从 1 到 9 这几个数字代替图中的字母，最后得出 1 个正确的乘法式。数位上的不同字母代表不同的数字。

990. 立体幻方

将编号从 1 ～ 9 的棋子按一定的方式填入下图中的 9 个小格中，使得每行、每列以及每条对角线上的和都分别相等。

991. 正方形与数字

仔细算一算，空着的小正方形中应该填上哪些数字？

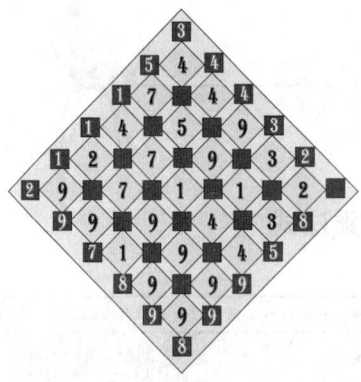

992. 四阶魔方

将这些编号从 1 ~ 16 的棋子填入游戏纸板的 16 个方格内，使得每行、列以及 2 条对角线上的和相等，且和（即魔数）为 34。

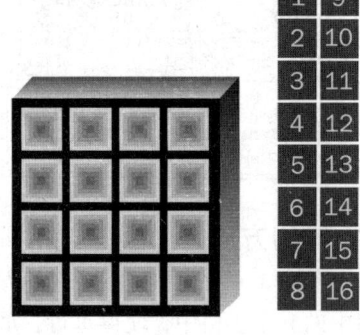

993. 等式（一）

将数字 1 ~ 9 放进数字路线中，使各等式成立。

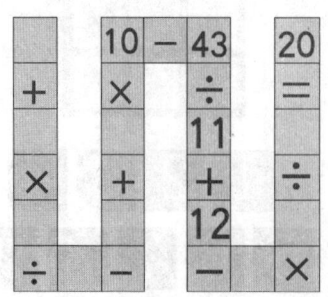

994. 圆圈里的数字

从左上角的圆圈开始顺时针移动，求出标注问号的圆圈里应该填上的数字。

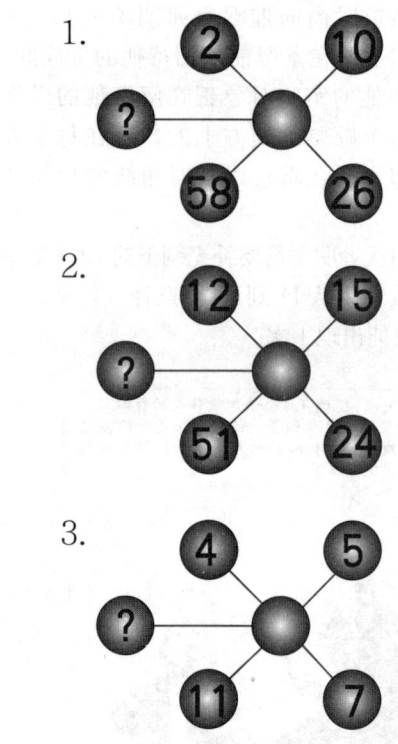

995. 砌砖工

要掉在砌砖工头上的砖有多重？假设它的重量是 1 千克再加上半块砖的重量。

996. 圆圈之和

你能将数字 1 ~ 13 填入下面图中的灰色圆圈中，使得每组围绕方块的 6 个圆圈之和相等吗？

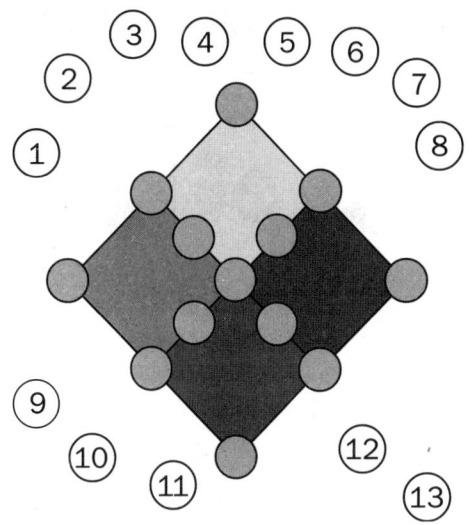

997. 数字之和（二）

用数字 1 ~ 36 填入缺失数字的方格中，使得每行、每列及每条对角线上的 6 个数之和分别都等于 111。

28		3		35	
	18		24		1
7		12		22	
	13		19		29
5		15		25	
	33		6		9

998. 砌墙

有人在砌一堵墙。你能替他完成这项工作，把剩下的 7 张多米诺骨牌插入相应的位置吗？但是要记住，每行中要包括 6 组不同的点数，而且这些点数相加的和要与每行右侧的数值相等；每列也要包括 3 组不同的点数，且这些点数相加的和也要与底部的数值相等。

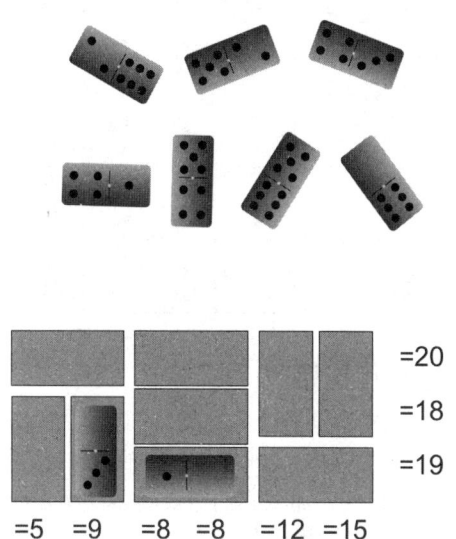

999. 安放数字

在这道谜题中，你必须运用从 1 ~ 12 的数字，每个圆圈中只能放入 1 个数字，而且所有的数字都要用上。将数字全部安放正确，使得各行 4 个数字的总和都等于 26。

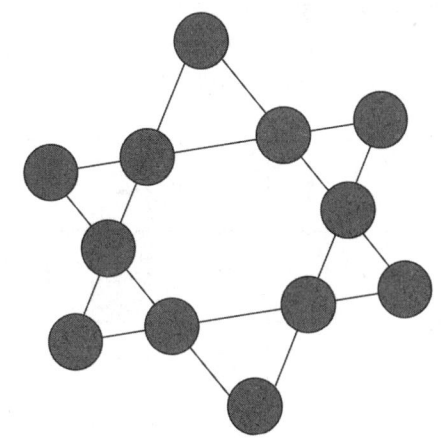

1000. 划分表格

将这个表格分成 4 个相同的形状，并保

证每部分中的数字之和为 50。

8	8	3	6	5	5
8	4	4	7	7	4
5	5	5	8	3	5
9	8	3	4	7	3
7	5	9	3	5	8
6	4	4	8	3	4

1001. 传送带

传送带和滚轴上的货物需要运到 20 个单位距离的地方。如果每个滚轴的周长为 0.8 个单位长度，那么它们需要转多少圈才能将货物运到指定的地点？

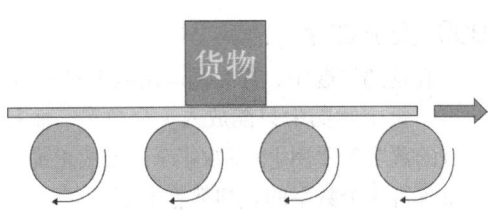

1002. 等式（二）

在空格中填入正确的数字，使所有上下、左右方向的运算等式均成立。

	+		=	6
−		×		+
	+	4	=	
=		=		=
3	+		=	

1003. 风铃

这个风铃重 144 克（假设绳子和棒子的重量为 0）。

你能计算出每个装饰物的重量吗？

1004. 填数（一）

图中标注问号的地方应该填上什么数字？

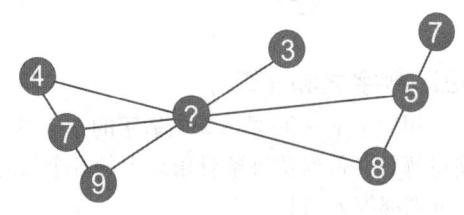

1005. 蜂巢

你能否将数字 1 ～ 19 填入下边的蜂巢里，并且使每处相连的蜂巢室的直行上数字之和为 38 ？

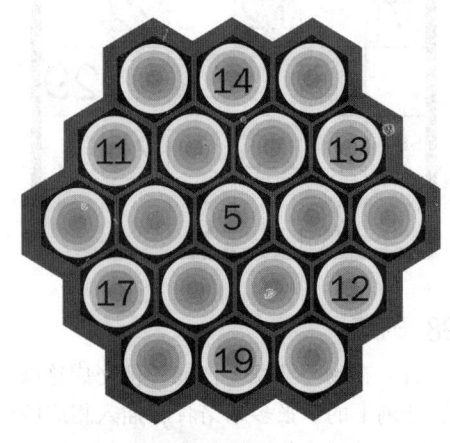

1006. 相邻的数字

将数字 1 ~ 8 填入下图的圆圈内，使游戏板上任何相邻的数字都不是连续的？

1007. 五角星之和

你能将数字 1 ~ 12（除去 7 和 11）填入五角星上的 10 个圆圈上，并使任何 1 条直线上的数字之和等于 24 吗？

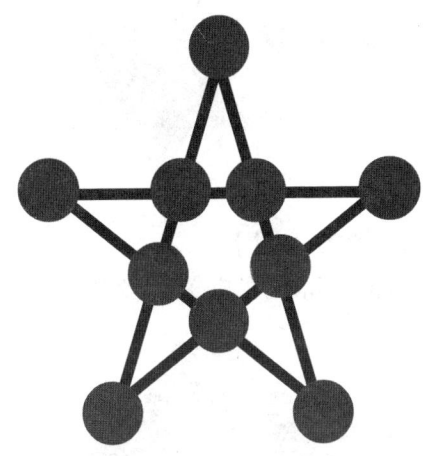

1008. 六角星之和

你能将数字 1 ~ 12 填入六角星的圆圈中，使得任何 1 条直线上的数字之和为 26 吗？

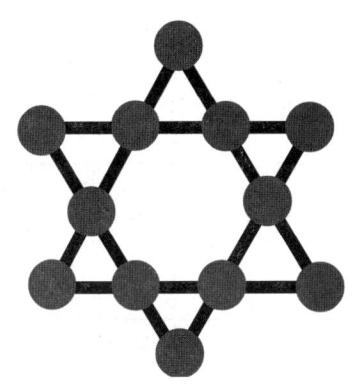

1009. 数字之和（三）

把所有列示的数字都放到正方形的 4 条边上，以替换图中的问号，使每条边上的数字之和都相等。

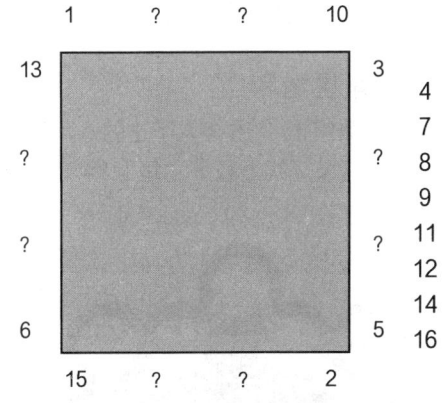

1010. 七角星之和

你能将数字 1 ~ 14 填入下图的七角星圆圈内，使得每条直线上数字之和为 30 吗？

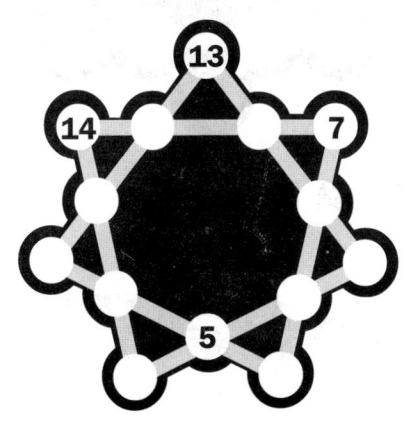

1011. 填数（二）

要完成这道题，最后那个正方形中，问号处应该换成什么数字？

3		23	6		7
	41			28	
7		8	2		13
4		19	14		3
	45			47	
17		5	11		?

1012. 八角星之和

你能将数字 1 ~ 16 填入下边的八角星圆圈内，使得每条直线上数字之和为 34 吗？

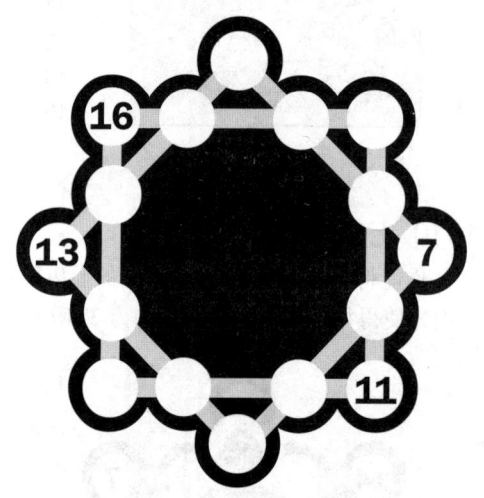

1013. 填数（三）

填出空格内的数字。

1014. 砝码（二）

算一算，问号的地方放几千克的砝码可以使天平平衡？

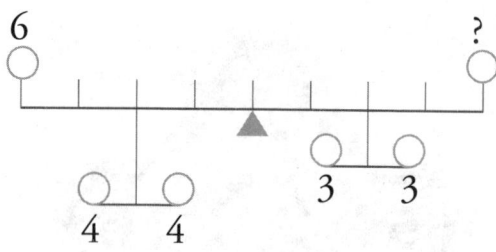

1015. 三角形组

你能否将数字 1 ~ 12 填入多边形的 12 个三角形中，使得多边形中的 6 行（由 5 个三角形组成的三角形组）中，每行（每组）的和均为 33？

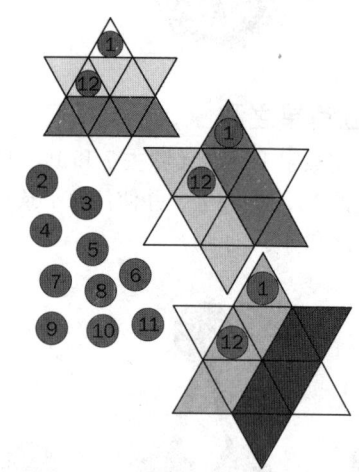

1016. 填数（四）

你能算出问号处应该填什么数吗？

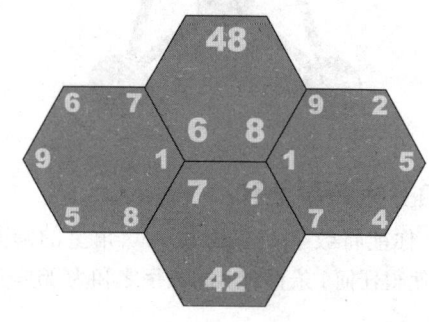

1017. 链形图

算一算，这个链形图中缺少什么数字？

1018. 标志与数字（一）

格子中的每种标志都代表了某个数字，你能算出问号代表的数字是多少吗？

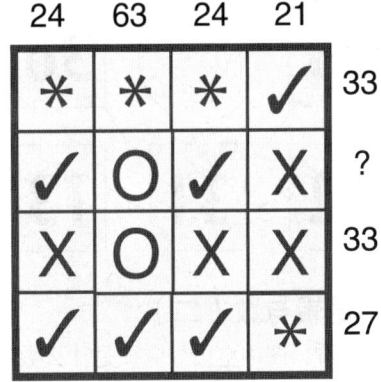

1019. 填数（五）

要完成这道题，问号的位置应该换成什么数字？

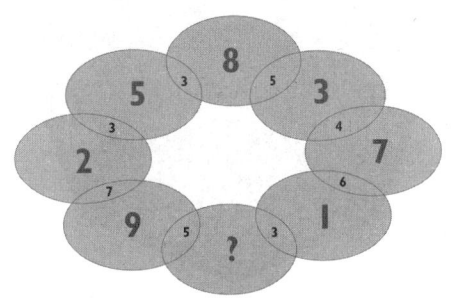

1020. 填数（六）

算一算，在问号处填上什么数字可以完成这道题？

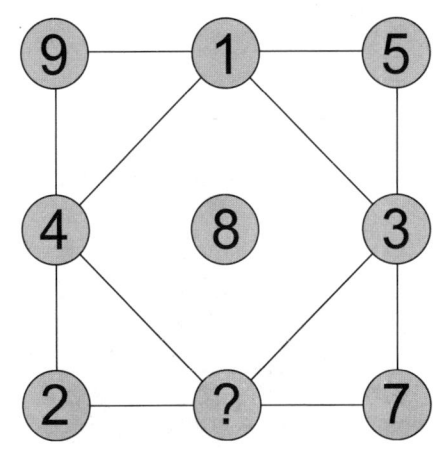

1021. 填数（七）

要完成这道题，你认为问号处应该换成什么数字？

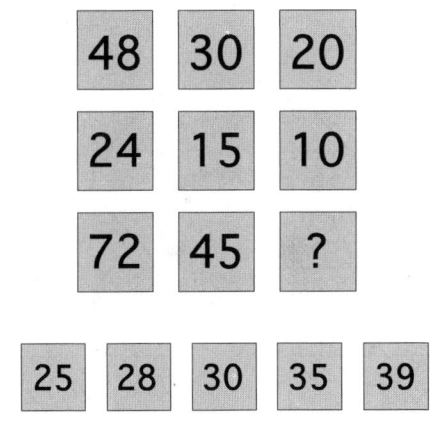

1022. 恰当的数（一）

在图中空白处填上恰当的选项。

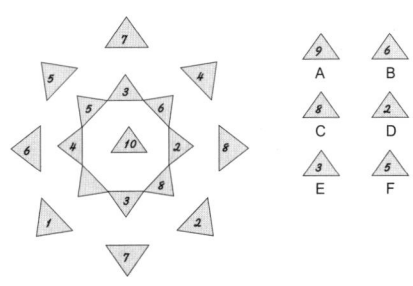

1023. 墨迹

哎呀!墨迹遮盖了一些数字。此题中,从 1 ~ 9 每个数字各使用了 1 次。你能重新写出这个加法算式吗?

1024. 缺失的数字(五)

你能算出缺失的数字吗?

A

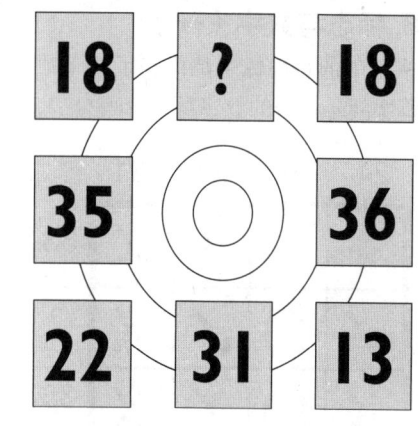

B   C

1025. 等式(三)

这 6 个等式中,哪个是不正确的?

A	2943	=	9
B	2376	=	9
C	7381	=	6
D	4911	=	6
E	7194	=	3
F	5601	=	3

1026. 逻辑与数(一)

找出逻辑关系并填充缺少的数字。

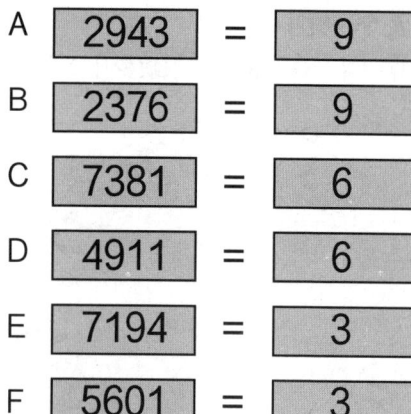

1027. 逻辑与数(二)

算算看,图中空白处应该是什么数字?

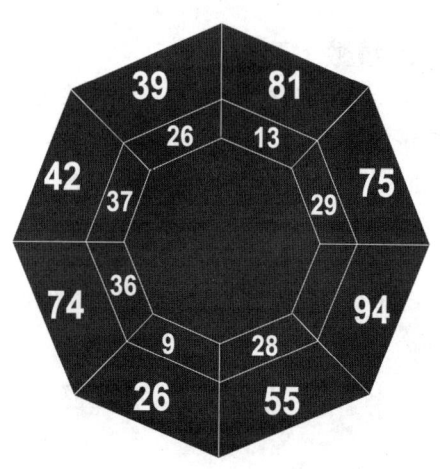

1028. 逻辑与数（三）

你能算出问号处应是什么数字吗？

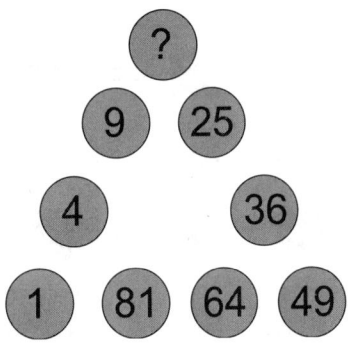

1029. 逻辑与数（四）

图中标注问号的地方应该填上个什么数字？

1030. 恰当的数（二）

在图中标注问号的地方填上恰当的数字。

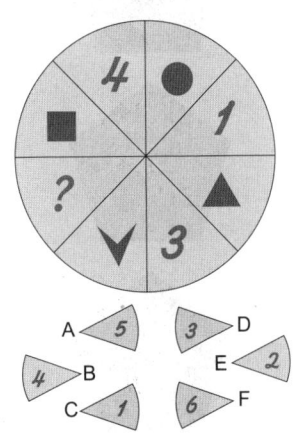

1031. 恰当的数（三）

你能解开这道题吗？

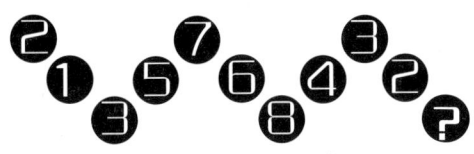

1032. 特殊的数

想一想，哪个数字是特殊的？

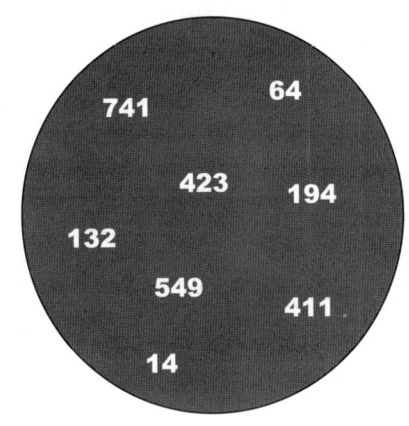

1033. 标志与数字（二）

方格中的每种标志代表 1 个数字，你能算出问号所在处的数字吗？

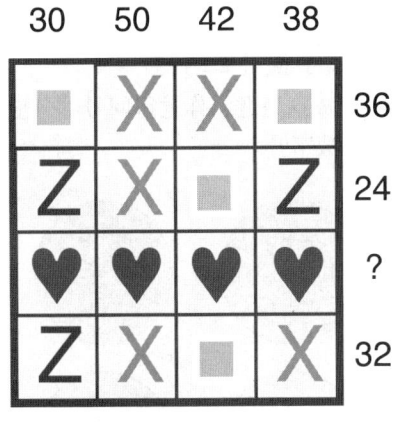

1034. 正方形与数

在最后那个正方形中，哪个数字可以替

换问号?

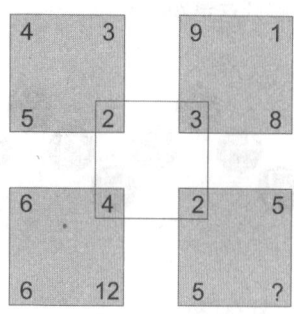

1035. 三角形与数（一）

你能推算出最后那个三角形的中间应该是哪个数字吗?

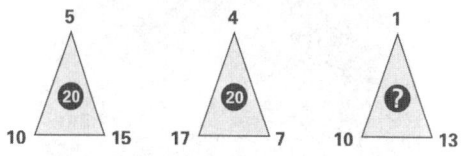

1036. 数字盘（一）

你能找出最后那个数字盘中问号部分应当填入的数字吗?

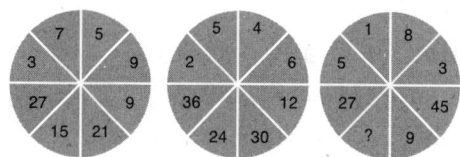

1037. 数字盘（二）

要完成这道题，你觉得问号部分应该替换成什么数字?

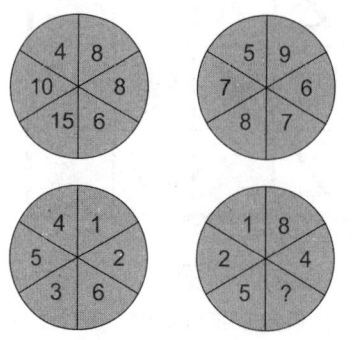

1038. 五角星与圆

方框中标注问号的地方应该填上几个小圆?

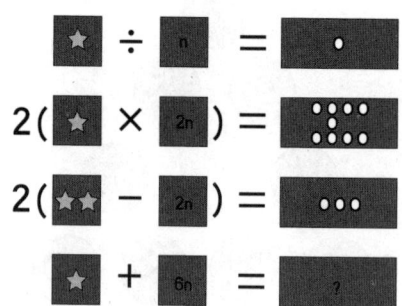

1039. 表格与数字

表格1的数字按某种规则移动后得到表格2。请问表格2中所缺的数字应该怎样填写?

1		
22	15	34
12		14
23	21	19

2		
14		12
19		23

1040. 五边形与数

动动脑筋，问号处应该填什么数呢?

1041. 缺失的数字（六）

要完成这道题，问号处应该填上什么数字？

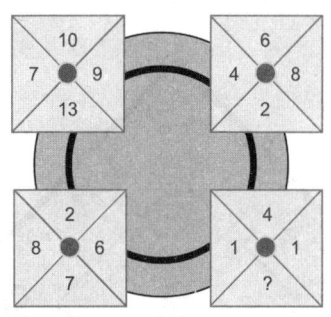

1042. 环形图

你能想出填上什么数字后可以完成这个环形图吗？

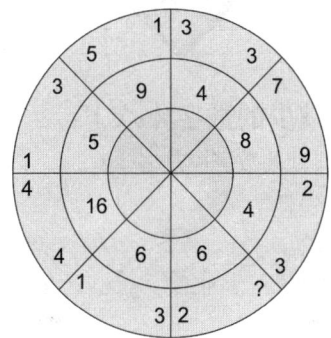

1043. 数学符号（一）

问号部分应当分别用什么数学符号替代才能使两个部分的值相同且大于 1？你可以在"÷"和"x"之间选择。

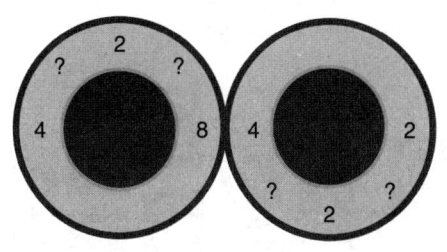

1044. 三角形与数（二）

你知道问号处应该填上什么数字吗？

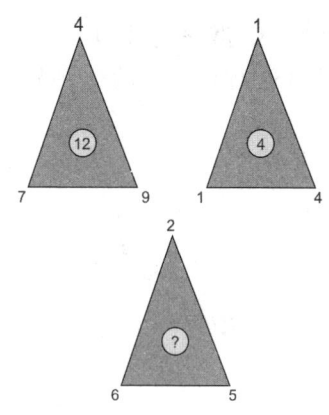

1045. 序列图

在问号处填上什么数字，可以完成这组序列图？

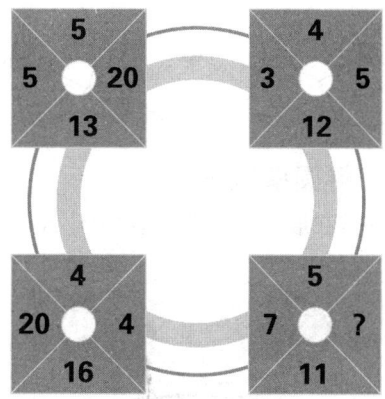

1046. 符号与数值（一）

格子中的每种符号各代表 1 个数字，你能算出问号部分应该填入的数字吗？

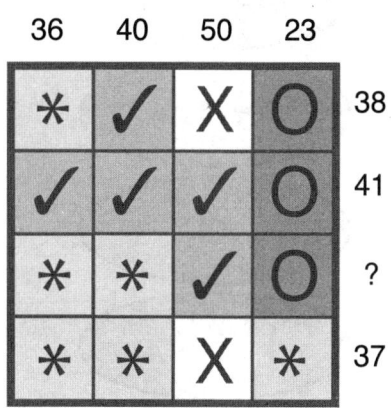

1047. 缺少的数字（七）

你能填充这两个缺少的数字吗？

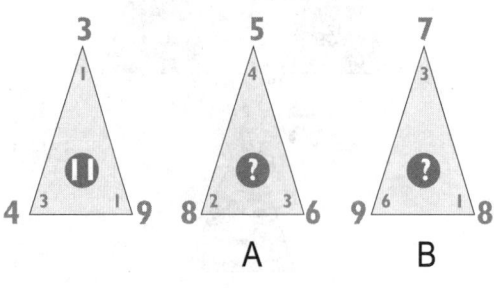

1048. 第 3 个圆

第 3 个圆中缺少什么数字，你能算出来吗？

1049. 椭圆里的数

应该在最后那个椭圆里填上什么数字？

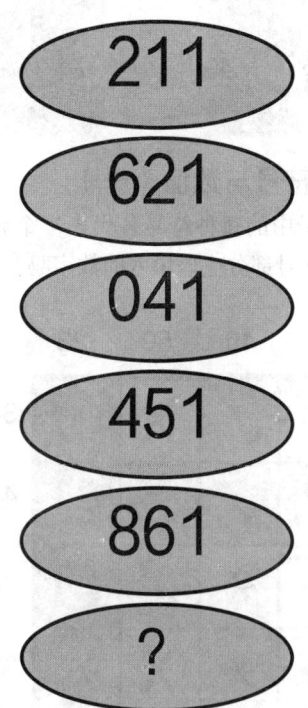

1050. 3 个数学符号

四边形中有 3 个数学符号没有填入。从顶部开始顺时针计算，你能算出问号部分应当填入什么数学符号吗？

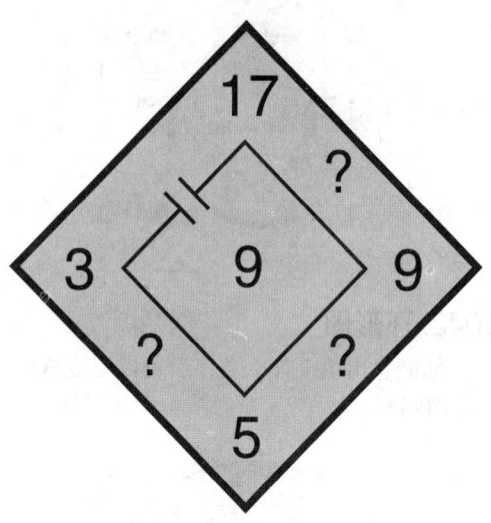

1051. 缺少的数字（八）

问号处的数字应是多少？

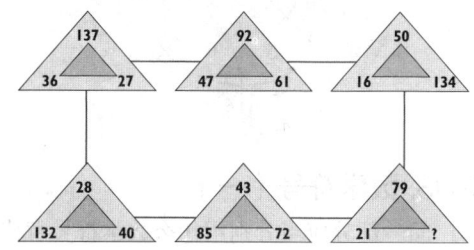

1052. 连续数序列

用给出的数字组成 1 个连续数序列。你只需使用 10 个数字中的 9 个。

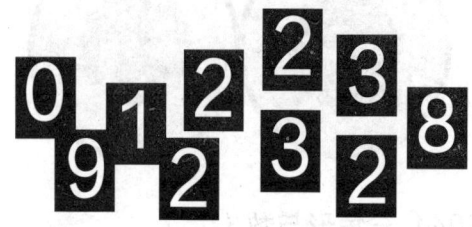

1053. 数字链

在问号的位置填上合适的数字就可以完成这道谜题，猜猜看应该是哪个数字？

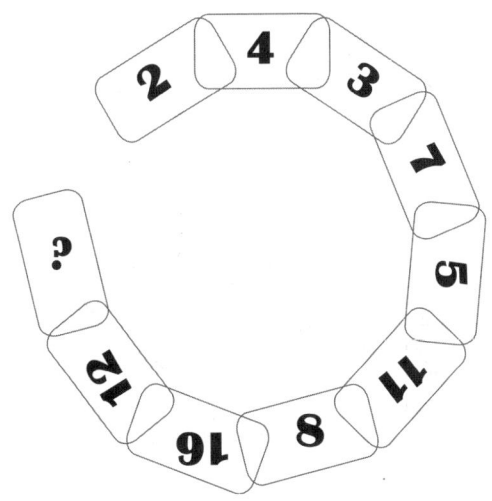

1054. 数字塔

要完成这道题，你觉得问号部分应该换成什么数字？

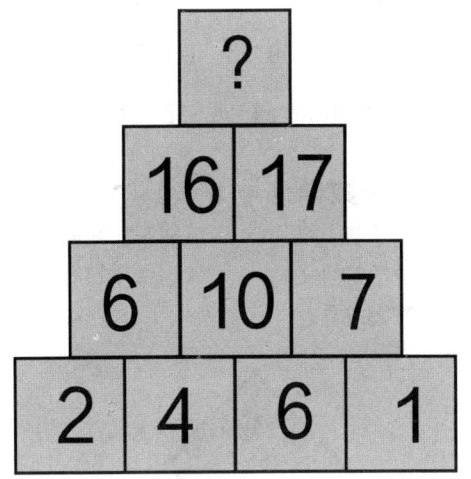

1055. 数字替代（一）

什么数字替代问号以后可以完成这道难题？

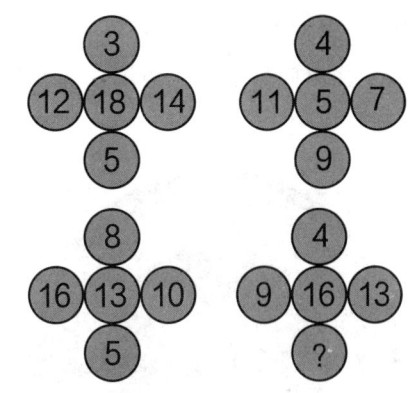

1056. 数字盘（三）

问号处应该填上什么数字？

1057. 希腊人的年纪

据说，曾有位希腊人，孩童时期占据了他生命中 1/4 的时间，青年时期占据了 1/5，在生命中 1/3 的时间里他是成人，而在生命的最后 13 年里，他成了位老绅士。那么他在去世时年纪有多大呢？

1058. 数字和

如果第 1 组 2 个数字之和为 9825，那么第 2 组 2 个数字之和为多少？

$$6128+9091$$
$$8159+1912$$

1059. 数学符号（二）

你能找出问号部分应当填入的数学符号吗？

1060. 数字替代（二）

问号处应填什么数字？

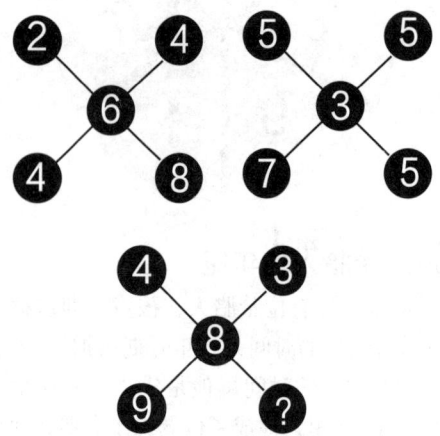

1061. 数学符号（三）

在问号部分填入"×"或"÷"，使两个图表中所得的值相等。

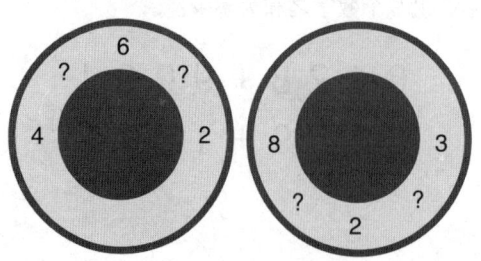

1062. 数值和

在如图所示的三角形中放入 1 个数，使得每横排、纵列及对角线上的数值之和为 203。

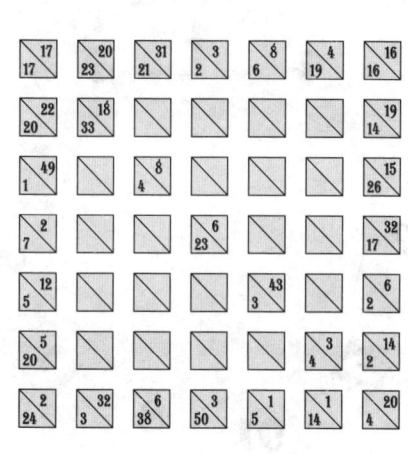

6 8 29 9 27 30 13

7 3 29 14 15 8 3

2 19 11 12 39 0

40 1 7 11 2 9 2

34 13 10 8 12 20

19 36 5 4 5 18 40

1063. 4 个数学符号（一）

在这个四边形中，从顶部开始顺时针填入 4 个数学符号（+、−、×、÷），使位于中间的答案成立。

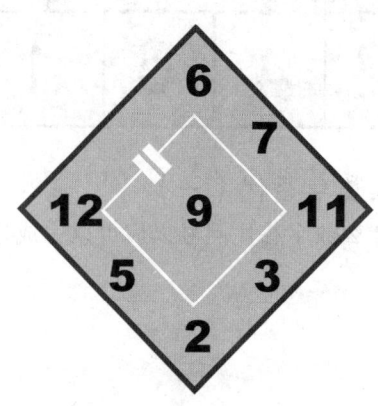

1064. 图表与数字和

将图表分成 4 个相同的形状，并且每部分所包含的数字之和要等于 134。

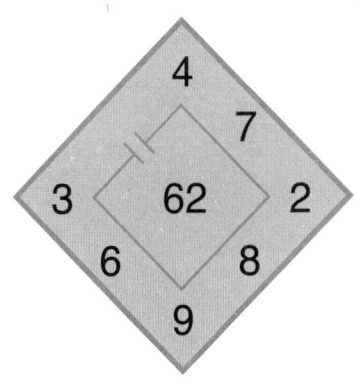

1065.4 个数学符号（二）

在这个四边形中需要填上数学符号"+、-、×、÷"。你能在每 2 个数字之间正确地填入相应的数学符号，从而使最后结果等于 62 吗？可以提醒你的是，4 个数学符号中，有 3 个需要被重复使用 2 次。

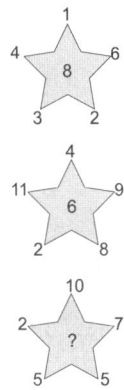

1066. 阿拉伯数字

题 1：有多少个两位的阿拉伯数字，它们的十位和个位上的数字不是连续数字？

题 2：有多少个两位的阿拉伯数字，它们的十位和个位上的数字不相同？

题 3：举个例子，1 个有连续数字的三位数，如 234，把它倒过来得到的数字是432，用它减去原来的数字得到 198。这对于

符合同样规律的三位数都成立。

把下面的 1 组四位数按照同样的程序运算，并制出 1 个表格，你需要多长时间？

1067. 星星与数字

看看这些星星，最后那个星星中缺少什么数字呢？

1068. 数学符号（四）

在下图中每两个数字之间填入数学符号"+、-、×、÷"，使最后的计算结果等于 11。

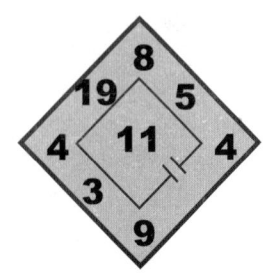

1069. 数值

第 3 行的值是多少?

A	E	D	E	E	E	E	= 64
D	B	B	D	A	D	E	= 40
C	B	A	A	C	F	G	= ?
E	F	G	F	B	F	E	= 81
B	A	A	E	E	C	E	= 45
A	C	B	A	G	D	E	= 47

= = = = = = =
30 37 34 46 49 56 72

1070. 钟面与数字

你能根据规律推算出最后那个钟面上缺失的指针应当指向什么数字吗?

第6章

发散思维游戏

1071. 面具

在下边所有面具中找出 1 个带有生气表情的面具，看看你多久能够找出来。

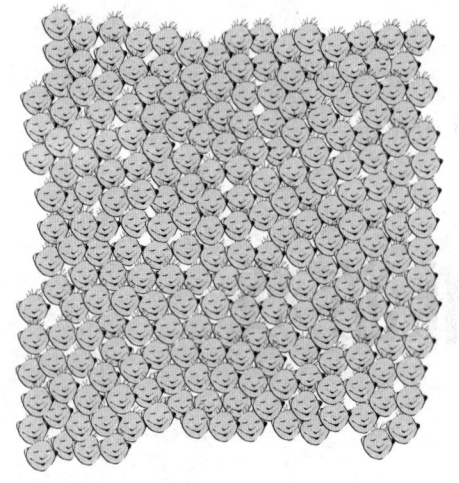

1072. 组拼长方形

你能将下边正方形分割成的 6 个图形碎片重新拼成 1 个长方形吗？

1073. 色子的点数（二）

图中并排放着 3 粒色子，有 7 面是可见的，那么其他 11 面的点数和是多少呢？

1074. 数字狭条

你能不能把这个图案分成 85 条由 4 个不同数字组成的狭条，使得每个狭条上的数字和都等于 34？

用数字 1 ～ 16 组成和为 34 的四数组合共有 86 种。下边的网格图中只出现了 85 条。你能把缺失的那条找出来吗？

1	4	14	15	1	3	5	12	14	14	4	7	11	12	3	13	2
12	13	4	5	6	10	16	3	5	7	2	16	9	7	6	8	10
8	1	14	12	16	5	2	11	9	1	7	12	14	10	3	7
10	9	13	2	15	6	16	7	4	2	9	11	12	15	10	15
13	6	3	15	8	9	2	3	2	6	3	7	8	16	4	1
7	11	7	4	16	8	6	8	5	7	6	13	16	1	4	7	6
9	9	5	12	15	9	13	10	11	12	1	3	8	10	11
6	8	15	16	6	10	2	14	14	11	14	1	10	9	14	13	16
2	8	11	13	4	11	7	1	15	4	12	1	6	2	6	11	15
6	7	9	12	9	15	3	14	2	5	4	5	5	7	9	13
3	7	11	13	10	1	16	10	7	9	11	13	10	1	3	14	16
3	7	12	1	14	11	2	8	10	14	15	14	15	12	5	8	9
4	2	14	2	5	2	10	13	4	3	4	7	2	6	12
8	13	6	7	2	3	13	16	5	6	11	8	13	9	11	1	8
11	9	10	12	3	5	11	15	11	12	6	9	14	6	13	1	10
12	8	4	13	1	2	15	16	14	13	13	10	5	6	9	14	11
4	16	12	2	4	8	1	14	3	13	4	5	5	6	8	15
4	9	15	16	5	12	1	16	4	15	12	7	2	4	13	14
12	11	1	10	1	8	10	9	10	5	4	15	8	5	7	10	12
16	3	9	6	16	10	15	8	6	11	5	12	14	4	5	9	16

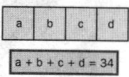

1075. 不同的图形（一）

这些图形中哪一个与众不同？

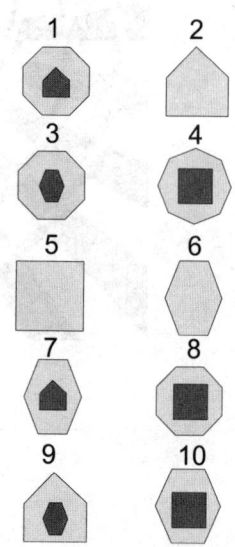

1076. 圆圈与背景

看到圆圈了吗？这些圆圈是不是比背景亮一些？

1077. 六边形与数字（一）

你能算出最后那个六边形中缺少什么数字吗？

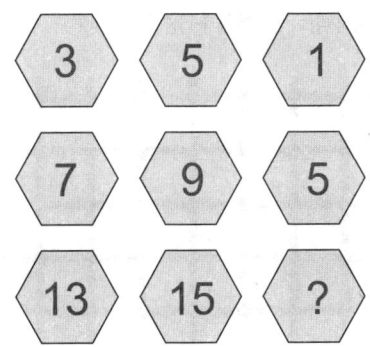

1078. 赫尔曼栅格

看到交叉处的灰点了吗？仔细看它并不存在。你能解释这个原因吗？

1079. 5 块手表

所给的 5 块手表中，哪个适合放在图中空白处？

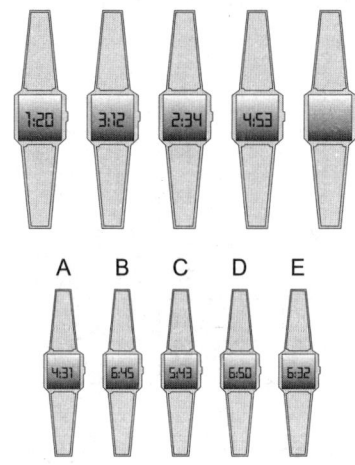

1080. 图形的规律

下列图形是按照一定规律排列的，按照这一规律，接下来应该填入方框中的是 A，B，C，D 中的哪一项？

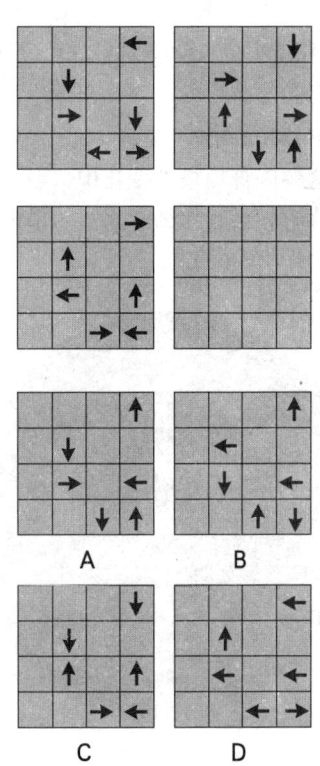

1081. 魔数 175

将所提供的几排数字插入格子中适当的位置，使方格中每横排、纵列和对角线上数字相加的结果为 175。例如：将（C）放入位置（a）。

				5			
a				5			g
b				14			h
c				16			i
	49	41	33	25	17	9	1
d				34			j
e				36			k
f				45			l

A
46	38	30

B
31	23	15

C
22	21	13

D
37	29	28

E
40	32	24

F
20	12	4

G
11	3	44

H
35	27	19

I
2	43	42

J
6	47	39

K
26	18	10

L
8	7	48

1082. 闪烁栅格

在这幅闪烁栅格的变化中，当转动眼球观察图片时，会有什么变化？如果你注视圆心，又会有什么变化呢？

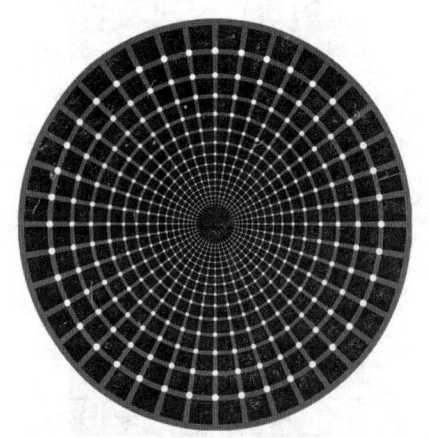

1083. 箭头的逻辑

从格栅的左上角开始，每个箭头都是按照一定的逻辑顺序排列的。那么，空格处的箭头应朝哪个方向，同时，这个排列顺序是什么？

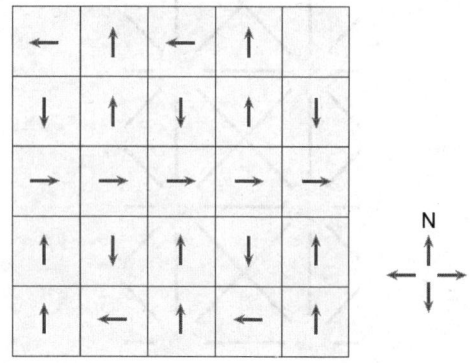

1084. 交叉点

转动眼球，联结处会闪烁，闪烁的位置也不断改变。如果凝视任何交叉点，那个点就不再闪烁。你能解释这个原因吗？

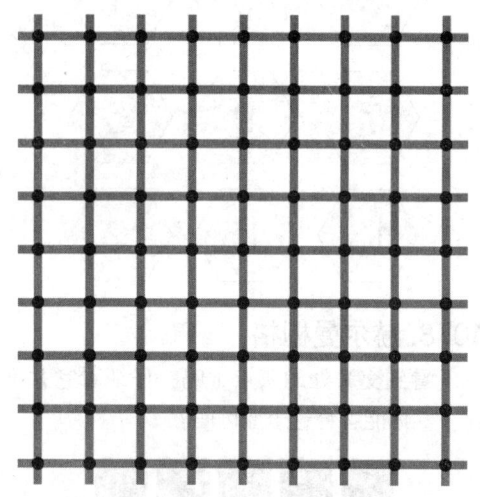

1085. 八阶魔方

本杰明·富兰克林的八阶魔方诞生于1750 年，包含了从 1～64 的所有数字，并以每行、每列的和为 260 的方式进行排列。你能填出缺失的数字吗？

52		4		20		36	
14	3	62	51	46	35	30	19
53		5		21		37	
11	6	59	54	43	38	27	22
55		7		23		39	
9	8	57	56	41	40	25	24
50		2		18		34	
16	1	64	49	48	33	32	17

1086. 错觉的变形

扫视图片，每个圆圈中会出现小黑点。你能看到吗？

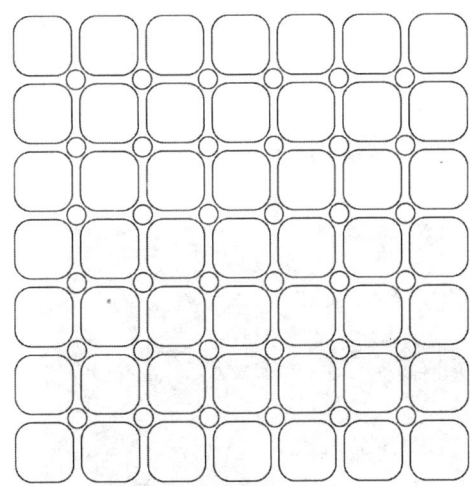

1087. 数字填空（五）

想一想，问号处应该填上什么数字？

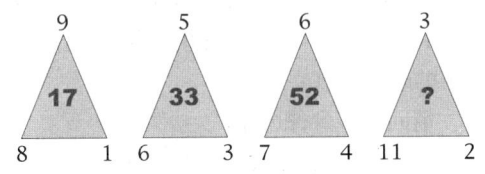

1088. 符号的值

如果叶子的值是6，你能计算出其他符

号的值吗？

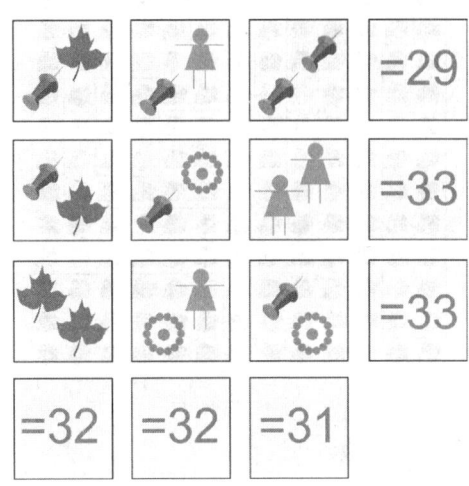

1089. 小圆与大圆

利用0～5这6个数字，在每个小圆上各填1个数字，使围绕每个大圆的数值加起来都等于10。

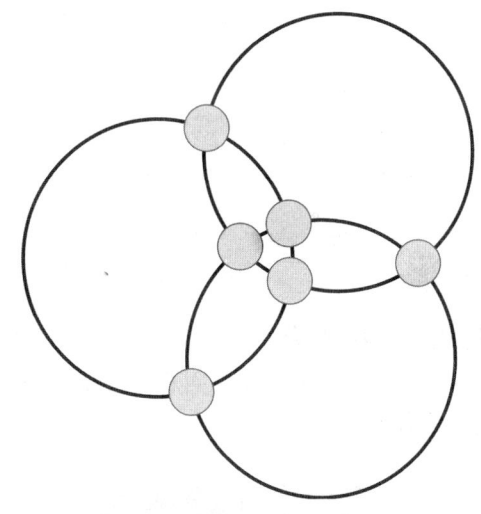

1090. 玫瑰丛的篱笆

老园丁林肯去世的时候，留给每个孙子19个玫瑰花丛。这些孙子，Agnes（A）、Billy（B）、Catriona（C）和Derek（D）彼此憎恨，因此准备如图所示在各自的玫瑰丛外围上篱笆。那么，谁的篱笆周长将是最长的呢？

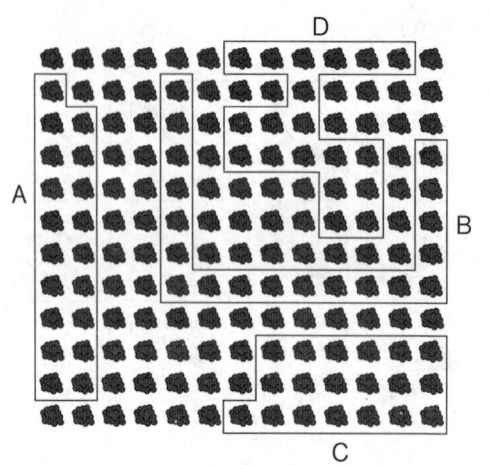

1091. 水池

如图所示，水池的边上有个铅球，这个铅球有可能直接掉到水池里，也有可能掉到水池中的汽船里。

问掉到水池里和掉到汽船里哪种情况下水池的水面会上升得更高一些？

1092. 忽明忽暗

环顾这张图片，小圆圈看起来好像忽明忽暗。你能感觉到吗？

1093. 数字填空（六）

你能算出最后那个图形中缺少什么数字吗？

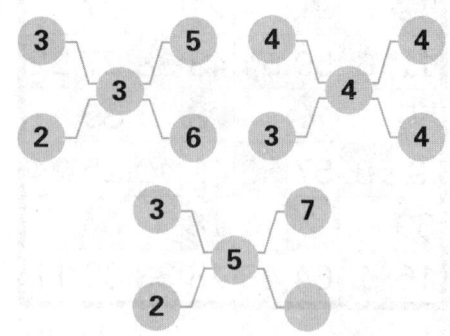

1094. 3 个房间

想象这 3 个房间的墙上（包括地板和房顶）都铺满了镜子。房间里一片漆黑。

某个人在最上面的房间里划了 1 根火柴。那么，右边房间里抽烟斗的人能看到火柴燃烧的映像吗？

1095. 博彩游戏

在一种博彩游戏中，买彩票者需要在 1 ~ 54 这些数字中间选出 6 个数字，这 6 个数字的顺序不重要。

请问有多少种选择？

1096. 同心圆与螺旋

图中由一系列线条组成的是同心圆还是螺旋？

1097. 交叉与同心圆

这些圆圈是相互交叉的还是同心圆？

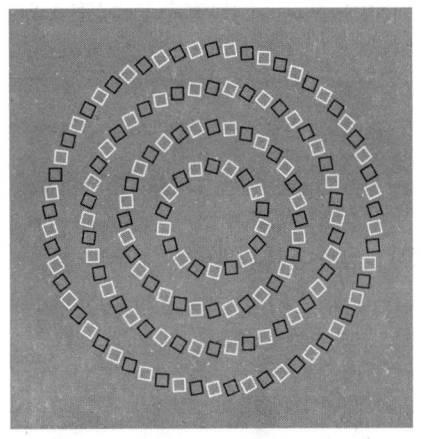

1098. 平行或弯曲

这些由正方形组成的条形是平行的还是弯曲的？

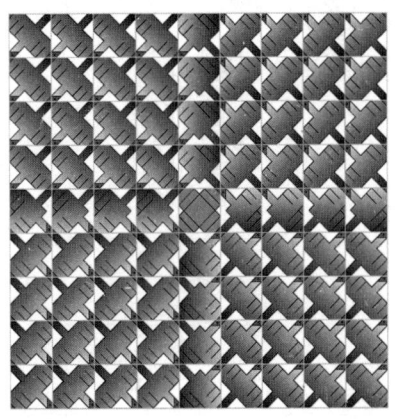

1099. 缺失的图形

猜猜看，缺掉的图形是哪一块呢？

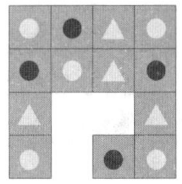

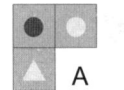 A　 B　 C　 D

1100. 合适的数字（一）

在问号的位置上填上合适的数字就可以完成这道谜题。

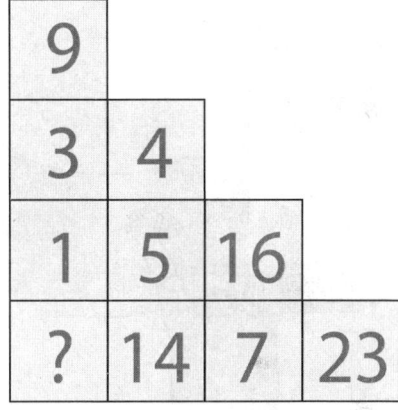

1101. 合适的数字（二）

找出规律，为问号部分找出一个合适的数字替代。

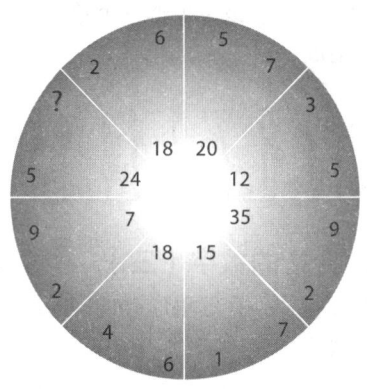

1102. 星星

下面哪一颗星星应该放在问号处?

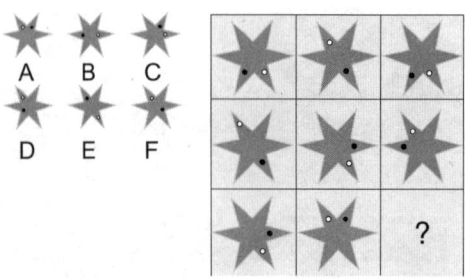

1103. 凸面镜

男孩看左边的凸面镜发现自己是上下颠倒的。然后将镜子翻转 90°，即右边的凸面镜。这时候男孩看到的自己是什么样子的呢?

1104. 拿掉的数字

想一想，应该拿掉哪一个数字下面这组数列才能成立?

1.2.3.6.7.8.14.15.30

1105. 合适的数字（三）

找出规律，在三角形 D 的问号部分填上合适的数字。

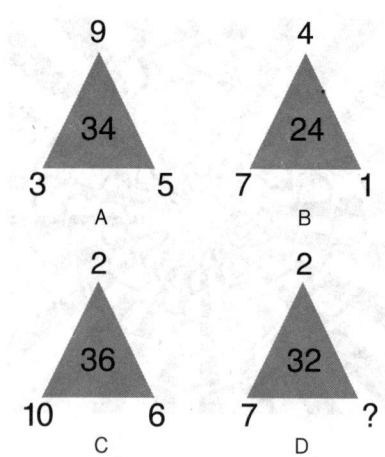

1106. 合适的数字（四）

图中标注问号的地方应该填上什么数字?

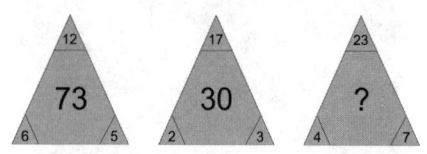

1107. 合适的数列

图中标注问号的地方应该填上一列数字，从下列选项中选出合适的填上去。

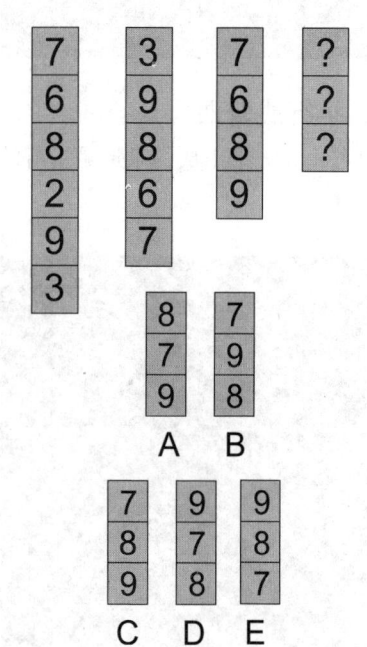

1108. 对应的项

哪个选项和图中 D1 相对应?

1109. 通话

图中的两个小孩之间离得很远，而且他们中间还隔着一堵厚厚的墙。他们试着通过两根长长的管子来通话，如图所示。请问在哪种情况下他们能够通过管子听到对方讲话?

1110. 游动的鱼

凝视这幅图中的鱼,它们向哪个方向游呢?

1111. 三角形中的数字

你能发现各个三角形中的数字之间的相互关系吗? 然后找出问号部分应该填入的数字。

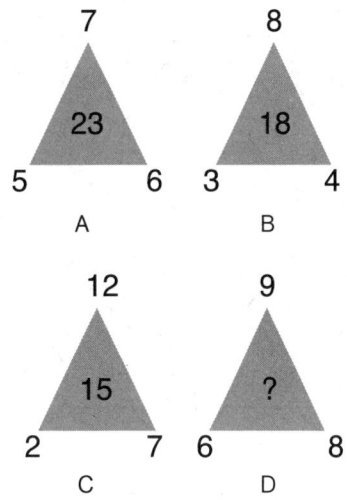

1112. 合适的图形（一）

哪一个图形可以放入问号处?

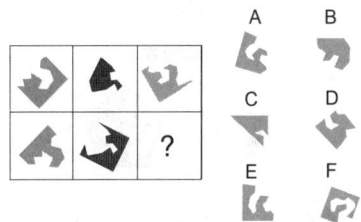

1113. 正确的符号

请在空格中画出正确的符号。

1114. 合适的数字（五）

要完成这道题，你觉得问号部分应该换成什么数字？

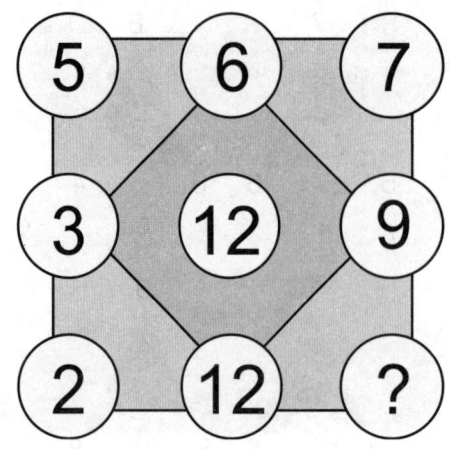

1115. 合适的图形（二）

图中标注问号的地方应该填入选项中的哪个图形？

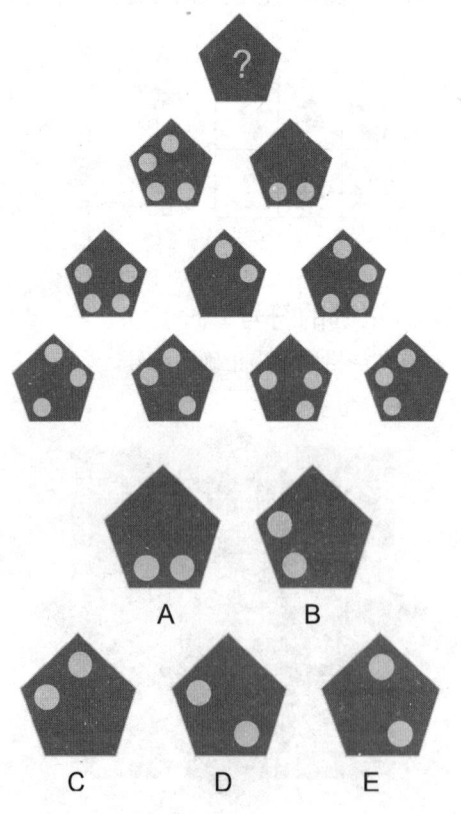

1116. 合适的图形（三）

在标注问号的方框中填入合适的图形。

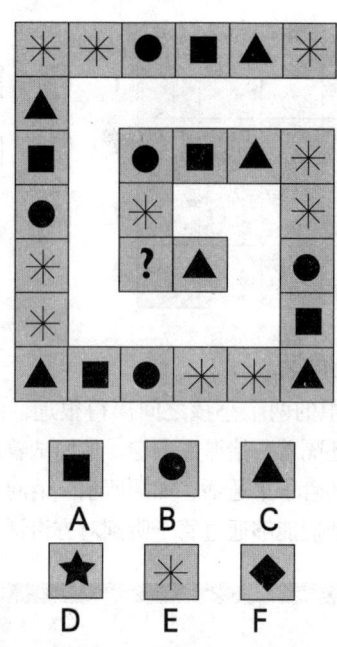

1117. 不同的数字

你能找出这组数字中不同的数字吗？

1118. 间谍的密码

每个地方的间谍需要 2 个密码数字来与指挥部联系。缺少的密码数字是多少？

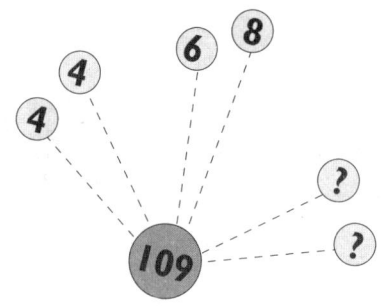

1119. 第 4 个钟（一）

根据规律，找出第 4 个钟上应该显示的时间。

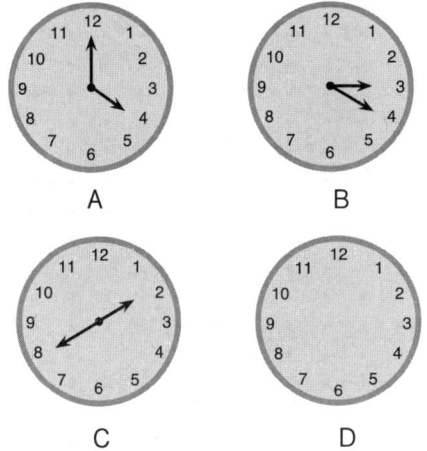

A　　　B

C　　　D

1120.6 号

猜一猜，6 号的图应该是什么样子的?

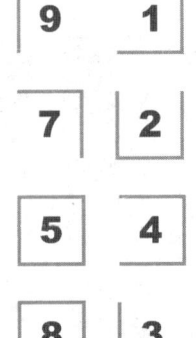

1121. 第 3 个天平（一）

根据规律，找出可以使第 3 个天平保持平衡的图形。

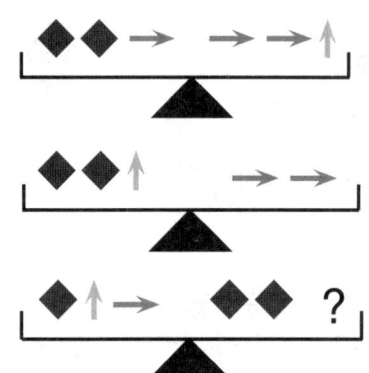

1122. 正方形十字

图中一共有多少个正方形?

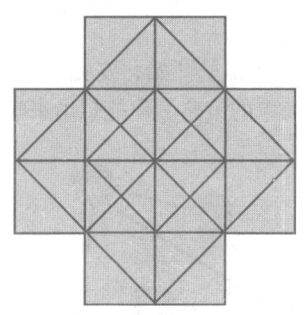

1123. 时间（一）

最后那块手表应该显示几点?

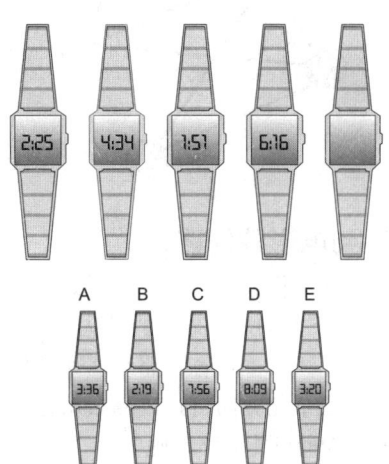

1124. 合适的数字（六）

算一算，添上什么数字可以完成这道题？

1125. 棋子与游戏板

将8个棋子连续放入游戏板的8个圆中，但必须遵守下面的简单规则：

每个棋子必须放入空着的圆中，从那里沿着与圆相连的直线滑动到相邻的另外1个空位上，那里就是它的定居点，不再移动，直到游戏结束。

无论你从哪里开始，要完成这个游戏都会有1个简单的策略。你能想出来吗？

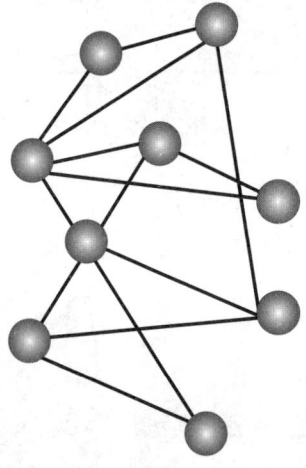

1126. 到电影院的路线

现在让我们抛开那些谜题休息一下，看场电影吧。下面的地图显示的是从你家（H点）到电影院（M点）的各种路线。如果你只能向北、东或东北方向行进，那么从你家到电影院有多少种可能的路线呢？

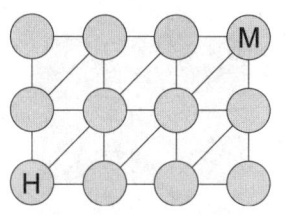

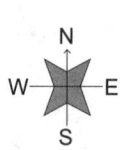

1127. 滑动链接

在滑动链接谜题中，你需要从纵向或者横向连接相邻的圆点，形成1个独立的没有交叉或分支的环。每个数字代表围绕它的线段的数量，没有标数字的点可以被任意几条线段围绕。

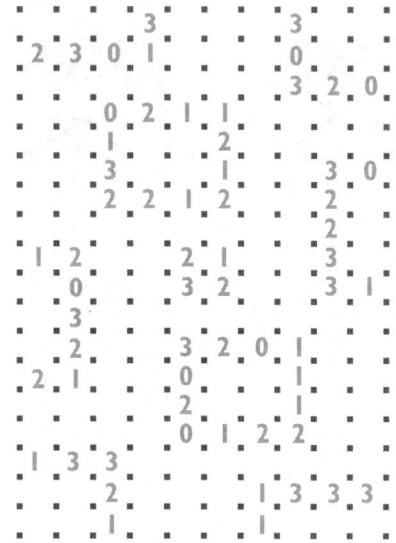

1128. 合适的图形（四）

请在空格中画出适当的图形。

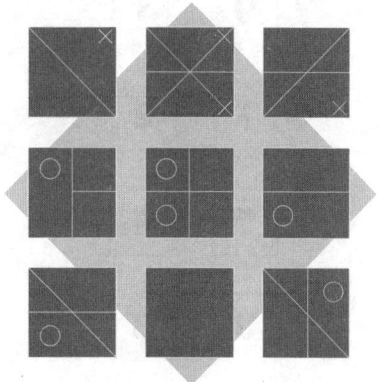

1129. 对应关系

如果1对应于2，那么3对应于 A，B，C，D 哪个选项？

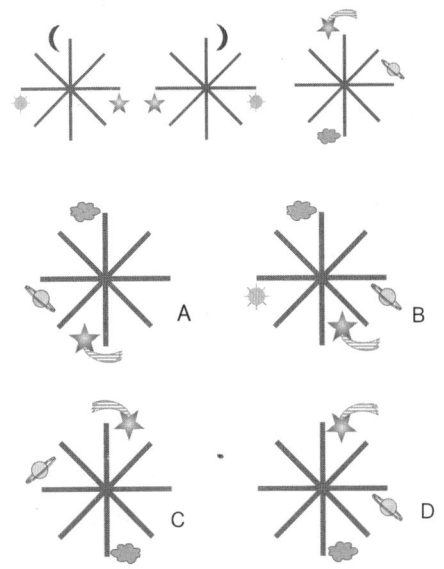

1130. 推算数字

你能推算出，在中间的圆中应该填上什么数字吗？

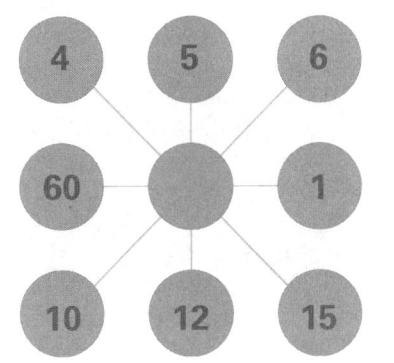

1131. 数字星

在最后那个星星上填上合适的数字，就可以解开这道题，算算看是哪个数字？

1132. 圆中的数字

完成这道题，需要在最后那个圆中填上什么数字？

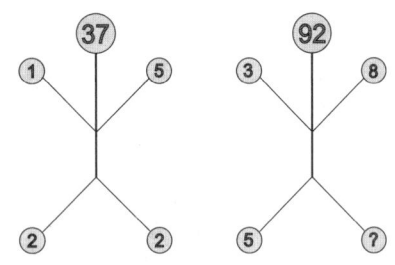

1133. 不同的表情

以下表情中，哪一个是不同的？

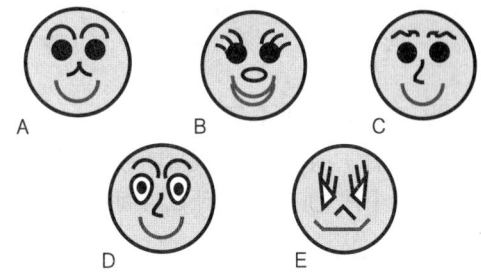

1134. 点数

猜一猜,问号处多米诺骨牌的点数应为几？

1135. 图形选择

图中空白处应该填入选项中的哪个图形？

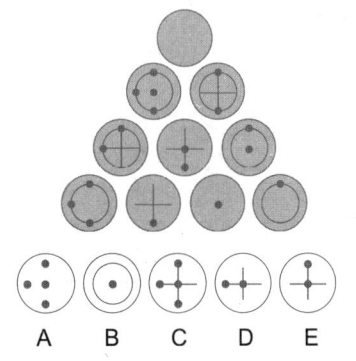

1136. 火柴人（一）

根据 A ~ F 这几个火柴人的排列规律，接下来应该排列的是 G，H，I 中的哪个？

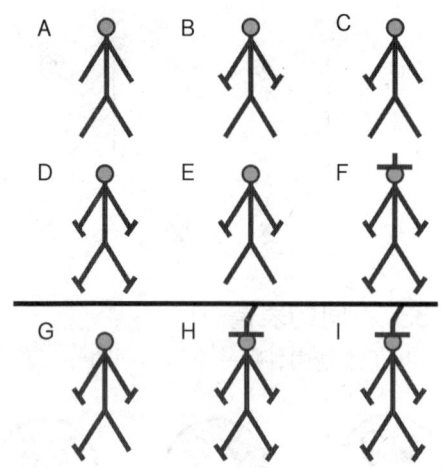

1137. 第 4 个钟（二）

这些钟上的指针排列是有一定规律的，请问第 4 个钟上应该显示什么时间？

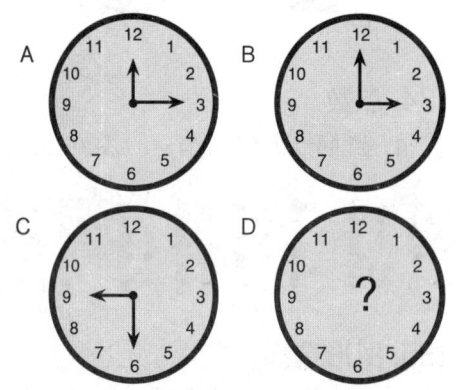

1138. 缺少的方块

找一找，缺少的是哪个方块呢？

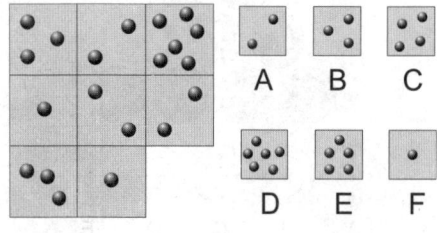

1139. 正确的数字（一）

在问号处填上正确的数字。

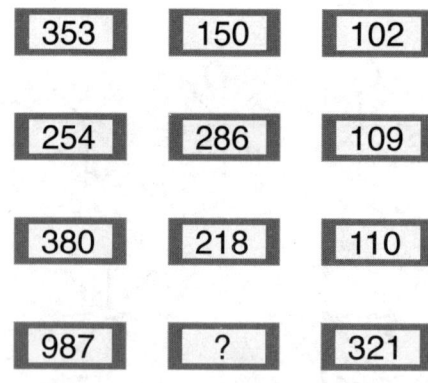

1140. 街

我有 10 个朋友住在同一条街上，如图所示。现在我想在这条街上找出某个地点，使这一点到 10 个朋友家的距离最近。请问这个点应该在哪里呢？

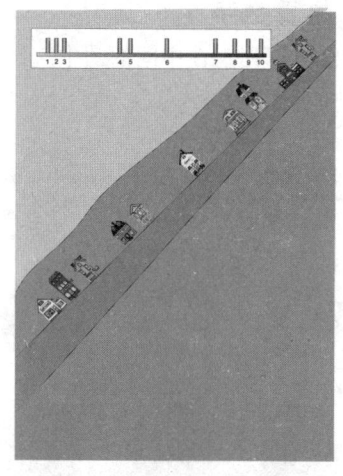

1141. 与众不同

哪个三角形与众不同？

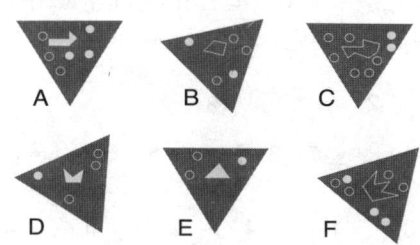

1142. 完成序列（一）

你能完成这个序列吗？

1143. 正确的数字（二）

问号处应该换成哪个数字？

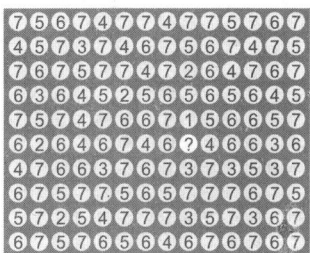

1144. 完成序列（二）

如何让这个序列进行下去？

1145. 正确的数字（三）

你能填入缺少的数字吗？

1146. 2 的路线

从顶部的数字 2 出发，得出 1 个算式，使算式最后的得数仍然是 2，不可以连续经过同一排的两个数字或运算符号，也不可以两次经过同一条路线。

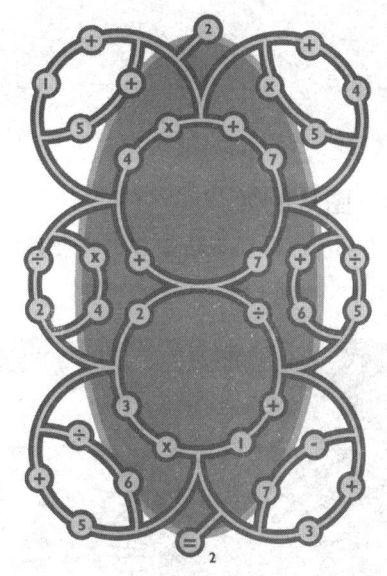

1147. 时间（二）

空白手表应该显示几点呢？

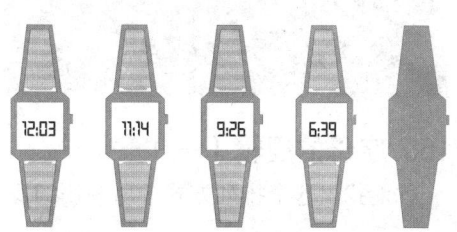

1148. 方块的变化

如果环顾图片或者轻轻移动图片，随机分布的方块会发生什么变化呢？

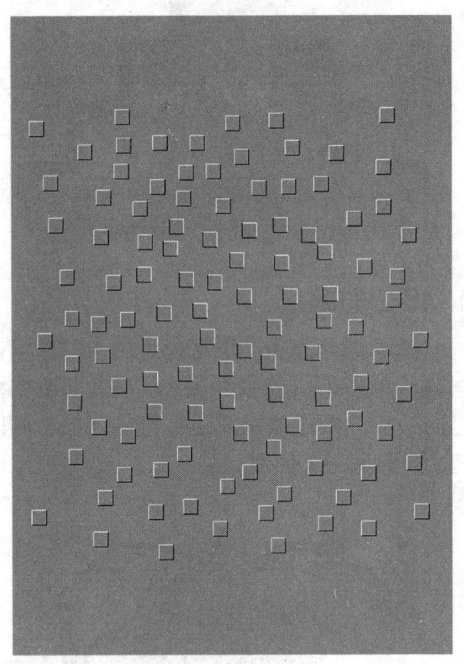

1149. 图片的变化

头部前后移动观察图片，它会有什么变化呢？

1150. 字母的逻辑（一）

你能找出这个排列方式中所利用的逻辑关系吗？如果你能够找得出，利用同样的逻辑关系确定出问号处应该是哪个字母。

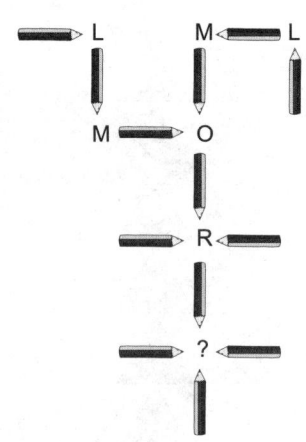

1151. 房顶上的数字

你能找出房顶处所缺的数值为多少吗？门窗上的那些数字只能使用 1 次，并且不能颠倒。

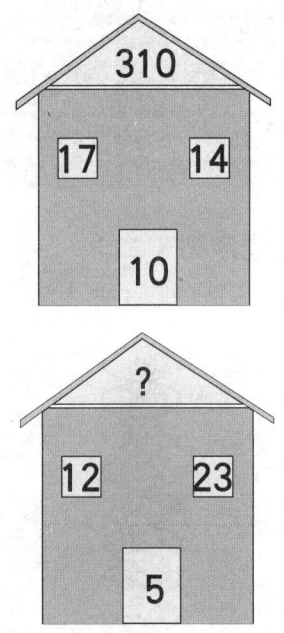

1152. 作家的名字

在下边的格子中隐藏着 18 位著名作家的名字。你能找出他们吗？你可以横向、纵向或者斜向地往前、往后排列寻找。

Austen　　Chaucer　　Chekhov

Dickens　　Flaubert　　Goethe

Hemingway　Huxley　　Ibsen

Kafka　　　Kipling　　Lawrence

Mickener　Orwell　　Proust

Tolstoy　　Twain　　Zola

1153. 水平线

仔细观察图片，水平线会有什么变化呢?

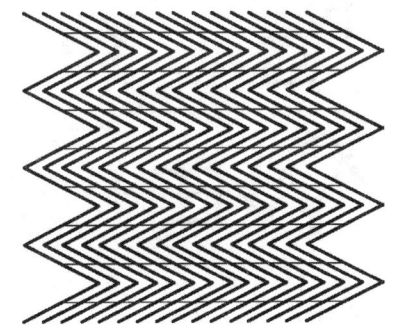

1154. 数字的逻辑（一）

你知道问号处应填上什么数字吗。

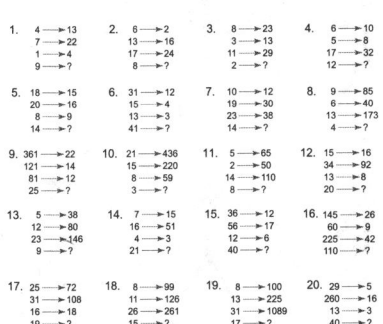

1155. 字母的逻辑（二）

接下来的字母应是哪个呢?

A F H ?
E K M V T
A　　B　　C　　D　　E

1156. 图形的逻辑（一）

在图中标注问号的地方填上恰当的选项。

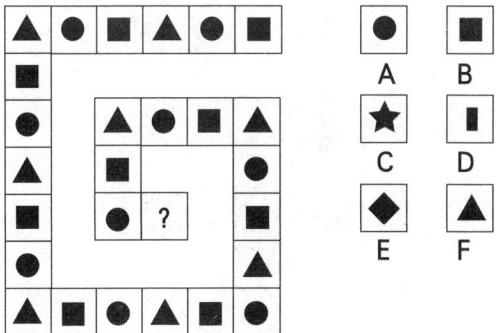

1157. 数字与字母（二）

在这幅图中，每个数字代表1个字母。如果A只能和B，C和D相连，C只能与A，E相连，那么F应该放在哪里?

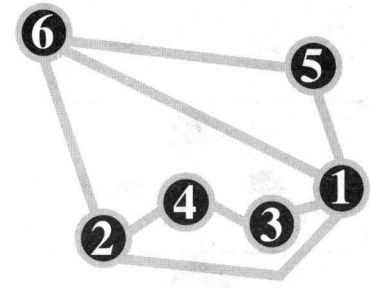

1158. 时间（三）

你能算出问号所在时钟应当显示的时间吗?

1159. 不同的图形（二）

你能看出哪个图形与其他的不同吗？

1160. 第 3 个天平（二）

前两组天平是平衡的。为了使第 3 个天平也平衡，应当再加上什么图案呢？

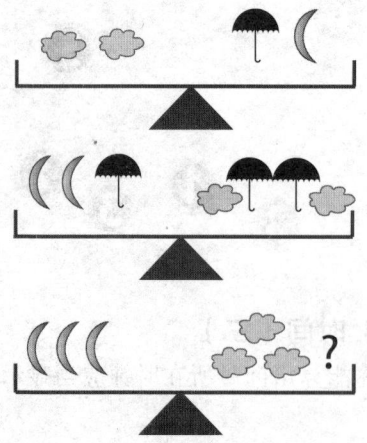

1161. 图形的对应（一）

如果图形 1 对应图形 2，那么图形 3 对应哪个？

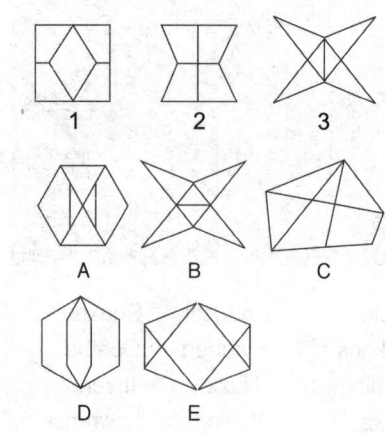

1162. 不同的组合

哪项与其他项都不同？

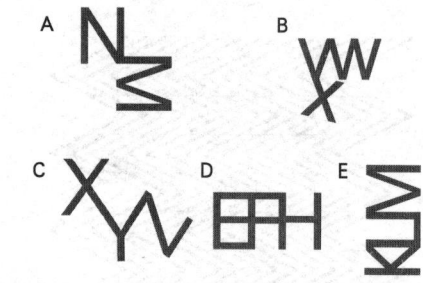

1163. 火柴人（二）

你能发现哪个火柴人与众不同吗？

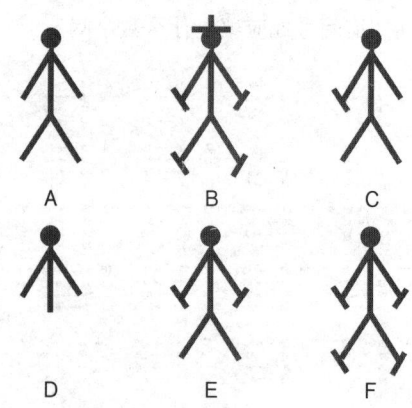

1164. 曲线连接

你能够把上面 1 ~ 18 用曲线从头到尾连接起来吗？曲线之间不能相交。

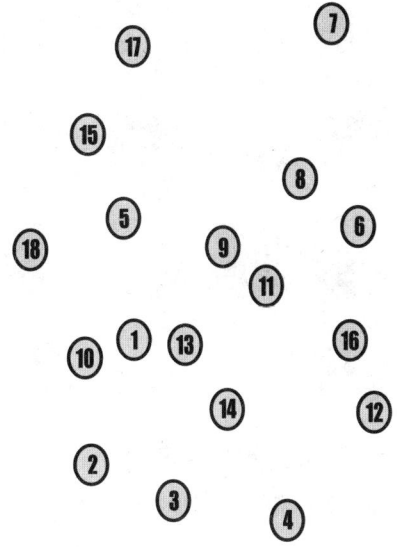

1165. 3×3 的小钉板

在 3×3 的小钉板上连成四边形，至少有 16 种连法，你能画出来吗？

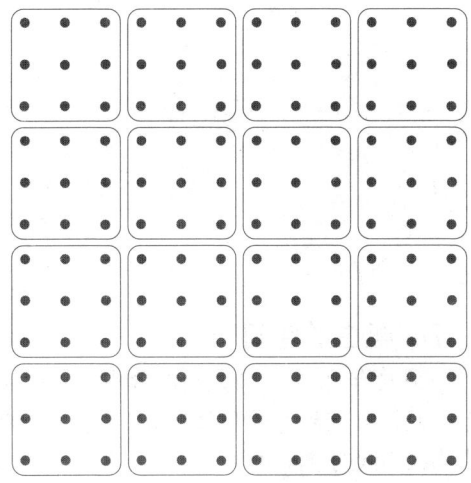

1166. 不同的图形（三）

在这些图形中，找一找哪一个与其他的不同？

1167. 时间（四）

空白钟表应该显示什么时间？

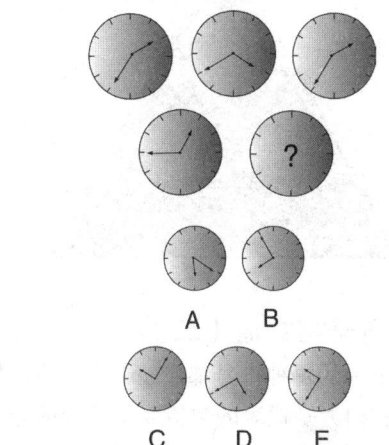

1168. 不同的图形（四）

找一找，哪个图形不同于其他？

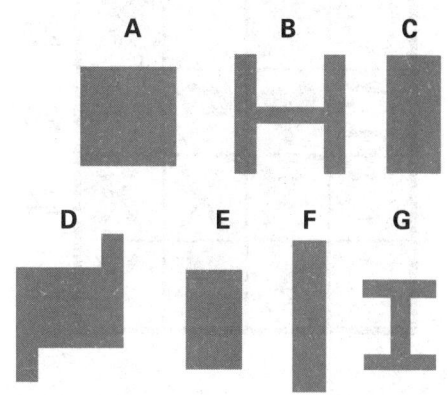

1169. 图形的逻辑（二）

找一找，缺的图形是哪块？

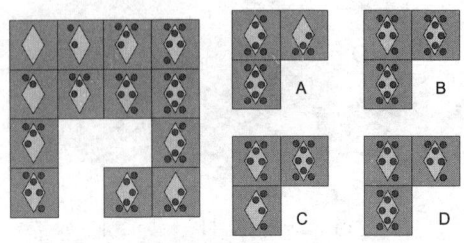

1170. 最小的正方形

可以放入 5 个等边三角形（边长为 1 个单位长度）的最小正方形的边长是多少？

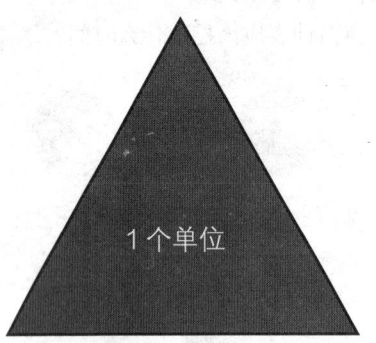

1171. 符号与数值（二）

格子中的每种符号都代表 1 个数值，你能算出它们分别代表的数值以及问号部分应当填入的数字吗？

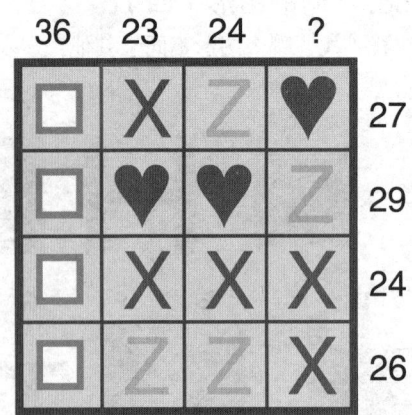

1172. 图形的逻辑（三）

这一组图是按照一定的逻辑规律排列的，那么空缺的图形是什么呢？

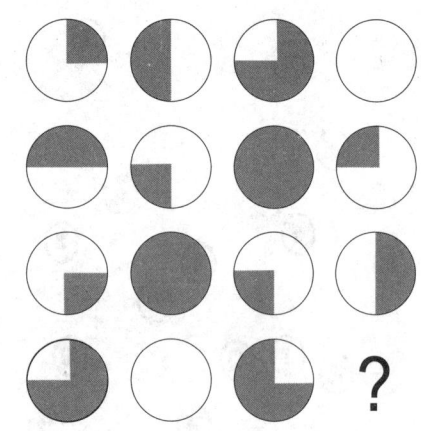

1173. 不同的图形（五）

哪个图形和其他图形不一样？

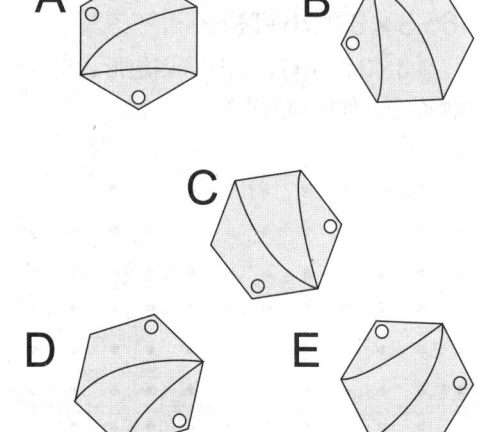

1174. 瓢虫的空间

一共有 19 个不同大小的瓢虫，其中 17 个已经被分别放入了下面的图形中，每个瓢虫均在不同的空间里。

现在要求你改变一下图形的摆放方式，使整个图中多出两个空间，从而能够把 19 个瓢虫全部都放进去，并且每个瓢虫都在不同的空间里。

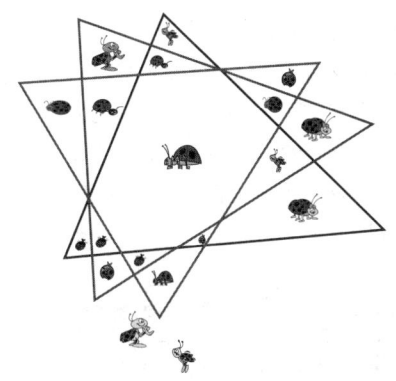

1175. 降序或升序

你能在游戏板上的9个竖栏中放置1～9这9个数字，使它们形成3个数字的降列排序或升列排序吗？

注意：排列中包含或者不包含相邻的数字均可，如图所示的排列中，连续3个的升序排列符合规则，但是连续4个降序排列就是错的。

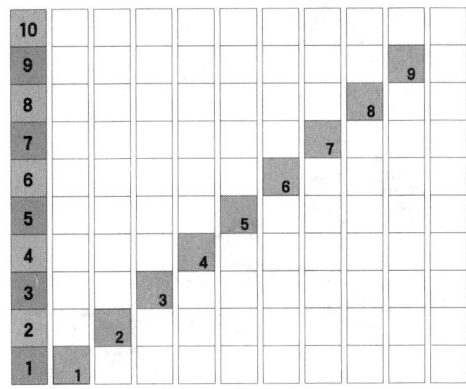

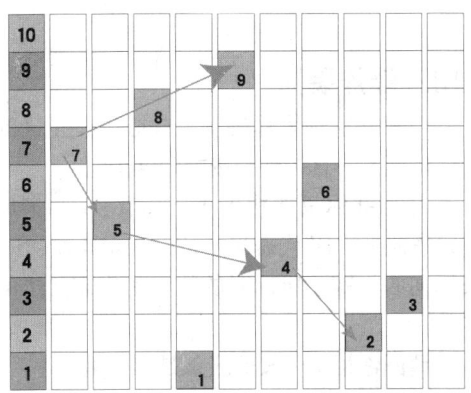

1176. 图形和符号的转移

图中外围圆圈里出现的每个图形和符号，都将按照下面的规则转移到中间的圆圈里面——如果某种图形或是符号在外围的圆圈里出现1次：转移；出现2次：可能转移；出现3次：转移；出现4次：不转移。A，B，C，D和E中哪一个应该放入问号处呢？

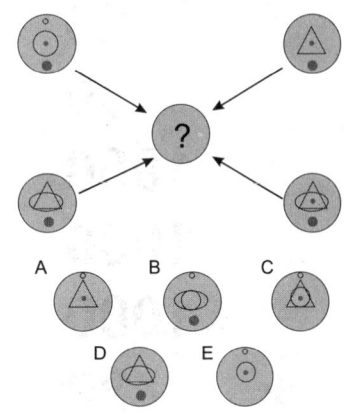

1177. 螺帽

当你按顺时针方向旋拧1枚螺帽的时候，螺帽就会逐渐进入螺母内里的纹路之中。而当你逆时针旋转螺帽的时候，螺母和螺帽就会分开。

假设你有两枚纹路相互排成一线的螺钉。如果将两枚螺钉都按顺时针方向旋转，那它们是会拧到一起、分开又或是在二者之间继续保持一样的距离呢？

还有些其他问题值得思考。在许多大城市里，在诸如地铁车站内等地方安装的灯泡十分独特。这些灯泡并非是按照顺时针方向被旋入灯泡接口，而是需要按逆时针方向拧转。那么这种与大多数其他灯泡不同的设计究竟有何特殊意义呢？

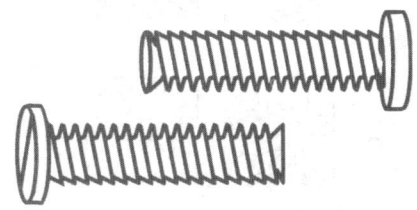

1178. 加法运算

图中简单的加法运算有时会让人迷惑!你大声地把这组数字连加起来,答案是什么?给你的朋友试试,看看会不会有五花八门的结果。

$$
\begin{array}{r}
1000 \\
20 \\
30 \\
1000 \\
1030 \\
1000 \\
+\quad 20 \\
\hline
\end{array}
$$

1179. 曲线与数值

将一定的数值绘成曲线,形成了曲线 1 和曲线 2,如果把曲线 1 和曲线 2 所代表的数值加在一起,那么 4 个选项中哪一个将会是图表组合之后所形成的样子呢?

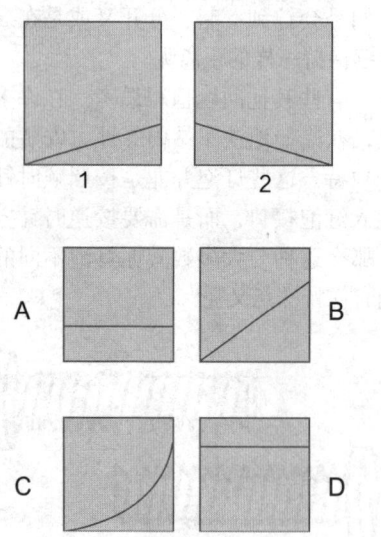

1180. 7 张纸条

准备 7 张纸条,写下数字 1 ~ 7,按照如图所示排列。现在,将其中的 6 张每张剪一下,重新排列时,还是 7 行 7 列,且每行、每列和每条对角线上的数字总和为同一个数。很难哦!

1	2	3	4	5	6	7
1	2	3	4	5	6	7
1	2	3	4	5	6	7
1	2	3	4	5	6	7
1	2	3	4	5	6	7
1	2	3	4	5	6	7
1	2	3	4	5	6	7

1181. 绳子上的结(二)

如果这两只狗向着相反的方向拉这根绳子,绳子将会被拉直。

问拉直后的绳子上面有没有结,如果有的话,有几个?

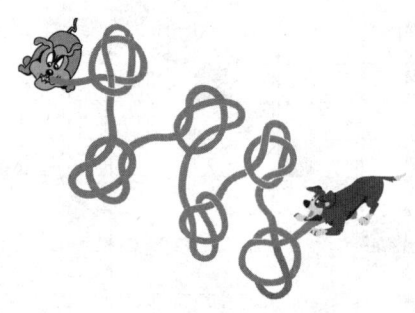

1182. 爆炸装置(一)

要解除这个爆炸装置,你必须按正确的顺序按键,一直按到"按键"这个钮。

每个键你只能按 1 次,标着"U"字母的代表向上,"D"代表向下,"L"表示向左,"R"表示向右。键上所标明的数字是你需要迈的步数。

请问你第 1 个按的应该是哪个键?

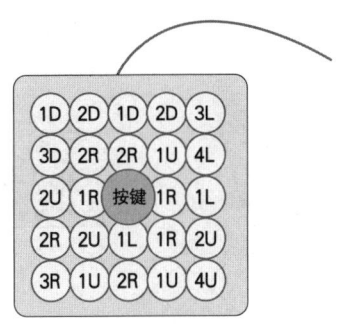

1185. 特工的密码

图中每个地面上的特工都需要 1 个数字密码才能与指挥中心联系。请问图中所缺的两位数密码是多少？

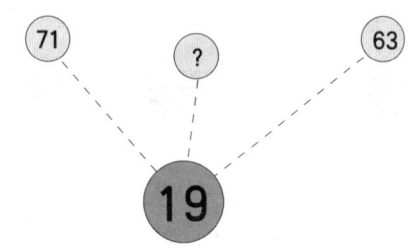

1183. 标有数字的路线

不要使用指示物，只用眼睛看，标有数字的路线中，哪一条能够到达标有字母的目的地？

1186.7 个杂技演员

右下角的小丑正在拉绳子。对于挂在绳子上的 7 个杂技演员来说，会发生什么事？他们当中哪些会上升，哪些会下降？

1184. 不同的路线

某些城市比如曼哈顿、纽约都会在两条主路——A 路和 B 路之间建起居民区，如下图方格所示。请问有多少种不同的路线可以到达 B 处？

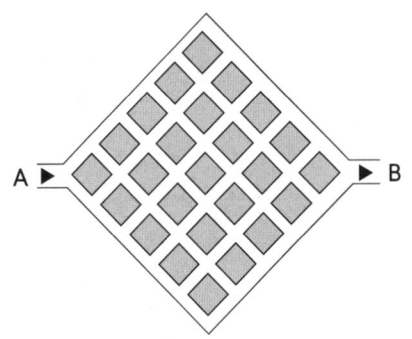

1187. 不同的图形（六）

你能找出其中不同的那个图标吗？

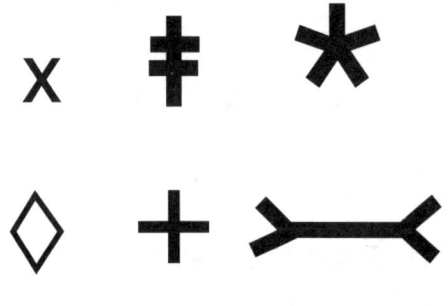

1188. 数字的逻辑（二）

问号处的数字应是多少？

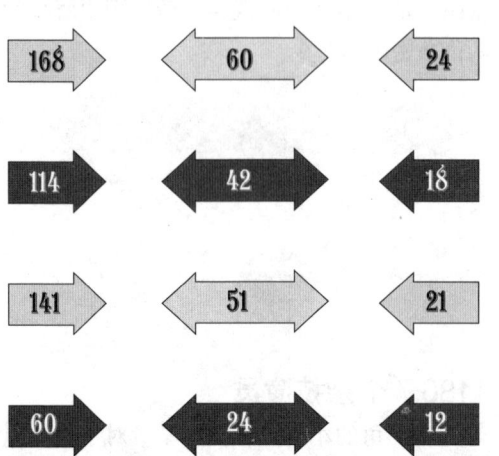

1189. 图形的逻辑（四）

接下来应该是哪个图形？

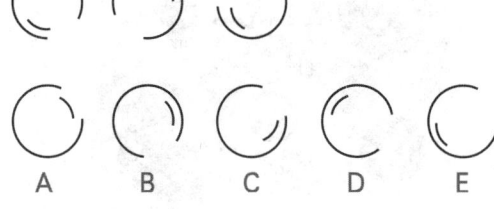

1190. 图形的逻辑（五）

猜一猜，下一个图是什么？

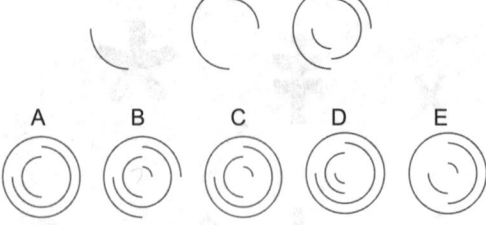

1191. 正确的数字（四）

问号处应填哪个数字？

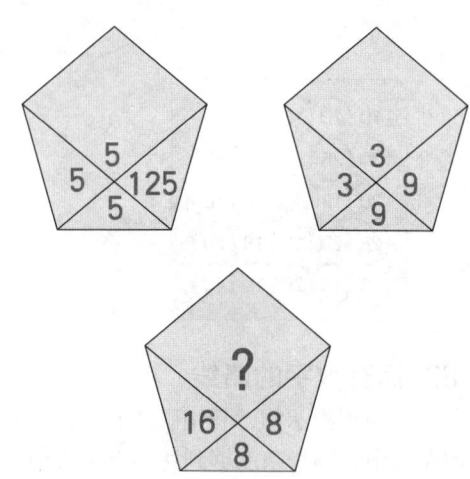

1192. 时间（五）

找出第 1 排中的时间排列规律，并从第 2 排中挑出正确的选项填补第 1 排的空白钟面。

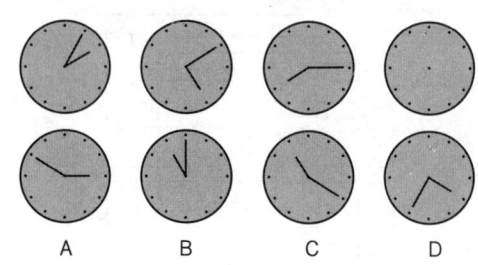

1193. 一笔画（一）

如果有的话，在下边的图形中，哪个不需要横穿或者重复其他线条，一笔就能在纸上画出来。

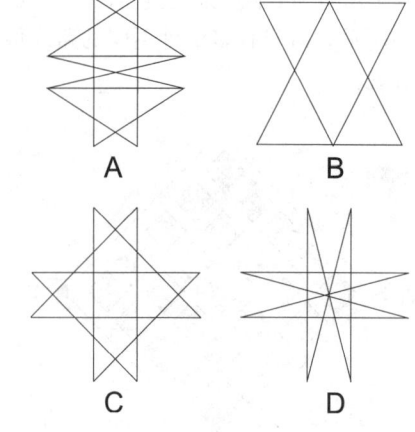

1194. 裂缝

下图显示的是块泥地，泥地上有很多裂缝，你能够说出这众多裂缝中哪条是最先出现的吗？

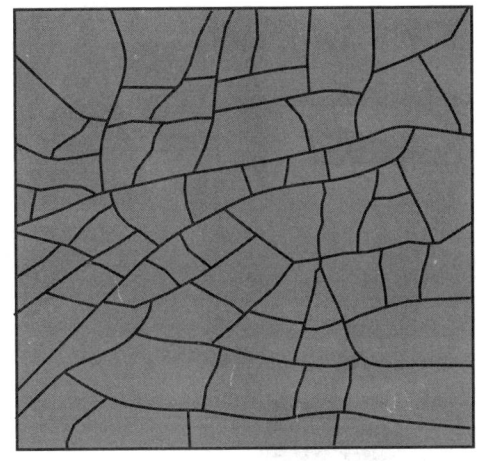

1195. 图形的对应（二）

如果 1 对应于 2，那么 3 对应于 A，B，C，D，E 中的哪幅图？

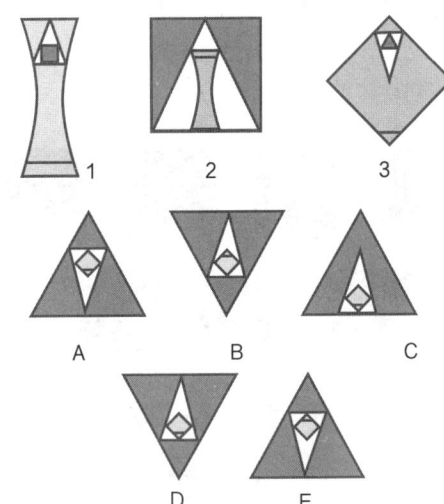

1196. 图形的对应（三）

如果 A 对应于 B，那么 C 对应于 D，E，F，G，H 哪个选项？

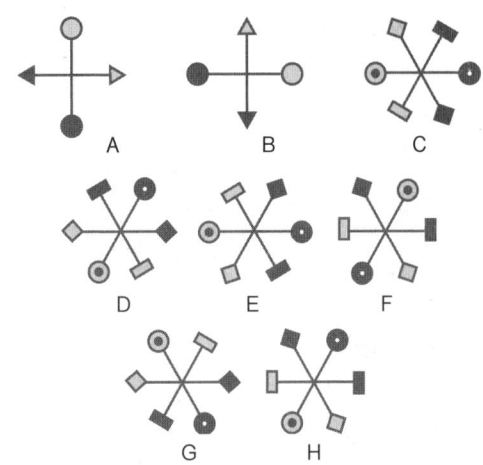

1197. 圆形与数字

最后那个圆形的下方应该为几？

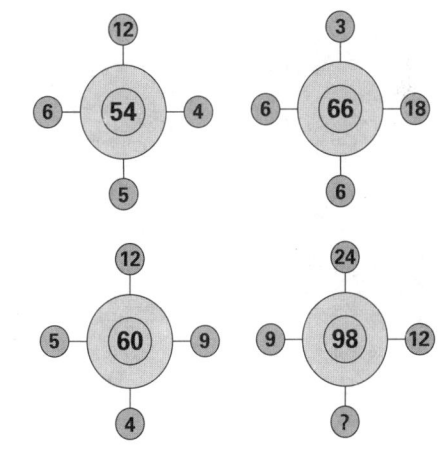

1198. 时间（六）

这是另外 1 组具有规律的钟面。还是需要你从第 1 排中找出时间排列规律，并从第 2 排中挑出某个时间用于填补第 1 排最后那个空白钟面。

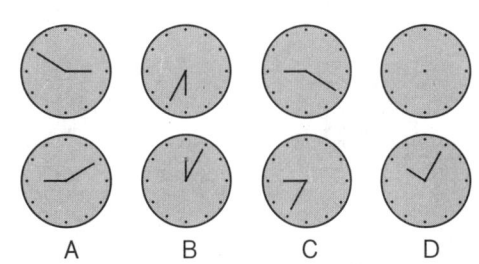

1199. 图形的逻辑（六）

A，B，C，D，E 选项中哪个可以放在空白处？

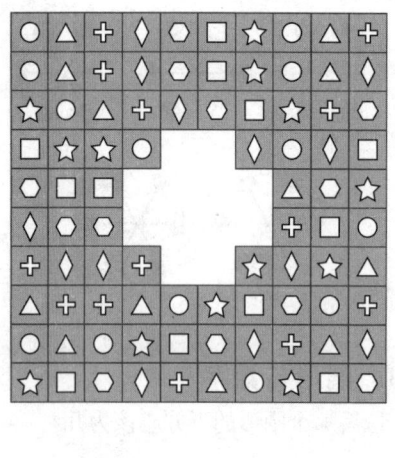

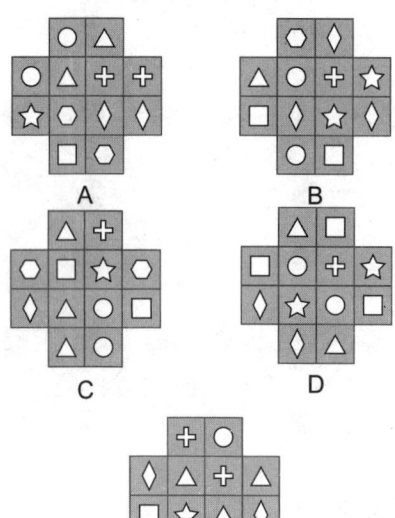

A B

C D

E

1200. 图形的逻辑（七）

图中空白部分应该填入哪个选项？

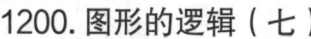

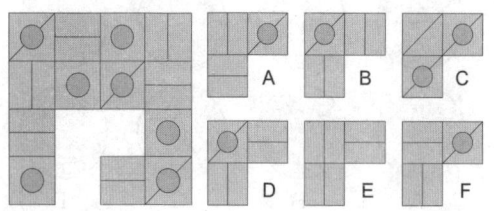

A B C

D E F

1201. 直觉

3 个全等的正方形被剪成了 13 块，如图所示。请问你能不能仅凭直觉就迅速地把这 13 个三角形重新拼成 3 个正方形？

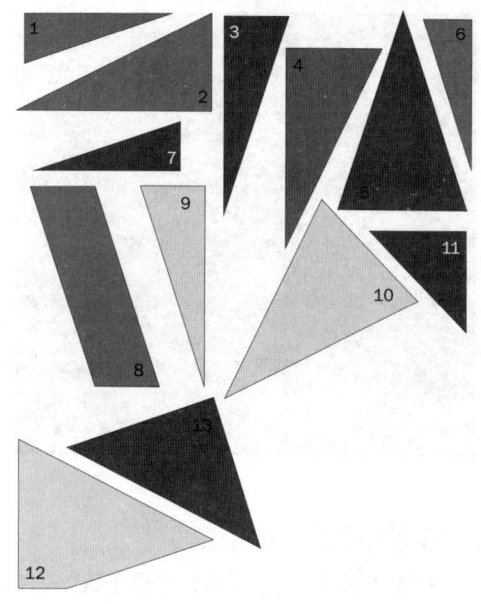

1202. 排列的规律（一）

从 A，B，C，D，E 中找出符合第 1 排图排列规律的选项。

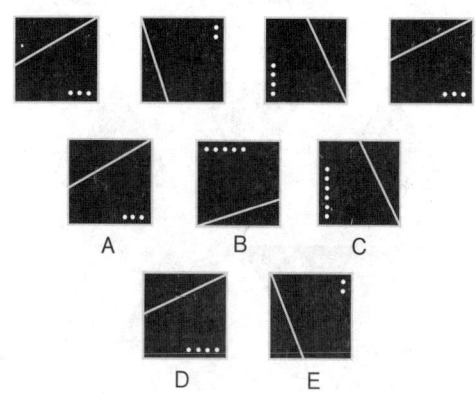

A B C

D E

1203. 图标的规律

格子中的图标是按照一定的规律排列的。当你发现其中的规律时，你就能够将空白部分正确地补充完整了。

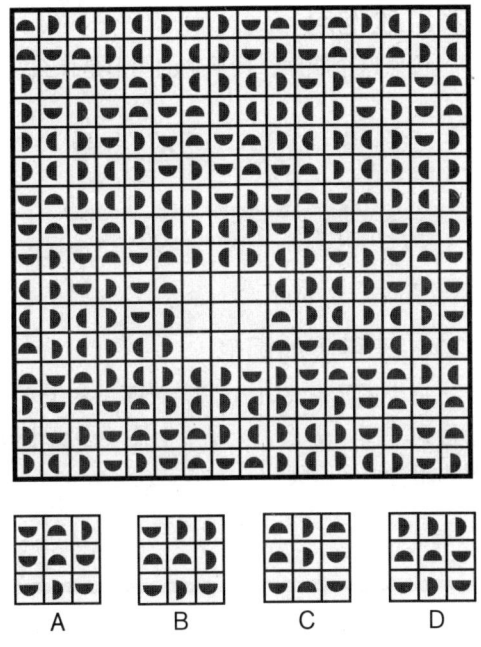

1204. 第 4 个正方形

根据规律，找出第 4 个正方形中的问号部分应当填入的数字。

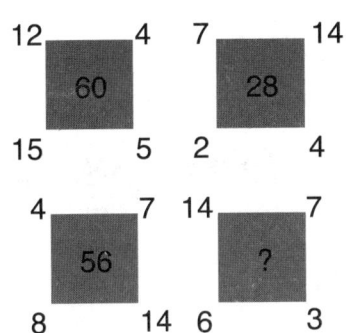

1205. 数的规律

算一算，问号处应该是多少？

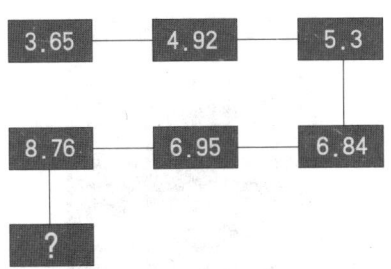

1206. 图形的对应（四）

如果 A 对应于 B，那么 C 对应于 D，E，F，G，H 中的哪个图？

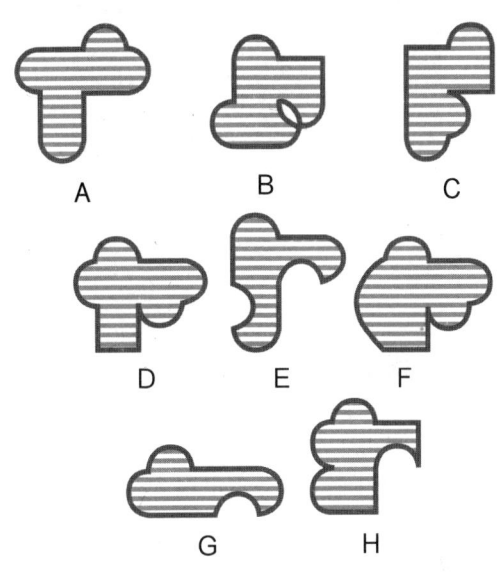

1207. 数字与圆

要解开这道题，应该由什么数字代替最后那个圆？

1208. 标志与数字（三）

每个标志代表 1 个不同的数字。你能通过重新放置代表数字的每个标志同样组成这个和吗？

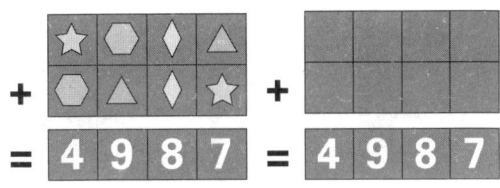

1209. 裙子的降价

如果一件裙子降价 20％出售，现在的销售价格要增加多少个百分点才是原来的价格？

1210. 圆圈的个数

空白处的圆圈个数应该是选项中的哪个？

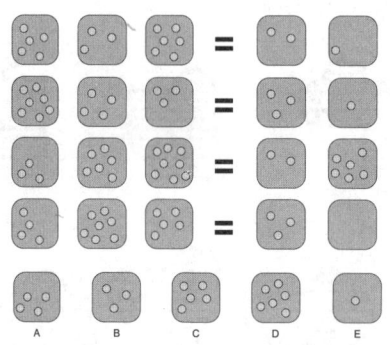

1211. 数字格

在下面的每个格子里填上数字 1～9，使得每一横行、每一竖行，以及每个 3×3 的小方框中这 9 个数字分别出现 1 次。

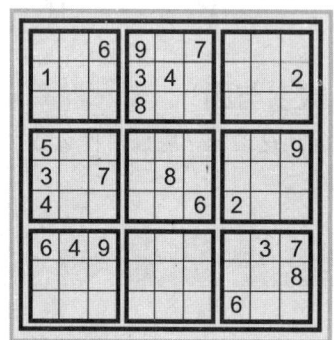

1212. 完整的正方形（二）

B，C，D，E，F 选项中哪个可以与 A 组成 1 个完整的正方形？

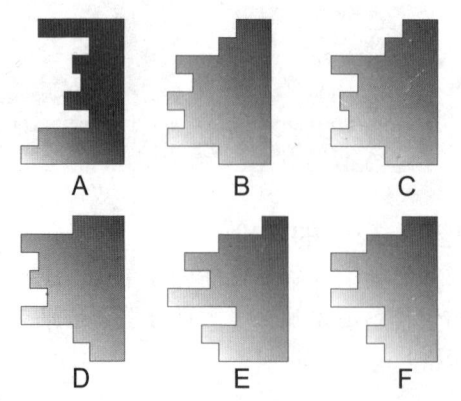

1213. 吹泡泡

按照这个顺序，接下来的图形是什么？

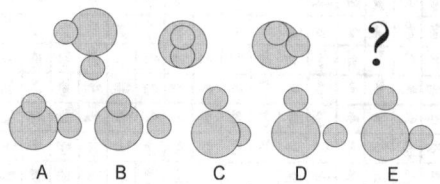

1214. 天平上的圆形

每个图形代表 1 个值。天平 1 和天平 2 已达到平衡。那么，天平 3 上需要多少个圆形才能达到平衡呢？

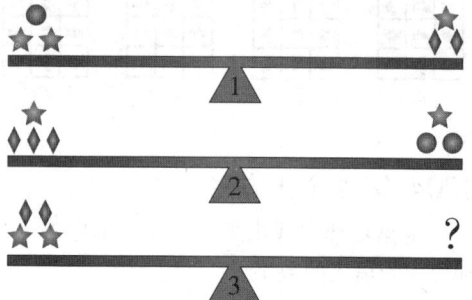

1215. 图形的值

该序列最后那个图形的值为多少？

1216. 适当的点数

你能找出下图中点数的排列规律，并且在缺失部分填上适当的点数吗？

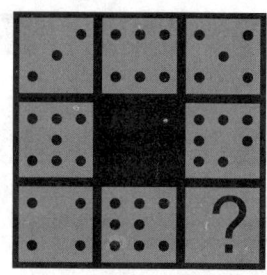

1217. 运送土豆

每辆拖拉机的工作时间如图所标。拖拉机下显示的数字是其所运送的土豆的吨数。明显的是，其中存在着一定的规律，那么你能推算出拖拉机 A 所运送的土豆的吨数吗？

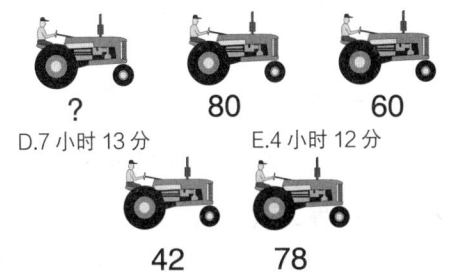

A.4 小时 20 分　B.3 小时 15 分　C.6 小时 14 分

?　80　60

D.7 小时 13 分　E.4 小时 12 分

42　78

1218. 数字分拆

高德弗里·哈代和锡里尼哇沙·拉玛奴江共同研究了数字分拆问题，即将正整数 n 分拆成几个正整数一共有多少种方法？

比如，数字 5 就有 7 种不同的分拆方法，如下图所示。

现在请问你：数字 6 和 10 分别有多少种分拆方法？

5 = 5					
5 = 4 + 1					
5 = 3 + 2					
5 = 3 + 1 + 1					
5 = 2 + 2 + 1					
5 = 2 + 1 + 1 + 1					
5 = 1 + 1 + 1 + 1 + 1					

1219. 苹果园

这里是苹果园的示意图（每个点代表 1 棵苹果树）。园丁从带星号的方格出发，必须一一走完所有的方格，不管方格上是否有点。并且不允许返回已经走过的方格，不可以斜向行走，也不可以踏入带有阴影的方格（阴影方格代表建筑物）。园丁路线的终点就是他出发的那个带星号的方格。你能找到园丁的路线吗？

1220. 女孩的概率

琳达有 2 个孩子，那么都是女孩的可能性是多少呢？

1221. 猫的尾巴

房间的墙角有几只猫，每只猫的对面有 3 只猫，每只猫的尾巴指向 1 只猫。那么，一共有几只猫呢？

1222. 抽屉里的蛋糕

玛丽在厨房的第 1 个抽屉里放了 2 个巧克力纸托蛋糕，在第 2 个抽屉放了 1 个巧克力纸托蛋糕和 1 个香草纸托蛋糕，在第 3 个抽屉里放了 2 个香草纸托蛋糕。她哥哥知道蛋糕的放法但是不知道具体哪个抽屉放什么蛋糕。

玛丽打开 1 个抽屉，拿出 1 个巧克力纸托蛋糕，并对哥哥说："如果你能告诉我这个抽屉里的另外 1 个蛋糕是巧克力味的概率是多少，我就给你想要的蛋糕。"

那么，这个抽屉剩下的蛋糕是巧克力味的概率是多少？

1223. 数字的逻辑（三）

你能解开这道题吗？

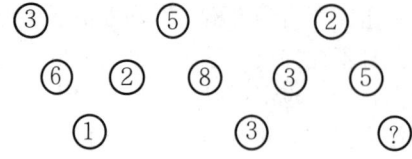

1224. 图形和词

请确定图形和词的关系，并找出这 2 个答案。

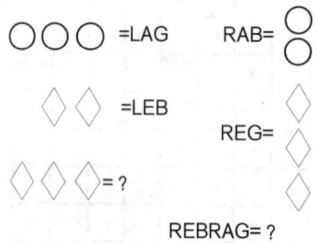

1225. 移动纸片

8 张纸片上分别写着数字 1，2，3，4，5，7，8，9，把它们按下图所示摆成两列。现在请你移动 2 张纸片，使两列数字之和相等。

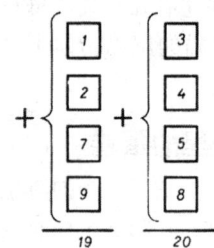

1226. 六位数的和

下面有组六位数，请你快速算出它们的和。怎么算简单些？

328645
491221
816304
117586
671355
508779
183696
882414

1227.4 对字母与数字

下面是关于字母 A，B，C 和 D，还有数字 1，2，3 和 4 之间关系的陈述。在这些已知条件的帮助下，看看你能不能理清它们之间的关系，确定哪个字母代表哪个数字。

如果 A 是 1，那么 B 一定不是 3。
如果 B 不是 1，那么 D 一定是 4。
如果 B 是 1，那么 C 一定是 4。
如果 C 是 3，那么 D 一定不是 2。
如果 C 不是 2，那么 D 就是 2。
如果 D 是 3，那么 A 一定不是 4。

1228. 字母算式（一）

在下面的算式中，如果你可以确定 1 个字母等于 9，那么另外 1 个就等于 5；同时还有 1 个字母一定等于 4。已知，E=4，V=7。请完成算式。

$$
\begin{array}{r}
A\ FIVE \\
+\ A\ FOUR \\
\hline
IF\ NINE
\end{array}
$$

1229. 地质课和地理课

共有 100 个学生申请了 1 所大学地质地理系的夏季助工。在这些学生中有 10 个人从未上过地质课和地理课，63 个学生至少上过 1 门地质课，81 个学生至少上过 1 门地理课。那么在这 100 个申请者中任选 1 个学生，他只上过地质课或者只上过地理课的概率有多大？有多少个学生至少上过地质课和地理课中的 1 门？

1230.5 个 0

在这个加法算式中，要求用 5 个 0 来替换其中任意的 5 个数字，使最后的和为 1111。应该怎么办呢？

111
333
555
777
+ 999

1231. 加号与乘号

1 个等式中的 2 个 2 之间的加号可以换成乘号而不改变结果：

2+2=2×2

带 3 个数字的等式也很简单：

1+2+3=1×2×3

那么，请你找出带 4 个数字和 5 个数字的等式。

1232. 字母串

字母串里的每个字母都代表 1 个数字。你需要层层推理才能解决。

A B C D
E
F
G H I J

A+B+C+D=D+E+F+G

=G+H+I+J=17

已知 A=4，J=0。找出其他字母的数值。这里从 0 到 9 的数字只能使用 1 次。

1233. 袋子里的球

有 3 个一样大的袋子，每个都装有 1 个黑球和 1 个白球。分别从 3 个袋子中取出 1 个球。取出的球中正好有 2 个白球的概率有多大？

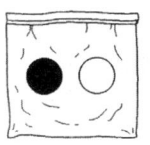 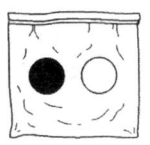 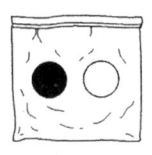

袋子 1　　　袋子 2　　　袋子 3

1234. 火柴分对

10 根火柴排成 1 排。每次取 1 根火柴越过 2 根火柴，把它交叉地放到第 3 根火柴上，最终将这 10 根火柴分成 5 对。

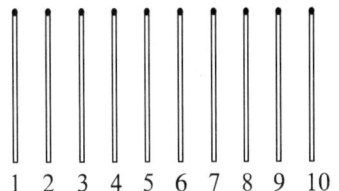

1 2 3 4 5 6 7 8 9 10

1235. 快速运算

快速说出 240 的 $\frac{2}{3}$ 的 $\frac{1}{2}$ 的 $\frac{1}{2}$ 再除以 $\frac{5}{12}$ 是多少？

1236. 重新组合单词

下面 3 个单词的所有字母可以重新组合成 2 个单词，但是这 2 个单词也是 3 个单词！你能解决这个题吗？

the red rows

1237. "twinkle"

你能用单词 "twinkle" 里的字母组合成多少个包含 4 个字母的单词？

1238. 箭头与锐角

下图是从 1 点出发的 6 个箭头。任意从中选择 2 个箭头，你可以组成多少个锐角？

（提示：∠ACB 是个锐角。）

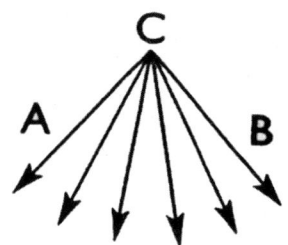

1239. 不同类的单词

下列的 5 个单词中，有 1 个和其余 4 个不是一类，把它找出来并陈述理由。

Pail （桶）

Skillet （煮锅）

Knife （匕首）

Suitcase （手提箱）

Doorbell （门铃）

1240. 包含 "4" 的整数

如果让你写出 5 ~ 83 之间的所有整数，你会写出多少个 4？

1241. 一笔画（二）

下面的图形是笔不离开纸面一笔画下来的，并且线条不能重复画。你能做到吗？

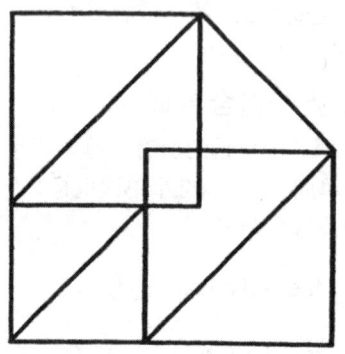

1242. 排列椅子

有 6 把不同颜色的椅子，把它们摆成 1 排，共有多少种不同的排列方式呢？

1243. 猫与老鼠（一）

小猫正在打盹。它梦见自己被 13 只老鼠围住了：其中有 12 只灰老鼠和 1 只白老鼠。它听到主人对自己说："喵喵，这 13 只老鼠都是你的食物。但是你必须沿着 1 个方向数下去，每数到 13，就把那只老鼠吃掉。但是那只白老鼠必须是最后吃掉的 1 个。"那么，小猫该从哪只老鼠开始吃起呢？

1244. 完成句子（三）

缺失单词的首字母（大写）都已给出，请完成这个句子。

There are 206 B in the H B.

1245. 正确的起点

仔细观察下面的图形，如果你找到正确的起点，依次顺时针读或逆时针读你就可以得到 1 个单词。请问：所缺的那个字母是什么？所得的单词又是什么？

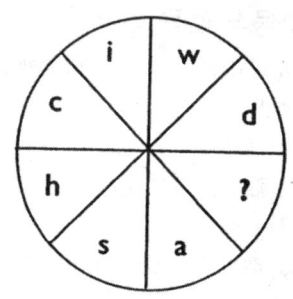

1246. 隐含的短语（一）

找出下面图中隐含的短语或句子。

1247. 新的单词（一）

在每个单词的前面加 1 个常用的 4 个字母的单词可以形成 4 个新的单词。请问：这个 4 个字母的单词是什么？

Shelf

Worm

Mobile

Mark

1248. 新的单词（二）

在下面的 3 个单词后面添加什么单词可以把这些单词都组合成新的单词呢？

MOON

SHOE

MONKEY

1249. 字母算式（二）

这里给你 1 个算式：每个字母代表 1 个数字，并且单词的首字母不能是 0。请完成下面的算式。

```
        THREE
        THREE
        THREE
      + ELEVEN
      ─────────
       TWENTY
```

1250. 字母组合

将 4 组字母 a，b，c，d 各放入 4×4 的方格中，使每行、每列以及每条对角线上的字母均不相同。

1251. 排列数字

将数字 1～16 填入 4×4 的方格中，其中：

①各行各列的数字之和等于 34。

②两条对角线的数字之和等于 34。

③两组两行或两列的数字的平方相加相等。

你知道如何排列吗？

1252. 数字的规律

下面的 7 个数字共有 1 个特殊的规律。你知道这个规律是什么吗？

1961　6889　6119　8008　8118　6699
6009

1253. 骑士的路线

尼琴想用骑士从棋盘左下角（a1 点）出发，不重复地走完棋盘上的所有方块，最后到达棋盘的右上角（h8 点）。他能成功吗？

1254. 数字的关系

下题中，第 2 排的数字是由第 1 排的数字决定的。

同样地，第 3 排的数字是由第 2 排的数字决定的。你能确定这种关系，找出缺失的数字？

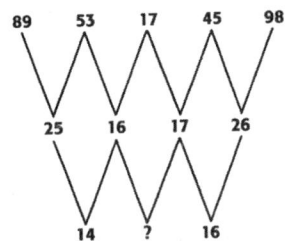

1255. 数字和密码

下面是数字和相应密码的对应表。你能确定它们之间的关系并找出最后 1 行的数字是什么吗？

数字	密码
589	521
724	386
1346	9764
?	485

1256. 星星中的数字

最后 1 个星星中的数字是多少？

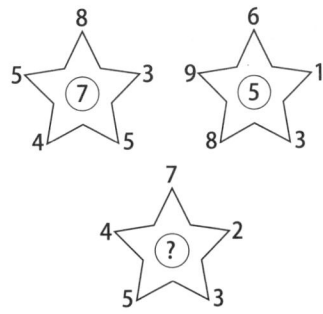

1257. 完成句子（四）

缺失单词的首字母（大写）已经给出，请完成这个句子。

There are 50 S on the U S F.

1258. 关于 1 的等式

不使用铅笔或者计算器，说出这个题的结果。

$$1 \times 1 = 1$$
$$11 \times 11 = 121$$
$$111 \times 111 = 12321$$
$$1111 \times 1111 = ?$$

1259. 字母的个数

1个 bop（B）有 6 个 murk（M）；1 个 farg（F）有 8 个 bop（B）；1 个 yump（Y）有 3 个 farg（F）。拿 1 个 yump（Y）中 murk（M）的数目除以 1 个 yump 中 bop（B）的数目，结果是多少？

1260. 缺失的数字（一）

最后 1 个三角形的右底角缺失的数字是多少？

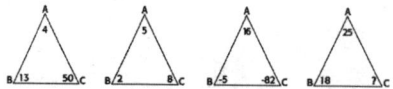

1261. 缺失的数字（二）

第 2 行缺失的数字是什么？

15	81	168
23	111	?
5	27	56

1262. 字母与数字

字母"E"后面缺失的数字是多少？
P7 H4 O6 N6 E?

1263. 26a

如果 16a=20,36a=32,那么 26a 等于多少？

1264. 数字的和

图中的矩形中包含 16 个小三角形，将数字 1 ~ 16 分别填入三角形中。要求你填入这样的大三角形（包含 4 个小三角形）中的数字之和等于 34。

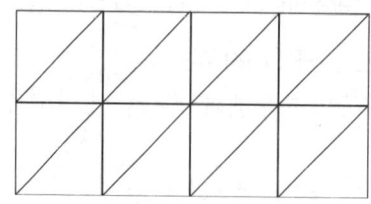

1265. 三角形的边

1 个三角形的 3 条边分别是 X，Y 和 Z。

下面的哪个陈述是正确的？

①X-Y 总是等于 2。
②Y-X 总是比 Z 小。
③Z-X 总是比 Y 大。
④X+Y 总是比 Z+Y 大。
⑤上述没有正确的陈述。

1266. 圆盘中的数字

这个圆盘中缺失的数字是多少？

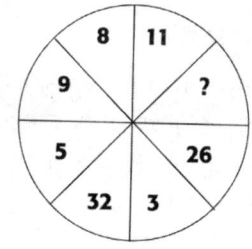

1267. 敲钟

1 个钟 5 秒内敲 6 下，那么，它敲 11 下要花多长时间？

1268. 新的单词（三）

在下面的 3 个单词前面添加 1 个什么样的 4 个字母的单词，使得这 3 个单词全都变成新的单词？
LINE
PHONE
WATERS

1269. 组合单词

使用单词"numbers"里的字母，你可以组合成多个不同的单词。

1270. 隐含的短语（二）

找出隐藏的短语或者句子。

1271.Z 的值

Z 的值是多少?

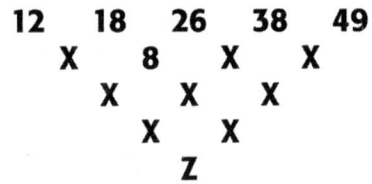

1272. 完成句子（五）

缺失单词的首字母（大写）已经给出，请把这个句子补充完整。

There are 360 D in a S.

1273. 改变字母（二）

在空格处填上合适的单词，要求后1个单词只改变前1个单词的其中1个字母。

1274. 转轮

如图所示，转轮 A，B，C，D 由皮带相连接。假如轮 A 开始如箭头所示沿顺时针旋转，那么，是不是所有的4个轮子都能转动？如果都转动的话，其他3个轮子的转动方向是什么？

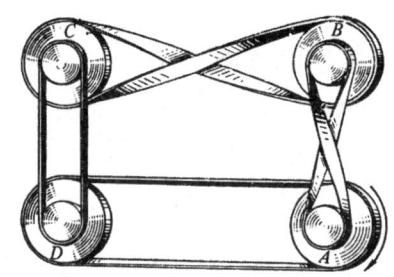

1275. 完成算式

下面是道数字算式题。已知 V=2，N=8，请列出此算式。

```
    F I V E
    O N E
    O N E
  + O N E
  ─────────
  E I G H I
```

1276. 长方形的叠加

将3个相同的长方形（长宽比例为2:1）叠加在一起，边线最多将会出现多少个交叉？（提示：根据1个交叉必须由2条线组成，长方形的角不算在内。下图是示例，并不是最大交叉数。）

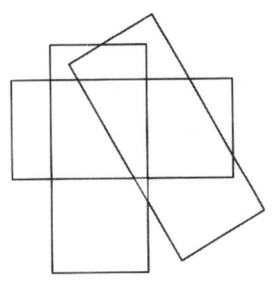

1277. 单词链

下图是单词链的开头，每次去掉单词中的1个字母而不打乱顺序，使其组成1个新词。完成下图：

```
S T R A I N
- - - - -
- - - -
- - -
- -
-
```

1278.F 的值

在下面的5个等式中，F 的值是多少？

A+B=Z   ①
Z+P=T   ②
T+A=F   ③
B+P+F=30   ④
A=8   ⑤

1279. 图案与字母

根据图案与字母之间的关系来寻找答案：

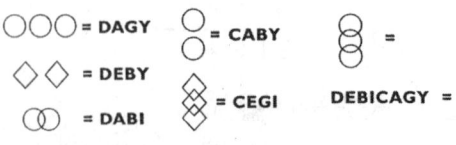

1280. 正整数等式

你能找出另外 1 个同样由正整数组成的等式吗？并且如例中的等式左右的数字连续。

32+42=52

102+112+122=132+142

1281. 拳击手

有 2 个拳击手，小个的是业余选手，也是大个子职业拳击手的儿子，但是这个职业拳击手却不是业余选手的父亲，请问：职业选手是谁？

1282. 省略的数字

假如把省略的数字全算上，下面这个数列有多个数字？

0 3 6 9 12 15 18 … 960

1283. 等分 16 格正方形

这是把 1 个 16 格的正方形分成两等份的 4 个示意图，请找出除了这 4 种方法之外的另外两种等分法。（注：对角切割和只变换角度的方法不计在内。）

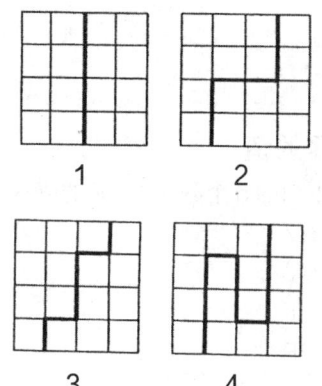

1284. 格子中的数字（二）

在下面的这个题中，每个盒子中的第 1 个数字和第 2 个数字有 1 种特定的关系。4 个格子中的数字的关系都是一样的。那么，你能告诉我第 4 个格子中缺失的数字是什么吗？

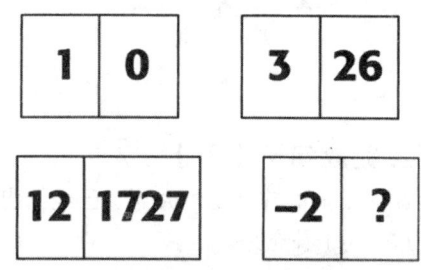

1285.H 的图案

找出下列图组中图 H 的图案。

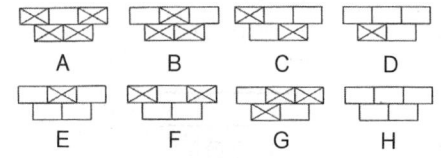

1286.R 和 S 的值

下面等式中 R 和 S 的值是多少？

Q+M=C

C+K=R

R+Q=S

M+K+S=40

Q=8

1287. 图画的规律

你能确定下面的图画的规律吗？这些决定数和的圆圈、方块、分割线是什么关系？第 6 个图中的数字应该是多少？

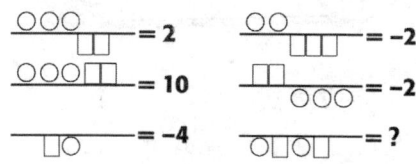

第 7 章

综合思维游戏

1288. 商店的窗户

下图是 1 个商店的窗户，它的高和宽都是 2 米。油漆工想把它的一半面积漆成蓝色，而同时要留出 1 个无漆的正方形。那么，他该如何做呢？

1289. 五金店

4 个人是老本宁顿五金新店的户主。上周他们搬进了他们在弗莱尔·布莱尔庄园购买的房屋里。这个庄园由 9 个单元组成，户主们到五金店购买施工人员忘记在每个单元都应该安装的东西。每个价值 1 元，而 8 也只花 1 元；16 要花 2 元；如果顾客需要 150，则一共要花 3 元；如果订购 300，顾客也只需支付 3 元。最后，顾客一共花了 4 元，并买到各自想要的东西开开心心地离开了。那么，这几个顾客买了什么东西呢？

1290. 硬币与玻璃杯

在铺好桌布的桌子上放 1 枚 1 角硬币，然后在这枚硬币的两边各放 1 枚 1 元硬币，再将 1 个倒置的玻璃杯放在这 2 枚硬币的中间位置上。玻璃杯放好之后的样子要和下图一致。好了，现在做游戏！你必须把那枚 1 角硬币从玻璃杯底下移出来，但是不能移动玻璃杯或者那 2 枚 1 元硬币。而且，你也不能借助其他东西将 1 角硬币从玻璃杯下面推出来。该怎么做呢？

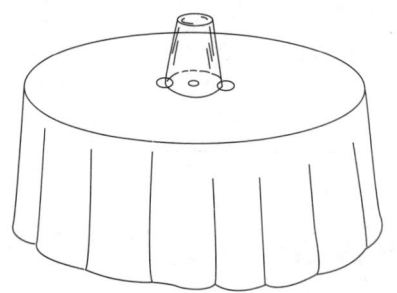

1291. 1 元的钞票

右手拿着 1 元的钞票，并与胸口平行。另外 1 个人用拇指和食指夹在钞票的中间部位，并与钞票的距离保持在 2 厘米左右，他的手不能接触钱币。然后，告诉他如果你放手的话，钞票会从他的两个手指之间掉下去，而且他肯定抓不住。这个听起来是不是很简单呢？

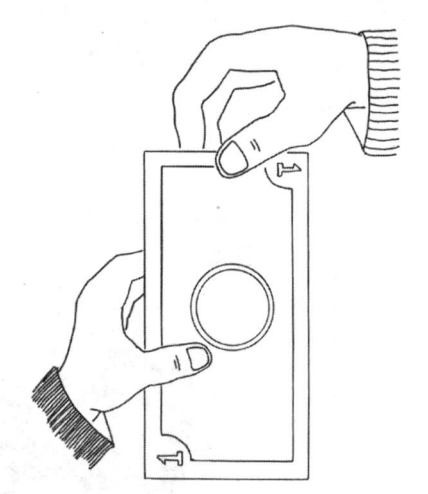

1292. 10 张扑克牌（二）

把 10 张扑克牌在桌子上摆成 1 排。从任意 1 张扑克牌开始，先拿起来然后把它向左或者向右移动，越过 2 张扑克牌后放在第 3 张扑克牌上。这样，两张扑克牌就放在一起，成为 1 对。接着，再拿起另外 1 张扑克牌，然后向左或者向右越过相邻的两张扑克牌（遇到成对的扑克牌视为 1 张）并把它放在第 3 张单独的扑克牌上。如此继续，要求最后桌子上出现 5 对扑克牌。

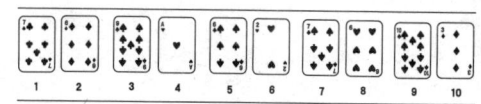

1293. 舰长的检查路线

这艘飞船正从月球飞回地球。下图所示的就是前进舱指挥舰板的平面图。伯肯舰长每个小时都会巡视飞船。他将检查从 A 到 M 的每个走廊，而且只检查 1 次。但是，通过外走廊 N 的次数不限。同时，进入 4 个指挥中心（1 号、2 号、3 号和 4 号）的次数也不受限制。最后，他总是在 1 号指挥中心结束检查。请你把舰长的检查路线展示出来（起点可以从任一指挥中心开始）。

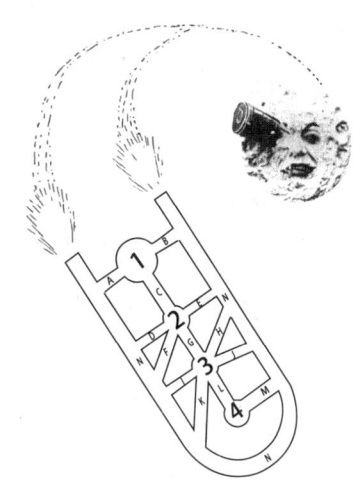

1294. 路标

假设拿破仑正站在十字路口。1 天晚上，1 个十字路口的路标被供给马车破坏了。拿破仑军中没有人能把路标放好并使它指向正确的方向。拿破仑沉思片刻之后，发布了命令并把路标放回到了原处。但是，拿破仑以前不曾到过这个十字路口，那么，他是如何做到的呢？

1295. 硬币上的日期

你先转过身，然后请朋友把 1 枚硬币正面朝上放在桌子上。接着，让他将 1 张白纸放在硬币上。现在，转回来，并宣称你要运用你的超能力看穿这张不透明的纸，然后读出这枚硬币上面的日期。这枚硬币自始至终都是完全被遮盖的。如果想使游戏更有趣，

你可以建议进行下面所介绍的赌注：如果你可以正确读出日期，那么，你将得到这枚硬币；如果你失败的话，那么，对方将得到这枚硬币。

1296. 瓶子与纸带

把 1 个空瓶子放在桌子上。然后，剪 1 个 2 厘米宽、30 厘米长的纸带，按照下图的样子将纸带放在瓶口。在纸带上瓶口处放 4 枚硬币：先放 1 枚 1 元硬币，然后是 1 枚 5 角硬币，接着是 2 枚 1 角硬币。现在，大家来试试在保持硬币平衡的情况下把纸带移走。大家在进行游戏时，既不能接触硬币也不能触摸瓶子，唯一可以接触的就是纸带。

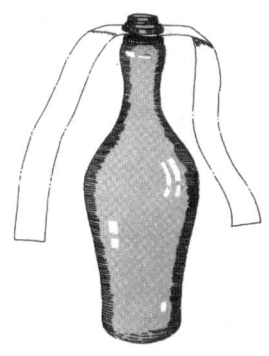

1297. 家庭成员

爷爷汤森曾经讲过这个故事。好像是在他的 1 次生日宴会上，当时有 10 位家庭成员，此外还有许多客人。其中，有 1 个祖父和 1 个外祖父、1 个祖母和 1 个外祖母、3 个父亲和 3 个母亲、3 个儿子和 3 个女儿、1 个婆婆

和1个岳母、1个公公和1个岳父、1个女婿、1个儿媳、2个兄弟、2个姐妹。

那么，你能判断出参加祖父生日宴会的家庭成员的家庭关系吗？

1298. 瓶塞（二）

准备2个葡萄酒瓶的瓶塞，按照图1的样子把它们夹在手上（即每个瓶塞都横着放在拇指的分叉处）。现在，用右手的拇指和中指抓住左手上的瓶塞（两根手指抓住瓶塞的两端），与此同时，再用左手的拇指和中指抓住右手上的瓶塞，然后，把两个瓶塞分开。上面的操作听起来很简单，但是初学者在尝试的时候会出现图2的情况。而这正是这个题要避免的，必须将2个瓶塞自然地分开。

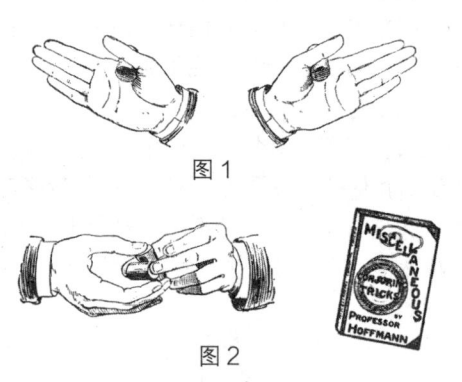

图1

图2

1299. 棒球联赛

在很多年以前的棒球联赛赛场上，有这样1个做法，选手在参加完每场比赛之后都会得到报酬。而在早上的不多的时间里则会进行很多纸牌游戏，场面十分火爆。其中有1场有关来自海湾秃鹰队的4名选手的游戏。在1场棒球比赛中，这4个人——马尔文、哈维、布鲁斯以及罗洛要分享233元。比赛结束了，马尔文分得的钱比哈维多20元，比布鲁斯多53元，比罗洛多71元。请问这4名选手分别获得了多少钱？

1300. 铁圈枪游戏

铁圈枪游戏以前曾经是最棒的娱乐方式

之一，同时，这个游戏也花不了多少钱。奈德·索尔索特又赢了1场比赛，对手是她的妹妹和威姆威尔勒家的男孩子们。奈德将25个铁圈打进靶槽里，且每个靶槽均有得分，一共得到500分。共有4个靶槽，每个槽内的分值分别为10，20，50，100。那么，你能算出奈德在每个靶槽内打进的铁圈数吗？

1301. 诗人船长

弗朗昆教授的1个学生将1个装着写有下面语句的便条的瓶子交给了他。他向这个博学的人挑战要解读著名的航海船长在这个便条上所写的这首诗中包含了什么：

"我现在指挥着这艘巨轮，船上装载着从世界各地运来的珍贵货物，这些东西我从来没有卖过；风也助我一臂之力，不管是港口还是海港，我最大的愿望就是能在上面自由奔跑。"

那么，你知道这位诗人船长是谁吗？

1302. 亚伯克拉斯特的游戏

故事发生在 1902 年 7 月 10 日加利福尼亚的帕尔玛斯。在图中的尤沙拉·亚伯克拉斯特是位社会名流，她来自纽约的切维格伦，她此时在帕姆克利夫酒店宴请其他的度假者。席间，她与大家共同分享了有趣的思维游戏

以及她世界各地朋友的故事。那么，你能解决这位女主人的难题吗？

1303. 3 份遗产

我们现在所处的位置就是新牛津街上的布兰德魔宫，这个宫殿在维多利亚时期是个大型商场，这里也是著名的思维游戏大师霍夫曼教授经常到访的地方。我们和他约定下午1点在这里见面。那么，我们进去吧。

"你好，霍夫曼教授。我们来得很准时。您今天有没有新的思维游戏跟我们分享呢？"

"那是当然的！先坐下，那么，就试试这个3份遗产的思维游戏吧。1位绅士临死前留下遗嘱，要将自己的遗产分给自己的3个仆人。会客室的那个仆人跟随主人的时间是女佣人的3倍，而厨师跟随主人的时间又是会客室那个仆人的2倍。遗产是按照跟随主人的时间来分配的。总共分出了7000元。那么，每个人各分得了多少遗产呢？"

1304. 分摊小费

"迈克，分摊午餐小费时，你把我骗了！"帕特抱怨说。"为什么，我还以为你很大方呢，帕特！"迈克回答说，显得十分无辜。事情是这样的：午餐后，当他们分摊小费时，帕特给迈克的钱与迈克已经有的钱数相同。迈克说："这太多了！"然后又还给帕特一些钱，这些钱与帕特所剩下的钱数相同。帕特说："别，这也多了。"然后也还给迈克一些钱，这些钱与迈克现在所剩下的钱数相同。帕特现在1分钱也没留下，而迈克共得到80元。那么，他们刚开始各自有多少钱？

1305. 弹子游戏

这两幅图所示的就是1908年夏天进行的著名北泽西对决，对阵的双方分别是"荷兰人"杜伯曼和"鹿角"卡拉汉，两个选手的弹子袋都是满满的。在奥兰治这两人的拇指功夫最高，现在终于可以一决高下了。比赛开始时，两人的弹子数都相同。第1局，"荷兰人"的弹子数增加了20个，然而，在第2局和第3局，他损失了$\frac{2}{3}$的弹子。而"鹿角"的弹子数则是"荷兰人"的4倍。那么，你能否计算出比赛过后，两人各有多少个弹子吗？

1306. 两个酒桶

这个思维游戏为老巴克斯所独创。你若想参加他的派对，你就必须计算出这两个酒桶中各有多少酒。这两个酒桶分别贴有字母A和B，而A桶的酒比B桶的酒多。

首先，将A桶中的酒倒入B桶，倒入的酒与B桶的酒相等。然后，将B桶中的酒倒回A桶，倒入的酒与A桶中现有的酒相等。最后，再将A桶中的酒倒回B桶，倒入的酒与B桶中现有的酒相等。

这个时候，两个桶内都有48升的葡萄酒。那么，两个酒桶原来各有多少葡萄酒呢？

1307. 玻璃杯与火柴

威灵顿·曼尼拜格斯是赌场中的名家，他有1道"玻璃杯"难题。将1根火柴支撑在两个颠倒的玻璃杯的中间部位（如下图所示）。现在，威灵顿打赌说他即使将其中的1个玻璃杯拿走也可以使那根火柴悬在空中。你只能拿桌子上的第2根火柴与那根火柴接触。那么，谁对他的这个赌感兴趣呢？

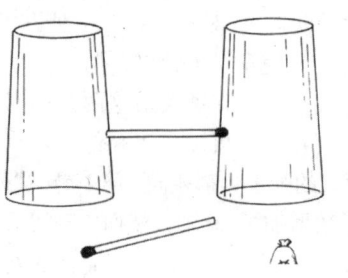

1308. 分配钱

这是个真实的故事！是克莱夫亲口告诉我的。故事是这样的，有个叫弗西斯的年轻人在寻找基奇纳大部队时迷失了方向。在饥肠辘辘之际，他碰到了两个当地的小伙子正准备吃午餐，1 个人有 3 块儿烤面包，另外 1 个人有 5 块儿。如果弗西斯肯掏钱吃他们的面包的话，他们愿意与他共享食物。当然，他只能说愿意，这样，3 个人一起把 8 块儿面包吃完了；然后，弗西斯付给他们 8 枚硬币。最后，他终于和大部队会合了。

但这两个小伙子却为了钱打成一团。拿 3 块儿面包的那个人想把钱平分，但是另外那个人却认为他应该得到自己份额的 5 枚硬币。这样，问题成为 1 个难题。那么，你应该如何分配这些钱才能不失公平呢？

1309. 保险箱的密码

在世纪之初，那个放在大厅内的存有贵重物品的保险箱被采取了严密的保护措施。这个保险箱的主人是泰门尼·奥谢，他虽然十分富有，可记性却不怎么好。他这辈子总是记不住自己保险箱上的由 3 个号码（每个号码有两位数），组成的密码。但是，他却可以利用贴在保险箱上的线索提醒自己：

"第 1 个号码乘以 3 所得结果中的数字都是 1；第 2 个号码乘以 6 所得结果中的数字都是 2；第 3 个号码乘以 9 所得结果中的

数字都是 3。"如果保险箱窃贼上过学的话，他们很可能会将这些线索转变成现金。那么，你能将这几个号码依次呈现吗？

1310. 数硬币

这个思维游戏的创作灵感来源于在新泽西州欧文顿的古老奥林匹克公园举行的竞技比武大会。将 8 枚硬币正面朝上放在下图中各圆圈内的动物上，然后，设法用 7 步使其中的 7 枚硬币背面朝上，每步都要从正面朝上的那枚硬币开始计数。数出 4 枚硬币，并使第 4 枚硬币背面朝上。数硬币时，不用考虑硬币是正面还是背面。

1311. 巡视路线

古老的阿斯伯里·帕克电车路线共有 12 站，由 17 条 1 千米的铁轨相连接。巴顿·科

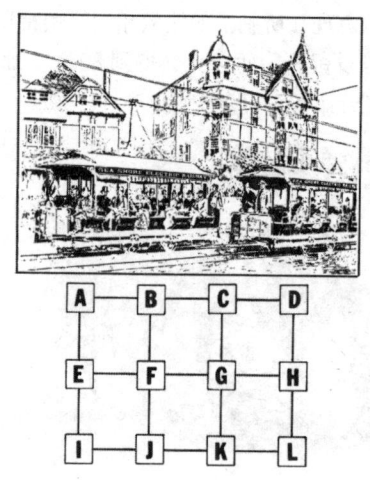

鲁尔是铁轨的巡视员，他每天都要检查这 17 条铁轨。检查的时候，他总是不止 1 次路过某些铁轨。那么，你能为巴顿设计出最佳的检查路线，使他每天在巡视时走最少的路程吗？

1312. 水与酒

珀西·波因德克斯特先生是著名的饭后思维游戏专家，他正设法解答 1 道古老的水与酒的题，但他现在已经不知所措了。这个题是这样的：有 2 个玻璃杯，里面装着相同数量的液体。1 个装有水，另外 1 个装有酒。首先，从水杯中盛 1 匙的水倒入酒杯。然后，搅拌均匀。接着，再盛 1 匙的酒水混合物倒入水杯。那么，水杯里的酒比酒杯里的水多还是少？

1313. 圣诞老人的握手

圣诞老人学校又迎来了毕业典礼。今年，8 名圣诞老人已经做好准备到城市商场履行职责。当他们离开之前，每个圣诞老人要彼此握手。那么，他们会握手多少次呢？

1314. 车厢 A 和车厢 B

当彼得·库珀造出他那个著名的火车"大拇指汤姆"时，美国只有 13 千米的铁路。在巴尔的摩附近有 1 个岔轨，它经常引起混乱。在图中，T 表示火车头，A 和 B 是岔轨上的两节车厢，C 处只能容纳 1 个车厢或者火车头。你的任务是利用最少的步数将车厢 A 和车厢 B 交换位置，并最终使火车头位于最初的位置。

1315. 噩梦

一位先生上班时听到 1 个题，因为这个他晚上做了噩梦，而且他花了 1 天的时间也没有把它解决。题是这样的：1 个人家里有 2 个时钟。1 个时钟不走，另外 1 个每天总是慢 1 个小时。那么，哪个时钟在 1 周之内的正确显示时间的次数多呢？请你快速给出答案，以使这位心情烦乱的人在天亮之前能够睡会儿觉。

1316. 巧克力糖

很多年以前，3 个旅行者在黑眼睛客栈的 1 张桌子上用餐。吃完饭后，他们点了 1 盘巧克力糖，并打算平分。可是，巧克力糖还没上来他们就都睡着了。第 1 个人醒来时看见了糖，于是把他那份吃了，接着又睡着了。第 2 个人不久也醒了，也把认为属于他自己的那份糖吃了，然后很快又睡着了。最后，第 3 个人醒来发现了糖，把认为属于自己的那份吃了，然后也进入了梦乡。

他们在鼾声中度过了那一夜。第 2 天，服务员将盛有糖的碟子收走了，这时桌上剩下 8 块儿糖。那么，你知道桌子上原来有多少块儿巧克力糖吗？

1317. 安德森夫妇的孩子

这次，安德森夫妇好像动真格了。他们今天聘请镇上最苛刻的保姆——塞德里克·隆诺斯来照看他们所有的孩子。安德森夫妇有一大群孩子，他们平时很难照看过来。我忘记究竟有多少孩子，但是我知道每个女孩兄弟姐妹的人数都相等，而每个男孩的姐妹人数是兄弟的两倍。那么，你能根据这些信息判断出安德森夫妇有多少个孩子吗？

1318. 黄鼠洞

哈里特在闲暇时刻乡村俱乐部的网球场上发现了 1 个黄鼠洞，她的网球掉在里面，这个洞太深了，她够不到。而且由于洞到了中间就拐弯了，所以即便用木棍也无法把球拿出来。但是她并没有气馁，很快就想出 1 个好办法,并在 2 分钟之内把球拿了出来。那么,她是如何没有把球场挖开就拿到球的呢?

1319. 顶针

托马斯·萨克利是顶针奇术的大师,他出了下面这个难题:把 7 个顶针放在下图星星中的 7 个点上,每个顶针在放到 1 个点时应滑向对面另外 1 个空点上。从如图所示的位置开始,顶针最后可以停在 X 点或者 Y 点。千万不要被这个题难住。

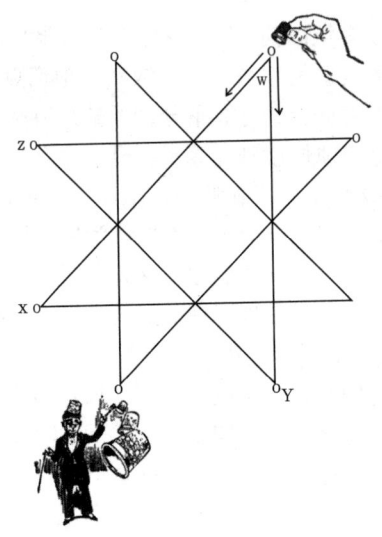

1320. 苏莱曼黄金绳索

在 1 次十字军东征时,好奇的古德温爵士遇到了寓言中的苏莱曼黄金绳索。这两根绳子相距 0.5 米,且一端已经固定在他所占领的城堡大厅的拱顶上,它们距离地面 0.8 米。由于时间紧迫而且没有梯子,所以古德温爵士无法利用梯子把它们剪下来,于是他只能用手拽着绳子仗着胆子往上爬,然后用匕首尽可能将两根绳子多切掉一些。但是,天花板离地面很高,任何人摔下来都会致命。那么,古德温爵士是如何将城堡中的这两根黄金绳子带走的呢?

1321. 教堂的钟(二)

为了把你难住,牧师斯皮尔在做最后 1

次尝试。好像牧师为教堂买了 1 口新钟,不知为何,他叫多朗格·基德来帮忙。这口钟的重量和基德的体重相同。当基德开始拽绳子时,令人吃惊的事情发生了。那么,请你猜猜看:

(1)如果基德保持原地不动,钟会不会升上去呢?

(2)如果钟保持原地不动,基德会不会升上去呢?

(3)基德和钟会不会一起升上去呢?

1322. 格力姆斯力城堡

很多年以前,格力姆斯力城堡的高塔顶内关押着 3 个人:1 个老国王、他的儿子以及女儿,他们的体重分别是 97.5 千克、52.5 千克以及 45 千克。他们与地面唯一的交流工具就是 1 根绳子,绳子绕在滑轮上,绳子两端各系着 1 个篮子。1 个篮子落地时,另外 1 个篮子刚好到他们窗户的对面。如果 1 个篮子比另外 1 个篮子重,那么很自然,重的那个篮子就会下降;但是,如果两边的重量差超过 7.5 千克,那么它在下降时就会很危险,因为速度太快的话,哪个犯人都无法控制,他们只能在这个塔里找到 1 颗重量为 37.5 千克的炮弹。如果他们想逃走,那么,他们应该怎么做呢?

1323. 特拉洛尼的遗嘱

泰赫俱乐部每年都会举办猎装早餐聚会,下面这个故事在这期间曾被人们议论纷纷:

当地主特拉洛尼去世时,他在遗嘱上把自己最好的马按下面的方式留给了他的 3 个儿子:大儿子约翰获得一半的马,詹姆士获得 $\frac{1}{3}$ 的马,威廉获得马厩里 $\frac{1}{9}$ 的马。然而,在他过世之后,马厩里却有 17 匹马,而这个数字不能被 2、3 和 9 整除。于是,兄弟三人向 1 位聪明的律师请教,他制定了 1 个计划,而这个计划既遵从了地主的意愿,也使 3 个人都得到了满足。那么,这个计划是什么呢?

1324. 伪造的金币

一年一度的思维游戏俱乐部淘汰赛曾经

选用过这个题。

桌子上有 10 顶帽子，它们标有 1 到 10 这几个数字，每顶帽子里都有 10 枚金币，虽然看起来很逼真，但它们中的 1 个帽子里面的金币都是伪造的，真正的金币每个重 10 克。为了帮助比赛者，组委会提供了以克为单位的秤。但是，比赛者只能使用 1 次。然而，他们可以利用这次机会将他们所希望称的金币的数量放在秤上。那么，你能否根据这些情况判断出哪个帽子里装了伪造的金币呢？

1325. 魔法硬币

魔术师已经摆出来 6 枚魔法硬币。前 3 枚硬币背面朝上，后 3 枚是兔子朝上。你要用 3 步将它们的顺序改为：背面、兔子、背面、兔子、背面、兔子。每次移动你都必须将相邻的 2 枚硬币翻面。

1326. 扑克筹码

在 20 世纪 20 年代，有许多令人愉快的书，它们价钱虽然很低，但却能带来无限的乐趣。1 本 5 角的副本就可以让你学到有关魔术、思维游戏、国际象棋以及拳击的知识。这里就有 1 个从这些书当中找出来的有趣的题。

在 1 大张纸上画出 10 个表格（如上图所示）。然后，把 4 个白色扑克筹码和 4 个黑色扑克筹码放在前 8 个方格内，按照图中的样子，将各颜色的筹码交替放置。现在，要把筹码变成下图的顺序，在这个过程当中，每次要将相邻的 2 个筹码移动到 2 个空方格内。而你只能通过 4 步来完成。

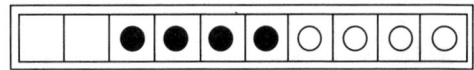

1327. 冷酷的扑克牌

"这副扑克牌的确冷酷无情，而你也没有胜算，我想你此刻心情很不好。但是，这个赌你用不着去怀疑，就看你手头的钱能不能多起来！"

1 个好的赌注很难找，但是如果对方从来没见过下面这个赌的话，那么它就是必打的赌。把 1 副扑克分成两堆，确保其中 1 堆扑克全是红色。

另外 1 堆扑克全是黑色。然后，把这两堆扑克放在一起，彻底进行洗牌，最后把整副扑克牌放好。接下来，你宣布说你将 1 次从顶部拿走 2 张牌，并打赌：如果这 2 张扑克牌的颜色相同，你会输 2 元；如果这 2 张扑克的颜色不一样，那么，你会赢 1 元。

如果打这个赌，那么，这副扑克在每次玩完之后你至少会赚多少钱呢？

1328. "牌王" 的挑战

"牌王" 奈德·费尔班克斯向我们提出了 1 个有趣的挑战。我们来看看你能否在牌落下之前找出其中的秘密所在。

阿拉卡扎姆，让别的牌都走开！女士，您的牌是……5 张梅花！

那么，现在我们进行 1 个有趣的扑克牌思维游戏，我把它叫做"A 和 K"。先生，这里是从 1 副扑克里抽出的 4 张 A 和 4 张 K。我向你提出挑战，看谁能把它交替放置在桌子上，使顺序依次为：K，A，K，A，K，A，K，A。但是，发牌时必须按照下面的步骤进行：把这 8 张扑克牌正面朝下拿在一起，然后，把顶部的扑克牌放在最下面，并且把第 2 张牌掀开，再正面朝上放在桌子上，依此类推，直到 8 张扑克牌都放在桌子上。

如果您在我表演完之前把这个问题解决了，那么您就可以担当我的助手。

1329. 卡兰德手表

克兰西三兄弟是纽约市古老的熨斗大楼里最出色的清洁工，为了对他们的准时表示感谢，业主们送给他们每人 1 块卡兰德手表。但是，麻烦也随之而来。

布莱恩那块表很准时，巴里那块表每天都慢 1 分钟，而帕特里克的表则每天都快 1 分钟。

如果兄弟三人在收到手表的那天中午同时把手表调到准确时间并且此后不再调整手表的话，那么这 3 块手表需要过多少天才能再次在中午显示正确时间呢？

1330. 会说话的茶壶

下图是维多利亚时期著名的艺术家——魔术大师帕兹林·普兰德加斯特和他会说话的茶壶。普兰德加斯特是如何使茶壶说话虽然不得而知，然而，最重要的是它说的问题。那么，你能解决茶壶提出的问题吗？

有个农夫带了两笼子的动物去市场。1 个笼子装着兔子，而另外 1 个笼子则装着野鸡。当别人问他每个笼子里的动物一共有多少时，他回答说："两个笼子里的动物一共有 35 个脑袋、94 只脚。"根据这个，你应该可以回答你的问题了！

1331. 为难人的扑克牌

在"为难人的扑克牌"当中，玩家对对方解答扑克难题的能力下注。佐伊用从 1 到 9 这 9 张方块牌在桌上摆成了 1 个扑克三角形，她让萨比拉把这几张扑克牌重新排列，使组成三角形的三个边上的任意 4 张扑克相加的结果都等于 23，三角形三个角上的每张扑克牌同时出现在两个边上。那么，你能解答这道题吗？

萨比拉，我跟你打 100 元的赌，你不可能在 5 分钟内解决这个三角形扑克牌思维游戏！

是吗，佐伊，我看不见得吧！我倒要看看你那 100 元，我再加 200 元！

1332. 古老的字典谜题

我们为那些喜欢字谜的朋友准备了 1 个古老的字典猜谜题。下面是从 1 本非常旧的字典当中挑选出来的插图，并且列出了 14 个词，其中的9个词描述了插图的内容。那么，你能否将它们一一对应呢？

(A)	母线；	(I)	带羽毛饰的平顶圆筒军帽；
(B)	匕首；	(J)	四塔门；
(C)	弩炮；	(K)	甲虫；
(D)	方尖石碑；	(L)	印痕；
(E)	双人小汽车；	(M)	三孔滑轮；
(F)	弩；	(N)	半鹰半马怪兽。
(G)	地下密牢；		
(H)	商标；		

1333. 斯芬克司墓碑

霍金斯和皮特里这两位刚毅的考古学家又挖掘出1个古代文物。我们来听听他们说了什么：

"皮特里，我们终于发现了举世闻名的'斯芬克司思维游戏'墓碑，它都有3500年的历史了！"

"我们？什么意思，"皮特里语无伦次地说，"别把我也扯进去！我不相信造金字塔的思维游戏大师会把它写下来！"

这个墓碑当然是假的，但是这个思维游戏的确很好。看看你能不能把它解答出来。

"什么东西早上有4条腿，下午有2条腿，晚上有3条腿？"

1334. 罗杰爵士的长袜

虽然罗杰爵士过分讲究衣饰，但他曾被称作是出色的剑客。虽然他的击剑决斗生涯充满波折，但他总会为决斗好好打扮一番。

有天早晨，当他再次为决斗装扮自己时，他要找1双长裤。他知道衣柜底下的抽屉里有10双白色长裤和10双灰色长裤。但是，由于衣柜顶上只有1根蜡烛，光线太暗，以至于他无法辨认哪个是白色哪个是灰色。那么，你认为他最少要从抽屉里拿出几只袜子便可以在外边光亮处搭配成1双袜子呢？

1335. 朗姆酒

有两个好朋友——比利·伯恩斯和派斯特·皮耶，他们在布奇特·奥布拉德烈酒商店大吵起来。原因是比利拿来1个5升的空桶，他让派斯特往里面倒4升最好的朗姆酒，但是商店只有1个旧的3升锡铅合金的小罐，无论比利和派斯特怎么试，他们都无法用这两个容器从朗姆酒桶里正好量出4升酒。他们屡屡受挫使他们大打出手。如果你当时在场的话，你能解决他们之间的问题吗？

1336. 顽皮的海马

6只顽皮的海马排成队玩起1个小游戏。前面3只海马的尾巴是浅色的，而后面3只的尾巴则是深色的，它们要做的是用10步来互换位置。海马可以向前或者向后移动，它可以移到与之相邻的位置，只要那个位置是空的；它也可以从另外1只或者两只海马旁边经过，游到1个空位置上。当它们互换位置之后，原来前3个位置上应该是3只深色尾巴的海马，而后面3个位置上则应该是3只浅色尾巴的海马；同时，第7个位置应该是空的。

1337. 箭靶

亚历山大和他的妹妹西比拉在靶子上打

出了相同的环数，他们一共得到了96分。那么，你知道这些箭射在哪些环上吗？

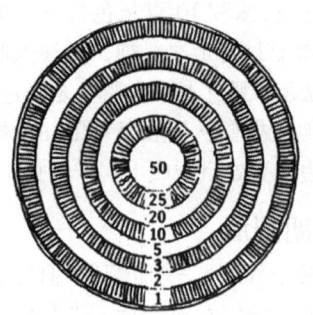

1338. 棋盘游戏

看看你能不能跨过这个思维游戏并取得胜利。拿（绘）出1个小棋盘（如图所示），在每个标有数字的正方形内放1个棋子。现在的问题是：从9号正方形开始，将棋盘上的其他棋子都拿走，只剩下1个；而剩下的那个棋子最后要回到从9号正方形最初跳到的地方。你可以沿任意方向（斜向、上下，或者对角线）将1个棋子从另外1个棋子上跳过，所有被跳过的棋子就要从棋盘上拿走。但是，棋子在跳过去之后必须落在空的正方形内。你可以用1个棋子连续跳，连续跳跃被看做是1步。你能只用4步就把这个题解答出来吗？

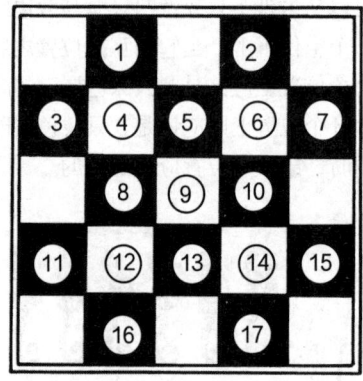

1339. 桥与岛

如图所示，方框中的小圆圈表示岛，这些岛之间在垂直或水平方向有桥连接，其中桥用线段表示。小圆圈里的数字表示与该岛相连接的桥的总数。这些桥不能交叉，并且任意两个岛之间最多只能有2座桥相连。请你画出所有桥的位置。

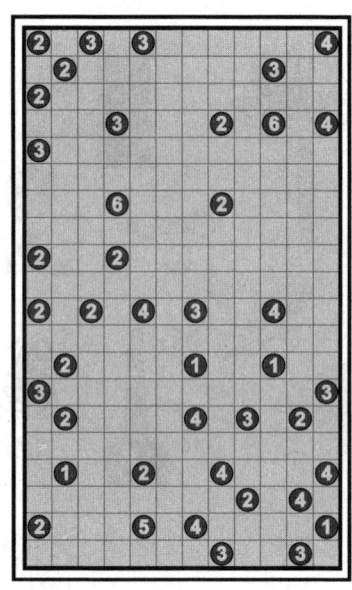

1340. 棋盘上的正方形

读者朋友们，给你们6分钟的时间找到答案。

1341. 亚特兰大之行

这里我们看到的是哈蒂阿姨坐在她的奔驰 1903 年款帕西发尔轿车里外出旅行，她和丈夫巴斯托以及司机莫尔叔叔一起前往亚特兰大市。吃完午饭后过了一会儿，哈蒂阿姨问丈夫他们现在到哪里了，"那么，巴斯托，我们经过了分叉河，现在离亚特兰大市还有多远呢？"

"哈蒂，我的回答还是和76千米前我们在拉里坦河时一样！"

"说实话，巴斯托，如果我要是知道梅普尔伍德离亚特兰大市有这么远，我就去霍帕康湖了！"

那么，你能根据上面的信息计算出哈蒂到亚特兰大市的旅行一共要走多少路程吗？

> 巴斯托，我们到拉里坦河了，我快饿死了！从梅普尔伍德离开后，我们现在走了多远？

> 我们现在才走了从这里到快乐海滩一半的路程，下车吧，我们准备在戴夫海鲜店吃午饭！

1342. 称茶叶

余先生是香茶出口公司的老板，他总是喜欢为难来看望他的外国代理商。他说他只用 1 个简易的公平秤和 4 个不同分量的铁制砝码就可以称出从 1 千克到 40 千克任意整千克的茶叶。那么，你知道这 4 个砝码的分量分别是多少吗？

1343. 分割、组合正方形

你能不能将这 3 个正方形分割成最少的图形碎片重新组成 1 个更大的正方形？

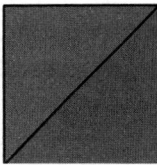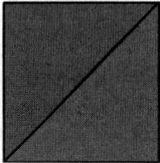

1344. 队列

5 个人排成 1 行，5 个人中有男孩也有女孩，但是男孩和女孩各自的人数不确定，问有多少种排列方法可以使每个女孩旁边至少有 1 个女孩？

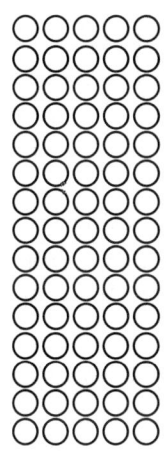

1345. 清理仓库

试试这个日本清理仓库的游戏。在这个游戏中，作为 1 个 "索克板"（日语音译，仓管员），你要把所有的 "板条箱" 都从出口转移出去。

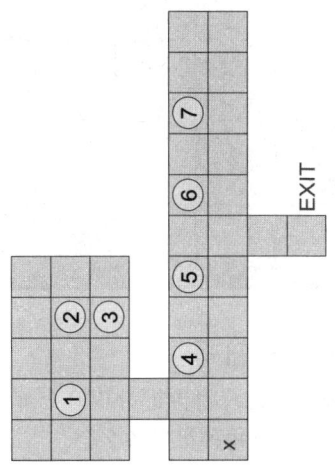

规则如下:

1.可以横向或纵向推动 1 个板条箱; 2.不可以同时推动 2 个板条箱; 3.不可以往回拉动板条箱。X 处为起始点。

1346. 保龄球队

保龄球队一共有 6 个队员,队长需要从这 6 个人中选出 4 个人来打比赛,并且还要决定他们 4 个人的出场顺序。请问有多少种排列方法?

1347. 最重的西瓜

7 个大西瓜的重量(以整千克计算)是依次递增的,平均重量是 7 千克。最重的西瓜有多少千克?

1348. 猫与老鼠(二)

下边的游戏界面上放了 3 只猫和 2 只老鼠,每只猫都看不见老鼠,同样老鼠也都看不见猫(猫和老鼠都只能看见横向、纵向和斜向直线上的物体)。

现在要求再放 1 只猫和 2 只老鼠在该游戏界面上,并且使上面的条件仍然成立,你可以做到吗?不能改变游戏界面上原有的猫和老鼠的位置。

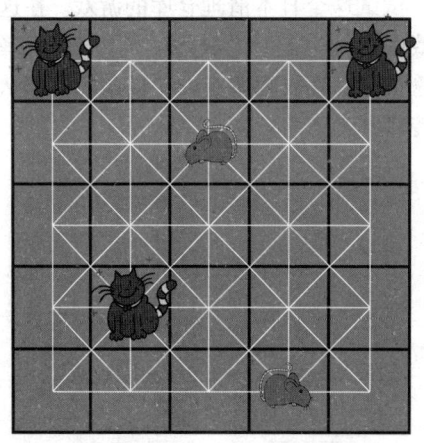

1349. 划分符号

画 3 条直线将方框分成 6 个部分,要求每部分都含有每种符号各 2 个。

1350. 数字游戏板

如图所示,把数字 1 ~ 4、1 ~ 9、1 ~ 16、1 ~ 25 分别放进 4 个游戏板中,使每个圆中的数字都大于其右侧与正下方相邻的数字,你能做到吗?

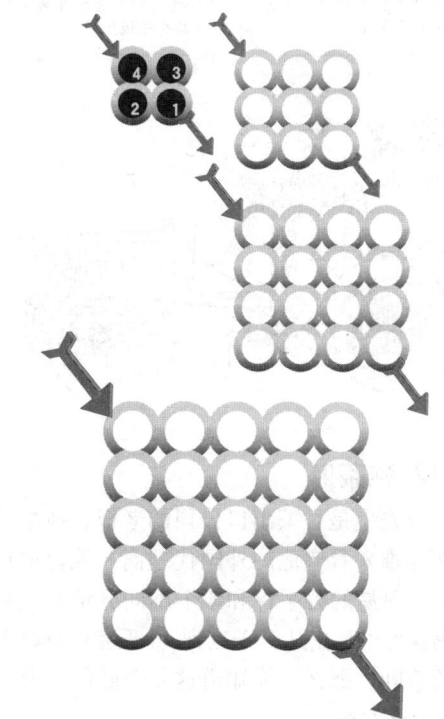

1351. T

请把这 4 个图片拼成 1 个完整的大写字母 T。

1352. 完美的十字架

用直线连接这些小球中的 12 个，形成 1 个完美的十字架，要求有 5 个小球在十字架里面，8 个在外面。

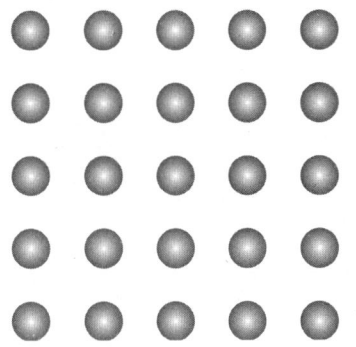

1353. 天平的平衡（一）

图 1：天平是平衡的。天平左端是 1 个装满水的容器，而右端是 1 个重物。

图 2：重物从天平的右端被移到左端，而且该重物完全浸入容器中的水里面。

图 1：

图 2：

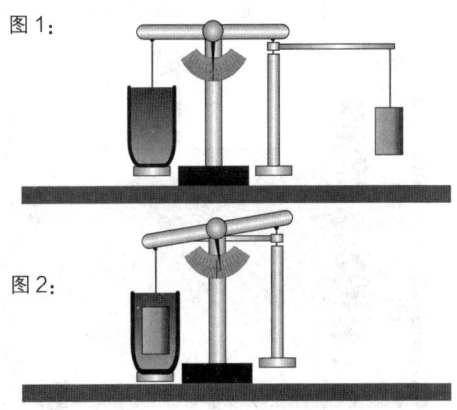

很明显现在左端要比右端重。

请问：为了继续保持天平的平衡，现在天平的右端应该放上多重的物体？

1354. 最后 4 个数

找出同一横行或竖行上 2 个加起来等于 13 的数字删去（如图所示），最后剩下 4 个数。请问是哪些数？

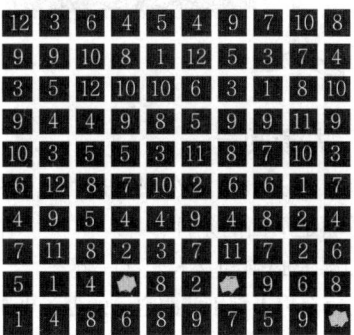

1355. 齿轮与旗子

如果最下面的齿轮按逆时针方向旋转，那么最上方的旗子是会上升还是会下降呢？

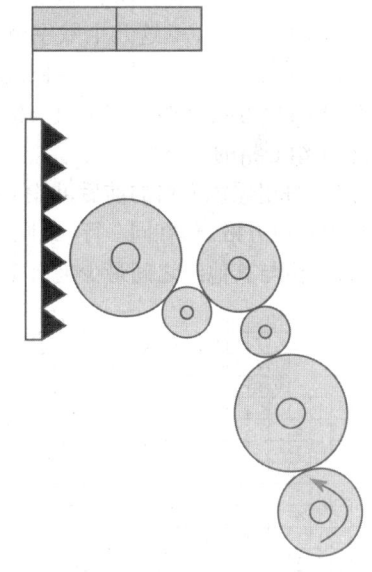

1356. 菜单

点餐时从下面 3 份菜单中各选出 1 道菜，即一共要选出 3 道菜，请问一共有多少种选择？

1357. 夫妻圆桌

有 3 对夫妻围坐在圆桌边，他们的座位顺序需满足下面的条件：

1. 男人必须和女人坐在一起；

2. 每个男人都不能跟自己的妻子坐在一起。

请问满足上面条件的座位方法一共有多少种？

1358. 隐藏之物

在每行或每列的旁边有一些数字，它会告诉你在这一行或列中将有几个黑色的方格。

举个例子，2，3，5 这几个数字就是告诉你，从左到右（或从上到下）将依次出现 1 组 2 格的黑色方格，然后有 1 组 3 格的，最后还有 1 组 5 格的。

虽然在每组黑色方格的前后可能（或不可能）出现白色方格，但在同一行（或同一列）内，每组黑格与其他组之间最少夹有 1 个白

格。你能看出这道题里所隐藏着的东西吗？

1359. 奇怪的电梯

一栋 19 层的大厦，只安装了 1 部奇怪的电梯，上面只有"上楼"和"下楼"两个按钮。"上楼"按钮可以把乘梯者带上 8 个楼层（如果上面不够 8 个楼层则原地不动），"下楼"的按钮可以把乘梯者带下 11 个楼层（如果下面不够 11 个楼层则原地不动）。用这样的电梯能够走遍所有的楼层吗？

从 1 楼开始，你需要按多少次按钮才能走完所有的楼层呢？你走完这些楼层的顺序又是什么呢？

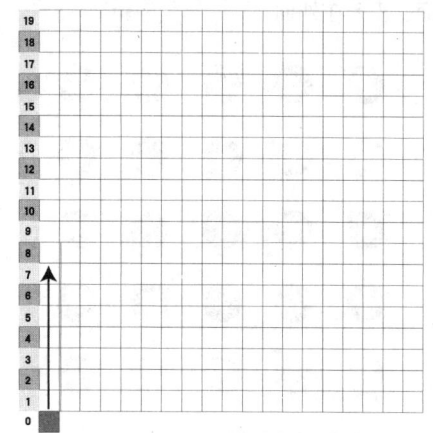

1360. 液压机

下图是液压机的 1 个模型，从中我们可以清楚地看到它的机械利益（1 台机器产生的输出力和应用的投入力之间的比率）。这个液压机有两个汽缸，每个汽缸有 1 个活塞。

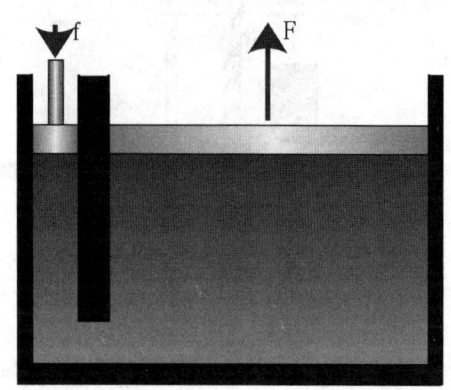

这个模型中：

小活塞的面积是 3 平方厘米；大活塞的面积是 21 平方厘米；机械利益为 21÷3＝7。

请问小活塞上面需要加上多少力，才能将大活塞向上举起 1 个单位的距离？

1361. 天平与链子

如图所示，天平右端的盘里装了 1 条链子，这条链子绕过 1 个滑轮被固定在天平左端的盘子上。

如果现在把天平左端翘起的空盘往下压，会出现什么情况？

1362. 年利润

下图是 4 家公司的年利润表。根据图中的信息，找出从 2001 年到 2005 年哪家公司的总利润最高？

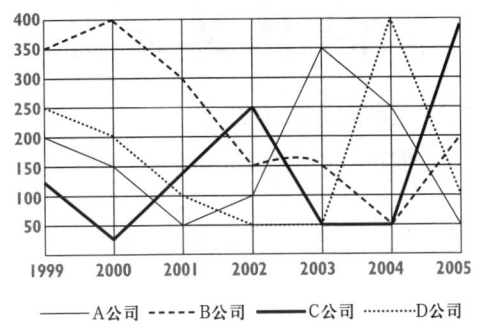

——A公司 ----B公司 ——C公司 ……D公司

1363. 结果的成立

只用加减两种运算，图上所有数字经过运算后的结果是 12，你能列出具体的算式吗？

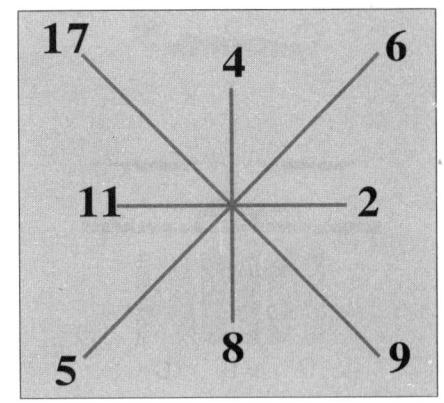

1364. 洪水警告

根据安装在漂浮物上的这组齿轮，你能推断出洪水警告正确吗？

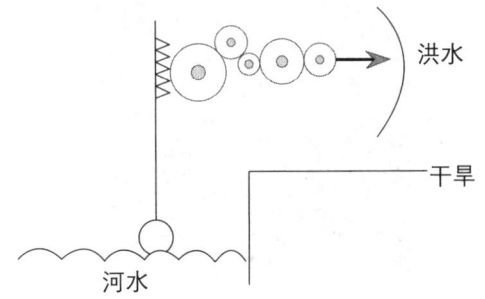

洪水

干旱

河水

1365. 合力

这 4 个力是作用在同一个点上的。力的大小以千克为单位。

你可以算出它们合力的大小吗？

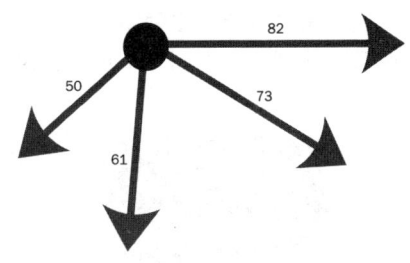

1366. 称盒子

你有 3 个形状相同、重量不同的盒子。用 1 架天平称它们的重量，你需要称几次就可以把它们由轻到重排列？

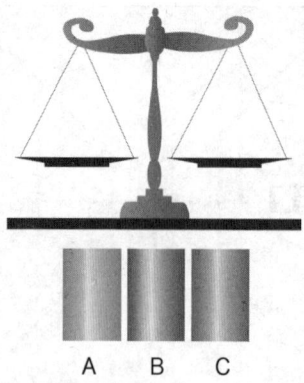

A　B　C

1367. 数字填空（七）

图中标注问号的地方应该填上什么数字?

6	2	5	7
8	3	17	7
9	2	9	9
7	4	10	?

A.24　B.30　C.18
D.12　　E.26

1368. 最大的和

如图所示，沿着相邻的数字从图形的左上角到右上角可以走出多种路线。把每条路线上的数字分别相加得到多个和，找出这些和中的最大的 1 个。

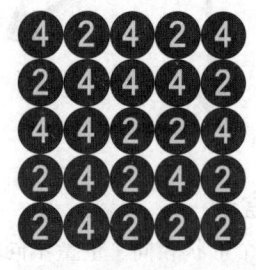

36　16　18　45　29　32
A　　B　　C　　D　　E　　F

1369. 六边形与数字（二）

将数字 1 ~ 9 填入下图的圆圈里，使得与某一个六边形相邻的所有六边形上的数字之和为该六边形上的数字的 1 个倍数。你能做到吗?

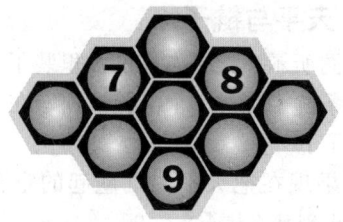

1370. 填点数

6 个选项中哪个可以完成这个问题?

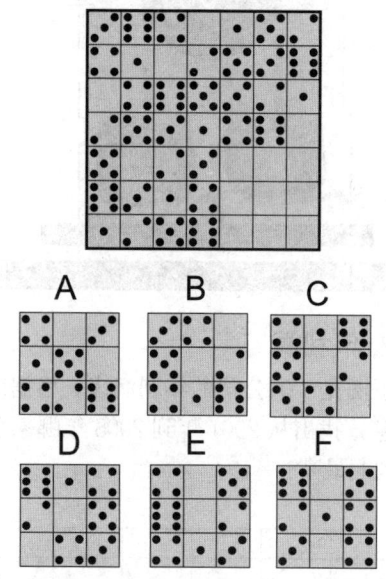

1371. 数字填空（八）

你能在问号处填上正确的数字吗?

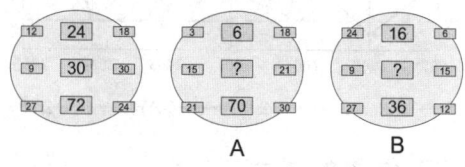

A　　　　　　　　B

1372. 三角形的面积

图中正方形的边长为 6 个长度单位，已知三角形覆盖了正方形 1/2 的面积，正方形覆盖了三角形 3/4 的面积。请问三角形的面积是多少？

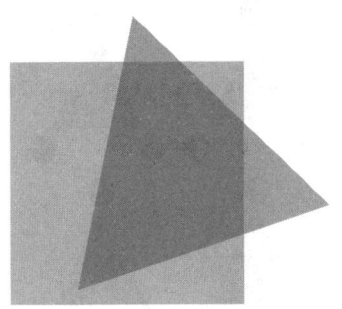

1373. 炮弹

如果这 3 门大炮在同一时间开火。最上方的大炮沿着地平线在同一高度平行发射，左下方的大炮与地平线成 45° 角发射，右下方的大炮与地平线成 90° 角发射。

哪个炮弹最先接触到地面？剩下的将以什么顺序降落？

1374. 北极到南极

如果你从北极打 1 个洞一直通到南极，然后让 1 个很重的球从这个洞里落下去，会发生什么（忽视摩擦力和空气阻力）？

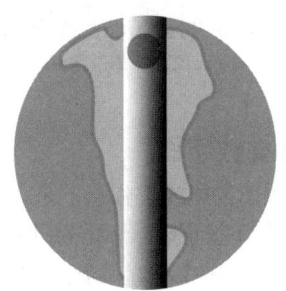

1375. 左撇子与右撇子

1 个班级里的学生有左撇子、右撇子，还有既不是左撇子也不是右撇子的学生。在这道题目里，我们把那些既不是左撇子也不是右撇子的学生看作既是左撇子又是右撇子。

班上 1/7 的左撇子同时也是右撇子，而 1/9 的右撇子同时也是左撇子。

问班上是不是有一半以上的人都是右撇子？

1376. 箱子的平衡

这个天平是平衡的。请问问号处箱子（杠杆作用忽略不计）的重量为多少？

1377. 图形的排列

按照某种排列顺序，问号处的图形是什么？

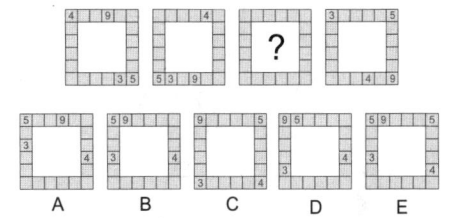

1378. 狗饼干

有条小狗长得真快。在它被收养的前 5 天，这条狗就吃掉了 100 块狗饼干。如果它每天比前一天多吃 6 块狗饼干，那么这条小狗第 1 天共吃掉多少块饼干呢？

1379. 例外

除了 1 幅图以外，其余图片都是按照一定的逻辑排列的。你能找出哪幅图是例外吗？

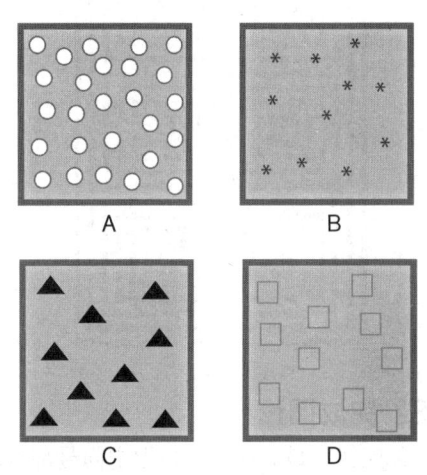

1380. 图形的对应（五）

如果图形 1 对应图形 2，那么图形 3 对应哪个？

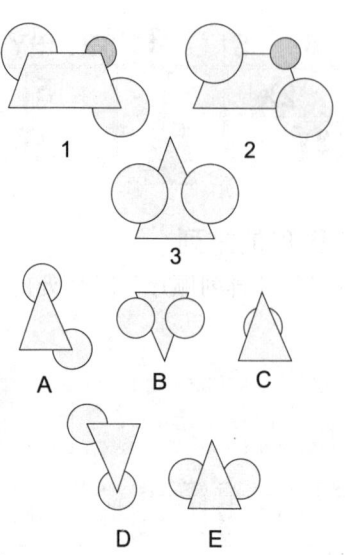

1381. 字母迷宫

从顶端的入口进入迷宫，然后按顺序走遍从 A 到 F。每走到 1 个字母时，你所经过的数字相加必须正好等于 10（不可以相减）。从离开字母 F 到走出迷宫时，所经过的数字的和也要等于 10。

1382. 完成图形

你能找出最后那个三角形中问号部分应

当填入的图形吗？

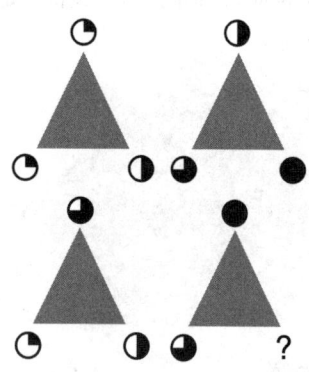

1383. 正方形中的数字

让我们看看这道题，最后那个正方形中缺少什么呢？

1384. 折叠数字图

将这幅图复印或者临摹下来，沿着虚线折叠，要求数字按正确顺序排列（即 1，2，3，4，5，6，7，8），一个压着一个，"1"排最前，"8"排最后。数字朝上、朝下或在纸的下面都可以。

1385. 总值 60

用 3 条直线将这个正方形分成 5 部分，使得每部分所包含的总值都等于 60。

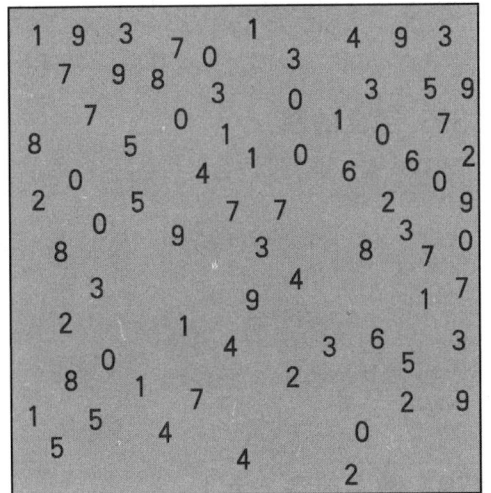

1386. 透镜

如下图所示，平行的太阳光分别通过 4 个不同的透镜射到 1 张白纸上。

请问哪个透镜下的白纸会着火？哪个透镜下面的火着得更厉害？

1387. 火车车厢

火车正沿着 AB 方向前行。1 位乘客在火车车厢的一侧沿着 AC 方向往前走。以地面为参照物，这位乘客正沿着哪个方向往前走

呢：1，2，3 还是 4？

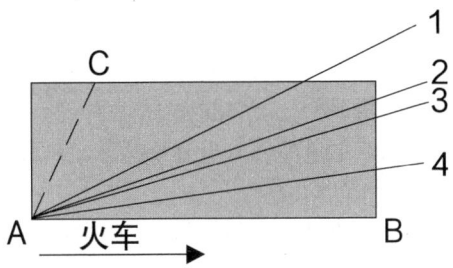

1388. 字母替代

猜一猜，哪个字母替代问号以后可以完成这道题？

13	INC	2
6	QRG	7
4	DOM	8
7	SUI	7
8	AD?	2

1389. 白色小圆

方框中标注问号的地方应该填上几个白色小圆？

1390. 数字路线

从最顶端的数字开始，找出 1 条向下到达底部数字的路线，每次只能移 1 步。

1. 你能找出 1 条路线，使路线上所有数

字之和为 130 吗？

2.你能找出两条分开的路线，使路线上的数字之和为 131 吗？

3.路线上可能的最大值是多少，你走的是哪条／些路线？

4.路线上可能的最小值是多少，你走的是哪条／些路线？

5.有多少种方式可以使值为 136，你走的是哪条／些路线？

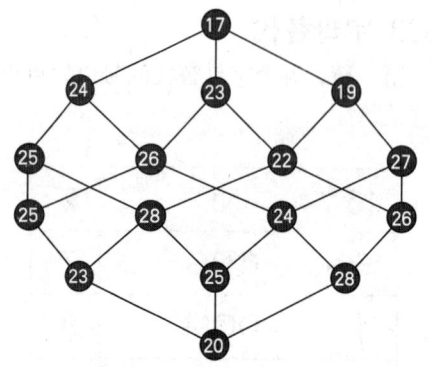

1391. 天平的平衡（二）

找出规律，判断应当在第 2 个天平中放入几个太阳才能使其保持平衡。

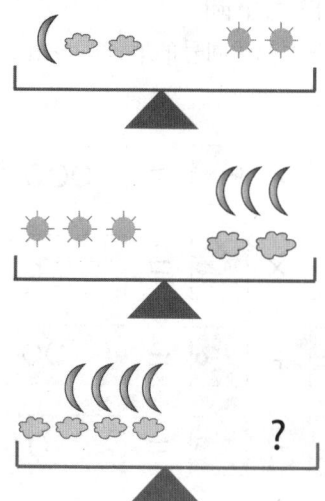

1392. 图形的对应（六）

图形 1 对应图形 2，那么图形 3 对应的是哪个？

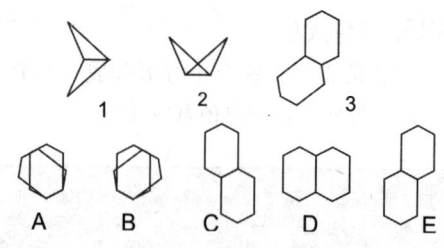

1393. 适合的图

找找看，哪个图适合填到空白部分？

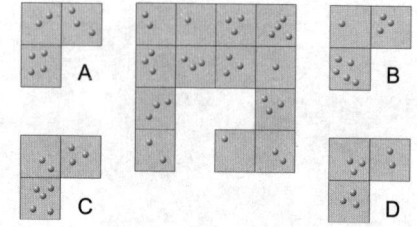

1394. 数字填空（九）

问号所在位置应该填入什么数字？

38276 ： 47185
23514 ： 14623
76385 ： 85476
28467 ： ？

1395. 接线

每个小方格的边长为 1 厘米，两个相邻小方格中心点的距离等于 3 厘米。每当电线改变方向时，必须在小方格的角上绕 1 圈，而这道工序需要耗费 2 厘米的电线。不准沿对角线进行连接。假设 B 点与最近的小方格

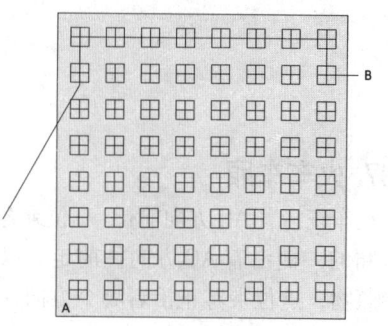

中心点连接时要耗用 2 厘米电线，你能不能算出始于 B 点，通过所有 64 个小方格的中心点，最后接到 A 点的电线的最短接线长度。

1396. 数字填空（十）

在问号处填入正确的数字？

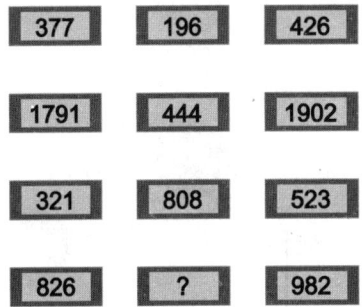

1397. 数字金字塔

金字塔每格中的数字都是下面两格中的数字之和。用哪个数字来替换问号呢？

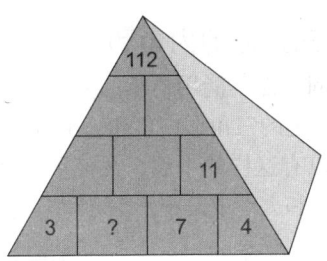

1398. 图形谜题

A，B，C，D 选项中，哪个可以完成这道谜题？

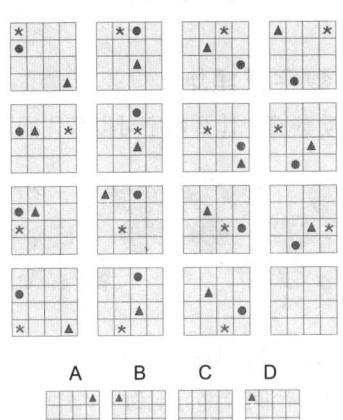

1399. 不同的选项

找找看，所给的选项中哪个不同于其他？

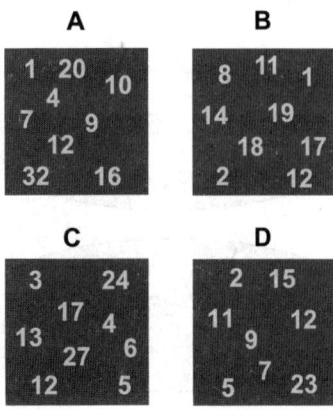

1400. 轮形图

你能推算出完成这个轮形图，需要什么数字吗？

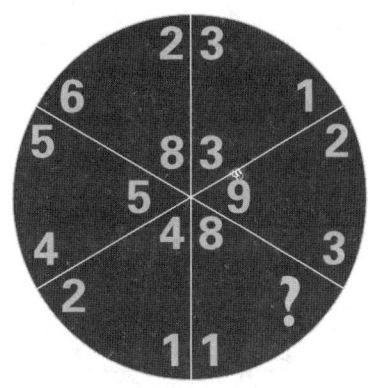

1401. 格子中的数字（三）

动动脑筋，最后那格中需要填上什么数字？

4	1	6	2
16	10	20	6
3	9	11	4

12	8	3	0
7	10	17	6
4	2	17	6

3	8	1	7
13	14	6	13
6	6	3	1

9	11	2	5
9	14	4	8
4	3	4	?

1402. 椭圆形与数字

在这两个椭圆里，你能找出哪些数字不同于其他的吗？

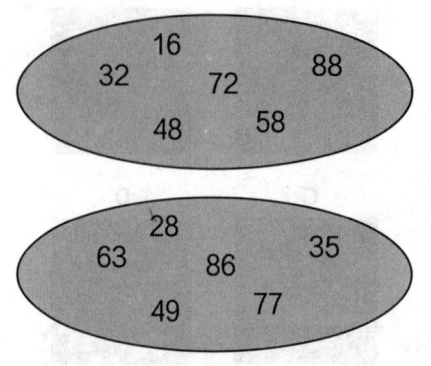

1403. 排列的规律（二）

A，B，C，D，E 中哪项符合第 1 行图形接下来的排列规律？

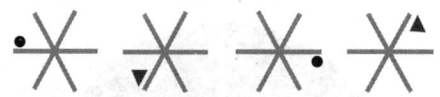

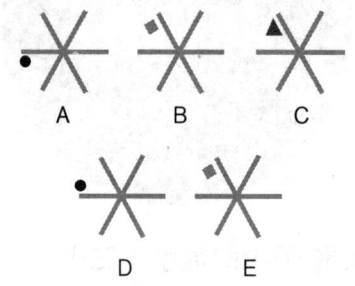

1404.6 个城镇

在如图所示的地图中，A，B，C，D，E，F 分别代表 6 个城镇。C 在 A 的南边、E 的东南边，B 在 F 的西南边、E 的西北边。

1. 图中标注 1 处的是哪个城镇？

2. 哪个城镇位于最西边？

3. 哪个城镇位于 A 的西南边？

4. 哪个城镇位于 D 的北边？

5. 图中标注 6 处的是哪个城镇？

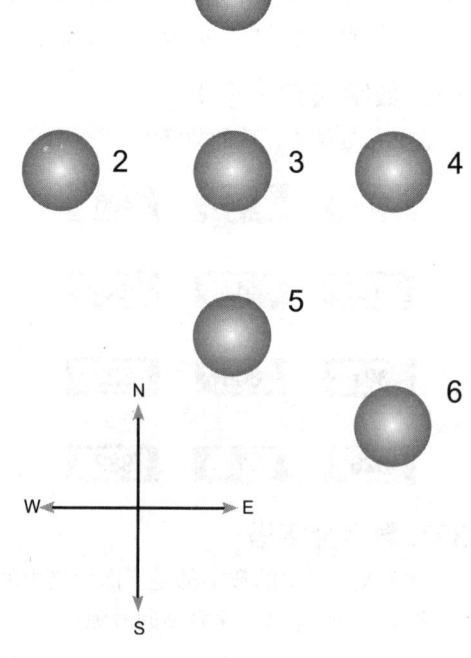

1405. 三角形的内角和

请问你能不能用折纸的方式来证明欧几里德平面里的三角形内角和等于 180°？

有没有这样的平面，在该平面上的三角形的内角和大于或是小于 180°？

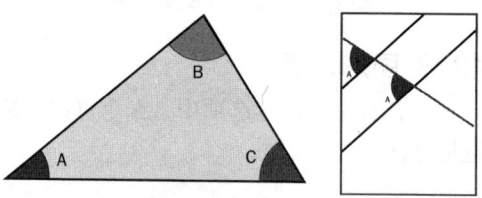

1406. 数字三角堆

动动脑筋，什么数字可以替代问号？

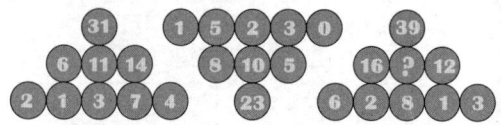

1407. 表情与数字

你能算出问号部分应当填入什么数字吗？

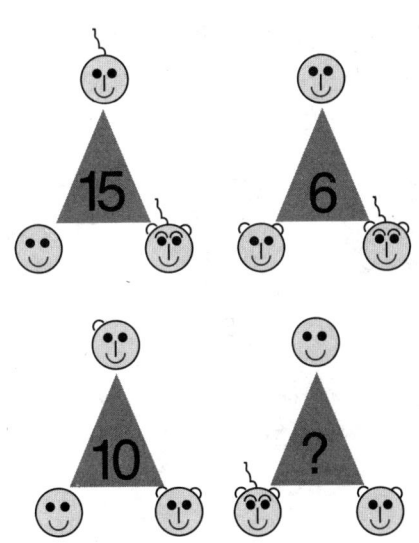

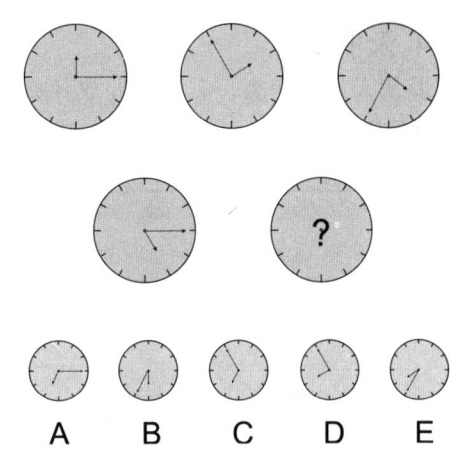

1408. 标志与数字（四）

方格中的每种标志代表 1 个数字，你能算出问号所在处的数字吗？

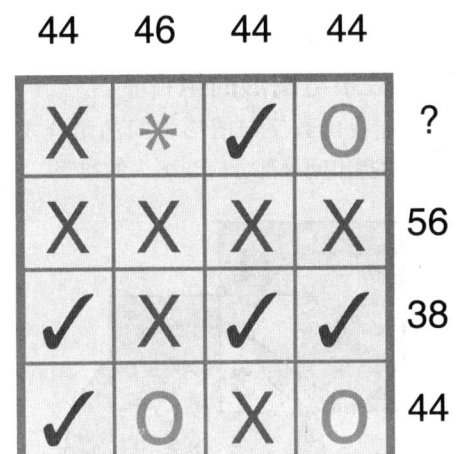

1409. 青蛙序列

想一想，最后应该填上什么数字，可以承接这组序列？

1410. 时间（七）

问号处的钟表应该显示什么时间？

1411. 奶牛喝什么

你可以和你的朋友试试。方法如下：让你的朋友不断大声重复地说"白色"，至少10 次。然后你突然问："奶牛喝什么？"看看他回答的是什么。

1412. 五角星与圆圈

五角星等于格子所代表的值，圆圈等于格子所代表值的 2 倍。表 A 和表 B 的值已经给出，请问表 C 的值为多少？

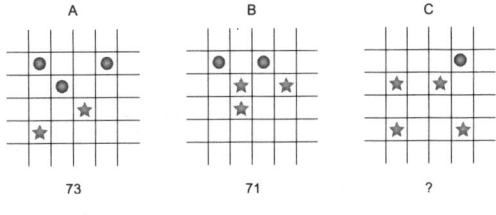

1413. 方格序列

A，B，C，D，E，F 哪个选项可以完成这个序列？

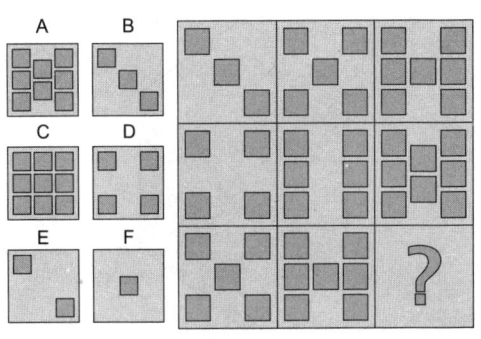

1414. 天平 C

要使天平 C 平衡，右边需要放什么图形？应该放几个呢？

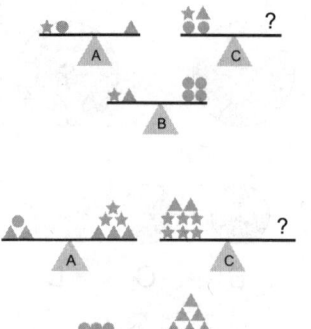

1415. 三角形与数学公式

4 个三角形之间是通过 1 个简单的数学公式联系在一起的。你能找出其中不同的 1 个吗？

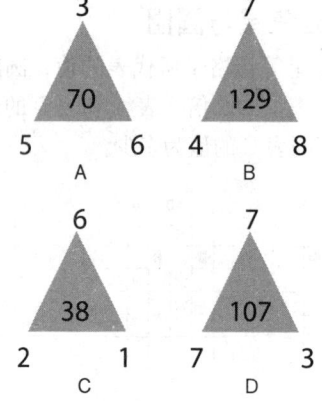

1416. 对角线

这个立方体有两面已经画出了对角线。请问对角线 AB 和 AC 之间的角的度数。

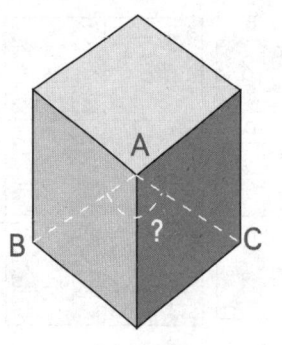

1417. 数字盘的规律（一）

如果 A 对应于 B，那么 C 对应于 D，E，F，G 中哪个数字盘？

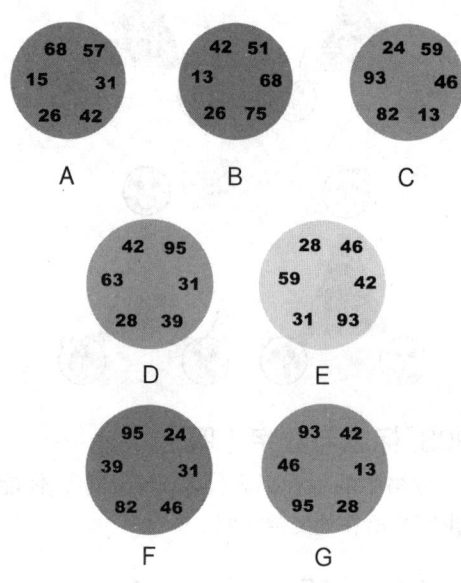

1418. 数字与图形的组合

你能找出数字与图形之间的组合规律吗？然后指出问号部分应当填入的数字。

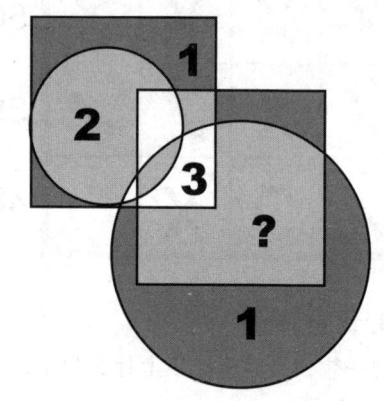

1419. 行星钟

这个钟是为某个行星设计的，它每 16 个小时自转 1 次。每个小时为 64 分钟，每分钟为 64 秒。现在钟上所显示的时间为差 15 分钟到 8 点。请问指针下次最快相遇的时间是什么时候？

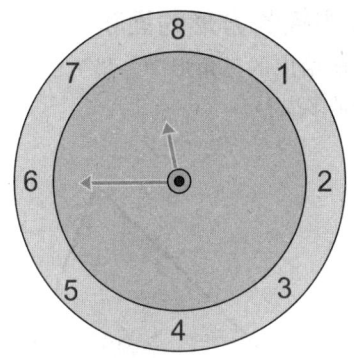

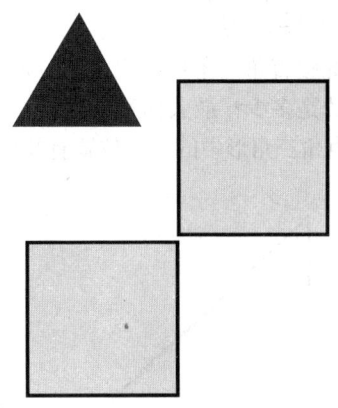

1420. 下一个图形（二）

下一个图形是什么呢？

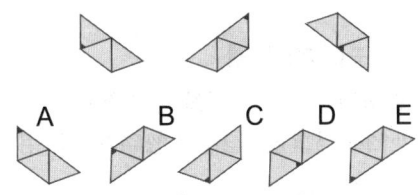

1421. 填补圆

想一想，A，B，C，D 哪项可以用来填补圆中的问号部分？

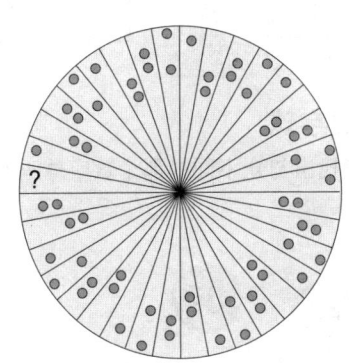

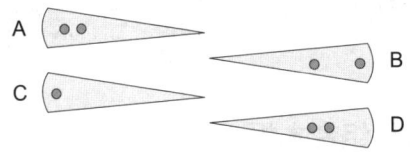

1422. 内接三角形的面积

在边长为 1 的正方形的内接三角形中，面积最小的是多少？面积最大的呢？

1423. 喝咖啡的路程

有 7 个好朋友住在 7 个不同的地方（以圆点为标志）。他们准备聚在一起喝咖啡，为了最大限度地减少各自的行走路程，他们应该在哪个地方见面呢？

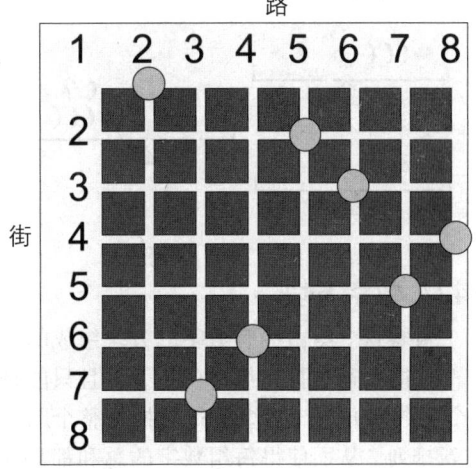

1424. 序列数（二）

在这些序列中问号处应填哪些数？

A	7	9	16	25	41	?		
B	4	14	34	74	?			
C	2	3	5	5	9	7	14	?	?
D	6	9	15	27	?			
E	11	7	−1	−17	?			
F	8	15	26	43	?			
G	3.5	4	7	14	49	?		

1425. 内接正方形

在等腰直角三角形的内接正方形中，面积最大的是多少？最大面积的内接正方形在该等腰直角三角形中的摆放位置有几种？

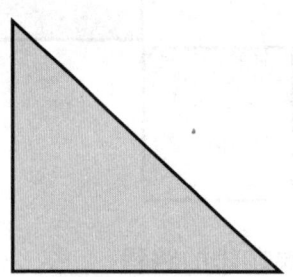

1426. 天平的平衡（三）

图中每个标志都代表了 1 个数值。你认为在最后那个天平上应当再加入什么标志才能使其保持平衡？

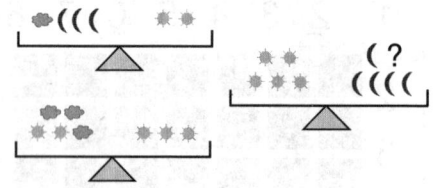

1427. 数字方块

观察这 3 组由标有数字的方块组成的图形。你能否通过把每组中的 1 个（且只能是1 个）数字方块与别组进行交换将整个图形重新排列，从而使得每组数字的总和都与其他各组中数字的总和相同呢？

1428. 内接长方形的面积

在所给出的三角形中，最大的内接长方形面积是多少？

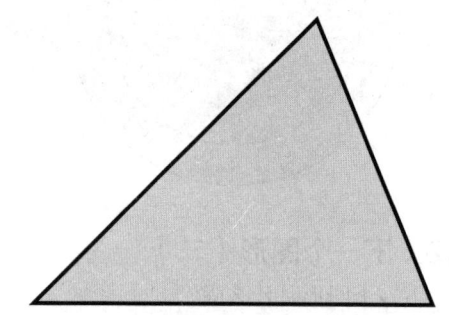

1429. 砝码的重量

如图所示的天平系统是平衡的。那么，问号处的砝码重量是多少（忽略杠杆作用）？

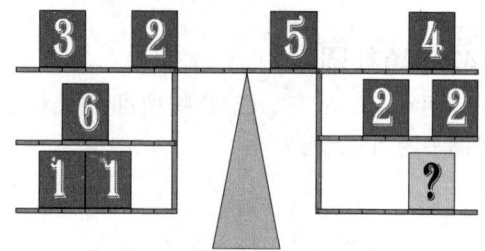

1430. 数字球

你能找出与众不同的那个数字球吗？

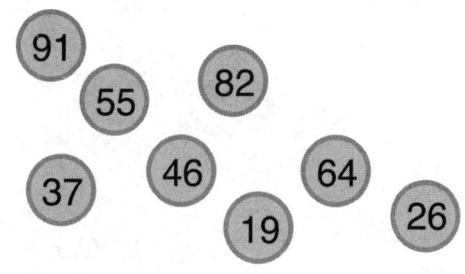

1431. 组合木板

现在有许多不同长度（毫米）的厚木板，如图所示，我们的目的是选择一些木板并把它们组合成 1 根连续长度尽可能接近某一个特定长度的木板——在这道题目里为 3154 毫米，如果可能，不要砍断任何木板。你能得到的最好结果是多少？

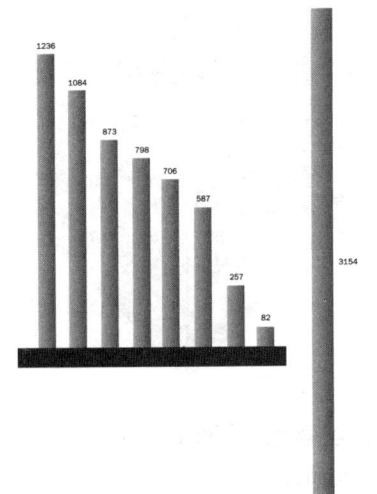

1432. 时钟（一）

A，B，C，D 中哪项符合第 1 行接下来的排列规律？

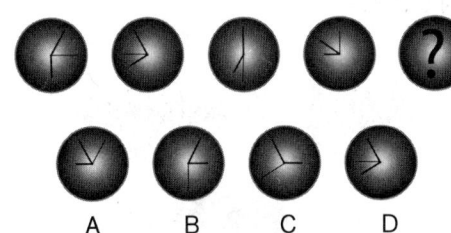

1433. 方框中的数字

你能算出第 3 个方框中的问号部分应当填入什么数字吗？

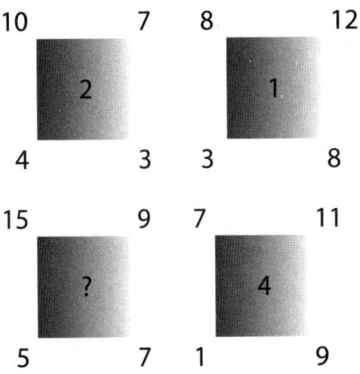

1434. 爆炸装置（二）

要解除这个爆炸装置，你得按照正确的顺序依次按键，直到按下"按键"这个键。键上注有 U 的表示向上，D 表示向下，L 表示向左，R 表示向右。而每次该走几步键上也都作了指示。注意每个键只能按 1 次。请问首先应该按哪个键？

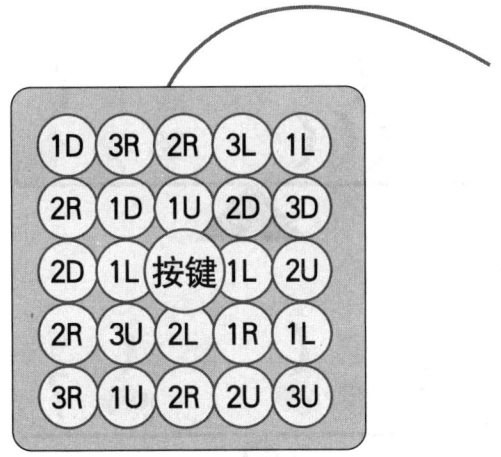

1435. 数字序列

观察这几列数字，哪个选项可以继续这个序列？

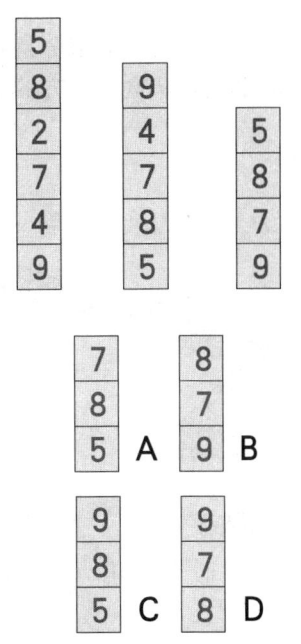

1436. 天平的平衡（四）

你认为在最后那个天平上应当再加入什么图形才能使其保持平衡？

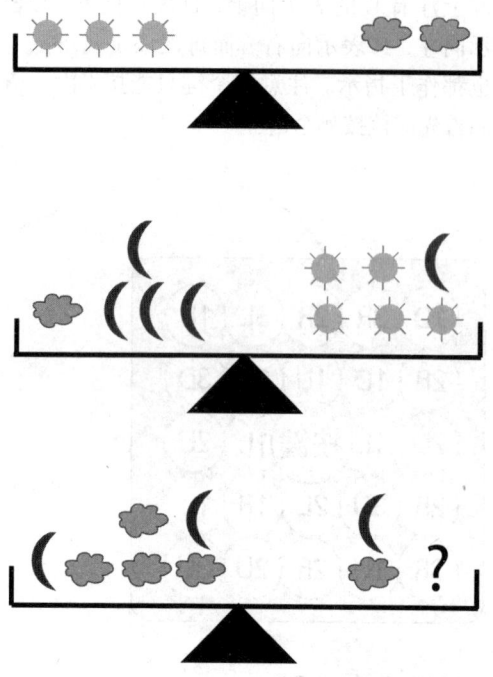

1437. 盒子的重量（二）

右边这个盒子里应放入多重的物品才能保持平衡？

注意：衡量所划分的部分是相等的，每个盒子的重量是从盒子下方的中点开始计算的。

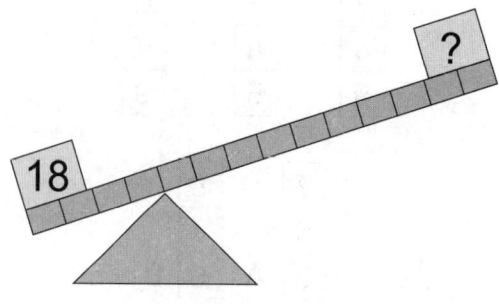

1438. 推测数字

推测一下，问号代表的是什么数字呢？

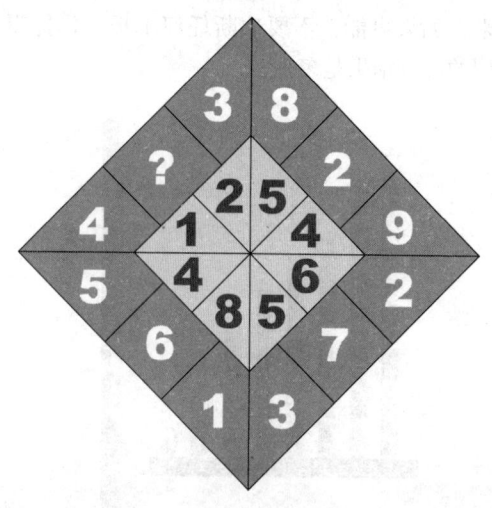

1439. 线条和图形的移动（一）

下图四周圆圈里的每个线条和图形都按以下规则移动到中间的圆圈里——如果某个线条或图形在周围的圆圈里出现了 1 次：移动；2 次：可能移动；3 次：移动；4 次：不移动。A，B，C，D 或 E，哪个圆圈应该放在问号处呢？

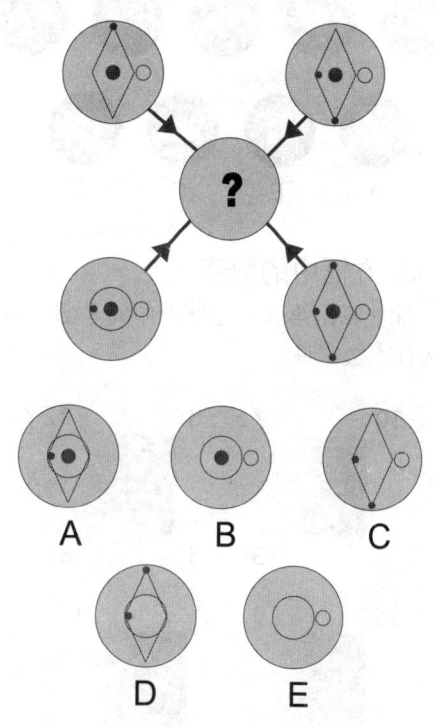

1440. 数字的排列

思考一下，问号的地方应该填什么数?

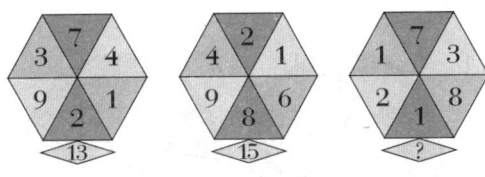

1441. 数字盘的规律（二）

找出数字盘中的数字排列规律，然后指出第 3 个数字盘中的问号部分应当填入的数字?

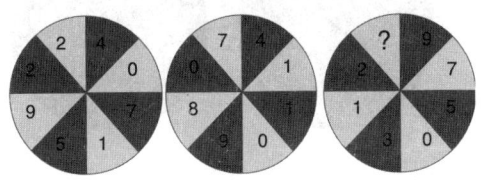

1442. 等边三角形围栏

用这 9 块木板做成 1 个等边三角形的围栏，它们的长度用米表示。（9 块木板都必须用上）

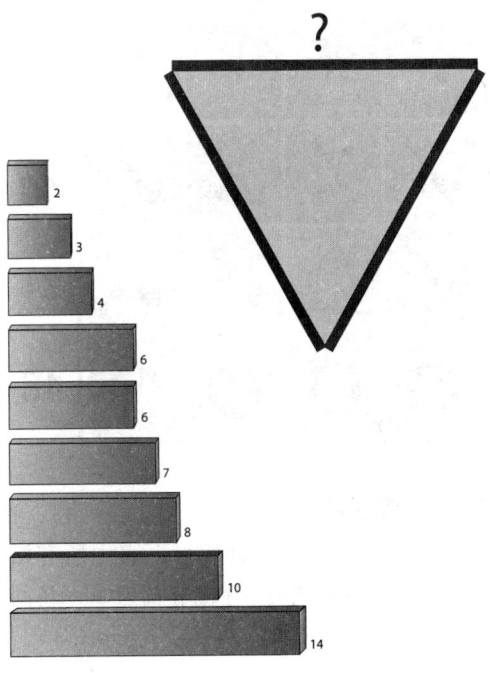

1443. 表格的逻辑

运用第 1 个表格的逻辑，完成第 2 个不完整的表格。

1444. 线条和图形的移动（二）

下图四周圆圈里的每个线条和图形都按以下规则移动到中间的圆圈里——如果某个线条或图形在周围的圆圈里出现了 1 次：移动；2 次：可能移动；3 次：移动；4 次：不移动。A，B，C，D 或 E，哪个圆圈应该放在问号处?

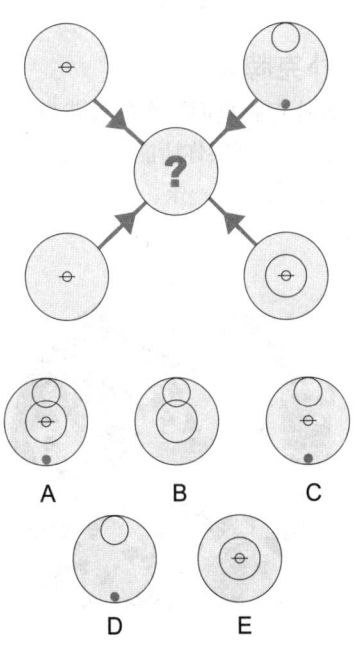

1445. 数字盘的规律（三）

以下数字盘中存在着 1 个神奇的规律。你能找出该规律，并且指出问号部分应当填入什么数字吗？

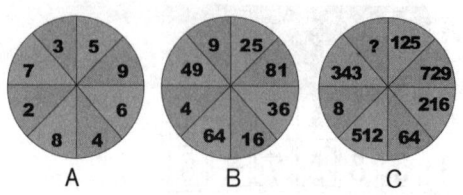

1446. 天平的平衡（五）

你能找出最后那个天平中应当加入什么图标才能使其保持平衡吗？

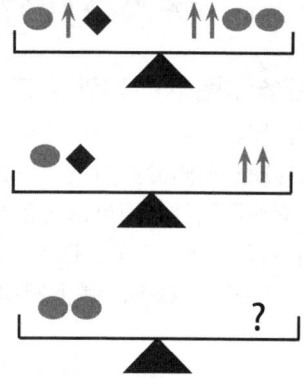

1447. 扑克牌

一副扑克牌里面所有的梅花都掉出来堆在了一起。仔细观察你所能看到的每一张牌，想想他们分别是哪一张，中间朝下的那张是哪一张呢？

1448. 时钟（二）

根据规律，第 4 个钟面上应当显示什么时间？

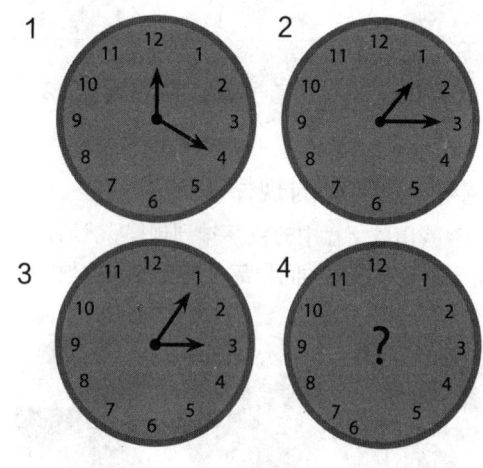

1449. 图标的数值

你能算出每种图标代表的数值，并指出问号部分应当填入什么数字吗？

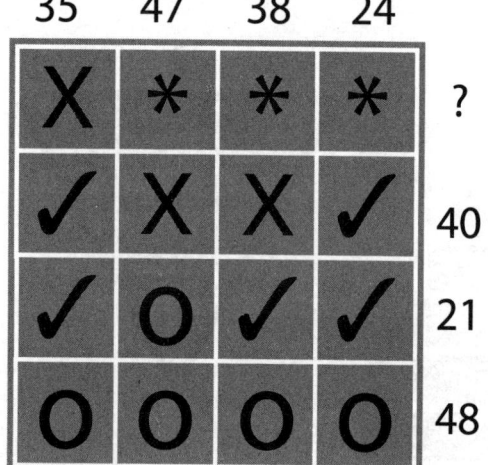

1450. 数字组合

插入某组数字组合使得下表中所有横排、竖排和对角线的数字之和都为 49。请问该插入的是哪个选项？

12	21	30	-17	-8	1	10
20	29	-11	-9	0	9	11
28	-12				17	19
-13	-4				18	27
-5	-3				26	-14
3	5	14	23	25	-15	-6
4	13	22	31	-16	-7	2

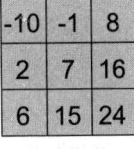

10	-1	8
-2	7	16
6	15	24

A

-10	-1	8
2	7	16
6	15	24

B

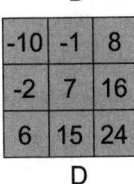

-10	8	-1
-2	7	16
6	15	24

C

-10	-1	8
-2	7	16
6	15	24

D

1451. 花园的小道

有位女士，她的花园小道有 2 米宽，道路一边都有篱笆。小道呈回形，直至花园中心。有一天，这位女士步行丈量小道到花园中心的长度，并忽略篱笆的宽度，假设她一直走在小道的中间，请问她走了多远？

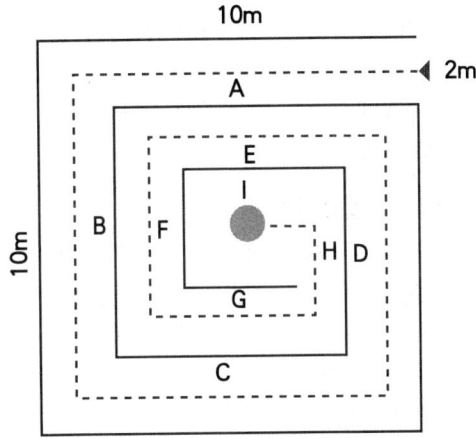

1452. 移动火柴棒

你能否任意移动 4 根火柴棒，使剩下的火柴棒在顶部、底部两行及左、右两列的总数依旧是 9 吗？

第 2 种方法不限制移动火柴的数目，但只有最会曲折思考的横向思维者才能完成。你能吗？

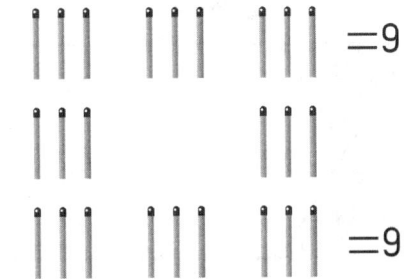

1453. 旗杆的长度

某天下午 3 点，有根旗杆和测量杆在地上的投影如图所示。请问旗杆的长度为多少？

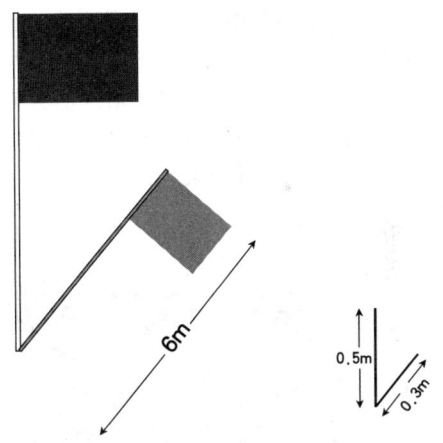

1454. 瓢虫与花朵

3 只不同颜色的瓢虫住在某个有 5 朵花的花园里。如果每朵花的颜色都不一样，那么瓢虫落在花朵上的方式有多少种？如果有必要的话瓢虫们可以分享花朵。

1455. 蜂群

蜂群总数的一半的平方根飞去了一丛茉莉花中，8/9 的蜂群也紧跟着飞去了；只有 2

只蜜蜂留下来。

你能说出整个蜂群里一共有多少只蜜蜂吗？

1456. 填字母（二）

下图中的问号部分应该填入什么字母？

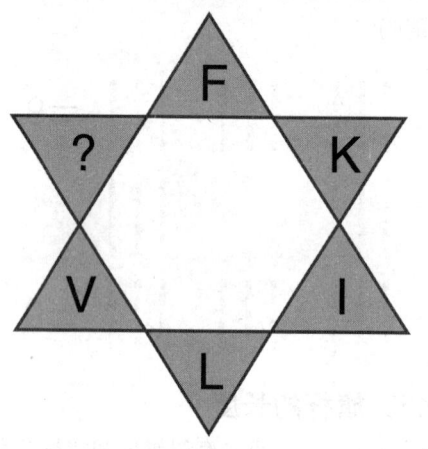

1457. 骑士传说

欢迎踏上中世纪的单词寻宝之旅。在这个图形中，隐藏着关于骑士传说的 24 个单词。请你沿着上、下、左、右和对角线的方向仔细搜寻。在完成任务之后，把剩下的单词从左到右、从上到下拼起来。你将会发现一件很有趣的事情。

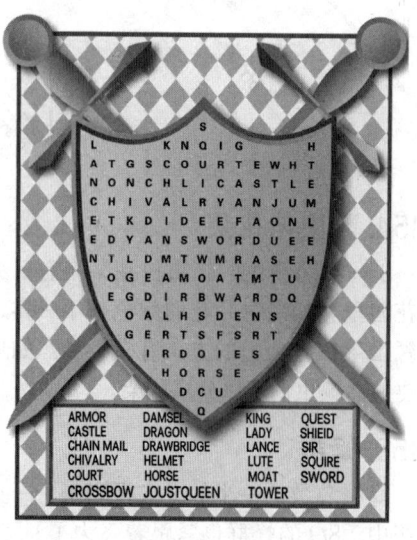

ARMOR	DAMSEL	KING	QUEST
CASTLE	DRAGON	LADY	SHIELD
CHAIN MAIL	DRAWBRIDGE	LANCE	SIR
CHIVALRY	HELMET	LUTE	SQUIRE
COURT	HORSE	MOAT	SWORD
CROSSBOW	JOUST	QUEEN	TOWER

1458. 计算

A. 2^{65}

B. $(2^{64}+2^{63}+2^{62}+\cdots+2^2+2^1+2^0)$

以下关于 A 与 B 值的比较中，哪个是正确的？

①B 比 A 大 2^{64}

②A 比 B 大 2^{64}

③A=B

④B 比 A 大 1

⑤A 比 B 大 1

1459. 隐藏的陷阱

①1 辆公共汽车在中午时分从莫斯科开往图拉。1 个小时以后，1 个人骑自行车离开图拉前往莫斯科，骑自行车的速度比公共汽车慢。当公共汽车与自行车相遇时，谁到莫斯科的距离更远一些？

②6 点钟的时候，时钟敲了 6 次。我看了看自己的表，发现钟敲响的第 1 次和最后 1 次之间共用时 30 秒。那么在凌晨时钟敲响 12 次的时段里，第 1 次钟响和最后 1 次钟响的间隔是多长呢？

③3 只燕子从同一点向外飞。它们会聚到天上的同一架飞机上吗？

现在去看答案吧，看看你是否掉到题中隐藏的陷阱中了。

1460. A，B 和 C 的值

你能说出 A，B 和 C 所代表的值吗？

已知：

A+A+A+B=A+A+B+B+B=C+C

C-A=6

1461. 行星的轨道

1 个行星仪的每条轨道上有 5 颗行星，5 条半径上各有 5 颗行星。在行星仪中，圆圈中应填入 1 ~ 25 的数字。圆圈里的数字和为 65，应分别满足：

①在行星仪的每条半径上。

②在行星仪的每条轨道上。

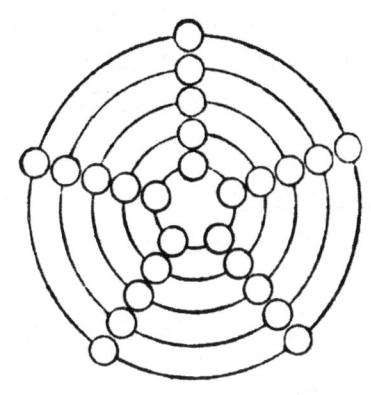

1462. 硬币的面值

把 1 枚面值为偶数的硬币递给你的朋友（比如，1 枚 2 分硬币），再给他 1 枚面值为奇数的硬币（比如，1 枚 5 分硬币）。让他每只手握 1 枚。让他将右手里的硬币的面值乘以 3，左手里的硬币面值乘以 2，然后把得到的 2 个数加起来。如果得到的和为偶数，那么面值为偶数的硬币在他右手中；如果是奇数，那么面值为偶数的硬币在他左手中。请解释一下原因。

1463. 直径上的数

图中每条直径的 2 个端点上各有 2 个数字。2 条直径上的数字相加的和可以等于与其相对的 2 个数字相加的和：

例如：10+1=5+6

不过，也有不相等的情况：

1+2 ≠ 6+7

请重新排列数字，使所有这样的相邻数字之和都相等。

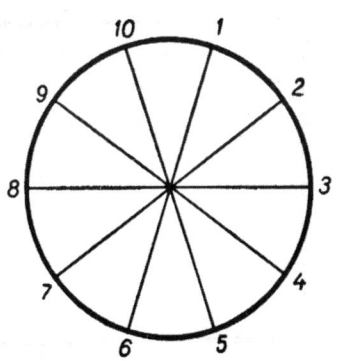

1464. 同心圆

如果车轮绕着圆心旋转，你会产生什么感觉？

1465. 运送粮食

有个农民准备把粮食由农庄运到城里，他决定用卡车在上午 11 点准时送进城里。如果卡车的速度是每小时 30 千米，那么他会在上午 10 点到达，提前 1 个小时；如果速度是每小时 20 千米，那么他会在中午 12 点到达，迟到 1 个小时。请问：农庄离城里有多远？如果要在上午 11 点整按时把粮食运进城，卡车的速度应该是多少？

1466. 排列多米诺骨牌

如图所示，把 15 张多米诺骨牌摆成 3 排，每排 5 张，使每排骨牌的数字之和均等于 $2\frac{1}{2}$。现在请你把 15 张牌重新排列，使每排的数字之和均等于 10。

1467. 库克拉

假设 1 种叫做"库克拉"的 1 枚硬币和

7 枚金币或者 13 枚银币在价值上相等。如果你想把 40 枚库克拉兑换成金币和银币，但是银行暂时只有 161 枚金币。除了这 161 枚金币外，你还应该得到多少个银币？

1468. 土壤的体积

玛莎要算出 3 个数的乘积，用它来计算 1 块土壤的体积大小。她把第 1 个数字与第 2 个数字相乘得到了 1 个乘积，当她再想用这个乘积与第 3 个数字相乘的时候，她注意到第 2 个数字写错了，错的数字比原来的数字大 $\frac{1}{3}$。为了避免重新计算，玛莎决定把第 3 个数减少 $\frac{1}{3}$ 来算，她觉得这样做就能够使得到的结果与正确的结果相符合。

"你不应该这么算，"苏伦告诉玛莎，"如果你这么算的话，最后的结果会与真实结果相差 20 立方米。""为什么？"玛莎问。那么，究竟为什么呢？正确的土壤体积是多少？

1469. 绿球和红球

1 个包中装有 7 个绿球和 3 个红球。不看包，每次都把取出的球放回去，从中间连续取出 3 个绿球的概率是多少？每次取出的球不放回去，从中间连续取出 3 个绿球的概率是多少？

1470. 拍照

1 个棒球队员想拍 1 张所有 9 个成员在椅子上坐成 1 排的照片。其中 1 个队员想知道他们总共有多少种不同的坐法。你知道吗？

1471. 测量距离

南茜和奥德丽决定用脚步实地测量某段距离。南茜走了一半的距离然后跑了剩下的一半距离。奥德丽一半的时间在走，另一半的时间在跑。南茜和奥德丽走路和跑步的速度是相同的。谁会先到达目的地呢？

1472. 4 个钟表

1 间屋子里有 4 个钟表。1 个每小时快 1 分钟；1 个每小时慢 1 分钟；1 个表针以正常的速度逆时针旋转；1 个总是保持正确时间。今天早上的 7:03，这 4 个表都显示同一个正确时间。那么，4 个钟表再次都指向同一个时间是什么时候？

1473. 最小的项

下面的哪个选项是最小的？

A. $\frac{\sqrt{10}}{10}$ B. $\frac{1}{10}$ C. $\sqrt{10}$ D. $\frac{1}{\sqrt{10}}$ E. $\frac{1}{10\sqrt{10}}$

1474. 彩色铅笔

共有 4 支彩色铅笔：2 支蓝色的，1 支绿色的，1 支黄色的。如果你从抽屉中取出 2 支铅笔，并且知道其中 1 支是蓝色的。那么另外 1 支也是蓝色的概率有多大？

1475. 跷跷板

下图是 1 个跷跷板。左边距离支点 10 厘米处放了 1 个 5 千克重的物体；距离支点 5 厘米处放了 1 个 6 千克重的物体。右边则放了 1 个 16 千克重的物体。现在我们来确定这个 16 千克重的物体要放在距离支点多远的地方才能使跷跷板保持平衡？

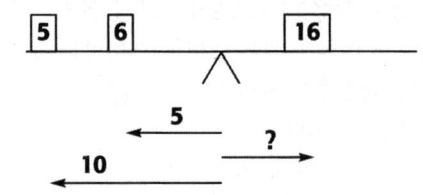

1476. 火柴面积

在图中的 16 根火柴中放入 11 根火柴，

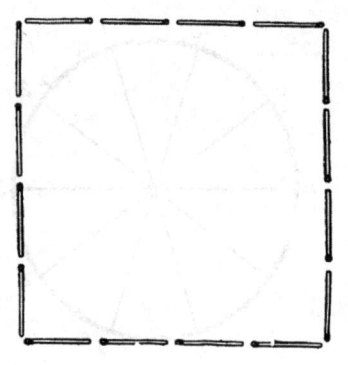

使其形成 4 个面积相同的部分，并且每个部分均与其他 3 个部分相邻。

1477. 火柴花园

这里有 1 个由 20 根火柴摆成的花园，花园中心有 1 口井（小正方形）。请用 18 根火柴将花园分成 6 个部分，并且形状与面积均相同。

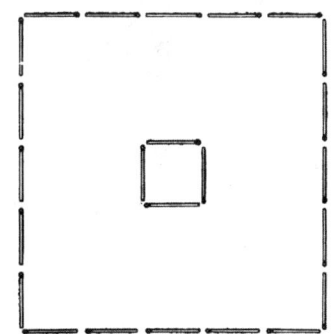

1478. 显微镜切片

显微镜的 1 个切片中有 7500 个细菌，它们以每小时 150 个的速率死亡；另外 1 个切片中有 4500 个细菌，这些细菌以每小时 50 个的速率增加。多长时间之后，这 2 个切片上的细菌数量相等？

1479. 分隔正方形

图中的大正方形里包含标记着数字 1 ~ 4 的小正方形，这些标有数字的小正方形的边上曾经画有可将大正方形分隔开的分隔线，大正方形被分隔开的 4 个部分面积相同，有人把分隔线擦掉了。现在你能不能把分隔线再画出来呢？已知分隔后的每个部分都包含有带 1，2，3，4 这些数字的小正方形。

1480. 多边形铜块

在加工厂里，毛坯是不能直接进行加工的，首先要送到画线工人那里画线和打孔。

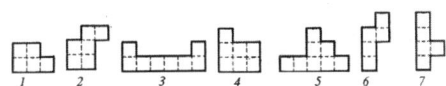

1 家加工厂里需要大量的 7 种形状的多边形铜块，如上图所示。画线工人注意到如果用某种形状的铜块 6 块就可以拼出 1 个矩形。是上图哪种形状的铜块？画线工人还发现下图中的 6 种形状可以被分割成形状相同上图的几部分。请把分隔线画出来。

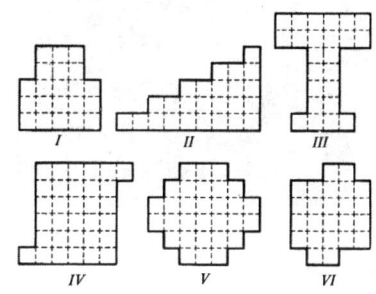

1481.13 进制

想象一下，如果我们现在采用了 1 种新的 13 进制的数字系统，而不是 10 进制的。看看你能不能用自己的方法把这种数字系统下的前 13 个数字写出来。

1482. 雷达屏幕

下图中的圆表示的是雷达屏幕。从雷达站发出的电磁波（屏幕中的数字 0）再由目标站反射出来（比如，1 艘船），这就是屏幕中电磁波上的尖峰信号。指示器上有距离标注，这样我们就可以读出尖峰信号所代表的目标与电磁波发射站之间的距离。左侧的屏幕显示的是 A 点海岸雷达站的数据，右侧的屏幕显示的是 B 点的数据。那么，应该如何用指示器上的 75 和 90 来定位目标呢？

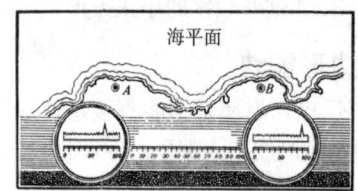

海平面

英里刻度计

1483. 不闭合图形

请按如下要求在每个格子里画 1 条对角线：图中数字指的是相交于此的对角线的数量；这些对角线相互不可以构成任意大小的闭合图形。

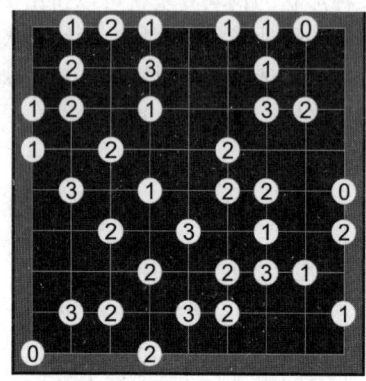

1484. 铅弹

1 队建渠人需要某种尺寸的铅板 1 块，但是铅已经用完了。他们决定将一些铅弹熔化后铸成铅板。但是他们首先得测量铅弹的体积。有人建议测量 1 个铅弹的球体数据，然后用球体积公式来计算，最后再乘以铅弹的数目。但这种方法太费时间，而且铅弹的大小各不相同。有人说给所有的铅弹称重，然后除以铅的比重，但是没有人记得铅的比重是多少。有人说将铅弹倒入容量为 5 升的罐子中，但是铅弹不能被压缩整合成一整块放入罐子中。你有什么好办法吗？

1485. 隐藏的面

3 个骰子垒成如图所示的样子，有人瞥了一眼最上面的数字，就答出了隐藏的 5 个面的点数和等于 17。这 5 个面是下面 2 个骰子的上下 2 个面以及最上面那个骰子的底面。你知道他是怎么算出来的吗？

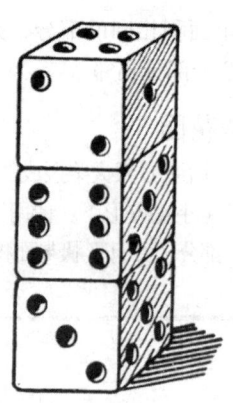

1486. 骰子上的三位数

背向你的朋友，请他掷 3 个骰子，然后把 3 个骰子摆成 1 排，这样 3 个骰子朝上的面组成了 1 个三位数。例如，图中的 3 个骰子组成的三位数是 254。然后将底面上的 3 个数字也加入到这个数字中作为后三位数（则例子中是 254523），然后让他把这个数除以 111，并把结果告诉你。之后，你能告诉他骰子上面的三位数是多少吗？

1487. 科隆香水

图中是 1 个塞有塞子的未装满的科隆香水瓶，你如何计算出瓶中液体所占瓶子的百分比（瓶塞所占空间面积不计）。你能使用的只有 1 把尺子，同时，你不能将瓶塞从瓶子上拿走。你有 5 分钟的时间计算出结果。

1488. 拖拉机站

有 3 家拖拉机站，它们相隔不远。第 1 家机站借给第 2 家机站和第 3 家机站的拖拉机数目恰好与它们各自拥有的拖拉机数目相等。几个月后，第 2 家机站借给第 1 家机站和第 3 家机站的拖拉机数目与它们各自拥有的拖拉机数目相等。又过了一阵，第 3 家机站借给第 1 家机站和第 2 家机站的拖拉机数目与这两家机站各自拥有的拖拉机数目相等。最后，3 家机站都有 24 台拖拉机。那么，原来这些机站各有多少台拖拉机？

1489. 角的度数

下图中线段 AB 和线段 CD 平行，$\angle Y=50。$，$\angle Z=140。$，请问：$\angle X$ 是多少度？

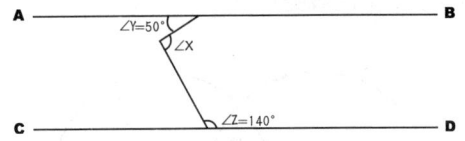

1490. 懒人与魔鬼

有个懒人遇到了 1 个魔鬼。魔鬼说："我给你 1 份好差事。看到那座桥了吗？你每过 1 次桥我就让你的钱翻 1 倍。但你必须在每过 1 次桥后给我 24 元钱。"懒人同意了。他过了桥，果然他的钱翻了 1 倍。他把 24 元钱给了魔鬼，然后再次过桥。他的钱再次翻倍，他又给了魔鬼 24 元钱。在第三次过桥后，他的钱又增加了 1 倍，但是他只剩下 24 元钱了。他把钱给了魔鬼，魔鬼笑了笑，消失得无影无踪。请问：这个懒人身上原来有多少钱？

1491. 三兄弟的年龄

三兄弟共得到 24 个苹果，每人得到的苹果数均等于 3 年前他们各自的年龄。最小的弟弟建议说："我把我的苹果留下一半，剩下的平均分给两位哥哥。而二哥也要像我一样，把你手中的苹果留下一半，另一半平均分给我和大哥。最后大哥也要这样分。"两位哥哥都同意了。结果每人分到了 8 个苹果。那么，三兄弟的年龄分别是多少？

1492. 采蘑菇

玛露西亚、柯里、瓦尼亚、安德和佩提亚 5 个人一起去采蘑菇。只有玛露西亚在认真地采蘑菇，剩下的 4 个男孩躺在草地上聊天。到了该回去的时候，玛露西亚采了 45 个蘑菇，男孩们的手里 1 个也没有。于是，玛露西亚把自己的蘑菇分给每个男孩一些，自己什么也没留下。

回去的路上，柯里找到了 2 个蘑菇，安德找到了与自己手中数目相等的蘑菇。瓦尼亚丢了 2 个蘑菇，佩提亚丢了一半的蘑菇。到家后，他们查了一下蘑菇的数量，发现每个男孩手中的蘑菇数相等。那么，玛露西亚分给几个男孩各多少个蘑菇呢？

1493. 漆立方体

假如涂满 1 个小立方体的各个表面需要 1 升的油漆，那么涂满下面这个物体的表面需要多少升油漆（包括图画背面的表面）？

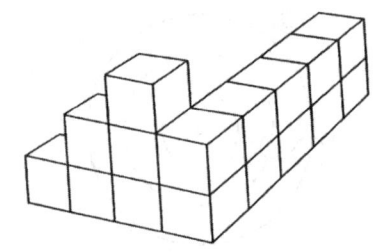

1494. 自行车运动员

4 名自行车运动员在场地中走圆圈路线，圆的周长为 $\frac{1}{3}$ 千米。他们同时从图中的黑点位置开始出发，4 个人的速度分别是 6 千米 / 小时、9 千米 / 小时、12 千米 / 小时和 15 千米 / 小时。20 分钟后，他们共有多少次同时回到出发点呢？

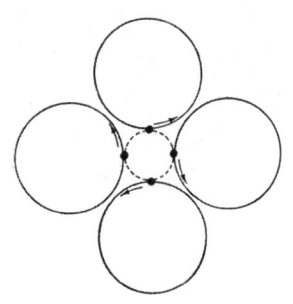

1495. 四位数

会计尼卡让 4 个孩子每人随便想 1 个四位数。"把数字的第 1 位数挪到最后 1 位上，然后把这个数与原数相加。如，1234+2341=3575。你们都把相加后的结果告诉我。"

柯里亚："8612。"

波里亚："4322。"

托里亚："9867。"

奥里亚："13859。"

"除了托里亚以外，你们都算错了。"会计说道。

那么，会计是怎么知道的呢？

1496. 人造卫星

如果人造卫星 Y 公转 1 圈要 3 年，人造卫星 X 公转 1 圈要 5 年。那么要多少年以后它们会再次在如图所示的 1 条线上？

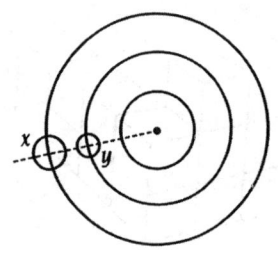

1497. 射击（二）

安德沙、波莱雅和迪亚每人射了 6 枪，每人射中 71 环。安德沙的前两枪共射了 22 环，迪亚的第 1 枪只射了 3 环。那么，谁射中靶心了呢？

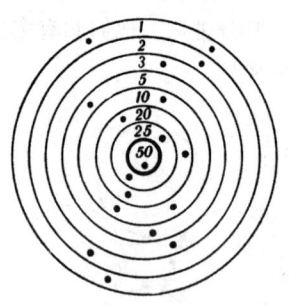

1498. 两位数

某个两位数，倒着读出这个数的话是原数的 4.5 倍。这个数是多少？

①它比 9 大，因为是两位数。

②它比 23 小，因为 23 × 4.5>100。

③它应该是个偶数，因为在乘以 4.5 的时候只有偶数所得的积才会是偶数。

④这个数可以被 9 整除。

1499. 分割区域

下图是 3 个圆相交，这样最多能分割成 7 个区域。如果是 6 个圆相交，最多可以分割成多少个区域呢？

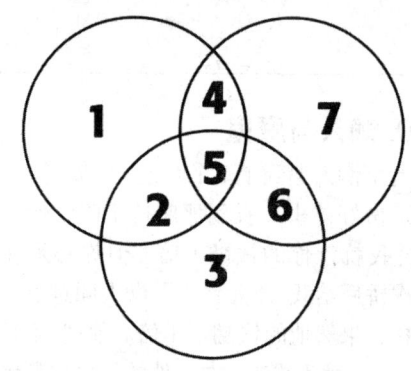

1500. 计算硬币

在你背过身去的时候，甲想了个数字 n，然后从 1 堆硬币中拿走了 4n 枚。接着，乙拿走了 7n 枚硬币，丙拿走了 13n 枚硬币。丙又把手中的硬币分给甲和乙，数量跟他们手中的硬币数量相等。接下来乙把手中的硬币分给甲和丙，数量跟他们手中的硬币数量相等。最后甲也照此办。问其中 1 个人现在手中拿多少硬币。把这个数除以 2，就可得出甲开始拿了多少枚；把甲拿的数字除以 4 再乘以 7，就知道乙开始拿了多少枚；把乙的数除以 7，再乘以 13，就知道丙开始拿了多少枚。请你解释一下算法。

答案

001...

002...

003...

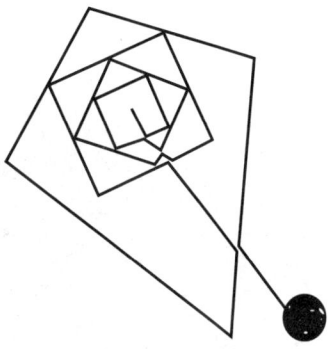

004...

　　将玻璃杯的"底"向左滑动，紧接着把玻璃杯"右边"的木棒挪到玻璃杯的柄脚的左边（如图所示）。这样，杯子就倒过来了，同时，樱桃也就到了杯子的外边。

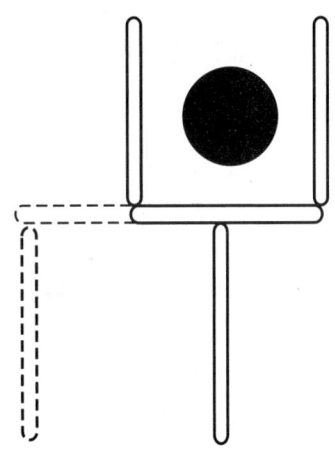

005...

将左图（A）中虚线上的3根牙签放到右图（B）虚线上的位置，然后移动纽扣的位置。

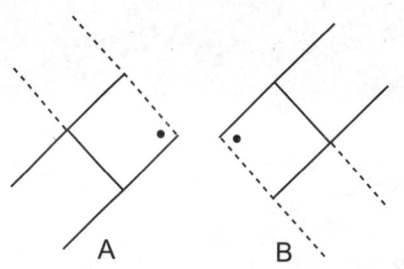

006...

007...

将2枚邮票叠放在一起，放在中间的位置上。这样，在十字架的每条线上就都有4枚邮票。

008...

按照下图的样子放置箭头，你就会"发现"在中间的位置上出现第5个箭头的轮廓。

009...

010...

011...

012...

013...

014...

这名警察的巡逻路线如下：

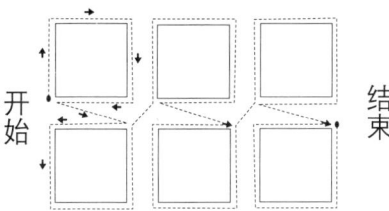

015...

016...

按照下图中的排列方式，你会发现，所有的钉子都会彼此相接触。

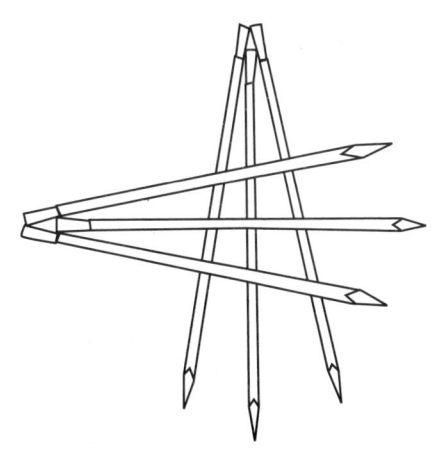

017...

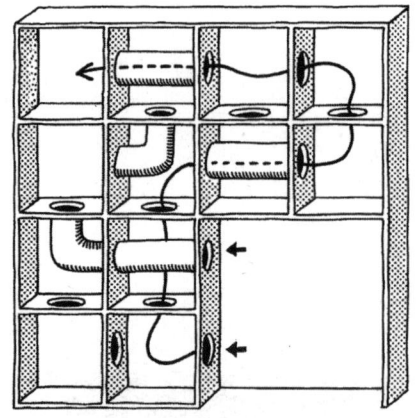

018...

019...

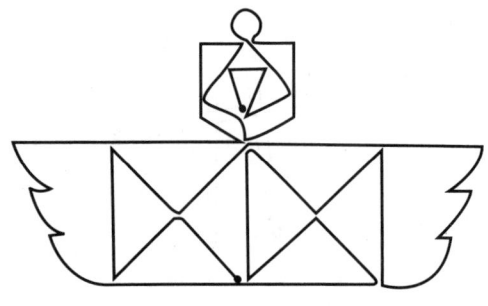

020...

021...

　　将两个瓶塞纵向切开，然后，把每半个瓶塞插进 4 个叉子的齿上（如下图所示）。保证叉子与齿的角度小于 90 度。现在，把这 4 个叉子放在盘子的四周；同时，叉子要面向盘子的边。这样，叉子就不会乱动。然后，你就可以轻而易举地把盘子稳稳地放在针尖上了。

022...

　　要解决这种类型的难题实在是很困难。下图中展示了如何把 15 根火柴摆成 8 个大小相同的正方形。

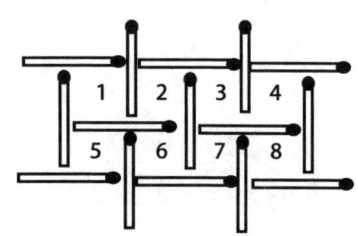

023...

024...

025...

026...

027...

028...

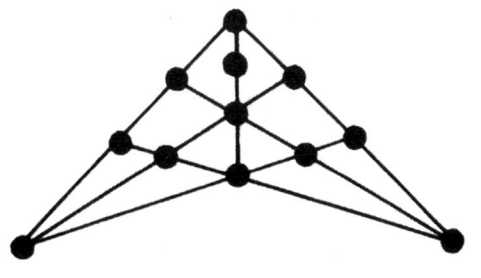

029...

030...

031...

032...

033...

034...

有好几条路线供你选择,其中的 1 条是:
f–b–a–u–t–p–o–n–c–d–e–j–k–l–m–q–r–s–h–
g–f。

035...

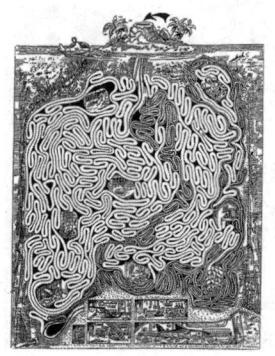

036...

037...

答案如下图所示：

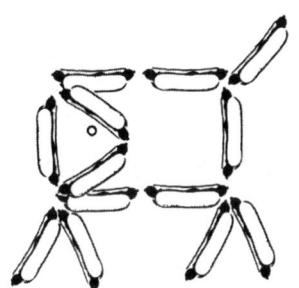

038...

039...

将下图中虚线位置上的短线去掉就可以

了。这样，就只剩下 4 个小三角形和 1 个大三角形。

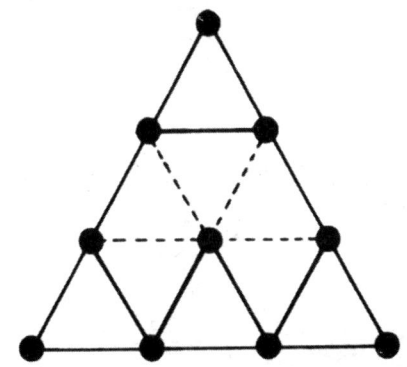

040...

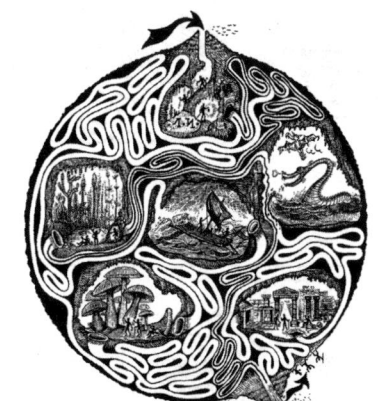

041...

答案如下：

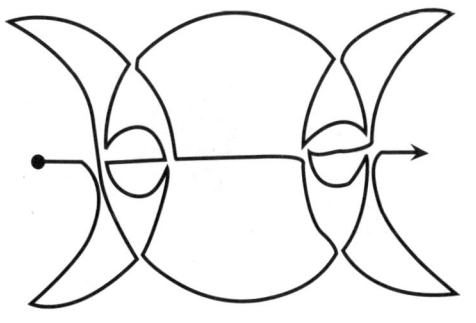

042...

043...

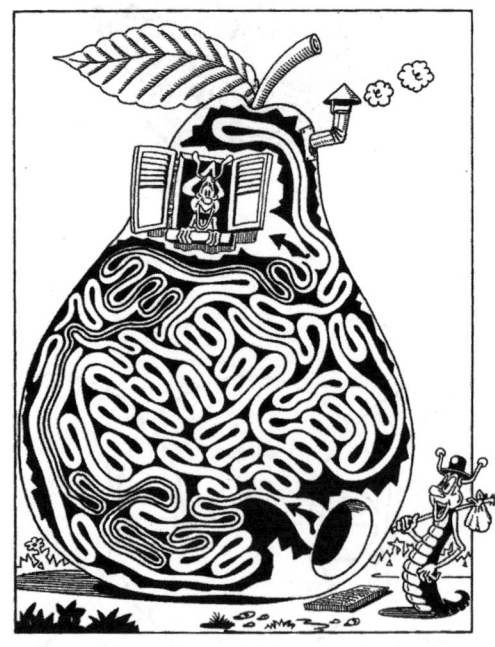

044...

答案如下图：

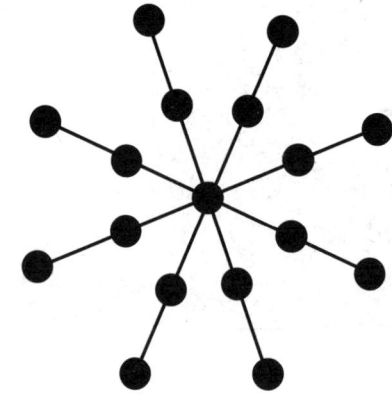

045...

046...

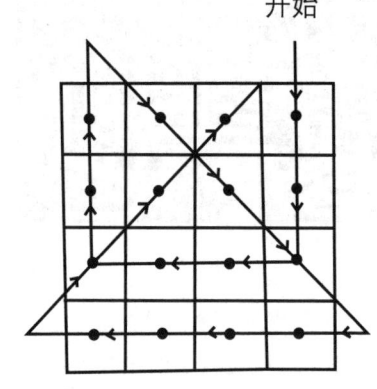

047...

048...

049...

050...

首先，按照图1所示的样子，将纸折叠。然后，再连画3笔。现在，握住笔不动，并按照图2所示的样子将纸打开。接下来，你就可以按题中的要求，即笔不离纸、线不重复，将这个标志画出来了。

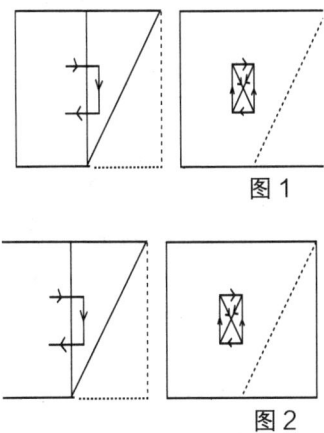

051...

他先沿着图1中的虚线把地毯剪开，然后，再把上半部分的地毯向左下方移动，这样，就正好可以与下半部分的地毯合并在一起（参见图2）。然后，将它们缝合成1个完整的正方形地毯。

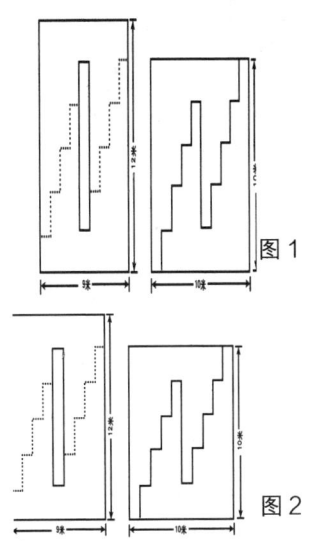

052...

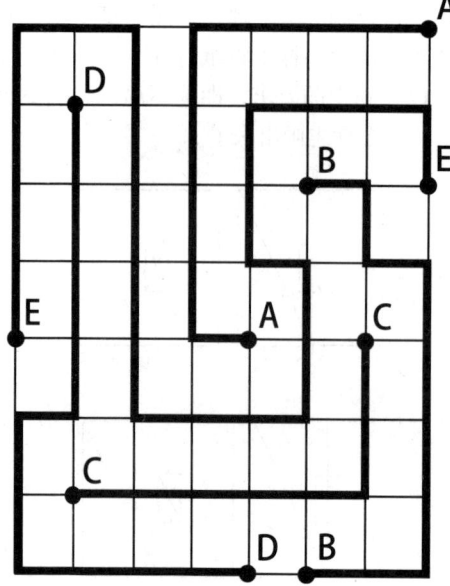

053...

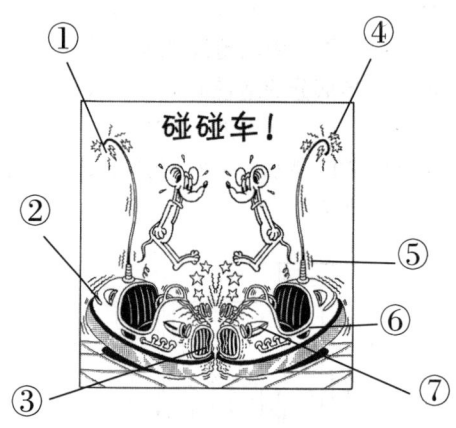

054...

答案如下：

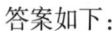

055...

056...

057...

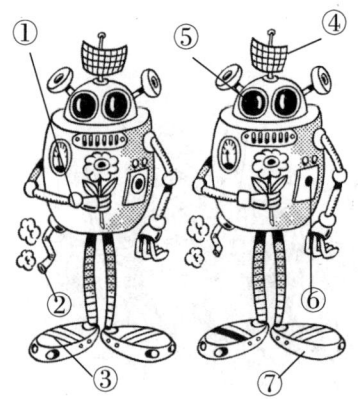

058...

题中的 12 个黑色圆点可以画出 20 个长方形。大家可能会漏掉的 2 个长方形已经在下图中画出。

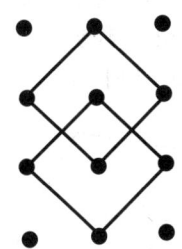

059...

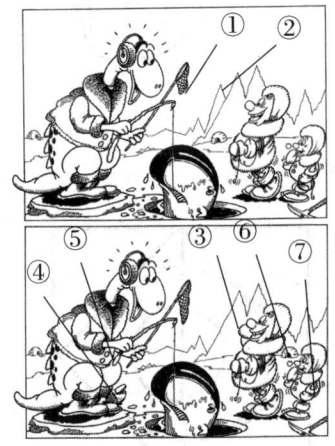

060...

如果将这个网剪成两半，最少需要 8 步。从 A 开始，由上向下剪到 B。

061...

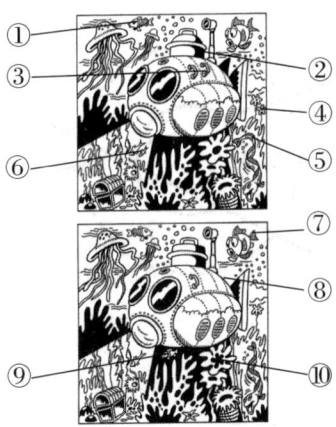

062...

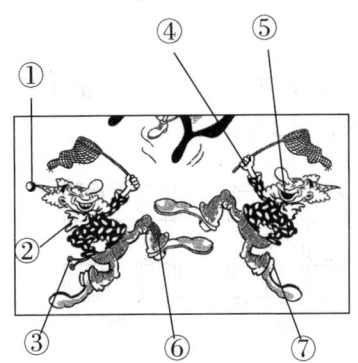

063...

略。

064...

先按照图 1 的样子切开，然后按照图 2 所示将它们拼成 1 个正方形。

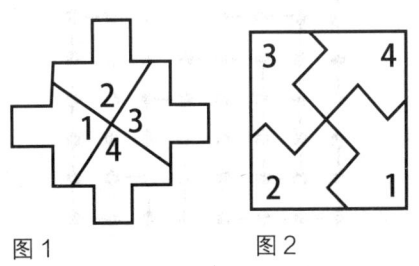

图 1　　　　图 2

065...

沿图中的切线可以将铜锣切成 5 部分。

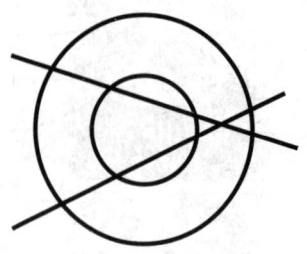

066...

略。

067...

略。

068...

答案如下图所示（图 1 拿走 4 根，图 2 拿走 6 根，图 3 拿走 8 根）：

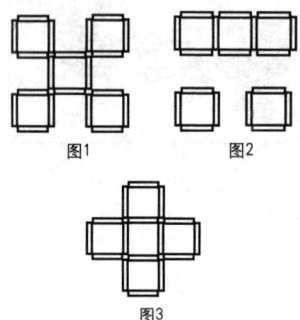

069...

下图是解决方案中的 1 种：

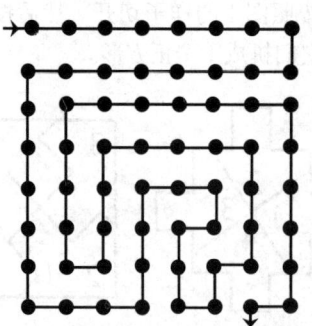

070...

略。

071...

因为固体表面很平，上面并没有洞，所以盒子的面和角的总数要比边多 2 个。因此，货物箱有 9 个面（如下图所示）。

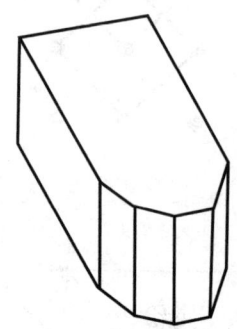

072...

答案如图所示：

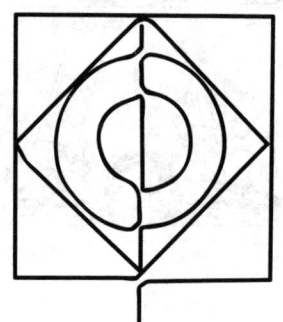

073...

略。

074...

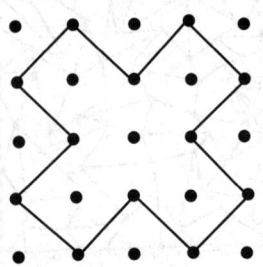

075...

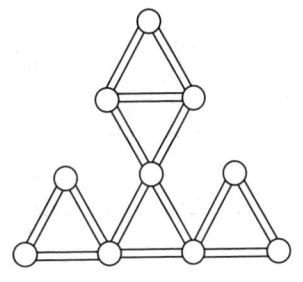

076 ...

略。

077...

和大多数线条思维游戏不同，这幅画不可能用1笔画出来。它需要画12条线才可以完成。这个思维游戏要求你找出最长的那条线。在下图中，从A点开始、在B点结束的线条是本题的答案。另外的11条线已经用虚线标出。

078...

略。

079...

答案如图所示：

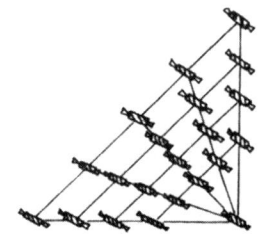

080...

特洛伊木马。

081...

这个题的答案就是快速行动。移动B骨牌使其垂直竖立时正好可以碰到A骨牌的边。将你的食指穿过塔的拱门，然后放在B骨牌的底边并且按紧；之后，"弹起"并迅速击打A骨牌。这样，A骨牌便会从塔上分离，它上面的骨牌随即落在两边竖立的骨牌上，而塔安然无恙。

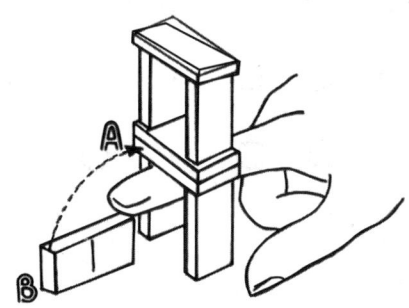

082...

略。

083...

答案如图所示（下图有6个小三角形和2个大三角形）。

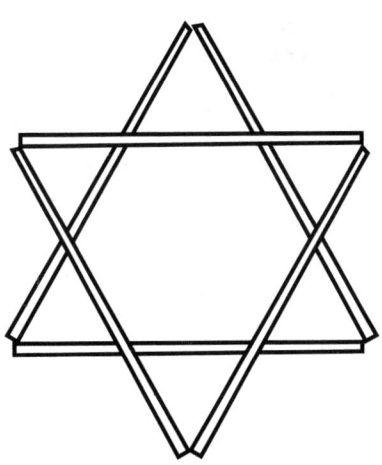

084...

略。

085...

下面是其中的 1 种方法：

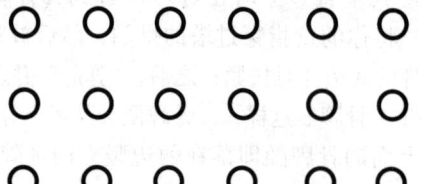

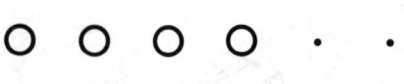

086...

略。

087...

先沿着图 1 中的虚线切割，然后，将上面那块儿板向下滑动，使它挪到左边，这样便可得到 1 块儿实心板（如图 2 所示）。

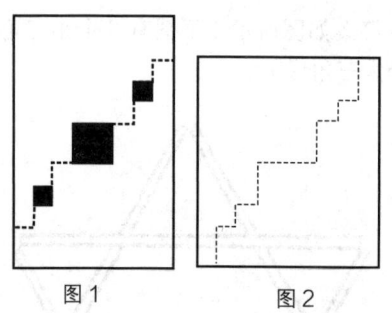

图 1　　　　图 2

088...

略。

089...

答案如下图所示：

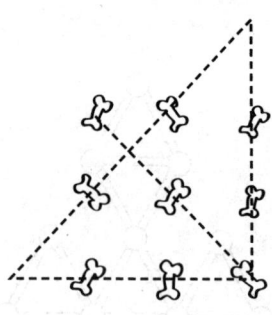

090...

略。

091...

略。

092...

略。

093...

略。

094...

略。

095...

答案如图所示

096...

略。

097...

略。

098...

略。

099...

答案如下图:

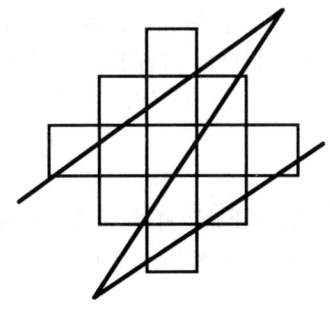

100...

略。

101...

答案如图所示:

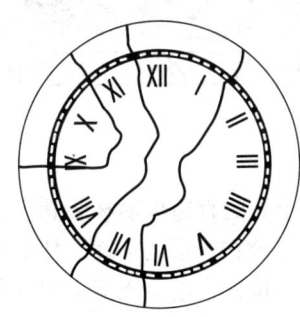

102...

略。

103...

答案如下图:

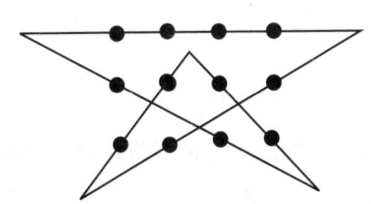

104...

略。

105...

略。

106...

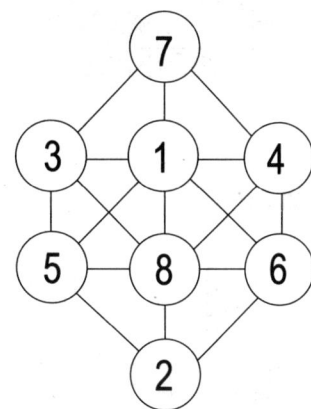

107...

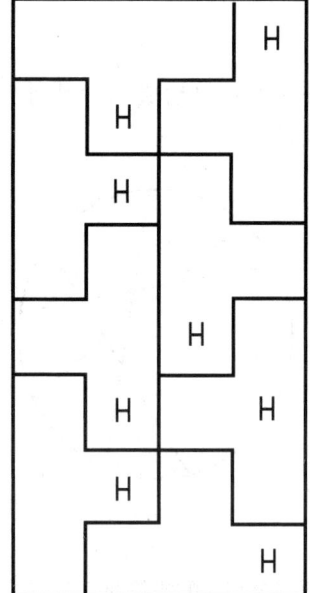

108...

略。

109...

110...

答案如下图：

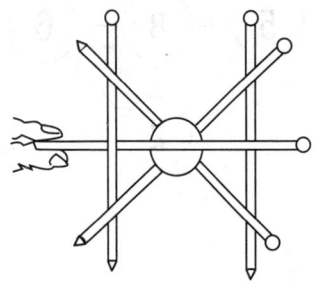

111...

这个馅饼可以切成11个大小不同的块（如图所示）。

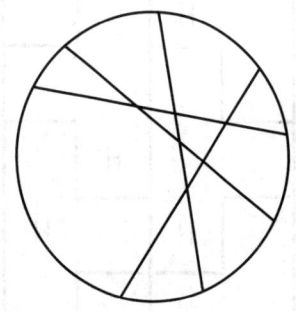

112...

两顶完全相同的帐篷是5号和8号。

113...

这个机器人乐师一共演奏了10种乐器：

鼓，小号，萨克斯风，口琴，小提琴，手摇风琴，摇铃，铙钹，响板，小六角手风琴。

114...

通过观察两个人放置的雪块，我们发现每个雪屋都还需要6块。比赛者保持同样的频率的话，A会首先完成，因为，每次他拿回1块雪块的时候，B都是空着手去搬，所以B会落后搬1块的时间。

115...

从黑点处开始，顺着箭头指示的方向，每个小方框中1个箭头，依次类推。

116...

将1个高的直边玻璃杯装满水，然后把这个玻璃杯放在纸板的前面，杯子里的水相当于1个透镜，透过透镜箭头的方向会发生改变。当你透过玻璃杯观看箭头时，你会发现它指向了左边。

117...

略。

118...

略。

119...

从下图的水平方向可以将这个面包切成10份。

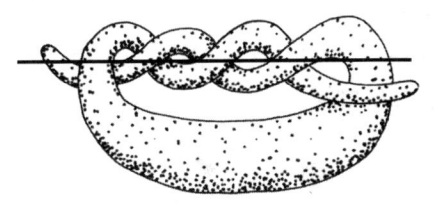

120...

略。

121...

按照下图所示的样子将4张扑克牌放在一起，每张扑克牌的右上角都彼此相互重叠，就能显出16个牌点了。

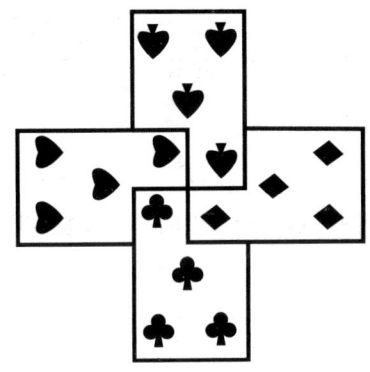

122...

略。

123...

将这4个矩形按照下图中的样子放在一起。它们的四个边可以在中间（即阴影部分）组成1个边长为1厘米的空正方形。

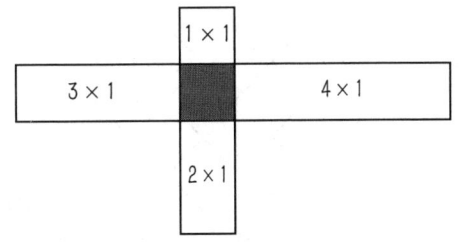

124...

略。

125...

略。

126...

答案如下图：

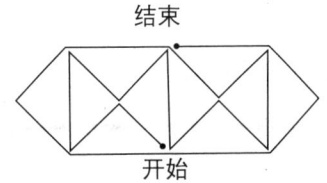

127...

略。

128...

答案如下图：

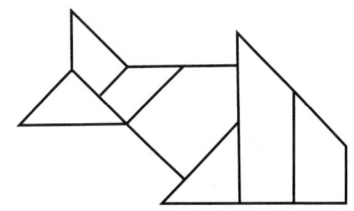

129...

最少可以锯成2块儿，沿着图中的虚线将木板锯成2块儿，然后把锯下来的那块儿木板两端的位置颠倒，并重新放在木板上。这样，那个洞就位于木板的中间。

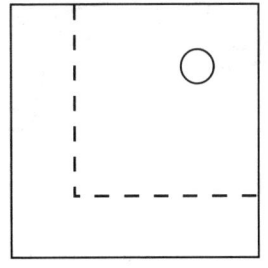

130...

　　略。

131...

　　略。

132...

　　略。

133...

　　答案如下图所示：

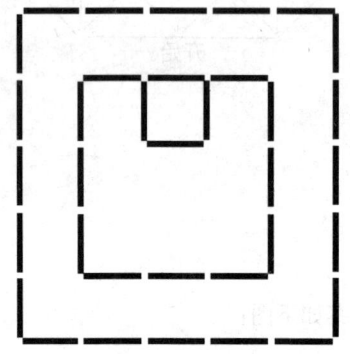

134...

　　略。

135...

　　你所要做的就是按照下图所示的样子把纸打成褶，这样问题就解决了。

136...

　　略。

137...

　　如图：1. 松鼠；2. 老鼠；3. 猫头鹰；4. 鸟；5. 兔子；6. 蝴蝶。

138...

　　这个不同寻常的动物身上一共包含了下列 6 种动物的特征：老鼠、鱼、斑马、大象、猎豹、马。

139...

　　下图展示了胶合板的切法以及 3 块板的拼法。

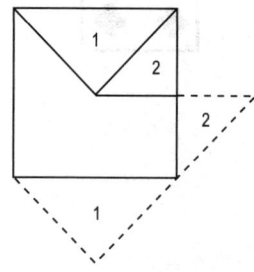

140...

　　答案如图所示

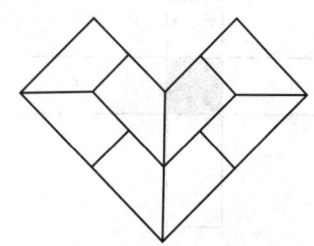

141...

这个不同寻常的动物身上一共包含了6种动物的特征：猫头鹰、大象、蝴蝶、螃蟹、松鼠、鸭子。

142...

从1个边上的两个角上取走4根牙签，然后从这个边对面的边的中间再取走1根牙签。

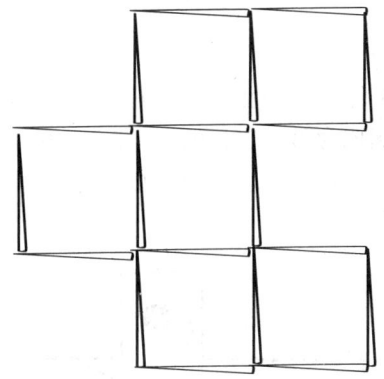

143...

这个不同寻常的动物身上一共包含了6种动物的特征：巨嘴鸟、公鸡、乌龟、袋鼠、熊、海豚。

144...

145...

146...

147...

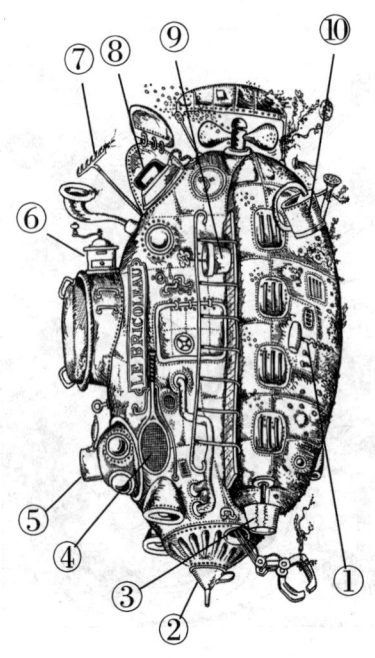

148...

①燕子；②莺；②大苇莺；④鹳；⑤鹰；⑥攀雀。

149...

作为蒸汽小火车细节的是图中的2，4，6所标示的部分。

150...

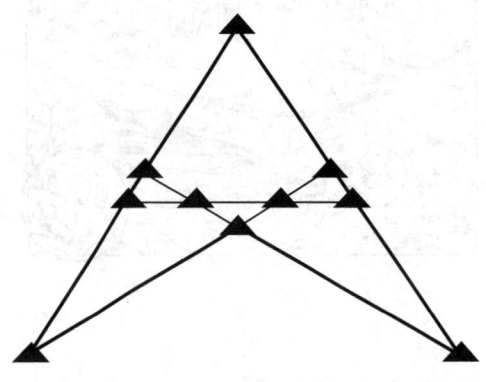

151...

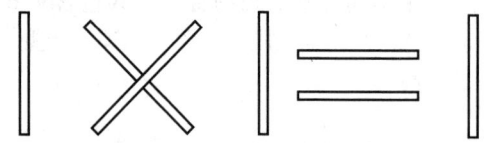

152...

1，2和4。

153...

A份可以单独作为正方形，2个B份拼在一起成为第2个正方形，2个C份可以组成第3个正方形，4个D份可以构成第4个正方形。

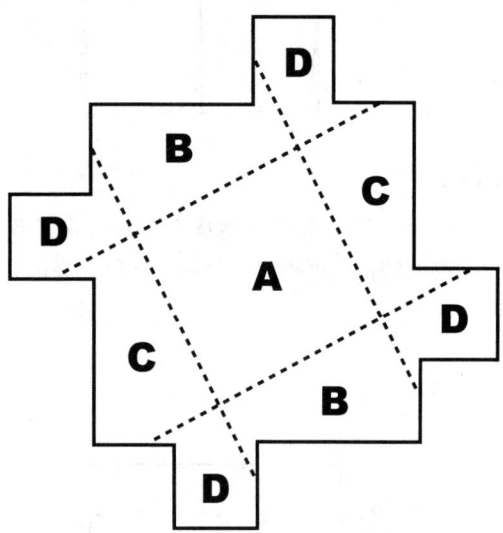

154...

A，D，E，G。

155...

要解决这个题，直线开始和结束的地方必须是直线的3个部分的连接处。在下面的图中，这几个连接处是莎翁右眼的上面、与他衣领和头发相邻的左肩。

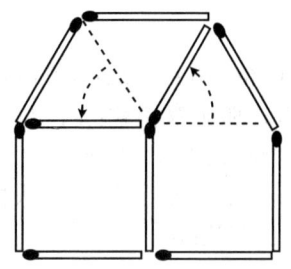

156...

3，4 和 6。

157...

完全一致的细节在 2 号和 5 号图上。

158...

图中虚线所示的 3 根棍子就是应从图形上拿走的棍子。这之后就剩下 3 个小三角形、3 个中型三角形以及 1 个包括所有三角形的大三角形。这样就帮这个年轻人解决问题了。

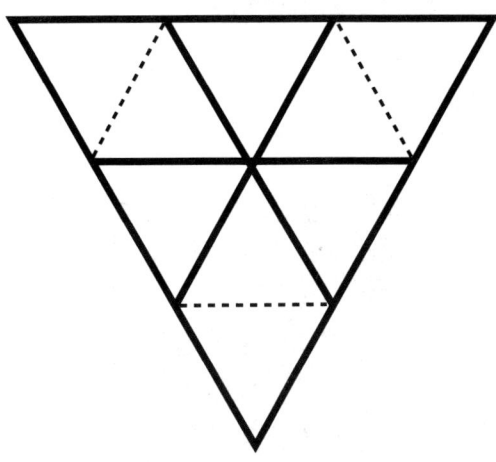

159...

图中虚线已经将所要移动的火柴说清楚了。

160...

一共有 13 只动物：1 只山羊，1 只天鹅，1 只鸡，1 头犀牛，1 只乌龟，1 只松鼠，1 只青蛙，1 头奶牛，1 匹骆驼，2 头猪和 2 只狐狸。

161...

1 和 D，2 和 G，3 和 E，4 和 H，5 和 C，6 和 B，7 和 F，8 和 A。

162...

答案如下图所示

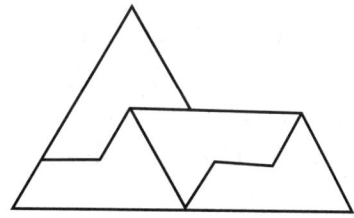

163...

第 1，5 和 6 号小插图。

164...

如果将下图中虚线所示的钉子拿走的话，那么将有 5 个小正方形和 1 个大正方形，一共是 6 个。

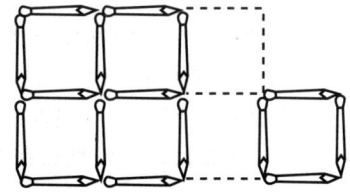

165...

六须鲇鱼：10；海象：8；电鳐鲨：12；海番鸭：5；槌头双髻鲨：4；犁头鳐：11；海马：1；海梭：15；鳗螈：14；锯鳐：2；箱鲀：13；海菇：7；鼠鱼：6；火枪鱼：16；飞鱼：9；翻车鲀：3。

166...

167...

画 1 条线将点 A 和点 D 连接起来，点 D 是线段 CE 的中点。这就出现 1 个三角形 ABD，它是以线段 AB 和线段 BD 为边的矩形的一半。这样，这块儿土地就被平分成了两部分。

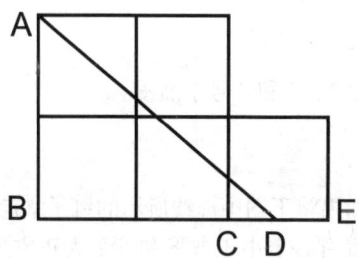

168...

准备 1 张硬纸，按下图的样子将它剪 3 下，每次剪到纸张的中间部位。将内折边 A 沿着中间线折起来，使它与 BB 边垂直。将 C 边旋转 180°。接着，将这张纸放在桌子上

面。这时，你会发现这个著名的"看似不可能的纸张"已经完成了。

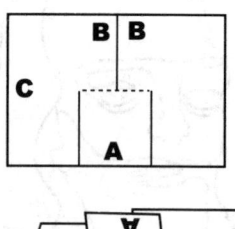

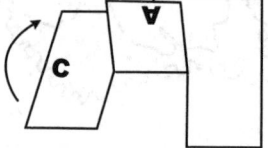

169...

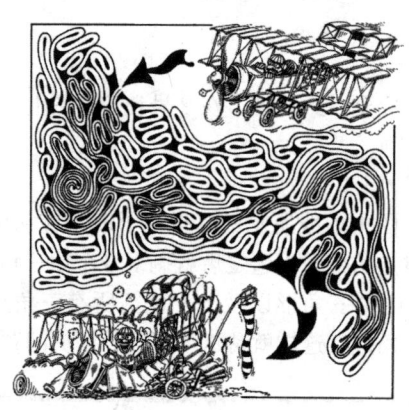

170...

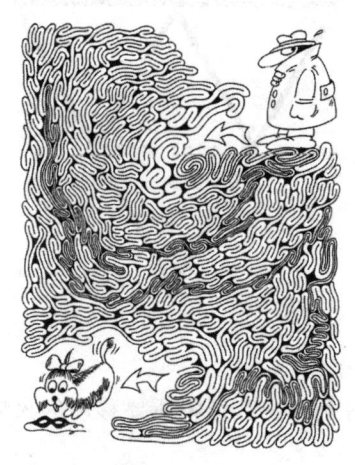

171...

答案如下图所示：

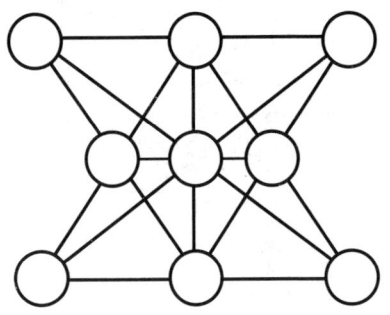

172...

答案如下图所示

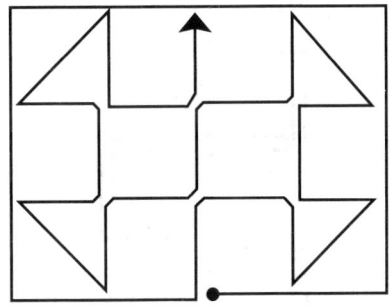

173...

174...

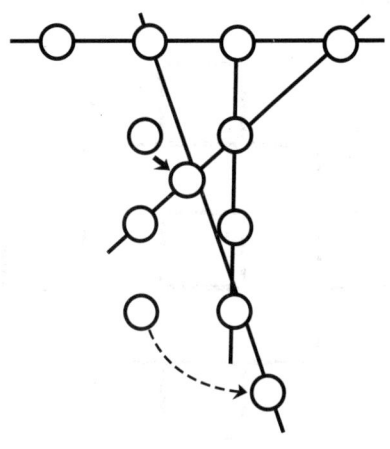

175...

176...

ab 墙和 cd 墙的长度相等。如果沿着虚线 1 将 cd 墙切开并将上面那部分向下移动到虚线 2，那么我们会得到与 ab 墙尺寸、形状相同的砖墙。很明显，两面墙的用料都相等，因此花费也相等。这样，邓布迪先生和泥瓦匠都错了。

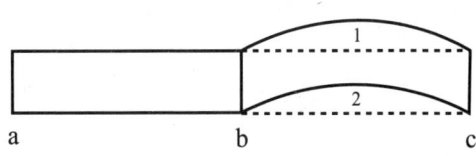

177...

答案如下图：

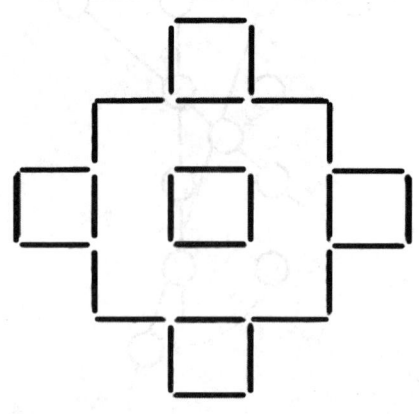

178...

按照图 1 所示将 1 张纸的顶部和底部的一部分折叠。然后，画出"×"的一边，并将线画到顶部折纸上（如虚线所示）；接着往回画线，返回纸张的中部并将"×"的另一边画出来（如图 2 所示）。

随后，继续画线并延伸到底部折纸上，同时，将线延伸到另一侧（如图 3 中虚线所示）。

最后，使线条离开折纸，并返回纸张的中部，再围绕"×"画出方框（如图 4 所示）。这时，你就可以用一笔在线条不相互交叉的前提下连续画出 1 个正方形，其正中央有 1 个"×"。

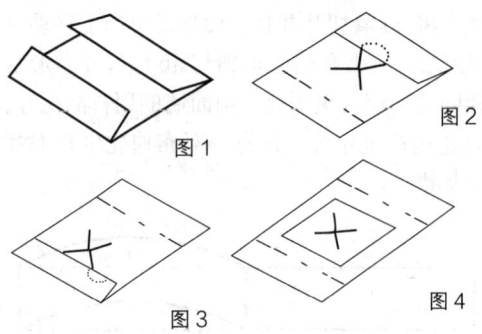

图 1   图 2   图 3   图 4

179...

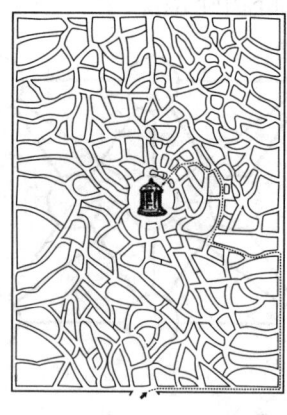

180...

将下图中虚线位置上的蜡烛移动就可以了。

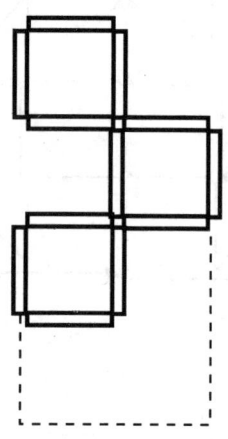

181...

答案如下图所示：

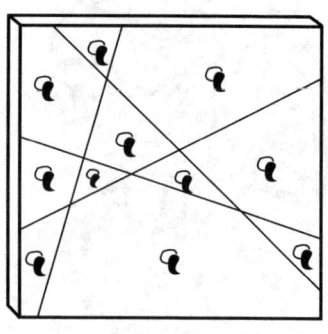

182...

答案如下图：

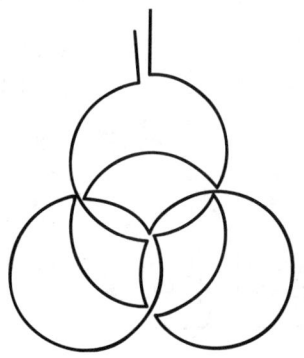

183...

答案如下图：

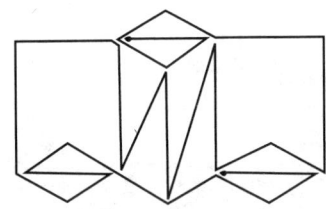

184...

答案如下图：

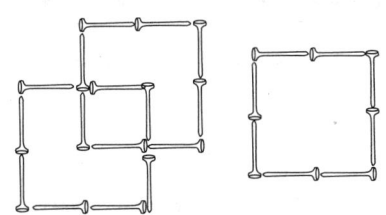

185...

下面的图形展示了所要画的 9 条线的位置。

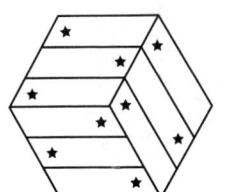

186...

下图是这个题的 1 种解法。

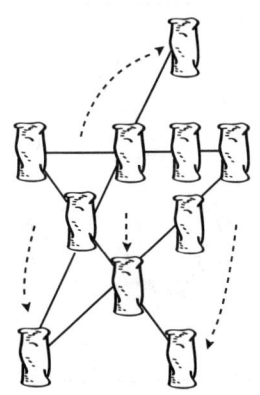

187...

最大值是 36，那条路线就是下图中用虚线标出的路线。

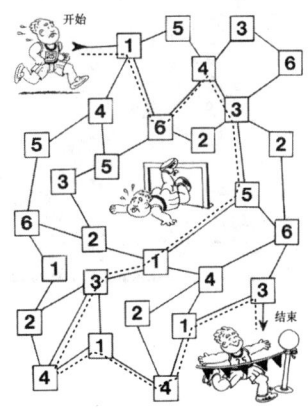

188...

答案如下图所示：

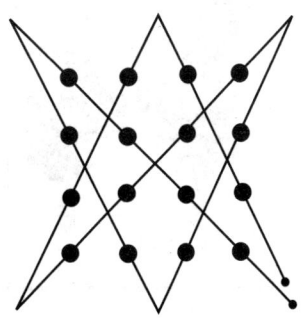

189...

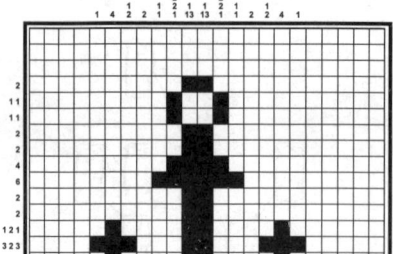

192...

190...

193...

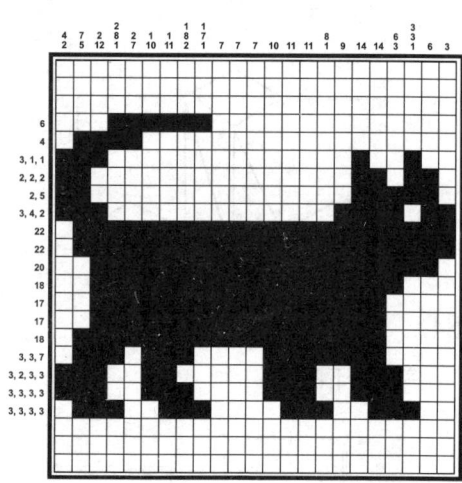

191...

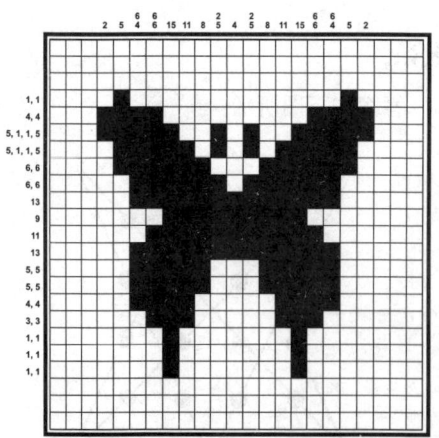

194...

195...

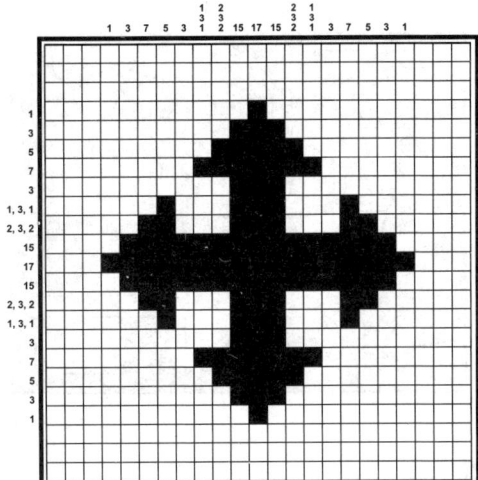

198...

196...

197...

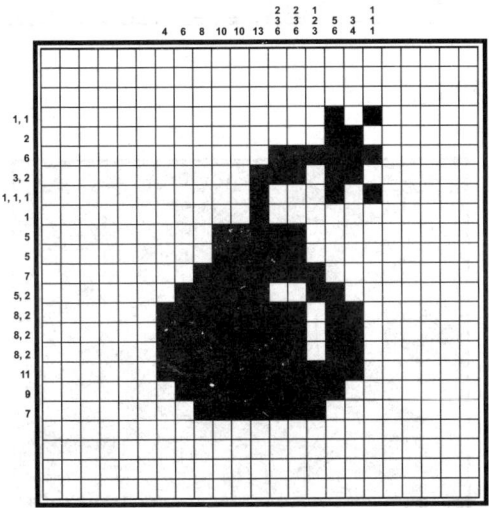

199...

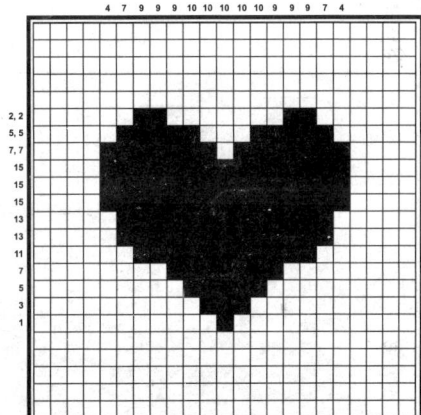

200...

201…

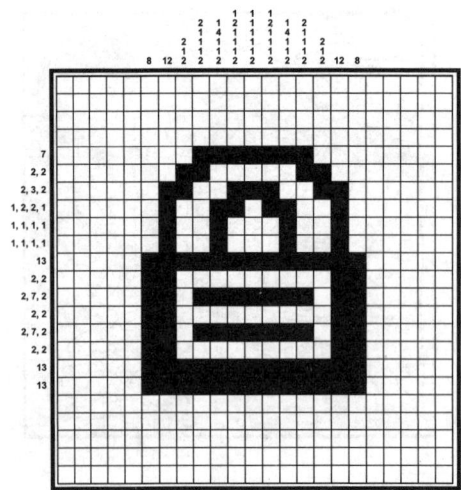

202…

203…

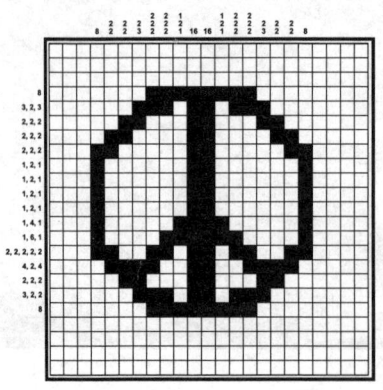

204…

205…

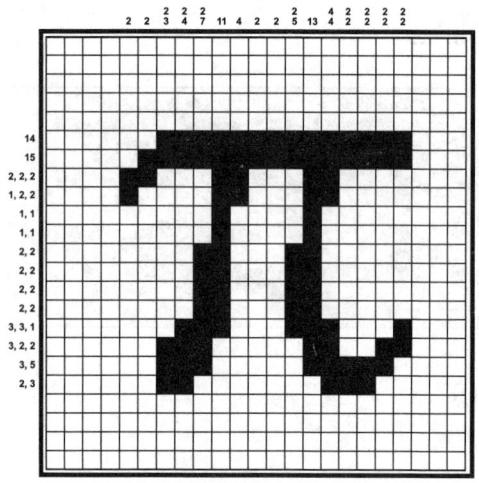

206…

207...

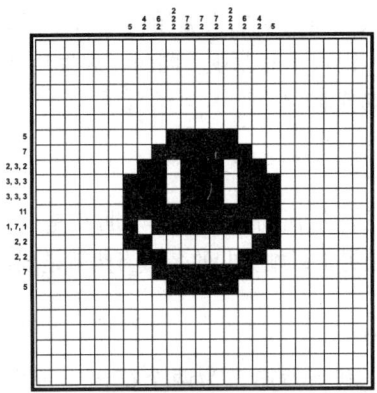

210...

208...

211...

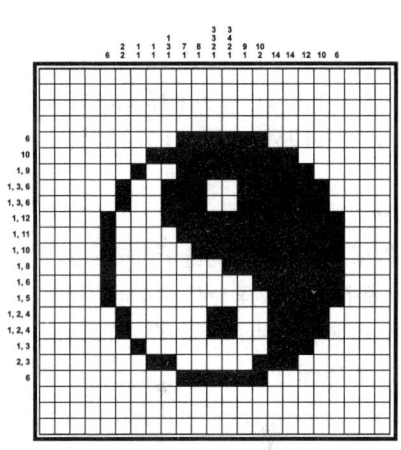

209...

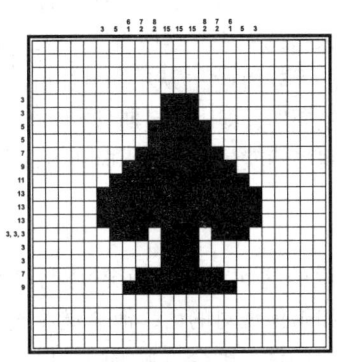

212...

213...

214...

以下是移动的步骤（W 表示白色，B 表示黑色；以纽扣所在的棋盘位置标识）：（1）W2 移到 3；（2）B4 移到 2；（3）B5 移到 4；（4）W3 移到 5；（5）W1 移到 3；（6）B2 移到 1；（7）B4 移到 2；（8）W3 移到 4。

215...

把那条带 4 个环的链子（第 2 条）上面的 4 个环都打开，这样会花费 4 元。接着，利用这 4 个环把剩余的 5 条链子连在一起；然后，把这 4 个环焊接在一起，这会花费 2 元。所以，1 条 29 个节的链子一共会花费 6 元。

216...

答案如下：
（1）3 个面灰色的小立方体数：8 个；
（2）2 个面灰色的小立方体数：12 个；
（3）1 个面灰色的小立方体数：6 个；
（4）无色的小立方体数只有 1 个。

217...

老比利是星期二去那个港口城镇的。先说第 1 个地方，即宾纳克宠物旅馆，这个旅馆周四和周五不营业，我们只能排除这两天。然后，可以排除周六，因为那天理发店休息。由于比利回家时带的钱要比去城镇时带的多，所以他兑现了支票。他是周四领工资，但是，接下来的两天都已经被排除了，因此，说他是周二去城镇的是合乎道理的，那时，银行正好营业。同时，理发店和宠物旅馆都营业。

218...

尼德尔瓦勒先生的那个朋友是位女士，而不是男士；她女儿的名字当然就是埃莉诺。

219...

亨利当然愿意为两个德国人理发，因为给两个人理发比给 1 个人理发多赚 1 倍的钱！由于亨利注重外表并且小镇上只有两个理发师，他只能让皮埃尔为自己理发。

而皮埃尔也需要理发，他只能找亨利，但是，亨利总是太忙而无法为他理发。所以，如果你拜访这个小镇，就只能让皮埃尔为你理发了。

220...

约翰扮演了高尔夫球手和理发师；迪克扮演了喇叭手和作家；罗杰扮演了计算机技术员和卡车司机。

221...

举行婚礼的日子是星期日。我们得把他说的话分成两部分。

在第 1 部分"那个日子的后天是'今天'的昨天"，从星期日往前算，就到了星期三，即过了 3 天。在第 2 部分"那个日子的前天是'今天'的明天，这两个'今天'距离那个日子的天数相等"，从星期日往后算，这样就到了星期四，即距离星期日有 3 天。所以，这个答案当然就是问题中所提到的日子。

222...

他说的这句话是："你还是把我喂蝙蝠吧！"如果他说对的话，他会被榨成油；如果他说错的话，他会被喂蝙蝠。但是，找到正确的处罚却是不可能的，所以女巫的计划落败。

223...

迪尔德丽和贺瑞斯是1对，伊莫金和克劳德是1对，爱利卡和塞尔温是1对。

224...

他的生日是12月31日。古特洛克斯先生自言自语的这一天是1月1日。两天前（即12月30日），他是54岁；第2天（即12月31日），他55岁；到新年的年底时，他56岁；那么，明年他就57岁了。

225...

斯威夫特是这样分配酒的：

萨尔的酒吧获得8箱——比汉拉迪的酒吧多2箱；

汉拉迪的酒吧获得6箱——比荷兰人的咖啡厅多2箱；

荷兰人的咖啡厅获得了4箱——比埃德娜的海德威酒吧多2箱；

埃德娜的海德威酒吧获得2箱——比萨尔的酒吧少6箱。

226...

爱丽丝问："如果我要是昨天问你们'哪条路通向麦德·哈特家？'的话，你们的答案是什么呢？"

对于这个问题，说实话的那个人仍会说出正确的答案。但是，那个说谎话的人会再次撒谎，但是那天他也在撒谎，所以，他的谎话在抵消后也是正确的道路。

227...

这幅画中的人是买这幅画的先生的儿子。

228...

因为出租车司机从没看过棒球比赛，所以他肯定是威廉姆斯先生。因为爱德华兹先生从来没听说过集邮，所以他肯定不是集邮者。这样，这3个人的职业就是：威廉姆斯先生是出租车司机；爱德华兹先生是司炉工；巴尼特先生是面包师。

229...

他们分别钓了：埃米特4条鱼、加尔文3条鱼、昆廷2条鱼、怀利1条鱼。

230...

这4张正面朝下的扑克牌从左到右依次是红桃K、方块J、黑桃Q、梅花A。

231...

宠物1，埃拉，它是卡罗的宠物；
宠物2，乔治，它是爱丽丝的宠物；
宠物3，贝丝，它是特德的宠物；
宠物4，杰西，它是鲍伯的宠物。

232...

C，其他各个图形的中心部分是逆时针方向旋转，而周围部分是顺时针方向旋转。

233...

布鲁斯的乐队叫倾斜，他们正在录《黑匣子》，这是1首前卫摇滚风格的歌；

雷尔的乐队叫空旷的礼拜，在录制《毁灭世界》，这是1首歌德摇滚风格的歌；

莱泽的乐队叫内克，在录制《突然》，歌曲的曲风是独立摇滚；

梅根的乐队叫贝拉松，正在录制《帆布悲剧》，这是1首情绪摇滚风格的歌；

史蒂夫的乐队叫红色莱姆，在录制《朱丽叶》，这是1首另类摇滚的歌。

234...

BabyAir是比利时的1家航空公司，飞往伦敦，不允许儿童乘坐；

Connor是意大利的1家航空公司，飞往巴塞罗那，飞机上的食物太贵；

EFD 是葡萄牙的 1 家航空公司，飞往法兰克福，座位太狭窄；

Herta 是丹麦的 1 家航空公司，飞往布拉格，总是晚点；

Simplejet 是荷兰的 1 家航空公司，飞往巴黎，两天才飞 1 次。

235...

小孩 1，罗宾，她是詹姆士的女儿；

小孩 2，吉米，她是戈登的女儿；

小孩 3，阿什利，他是马克的儿子；

小孩 4，布莱尔，他是史蒂夫的儿子。

236...

阿里斯德尔点的是鳕鱼套餐，有 1 个比萨，付了 40 元；

多戈尔点了 1 个北大西洋鳕鱼，有 1 个面包，付了 45 元；

莱恩点了 1 个加拿大鲽鱼，并点了薯片，付了 60 元；

莫顿点了 1 个鳐鱼套餐，含 1 个玛氏巧克力棒，总共付了 55 元；

尼尔点了 1 个鲽鱼套餐，含 1 块芝士，付了 50 元。

237...

亚当去了伊顿大学，他被叫做海雀，他不能正确起飞；

詹姆士去了温切斯特大学，他被叫做水塘，他不能正确降落；

贾斯汀去了西鲁斯伯里，他被叫做没脑子，他总是瞄不准；

雷奥纳多去了拉格比大学，他被叫做烤面包，他不能通过演习；

塞巴斯蒂安去了海洛大学，他被叫做生姜，他不会驾驶。

238...

女士 1，洛蕾特，是兰斯的妻子；

女士 2，玛琳，是库尔特的妻子；

女士 3，莫林，是纳尔逊的妻子；

女士 4，梅贝尔，是莫里斯的妻子。

239...

波瑞斯选择了跑步和低碳疗法，因为她马上要举行婚礼；

路德米拉选择了打网球和低脂肪疗法，因为她要去度假；

乐达卡选择了骑自行车和低 GI 值疗法，因为医生建议她减肥；

斯坦尼斯勒选择壁球和低卡路里疗法，因为她要作 1 个报告；

若斯蒂米尔选择了游泳和减食疗法，因为她要参加同学聚会。

240...

学生 1，约翰，是格林老师的学生；

学生 2，劳埃德，是布罗德老师的学生；

学生 3，马特，是肯特老师的学生；

学生 4，韦斯，是威廉老师的学生。

241...

蒂瑞斯和贝格特结婚 7 年了，他给她买了内衣；

库特和贝特结婚 16 年了，他给她买了耳环；

米切尔和安妮特结婚 3 年了，他给她买了摄像机；

罗兰德和恩格瑞德结婚 14 年了，他给她买了戒指；

沃尔克和卡罗蒂结婚 5 年了，他给她买了项链。

242...

艾拉丁开着卡车将面粉运往大马士革；

布切斯开着有篷货车将大卫·海塞尔弗的专辑运往了麦地那；

勒瑞切尔开着救护车将棉花运往利雅得；

扎弗尔开着小汽车将床单运往开罗；

奥玛开着面包车将 DVD 运往巴林群岛。

243...

格斯去苏豪公寓见朋友，坐车花了 30 元；

艾妮去阳光屋健身，坐车花了 35 元；

菲琳去自由岛购物，坐车花了 40 元；

琳达去中央公园喝咖啡，坐车花了 45 元；

泰娜去世纪中心车站观光，坐车花了 50 元。

244...

艾德瑞去了柬埔寨，住在旅馆，为的是那里的游泳池；

杰娜去了泰国，住在度假村，为的是那里的森林；

莫娜去了马来西亚，住在牧人小屋，为的是那里的寺庙；

罗梅去了印度尼西亚，住在别墅，为的是那里的商店；

泰莎去了毛里求斯，住在酒店，为的是那里的沙滩。

245...

小孩 1，R.D.，她是艾达的孙子；

小孩 2，J.J.，她是维拉的孙女；

小孩 3，T.J.，她是朱利的孙子；

小孩 4，O.P.，她是弗农的孙子。

246...

艾丽斯得了腮腺炎，她拿到了 1 个冰激凌作为安慰，她穿着蓝色睡衣；

贝利叶得了扁桃体炎，有 1 个朋友来看望他，他穿着绿色睡衣；

弗兰克得了水痘，他得到了 1 个果冻，他穿着橘色睡衣；

里伊得了猩红热，她得到了 1 本书，她穿着红色睡衣；

罗宾得了麻疹，他得到了 1 个玩具，他穿着黄色睡衣。

247...

比亚妮买了 10 块巧克力，她穿着紫色的雨衣；

古恩娜买了 6 个棒棒糖，她穿着黄色的雨衣；

何瑞莎买了 8 块奶糖，她穿着白色的雨衣；

若哥娜买了 12 块甘草糖，她穿着蓝色的雨衣；

沃里买了 4 块太妃糖，她穿着黑色的雨衣。

248...

格瑞特在织袜子，她喜欢消化饼和咖啡；

艾达在织毛衣，她喜欢生姜饼干和茶；

凯伊在织围裙，她喜欢果酱饼干和水；

丽丝在织披肩，她喜欢黄油饼干和橙汁；

尼斯萨在织围巾，她喜欢朱古力饼干和汤。

249...

安特尼特将收到罗恩特送的蓝色玫瑰；

多米尼克将收到巴斯坦送的红色兰花；

艾丝泰勒将收到蒂第尔送的白色康乃馨；

玛克西将收到华森特送的粉色菊花；

塞宾将会收到乔治送的黄色百合花。

250...

黛娜吃的是羊肉、汤和巧克力；

丽丽吃的是鸭肉、面条和冰激凌；

玛丽吃的是猪肉、蔬菜和蛋糕；

米琳吃的是鸡肉、米饭和荔枝；

苏伊吃的是牛肉、豆腐和咖啡。

251...

病人 1，特雷弗，是米尔顿医生的病人；

病人 2，罗恩，是卢卡斯医生的病人；

病人 3，布伦顿，是杰罗姆医生的病人；

病人 4，威廉，是莱斯特医生的病人。

252...

阿瑞萨最喜欢拍动物，他在柏林，拍了

18 张照片；

　　艾耶姆喜欢拍花，他在纽伦堡，拍了 16
张照片；

　　麦古米喜欢拍陌生人，他在汉诺威，拍
了 14 张照片；

　　尤凯克喜欢拍房屋，他在慕尼黑，拍了
17 张照片；

　　尤瑞喜欢拍教堂，他在达姆施塔特，拍
了 15 张照片。

253...

　　艾利被称做"革命"，他来自怀斯，管理
弗瑞弗德村；

　　西温林被称做"公正"，他来自艾塞克
斯，管理查德林顿村；

　　艾伯特被称做"大胆"，他来自麦西亚，
管理阿宾顿村；

　　奥发被称做"野兽"，他来自苏塞克斯，
管理阿斯恩沃村；

　　瑞斯沃德被称做"伟大"，他来自维斯瑟
克斯，管理卡斯西顿村。

254...

　　女孩 1，艾米，是内特的女朋友；
　　女孩 2，妮娅，是埃里克的女朋友；
　　女孩 3，蕾娜，是罗兹的女朋友；
　　女孩 4，凯莉，是特德的女朋友。

255...

　　多娜特和里欧是给摩托车加油时认识的，
他准备给她唱《忠诚》；

　　艾丽娜和安顿尼尔是买黄瓜时认识的，
他准备给她唱《呼吸》；

　　玛若和弗瑞泽欧是看足球赛时认识的，
他准备给她唱《我发誓》；

　　莫尼卡和西欧卫是买香烟的时候认识的，
他准备给她唱《惊奇》；

　　塞恩娜和多纳特罗是在酿酒厂认识的，
他准备给她唱《永远》。

256...

　　小偷 1 是安吉洛，他是被鲍勃抓住的；
　　小偷 2 是米克，他是被特德抓住的；
　　小偷 3 是巴蒂，他是被大卫抓住的；
　　小偷 4 是托尼，他是被安迪抓住的。

257...

　　别克住在 2303，他家的大门是绿色的，
他喜欢在院子里看报纸；

　　大卫住在 2305，他家的大门是黄色的，
他喜欢在院子里晒太阳；

　　约翰住在 2302，他家的大门是蓝色的，
他喜欢在院子里洗车；

　　迈克住在 2304，他家的大门是红色的，
他喜欢在院子里野餐；

　　沃尔特住在 2306，他家的大门是白色
的，他喜欢在院子里打篮球。

258...

　　采访对象 1，布拉德，将被杰克采访；
　　采访对象 2，弗兰克，将被迪克采访；
　　采访对象 3，艾迪，将被罗杰采访；
　　采访对象 4，罗基，将被凯特采访。

259...

　　劳拉接到了朋友的电话（线索 1，2，3），
所以女儿（不是乔伊斯）一定是艾莉森，是
玛格丽特打电话给艾莉森的。通过排除法，
乔伊斯肯定是其中 1 位女性的母亲，这位女
性不可能是伯妮斯（线索 1），得出乔伊斯肯
定是波林的母亲，因此伯妮斯是打电话给她
的朋友劳拉的人。伯妮斯（线索 1）和玛格
丽特（线索 2）都不是在 9:20 打的电话，因
此，9:20 时，肯定是波林在打电话。而从线
索 1 中知道，伯妮斯是在 9:22 打的电话，剩
下只能是玛格丽特在 9:25 打电话。
答案：

　　9:20，波林打电话给母亲乔伊斯；
　　9:22，伯妮斯打电话给朋友劳拉；

9:25，玛格丽特打电话给女儿艾莉森。

260...

史蒂夫的姓不是沃尔顿（线索2），他也不可能姓汉克，汉克是第3名（线索2和3），因此他只可能姓泰勒，所以他代表红狮队（线索1）。

他不是第2名（线索2），那么他只能是第1名，而沃尔顿是第2名。比尔不代表五铃队（线索4），因此他只可能代表船星队，而玛丽代表五铃队。从线索4中知道她肯定是汉克，最后取得第3名，得出比尔肯定姓沃尔顿，取得第2名。

答案：

比尔·沃尔顿，船星队，第2名；

玛丽·汉克，五铃队，第3名；

史蒂夫·泰勒，红狮队，第1名。

261...

卷轴B是迪格博士发现的（线索4）。卷轴A是衣物清单，不是被布卢斯教授发现的（线索3），夏瓦博士找到日记（线索6），因此卷轴A肯定是雀瓦教授发现的，它是用古巴比伦字体撰写的（线索1）。

迪格博士发现的卷轴B不是用亚述语写的（线索4），也不是拉丁文（线索2），卷轴B的文字肯定是埃及文。而卷轴B不可能是那封情书（线索5），因此，通过排除法，卷轴B只能是账本，而情书只能是布卢斯教授发现的。现在，从线索6中知道，夏瓦博士发现的是卷轴C.它不是用巴比伦语写的，那么只能是用亚述语写的，而布卢斯教授发现的卷轴D是用拉丁文写的情书。

答案：

卷轴A，古巴比伦文，衣物清单，雀瓦教授；

卷轴B，埃及语，账本，迪格博士；

卷轴C，亚述语，日记，夏瓦博士；

卷轴D，拉丁文，情书，布卢斯教授。

262...

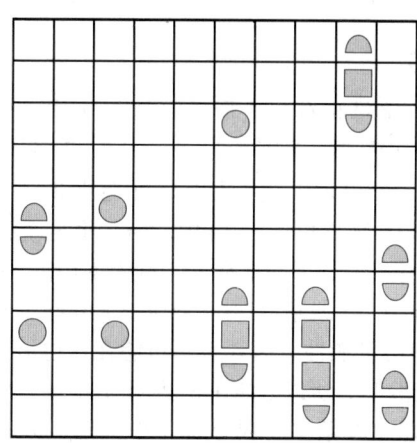

263...

巴石在E躺椅上（线索2），尼克的姓是索乐（线索3）。克可在A躺椅上，他不是萨姆（线索1），线索6告诉我们克可不是多克，那么克可肯定就是姜根而不可能是宇航员（线索1）；躺椅D上的是物理学家（线索4），化学家姓多明克（线索5），生物学家的名字是多克（线索6），因此姜根·克可肯定是飞行员。现在，我们知道了一些姓或名或职业的搭配关系，因此，多克是生物学家，但不是克尼森（线索6），则肯定是戴尔。我们知道她（是的，多克·戴尔是第2位女性，虽然没办法找出来）不在躺椅A，D，E上，线索2能排除躺椅B，因此她必定在躺椅C上。现在我们知道3个躺椅占有者的职业。线索1告诉我们，宇航员不在躺椅B上，那么他只能是E上的巴石。通过排除法，躺椅B被多明克占了，她是化学家。另外，我们把姓和职业与名搭配，可以推得多明克只能是萨姆。通过排除法，尼克·索乐只能是躺椅D上的物理学家，而克尼森是E上的巴石。

答案：

躺椅A，姜根·克可，飞行员；

躺椅B，萨姆·多明克，化学家；

躺椅C，多克·戴尔，生物学家；

躺椅 D，尼克·索乐，物理学家；
躺椅 E，巴石·克尼森，宇航员。

264...

字母 K 在六边形 7（线索 5）中，从线索 1 中知道，A 不在 1，2，4，6，7，9，10，11，13，14 中，因此 A 只可能在 3，5，8，12 中。M 不可能在 14 中，因其里是个元音（线索 7），A 不可能在 12（线索 1）中，也不可能在 5（线索 7）中，线索 2 又排除了 F 在 1 中的可能性，而 A 也不可能在六边形 3 中（线索 1），所以只能在 8 里。F 在 5 中，M 在 11 里（线索 1）。从线索 7 中知道，14 里的元音一定是 E。线索 3 排除了 H 在 3，4，6，9，10，12，13 中的可能性，而且我们早就知道它不可能在 5，7，8，11，14 中，因此只可能在 1 和 2 里。但是线索 2 排除了 1，因此 H 在 2 中，而 D 在 4 中（线索 3），线索 6 可以提示 B 在 9 中。现在我们已经知道了 A，B，D，E 的位置，从线索 2 中知道 1 里的肯定是 C。从线索 4 中知道，N 只可能在 3 中，I 在 13 里。现在从线索 8 中可以推出 G 在 12 中，L 在 10 中，剩下 J 位于六边形 6 中。

答案：

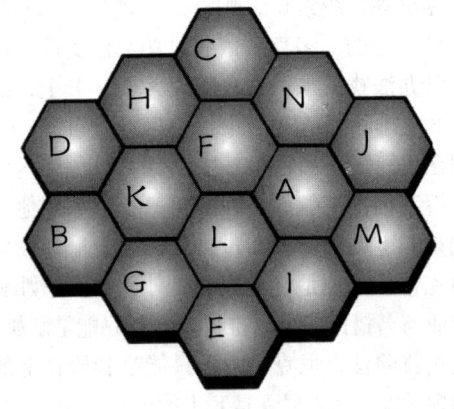

265...

埃德娜和鲍克丝夫人应为 2 号或 3 号（线索 1），而克拉丽斯·弗兰克斯肯定不是 4 号（线索 3），只能是 1 号。寄出 3 封信件的女人位于图中 3 或者 4 的位置（线索 3）。线索 2 告诉我们邮筒两边寄出的信件数量相同，那么它们必将是 5 封和 2 封在邮筒一侧，3 封和 4 封在另一侧，所以寄出 4 封信件的女人必将位于 3 或者 4 的位置。但只有 1 个人的信件数和位置数相同（线索 5），结果只可能是 4 号女人有 3 封信而 3 号女人有 4 封信。从线索 5 中知道，2 号有 2 封信件要寄，剩下克拉丽斯·弗兰克斯是 5 封。我们知道埃德娜和鲍克丝夫人位于图中 2 或 3 的位置，因此现在知道埃德娜是 2 号，有 2 封信要寄出，而鲍克丝夫人是 3 号，有 4 封信，她不是博比（线索 4），那么她就是吉马，剩下在 4 号位置的博比，不是斯坦布夫人（线索 4），那么她只可能是梅勒，而斯坦布夫人是埃德娜。

答案：

位置 1，克拉丽斯·弗兰克斯，5 封；
位置 2，埃德娜·斯坦布，2 封；
位置 3，吉马·鲍克丝，4 封；
位置 4，博比·梅勒，3 封。

266...

朱莉娅是其中 1 位顾客（线索 2）。29 便士是 2 号售货员给 4 号顾客的找零（线索 5），但是 2 号不是莱斯利（线索 3），也不是杰姬，因为后者参与的交易是 17 便士的找零（线索 1），因此 2 号肯定是蒂娜，4 号是朱莉娅（线索 2）。而后者不是买了洗发水的奥利弗夫人（线索 2），那么奥利弗夫人肯定是 3 号。朱莉娅一定买了阿司匹林，她是阿尔叟小姐接待的（线索 4），而阿尔叟小姐肯定是蒂娜。通过排除法，17 便士的找零必定是 1 号售货员给 3 号顾客的，因此通过线索 1，朱莉娅肯定是沃茨夫人，而剩下的 1 号售货员肯定是里德夫人，她也不是莱斯利（线索 3），所以她只能是杰姬，最后得出莱斯利姓奥利弗。

答案：

1 号，杰姬·里德，找零 17 便士；

2号，蒂娜·阿尔叟，找零29便士；

3号，莱斯利·奥利弗，买洗发水；

4号，朱莉娅·沃茨，买阿司匹林。

第2名，艾塞克斯女孩，约翰·理查德；

第3名，西帕龙，萨利·匹高特；

第4名，蓝色白兰地，麦克·阿彻。

267...

E	D	C	A	B
B	A	E	D	C
D	B	A	C	E
A	C	B	E	D
C	E	D	B	A

269...

	A	C		B
B			A	C
C	B			A
	C	A	B	
A		B	C	

268...

麦克的姓是阿彻（线索4），而克里福特不是约翰，他的马是海员赛姆（线索2），他不可能是萨利（线索3），那么他就是埃玛。艾塞克斯女孩是第2名（线索1），第4名的马不是海员赛姆（线索2），不是西帕龙（线索4），则一定是蓝色白兰地。他的骑师不是理查德，理查德骑的也不是西帕龙（线索3），我们已经知道了海员赛姆的骑师，那么理查德的马一定是艾塞克斯女孩。麦克·阿彻不可能是第1名的马的骑师（线索4），而西帕龙不是第2，他也不在第3名的马（线索4），所以他肯定是第4名马匹的骑师，他的马是蓝色白兰地。因此，从线索4中知道，西帕龙是第3名，通过排除法，海员赛姆是第1名。从线索3中知道，萨利姓匹高特，则她的马一定是第3名的西帕龙。最后，剩下第2名的马就是艾塞克斯女孩，骑师是约翰·理查德。

答案：

第1名，海员赛姆，埃玛·克里福特；

270...

271...

范是坐计程车回来的（线索3），巴里·沃斯不是坐警车回来的（线索1），则一定是被救护车送回来的，因此他去的时候是步行

（线索 4）。通过排除法，扎吉是坐警车回来的，他或者她去的时候不是坐巴士去的（线索 2），那么只能是骑自行车去的，剩下范是坐巴士去的。因此扎吉不是乔安妮（线索 5）的姓，而是罗宾的，剩下乔安妮的姓就是范，后者去的时候坐巴士，回来时坐计程车。

答案：

> 巴里·沃斯，步行，救护车；
> 乔安妮·范，巴士，计程车；
> 罗宾·扎吉，自行车，警车。

272...

朱利叶斯是人物 A（线索 4），而哈姆雷特紧靠在理查德的右边（线索 3），不可能是人物 A 或者 B，他将饰演士兵（线索 3），他不可能是人物 C，因为人物 C 扮演孩童时代的马恩（线索 1），那么他必将是人物 D，理查德是扮演儿童时期的 C。

我们现在知道 3 个人的名或者姓，因此安东尼·李尔王（线索 2）一定是 B。通过排除法，哈姆雷特肯定是约翰。安东尼·李尔王不扮演哲学家（线索 2），因此他肯定扮演青少年，而朱利叶斯扮演的是哲学家。最后，通过线索 1 知道，理查德不是曼彻特，他只能是温特斯，剩下曼彻特就是朱利叶斯，即人物 A。

答案：

> 人物 A，朱利叶斯·曼彻特，晚年；
> 人物 B，安东尼·李尔王，青少年；
> 人物 C，理查德·温特斯，孩童；
> 人物 D，约翰·哈姆雷特，士兵。

273...

布莱克在 1723 年 5 月当选（线索 2），安·特伦特是在偶数年份当选的（线索 3）。1721 年当选的皇后不姓萨金特（线索 1），也不是沃顿，沃顿的父亲是铁匠（线索 5），她也不是索亚（线索 6），也非米尔福德（线索 7），因此只能是安德鲁。从线索 4 中知道，织工的女儿是在 1722 年当选的。教区长的女儿不是在 1723 年之后当选的，但是她也不是在 1722 年当选的。而布莱克在 1723 入选，线索 1 也能排除教区长的女儿在 1721 年入选。因此，知道教区长的女儿就是布莱克，即 1723 年的皇后。从线索 1 中知道，萨金特是 1725 年当选的，而汉丽特是 1727 年的皇后。我们已经知道 1721 年的五月皇后安德鲁的父亲不是织工、教区长和铁匠，也不是箍桶匠（线索 7），因为布莱克是在 1723 年当选的，所以安德鲁的父亲也不是旅馆主人（线索 7）和茅屋匠（线索 8），通过排除法，他只能是木匠，而安德鲁就是苏珊娜（线索 6）。线索 6 告诉我们索亚是 1722 年当选的。箍桶匠的姓不是特伦特（线索 3），也非米尔福德（线索 7），我们知道他也不姓安德鲁、布莱克、索亚、沃顿，因此只可能是萨金特。从线索 7 中知道，汉丽特的姓不是米尔福德，她的父亲不是旅店主人（线索 7），也不是铁匠，所以只能是茅屋匠。线索 5 告诉我们，铁匠的女儿不是 1726 年的五月皇后，通过排除法，她应该是在 1724 年当选的，而沃里特是教区长布莱克的女儿，她在 1723 年当选（线索 5），剩下旅馆主人的女儿是 1726 年当选的，通过排除法，可以知道她就是安·特伦特。

现在从线索 7 可以知道玛丽就是沃顿，1724 年的皇后。织工的女儿不是比阿特丽斯（线索 4），则肯定是简，最后剩下比阿特丽斯就姓萨金特，她是箍桶匠的女儿。

答案：

> 1721 年，苏珊娜·安德鲁，木匠；
> 1722 年，简·索亚，织工；
> 1723 年，沃里特·布莱克，教区长；
> 1724 年，玛丽·沃顿，铁匠；
> 1725 年，比阿特丽斯·萨金特，箍桶匠；
> 1726 年，安·特伦特，旅馆主人；
> 1727 年，汉丽特·米尔福德，茅屋匠。

274…

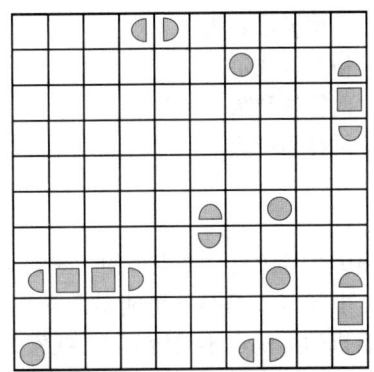

275…

　　雷蒙德往东走（线索3），从线索1中知道，骑摩托车去上高尔夫课的人不朝西走。去游泳的人朝南走（线索2），拍卖会不在西面举行（线索2），因此朝西走只可能是去看牙医的人。西尔威斯特坐出租车出行（线索5），不朝北走。同时我们知道雷蒙德不朝北走，安布罗斯也不朝北走（线索1和2），那么朝北走的只可能是欧内斯特。从线索4中知道，坐巴士的人朝东走。我们知道雷蒙德不去游泳，也不去看牙医，而他的出行方式说明他不可能去玩高尔夫，因此他必定是去拍卖会。现在通过排除法知道，骑摩托车去上高尔夫课的人肯定是欧内斯特。从线索1中知道，安布罗斯朝南出行去游泳，剩下西尔威斯特坐出租往西走，去看牙医。最后可以得出安布罗斯开小汽车出行。

答案：

　　北，欧内斯特，摩托车，上高尔夫课；

　　东，雷蒙德，巴士，拍卖会；

　　南，安布罗斯，小汽车，游泳；

　　西，西尔威斯特，出租车，看牙医。

276…

　　莎的姓是卡索（线索2），蒂米穿红色的泳衣（1），因此，穿橙色泳衣叫响的小男孩肯定是詹姆士。通过排除法，莎的泳衣一

定是绿色的，他的母亲是曼迪（线索4）。同样再次通过排除法，蒂米的姓是桑德斯，他的母亲不是丹尼斯（线索3），那么肯定是萨利，最后剩下丹尼斯是詹姆士的母亲。

答案：

　　丹尼斯·响，詹姆士，橙色；

　　曼迪·卡索，莎，绿色；

　　萨利·桑德斯，蒂米，红色。

277…

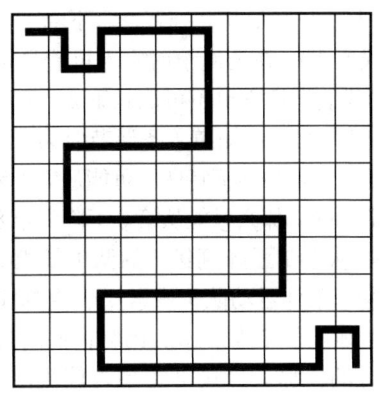

278…

　　从上到下：C，A，B，F，E，D

279…

　　科拉·迪在药店工作（线索4），而艾米·贝尔不在面包店工作（线索1），所以她肯定在零售店工作，而埃德娜·福克斯则在面包店工作。艾米·贝尔在半岛商店工作（线索1），斯蒂德商店店员穿蓝色工作服（线索2），因此，穿黄色工作服的埃德娜，肯定在梅森商店工作。通过排除法，艾米的工作服肯定是粉红色的，而在斯蒂德商店工作的一定是科拉，她穿蓝色的工作服。

答案：

　　艾米·贝尔，半岛商店，零售店，粉红色；

　　科拉·迪，斯蒂德商店，药店，蓝色；

　　埃德娜·福克斯，梅森商店，面包店，黄色。

280...

保持相同排名的不是贝林福特队和罗克韦尔·汤队（线索1），从第2跌到第7的是匹特威利队（线索2），而保持相同排名的也不是克林汉姆队和格兰地威尔队（线索3），也非内德流浪者队和福来什运动队（线索6），因此通过排除法，只能是米尔登队，它最后取得了第3名（线索5），而在圣诞节时也是第3名。线索5告诉我们，中场时罗克韦尔·汤队是第4名，而最后取得了第1名（线索1）。贝林福特队到赛季末下降了2个名次（线索1），在圣诞节时它不可能是第7和第8，我们知道它也不可能是第2、第3和第4。既然我们已经知道了圣诞节时第3和第7名的队伍，而贝林福特队不可能从第1和第5开始下降的，那么只能从第6下降到第8（线索1）。从第1下降到第5的队（线索7）不可能是福来什运动队（线索6），克林汉姆队和格兰地威尔（线索3），因为他们的名次都是上升的，那么，只可能是内德流浪者队。现在从线索3中已经可以知道，在圣诞节时，克林汉姆队是第7，格兰地威尔是第8。剩下当时福来什运动队是第5。福来什运动队最后不是第4（线索4），那么肯定是第2名。最后，从线索3中知道，克林汉姆队以第4结束，而格兰地威尔队以第6告终。

答案：

圣诞
1. 内德流浪者队
2. 匹特威利队
3. 米尔登队
4. 罗克韦尔·汤队
5. 福来什运动队
6. 贝林福特队
7. 克林汉姆队
8. 格兰地威尔
赛季末
1. 罗克韦尔·汤队
2. 福来什运动队
3. 米尔登队
4. 克林汉姆队
5. 内德流浪者队
6. 格兰地威尔
7. 匹特威利队
8. 贝林福特队

281...

图中3号游艇是维克多的（线索4），从线索1中知道，海鸠不可能是游艇4，有灰蓝色船帆的燕鸥也不是游艇4（线索2）。线索5排除了海雀是4号的可能性，因此4号游艇只能是埃德蒙的三趾鸥（线索6）。游艇1不是海鸠也不是海雀（线索1），那么它一定是燕鸥。我们知道燕鸥的主人不是埃德蒙，也不是拥有白色帆游艇的马尔科姆（线索5），那么只能是大卫，而剩下马尔科姆是游艇2的主人。从线索1中知道，游艇3是海鸠，而剩下游艇2是海雀。三趾鸥的帆不是灰绿色的（线索1），那么肯定是黄色的，剩下海鸠是灰绿色的帆。

答案：

游艇1，燕鸥，大卫，灰蓝色；
游艇2，海雀，马尔科姆，白色；
游艇3，海鸠，维克多，灰绿色；
游艇4，三趾鸥，埃德蒙，黄色。

282...

村庄4的名字为克兰菲尔德（线索3），从线索5中知道，波利顿肯定是村庄2，那么利恩村肯定是村庄1，而剩下村庄3是耐特泊。村庄3的居民是出去遛狗的（线索2），从线索5中知道，这个居民一定是丹尼斯。而婚礼发生在利恩村（线索5），参加婚礼的人住的村庄一定是村庄4，即克兰菲尔德，因此，现在从线索4中可以知道，西尔维亚一定住在村庄2，即波利顿村。现在我们已经知道了村庄2和3的居民，以及村民4出行的目的，那么线索1中提到的去看朋友的波利一定住在利恩村。通过排除法，最后知道玛克辛住在克兰菲尔德，而西尔维亚出行的目的是去看望她的母亲。

答案：

村庄1，利恩村，波利，见朋友；

村庄2，波利顿村，西尔维亚，看母亲；

村庄3，耐特泊村，丹尼斯，遛狗；

村庄4，克兰菲尔德村，玛克辛，参加婚礼。

283...

弹吉他的不是1号（线索1），1号也不是变戏法者（线索3），也非马路艺术家（线索4），因此1号肯定是手风琴师，他不是泰萨，也不是莎拉·帕吉（线索2），而内森是2号（线索5），因此1号只能是哈利。因内森不玩吉他（线索5），线索1可以提示吉他手就是4号。4号不是莎拉·帕吉（线索2），而莎拉·帕吉不是1号和2号，因此只能是3号。因此，她不是变戏法者（线索3），通过排除法，她肯定是街边艺术家，剩下变戏法者就是2号内森。从线索4中知道，他的姓一定是西帕罗，而4号位置肯定是泰萨。从线索2中知道，克罗葳不是泰萨的姓，则一定是哈利的姓，而泰萨的姓只能是罗宾斯。

答案：

1号，哈利·克罗葳，手风琴师；

2号，内森·西帕罗，变戏法者；

3号，莎拉·帕吉，街边艺术家；

4号，泰萨·罗宾斯，吉他手。

284...

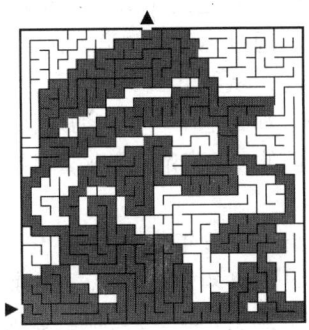

285...

照片A是帕丁顿（线索2），D不是鲁珀特（线索4），也不是泰迪（线索5），因此只能是布鲁马，来自天鹅湖动物园（线索1）。照片B不是格林斯顿的灰熊（线索3），也不是来自天鹅湖的熊。线索5排除了它来自赖特邦动物园的可能性，因为布赖特邦动物园的熊就在泰迪的右边，因此照片B上的熊一定来自诺斯丘斯特。现在，从线索5中可以知道，泰迪不可能在照片C上，因此，只能是B照片上的来自诺斯丘斯特的熊，而C则是鲁珀特。来自天鹅湖的布鲁马是1只眼镜熊（线索4），从线索5中知道，鲁珀特肯定是在布赖特邦动物园，剩下帕丁顿则是来自格林斯顿的灰熊。来自布赖特邦动物园的不是东方太阳熊（线索5），那么肯定是极地熊，最后剩下东方太阳熊肯定是照片B中的来自诺斯丘斯特动物园的泰迪。

答案：

照片A，帕丁顿，灰熊，格林斯顿动物园；

照片B，泰迪，东方太阳熊，诺斯丘斯特动物园；

照片C，鲁珀特，极地熊，布赖特邦动物园；

照片D，布鲁马，眼镜熊，天鹅湖动物园。

286...

B位置上的是9号选手（线索6）。万能选手6号不可能在A位置上（线索1），而C位置上的选手是乔希（线索4），线索1提示位置D上的不可能是万能选手，那么万能选手一定是C位置上的乔希。现在，从线索1中可以知道，帕迪一定是位置B上的9号选手。我们现在已经知道A不是乔希，也不是帕迪，线索5排除了艾伦，那么他只可能是尼克，他是乡村队的守门员（线索2），最后剩下艾伦在D位置上。现在，从线索5中知道，艾伦一定是7号，尼克则是8号。而艾伦一定不是旋转投手（线索 3），那么他一定是快投，剩下旋转投手是帕迪。

答案：

> 选手 A，尼克，8 号，守门员；
> 选手 B，帕迪，9 号，旋转投手；
> 选手 C，乔希，6 号，万能；
> 选手 D，艾伦，7 号，快投。

287...

288...

卡萨得公主在一位王子的对面（线索 5），那么吉尼斯公主一定在另外一位王子的对面，后者不是阿姆雷特王子（线索 4），那么一定是沃而夫王子。从线索 4 中知道，按顺时针方向，他们房间分别是卡萨得公主、吉尼斯公主、阿姆雷特王子、沃而夫王子。从线索 2 中知道，吉尼斯公主的父亲是尤里天的统治者，而沃而夫王子的父亲则统治马兰格丽亚（线索 4）。卡萨得公主的父亲不统治卡里得罗（线索 5），那么他一定统治欧高连，通过排除法，阿姆雷特王子的父亲必定统治卡里得罗。从线索 2 中知道，卡萨得公主的父亲一定是阿弗兰国王，而吉尼斯公主的父亲统治尤里天，后者必定是国王西福利亚（线索 3）。卡里得罗的阿姆雷特王子的父亲不是国王恩巴（线索 5），那么必定是国王尤里，剩下国王恩巴是沃而夫王子的父亲。

最后，从线索 1 中知道，阿姆雷特王子的房间是 I，那么沃而夫王子则是 II，卡萨得公主是 III，而吉尼斯公主在房间 IV 中。

答案：

> I，阿姆雷特王子，国王尤里，卡里得罗；
> II，沃而夫王子，国王恩巴，马兰格丽亚；
> III，卡萨得公主，国王阿弗兰，欧高连；
> IV，吉尼斯公主，国王西福利亚，尤里天。

289...

杰克获得了第 3 名（线索 2），因此他的母亲不可能是丹妮尔（线索 1），而梅勒妮是尼古拉的母亲（线索 4），那么杰克只能是谢莉的儿子，剩下埃莉诺是丹妮尔的女儿，埃莉诺的服装像个蘑菇（线索 3）。尼古拉不是第 2 名（线索 4），我们知道她也不是第 3 名，因此她肯定是第 1 名，剩下埃莉诺是第 2 名，从线索 1 中知道，排名第 3 的杰克穿成垃圾桶装束，剩下第 1 名的尼古拉则穿成机器人的样子。

答案：

> 丹妮尔，埃莉诺，蘑菇，第 2 名；
> 梅勒妮，尼古拉，机器人，第 1 名；
> 谢莉，杰克，垃圾桶，第 3 名。

290...

在皇家工程队的阿托肯军官出生于 1977 年（线索 1），而在皇家炮兵队的大卫·阿托肯，他要比在奥尔德肖特的兄弟年轻（线索 2），那么他一定是 1978 年出生的，而年纪最大的兄弟一定在步兵团，他不是詹姆士（线索 3），因此他肯定是在伦敦的布赖恩（线索 4）。现在，通过排除法知道，在工程队的一定是詹姆士。从线索 2 中知道，大卫不在奥尔德肖特，那么他一定在柯彻斯特，而他在皇家工程队的兄弟肯定在奥尔德肖特。

答案：

> 布赖恩，1976 年，步兵团，伦敦；
> 大卫，1978 年，炮兵队，柯彻斯特；
> 詹姆士，1977 年，工程队，奥尔德肖特。

291...

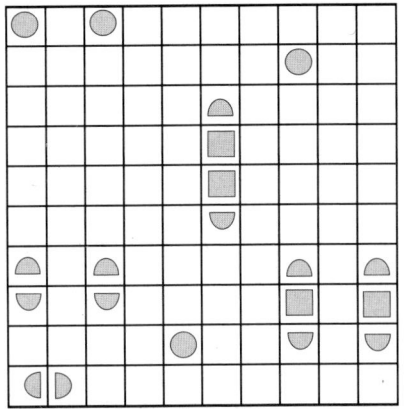

292...

SD 间谍在 6 号房间（线索 2），从线索 5 中知道，OSS 间谍一定在 5 号房间，而 SDECE 间谍在 3 号房间，鲁宾在 1 号房间。2 号房间的间谍不可能来自阿布威（线索 3），也不来自 M16，而间谍加西亚不在 1 号房间（线索 1），那么他肯定是 GRU 的间谍。从线索 4 中知道，毛罗斯先生的房间是 4 号，罗布斯不可能在 3 号（线索 1），也不可能在 2 号房间，因为加西亚不在 4 号房间，所以罗布斯也不可能在 6 号。罗布斯只能在 5 号房间，而加西亚在 3 号，M16 的间谍则在 4 号房间（线索 1）。6 号房间的 SD 间谍不是罗布斯（线索 2），则肯定是戴兹，剩下罗布斯一定是 2 号房间的 GRU 间谍，最后通过排除法，1 号房间的鲁宾是阿布威的间谍。

答案：

1 号房间，鲁宾，阿布威；

2 号房间，罗佩兹，GRU；

3 号房间，加西亚，SDECE；

4 号房间，毛罗斯，M16；

5 号房间，罗布斯，OSS；

6 号房间，戴兹，SD。

293...

6 岁的格雷琴不可能是 4 号（线索 1），而 3 号今年 7 岁（线索 4），1 号是个男孩（线索 3），因此，通过排除法，格雷琴肯定是 2 号。现在从线索 1 中知道，3 号是 7 岁的牧羊者。玛丽亚的父亲是药剂师（线索 5），不可能是 1 号（线索 3），那么只能是 4 号，从线索 5 中知道，她今年 5 岁，剩下 1 号男孩 8 岁。所以 1 号不是汉斯（线索 2），则一定是约翰纳，剩下汉斯是 7 岁的牧羊者。从线索 3 中知道，格雷琴的父亲不是屠夫，那么只能是伐木工，最后知道约翰纳是屠夫的儿子。

答案：

1 号，约翰纳，8 岁，屠夫；

2 号，格雷琴，6 岁，伐木工；

3 号，汉斯，7 岁，牧羊者；

4 号，玛丽亚，5 岁，药剂师；

294...

姓巴克赫斯特的人不在欧的海和布赖特布朗工作（线索 1），沃尔顿在罗克利弗工作（线索 3），那么姓巴克赫斯特的人一定在海湾工作，但他的名字不是菲奥纳（线索 1），菲奥纳也不在欧的海和布赖特布朗工作（线索 1），那么她一定在罗克利弗工作，她姓沃尔顿。护士凯不在海湾工作（线索 2），在欧的海阵营工作的是个演艺人员（线索 1），那么凯一定在布赖特布朗，凯的姓不是郝乐微（线索 2），我们知道她不是在海湾工作的巴克赫斯特，那么她只能是阿米丽。厨师不是保罗和菲奥纳·沃尔顿（线索 3），那么只能是本。在欧的海阵营工作的演艺人员不是菲奥纳·沃尔顿，那么一定是保罗，而菲奥纳·沃尔顿则是阵营管理者。通过排除法，厨师本姓巴克赫斯特，保罗姓郝乐微。

答案：

本·巴克赫斯特，厨师，海湾；

菲奥纳·沃尔顿，管理者，罗克利弗；

凯·阿米丽，护士，布赖特布朗；

保罗·郝乐微，演艺人员，欧的海。

295...

图片A指的是雅各布（线索2），图片D指的是丘吉曼（线索4）。赫伯特的图片与"男人"麦克隆水平相邻，前者不可能是图片C上的人，而图片C上的也不是西尔维斯特（线索1），那么图片C上的一定是马修斯。我们知道西尔维斯特不是图片A、C和D上的人，那么肯定就是图片B上的人。通过排除法，赫伯特一定是图片D上的人。从线索1中知道，图片C上的一定是马修斯，他就是"男人"麦克隆。通过排除法知道，雅各布的姓就是沃尔夫。因此，从线索3中可以知道，"小马"就是西尔维斯特·加夹得，他是图片B上的人。D上的赫伯特·丘吉曼不是"强盗"，那么他的绰号一定是"里欧"，而"强盗"就是图片A上雅各布·沃尔夫的绰号。

答案：

图片A，雅各布·沃尔夫，绰号"强盗"；

图片B，西尔维斯特·加夹得，绰号"小马"；

图片C，马修斯·麦克隆，绰号"男人"；

图片D，赫伯特·丘吉曼，绰号"里欧"。

296...

戒指1是马特·佩恩给的（线索2），戒指3价值20000英镑，那么紧靠雷伊给的戒指右边的那个价值10000英镑的戒指一定是戒指4。从线索1中知道，从雷伊那得到的钻戒一定是戒指3，价值20000英镑。戒指1价值不是25000英镑（线索1），那么它肯定值15000英镑。通过排除法知道，戒指2肯定价值25000英镑。而戒指1上的不是翡翠（线索3），也不是红宝石（线索2），那么一定是蓝宝石。红宝石戒指价值不是10000英镑（线索2），那么一定是价值25000英镑的

戒指2。剩下价值10000英镑的戒指4是翡翠戒指，它不是休·基恩给的（线索3），那么一定是艾伦·杜克给的，剩下休·基恩给了洛蒂价值25000英镑的红宝石戒指。

答案：

戒指1，蓝宝石，15000英镑，马特·佩恩；

戒指2，红宝石，25000英镑，休·基恩；

戒指3，钻石，20000英镑，雷伊·廷代尔；

戒指4，翡翠，10000英镑，艾伦·杜克。

297...

从上到下：A，E，D，B，C，F。

298...

坐在A排13号位置的（线索6）不可能是彼得和亨利（线索1），也不是罗伯特（线索4）。朱蒂不可能是13号（线索5），那么这条线索也排除了A排13号是查尔斯和文森特的可能。通过排除法，在A排13号的只能是托尼，安吉拉也在A排（线索1），除此之外，A排另外还有1位女性（线索3），她不是尼娜，因尼娜坐在B排的12号座（线索2），也不是珍妮特和莉迪亚（线索7），线索5排除了朱蒂，通过排除法只能是玛克辛在前排座位。她不可能是10或11号（线索4），我们已经知道她不是13号，那么肯定是12号。因此罗伯特是A排10号（线索4），剩下安吉拉是11号。现在从线索1中知道，彼得是B排11号。B排还有1位男性（线索3）。他不是亨利，亨利在C排（线索1），而线索5排除了文森特在B排10号和13号的可能，10号和13号还未知。我们知道托尼和罗伯特在A排，那么通过排除法，在B排的只能是查尔斯，但他不是13号（线索5），因此他肯定是10号。从线索5中知道，朱蒂一定在C排10号，而她丈夫文森特是11号。从线索1和7中知道，亨利是C排的12号，而莉迪亚是那一排的13号，最后剩下B排13号上的是珍妮特。

答案：

A 排：10，罗伯特；11，安吉拉；12，玛克辛；13，托尼；

B 排：10，查尔斯；11，彼特；12，尼娜；13，珍妮特；

C 排：10，朱蒂；11，文森特；12，亨利；13，莉迪亚。

299...

12 岁的小孩不可能是大卫（线索 1）、卡米拉（线索 3）、本和卡蒂（线索 5），那么一定是杰茜卡，8 岁小孩的小猪不是蓝色的（线索 1），也不是绿色（线索 2）、黄色（线索 4）或者白色（线索 5）的，那么一定是红色的。小猪 E 不是蓝色（线索 1）、绿色（线索 2）、黄色（线索 4）或者红色的（线索 6），那么一定是白色的。大卫的小猪储蓄罐不是红色的（线索 1），也不是蓝色（线索 1）、绿色（线索 2）或者黄色的（线索 4），那么白色的小猪 E 就是大卫的。红色小猪的主人 8 岁，不是卡米拉（线索 3），或者本（线索 5），那肯定是卡蒂，那么本今年 9 岁，而白色小猪的主人大卫今年 10 岁（线索 5），通过排除法知道，卡米拉今年 11 岁。杰茜卡的小猪不是蓝色（线索 1），或者黄色的（线索 4），那么一定是绿色的小猪 D（线索 2），而 C 一定是黄色的（线索 4），A 不是卡蒂的红色小猪（线索 3），那么只能是蓝色的，而红色的只能是小猪 B。因此 A 是卡米拉的（线索 3），而通过排除法知道，C 是本的小猪。

答案：

位置 A，蓝色，卡米拉，11；

位置 B，红色，卡蒂，8；

位置 C，黄色，本，9；

位置 D，绿色，杰茜卡，12；

位置 E，白色，大卫，10。

300...

保罗·翰德是以斯帖的搭档（线索 4），因此玛蒂娜的搭档就是理查德，所以后者的花色就是红桃（线索 2）。从线索 1 中知道，拉夫坐北边的位置，手握钻石花色。我们知道保罗·翰德的花色不是钻石和红桃，而在西边位置的人手握黑桃（线索 3），那么保罗的一定是梅花，因此他不坐在南边（线索 5）。我们知道他不在北边，也不在西边（线索 3），那么只能在东边，而以斯帖则在西边，手握黑桃（线索 3 和 4）。通过排除法，理查德不在北边，那一定在南边，而拉夫在北边的位置上，那么他就是玛蒂娜。以斯帖不姓田娜思（线索 3），那一定姓启克，剩下田娜思的名字就是理查德。

答案：

北，玛蒂娜·拉夫，钻石；

东，保罗·翰德，梅花；

南，理查德·田娜思，红桃；

西，以斯帖·启克，黑桃。

301...

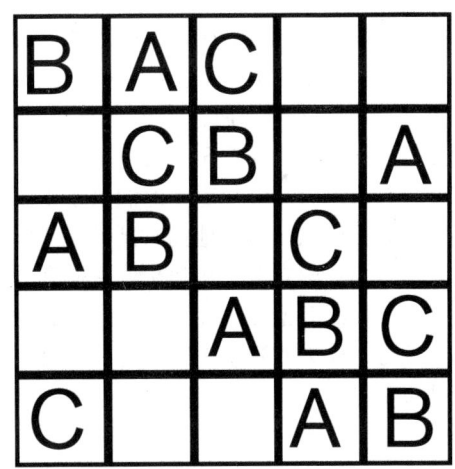

302...

位置 3 的山是第 3 高峰（线索 5），线索 2 排除了格美特是位置 4 的山峰，格美特被称为庄稼之神，而山峰 1 是森林之神（线索 3）。山峰 2 是飞弗特尔（线索 4），通过排除法，格美特是位置 3 的高峰。通过线索 2 知道，第 4 高峰肯定是位置 1 的山峰。辛格凯特不是位置4的山峰（线索6），通过排除法，它一定是山峰1，剩下山峰4是普立特佩尔。它不是第2高峰（线索4），那么它肯定是最高的。因此它就是被人们当做火神来崇拜的那座（线索1）。最后通过排除法，飞弗特尔是第2高峰，而它是人们心中的河神。

答案：

> 山峰1，辛格凯特，第4，森林之神；
> 山峰2，飞弗特尔，第2，河神；
> 山峰3，格美特，第3，庄稼之神；
> 山峰4，普立特佩尔，最高，火神。

303...

瓦利在5号只留了1瓶牛奶（线索4），从线索2中知道，1号收到的是2或者3瓶，而劳来斯本来应该收到的是3或者4瓶（线索2）。那天布雷特一家期望得到4瓶（线索1），劳莱斯本来应该收到3瓶，而1号当天收到了2瓶（线索2）。那么收到了3瓶的克孜太太（线索3）应该住在3号或7号，汀斯戴尔一家也应该住在3号或7号（线索3）。克孜订的不止1瓶（线索3），我们知道她的也不是3或者4瓶，那么肯定是2瓶，因此她住在7号（线索5），汀斯戴尔一家住在3号，从线索3中知道，他们订了1瓶牛奶，通过排除法，那天他们收到的是4瓶牛奶。从线索2中知道，瓦利在劳莱斯家放的不是2瓶，因此他们不住在1号，那么肯定住在5号，那天收到了1瓶。剩下布雷特一家住在1号，本来订了4瓶实际上只收到了2瓶。

答案：

> 1号，布雷特，定购4瓶，收到2瓶；
> 3号，汀斯戴尔，定购1瓶，收到4瓶；
> 5号，劳莱斯，定购3瓶，收到1瓶；
> 7号，克孜，定购2瓶，收到3瓶。

304...

哈里滚球了（线索3），而史蒂夫不是lbw（线索2），那么他一定是犯规的，剩下克里斯是lbw。得了7分的不是哈里（线索3），也非史蒂夫（线索1），那么一定是克里斯。史蒂夫得分不是2分（线索2），那么一定是4分，而哈里是2分。史蒂夫不是3号（线索4），也非1号（线索2），那他一定是2号。哈里不是1号（线索3），则肯定是3号，剩下1号就是克里斯。

答案：

> 1号，克里斯，LBW，7分；
> 2号，史蒂夫，犯规，4分；
> 3号，哈里，滚球，2分。

305...

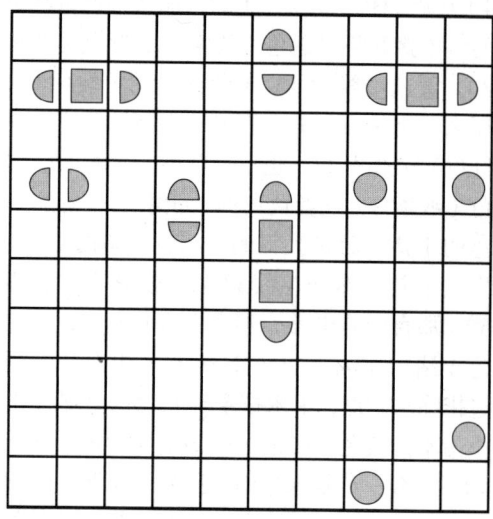

306...

1910年出生的舅舅的爱好不是制作挂毯（线索1），他也不是工程师，因为工程师的爱好是钓鱼（线索3），那么他肯定爱好诗歌。而他退休之前不是教师（线索2），那么只能是士兵，剩下前教师的爱好是制作挂毯。从线索1中知道，1916年不是伯纳德出生的年份，而线索3也排除了安布罗斯，那么1916年出生的只能是克莱门特。前教师出生的年份不是1913年（线索2），那么他一定是1916年出生的克莱门特，剩下前工程师是1913年出生的。从线索3中知道，安布罗斯是 1910 年出生的，他退休前是士兵，剩下前工程师就是伯纳德。

答案：

安布罗斯，1910 年，士兵，诗歌；
伯纳德，1913 年，工程师，钓鱼；
克莱门特，1916 年，教师，制作挂毯。

307...

从线索 7 中知道，F 车不可能载有 44，45，47，49 和 52 个旅客，那么它一定载 46 个人，而从同一条线索中知道，A 车载有 45 个旅客，E 车有 49 个。A 不是阿帕克斯开的（线索 1），也不是贝尔（线索 2）、墨丘利（线索 4）和 RVT（线索 5）开的，因为没有载 42 个人的车，因此也不可能是肖开的（线索 6），那么一定是克朗。A 不是黄色的（线索 1），因为没有载 43 人的车（线索 2 和 7），因此也非绿色，也不是红色（线索 3）或者乳白色（线索 5），那么 A 一定是橘黄色的。从线索 7 中知道，B 车载有 52 个旅客，它不是绿色的，而 D 不是载 47 人，那么一定是 44 人。剩下汽车 C 载有 47 人。因此 D 是红色的，而澳大利亚游客在车 E 中（线索 3）。我们知道 B 不是绿色的，也不是黄色的（线索 1），或者乳白色的（线索 5），那么一定是蓝色的，而 C 是属于贝尔的（线索 2）。车 F 载有 46 个游客，不是肖的（线索 6），也不是 RVT（线索 5）和阿帕克斯的（线索 1），那么一定是墨丘利的。从线索 4 中知道，红色车内的游客来自日本，现在从线索 5 中知道，乳白色的车不是 E 和 F，那么肯定是 C，蓝色的车是属于 RVT 的，橘黄色的车载了来自意大利的游客。阿帕克斯的汽车一定是 D（线索 1），那么乳白色的 C 车上游客肯定来自芬兰，而黄的那辆就是 E。通过排除法，绿色那辆就是 F。RVT 的蓝色 B 车载的游客不是来自俄罗斯（线索 2），那么一定来自美国，俄罗斯游客在墨丘利的 F 车中。另外，黄色的 E 车则是属于肖的。

答案：

A 车，克朗，橘黄色，意大利，45 人；
B 车，RVT，蓝色，美国，52 人；
C 车，贝尔，乳白色，芬兰，47 人；
D 车，阿帕克斯，红色，日本，44 人；
E 车，肖，黄色，澳大利亚，49 人；
F 车，墨丘利，绿色，俄罗斯，46 人。

308...

人物 3 的运动项目是射击（线索 3），人物 5 的项目不是滑冰（线索 1）、羽毛球（线索 3）和台球（线索 4），则一定是高尔夫，那么人物 4 就是斯特拉·提兹（线索 2），她的项目不是滑冰（线索 1）和台球（线索 4），那么一定是羽毛球。人物 5 刚从卡萨布兰卡回来（线索 3），人物 1 不从罗马回来（线索 5），也不是来自洛杉矶（线索 1）和东京（线索 4），那么一定从布里斯班来。人物 2 不是来自洛杉矶（线索 1），也非东京（线索 5），那么一定来自罗马。人物 3 和 4 来自洛杉矶或者东京。如果 4 来自洛杉矶，则从线索 1 中知道凯特·肯德尔就是人物 3，来自东京。但线索 1 告诉我们，凯特·肯德尔不是来自东京，因此 3 一定来自洛杉矶，而 4 来自东京。因此凯特·肯德尔就是人物 2。人物 1 的项目就是滑冰（线索 1），人物 5 不是黛安娜·埃尔金（线索 5），也不是格丽尼斯·福特（线索 4），则一定是莫娜·洛甫特斯。黛安娜·埃尔金也不是人物 1（线索 5），那么她肯定是人物 3，人物 1 就是格丽尼斯·福特。人物 2 凯特·肯德尔的项目是台球。

答案：

1 号，格丽尼斯·福特，布里斯班，滑冰；
2 号，凯特·肯德尔，罗马，台球；
3 号，黛安娜·埃尔金，洛杉矶，射击；
4 号，斯特拉·提兹，东京，羽毛球；
5 号，莫娜·洛甫特斯，卡萨布兰卡，高尔夫。

309...

1	4	2	1	1	6	0	2
3	6	2	1	1	6	6	5
4	3	2	5	3	3	3	4
0	1	4	2	4	4	6	1
3	5	0	4	2	5	3	0
1	5	5	6	5	0	0	0
3	2	5	6	0	4	6	2

310...

从线索 1 知道，雷停靠的巴士牌号要比 324 号大。7 号的车牌不是 324（线索 2），雷停靠的也不是 5 号位置的车牌号为 340 的巴士（线索 5）。特里的车号是 361，那么雷的就是 397。它不在 6 或者 7 号位置（线索 1）。赖斯把车停靠在 4 号位置（线索 7），5 号的车牌是 340，这就排除了雷的车是 3 号的可能性（线索 1）。因 3 号车的车牌号要比邻近的车牌号都大（线索 4），雷的车也不可能是 2 号（线索 1），那么雷的车一定在 1 号位置。从线索 1 中知道，324 一定在 3 号位置。从线索 4 中知道，2 和 4 号位置的车牌都是 2 开头的。因此可以从线索 2 中知道，7 号的车牌是 361，是特里停靠的（线索 3）。2 号位置的车牌不是 286（线索 2），6 号的也不是 286（线索 5），通过排除法，286 一定是 4 号的车牌，是赖斯停靠的。线索 6 告诉我们车牌号为 253 的不在 2 号位置，那么它一定在 6 号。因此肯停靠的车在 5 号位置（线索 6）。罗宾的车不在 2 或者 3 号（线索 8），那么一定是 6 号。通过排除法，2 号位置的车号一定是 279。3 号位置车的司机不是戴夫（线索 4），则一定是埃迪，剩下戴夫是把车号为 279 的车停在 2 号位置的司机。

答案：

1 号，雷，397；

2 号，戴夫，279；

3 号，埃迪，324；

4 号，赖斯，286；

5 号，肯，340；

6 号，罗宾，253；

7 号，特里，361。

311...

某位女性的生日是 8 月 4 号（线索 2），她不是内奥米（线索 4）或者波利。巴兹尔的生日是个偶数日（线索 7），安妮的生日是 8 月 2 日（线索 5），因此，通过排除法，8 月 4 日一定是威尔玛的生日。我们知道巴兹尔的生日不是 2 号或者 4 号，通过线索 7 知道，她的生日一定是 7 月 28 日或者 7 月 30 日，因此波利的生日是 7 月 29 日或者 31 日。斯图尔特·沃特斯的生日在 8 月份（线索 7），但是克雷布的生日是 8 月 1 日（线索 6），我们知道斯图尔特不是 2 号或者 4 号，那么一定是 3 号。出生在 7 月 28 号的不是查尔斯（线索 1）、安格斯（线索 3）、内奥米（线索 4）或者波利（线索 7），也不是安妮、斯图尔特和威尔玛，那么一定是巴兹尔。这样，从线索 7 中知道，波利的生日是 7 月 29 日。安格斯不是 7 月 31 日出生的（线索 3），内奥米也不是，因为她的生日是在斯盖尔斯之前的（线索 4），通过排除法，7 月 31 日一定是查尔斯的生日。这样，从线索 1 中知道，巴兹尔姓菲什。因为阿彻是男的（线索 4），那么线索 4 也排除了内奥米的生日是 7 月 30 日的可能，那么一定是 8 月 1 日，剩下 7 月 30 日是安格斯的生日。线索 4 现在可以告诉我们，安妮姓斯盖尔斯，查尔斯姓阿彻。从线索 3 中知道，布尔的名字是波利，出生在 7 月 29 日。安格斯不是拉姆（线索 6），那么一定姓基德，剩下拉姆是威尔玛的姓。

答案：

7 月 28 日，巴兹尔·菲什；

7月29日，波利·布尔；

7月30日，安格斯·基德；

7月31日，查尔斯·阿彻；

8月1日，内奥米·克雷布；

8月2日，安妮·斯盖尔斯；

8月3日，斯图尔特·沃特斯；

8月4日，威尔玛·拉姆。

312...

蓝色的盒子里有58个东西（线索2），绿色盒子有螺丝钉（线索3），43个钉子不在灰色的盒子里（线索1），那么一定在红色的盒子。我们知道绿盒的东西不是43或58个，而线索3也排除了65个，那么在绿盒里一定是39个螺丝钉。通过排除法，灰色盒子的东西肯定是65个，它们不是洗涤器（线索3），那么一定是地毯缝针，灰色盒子就是C盒（线索4），剩下蓝色的盒子有58个洗涤器。绿盒不是D盒（线索3），因它有2个相邻的盒子，那么知道它就是B盒，而有洗涤器的盒子就是A盒（线索3），剩下红色的盒子就是D盒。

答案：

A盒，蓝色，58个洗涤器；

B盒，绿色，39个螺丝钉；

C盒，灰色，65个地毯缝针；

D盒，红色，43个钉子。

313...

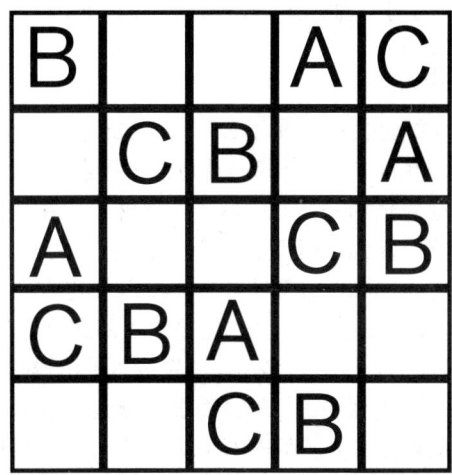

314...

B机器是穿红白相间的浴袍的女士用的（线索5），线索4排除了D是尤菲米娅·坡斯拜尔用的，因为兰顿斯罗朴小姐用了机器C（线索2），尤菲米娅的机器可能是A或者B。而拉福尼亚的是B或者C（线索4），因此她也不用机器D。我们知道兰顿斯罗朴用了机器C，那么贝莎不可能是机器D（线索1）。因此，通过排除法，维多利亚肯定用了机器D。所以她的姓不可能是马歇班克斯（线索1），我们知道她的姓也不是坡斯拜尔或者兰顿斯罗朴，那么一定是卡斯太尔，而她的浴袍肯定是绿白相间的（线索3）。因此尤菲米娅不可能用了机器B（线索4），那么一定是在A上，剩下机器B是马歇班克斯用的。因此，从线索1中可以知道，贝莎就是兰顿斯罗朴小姐，她用了机器C，装束是黄白相间的，通过排除法，尤菲米娅·兰斯拜尔是穿了蓝白相间浴袍的人。

答案：

机器A，尤菲米娅·坡斯拜尔，蓝白相间；

机器B，拉福尼亚·马歇班克斯，红白相间；

机器C，贝莎·兰顿斯罗朴，黄白相间；

机器D，维多利亚·卡斯太尔，绿白相间。

315...

316...

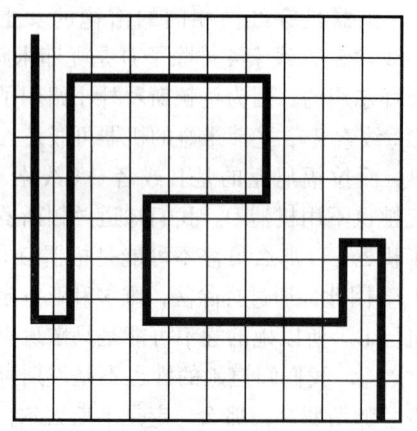

317...

唐纳德买了咖啡桌（线索 2），而丽贝卡出了 15 英镑买了东西，她买的不是墙角柜（线索 3），则一定是钟，剩下墙角柜是塞德里克买的。因此，从线索 1 中知道，2 号拍卖物一定价值 18 英镑。丽贝卡买的不是 3 号拍卖物（线索 3），我们知道，价值 15 英镑的不是 2 号，那么一定是 1 号。从线索 3 中知道，2 号拍卖物一定价值 18 英镑，它就是墙角柜。通过排除法，3 号则是咖啡桌，是唐纳德花了 10 英镑买的。

答案：

　　1 号，钟，丽贝卡，15 英镑；
　　2 号，墙角柜，塞德里克，18 英镑；
　　3 号，咖啡桌，唐纳德，10 英镑。

318...

绿色信箱不属于 228 号或 234 号（线索 1），并且 232 号信箱是蓝色的（线索 4），因此绿色信箱一定在 230 号。阿琳不住在 228 号（线索 2），而且她的黄色的信箱（线索 2）一定不是 230 号和 232 号，所以一定在 234 号。现在通过排除法，巴伦夫人的红色信箱（线索 3）一定在 228 号。从线索 1 中得出，杰布夫人住在 232 号，而加玛就是住在 228 号的巴伦夫人。阿琳不是菲什贝恩夫人（线

索 2），而是弗林特夫人，剩下菲什贝恩夫人住在 230 号。根据线索 4，路易丝不是杰布夫人，而是菲什贝恩夫人，剩下杰布夫人是凯特。

答案：

　　228 号，加玛·巴伦，红色；
　　230 号，路易丝·菲什贝恩，绿色；
　　232 号，凯特·杰布，蓝色；
　　234 号，阿琳·弗林特，黄色。

319...

数字 5 都不是棕色的（线索 1），那么棕色邮票的面值一定是 10 分，但不是第 4 张（线索 2），因此在面值中有个 1 的第 4 张邮票（线索 3）面值一定是 15 分。这样根据线索 4，第 2 张邮票是蓝色的。由线索 2 告诉我们，描写大教堂的那张邮票的面值中有个 0，但不是第 4 张，而是第 2 张，从这个线索中，我们也可以知道第 1 张就是棕色的 10 分面值的邮票。根据同一个线索，第 2 张蓝色邮票的面值是 50 分。通过排除法，第 3 张邮票一定是 25 分面值的。山峰不是第 1 张 10 分邮票上的图案（线索 5），也不是 25 分面值邮票上的图案（线索 5），因为 50 分面值的邮票边框是蓝色的。而我们知道它也不是 50 分面值邮票上的图案，那只能是第 4 张 15 分邮票上的图案。这样根据线索 5，25 分邮票的边框是红色的，剩下 15 分邮票边框是绿色的。线索 3 告诉我们第 3 张邮票描写的不是海湾，那一定是瀑布，剩下海湾是棕色的、10 分面值的、第 1 张邮票上的图案。

答案：

　　第 1 张，海湾，10 分，棕色；
　　第 2 张，大教堂，50 分，蓝色；
　　第 3 张，瀑布，25 分，红色；
　　第 4 张，山峰，15 分，绿色。

320...

格伦是 4 号（线索 2），根据线索 1，证券公司的雇员不是 2 号、6 号或 7 号。线索 2

排除了 5 号，因为 6 号是男的（线索 3），线索 1 同样排除了 4 号。已知 3 号在保险公司工作（线索 6），这样根据线索 1，1 号在证券公司上班，而在保险经纪人公司工作的 3 号就是塞布丽娜。1 号不是纳尔逊（线索 4）、雷切尔（线索 5），或在投资公司工作的托奎（线索 8），也不是格伦或塞布丽娜，线索 8 排除了马德琳，因此只能是吉莉安。线索 7 告诉我们 2 号在家律师所工作，这样根据线索 2，5 号在法律顾问公司上班。已知托奎不是 7 号（线索 8），而他所在的公司排除了 2 号和 5 号，那他就是 6 号，根据线索 8，马德琳是 7 号。雷切尔不是 2 号（线索 5），得出他是 5 号，格伦在银行工作（线索 5）。最后通过排除法，纳尔逊是在律师事务所工作的 2 号，马德琳是建筑公司的职员。

答案：

1 号，吉莉安，证券公司；

2 号，纳尔逊，律师事务所；

3 号，塞布丽娜，保险公司；

4 号，格伦，银行；

5 号，雷切尔，法律顾问公司；

6 号，托奎，投资公司；

7 号，马德琳，建筑公司。

321...

已知马丁叔叔送给拉姆的礼物是 Benedam 优惠券（线索 3）。卡罗尔阿姨的面值为 20 的优惠券不是 W S Henry 发行的（线索 4），线索 1 又排除了 Ten-X，最后得出它属于 HBS 公司。从线索 2 可以知道，B 信封内的理查德叔叔所送的礼物面值为 15。由于丹尼斯叔叔给娜塔莎的礼物不是面值为 5 的优惠券（线索 5），那么可以知道它的面值是 10，面值为 5 的是马丁叔叔送的由 Benedam 发行的优惠券。又因为后者不在 C 信封内（线索 1），也不在 D 信封内（线索 3），而是在 A 信封内。我们现在已经知道 A 和 B 信封内的代币价值。根据线索 1，面值为 10 的优惠券不在 C 信封内，因此 C 信封内的是卡罗尔阿姨所送的由 HBS 发行的面值为 20 的代币。根据线索 1 也可以知道，Ten-X 的优惠券的面值一定是 10，并且在 D 信封内。最后通过排除法，B 信封里是理查德叔叔所送的面值为 15 的 W S Henry 的优惠券。

答案：

A 信封，马丁叔叔，Benedam，面值 5；

B 信封，理查德叔叔，W S Henry，面值 15；

C 信封，卡罗尔阿姨，HBS，面值 20；

D 信封，丹尼斯叔叔，Ten-X，面值 10。

322...

2	0	6	6	3	6	2	1
1	0	6	3	4	3	3	6
5	1	1	1	3	6	0	0
1	2	5	2	2	5	5	1
2	0	5	2	5	4	5	4
4	6	6	4	0	1	0	4
0	3	3	3	5	2	4	4

323...

颇里安娜的主人已经 86 岁，并且住在 4 号别墅（线索 1），又知道 3 号别墅的主人 75 岁（线索 4），凯特的主人住在 2 号别墅（线索 3），那么颇里安娜一定是 1 号别墅主人的猫。住在 1 号别墅的不是马乔里（线索 1），也不是 80 岁的罗赞娜（线索 2）和拥有尼克的塔比瑟（线索 5），那么一定是格里泽尔达。这样可以知道 2 号别墅的主人 71 岁（线索 6），她的猫是凯特，剩下罗赞娜是 80 岁，并住在 4 号别墅里。3 号别墅的猫不是托比（线索 4），那么一定是尼克，并且 75 岁的塔比瑟住在 3 号别墅。通过排除法，凯特的主人是 71 岁的马乔里，而罗赞娜的猫是托比。

答案：

1 号别墅，格里泽尔达，86 岁，颇里安娜；

2 号别墅，马乔里，71 岁，凯特；

3 号别墅，塔比瑟，75 岁，尼克；

4 号别墅，罗赞娜，80 岁，托比。

324...

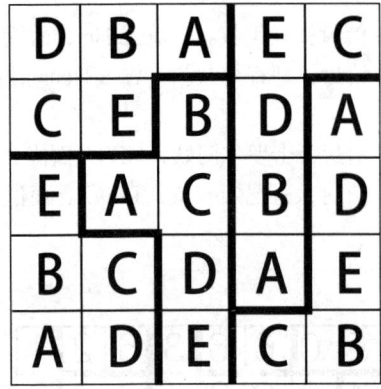

325...

我们已知约翰·凯格雷来自惠灵顿（线索 2），并且凯茜·艾伦不是来自美国底特律（线索 4），所以她一定来自德班，并且由于她住在 3 楼（线索 3），所以剩下佐伊·温斯顿来自底特律，但她不住在 1 楼（线索 1），而是 2 楼，剩下的约翰·凯格雷就是住在 1 楼。因为凯茜·艾伦不学历史（线索 4）或物理学（线索 1），那么她必定学医学。线索 1 还告诉我们，佐伊·温斯顿不学物理学，所以她学的是历史，剩下学物理学的是 1 楼的约翰·凯格雷。

答案：

1 楼，约翰·凯格雷，惠灵顿，物理学；

2 楼，佐伊·温斯顿，底特律，历史；

3 楼，凯茜·艾伦，德班，医学。

326...

因为图片 3 中的人是迪安夫人（线索 2），图片 4 中的那个人穿着救助队军官制服（线索 3），所以消防员埃利斯夫人不是图片 2 中的人物（线索 4），而是图片 1 中的妇女。又因为萨利不在图片 1 或图片 4（线索 5）中，

所以她不是救助队军官或消防员，也不是交警（线索 5），最后得出她是护理人员。她不姓托马斯（线索 5）或埃利斯；马里恩姓帕日斯（线索 1），得出萨利必定姓迪安，这样就知道她在图片 3 中。通过排除法，图片 2 中的女性是交警，这样根据线索 3，图片 4 中穿着救助队军官制服的是托马斯夫人，现在排除法可以得出，红头发的马里恩·帕日斯在图片 2 中，并且是个交警。最后根据线索 3，图片 4 中的救助队军官托马斯夫人不姓卡罗尔，而是姓盖尔，卡罗尔是图片 1 中的消防员埃利斯夫人的名。

答案：

图片 1，卡罗尔·埃利斯，消防员；

图片 2，马里恩·帕日斯，交警；

图片 3，萨利·迪安，护理人员；

图片 4，盖尔·托马斯，救助队军官。

327...

由于坐在 1 号位置上的红头发妇女（线索 3）不是莫利（线索 1）或霍莉（线索 2），也不是多莉（线索 4），所以她只能是颇莉。根据线索 4，2 号位置上的妇女想把她的头发染成黑色。已知那位原本灰发并想把头发染成赤褐色（线索 5）的女性不在 1 号或 2 号位置，也不在 3 号位置（线索 5），那么她肯定在 4 号。她不可能是霍莉（线索 2），而且线索 2 也说明霍莉的头发不是金黄色的。我们已经知道她的头发不是红色，那么一定是棕色的。红头发的颇莉不可能再把头发染成红色，故她想染的颜色是白色，所以 3 号位置上的妇女想把她的头发染成红色。现在根据线索 3，得到霍莉坐在 2 号位置，而 3 号位置上的妇女有一头金发。线索 4 告诉我们多莉在 4 号位置，莫利在 3 号位置。

答案：

1 号，颇莉，红色，染成白色；

2 号，霍莉，棕色，染成黑色；

3 号，莫利，金黄色，染成红色；

4 号，多莉，灰色，染成赤褐色。

328...

0	2	2	4	4	4	4
2	5	2	3	1	1	6
6	3	6	3	3	5	3
3	0	6	3	5	2	6
2	1	6	4	0	5	4
2	0	0	0	6	5	1
1	0	3	1	1	2	0

329...

由于扮演麦当娜的帕慈不在财务部工作（线索1），也不在蒂娜·特纳的扮演者所在的销售部（线索3），所以她一定在人事部。通过排除法，来自财务部的女性将扮演伊迪丝·普杰夫，但她不是卡罗琳（线索4），故必定是海伦·凡尔敦（线索2）。销售部扮演蒂娜·特纳的那位不是坦娜夫人（线索3），因此她姓玛丽尔，通过排除法，可以知道她的名字是卡罗琳。同样通过排除法，得到来自人事部的帕慈就是坦娜夫人的名字。

答案：

卡罗琳·玛丽尔，销售部，扮演蒂娜·特纳；

海伦·凡尔敦，财务部，扮演伊迪丝·普杰夫；

帕慈·坦娜，人事部，扮演麦当娜。

330...

由于下午3:00接的乘客来自剑桥（线索4），并且上午10:00的乘客不是来自北安普敦（线索3），那么他来自林肯，而来自北安普敦的乘客于12:30在4号站台被接到。上午10:00要接的站台号比下午3:00要接的站台号小（线索2），由此可以知道10:00接的客人在7号站台，而下午3:00接的客人德拉蒙德夫人在9号站台（线索2）。来自林肯的

乘客将进入7号站台，因此斯坦尼夫人会进入4号站台（线索1），排除法得出古氏先生到7号站台。最后通过排除法，古氏先生来自林肯，斯坦尼夫人来自北安普敦，而德拉蒙德夫人来自剑桥。

答案：

上午10:00，7号站台，古氏先生，林肯；

中午12:30，4号站台，斯坦尼夫人，北安普敦；

下午3:00，9号站台，德拉蒙德夫人，剑桥。

331...

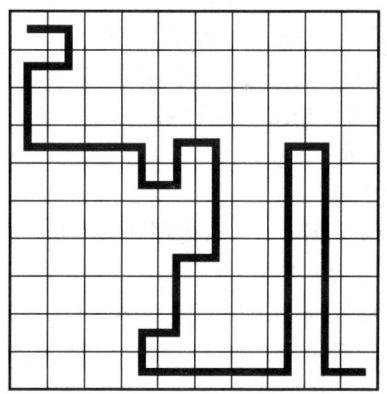

332...

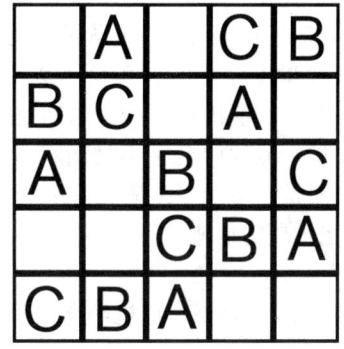

333...

由于小博尼只有3天大（线索4），并且4天前出生的婴儿不是基德（线索1），也不

是阿曼达·纽康姆博（线索 2），所以他一定姓沙克林。线索 1 告诉我们，他不是 2 号小床上的丹尼尔，同时也说明丹尼尔不姓基德。我们知道丹尼尔不姓纽康姆博，因此他姓博尼，年龄只有 3 天。根据线索 1，姓基德的婴儿的年龄是 2 天，通过排除法，剩下阿曼达·纽康姆博是最晚出生的。根据线索 2，1 号小床上的婴儿只有 2 天大，她姓基德，但不叫托比（线索 3），由此得出她叫吉娜，剩下托比姓沙克林。后者不在 3 号小床上（线索 3），而是在 4 号小床上，剩下阿曼达在 3 号小床上。

答案：

1 号，吉娜·基德，2 天；

2 号，丹尼尔·博尼，3 天；

3 号，阿曼达·纽康姆博，1 天；

4 号，托比·沙克林，4 天。

334...

刻在墓碑 C 上的物理学家不是卢修斯·厄巴纳斯（线索 1），也不是刻在墓碑 D 上的朱尼厄斯·瓦瑞斯（线索 3）；泰特斯·乔缪尔斯是个酒商（线索 2），因此物理学家一定是在公元 84 年去世的马库斯·费迪尔斯（线索 4）。这样根据线索 1，卢修斯·厄巴纳斯在公元 96 年去世，并且推断出他是个职业拳击手（线索 5）。现在排除法得出朱尼厄斯·瓦瑞斯是百人队长。他不在公元 60 年去世（线索 6），而是在公元 72 年，通过排除法，泰特斯·乔缪尔斯是在公元 60 年去世，但他的名字不是刻在 A 上（线索 2），而是在 B 上，A 是职业拳击手卢修斯·厄巴纳斯的墓碑。

答案：

墓碑 A，卢修斯·厄巴纳斯，职业拳击手，公元 96 年；

墓碑 B，泰特斯·乔缪尔斯，酒商，公元 60 年；

墓碑 C，马库斯·费迪尔斯，物理学家，公元 84 年；

墓碑 D，朱尼厄斯·瓦瑞斯，百人队长，公元 72 年。

335...

3 号信是寄给雪特小姐的（线索 3）。由于 1 号信不是寄给梅尔先生的（线索 4），也不是给本德先生的（线索 1），因此它一定是给格林夫人的。根据线索 5，3 号信的收件人雪特小姐住在 6 号，但不可能在斯坦修恩路（线索 6），也不是在斯达·德弗街（线索 3）。10 号在特纳芮大街（线索 2），因此雪特小姐的地址是朗恩·雷恩街 6 号。线索 1 说明本德先生的信不是 4 号信，我们知道也不是 1 号或 3 号，那么一定是 2 号信，剩下 4 号信是寄给梅尔先生的。线索 1 告诉我们，1 号信寄到 31 号，这样根据线索 4，梅尔先生的地址是 45 号，剩下本德先生的地址是特纳芮大街 10 号。最后由线索 6 得知，斯坦修恩路不是 4 号信上的地址，而是 1 号信上的地址，剩下斯达·德弗街 45 号是梅尔先生的完整地址。

答案：

1 号信，格林夫人，斯坦修恩路 31 号；

2 号信，本德先生，特纳芮大街 10 号；

3 号信，雪特小姐，朗恩·雷恩街 6 号；

4 号信，梅尔先生，斯达·德弗街 45 号。

336...

已知索菲在多恩卡斯特上车（线索 4）。根据线索 1，黛安娜不是从约克角旅行回来，线索 1 和 3 又排除了她来自格兰瑟姆的可能，而且搭乘 1 号出租车的妇女来自格兰瑟姆，所以可以得出黛安娜在皮特博芮上火车。我们现在知道从格兰瑟姆来的乘客不是黛安娜或索菲，也不是伯尼的乘客帕查（线索 3），因此她是安妮特。排除法得出帕查从约克角旅行回来。黛安娜的司机不是詹森（线索 1），也不是诺埃尔（线索 2），那么他就是克莱德，而她搭乘的是 4 号出租车（线索 5）。然后根据线索 1，詹森是 3 号出租车的司机，他的乘客不是伯尼的乘客帕查，而是索菲。

最后通过排除法，我们知道安妮特的司机是诺埃尔，伯尼的车是2号车。

答案：

1号，诺埃尔，安妮特，格兰瑟姆；

2号，伯尼，帕查，约克角；

3号，詹森，索菲，多恩卡斯特；

4号，克莱德，黛安娜，皮特博芮。

337...

已知10分钟路程中维恩广场是其中的第2段路（线索3）。根据线索1，通过斯拜丝巷和哥夫街的路程不需要12分钟，因此这条路只需花8分钟，同一个线索得出尼克花了10分钟并经过维恩广场。通过排除法，多吉丝·希尔是12分钟路程中的第2段路，根据线索2，帕特走了12分钟的路程，并经过佩恩街。最后由排除法知道，尼克所走路程的第1段是丘奇巷，桑迪通过斯拜丝巷和哥夫街只花了8分钟到达小餐馆。

答案：

尼克，丘奇巷，维恩广场，10分钟；

帕特，佩恩街，多吉丝·希尔，12分钟；

桑迪，斯拜丝巷，哥夫街，8分钟。

338...

已知星期五拜访的妇女不是帕特丝·欧文（线索1）或小说家阿比·布鲁克（线索3），那么拜访的是利亚·凯尔，并且可以知道她是个流行歌手（线索2）；通过排除法，帕特丝·欧文是个电影演员，她被拜访的时间不是星期天（线索4），而是星期六，剩下小说家阿比·布鲁克是在星期天被采访的。根据线索1，星期五拜访的利亚·凯尔来自加拿大，根据线索3，星期六的被访者帕特丝·欧文来自澳大利亚，最后排除法得出，星期天的被访者小说家阿比·布鲁克来自美国。

答案：

星期五，利亚·凯尔，流行歌手，加拿大；

星期六，帕特丝·欧文，电影演员，澳

大利亚；

星期天，阿比·布鲁克，小说家，美国。

339...

340...

第2个村庄是丝特·多米尼克村（线索2）。丹尼斯住在村庄3（线索3），线索1说明波科勒村不是村庄1或村庄4，那么圣子埃特鲁米亚展览（线索1）一定在村庄3开展，丹尼斯观看了这场展览。线索1告诉我们克里斯多佛住在村庄2，安德烈住在墨维里（线索4），通过排除法，马丁所在的村庄是格鲁丝莫村，但它不是村庄1（线索5），而是村庄4，剩下村庄1是墨维里。住在那里的安德烈没有在街道上跳舞（线索3），也没有看电视（线索4），那他一定参加了烟花大会。由线索4得知马丁没有看电视，那她一定在街道上跳舞，剩下克里斯多佛呆在家里看电视。

答案：

村庄1，墨维里村，安德烈，烟花大会；

村庄2，丝特·多米尼克村，克里斯多佛，看电视；

村庄3，波科勒村，丹尼斯，圣子埃特鲁米亚展览；

村庄4，格鲁丝莫村，马丁，街道舞蹈。

341...

已知 4 号士兵是所罗门·特普林（线索 4），根据线索 1，穿着灰色外衣的伊齐基尔·费希尔一定是 2 号或 3 号士兵，鼓手是 1 号或 2 号士兵。但 1 号是个步兵（线索 3），因此鼓手是 2 号，伊齐基尔·费希尔是 3 号。现在我们已经知道一个士兵的兵种及另一个士兵的上衣颜色，可以推断出穿棕色上衣的配枪士兵（线索 2）是 4 号士兵。然后通过排除法，穿灰色制服的伊齐基尔·费希尔是个炮手，根据线索 2，2 号鼓手必定是末底改·诺森，剩下 1 号步兵是吉迪安·海力克。他的上衣不是蓝色的（线索 5），那就是红色，而 2 号鼓手末底改·诺森的制服是蓝色的。

答案：

1 号，吉迪安·海力克，步兵，红色；
2 号，末底改·诺森，鼓手，蓝色；
3 号，伊齐基尔·费希尔，炮手，灰色；
4 号，所罗门·特普林，配枪士兵，棕色。

342...

10 号书摊上的作者不是大卫·爱迪生（线索 1）、坦尼娅·斯瓦（线索 2）、卡尔·卢瑟或拜伦·布克（线索 3），也不是曼迪·诺布尔（线索 4），因此一定是保罗·帕内尔。大卫·爱迪生的书摊在拜伦·布克及女作家的书摊之间（线索 1），那他不可能在 7 号书摊。而拜伦·布克的书摊也不是 7 号（线索 3），由此得出大卫·爱迪生不在 6 号书摊。3 号书摊上的作者不是坦尼娅·斯瓦（线索 2），也不是曼迪·诺布尔（线索 4），大卫·爱迪生不在 4 号，那他一定在 3 号，而 4 号是拜伦·布克（线索 1 和 3）。我们从线索 1 中知道，1 号摊上是个女作者，她不是坦尼娅·斯瓦（线索 2），可以得出她是曼迪·诺布尔。现在根据线索 3，卡尔·卢瑟在 6 号摊，排除法得出坦尼娅·斯瓦在 7 号摊。根据线索 3，坦尼娅·斯瓦的书是《英式烹调术》，而线索 4 告诉我们，《城市园艺》

是 3 号摊的大卫·爱迪生所写。由线索 2 可以得出，《乘车向导》是 10 号摊的保罗·帕内尔所写，《自己动手做》这本书的作者是 4 号摊的拜伦·布克签售的。曼迪·诺布尔的书不是《超级适合》（线索 4），而是《业余占星家》，剩下 6 号摊上卡尔·卢瑟签售的是《超级适合》。

答案：

1 号，曼迪·诺布尔，签售《业余占星家》；
3 号，大卫·爱迪生，签售《城市园艺》；
4 号，拜伦·布克，签售《自己动手做》；
6 号，卡尔·卢瑟，签售《超级适合》；
7 号，坦尼娅·斯瓦，签售《英式烹调术》；
10 号，保罗·帕内尔，签售《乘车向导》。

343...

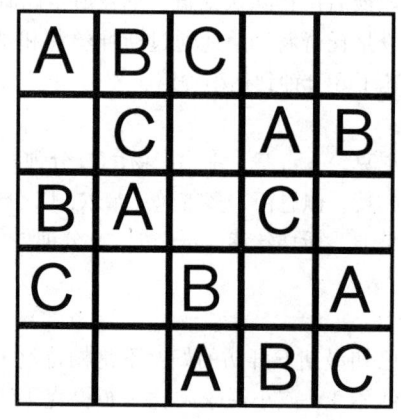

344...

1 号黑猩猩不是罗莫娜（线索 1）、里欧或格洛里亚（线索 2），也不是贝拉（线索 3），那它一定是珀西。5 号黑猩猩的母亲不是格雷特（线索 1）、克拉雷（线索 2）、爱瑞克（线索 3）或马琳（线索 4），而是丽贝卡。由此得出 4 号黑猩猩的母亲是马琳（线索 4）。1 号黑猩猩珀西的母亲不是格雷特（线索 1）或克拉雷（线索 2），那一定是爱瑞克。珀西和格雷特的后代都不是在 11 月出生（线索 1），克拉雷（线索 2）或丽贝卡（线索 4）

的后代也不是，因此在11月生产的是马琳。现在可以知道在10月生产的丽贝卡（线索4）是5号黑猩猩的母亲。根据线索3，贝拉是2号黑猩猩。5号黑猩猩不是罗莫娜（线索1）或里欧（线索2），而是格洛里亚。里欧是4号黑猩猩（线索2），排除法得出罗莫娜是3号。根据线索2，3号罗莫娜是克拉雷的后代，排除法可以知道格雷特是贝拉的母亲。在7月出生的黑猩猩不是罗莫娜（线索1）或贝拉（线索3），那一定是珀西。贝拉在8月出生（线索3），最后通过排除法得出罗莫娜在9月出生。

答案：

1号，珀西，7月，爱瑞克；

2号，贝拉，8月，格雷特；

3号，罗莫娜，9月，克拉雷；

4号，里欧，11月，马琳；

5号，格洛里亚，10月，丽贝卡。

345...

因为摄像师姓贝瑞（线索3），坐在D位置的鸟类学专家是个男的（线索2），因此瓦内萨·鲁特（线索1）不是录音师，而是植物学家。她不在C位置上（线索3），又因为她的斜对面是录音师（线索1），所以她不在A位置上（线索2），我们知道她也不在D位置，那么她一定在B位置。这样根据线索1，录音师在C位置，通过排除法，摄像师贝瑞在A位置。坐在D位置的鸟类学专家不姓温（线索2），而姓福特，因此他不叫盖伊（线索4），而叫罗伊（线索2）。现在通过排除法，C位置的录音师姓温。A位置的贝瑞不叫艾玛（线索3），而叫盖伊，剩下C位置的录音师是艾玛·温。

答案：

位置A，盖伊·贝瑞，摄像师；

位置B，瓦内萨·鲁特，植物学家；

位置C，艾玛·温，录音师；

位置D，罗伊·福特，鸟类学专家。

346...

因为沃德拜别墅在4号位置（线索2），那么在1号位置筑巢的不是养了7只小鸭子的戴西（线索1），也不是迪力（线索3），线索4排除了多勒，通过排除法得出是达芙妮。然后根据线索5，5只小鸭子在2号别墅的花园里。我们知道拥有小鸭子数最多的不是戴西、多勒（线索4）或迪力（线索3），而是达芙妮，她拥有8只小鸭子。1号位置小鸭子的数量比2号位置上的多3只，线索3排除了迪力在2号花园里的可能，已知多勒有5只小鸭子，剩下迪力有6只小鸭子。这样根据线索3，罗斯别墅是戴西和她的7只小鸭子的家。我们知道它们不在1号、2号或4号位置，那么一定在3号位置，根据排除法和线索3，迪力在4号沃德拜别墅的花园里抚养她的6只小鸭子。线索1现在告诉我们洁丝敏别墅在2号位置，剩下1号是来乐克别墅。

答案：

1号，来乐克别墅，达芙妮，8只；

2号，洁丝敏别墅，多勒，5只；

3号，罗斯别墅，戴西，7只；

4号，沃德拜别墅，迪力，6只。

347...

2号作品不可能是凯维丝夫人的（线索1），也不是福瑞木夫人的（线索2）。线索4告诉我们萨利·斯瑞德的作品在3或4号位置，这样通过排除法，2号作品是尼得勒夫人的。然后根据线索5，以斯帖刺绣了1号作品，但不是《雪景》（线索1）或《河边》（线索3），伊冯刺绣了《村舍花园》（线索2），可以得出以斯帖的作品是《乡村客栈》。接着根据线索4，萨利·斯瑞德制作了4号作品。根据线索3，赫尔迈厄尼就是刺绣2号作品的尼得勒夫人。排除法得出3号作品是伊冯的《村舍花园》，但她不是福瑞木夫人（线索2），而是凯维丝夫人，剩下福瑞木夫人是以斯帖。赫尔迈厄尼没有刺绣《河边》

（线索 3），因此她的作品一定是《雪景》，剩下《河边》是萨利·斯瑞德的作品。

答案：

> 1 号，《乡村客栈》，以斯帖·福瑞木；
> 2 号，《雪景》，赫尔迈厄尼·尼得勒；
> 3 号，《村舍花园》，伊冯·凯维丝；
> 4 号，《河边》，萨利·斯瑞德。

348...

由于亚历山大是深红色和白色外表（线索 2）。罗德·桑兹不是橄榄绿色（线索 3），因此它是猩红色和黄色，而橄榄绿的机车是沃克斯·阿比，属于阿比类（线索 1），并在 1942 年制造（线索 3）。亚历山大不是越野类型的发动机（线索 2），因此是商务车类型的，而越野类型的发动机是罗德·桑兹，它不是始于 1909 年（线索 4），而是在 1926 年制造的，1909 年的机车是亚历山大。

答案：

> 亚历山大，商务车类，深红/白色，1909 年；
> 罗德·桑兹，越野类，猩红/黄色，1926 年；
> 沃克斯·阿比，阿比类，橄榄绿，1942 年。

349...

基德拜夫妇有 2 个孩子（线索 4），因此不只有 1 个孩子的希金夫妇（线索 3）一定有 3 个孩子，并且他们去了澳大利亚（线索 1）。通过排除法，去新西兰的布里格夫妇只有 1 个孩子；排除法又可以得出基德拜夫妇去了加拿大。希金夫妇不是开旅馆（线索 1）或鱼片店（线索 3），因此他们经营的一定是农场。鱼片店不是由布里格夫妇经营的（线索 2），那么一定是基德拜夫妇经营的，布里格夫妇所做的生意是开旅馆。

答案：

> 布里格夫妇，1 个，新西兰，旅馆；
> 希金夫妇，3 个，澳大利亚，农场；
> 基德拜夫妇，2 个，加拿大，鱼片店。

350...

来恩·摩尔是 76 岁（线索 4），74 岁的退休邮递员不是珀西·奎因（线索 2），也不是牧场主人乔·可比（线索 1），因此一定是 C 位置上的罗恩·斯诺。这样根据线索 2，珀西·奎因在 D 位置上，他不是 72 岁（线索 3），而是 78 岁，剩下乔·可比是 72 岁。来恩·摩尔不是马医（线索 4），而是机修工。因此他不在 B 位置上（线索 5），而在 A 位置上，剩下 B 位置上的是乔·可比。通过排除法，78 岁的珀西·奎因在 D 位置上，并且是个马医。

答案：

> 位置 A，来恩·摩尔，76 岁，机修工；
> 位置 B，乔·可比，72 岁，牧场主人；
> 位置 C，罗恩·斯诺，74 岁，邮递员；
> 位置 D，珀西·奎因，78 岁，马医。

351...

由于言情电影（线索 1）、枪战电影（线索 2）和喜剧片（线索 5）都不在 C 制片厂上，因此通过排除法，拉娜·范姆帕担任女主角的警匪片（线索 4）是在那里拍摄的。然后根据线索 4，奥尔弗·楞次在 B 制片厂担任导演。我们知道他不是和拉娜·范姆帕一起工作，线索 1 也排除了海伦·皮奇在 B 制片厂工作的可能。西尔维亚·斯敦汉姆由卡尔·卡马拉导演（线索 3），因此奥尔弗导演多拉·贝尔。海伦·皮奇不在 D 制片厂工作（线索 1），而是在 A 制片厂，剩下卡尔和西尔维亚在 D 制片厂工作。线索 1 现在告诉我们，奥尔弗和多拉在拍言情电影，这样根据线索 2，枪战电影一定在 A 制片厂拍摄，喜剧在 D 制片厂。线索 2 得出，沃尔多·特恩汉姆在 C 制片厂导演警匪片，鲍里斯·旭茨在 A 制片厂导演枪战电影，其中海伦·皮奇是女主角。

答案：

> A 制片厂，枪战，鲍里斯·旭茨，海伦·

皮奇；

B制片厂，言情，奥尔弗·楞次，多拉·贝尔；

C制片厂，警匪，沃尔多·特恩汉姆，拉娜·范姆帕；

D制片厂，喜剧，卡尔·卡马拉，西尔维亚·斯敦汉姆。

352...

由于凯瑞的运动项目不是100米或400米（线索1），她也不是在跳远比赛中获胜的1号女孩（线索1和4），因此通过排除法，她一定破了标枪比赛的纪录。1号位置上的不是跑步运动员，所以凯瑞不是2号女孩（线索1），同一个线索排除了她是1号或4号的可能，所以她在3号位置。400米冠军哈蒂不叫瓦内萨（线索5），我们知道她不叫凯瑞。赫尔的名字是戴尔芬（线索2），那么哈蒂就是洛伊斯。她不在2号位置（线索3），而她的运动项目排除了1号和3号位置，因此她一定在照片中的4号位置。1号女孩不是戴尔芬·赫尔（线索2），而是瓦内萨，戴尔芬是2号女孩，排除法得出戴尔芬的运动项目是100米。最后根据线索4，瓦内萨不姓福特，而姓斯琼，剩下凯瑞是福特小姐。

答案：

1号，瓦内萨·斯琼，跳远；

2号，戴尔芬·赫尔，100米；

3号，凯瑞·福特，标枪；

4号，洛伊斯·哈蒂，400米。

353...

1	3	4	0	2	3	0	0
6	5	5	1	2	3	4	6
4	4	4	2	2	5	5	6
3	1	0	0	3	0	5	6
6	1	1	2	2	5	3	3
1	5	6	0	2	5	6	1
4	0	4	6	2	4	1	3

354...

埃格要去拜访岳母（线索2），穿着绵羊皮外套的男人打算修他的小圆舟（线索5），并且穿着小牛皮上衣的奥格不打算粉刷他的窑洞墙壁（线索4），因此他一定是去钓鱼。由于穿着绵羊皮外套的男人不是阿格（线索5），我们知道他也不是埃格或奥格，那么他是艾格。通过排除法，剩下阿格是准备粉刷窑洞墙壁的男人。穿着绵羊皮外套的艾格不在1号位置（线索1），也不在3号位置，因为3号穿着山羊皮上衣（线索3），而线索1和3排除了他在4号位置的可能，那么他一定在2号位置，1号穿着狼皮上衣（线索1），剩下穿着小牛皮上衣的奥格在4号位置。线索5说明阿格在1号位置，他穿着狼皮上衣，通过排除法，在3号位置上穿着山羊皮上衣的人是埃格，就是那个打算拜访岳母的人。

答案：

1号，阿格，粉刷窑洞墙壁，狼皮；

2号，艾格，修小圆舟，绵羊皮；

3号，埃格，拜访岳母，山羊皮；

4号，奥格，钓鱼，小牛皮。

355...

已知斯杰普生德桥是第2号桥（线索2）。4号桥不是托福汉姆桥（线索1）或悬臂建筑维斯吉格桥（线索4），那么一定是埃斯博格桥。第1条河不是被吊桥横跨的波罗特（线索1），也不是戴斯尔河（线索3）或科玛河（线索4），因此一定是斯沃伦河。我们现在知道托福汉姆桥和维斯吉格桥是1号或3号桥，那么波罗特河（线索1）和科玛河（线索4）不可能是3号河，因此排除法得出第3条河是戴斯尔，而它上面的桥不是拱桥（线索3），也不是摆桥（线索5）或吊桥，而是悬臂桥维斯吉格。根据线索4，科玛是被埃斯博格横跨的第4条河。通过排除法，第1条河斯沃伦被托福汉姆横跨，线索1得出，在波罗特河上的吊桥就是2号桥斯杰普生德。根据线索1

和 5，1 号桥托福汉姆是座拱桥，而 4 号桥埃斯博格在科玛河上，并且是座摆桥。

答案：

> 1 号桥，托福汉姆桥，拱桥，斯沃伦河；
> 2 号桥，斯杰普生德桥，吊桥，波罗特河；
> 3 号桥，维斯吉格桥，悬臂桥，戴斯尔河；
> 4 号桥，埃斯博格桥，摆桥，科玛河。

356...

由于那辆普乔特是黄色的（线索 3），比尔清洗的红车不是福特车（线索 1），因此得出红车是沃克斯豪，而福特车是蓝色的并属于派恩先生（线索 2）。我们现在知道比尔清洗的是沃克斯豪，派恩先生的车是福特，罗里清洗的斯蒂尔先生的车（线索 4）一定是黄色的普乔特。剩下卢克清洗的车是派恩先生的福特，最后排除法得出，比尔清洗的红色的沃克斯豪是科顿先生的。

答案：

> 比尔，科顿先生，沃克斯豪，红色；
> 卢克，派恩先生，福特，蓝色；
> 罗里，斯蒂尔先生，普乔特，黄色。

357...

A	E	B	D	C
D	C	A	E	B
C	A	D	B	E
E	B	C	A	D
B	D	E	C	A

358...

由于赫尔拜店是家化学药品店（线索 4），

面包店不是罗帕店（线索 1），因此一定是万斯店，而罗帕店是家零售店。这家店没有雇佣卡罗尔·戴（线索 3）或艾玛·发，因为后者在面包店工作（线索 2），所以他们雇佣的是安·贝尔，而卡罗尔·戴在赫尔拜化学药品店工作，但她的工作不是 9 月份开始的（线索 4），艾玛·发也不是在 9 月份开始工作（线索 1），因此 9 月份开始工作的一定是安·贝尔。艾玛·发开始工作的时间不是 8 月份（线索 2），而是 7 月份，而卡罗尔·戴开始工作的时间是 8 月份。

答案：

> 安·贝尔，罗帕店，零售店，9 月份；
> 卡罗尔·戴，赫尔拜店，化学药品店，8 月份；
> 艾玛·发，万斯店，面包店，7 月份。

359...

由于 C 位置上的旅店名是升起的太阳（线索 3），D 位置上的船属于凯斯家庭（线索 4），因此根据线索 1，停泊在挪亚方舟处的费希尔家庭的船在 B 位置上，而斯恩费希船在 A 位置上。我们知道停在狗和鸭码头的帕切尔号（线索 2）不在 A、B 或 C 位置上，所以它一定属于 D 位置上的凯斯家庭。现在通过排除法，A 位置上的旅店是钓鱼者休息处。罗德尼家庭的船不是停靠在升起的太阳处（线索 3），而是在 A 位置上的钓鱼者休息处，并且是斯恩费希号，剩下停在 C 位置上的升起的太阳处的船属于德雷克家庭，但不是南尼斯号（线索 3），而是罗特斯号，费希尔家庭的船南尼斯停在 B 位置上的挪亚方舟处。

答案：

> 位置 A，罗德尼，斯恩费希，钓鱼者休息处；
> 位置 B，费希尔，南尼斯，挪亚方舟；
> 位置 C，德雷克，罗特斯，升起的太阳；
> 位置 D，凯斯，帕切尔，狗和鸭客栈。

360...

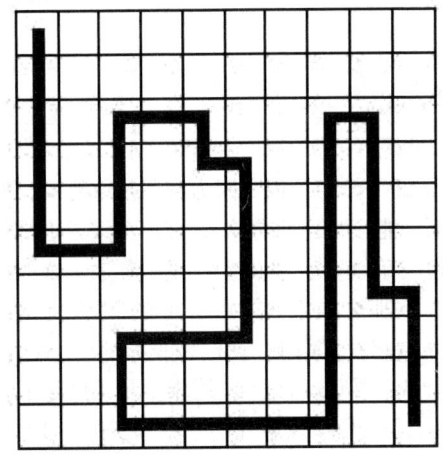

361...

由于他们计划星期三去喂猫（线索4），星期四去草地（线索2），所以根据线索1可以知道，他们星期二去山上取水，星期一沿2号方向前进。他们声称朝4号方向前进是去清理茶匙（线索3），因此那天不是星期一，也不是星期二或星期三，那么一定是星期四，并且是去草地。剩下星期一他们去割卷心菜，但不是在河边（线索5），而是在树林中，剩下河边是他们星期三去喂猫的地方，但不是在1号方向（线索4），而是在3号方向，最后得出他们在星期二沿1号方向去爬山。

答案：

　　1号方向，星期二，山上，取水；

　　2号方向，星期一，树林，割卷心菜；

　　3号方向，星期三，河边，喂猫；

　　4号方向，星期四，草地，清理茶匙。

362...

海吉斯在2号位置（线索4）。由于4号马上的选手不是迪克兰（线索3）或沃特（线索5），因此他一定是赫多尔。这样根据线索2，安德鲁就是骑2号马的海吉斯。1号马不是"跳羚"（线索1），不是"杰克"（线索3），也不是被加百利骑着的"跳过黑暗"（线索5），因此一定是"小瀑布"。我们现在知道安德鲁的马不是"小瀑布"或"跳过黑暗"，也不是"跳羚"（线索1），那么就是"杰克"。现在线索3说明迪克兰·吉姆帕是骑1号马"小瀑布"的选手。通过排除法，沃特骑3号马。根据线索5，4号马是"跳过黑暗"，剩下沃特骑的是"跳羚"。现在已经知道赫多尔就叫加百利，而沃特是吉斯杰姆的姓。

答案：

　　1号，"小瀑布"，迪克兰·吉姆帕；

　　2号，"杰克"，安德鲁·海吉斯；

　　3号，"跳羚"，吉斯杰姆·沃特；

　　4号，"跳过黑暗"，加百利·赫多尔。

363...

A位置上的军官是罕克·吉米斯（线索2），坐在C位置上的是宇航员（线索5），因此弗朗茨·格鲁纳工程师（线索1）一定在B或D位置上，而陆军少校也在B或D位置上（线索1）。空军上校在B位置上（线索3），这样根据线索1，他一定是工程师弗朗茨·格鲁纳，而陆军少校在D位置上。我们现在已经知道罕克·吉米斯不是宇航员或工程师，也不是军医，因此他一定是飞行员，剩下坐在D位置上的陆军少校是个军医，根据线索4，他是尤瑞·赞洛夫，C位置上的宇航员是萨姆·罗伊斯，但她不是海军司令官（线索5），而是海军上尉，剩下海军司令官是A位置上的罕克·吉米斯。

答案：

　　位置A，罕克·吉米斯，海军司令官，飞行员；

　　位置B，弗朗茨·格鲁纳，空军上校，工程师；

　　位置C，萨姆·罗伊斯，海军上尉，宇航员；

　　位置D，尤瑞·赞洛夫，陆军少校，军医。

364…

由于2号警官的肩膀麻木（线索1），线索4说明斯图尔特·杜琼不是4号警官。线索2也排除了卡弗在4号位置的可能，并且线索3排除了布特，因此通过排除法，4号警官一定是艾尔莫特。这样根据线索3，格瑞在2号位置，并且遭受肩膀麻木的痛苦。1号警官不是鼻子发痒的内卫尔（线索2），也不是亚瑟（线索3），而是斯图尔特·杜琼。这样根据线索4，3号警官受鸡眼折磨。我们知道他不是格瑞、内卫尔或斯图尔特，那么必定是亚瑟，剩下4号警官是鼻子发痒的内卫尔·艾尔莫特。通过排除法，斯图尔特·杜琼一定受肿胀的脚的折磨。亚瑟就是卡弗（线索2）。剩下格瑞就是布特。

答案：

1号，斯图尔特·杜琼，肿胀的脚；

2号，格瑞·布特，肩膀麻木；

3号，亚瑟·卡弗，鸡眼；

4号，内卫尔·艾尔莫特，发痒的鼻子。

365…

"红母鸡"在1649年被宣判（线索4），在1648年被认为是女巫的不是"蓝鼻子母亲"（线索3），因此她一定是"诺格斯奶奶"，并且真名是艾丽丝·诺格斯（线索1）。通过排除法，"蓝鼻子母亲"在1647年被宣判为女巫，而她来自盖蒙罕姆（线索2）。那么伊迪丝·鲁乔不是在1648年被宣判（线索4），而是在1649年，她的绰号是"红母鸡"。可以得出艾丽丝·诺格斯住在希尔塞德（线索4）。克莱拉·皮奇不是来自里球格特乡村（线索3），所以必定来自盖蒙罕姆，并且她是在1647年被宣判的"蓝鼻子母亲"；排除法得出伊迪丝·鲁乔住在里球格特。

答案：

克莱拉·皮奇，"蓝鼻子母亲"，盖蒙罕姆，1647年；

艾丽丝·诺格斯，"诺格斯奶奶"，希尔塞德，1648年；

伊迪丝·鲁乔，"红母鸡"，里球格特，1649年。

366…

根据线索2，V一定在C1，C2，D1或D2中的1个格子内。因为它不是重复的，所以不可能在C2（线索5），而那个线索也排除了包含有1个元音的D2。D3内是个A（线索4），那么线索2排除了V在D1内，排除法得出它在C1内。这样根据线索2，A1内有个R，而C3内是C。线索1和4排除了在D2内的元音（线索5）是A，也不是O（线索7），因此只能是I。根据线索6，G在C排，但G只有1个，不在C2内（线索5），只能在C4内。这样B4内的元音（线索5）不是O（线索7），而是另一个A。线索7排除了O在A或D排的可能，而已经找到位置的字母除掉了B1，B3或C2，以及B4，C1，C3和C4，只剩下B2包含O，而1个T在C2内（线索7）。这样根据线索5，第2个T在A4内。根据线索7，Y在A3内。我们还需找到两个R的位置，但都不在D4内（线索4），线索1也排除了B1和A2，只剩下B3和D1。L不是在D4内，也不是在A2内（线索3），因此在B1内。线索1排除了剩下的A在D4的可能，得出F在D4，而A在A2。

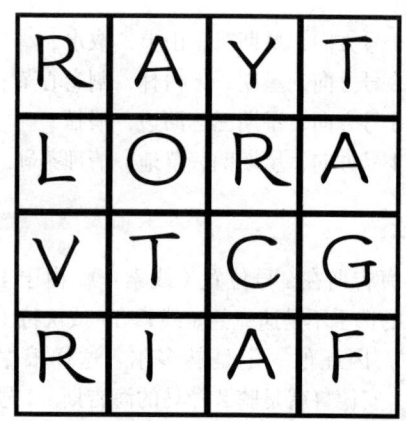

367...

由于特德·温的车不是黄色的（线索3），也不是红色的D号车（线索1和3）；伦·凯斯的跑车是绿色的（线索4），因此特德·温的车是蓝色，但不是C号车（线索5），根据线索3，一定是B号车，并且于1938年制造（线索2）。红车不是加里·合恩的（线索1），而是属于克里斯·丹什，剩下加里·合恩是黄车的主人。伦·凯斯的车不是A号车（线索4），因此一定是C号车，而加里·合恩的车是A号车。根据线索3，伦·凯斯的车是1932年的模型。1934年的模型不是D号车（线索1），而是加里·合恩的黄车，克里斯·丹什的D号红车始于1936年。

答案：

A号车，加里·合恩，黄色，1934年；

B号车，特德·温，蓝色，1938年；

C号车，伦·凯斯，绿色，1932年；

D号车，克里斯·丹什，红色，1936年。

368...

由于瑞克特立建筑始于1708年（线索4），詹姆士·皮卡德拥有的财产在1685年建造（线索3），丽贝卡·德雷克拥有的佛乔别墅不是始于1770年（线索1），而是1610年。这样线索1就告诉我们2号建筑始于1685年，并且属于詹姆士·皮卡德，但不是曼纳小屋（线索3），我们知道它也不是瑞克特立建筑或佛乔别墅，因此必定是狗和鸭建筑，剩下曼纳小屋是1770年建造的。线索2现在告诉我们，巴兹尔·布立维特是1号建筑的主人。史密塞斯上校不拥有曼纳小屋（线索5），因此他的房子一定是瑞克特立建筑，剩下1号建筑是曼纳小屋，并属于巴兹尔·布立维特。而瑞克特立建筑不是3号房子（线索4），只能是4号，剩下的佛乔别墅在3号位置。

答案：

1号，曼纳小屋，1770年，巴兹尔·布立维特；

2号，狗和鸭建筑，1685年，詹姆士·皮卡德；

3号，佛乔别墅，1610年，丽贝卡·德雷克；

4号，瑞克特立建筑，1708年，史密塞斯上校。

369...

370...

由于最前面一辆车的司机不是菲利普（线索1）和曼纽尔（线索3），并且也不是汉斯（线索4），因此一定是安东尼奥。这样根据线索5，红车在2号位置上，那么它的数字是15（线索2）。第4个位置上的车不是车牌号为27的黄车（线索1），它的车牌号也不是38（线索3），排除法得出它的车牌号是9。我们知道它不是红色或黄色，也不是绿色（线索4），那只能是蓝色。剩下车牌号38的车是绿色的，但绿车不在3号位置（线索3），因此它是领先的安东尼奥的车，剩下3号车是带数字27的黄车。线索4现在告诉我们汉斯是2号红车的司机，线索1说明菲利普是4号蓝车的司机，剩下曼纽尔是3号黄车的司机。

答案：

1号位置，安东尼奥，绿色，38；

2号位置，汉斯，红色，15；

3 号位置，曼纽尔，黄色，27；

4 号位置，菲利普，蓝色，9。

371...

372...

詹妮的孩子在 3 号位置上（线索 3）。4 号位置上的卡纳（线索 2）不是 D 位置上的雷切尔的儿子（线索 4 和 5），丹尼尔是莎拉的儿子（线索 4），这样通过排除法，卡纳的母亲是汉纳。然后根据线索 1，爱德华是詹妮的孩子，他在 3 号位置，雷切尔的儿子是马库斯。我们知道汉纳不在 D 位置上，也不在 C 位置（线索 1）或 B 位置（线索 2），因此她一定在 A 位置。詹妮不在 C 位置（线索 5），而是在 B 位置，剩下 C 位置上的是莎拉。丹尼尔不在 2 号位置（线索 4），那他一定在 1 号，剩下马库斯在 2 号位置，这由线索 4 证实。

答案：

A 位置，汉纳；4 位置，卡纳；

B 位置，詹妮；3 位置，爱德华；

C 位置，莎拉；1 位置，丹尼尔；

D 位置，雷切尔；2 位置，马库斯。

373...

由于 D 面上的神像拥有水蟒的面孔（线索 3），这样根据线索 2，战神爱克斯卡克斯特不在 B 面；而 B 面神像不是爱神（线索

4），A 面代表了气候神（线索 4），因此 B 面上的是事业神。可以得出 C 面神像以蝙蝠为面孔（线索 5）。事业神的名字不是埃克斯特里卡特尔（线索 5），也不是爱克斯卡克斯特或奥克特拉克斯特（线索 4），因此他一定是乌卡特克斯赖特，而 B 面神像的面孔是水怪（线索 1）。通过排除法，A 面神像拥有美洲虎的面孔，这样根据线索 3，战神爱克斯卡克斯特一定在 C 面上，剩下以水蟒为面孔的神像在 D 面，并且他是爱神。奥克特拉克斯特不在 A 面（线索 4），那只能在 D 面，剩下 A 面神像是埃克斯特里卡特尔。

答案：

A 面，美洲虎，埃克斯特里卡特尔，气候；

B 面，水怪，乌卡特克斯赖特，事业；

C 面，蝙蝠，爱克斯卡克斯特，战争；

D 面，水蟒，奥克特拉克斯特，爱情。

374...

住了 16 年的那个居民是在罗斯村（线索 4），住龄 8 年的住户，他家不在怀特盖茨村（线索 3），所以一定是在牧场，因此他是沃尔特·杨（线索 1）；他不是来自艾林特（线索 1），也不可能来自帕丁顿（线索 2），所以一定是来自柏特斯。艾伦·布拉德利不是来自帕丁顿（线索 2），所以一定是从艾林特来的。剩下梅维斯·诺顿是来自帕丁顿的那个人，他在镇上的罗斯村生活了 16 年（线索 2）。综上可知，艾伦·布拉德利在怀特盖茨村生活了 11 年。

答案：

艾伦·布拉德利，艾林特，11 年，怀特盖茨村；

梅维斯·诺顿，帕丁顿，16 年，罗斯村；

沃尔特·杨，柏特斯，8 年，牧场。

375...

艾尔德是在 1995 年搬来的（线索 4），所以，由线索 1 得出，西尼尔是 1990 年到

的，格雷是 1985 年。格雷名叫玛格丽特（线索 3），所以不叫戴西的艾尔德，他的名字是亨利（线索 4）。剩下戴西的姓是西尼尔。从线索 1 知道，玛格丽特·格雷来自莫博里。而由线索 2，亨利·艾尔德原住在威逊韦尔。最后，戴西·西尼尔以前的家在布莱伍德。

答案：

戴西·西尼尔，布莱伍德，1990 年；
亨利·艾尔德，威逊韦尔，1995 年；
玛格丽特·格雷，莫博里，1985 年。

376...

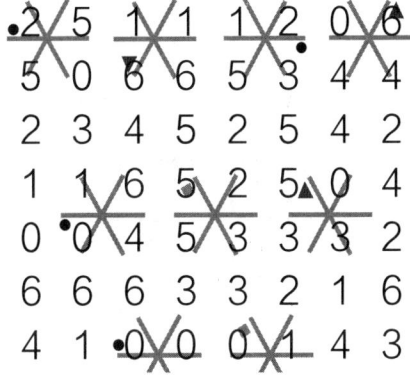

377...

排在第 3 位退牛仔裤的女士不是希拉（线索 1），不是退剪草机的马里恩（线索 3），也不是排在第 4 位的希瑟（线索 4），所以，她是卡罗尔。现在我们已知其中两位女士的名字；希拉·普里斯（线索 1）不是排在第 1 位，排第 1 位的是特威德夫人（线索 5），所以希拉·普里斯排的是第 2 位。综上所述，排第 1 位的特威德夫人是马里恩。现在我们知道了两位女士的姓，希瑟不姓克拉普（线索 4），她姓夏普。因此退牛仔裤的卡罗尔是克拉普夫人。从线索 2 得出，希瑟·夏普排第 4 位，她退的不是烤箱，是手提箱。退回烤箱的是排在第 2 位的希拉·普里斯。

答案：

第 1 位，马里恩·特威德，剪草机；

第 2 位，希拉·普里斯，烤箱；
第 3 位，卡罗尔·克拉普，牛仔裤；
第 4 位，希瑟·夏普，手提箱。

378...

罗斯的房子达到 7 层高（线索 5），所以她不可能是叠出 4 层高房子的 2 号女孩（线索 2）。线索 4 排除了她在 3 号位置用蓝色纸牌的可能，她也不是在 4 号位置（线索 5），所以，罗斯坐在 1 号座位。我们已知夏洛特用的纸牌是绿色的（线索 1），她不在位置 1 或 3；因为 2 号女孩叠出 4 层楼，所以，夏洛特不可能是在 4 号位置（线索 1），她是在位子 2，造出了 4 层楼的房子。因此，由线索 1 得出，5 层楼的房子是由 4 号女孩建造的。留下用蓝色纸牌造的 6 层房子在位置 3。综上，根据线索 4，罗斯用的是红色的纸牌，剩下由黑色纸牌构成的在位置 4 的 5 层房子，它不是由安吉拉建造的（线索 3），而是蒂娜做的。安吉拉坐在 3 号位置，持蓝色纸牌。

答案：

座位 1，罗斯，红色，7 层楼；
座位 2，夏洛特，绿色，4 层楼；
座位 3，安吉拉，蓝色，6 层楼；
座位 4，蒂娜，黑色，5 层楼。

379...

雅克的顾客叫阿曼裕（线索 4）乔·埃尔买的是诗集（线索 2），因传记是玛丽安在出售，且不是由斯尔温购买（线索 5），所以必定是威廉买去的。玛丽安的书亭不是 1 号和 4 号书亭（线索 1）。结合小说是在 3 号书亭买到的（线索 3），所以玛丽安的书亭是 3 号。因此，从线索 1 得出字典是由 3 号书亭出售，而从线索 5 得出斯尔温一定是在 3 号书亭买了小说的顾客。余下阿曼裕在 1 号书亭。排除上面已知的，乔·埃尔一定在 4 号书亭买书，而 4 号书亭不是由艾兰恩经营的（线索 2），它是波莱特的，剩下艾兰恩在 3 号书亭卖小说给斯尔温。

答案：

1号，雅克，阿曼裕，字典；

2号，玛丽安，威廉，传记；

3号，艾兰恩，斯尔温，小说；

4号，波莱特，乔·埃尔，诗集。

380...

亨利排在队伍的第3个位子（线索3）。第4个位子排的不是珀西瓦尔（线索1），也不是马克斯（线索2），所以，一是威洛比。威洛比买的是星期五晚上的票（线索4）。星期六晚上定在包厢座位的票不是珀西瓦尔买的（线索1），也不是亨利的（线索3），排除法得知买票的是马克斯。所以，马克斯不可能是排在第1位的（线索1），而是排在第2位，第1位排的是珀西瓦尔。因此据线索2可得，第3位是亨利，买的是剧院花楼的票。但不是星期4的演出（线索2），是星期三的。剩下珀西瓦尔买的是星期四的票，并根据线索3得出，是在正厅后排的座位。所以，威洛比星期五晚上的票是正厅前排的座位。

答案：

位置1，珀西瓦尔，星期四，正厅后排座位；

位置2，马克斯，星期六，包厢；

位置3，亨利，星期三，剧院花楼；

位置4，威洛比，星期五，正厅前排座位。

381...

思德·塔克坐在C位置（线索1），BBMU的人坐在D位置（线索4），所以来自UMBM，不是坐在B位置的雷·肖（线索5），一定是在A位置。现在根据线索2，代表ABM的6位成员的那个人不可能是坐在A或C位置，也排除了坐在D位置的可能，所以他是坐在B位置；同样根据线索2，阿尔夫·巴特一定是在D位置。综上，吉姆·诺克斯坐在B位置，思德·塔克代表BBT坐在C位置。所以BBT代表的不是7位成员（线索3），也不是4位（线索1），我们知道是吉姆·诺克斯代表有6位成员的ABM，所以BBT有3位成员。UMBM的雷·肖代表的人数比ABM的吉姆·诺克斯代表的少（线索5），所以UMBM一定有4位成员，而BBMU的阿尔夫·巴特代表的是7位成员。

答案：

位置A，雷·肖，UMBM，4；

位置B，吉姆·诺克斯，ABM，6；

位置C，思德·塔克，BBT，3；

位置D，阿尔夫·巴特，BBMU，7。

382...

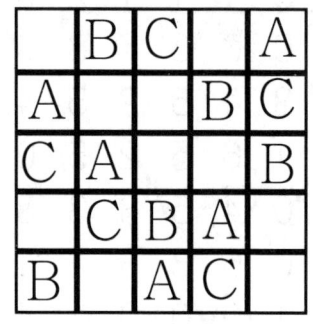

383...

灰色小马叫邦妮（线索3），所以不叫维纳斯（线索1），属于贝琳达的那匹褐色小马一定是叫潘多拉。综上得出，黑色小马一定是叫维纳斯，维纳斯的主人姓郝克斯（线索2）。现在我们知道潘多拉的主人叫贝琳达，而维纳斯的主人姓郝克斯，所以费利西蒂·威瑟斯（线索4）必定是灰色小马邦妮的主人。得出凯蜜乐姓郝克斯，贝琳达姓梅诺。

答案：

贝琳达·梅诺，潘多拉，褐色；

凯蜜乐·郝克斯，维纳斯，黑色；

费利西蒂·威瑟斯，邦妮，灰色。

384...

布里奇特的职责是提供餐后甜点（线索4），洛蒂不是提供饮料的（线索3），所以她是提供主菜的，而内尔是提供饮料的。因此，根据线索2，洛蒂是56岁。内尔不可能是54岁（线索1），所以是52岁；布里奇特则是54岁。洛蒂已经为此工作了18年（线索3）。内尔的工作时间一定比16年长（线索1）。所以内尔是20年，布里奇特是16年。

答案：

布里奇特，54岁，16年，餐后甜点；

洛蒂，56岁，18年，主菜；

内尔，52岁，20年，饮料。

385...

布鲁克林"是第1名（线索5），身穿红色和橘黄色衣服的骑师是第3名（线索4），由线索1排除了"矶鹬"得第2名和第4名的可能性，所以，它排在第3名。根据线索1得出，卢克·格兰费尔身着黑蓝两色，骑的是排在第4的马。已知"国王兰赛姆"是马文·盖尔骑的那匹马（线索2），排名不是1、3或4，所以是第2名；剩下卢克·格兰费尔骑的马叫"蓝色闪电"。马文穿的不是粉色和白色（线索2），所以应是黄色和绿色。而粉色和白色是穿在胜利的骑师身上。得胜的不是杰姬·摩兰恩（线索3），而是科纳·欧博里恩。杰姬·摩兰恩的马是排在第3名的"矶鹬"。

答案：

第1名，"布鲁克林"。科纳·欧博里恩，粉色和白色；

第2名，"国王兰赛姆"，马文·盖尔，黄色和绿色；

第3名，"矶鹬"，杰姬·摩兰恩，红色和橘黄色；

第4名，"蓝色闪电"，卢克·格兰费尔，黑色和蓝色。

386...

罗孚汽车停在位置5（线索1），所以不在位置2、3、4的沃尔沃汽车（线索4）一定在位置1。在位置3的车是白色的（线索

3），因此，在位置5的罗孚汽车的颜色不是黄色，黄色是菲亚特汽车的颜色（线索3），不是棕色（线索5）或红色（线索2），所以一定是绿色。在位置4的车我们已知不可能是罗孚或沃尔沃汽车，根据线索2，它也不是福特，位置3的车是白色的（线索3），而线索5排除了丰田在位置4的可能。所以，位置4停的是黄色的菲亚特。再根据线索5，棕色汽车不在位置1，所以是在位置2。而在位置1的沃尔沃必定是红色的。现在由线索2得出，位置2的棕色车子是福特，由线索5得出在位置3的白色车子是丰田。

答案：

1号，红色沃尔沃；

2号，棕色福特；

3号，白色丰田；

4号，黄色菲亚特；

5号，绿色罗孚。

387...

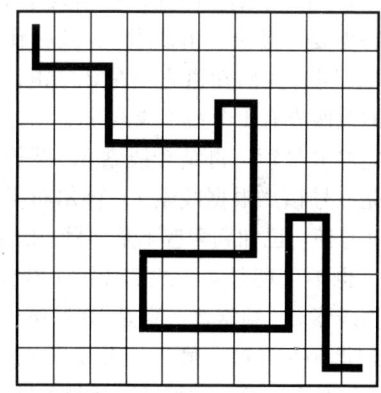

388...

肖特带着红色的围巾（线索2），伯妮斯·海恩的围巾不是黄色的（线索1），她也不是围着蓝色围巾的1号位置的溜冰者（线索1和4），所以她的围巾是绿色的，已知她不在1号位置，因为1号位置的人带着蓝色围巾，线索1同时也排除了她在2号位置的可能性，从线索3中得出她不可能在4号位置，所以

伯妮斯·海恩在 3 号位置。因此从线索 1 得出，2 号位置的溜冰者必定带着黄色围巾，而由线索 3 知道，路易丝一定是在 4 号位置，余下红色围巾由她带着，所以，她是肖特。杰姬不是 2 号溜冰者（线索 2），她是 1 号溜冰者，2 号是夏洛特。杰姬不姓劳恩（线索 5），她姓利特尔，劳恩是夏洛特的姓。

答案：

位置 1，杰姬·特利尔，蓝色；

位置 2，夏洛特·劳恩，黄色；

位置 3，伯妮斯·海恩，绿色；

位置 4，路易丝·肖特，红色。

389...

标号 3 的镇是肯思菲尔得（线索 4），所以亚克斯雷不是 4 号镇（线索 1），不是 6 号镇（因为 6 号镇没有其他镇在它的东北方向），也不是 8 号镇（因为根据线索 1，它们两者都没有 1 个镇在它们的偏南方），又因为它在图上是偶数标记的（线索 1），所以亚克斯雷镇是 2 号镇。因此，根据线索 1，布赖圣特恩是 1 号镇。由线索 5，威格比不是 9 号镇，同时我们知道它不是 3 号镇，又因为它的偏西方有 1 个镇（线索 5），所以威格比一定是 6 号镇。再结合线索 5，摩德维尔一定是 5 号镇。根据线索 1，科尔布雷杰一定是 8 号镇。已知勒索普不是 2 号、5 号或 8 号镇，也不可能是 4 号或 7 号镇（线索 2），再根据线索 2，勒索普一定是 10 号镇，而波特菲尔得是 9 号镇，最后，由线索 3，德利威尔一定是 7 号镇，欧德马科特是 4 号镇。

答案：

1 号，布赖圣特恩镇；

2 号，亚克斯雷镇；

3 号，肯思费尔德镇；

4 号，欧德马科特镇；

5 号，摩德维尔镇；

6 号，威格比镇；

7 号，德利威尔镇；

8 号，科尔布雷杰镇；

9 号，波特菲尔得镇；

10 号，勒索普镇。

390...

德莫特住在提姆布利村（线索 2）；村庄 2 是格里斯特里村，经过它的环线朝东方开（线索 1）。5 千米长朝南开的路程起始自罗莉住的那个村庄（线索 4），所以她不可能住在 6 千米路段的起始地桑德莱比村（线索 3），罗莉是住在托维尔村。7 千米路段不是起始自格里斯特里村（线索 1），同时已知它不可能起始自桑德莱比村或托维尔村，所以它一定是起始自德莫特家所在的提姆布利村。剩下 4 千米路段的起始自格里斯特里村。阿诺德不住在桑德莱比村（线索 2），所以他住在格里斯特里村。而桑德莱比村是吉姆住的村庄。提姆布利不是村庄 3（线索 1），所以它是村庄 4。因此，罗莉的村庄托维尔，自它开始的环线车朝南开（线索 4），一定是村庄 3，余下桑德莱比村庄 1，作为整个车程的开始点。

答案：

村庄 1，桑德莱比村，吉姆，6 千米；

村庄 2，格里斯特里村，阿诺德，4 千米；

村庄 3，托维尔村，罗莉，5 千米；

村庄 4，提姆布利村，德莫特，7 千米。

391...

泊尔去了法国（线索 1），去澳大利亚旅游的人摔断了 1 条腿（线索 2），所以，摔断了锁骨的索尼亚（线索 4）一定是在瑞士受伤的。综上所述，泊尔一定是摔断了她的手臂，去澳大利亚的是迪莉娅。斯塔布斯夫人既不叫索尼亚也不叫泊尔（线索 3），所以她叫迪莉娅。索尼亚不是霍普夫人（线索 4），所以她是费尔夫人，霍普夫人的名字是泊尔。

答案：

迪莉娅·斯塔布斯，澳大利亚，腿；

泊尔·霍普，法国，手臂；

索尼亚·费尔，瑞士，锁骨。

392...

8月份的那次度假不是坐长途汽车去的（线索1），也不是小汽车（线索2），而是火车。8月份的假期去的不是科茨沃尔德（线索2），也不是英国的湖泊地区（线索3），而是康沃尔。爱丽丝是开小汽车去科茨沃尔德的（线索2），所以长途汽车之旅去的是英国的湖泊地区，但是不是在5月份（线索3），所以是在6月份。综上，5月份的假期是在科茨沃尔德度过的。在英国的湖泊地区的度假不是在1986年（线索3），也不是1971年（线索1），而是1974年。最后，由线索1得出，康沃尔的假期是在1971年，去科茨沃尔德是在1986年。

答案：

5月份，1986年，科茨沃尔德，小汽车；

6月份，1974年，英国的湖泊地区，长途汽车；

8月份，1971年，康沃尔，火车。

393...

因为勋章C有1个绿色的绶带（线索1），根据线索4，所以铁拳团的铁制勋章不可能是勋章D。勋章A用的是银作材料（线索2），勋章D不是金制的（线索5），所以勋章D应该是青铜制的。根据线索5，勋章C是金制的。综上可得，铁拳团的铁制勋章应该是勋章B。因此，由线索4得出，悬挂蓝色绶带的勋章是勋章A。现在已知3个勋章的团名或绶带颜色，所以赖班恩王子勋爵士团的有着紫色绶带的是青铜制勋章D，因此，白色绶带的勋章是铁拳团的勋章B。最后，由线索5，不是伊斯特埃尔勋爵士团的、带绿色绶带的金制勋章C是圣爱克赞讷勋爵士团的。而伊斯特埃尔勋爵士团的是银制的蓝色绶带的勋章A。

答案：

勋章A，伊斯特埃尔勋爵士团，银，蓝色；

勋章B，铁拳勋爵士团，铁，白色；

勋章C，圣爱克赞讷勋爵士团，金，绿色；

勋章D，赖班恩王子勋爵士团，青铜，紫色。

394...

戴夫在3号位置（线索5），詹妮不可能是在4号位置（线索1），又因为2号位置骑的人是"迈德·海特"（线索3），线索1排除了1号位置是詹妮的可能，所以，詹妮是在2号位置，扮成"迈德·海特"。根据线索1，在1号位置的戴夫扮演的是"托德先生"。现在，由线索2得出，诺德一定是在1号位置，剩下"贝格尔斯"，即贝尔（线索4），在4号位置。"诺德"不是基思扮演的（线索2），所以他一定是莫尼卡扮的，而基思姓贝尔，扮的是"贝格尔斯"。莫尼卡不姓斯普埃克斯（线索2），也不姓切诺（线索3），所以她姓福克斯。最后，根据线索3，切诺不是扮成"迈德·海特"的詹妮，所以他是戴夫。詹妮姓斯普埃克斯。

答案：

1号，莫尼卡·福克斯，扮的是"诺德"；

2号，詹妮·斯普埃克斯，扮的是"迈德·海特"；

3号，戴夫·切诺，扮的是"托德先生"；

4号，基思·贝尔，扮的是"贝格尔斯"。

395...

4号汽车是深蓝色的（线索4），灰色美洲豹不是1号汽车（线索1），它肯定是2号汽车或3号汽车，而且它肯定是丰田（线索3）。既然4号汽车不是流浪者（线索4），它肯定是宝马。4号汽车不归阿尔玛所有（线索3），同时阿尔玛的汽车也不可能是美洲豹或者丰田，因为这两辆车都在汽油泵旁边（线索3），所以她的汽车肯定是流浪者，同时肯定是1号汽车。从线索1中可以看出，灰色美洲豹是3号汽车，哈森的汽车是2号，而且必定是丰田，它不是绿色的（线索3），所以它肯定是浅蓝色的。剩下阿尔玛的流浪者牌是绿色的。最后，根据线索 2 中，蒂莫西的汽车肯定是灰色美洲豹，而深蓝色宝马必定是杰拉尔丁的汽车。

答案：

1 号，阿尔玛，绿色流浪者；

2 号，哈森，浅蓝色丰田；

3 号，蒂莫西，灰色美洲豹；

4 号，杰拉尔丁，深蓝色宝马。

396...

蓝色海湾镇拥有卡西诺赌场（线索 4），巴瑞特一家人所住的小镇拥有宜人的海滩（线索 2）。罗德斯一家人住在国王乡村中，但此处没有游艇港湾（线索 1），所以它肯定是潜水中心。我们知道住在蓝色海湾镇上的家庭不是巴瑞特或者罗德斯一家，同时也不可能是沃德尔一家（线索 4），所以它必定是莱斯特一家。因此，蓝色海湾镇位于 B 处（线索 2）。D 处小镇叫做白色沙滩（线索 3）。在游艇港湾镇顺时针方向的下一站就是国王乡村镇（线索 1），所以国王乡村镇不可能是 C 处小镇，它必然是 A 处小镇，剩下 C 处是纳尔逊镇。游艇港湾必定在白色沙滩镇上（线索 1），所以，用排除法可知，必定是沃德尔一家人住在白色沙滩镇上。那么巴瑞特一家人肯定在纳尔逊镇上，那里有宜人的海滩。

答案：

A 镇，国王乡村，罗德斯，潜水中心；

B 镇，蓝色海湾，莱斯特，卡西诺赌场；

C 镇，纳尔逊镇，巴瑞特，宜人海滩；

D 镇，白色沙滩，沃德尔，游艇港湾。

397...

C3 中的数字是 2（线索 3），数字 1 不可能在 C 行（线索 7）。数字 6 不可能在 A1 中（线索 1），所以 C1 不可能是 3（线索 5）。如果 C1 是 5，那么 B1 中的数字是 20（线索 5），但这是不可能的（线索 1）。因此，C1 中的数字只可能是 4。A1 中的数字肯定是 8，B1 中的数字肯定是 16（线索 5）。数字 20 在第

1 行中（线索 1），但是我们知道它不可能在 A2 中，也不可能在紧靠 8 右边的位置上，也不可能在 A7 上（线索 1），同时它也不可能在 A3 中。A4 中的数字比 A3 大 2（线索 1 和 2），18 不可能在 A3 的方格中（线索 7），所以 20 不可能在 A4 中（线索 2）。线索 2 排除了 20 在方格 A5 中，所以，用排除法可知，20 必定在 A6 中，7 在方格 A5 中，6 在方格 A7 中（线索 1）。从线索 2 可知，方格 A4 是 14，方格 A3 是 12。我们知道数字 2 在 C3 中，而 B3 中的数字肯定是 17（线索 8），因此 C6 肯定是 18，C2 肯定是 19（线索 6）。那么 B6 就是数字 1，B7 就是数字 13（线索 7）。数字 21 和数字 9 分别是 C4 或者 C5 中的数字（线索 9）。10 不可能在 C 行或 A 行（线索 4），所以只可能在 B 行中。既然 B7 是 13，B4 就不可能是 10，所以 10 肯定在 B2 中，而 15 就在 B5 中（线索 4）。从线索 9 看出，9 肯定在 C5 中，所以 21 肯定在 C4 中。B4 是个位数（线索 9），它不可能是 3（线索 3），所以它只可能是 5。既然第 7 列的 3 个数字之和大于 25（线索 8），数字 3 就不可能在方格 C7 中，所以它可能在 A2 中，剩下 C7 中的数字是 11。

答案：

8	3	12	14	7	20	6
16	10	17	5	15	1	13
4	19	2	21	9	18	11

398...

家庭主妇的花展是蓝色（线索 5），主要使用黄花的夏洛特不是牙科接待员（线索 1），艾里斯是健康访问员（线索 4），所以夏洛特一定是蔬菜水果商，因此她的展出不是在 3 号展厅（线索 2）。线索 1 排除在 1 号展厅的可能，而展厅 4 是卢斯的（线索 3），所以夏洛特设计的花展一定是在 2 号的北耳堂。

因此根据线索1得出，牙科接待员最有可能是在1号展厅。所以她不可能是卢斯，已知她也不是夏洛特或艾里斯，她是米兰达。剩下卢斯是家庭主妇。综上可得，艾里斯设计了3号花展，即圣餐桌，它的基本颜色不是粉红色（线索4），所以一定是白色。最后粉红色花展是米兰达设计的。

答案：

1号展厅，米兰达，牙科接待员，粉红色；

2号展厅，夏洛特，蔬菜水果商，黄色；

3号展厅，艾里斯，健康访问员，白色；

4号展厅，卢斯，家庭主妇，蓝色。

399...

2	3	2	1	6	6	0	5
3	6	6	2	2	4	5	1
3	4	3	2	6	0	1	1
3	5	5	0	1	3	4	5
0	0	0	1	3	1	4	6
4	4	2	5	2	4	0	6
4	6	5	5	0	2	1	3

400...

阿曼达发现的是20便士（线索2），根据线索1，韦斯利发现的一定是10便士，所以那个5便士的硬币一定是在公园被发现的。综上可知，它的发现者是约瑟夫。约瑟夫不是5岁（线索1），而6岁的小孩在人行道上发现1个硬币（线索3），所以约瑟夫是7岁。阿曼达不可能是在停车场发现那20便士的（线索2），所以她是在人行道上发现的，因此阿曼达6岁。剩下韦斯利是5岁，他是在停车场发现那10便士硬币的。

答案：

阿曼达，6岁，20便士，人行道；

约瑟夫，7岁，5便士，公园；

韦斯利，5岁，10便士，停车场。

401...

菲尔夫人的是39号病房（线索2）。唐纳斯夫人不是住在53号病房（线索3），所以她是住在47号病房，而克劳普先生因此住在53号病房。唐纳斯夫人有1个来自萨克森比家的人拜访（线索4），所以克劳普先生的拜访者来自26号（线索1），那位拜访者不可能是多赫尔蒂（线索3），所以是莱德雪姆。房子是65号的多赫尔蒂（线索3）拜访的是菲尔夫人。最后，81号的萨克森比拜访的是唐纳斯夫人。

答案：

克劳普先生，53号病房，莱德雪姆，26号；

唐纳斯夫人，47号病房，萨克森比，81号；

菲尔夫人，39号病房，多赫尔蒂，65号。

402...

提艾泽尔得第3名（线索4），分到1号羊圈的克罗普（线索1）和普劳曼（线索3）都没有得到第1名。所以是海吉斯得第1名。现已知第1名的得主及另外两位农场主的编号，所以那个分到4号圈、得第2名的人（线索2），一定是普劳曼。

综上，克罗普一定是第4名；根据线索3，在2号圈的是来自高原牧场的羊，而农场主是海吉斯这个比赛获胜者。所以不是布鲁克菲尔得牧场的农场主的普劳曼（线索2），他的农场是曼普格鲁牧场。而布鲁克菲尔的牧场是克罗普的。

答案：

圈栏1，克罗普，布鲁克菲尔得牧场，第4名；

圈栏2，海吉斯，高原牧场，第1名；

圈栏3，提艾泽尔，格兰其牧场，第3名；

圈栏4，普劳曼，曼普格鲁牧场，第2名。

403...

404...

因为 4 号窗口的顾客在购买 1 本邮票集锦（线索 4），3 号窗口的顾客在办理公路收费执照（线索 2）。路易斯在 3 号窗口工作（线索 3），那么亨利就在 1 号窗口工作。艾莉斯在 2 号窗口前提取养老金（线索 1）。用排除法可知，亨利必定在寄挂号信。所以，大卫必然在 2 号窗口工作（线索 5）。在亚当的窗口前办理业务的不是亨利（线索 2），所以迈根必然在 1 号窗口处工作，亚当在 4 号窗口处工作。从亚当那里购买邮票的不是玛格丽特（线索 4），他是丹尼尔，剩下在路易斯的窗口前办理公路收费执照的是玛格丽特。

答案：

1 号窗口，迈根，亨利，挂号信；

2 号窗口，大卫，艾莉斯，养老金；

3 号窗口，路易斯，玛格丽特，公路收费执照；

4 号窗口，亚当，丹尼尔，邮票集锦。

405...

亚瑟驾驶 2 号运货车，而汤米驾驶的不是 1 号运货车（线索 1）。因为汤米在亚瑟之前驶离出口（线索 1），所以他也不可能驾驶 4 号运货车，而 4 号运货车是沿着 D 号马路行驶的（线索 4），所以汤米只可能驾驶 3 号运货车。驾驶 2 号货车的亚瑟不是从 D 号马路离开的，所以汤米不可能是第 3 个驾驶运货车离开的（线索 1）。而第 3 个离开的运货车是沿着 C 号马路行驶的（线索 2）。罗斯是第 2 个驾驶运货车离开的（线索 3）。既然汤米不是第 1 个离开的（线索 1），那他必定是第 4 个离开的。1 号运货车的司机是第 3 个离开的，它在 C 号马路上行驶，所以他不可能是罗斯，只可能是盖瑞。剩下罗斯驾驶着 4 号运货车在 D 号马路上行驶。而驾驶 2 号运货车的亚瑟是第 1 个离开的。从线索 1 可知，亚瑟在 B 号马路上行驶，而汤米在 A 号马路上行驶。

答案：

1 号运货车，盖瑞，第 3，马路 C；

2 号运货车，亚瑟，第 1，马路 B；

3 号运货车，汤米，第 4，马路 A；

4 号运货车，罗斯，第 2，马路 D。

406...

线索 3 指出两位女性评论家不可能坐在面对面的位置上，所以喜欢《木乃伊的诅咒》的肯定是 1 位男性评论家（线索 1）。这位男性评论家不可能是科兰利·斯密斯特（线索 1），所以他必然是德莫特·谷尔。两名男性评论家也不可能坐在面对面的位置上。喜欢《无血的屠宰场》的是 1 位女性评论家。喜欢《恶魔的野餐》的是 1 位男性评论家（线索 3），此人就是斯密斯特，他坐在盖莉·普拉斯姆的对面（线索 3），所以迪尔德丽·高尔就是那个喜欢《无血的屠宰场》的女性评论家。因此，顺时针的顺序就是：高尔（《无血的屠宰场》），斯密斯特（《恶魔的野餐》），谷尔（《木乃伊的诅咒》）和普拉斯姆（《太空的魔王》）。从线索 4 看出，普拉斯姆坐在 D 座上。高尔坐在 A 座上，斯密斯特坐在 B 座上，谷尔坐在 C 座上。

答案：

位置 A，迪尔德丽·高尔，《无血的屠宰场》；

位置B，科兰利·斯密斯特，《恶魔的野餐》；

位置C，德莫特·谷尔，《木乃伊的诅咒》；

位置D，盖莉·普拉斯姆，《太空的魔王》。

407...

因为6号楼是1位女士的（线索4），根据线索1，5号楼一定是1位男士，4号一定是位女士。所以剩下的两位男士一定是在1号和3号，最后那位女士则是住在2号。住在6号的女士不可能是里弗斯夫人（线索3）或沃特斯小姐（线索5），所以是格蕾小姐。现在在新西兰的那个人一定是位女士（线索3）。伯恩斯先生没有陪在女儿身边，也没去谈生意或进行商业旅行（线索6），所以他是在住院或度假，他不可能是住在1号的男士（线索2和线索3），他住在3号或5号。住在伯恩斯先生左边的女士（线索1）不可能是沃特斯小姐，因为她是在去商业旅行的人的左边（线索5），去商业旅行的人不是伯恩斯先生（线索6），显然也不是格蕾小姐，所以是戴克斯，而这意味着伯恩斯先生是去度假了（线索3）。如果这两个人和格蕾小姐都住在楼上，那么沃特斯小姐和布洛克先生都只能住在楼下了，而这是不可能的（线索5）。所以，伯恩斯先生住在3号，里弗斯夫人住在2号；那个陪着女儿的男士（线索1）则是布洛克先生。因此，里弗斯夫人是在住院（线索2）。楼上的格局是：沃特斯小姐住在4号，戴克斯去商业旅行了，他住在5号，格蕾小姐住在6号，因为她不是去谈生意（线索6），所以她是去新西兰了。谈生意的是沃特斯小姐。

答案：

1号楼，布洛克先生，陪女儿；

2号楼，里弗斯夫人，住院；

3号楼，伯恩斯先生，度假；

4号楼，沃特斯小姐，谈生意；

5号楼，戴克斯先生，商业旅行；

6号楼，格蕾小姐，在新西兰。

408...

最后进球的不是文斯（线索1），不是艾伦或格雷厄姆（线索2），也不是大卫（线索3），所以是保罗。E位置的不是文斯（线索1），不是格雷厄姆（线索2），不是保罗（线索5），也不是大卫（线索3），所以是艾伦。因为艾伦没有进第1个球（线索2），A位置的人没有进第1和第2个球（线索1）；线索1同时指出A不是9号。A也没有进第3个球（线索4）和最后1个球。因此A进的是第65分的球；艾伦是9号。B进的是第2个球，而A是7号（线索2）。因为保罗不是A（线索5），所以他不是7号，B不是8号（线索5）；因此B的号码是6，保罗的是3。因为已知最后一球不是在E位置的艾伦踢出的，8号不在D位置（线索1）。所以8号在C位置，D位置的是保罗，是进最后1个球的人。文斯是在B位置的人（线索1）。大卫不在A位置（线索3），所以是在C位置。而格雷厄姆在A位置。综上，大卫踢进的是第21分的球。

答案：

位置A，格雷厄姆，7号，第65分；

位置B，文斯，6号，第34分；

位置C，大卫，8号，第21分；

位置D，保罗，3号，第88分；

位置E，艾伦，9号，第47分。

409...

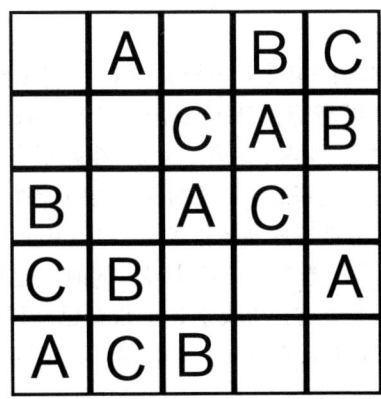

410...

琼是在圣约翰教堂结婚的（线索3），所以不在圣三教堂结婚的黛安娜（线索1）一定是在万圣教堂结婚的。因此，梅格的婚礼是在圣三教堂举行的。梅格的丈夫不是肖恩（线索4），也不是罗德尼（线索1），所以是威廉。因此她婚前是贝尔弗莱小姐（线索2）。黛安娜不是跟罗德尼结婚（线索1），她的丈夫是肖恩。罗德尼是跟琼结婚的，所以黛安娜不是希尔斯小姐，而是佩小姐。琼是原希尔斯小姐。

答案：

罗德尼，琼·希尔斯，圣约翰教堂；
肖恩，黛安娜·佩，万圣教堂；
威廉，梅格·贝尔弗莱，圣三教堂。

411...

哈里特的评分是A－（线索1），所以，海伦·罗伯茨不可能得A（线索2），她得的是B＋。而艾玛是A。布兰得弗德不是哈里特的姓（线索1），所以是艾玛的，因此哈里特姓埃文斯。哈里特的题目是《克伦威尔》（线索3），所以海伦没有选《内战》为题目（线索2），她研究的是《伦敦大火》；艾玛写的是有关内战的文章。

答案：

艾玛·布兰得弗德，内战，A；
哈里特·埃文斯，克伦威尔，A－；
海伦·罗伯茨，伦敦大火，B＋。

412...

鲍勃的第2个选择是马德拉岛（线索1），所以马德拉岛不可能是安吉首选的岛（线索3）。线索5结合线索3，排除了安吉把克利特岛或塞浦路斯岛排第1的可能性，同时没有人把罗底斯岛排第1（线索6），所以安吉的第1选择是马略卡岛，同时它也是鲍勃的第5个选择（线索3）。现在已知线索5中的岛排行不在第1、第2、第4，又因为克

利特岛不在任何人的第3排名里（线索1），所以，安吉把克利特岛排在第4，而鲍勃的第4是塞浦路斯岛（线索5）。已知鲍勃不可能把罗底斯岛排第1位（线索6），同时我们已经知道了他的另外3个选择，所以他一定是把克利特岛排第1位，罗底斯岛是的3位。卡拉将罗底斯岛排在第2位（线索4）。由于鲍勃把马略卡岛排在最后1位，线索2排除了在安吉或卡拉的列表里塞浦路斯岛是第3位和马略卡岛是最后1位即第5位的可能性。所以，由线索2得出，唯一的可能是在卡拉的列表上，塞浦路斯岛排第1，马略卡岛第3。因此，根据线索1，卡拉把马德拉岛排第4，克利特岛排第5。因为马德拉岛和罗底斯岛分别被鲍勃和卡拉排在第2位，安吉不可能把两者之一排在第2位，所以安吉的第2选择是塞浦路斯岛。同样的，鲍勃把罗底斯岛排在了第3位，安吉就不可能排罗底斯岛在第3位，所以她把罗底斯岛排第5位，马德拉岛排第3位。

答案：

	安吉	鲍勃	卡拉
1	马略卡岛	克利特岛	塞浦路斯岛
2	塞浦路斯岛	马德拉岛	罗底斯岛
3	马德拉岛	罗底斯岛	马略卡岛
4	克利特岛	塞浦路斯岛	马德拉岛
5	罗底斯岛	马略卡岛	克利特岛

413...

皇后不可能是1、4、7或9号牌（线索2）。因为中央的牌是红桃10（线索5），这又排除了皇后是2、5和6号牌的可能性，所以皇后是3号牌。因此，2号牌是"7"，6号牌是梅花（线索2）。再根据线索6，梅花5一定是1号牌。"8"紧靠在黑桃的下面（线索3），这排除了"8"是4或9号牌的可能

性，因为已知3和5号牌是红桃，这又排除了"8"是6或8号牌的可能性。又已知"8"不可能是5号牌，所以"8"是7号牌；4号牌是张黑桃。9号牌是张方块（线索7），所以杰克不可能是8号牌，也不可能是6和9号牌（线索4），杰克是4号牌的黑桃，因此5号牌是红桃10（线索4），线索8揭示9号牌是的方块4，因此8号牌是国王。根据线索9，国王不可能是梅花，所以是黑桃（线索8）。同样根据线索8，3号牌是方块皇后。现在我们知道，线索1中，出现3次的牌的花色不可能是方块和黑桃，因为所有的牌是已知的。2号牌和7号牌有相同的花色（线索9），但是我们已知1号牌和6号牌是梅花，而这里不可能有相同花色的4张牌（线索1），所以2号牌和7号牌是红桃，红桃就是有相同花色的3张牌的花色。最后得出6号牌是梅花3。

答案：

1号牌，梅花5；

2号牌，红桃7；

3号牌，方块皇后；

4号牌，黑桃杰克；

5号牌，红桃10；

6号牌，梅花3；

7号牌，红桃8；

8号牌，黑桃国王；

9号牌，方块4。

414...

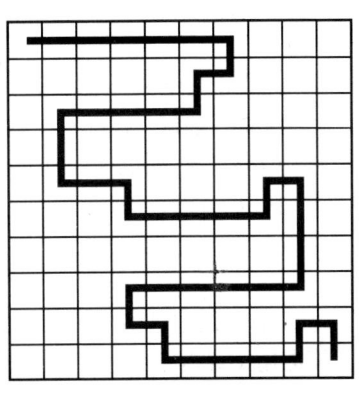

415...

徽章C是绿色的（线索4），徽章A不是蓝色的（线索1），也不是黄色的（线索2），所以徽章A是红色，因为徽章A的主人是莱弗赛奇领主（线索5），根据线索1，蓝色的徽章不是徽章B。综上所述，它是徽章D，剩下徽章B是黄色的那个。因此，根据线索2，鹰是莱弗赛奇领主的红色徽章上的图案。再根据线索2，徽章B属于伯特伦领主，莱可汉姆领主的有火鸡图案的徽章不是徽章D（线索1），所以它一定是徽章C。留下徽章D是曼伦德领主的。曼伦德领主徽章上的图案不是狮子（线索3），而是牡鹿，狮子是伯特伦领主黄色的徽章上的图案。

答案：

徽章A，莱弗赛奇领主，鹰，红色；

徽章B，伯特伦领主，狮子，黄色；

徽章C，莱可汉姆领主，火鸡，绿色；

徽章D，曼伦德领主，牡鹿，蓝色。

416...

特里萨持有红色筹码（线索3）。掷出3点的雷切尔用的不是黄色的筹码（线索2），而持蓝色筹码者掷了个4点（线索5），所以雷切尔用的是绿色的筹码。使用蓝色筹码的不是安吉拉（线索5），所以是伊冯。安吉拉用的是黄色筹码。掷出4点的伊冯不可能坐在位置4（线索1），坐在位置2的玩家掷了6点（线索4），所以伊冯只能坐在位置1或3，线索6排除了在位置3的可能性，所以伊冯坐在位置1。现在我们知道掷出3点的雷切尔不在1或2号位置，线索1排除了3号位置的可能性，她坐在位置4，而用黄色筹码的安吉拉因此是在位置3（线索2），余下特里萨是在位置2掷出6点的人。最后，掷1点的人是安吉拉。

答案：

1号，伊冯，蓝色，4点；

2号，特里萨，红色，6点；

3 号，安吉拉，黄色，1 点；

4 号，雷切尔，绿色，3 点。

417...

萨姆不是阿尔萨斯犬（线索 1），萨姆的主人是利德（线索 1），它不是吉娃娃狗，那是克勒家的狗（线索 3），而马克斯是约克夏小猎犬（线索 6），综上所述，萨姆是拳师犬，它住在 17 号房子（线索 2）。因此，根据线索 1，阿尔萨斯犬应该住在 19 号房子，它的主人不叫肯内尔（线索 5），也不可能是利德或克勒，所以是叫波尼。因此，马克斯是肯内尔家的。因为弗雷迪的家不是 21 号房子（线索 4），它也不是阿尔萨斯犬，所以它是克勒家的吉娃娃狗。最后，阿尔萨斯犬名叫迪克，肯内尔家住在 23 号房子。

答案：

17 号，利德家，拳师犬，萨姆；

19 号，波尼家，阿尔萨斯犬，迪克。；

21 号，克勒家，吉娃娃狗，弗雷迪；

23 号，肯内尔家，约克夏小猎犬，马克斯。

418...

D 玫瑰花结上的马不是"爵士"（线索 1），不是"小鬼"（线索 2）或"斯玛特"（线索 3），是"花花公子"。罗希没有骑"花花公子"去切尔特娱乐中心（线索 2），也不是骑着"爵士"（线索 1）或"小鬼"（线索 2），所以是斯玛特。因此，罗希在 1998 年骑的不可能是"斯玛特"（线索 1），不是"爵士"（线索 1）或"小鬼"（线索 2），所以是"花花公子"，因此，C 玫瑰花结上的是"爵士"（线索 1）。在切尔特娱乐中心颁的玫瑰花结在"小鬼"赢的玫瑰花结右边（线索 2），它不是 A 玫瑰花结，也不是"爵士"的 C 玫瑰花结，所以一定是 B 玫瑰花结，而"小鬼"是 A 玫瑰花结。A 玫瑰花结不是在梅尔弗德公园（线索 4）和斯特克农场（线索 5）赢的，是在提伊山赢的。因为斯特克农场

的玫瑰花结不是 B，1996 年的不是 A（线索 5），A 也不是 2001 年的（线索 4），A 玫瑰花结是 1999 年的，因此，根据线索 2 得出，B 玫瑰花结是 2001 年的。最后，1996 年的是 C，斯特克农场的玫瑰花结是 D（线索 5），剩下梅尔弗德公园的玫瑰花结是 C。

答案：

玫瑰花结 A，"小鬼"，提伊山，1999 年；

玫瑰花结 B，"斯玛特"，切尔特娱乐中心，2001 年；

玫瑰花结 C，"爵士"，梅尔弗德公园，1996 年；

玫瑰花结 D，"花花公子"，斯特克农场，1998 年。

419...

伯特使用的是 5 号泵（线索 3），1 位女士使用的是 2 号泵（线索 5），所以彼得用的是 3 号或 8 号泵。因为报纸是在 3 号泵的开车人买的（线索 4），线索 1 排除了彼得使用 8 号泵的可能性，所以彼得是买了报纸并在 3 号泵加油的人。同时根据线索 1 得出，买糖果的标致车的驾驶员用的是 8 号泵。在 2 号泵的女士没有买书（线索 5），她买的是杂志，所以不是萨利（线索 2），一定是尤妮斯。剩下萨利是开标致车的人，他买了糖果。综上所述，伯特买的是书。尤妮斯的车不是福特车（线索 5），也不是沃克斯豪尔车（线索 2）和标致车，所以它是丰田车。最后，根据线索 5，开福特车的人不是买书的伯特，所以彼得的车是福特，伯特的车是沃克斯豪尔。

答案：

2 号泵，尤妮斯，丰田，杂志；

3 号泵，彼得，福特，报纸；

5 号泵，伯特，沃克斯豪尔，书；

8 号泵，萨利，标致，糖果。

420...

格雷尼的书不是被送到格拉斯哥（线索 1）、切姆斯弗德（线索 2）或威根（线索 4），

所以是斯旺西。克罗瞿的书不是被送到切姆斯弗德（线索1）或格拉斯哥（线索3），所以是威根；因此，道森的书一定是《伊特鲁亚人》（线索4）。《斯多葛学派》的作者不是克罗瞿（线索3），没有被送到威根或格拉斯哥（3），根据线索1，也不是被送到斯旺西，所以它是被送到了切姆斯弗德。它原来的目的地不是卡莱尔或索尔兹伯里（线索1），它的作者也不是格雷尼。又因为已知格雷尼的书被送到了斯旺西（线索1），所以《斯多葛学派》一书的作者是比格汉姆，因此它的正确的目的地不是布莱顿（线索1），而是马特洛克。《布达佩斯的秋天》的正确的目的地不是布莱顿（线索1），也不是卡莱尔（线索3），而是索尔兹伯里。克拉伦斯没有把它送到斯旺西（线索1），所以它的作者不是格雷尼，而是克罗瞿，综上所述，克拉伦斯错误地把《伊特鲁亚人》一书送到了格拉斯哥。没有打算送到卡莱尔的道森的书原本应该送到布莱顿。《迈阿密上空的月亮》原来是要送到卡莱尔的。

答案：

《布达佩斯的秋天》，克罗瞿，索尔兹伯里，威根；

《迈阿密上空的月亮》，格雷尼，卡莱尔，斯旺西；

《伊特鲁亚人》，道森，布莱顿，格拉斯哥；

《斯多葛学派》，比格汉姆，马特洛克，切姆斯弗德。

421

迪波拉姓维克斯（线索3），所以不是姓皮尔森的梅格（线索4），一定是贝尔夫人，余下朱蒂是皮尔森的夫人。梅格·贝尔有3个孩子（线索4），所以根据线索1，比尔和他的妻子有2个孩子。朱蒂不可能有4个孩子（线索2），同时已知她也不可能有3个孩子，所以朱蒂有2个孩子，因此她是比尔的妻子。剩下迪波拉有4个孩子，她的丈夫不

是瑞克（线索3），而是艾伦。瑞克是贝尔先生，即梅格的丈夫。

答案：

艾伦和迪波拉，维克斯，4个孩子；

比尔和朱蒂，皮尔森，2个孩子；

瑞克和梅格，贝尔，3个孩子。

422...

星期五艾丽丝预约出租车的时间不是下午2:40（线索4），也不是上午11:15（线索1），所以是上午9:20。她去看皮肤科医生是在星期四（线索2），又因为她去医院那天不是星期五（线索4），所以是在星期二去医院的。而星期五她是去中心公园，当时出租车迟到了5分钟（线索3）。迟到10分钟的那辆出租车不是在星期四预约的（线索2），所以是在星期二。星期四那天等出租车等了15分钟。艾丽丝为去医院预定了下午2:40的出租车（线索4）。所以是在上午11:15去皮肤科医生那里的。

答案：

星期二，下午2:40，10分钟，医院；

星期四，上午11:15，15分钟，皮肤科医生；

星期五，上午9:20，5分钟，中心公园。

423...

3号女孩戴着白色的帽子（线索4），4号女孩的帽子不是黄色的（线索2），4号女孩也不可能是叫曼尼斯（线索3），所以她是杰西卡，戴着粉红色的礼帽（线索1）。1号女孩不可能是爱莉尔（线索2）或莎拉（线索3），所以她是路易丝。因此2号女孩姓肯特（5）。已知她的帽子不可能是白色或粉红色，而肯特这个姓排除了绿色，所以是黄色。因而爱莉尔一定是3号女孩（线索2）。综上所述，曼尼斯是1号女孩的姓，所以1号女孩是路易丝。而2号女孩的全名是莎拉·肯特。爱莉尔不姓修斯（线索4），所以她姓巴塞特，剩下4号女孩是杰西卡·修斯。

答案：

1号，路易丝·曼尼斯，绿色；

2号，莎拉·肯特，黄色；

3号，爱莉尔·巴塞特，白色；

4号，杰西卡·修斯，粉红色。

424...

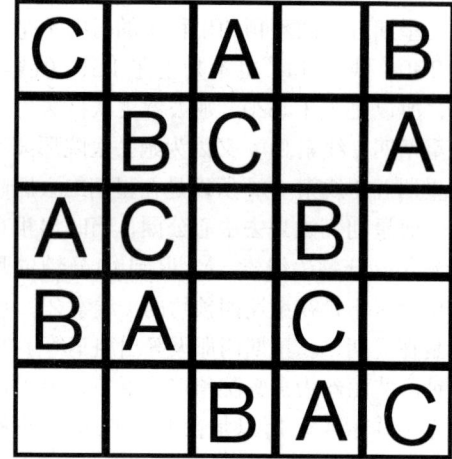

425...

格兰特坐在1号车上（线索4），埃莉诺在2号车上（线索5）。其中1个男孩在黄色的3号车上（线索2），所以达芙妮·艾伦（线索3）一定是在4号车上。已知黄色的3号车不是格兰特或艾伦在开，而线索1告诉我们布里格斯在蓝色的碰碰车上，所以一定是鲍威尔在开。因此，综上所述，埃莉诺的姓氏是布里格斯，她开的车是蓝色的。根据线索1，刘易斯一定姓格兰特，坐在1号车上。剩下大卫是坐在3号车上的男孩。达芙妮坐的车不是红色的（线索3），所以是绿色的。刘易斯·格兰特则坐在红色的碰碰车上。

答案：

1号车，刘易斯·格兰特，红色；

2号车，埃莉诺·布里格斯，蓝色；

3号车，大卫·鲍威尔，黄色；

4号车，达芙妮·艾伦，绿色。

426...

D	B	E	C	A
C	A	D	B	E
B	D	A	E	C
E	C	B	A	D
A	E	C	D	B

427...

5B班有28个学生（线索4），3A班的学生少于30个（线索6）。根据线索3，培根先生所教的30个学生不是1A班或2B班，所以是上地理学的4A班（线索5）。现在再由线索5得出，1A班有32个学生。而从线索3得知，海恩斯先生是在教室5给2B班上课的（线索2）。已知拉丁语课在教室4上（线索1），且不是培根先生或海恩斯先生教的，而线索1排除了汉森太太教的可能性，史宾克斯小姐教的是英语课（线索4），所以拉丁语学老师是伯尔先生。已知上拉丁语课的班级不是2B或4A班，也不是3A班（线索6），线索1排除了是1A班，所以伯尔先生是在教室4给5B班上拉丁语课的。根据线索1，汉森太太的课是给3A班上的，而史宾克斯小姐的英语课是给1A班上的。从线索3得知，历史课不是在教室1或5，所以一定是教室2。教室1是培根先生给4A班上地理课的教室（线索3）。综上所述得出，教室2的历史课是汉森太太给3A班上的。剩下海恩斯先生给2B班教数学。2B班不是29人（线索2），而是26人，29人的是3A班。

答案：

教室1，4A班，地理，30人，培根先生；

教室2，3A班，历史，29人，汉森太太；

教室3，1A班，32人，英语，史宾克斯小姐；

教室4，5B班，拉丁语，28人，伯尔先生；

教室5，2B班，数学，26人，海恩斯先生。

428...

429...

梅勒妮母亲的作品不可能是A（线索2），也不是在索菲的旁边（线索5），而索菲的作品不是D（线索4），所以，梅勒妮母亲的作品不是B，而是C或D。而索菲的可能是A或B。索菲的女儿不是莎拉（线索1），当然也不可能是梅勒妮，因为哈里特母亲的作品一定是C或D（线索3），所以也不可能是哈里特，因此索菲的女儿是崔纱。米歇尔不是梅勒妮的母亲（线索1），她的女儿是哈里特，剩下梅勒妮是坦尼娅的女儿。D部分的主题不是艺术（线索2），不是物理教育（线索3），也不是人文学科（线索5），所以一定是科学技术。我们知道描述艺术类的那部分不可能是A作品，所以一定是B或C其中一个；而且另一个是描述物理教育的；因此A是有关人文学科的。关于艺术类的那部分作品不可能是坦尼娅负责的，也不是哈里特的母亲米歇尔的（线索2），所以必定是海伦或索菲的，因此它不可能是C作品。所以C是梅勒妮的母亲米歇尔的工作，它是有关物理教育方面的。因此，海伦的是B部分（线

索3），索菲的是A部分，D部分是米歇尔的工作。

答案：

A部分，人文学科，索菲，崔纱；

B部分，艺术类，海伦，莎拉；

C部分，物理教育，坦尼娅，梅勒妮；

D部分，科学技术，米歇尔，哈里特。

430...

住在朴次茅斯的居民姓里得雷（线索4），而罗莎蒙德姓纳尔逊（线索5），所以不姓彼得斯（线索2），住在洛斯特的奥德丽一定是基思太太。奥德丽·基思没有接到8:30的电话（线索6），罗莎蒙德也没有（线索5），而伯妮斯接的是10:30的电话（线索3），所以一定是雪莉在8:30接到电话。所以9:30的电话是打到里丁的（线索1）。我们知道这不是打给雪莉或伯妮斯的，同时由于地域的限制也排除了是奥德丽的可能性，所以里丁的居住者一定是罗莎蒙德·纳尔逊。综上得出，奥德丽一定是11:30电话的接收者。而剑桥的居住者一定姓彼得斯，结合线索5可知，她是接到8:30电话的雪莉。剩下在10:30接到电话的伯妮斯，姓里得雷，住在朴次茅斯。

答案：

8:30，雪莉·彼得斯，剑桥；

9:30，罗莎蒙德·纳尔逊，里丁；

10:30，伯妮斯·里得雷，朴次茅斯；

11:30，奥德丽·基思，洛斯特。

431...

如果用小玻璃杯的话，我们倒8次才能把大玻璃杯装满水。因为大玻璃杯在杯口直径和杯身高度上是小玻璃杯的2倍，所以它的体积就是小玻璃杯的体积乘以8。比如，我们拿1个1厘米×1厘米×1厘米的立方体举例，它的体积为1立方厘米；那么，大玻璃杯的体积为2厘米×2厘米×2厘米，这时它的体积就是8立方厘米。

432...

大多人都认为苍蝇飞行的最短的路线是从 A 点先到 D 点，然后沿着边飞到 B 点。运用勾股定理，线段 AD 的长度为 60√2 厘米。再加上线段 DB 的长度（即 60 厘米，这样，我们得到的总长度为 60+ 60√2 厘米。如果，我们从立方体的顶部 1 条边的中点 C 画出线路 AC，它的长度为 30√5 厘米，同时，线段 CB 的长度也是 30√5 厘米。这样，我们得到的总长度为 30√5 + 30√5 厘米，很明显这要比第 1 条路线要短得多。

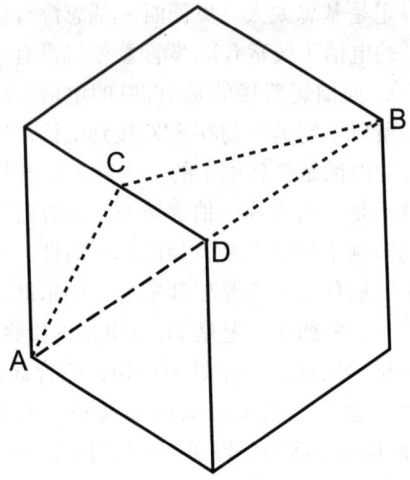

433...

答案如下图所示：

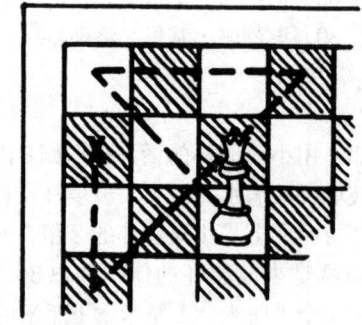

434...

这个题的解法有很多，下面是其中 1 种：

435...

如图所示：图 A 所示的是最初的三角形，上面显示了将要被剪成的 5 个部分。纸片 1 便是这 4 个等边三角形中的 1 个。图 B，C，D 展示了其余 3 个三角形是如何利用这些纸片组成的。

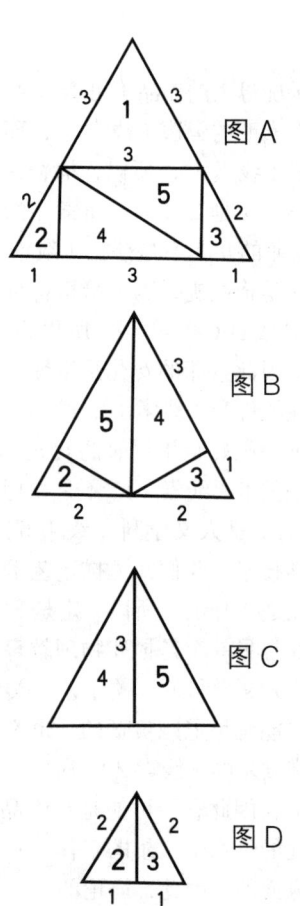

436...

答案如下图所示：

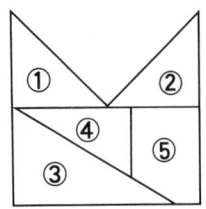 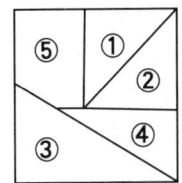

437...

沿图 1 的虚线切木板，然后按图 2 中的样子排列。

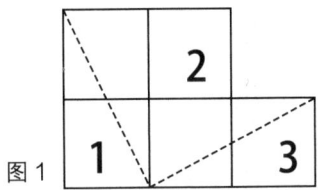

图 1

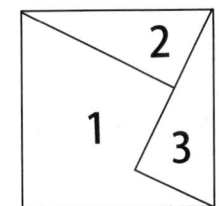

图 2

438...

所需要的最少的石块数是 128。立方体的每条边上有 4 个石块（$4 \times 4 \times 4 = 64$ 个石块）。广场的每条边有 8 个石块（$8 \times 8 = 64$）。这样一来，广场边长是立方体边长的 2 倍的条件就可以满足了。

439...

这 22 步依次如下：10 号到 5 号、1 号到 8 号、11 号到 6 号、2 号到 9 号、12 号到 7 号、3 号到 4 号、5 号到 12 号、8 号到 3 号、6 号到 1 号、9 号到 10 号、7 号到 6 号、4 号到 9 号、12 号到 7 号、3 号到 4 号、1 号到 8 号、10 号到 5 号、6 号到 1 号、9 号到 10 号、7 号到 2 号、4 号到 11 号、8 号到 3 号、5 号到 12 号。

440...

下面是其中的 1 种答案。

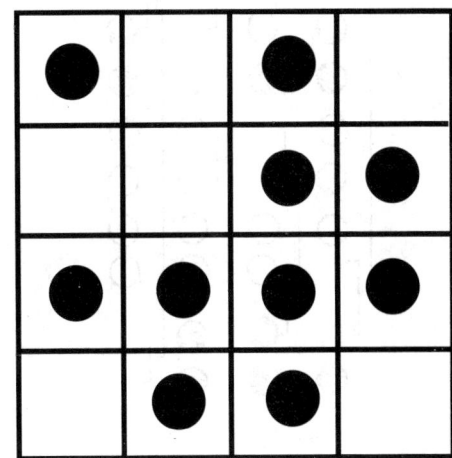

441...

答案如下图所示：

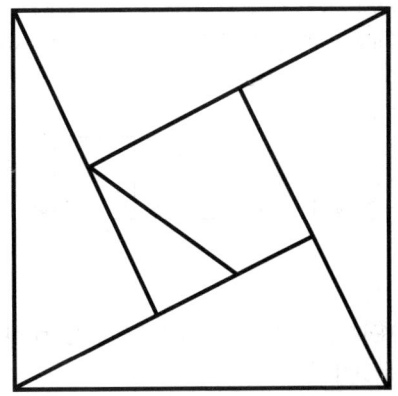

442...

首先，将第 4 根火柴点着，然后，用它点燃 3 根按金字塔形状放置的火柴。之后，快速将这 4 根火柴熄灭。这时，你会发现组成金字塔的 3 根火柴已经熔合在一起，这样，你就可以用第 4 根火柴轻而易举地把它们从桌子上抬起来。

443...

答案如下图所示：

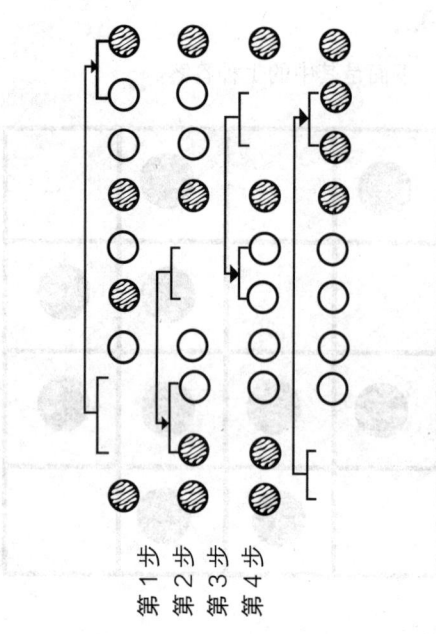

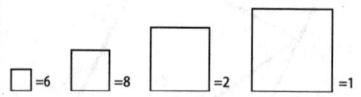

第1步 第2步 第3步 第4步

444...

这个风筝上有17个正方形，它们是由4种不同大小的正方形组成的。每种大小的正方形的个数见下图：

□=6　□=8　□=2　□=1

445...

在这个题中，数字的排列方法有很多，下面是其中之一。

4	1	3	0	2
3	0	2	4	1
2	4	1	3	0
1	3	0	2	4
0	2	4	1	3

446...

将两把叉子插在瓶塞上，使它们与瓶塞保持60°（如图所示）。然后，把瓶塞底部挖空，使它能够紧贴在鸡蛋大头那边。现在，把插有叉子的瓶塞放在鸡蛋上面；然后把鸡蛋放在拐杖的末端。稍微调整之后，你就可以把鸡蛋完好地放在上面。

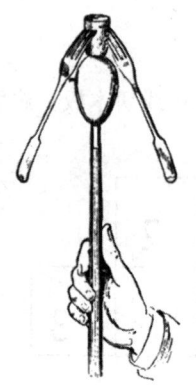

447...

答案为：从1号移到4号、从7号移到1号、从6号移到7号、从5号移到6号、从3号移到5号、从2号移到3号、从1号移到2号、从7号移到1号、从6号移到7号、从5号移到6号、从3号移到5号、从2号移到3号、从1号移到2号、从7号移到1号、从4号移到7号。

448...

答案如下图所示：

449...

一共有5040种不同的排列方式（即：7×6×5×4×3×2×1＝5040）。

450...

每3米长的栅栏都是从左边的栅栏柱开始延伸，唯有最后3米长的栅栏是从左边的栅栏柱开始、在右边的栅栏柱结束。因而西姆斯应该买34个栅栏柱，并非33个。

451...

答案如下图所示：

452...

将盒子的一边沿着桌边放置，并在桌子上留出与盒子一样宽的长度（即，a的长度与b的长度相等，如图所示）。现在，拿起尺子，并将它放在桌子角的末端，然后，测量桌角与盒子后面左侧顶角的长度。而这个长度与盒子主对角线的长度相等。

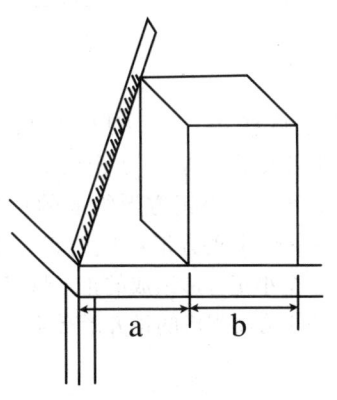

453...

答案如下图：

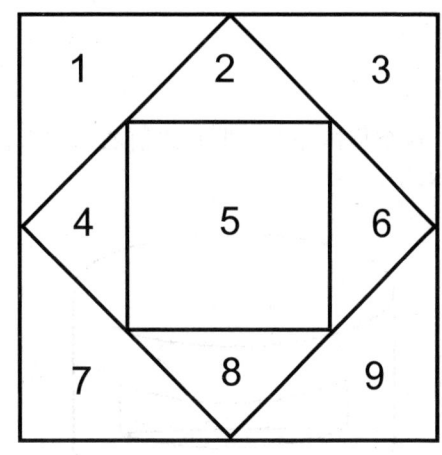

454...

当你拿起骰子之前，偷偷地把你的食指弄湿。接着，让这个手指将1个骰子的1个面沾湿。然后，把第2个骰子贴在那个骰子的沾湿面上，用拇指与食指将2个骰子夹住，这样持续夹住2个骰子，接着，把它们放在桌上那个骰子的上面，并把手指松开，2个骰子将粘在一起，并会稳稳地停在下面的骰子之上。

455...

（a－bc）是指a硬币从位置a移到另一个地方，它在那里可以与另外2个硬币b和c相接触。移动的步骤为：（1-56）、（3-14）、（4-58）、（5-23）、（2-54）。

456...

答案是不可能将多米诺骨牌放在棋盘上。因为，1个多米诺骨牌占两个方格，红、黑方格各占1个。然而，当我们将棋盘的两个对角上的方格切掉时，这两个方格的颜色是相同的。在这个例子当中，棋盘还剩下32个黑色方格和30个红色方格。当你把30个多米诺骨牌放在棋盘上时，棋盘上所剩下的两个黑色方格并不会相互接触，这样，最后1个多米诺骨牌就无法放在上面。在任何1个棋盘上，相同颜色的两个方格不会并排相连。

457...

这个物体是1个带有凹槽的木制矮圆柱体。

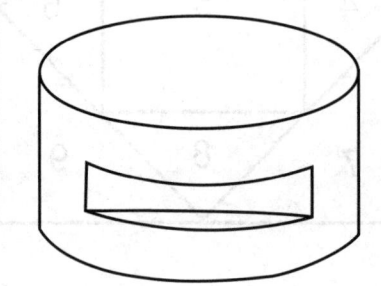

458...

图中有4种形状的三角形。最小的三角形有7个；大一些的三角形有3个；再大一些三角形有3个；最大的三角形有1个。总共有14个三角形。

459...

线段BD、DG和GB构成1个等边三角形。因此，线段BD和DG之间的角度是60°。

460...

在这个风筝上有不同大小的正方形34个、三角形104个。许多正方形和三角形都与其他正方形和三角形重叠在一起。下面是我们这幅画当中出现的各种尺寸的正方形和三角形。

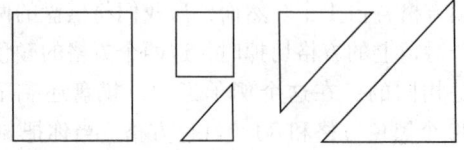

461...

首先，把2号、3号金字塔颠倒放；然后，把3号、4号金字塔颠倒；最后，把4号、5号金字塔颠倒。

462...

从任何1个点开始，数6个点，将1枚硬币放在第6个点上。记住你开始计数的那个点——你放第2枚硬币的地方。从那个可以数到第1个点的点开始计数，将第3枚硬币放在可以数到第2枚硬币开始的点。依此类推，将剩下的硬币放在各自的点上。

463...

正方形的总数为31。其中，小正方形有16个；由4个小正方形组成的正方形有9个；由9个小正方形组成的稍大一些的正方形有4个；碑中央的菱形正方形有1个；整个瓦石碑构成1个大正方形。

464...

图1中展示了切割线，图2展示了这3块儿是如何在重组后形成1个正方形的。

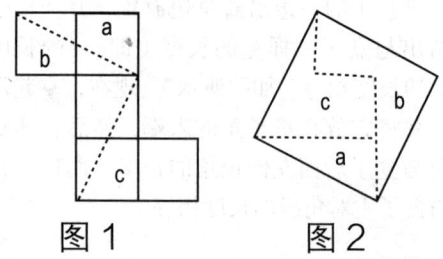

图 1   图 2

465...

下图正好有100个正方形，它只用15条直线就画出来了。其中，1个格的小正方形有40个，由4个小正方形组成的正方形有28个，由9个小正方形组成的正方形有18个，由16个小正方形组成的正方形有10个，由25个小正方形组成的正方形有4个。

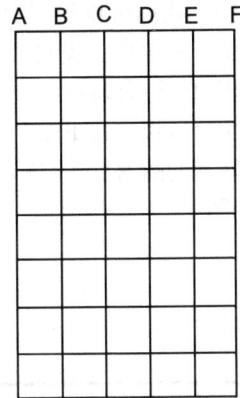

466...

有 70 条不同的路线。

467...

答案如下图所示:

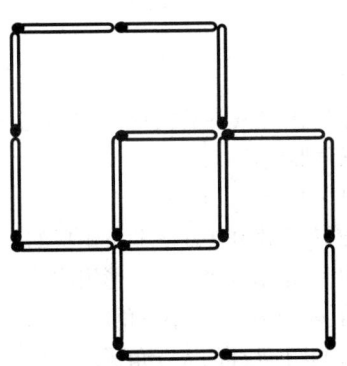

468...

现在图中就有 2 个大正方形和 1 个小正方形,一共有 3 个正方形。

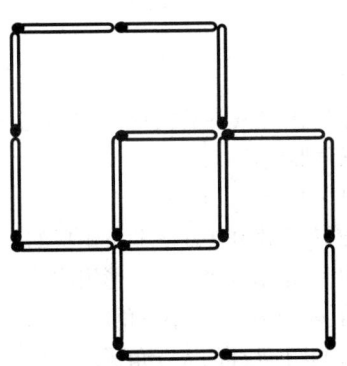

469...

将原图中最右边的 3 根牙签移到下图中的新位置上,这样,图中就有 9 个小正方形、4 个由 4 个小正方形组成的中等正方形以及 1 个由 9 个小正方形组成的大正方形,一共是14 个正方形。

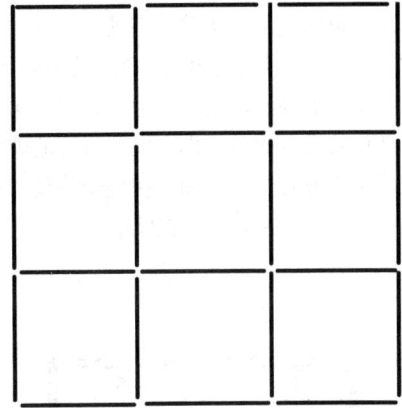

470...

拿起笔和尺子,将正方形画成 25 个小正方形(如图 1 所示)。再将正方形切成 4 块儿(沿着深色线切),把这 4 块儿标上号码。如果你按照图 2 和图 3 将这 4 部分重新拼的话,那么,你会拼成 2 个正方形,而每个正方形都各有 1 个完整的圣诞老人。

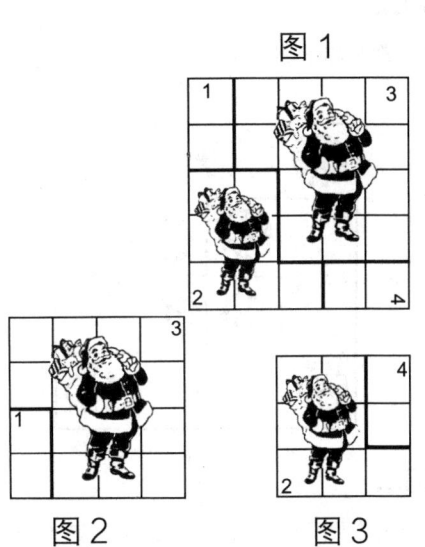

图 1

图 2   图 3

471...

这 6 个固体为:(1)球;(2)圆锥体;(3)圆柱体;(4)三棱锥;(5)四棱锥;(6)立方体。

472...

将手指按在顶部中间那枚硬币上,然后向上滑动,再向左滑。接着,将硬币沿着左列硬币向下滑动。最后滑到底部中间硬币的下面。现在将中间那列硬币整体向上推,直到每行再次有 3 枚硬币。此时,你会发现每行的硬币或者全是正面或者全是背面。在整个移动的过程当中,你的手只接触了 1 枚硬币。

473...

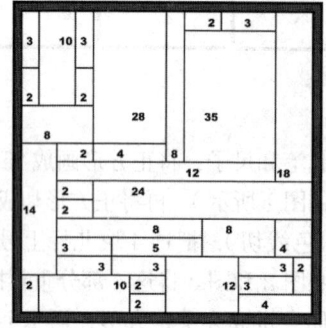

474...

答案如下图所示:

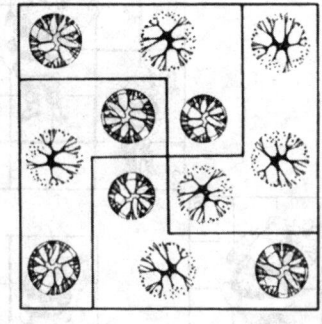

475...

每个图形都代表 1 个数字。第 1 个图形

里有 3 个圆圈,我们可以得到数字 3;第 2 个图形里有 1 个三角形,我们可以得到数字 1;其余的图形依次可以得到数字 4,1,5,9,即前 5 位数字。所以,接下来的 3 个图形应依次是 2 个嵌套的圆圈、6 个嵌套的三角形、5 个嵌套的正方形。

476...

答案如下图所示:

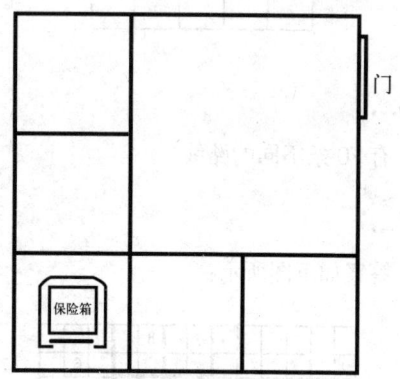

477...

农夫先圈出 3 块儿地,并在每块儿地里圈 3 头小母牛;然后,他们再把这 3 块儿地圈起来,圈出第 4 块儿地。这样一来,每块儿地都有奇数数量的小母牛。

478...

你将在的风筝里找到 31 个等边三角形。这些三角形包括:

　　(1)16 个小三角形;

　　(2)7 个由 4 个小三角形组成的三角形;

　　(3)3 个由 9 个小三角形组成的三角形;

　　(4)4 个由 16 个小三角形组成的三角形;

　　(5)1 个外部的大三角形。

479...

16 步依次如下：从 1 号车厢移到 5 号车厢、从 3 号车厢移到 7 号车厢、从 7 号车厢移到 1 号车厢、从 8 号车厢移到 4 号车厢、从 4 号车厢移到 3 号车厢、从 3 号车厢移到 7 号车厢、从 6 号车厢移到 2 号车厢、从 2 号车厢移到 8 号车厢、从 8 号车厢移到 4 号车厢、从 4 号车厢移到 3 号车厢、从 5 号车厢移到 6 号车厢、从 6 号车厢移到 2 号车厢、从 2 号车厢移到 8 号车厢、从 1 号车厢移到 5 号车厢、从 5 号车厢移到 6 号车厢、从 7 号车厢移到 1 号车厢。

480...

放硬币的第 1 个位置就是最开始放硬币的圆圈。第 2 个位置就是跳过介于中间的圆圈后的圆圈：从 2 号圆圈跳到 4 号圆圈、从 8 号圆圈跳到 2 号圆圈、从 5 号圆圈跳到 8 号圆圈、从 3 号圆圈跳到 5 号圆圈、从 9 号圆圈跳到 3 号圆圈、从 7 号圆圈跳到 9 号圆圈、从 1 号圆圈跳到 7 号圆圈、从 6 号圆圈跳到 1 号圆圈、从 10 号圆圈跳到 6 号圆圈。

481...

答案就是沿直线 A-A，B-B 将布剪开。这两条横向和纵向的直线与正方形相交在 4 条边的 $\frac{1}{3}$ 点处。将碎片 3 和 4 沿着它们的长边缝合便是第 3 个正方形。这个正方形与正方形 2 大小一样。

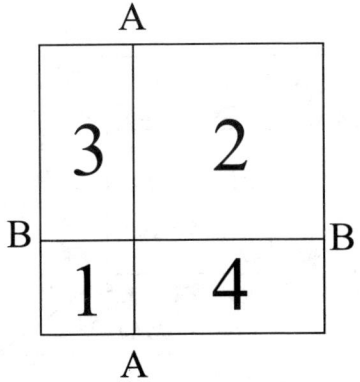

482...

将左边的奶油刀向左边拉，直到底端与两个垂直的奶油刀底端的外侧接触。这时，4 把刀的钝头就会拼成 1 个小正方形（如图所示）。

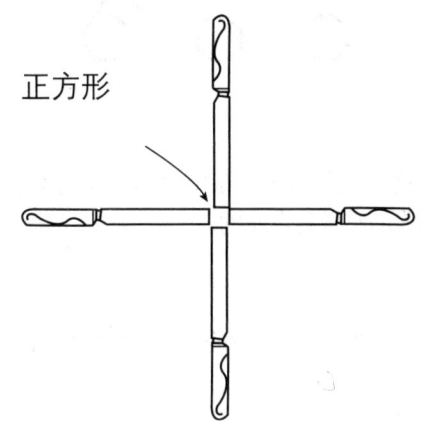

正方形

483...

这个题有很多种解法。这里是斯本登勃洛先生提交的答案。

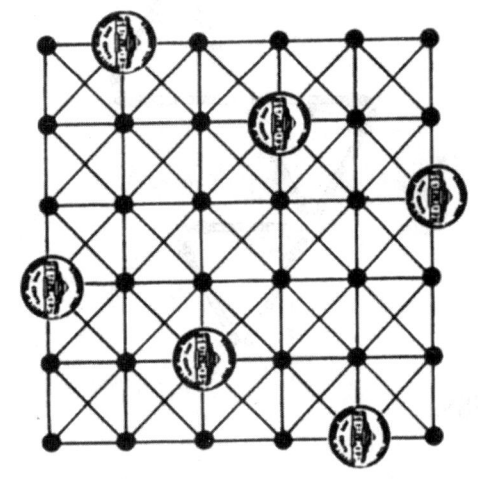

484...

下图展示了如何将 12 个棋子排成 7 行——水平方向 3 行、垂直方向 3 行和 1 条对角线（从右上角到左下角），每行各有 4 个棋子。

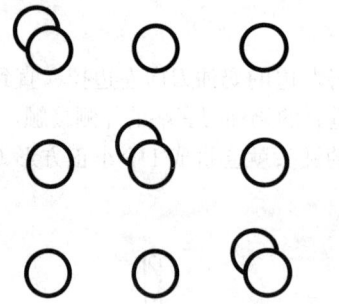

485...

这些线条实际上是笔直而且平行的，然而给人的感觉是弯曲的。

486...

水平线实际是平行的，楔形只是 1 种错觉。

487...

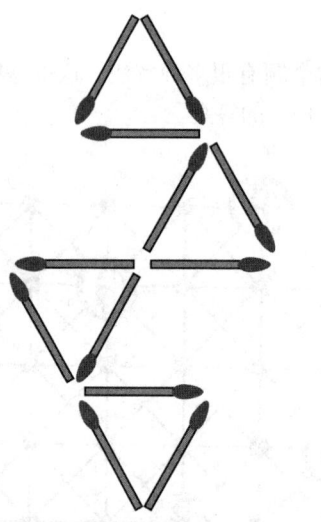

488...

489...

18 条路线。不过你无须一一描绘出每条路线。解决这道谜题最简单的方法，就是从起点处开始，然后确定出能够带你到达 1 处交叉点的路线的数目。到达每个连续交叉点的路线的数目等于与之"相连"的路线的数目的总和。

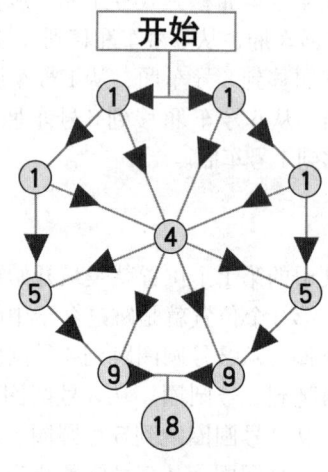

490...

正常情况下，镜子将物体的镜像左右翻转。以正确角度接合的两面镜子则不会这样。

转角镜中右面的镜子显示的没有左右变化，男孩在镜子中看到的自己和日常生活中别人看到的他是一样的。

这种成像结果是由于左手反转以及前后反转同时作用。

491...

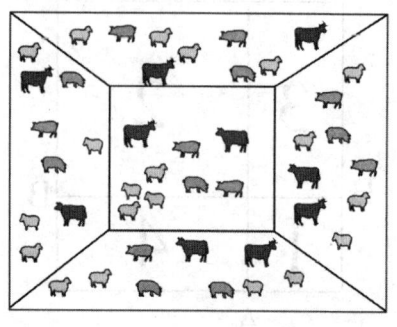

492...

　　线条如果连接，会形成 1 个完美的六边形。它们相连的点被三角形掩蔽。当线条在物体后面消失时，视觉系统会延伸线的长度。就如本例中的情况，每根线条的终点好像都在三角形的中心，这导致定线错误。

493...

　　"Figure" 外围较暗边缘形成 "Ground"。

494...

　　选项 G 是其他音符的镜像，其他所有的音符都可以通过旋转另外的音符而得到。

495...

496...

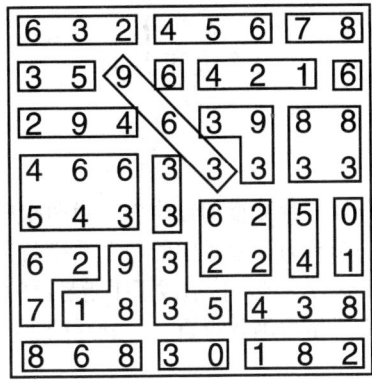

497...

　　黑色的部分呈现的是吹萨克斯的男人，男子旁边的白色及部分黑色构成女人的轮廓。

498...

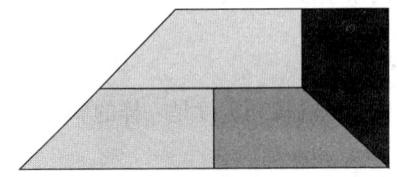

499...

500...

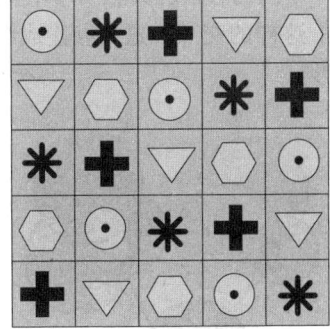

501...

　　3 个圆弧看起来弯曲度差别很大，实际上它们是一样的，只是下面 2 个比上面那个短一些。

502...

　　两条线段长短完全一样。当箭头向外时，造成了对线段长度的低估；当箭头向内时，引起对长度的高估。

503...

两条线段一样长。

504...

帽子的高度和宽度是一样的。

505...

F。它是唯一 1 块带有圆边的图片。

506...

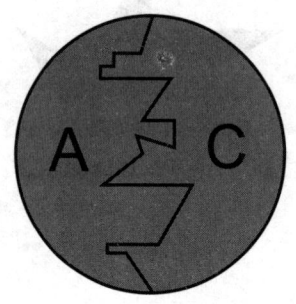

507...

每 3 个圆的 3 条公共弦有 1 个交点，一共有 3 个这样的交点，这 3 点连成线组成 1 个三角形。

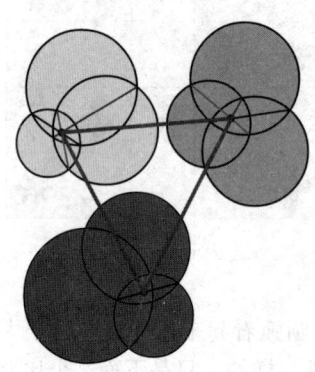

508...

所有的竖线都同样的长度。

509...

两个圆大小一样。当 1 个物体被比它大

的物体所环绕包围时，它看上去要比实际小；而当被比它小的物体所环绕包围时，它看上去要比实际大。

510...

A。

大图形每次顺时针旋转 90°，小图形每次顺时针旋转 120°。

511...

11 个正方形。

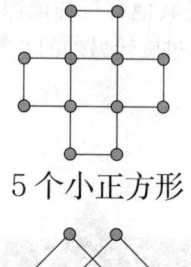

5 个小正方形

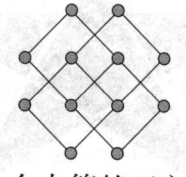

4 个中等的正方形

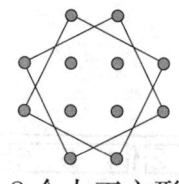

2 个大正方形

512...

在你凝视墙壁的过程中，当两眼中的图像自动结合时，前景中的两个手指就会发生交叠。这种交叠图像造成了手指悬浮的错觉。如果将手指逐渐移近自己，悬浮的手指就会消失。

513...

两只眼睛中的图像发生了融合，因而产生了手上的洞的错觉。

514...

倾斜这页纸，用1只眼睛从纸的右下方看。

515...

D 和 L。

516...

这是高对比度线条产生强烈相对运动错觉的1个例子。你会感到1种强烈的立体错觉，1种波浪此起彼伏的感觉。

517...

中间那个圆会像呼拉圈绕着腰部一样慢慢转动。

518...

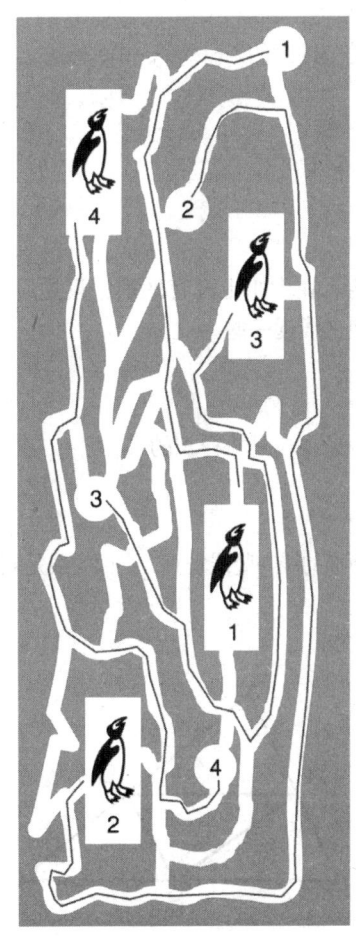

519...

E 和 O。

520...

会发现中间1圈忽高忽低起伏不定。

521...

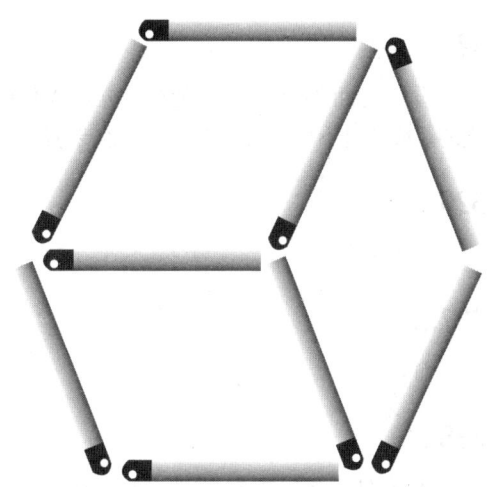

522...

它会出现波动。

523...

要解释这其中的奥秘很简单。首先这个三叉戟没有固定的边沿，这幅图也没侧影不能上色。中间那根尖齿轮廓夹在旁边2根尖齿的轮廓之间，而且看上去比旁边尖齿的轮廓要低一些。这幅图之所以神奇正是因为让你感到它没有1个完整的轮廓，而事实上却是有的，你还会发现3根尖齿变成了2根。

将右边的图盖住，你会发现左图是完全正常的，即由2根尖齿构成的1把叉子。然后再盖住左边，你会发现右图是由3条线构成的1幅平面图。

524...

如图：

5	8	6	3	4
8	6	0	7	2
6	0	9	1	7
3	7	1	2	5
4	2	7	5	8

525...

看最上面的木板，木板的接嵌方式是不可能的。线条是不可能在3个点处忽然转弯的。

526...

不可能。

527...

D。

528...

旋转图片之后所有形状一起发生改变，凹陷的球凸出，凸起的球凹陷。大脑利用许多线索确定1个二维图形的纵深度，其中1个线索就是阴影。正常情况下灯光来自上方。当图像被倒置之后，大脑会收到来自另一角度的光线指示，这样同样的阴影会对应不一样的形状。

529...

D。哪个图形中彼此接触的面最少，那它的周长就最长。

530...

两张桌面的大小、形状是一样的。桌子边和桌子腿提供的感知提示，会影响你对桌子的形状作出判断。

531...

从鱼身反射出的光线，由水进入空气时，在水面发生了折射，而折射角大于入射角，

折射光线进入人眼，人眼逆着折射光线的方向看去，觉得这些光线好像是从它们的反向延长线的交点鱼像发出来，鱼像是鱼的虚像，鱼像的位置比实际的鱼的位置要高。

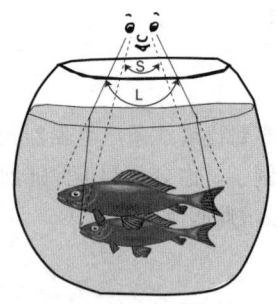

532...

线段 AB 与 CD 一样长。

533...

是一样大的。

534...

E 和 I。

535...

两者在大小上没有区别，只是后景中的人距地平线远一些。

536...

两条线段是一样长的。

537...

下面的线与竖线垂直，上面的线是斜着的。

538...

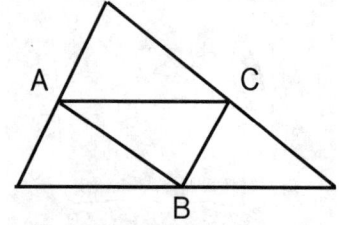

穿过 A 画 1 条与 BC 平行的线，然后穿过 B 画 1 条与 AC 平行的线，最后穿过 C 画 1 条和 AB 平行的线。

539...

将右边第 5 个硬币放在拐角处的硬币上。

540...

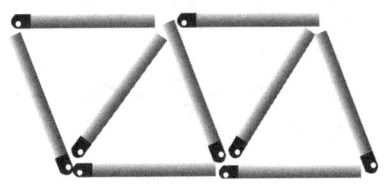

541...

按顺时针方向旋转。

542...

C 和 K。

543...

有人认为可以用下面的定理来解决这个美术馆的问题。

如图所示，将这个美术馆的平面图分成若干个三角形，每个三角形的顶点分别用 3 种不同的颜色标注出来，每个三角形所用的 3 种颜色都相同。最后在出现次数最少的颜色的顶点处安放监视器。

但是这个办法只能帮助我们从理论上知道最多需要放多少台监视器。

按照这一定理一共需要 6 台监视器，而在实际操作中只需要 4 台就够了。

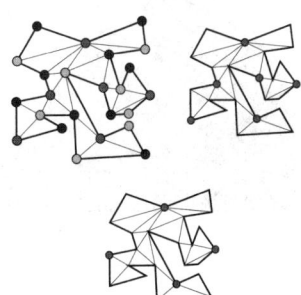

544...

如图：

4	4	5	6	7	8	9	0
4	3	2	4	5	6	2	3
5	2	6	2	4	0	0	9
6	4	2	3	9	4	5	2
7	5	5	4	8	7	6	7
8	6	0	4	7	3	2	5
9	5	2	8	4	2	3	6
0	3	9	2	9	5	6	4

545...

1 只达尔马提亚狗。组成图像和背景的元素被有意扭曲，导致一眼很难看出。

546...

I 和 K。

547...

往东走到"3"，再往东南走到"3"，最后向南走出迷宫。

548...

错觉通常可以由语境和心理预期二者之间的矛盾造成。恐怕除了在苏格兰的尼斯湖以外，这个漂浮的木头永远不会被误认为是怪物。1 位旅游者在海岸边等候的时候拍下了这张照片，希望能够提供怪物的证明。毫无疑问，这张图片的标题影响了你的感知。

549...

K 和 O。

550...

B 和 H。

551...

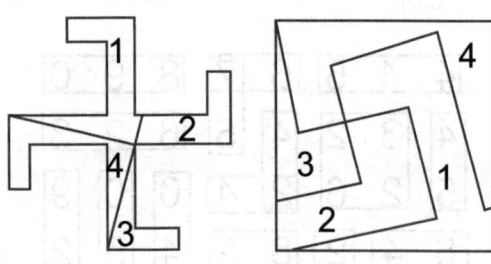

552...

略。

553...

E。

554...

可以用不可比的长方形拼出的最小的长方形的长和宽的比例是 22 : 13。

这 7 个不可比的长方形的总面积是 286 个单位正方形。

由于这个长方形的一边最小是 18，而且边长必须是整数，就出现 2 种可能的比例：26 : 11 和 22 : 13。

我们这道题目的答案是第 2 种，它有更小的周长。

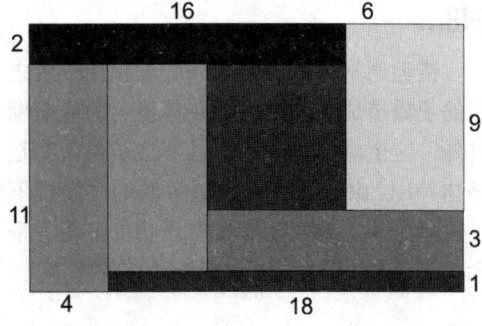

555...

A 和 L。

556...

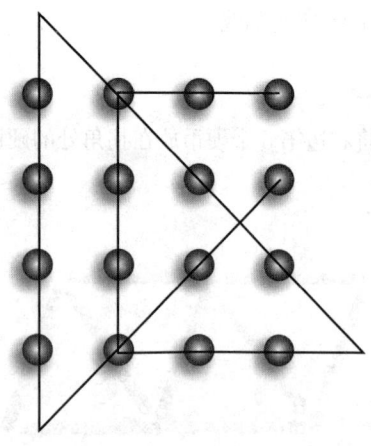

557...

许多人认为右边的脸看起来快乐一些，实际上两张脸是镜像图。

558...

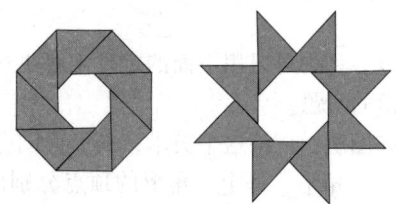

559...

如图所示。

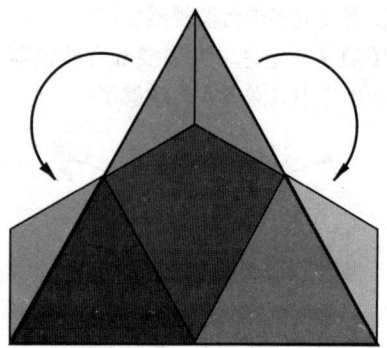

560...

乍一看好像是美国前总统克林顿和副总统戈尔，但是再仔细看看，是两个克林顿！看看这两张脸，它们是完全一样的，只是这两个人的发型和服饰不同。

真正的克林顿位于前面，但是背景图像却是克林顿的面孔和戈尔的头发、黑西服。这说明前后文线索对于形成场景感知非常重要，当我们的视觉系统接触1幅图画的时候，它更关注的是整幅图的意义，而并不特别地注重细节。对于这张图，你最容易想到的是左边的是副总统，戈尔的衣服和发型使其更具迷惑性。

561...

头属于右边的身体。正常情况下，男女之间的感知没有差异。在这个典型的例子中，女人一般从服饰方面寻找线索，比如衣服和帽子的搭配。

562...

这15个正方形分别是：
1个4×4的正方形；
2个3×3的正方形；
4个2×2的正方形；
8个1×1的正方形。

563...

4与其他各项都不同，其他的都只有1个连续的结，而4是由两个结组成的。

564...

许多人会认为女骑士是"无头的"，这是由于角度影响了我们的观察。

565...

B，F和N。

566...

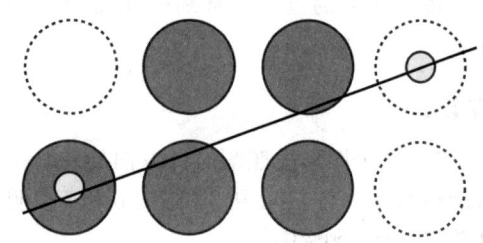

567...

在面积相等的3个围栏中正方形围栏所用的材料最少。

568...

关着大象的围栏所用的材料最少。

也就是说，2个相连的全等图形面积相等时，周长最短的并不是正方形，而是长比宽长1/3的长方形。

举个例子，2个边长为6厘米的相连的正方形，面积为72平方厘米，而围栏长为42厘米。

而2个长和宽分别为6.83和5.27的长方形，面积与上面的正方形是一样的，但是总围栏长只有41.57厘米。

569...

C，D和F。

570...

D。

571...

将图片颠倒过来，欢乐的会变成忧郁的，忧郁的则会变成快乐的。

572...

将左侧的看做鸭子的嘴，此图即为鸭子；将左侧的看做长耳朵，此图即为兔子。

573...

将图片颠倒过来，看到的还是原来的样子。

574...

A。这个图形按照顺时针方向旋转，每次旋转 45°。与 1，2 和 3 相比，6 和 7 表明叶轮完全处于阴影中。

575...

将图旋转 90° 能看到小丑。

576...

C。

577...

578...

B。

579...

B。在该项中，没有形成 1 个三角形。

580...

切 3 刀，将立方体的干酪分割为相等的 8 个小立方体。这 8 块立方体的小干酪中每块的边长都是 1 厘米，因此其表面积也就是 6 平方厘米，那么 8 个立方体小干酪块的总表面积就是 48 平方厘米。

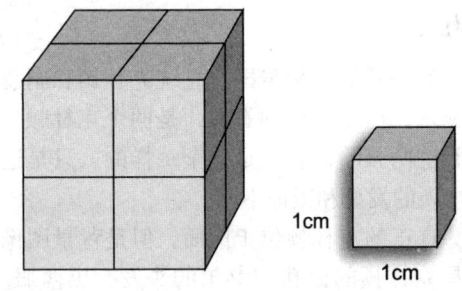

1cm
1cm

581...

A。

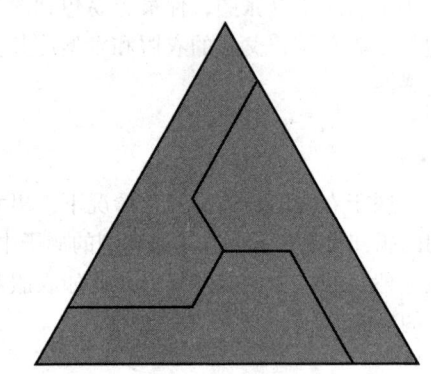

582...

2.BDE。

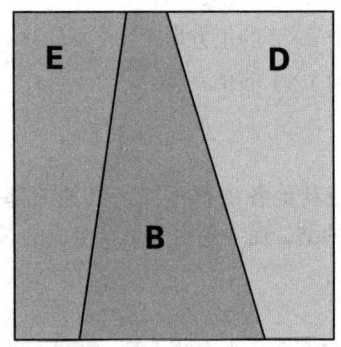

583...

21 个。一共有 15 个小的六边形和 6 个大的六边形。

584...

3。

585...

B。

586...

C 是唯一 1 个没有横向阶梯线的图形。

587...

这个岩石是 1 个著名旅游景点——"山中老人"。

588...

35 个。

589...

G。顶部和底部的元素互换位置，中心较小的元素变得更小，在外的 2 个元素都转移到中心较大元素的内部。

590...

C。

591...

C。

592...

42。有 5 个菱形是由 9 个正方形构成的，有 12 个菱形是由 4 个正方形构成的，还有 25 个菱形是由 1 个正方形构成的。

593...

C 是错的。

594...

除了已经给出的形状，还有 10 种形状是可能的。

595...

35 个。

596...

图形 B、C 和 D 可以组成三角形。

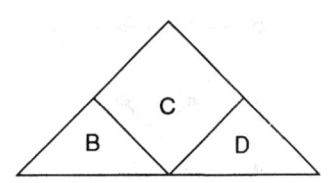

597...

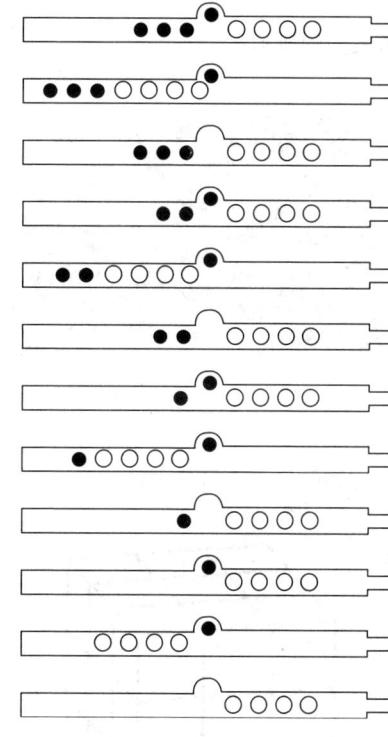

598...

下面是其中的 2 种方法：

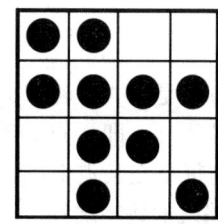 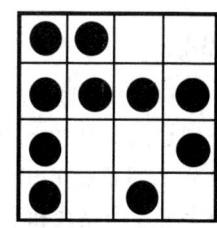

599...

下图是 1 种解法。

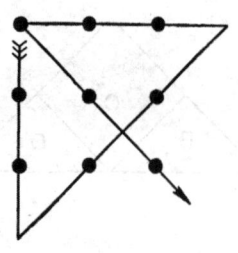

为所有的移动方向只是向右或向上。继续逐个点地加下去，最后从 A 点到 C 点一共有 70 条路线。

600...

答案如图所示：

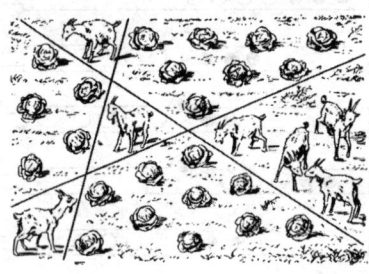

601...

立方体的最多数目是 19。

602...

解决这道题的简单方法是从 A 点逐点标记到 C 点，图中标志的是从 1a（即 A 点）到 5e 点（即 C 点）。图中的每个交叉点上线路数字是左边路线和下边路线的数字之和，因

603...

1		4		6		
	5					7
10						
						8
11					13	
			3			2
				12		
			14			9

604...

图中是 1 种答案：1 个士兵的路线用实线表示，另外 1 个士兵的路线用虚线表示。

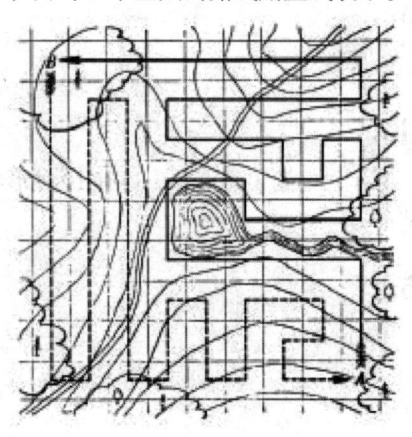

605…

切4下最多可以把1个正方体分成15块。

下面的方程式可以帮你计算这个题。设N=切的次数，

$$\frac{N^3+5N}{6}+1=块数，$$

当N=4时，

$$\frac{4^3+5\times4}{6}+1=15。$$

606…

无论从方块的哪个面开始，这个通道都不可能通过小立方体3，5和8。

607…

这个物体由6块立方体组成的。这里是它的形状和第6个面。

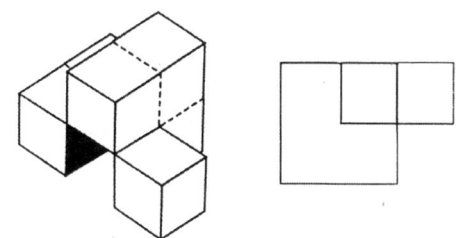

608…

这是1种解决方法。

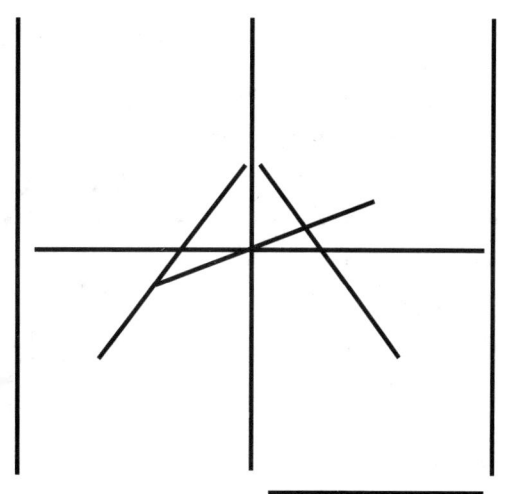

609…

总共有25个单独的立方体。

610…

总共有31个三角形。

611…

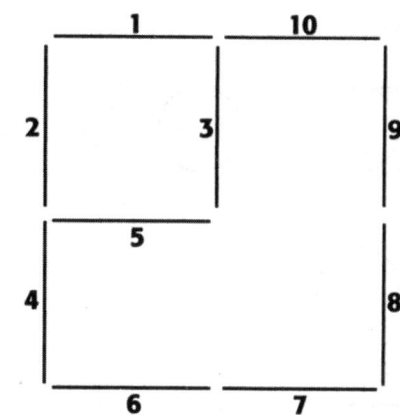

612…

假如你从第5根火柴开始，就会把硬币放在第7根上。那么，要把硬币放到第5根上面，应该从第3根开始。要把硬币放到第3根上面，应该从第1根开始，依此类推。

613...

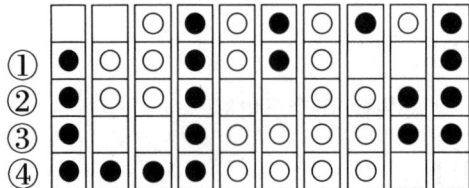

614...

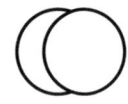

615...

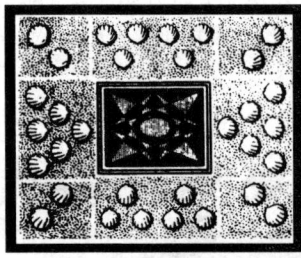

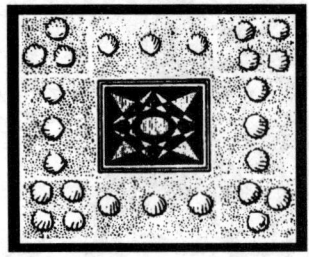

616...

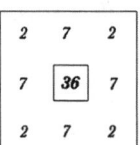

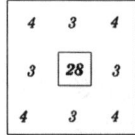

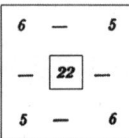

617...

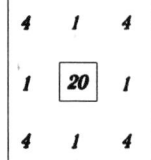

618...

以下是 5 种方法。

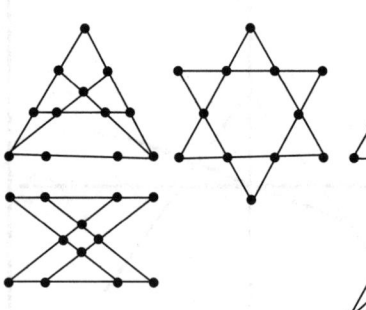

619...

共有 19 个正方形。

620...

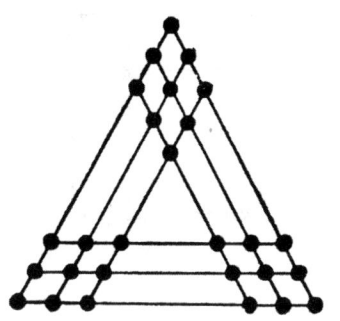

621...

5张。正方形1是最大的，并形成了整个图形的框架；正方形2放在1的右下方；正方形3放在1的左上方（正方形2和3是一样大的）；正方形4放在3的左上角；正方形5放在最中间。

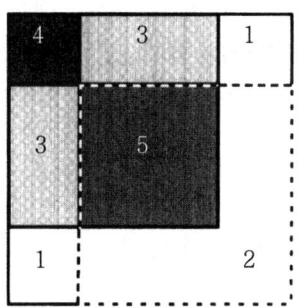

622...

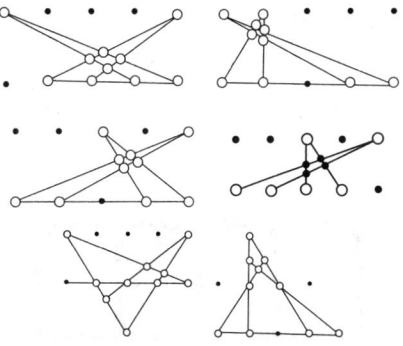

623...

最快的解决方法共19步，交换步骤如下：

1-7；7-20；20-16；16-11；11-2；
2-24；3-10；10-23；23-14；14-18；18-5；
4-19；19-9；9-22；6-12；12-15；15-13；
13-25；17-21。

624...

总共有441个立方体。

当1堆立方体堆成的物体长、宽和高都一样时（每条边包含的小立方体的数目一样时），我们可以用下面的公式来求这堆立方体存在的立方体的数目：

$C^3+(C-1)^3+(C-2)^3+(C-3)^3+\cdots+(C-C)^3$

所以本题为

$6^3+5^3+4^3+3^3+2^3+1^3$

$=216+125+64+27+8+1=441$。

625...

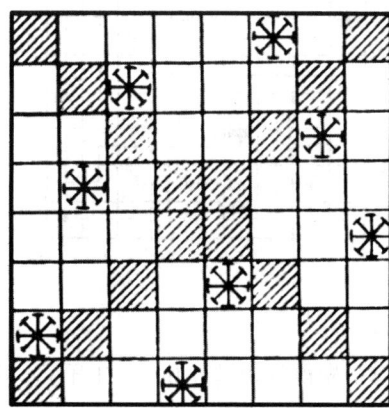

626...

如图所示，把表格中空白的格子都填上指定的数字。第1个格子中带"×"位置的数字之和等于第2个格子中带"×"位置的数字（第1个格子中的11+21和12+31，分别对应第2个格子中的32和43）。

	12	13
	22	23
31		33

11		13	14
21	22	23	24
	32	33	34
41	41		44

627...

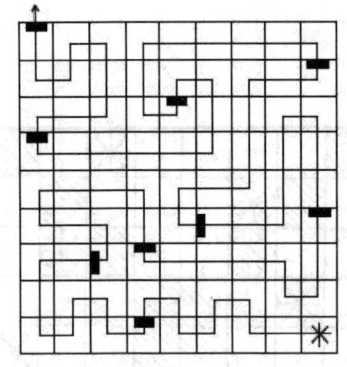

628...

囚犯先得到钥匙 d 和 e，打开了 E 屋和 D 屋的门。然后他得到钥匙 c，并打开 C 屋的门得到钥匙 a，然后打开 A 屋的门，得到钥匙 b。他再次通过 E 屋和 D 屋打开 B 屋的门得到钥匙 f，通过 E 屋走到 F 屋打开门，得到钥匙 g，并从 G 屋逃出地牢。

629...

共有 23 个三角形。

630...

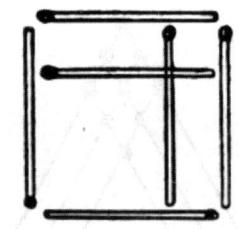

631...

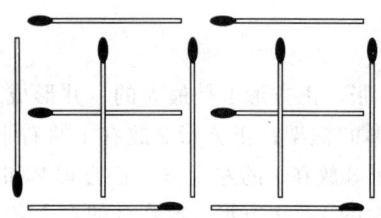

632...

从 3 到 12 画条线把图形分割开。把较小的这一部分倒过来放置。把较小部分的 1 和 12 同较大部分的 17 和 13 分别对起来。

633...

有 8 个小正方体的三面是蓝色的。它们都是大正方体的 8 个角。

634...

共有 17 个正方形。

635...

1 种可能的答案：如图形成 2 个正方形以及 1 个灰色的正方形，灰色正方形是将火柴 4 和火柴 5 放在原来的正方形中央之后得到的。

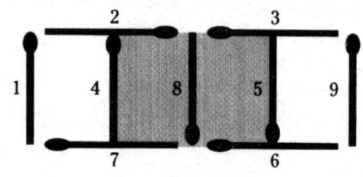

636...

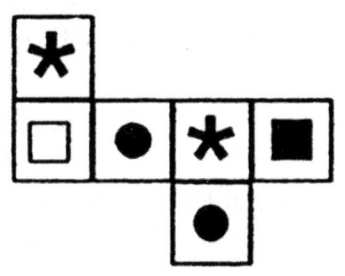

637...

B 和 D。

638...

下图是其中的 1 种解法：

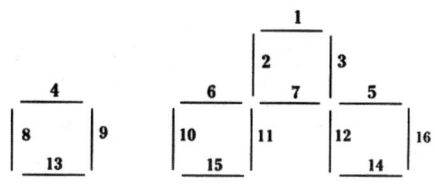

639...

答案如图所示：

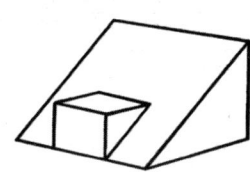

640...

D。

641...

44。

642...

将麦秆从一端约 3 厘米的地方轻轻地

折起来，使麦秆呈现"V"形。然后，把这一端插入瓶内，慢慢调整麦秆直到把它楔牢（如图所示）。这样，你便可以把瓶子从桌子上提起来了。

643...

把鱼缸从一边抬起，这样水就会从另一边溢出。当水平面正好处于鱼缸的 1 个上角到鱼缸的 1 个下角的对角线时，鱼缸内的水正好处于鱼缸的中间位置。

644...

移动的顺序是：(1) 5 号跳到 8 号，拿掉 7 号；(2) 2 号跳到 5 号，拿掉 4 号；(3) 9 号跳到 2 号，拿掉 6 号；(4) 10 号跳到 6 号，拿掉 8 号；(5) 1 号跳到 4 号，拿掉 2 号；(6) 3 号跳到 7 号，拿掉 4 号；(7) 5 号跳到 8 号，拿掉 7 号；(8) 6 号跳到 10 号，拿掉 8 号。

645...

如果想要拽断书下面的绳子，你可以把绳子向下猛拉。由于书的惯性，在拉力尚未传到书上面的绳子时，下面的绳子就已经拉断了。如果想要拽断这本书的上面的绳子，你可以慢慢地拉绳子，这时拉力发挥作用，再加上书的重量，书上面的绳子就会断掉。

646...

将自己手腕上的 1 个绳圈从朋友的 1 个手腕的绳圈上穿过，然后从他的那只手上掠过去，之后再从他的那个绳圈上撤回来。这样，两根绳子就分开了。

647...

这是 1 个讲究"搭配"的思维游戏。在第 1 个杯子里放 1 个糖块儿，在第 2 个杯子里放 2 个糖块儿，在第 3 个杯子里放 3 个糖块儿，然后把第 1 个杯子放到第 2 个杯子里。这样就能保证每个杯子里的糖块儿都是"奇数"。

648...

图 A 到图 C 向我们展示了如何将这些杯垫重新排列形成 1 个"完整的圆"的过程。

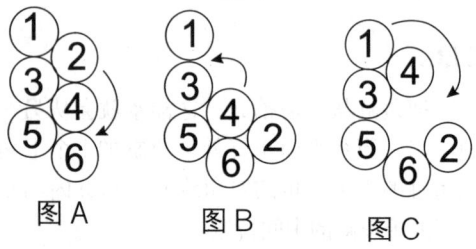

图 A   图 B   图 C

649...

把这个正方形纸板的任意 1 个角的顶点放在这个圆圈内边的任意 1 点。在 A 点和 B 点（即正方形与圆圈相交的两个点）做两个标记（参见图 1）。把纸板当直尺，将 A，B 两点连接。然后，用正方形的这个角的顶点放在这个圆圈内边的另外 1 点，并重复刚才的步骤，在另外的两个交点，即 C、D 两点做标记（参见图 2）。将 C，D 两点连接。这样，这个圆圈的中心点就是线段 AB 与线段 CD 的交点（参见图 3）。

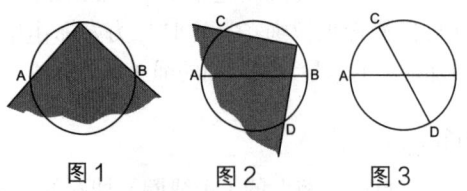

图 1   图 2   图 3

650...

3 个丈夫用 A，B，C 来表示，他们妻子分别是 a，b，c。他们可以按照下面的方法渡河：

（1）a 和 b 先渡河，然后 b 把船划回来。

（2）b 和 c 渡河，然后 c 把船划回来。

（3）c 下船并和她的丈夫留下来，然后 A 和 B 渡河；A 下船，B 和 b 一起把船划回来。

（4）B 和 C 渡河，把 b 和 c 留在出发点。

（5）a 把船划回来，然后让 b 和她一起渡河。

（6）a 下船，然后 b 把船划回来。

（7）接着，b 和 c 渡河，这样所有人都成功抵达对岸！

651...

6	4	5	7	3	2	1
7	5	2	3	1	4	6
2	6	7	4	5	1	3
3	1	4	5	2	6	7
5	3	6	1	4	7	2
1	7	3	2	6	5	4
4	2	1	6	7	3	5

652...

可怜的阿里阿德涅一共有 15 块儿甜饼。劳拉得到 7.5+0.5，即 8 块儿甜饼，还剩下 7 块儿；梅尔瓦得到 3.5 + 0.5，即 4 块儿甜饼，还剩下 3 块儿；罗伦得到 1.5 + 0.5，即 2 块儿甜饼，还剩下 1 块儿；玛戈特得到 0.5 + 0.5，即 1 块儿甜饼，而阿里阿德涅则 1 块儿也没有。

653...

奈德可以把 10 个烟头中的 9 个卷成 3 支

烟。这时，他只剩下1个烟头。当他满足自己的烟瘾之后，他又有3个新烟头，这样，他就可以卷第4支烟了。把这支烟吸完后，再加上原来第10个烟头，奈德就剩下2个烟头。他转到和自己相邻的桌子，并且问座位上的人是否可以从他们的烟灰缸里借1个烟头，这样，他就可以卷成第5支烟了。当他抽完这最后1支烟之后，他把剩下的这个烟头还给了刚才借他烟头的人。

654...

两行筹码要相交在1个角，而那个角上的筹码上面又有另一个筹码。这样，一行有3个筹码而另一行有4个筹码（如图所示）。

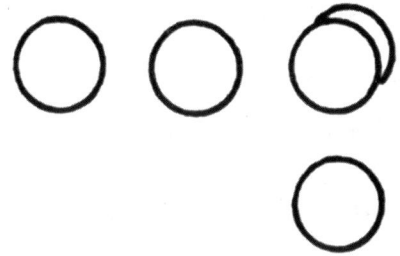

655...

（1）常用的扑克牌有52张（除两张王牌），而1年则有52周；（2）每种花色的扑克牌都有13张，而每个季节都有13周；（3）扑克牌有4种花色，而1年有四季；（4）1副扑克牌有12张肖像画（J，Q，K的总数），而1年则有12个月；（5）红色的扑克牌代表白天，而黑色的扑克牌则代表黑夜；（6）如果你把所有的数值都相加，其中J等于11，Q等于12，K等于13，总数等于364。再加上1张王牌或两张王牌（每张当做1看），就得到1年的天数。

656...

将纸张a揉成球，当同时松手时，揉成球的纸会直接落下，而纸张b则会缓缓落地。

657...

将水缓缓倒入玻璃杯，直到水平面几乎超出杯口。如果你小心操作的话，液体的表面张力会使水稍稍凸起。这样，瓶塞便会向上"漂"直到杯子的中央并停留在那里。

658...

在演出开始之前，先在手提箱内放两样东西。在伸出桌子的那边放1大块儿铁，而在另一边放1大块儿冰，冰块的重量再加上手提箱这边的重量便可以抵消铁块的重量。但是，当冰块融化的时候，水就会均匀地分布在手提箱里，这样，铁块的重量足以使手提箱从桌子上掉下来。这也可以称得上是1种计时装置。

659...

答案如图所示：

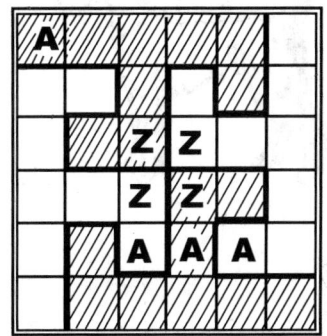

660...

他留给后人的是"一无所有"。

661...

爷爷一共邀请了16个亲戚，1卷胶卷可以照出60张照片。

662...

如下图，将图1中的大纸环折叠，然后把小纸环塞入。现在，将小狗挂在纸环上（如图1所示）。然后，把小纸环再滑回末端，并套在小狗上。展开大纸环，这样，便完成了（如图 2 所示）。提示：当你折叠大纸环时，只需将纸弯曲，不要把它弄皱。只有这样，你再展开纸环时就看不出它被折叠的痕迹了。

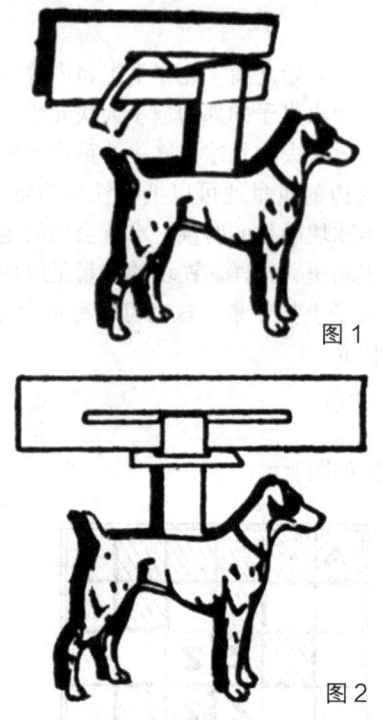

图 1

图 2

663...

从顶部 A 开始，下面有两条路可以选择。而从两个 B 分别向下一行移动，那么，可以有 4 种选择到达第 3 行。也就是说，每到下一行可以选择的移动方法是所在行的 2 倍。从顶部 A 向下共有 10 层。所以，如果按照 1×2 来算，然后将所得结果乘以 2，接着再乘以 2，这样重复 10 次，你便得到所有可能的移动方法，即 1024 种。用数学表达式表示就是 210，或者是 $2 \times 2 \times 2 \times 2 \times 2 \times 2 \times 2 \times 2 \times 2 \times 2$。

664...

他这 5 轮中，每轮分别打进了 8，14，

20，26，32 个球。

665...

以下是解决这个题的 9 个步骤：（1）将绿色罐子注满水；（2）将绿色罐子内的水倒入红色罐子；（3）把红色罐子内的水倒回水池；（4）将绿色罐子内剩下的水倒入白色罐子内；（5）将绿色罐子注满水；（6）将绿色罐子内的水倒入红色罐子；（7）将绿色罐子内剩下的水倒入白色罐子内；（8）将绿色罐子注满水；（9）将绿色罐子内的水倒入白色罐子内。这时，绿色罐子内就剩下 2 升的水。

666...

3 张扑克牌（从左到右）为：方块 A、红桃 K 以及黑桃 2。

667...

在剪绳子之前，先在绳子中间打 1 个环儿并系牢，然后拿起剪刀将绳环儿剪断。绳子剪为两段，而装饰物却安然无恙。

668...

首先使 2 枚硬币在桌上相接触，然后，再把 2 枚硬币放在它们上面，使 4 枚硬币相接触。最后，将第 5 枚硬币竖立放置（如图所示）。这样，所有 5 枚硬币都彼此接触。

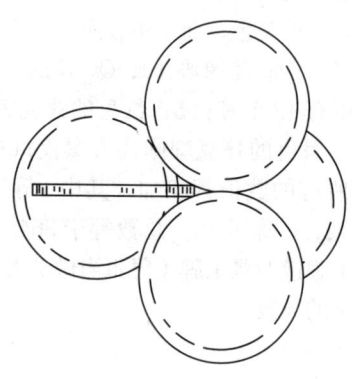

669...

贝莎阿姨建议他从其他 3 个轮胎上各拆

下 1 个螺母，然后把它们安装在第 4 个轮胎上。慢慢地把车开到 1 个城镇，在那里就可以再买 5 个螺母。

670...

他把 1 张纸的 4 个角撕掉了，这样，在纸上留下了 8 个角。这就轻而易举地向大家证明了 4 去掉 4 得到 8（如下图所示）。

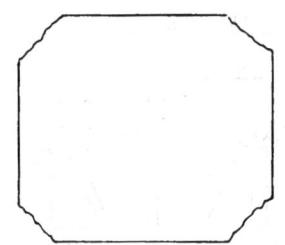

671...

将 1 个宽口玻璃杯倒满水，剪 1 块儿比缝纫针稍宽的软纸，把这根针轻轻地放在纸的中间，然后把这张有针的软纸放入水中。过一会儿，软纸会因吸满水而沉入杯底，此时这根针将因为水面张力的扶持而漂浮在水面上。

672...

猴子应该按照下面的顺序走遍所有的窗户：10，11，12，8，4，3，7，6，2，1，5，9。这个线路在底部和中部的窗户之间的空间内只经过了 2 次。

673...

用左手食指紧紧按住中间的硬币（即那枚可以接触但是不可以移动的硬币），用右手将那枚 1 元硬币（即那枚既可以接触又可以移动的硬币）向右边移动，使它与 1 角硬币保持几厘米的距离。然后，用这枚 1 元硬币迅速撞击 1 角硬币。虽然 1 角硬币不会动，但是这种力会使 1 角硬币左边的那枚 1 元硬币移动两三厘米，而它们之间的空间足够放下右边的那枚 1 元硬币。这样，问题就解决了！

674...

答案的奥秘所在就是你要在拿绳子之前先将胳膊交叉。当你把绳子两端分别拿在手中时，再展开两个胳膊；这时，绳子中间就出现了结点。

675...

如果你有浓密的头发，那么它会有助于你解决这个题。拿出你的梳子在头上梳几下，然后把梳子往下放，并使梳子齿放在胡椒粉的上方。这样，胡椒粉就会从盐里分离并吸附在带电的梳子上，原因在于你在梳头时使梳子产生了静电。

676...

将任意 1 枚"背面" 1 元硬币翻过来，然后把它放在 1 枚"正面" 5 角硬币上，保证这枚 5 角硬币完全被那枚 1 元硬币遮住。这样，如果你从桌上看的话，你会发现正面的硬币有 3 元。

677...

这个题只有在阳光充足的日子里才能解决，因为绳子要受阳光的影响。要把钥匙从绳子上取下来，只需要 1 个放大镜，并使太阳光透过瓶子聚在绳结上，时间不长，绳结就会烧断，这样，钥匙将落到瓶底。

678...

这 8 个单词的共同之处就是它们每个词当中都包含连续的 3 个字母。

679...

任何 1 个不知情的人都会将扑克牌慢慢地抽出，这无疑会失败。正确的方法是用左手向扑克牌的 1 个角猛弹，如果运用得当的话，扑克牌将旋转着快速飞出去，而硬币仍会安然地停留在你的右手拇指上。

680...

不管朝哪个方向旋转，两个螺钉头总是保持相同的距离。

681...

拿 1 个结实的纸袋子放在桌子上，使开口的那边悬在桌边。接着，把这两本书放在袋子的另一边。现在，你要做的就只是往袋子口里吹气，但是袋子要贴紧嘴巴，保证不漏气。只要使劲吹两下，书肯定会倾斜并翻倒。

682...

塞从筐里拿出苹果，然后分给前 5 个儿

子每人 1 个苹果。这时，筐里只剩下 1 个苹果。塞接着把筐子连同苹果一起给了第 6 个儿子。正如题中所说的，塞把 6 个苹果平分给了他的儿子，这时筐里只剩下 1 个苹果。

683...

要解决这个难题，施工人员必须先安装其中的 1 条水管道，该管道应该从水厂出来然后经过 1 号房子的下面到达 3 号房子。这条管道完成之后，其余的就容易解决了。

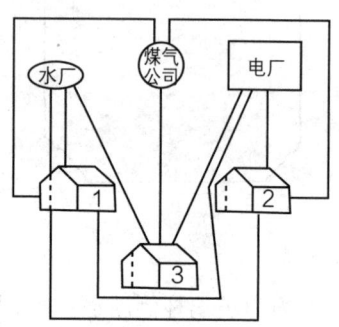

684...

按照下面的步骤移动就可以获胜：2 号移到 1 号、6 号移到 2 号、4 号移到 6 号、7 号移到 4 号、3 号移到 7 号、5 号移到 3 号、1 号移到 5 号。

685...

答案如下图所示：

a	b	c	d	e	f	g
d	e	f	g	a	b	c
g	a	b	c	d	e	f
c	d	e	f	g	a	b
f	g	a	b	c	d	e
b	c	d	e	f	g	a
e	f	g	a	b	c	d

686...

问题中的年份是 1944 年。如果把任何

1个出生在1944年之前的人的出生年份加上他此时的年龄，那么这个结果都是1944。同时，如果我们把5位政治人物的就职年份加上截至1944年时的掌权时间，那么这个结果又是而且只能是1944。所以，将这两个结果相加的话，结果就是题中给出的3888。

687...

如果那个知道奥妙的玩家第2个走，那么他（她）就会获胜。这个秘密就是：如果受骗者先拿走1张扑克牌，那么骗子就拿走2张扑克牌；如果受骗者先拿走2张扑克牌，那么骗子就拿走1张扑克牌；无论哪种情况，当骗子拿牌之后，那个圆圈必定被分成两个半圆，各自包括5张扑克牌。接下来，骗子从对方相反的半圆中拿走与之相同数量的扑克牌，这样，他就总能拿到最后1张牌并在打赌中获胜。

如果骗子先拿1张扑克牌，那么，要等待可以将扑克牌分成各含相同数量的扑克牌的两个部分的机会。当然，如果对家也知道其中的奥妙，那么骗子就不一定能赢了。

688...

这个石雕组一共有3个石匠。如果3个人用3个月将日历雕刻完，那么，1个人要用9个月才能完成，而9个人则用1个月就可以完成。

689...

当水沸腾后，艾伯特将鸡蛋放进去，并把两个沙漏都倒放过来。当7分钟的沙漏中的沙子漏光时，他把它再倒放过来；这时，11分钟的沙漏还剩下4分钟，当里面的沙子漏光时，7分钟的沙漏底部正好有4分钟的沙子。艾伯特再把7分钟的沙漏倒放，这样，等到沙子再漏光时，时间正好是15分钟，然后他把鸡蛋从水里拿出来。

690...

答案如下图所示：

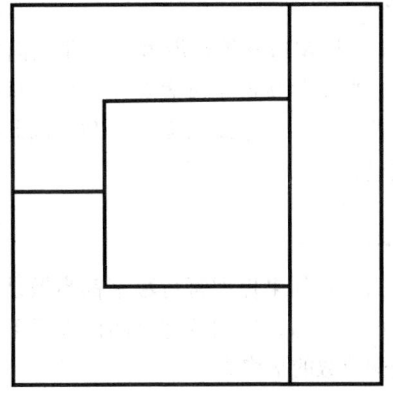

691...

A。前5个符号是数字1～5颠倒后的映像。符号A是数字6颠倒后的映像。

692...

D。先将第1个图形分为两等份，然后在中间插入1个同样大小的图形，最后再将它倒置。

693...

B。

694...

一共有64种排列方法，如下图所示。

695...

4。在每个图形中，左边 2 个数字的和除以右边 2 个数字的和，就得到中间的数字。

696...

U。从左边开始，沿着这条曲线向右进行，这些字母按照字母表顺序排列，每次前移 1 位、2 位、3 位，然后是 4 位，以此顺序重复进行。

697...

8，1。如果你把每行数字都当做是 3 个独立的两位数，中间的这个两位数等于左右两边两位数的平均值。

698...

题 1：B。其他 4 项图形相同，只是图形经过旋转后，所处的位置不同。

题 2：D。其他 4 项图形相同，只是图形经过旋转后，所处的位置不同。

699...

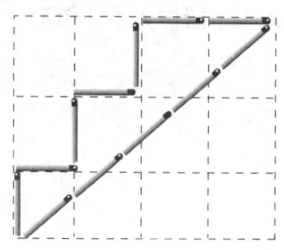

700...

8-10-7-3-2-11-5-4-13-1-6-9-12

701...

这个结会被打开。

绳子需要绕 3 下才会形成新的结。

702...

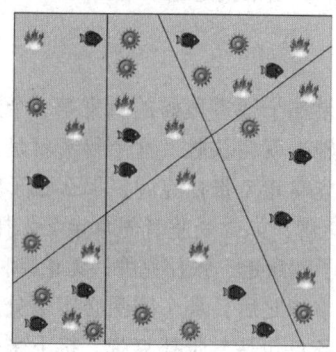

703...

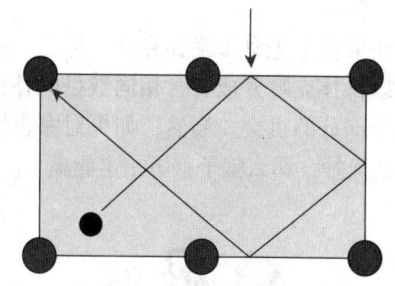

704...

踩踏石头的顺序是 2－5－6－12，环在这些石头上的图案呈现出逐渐向中间靠拢的趋势。

705...

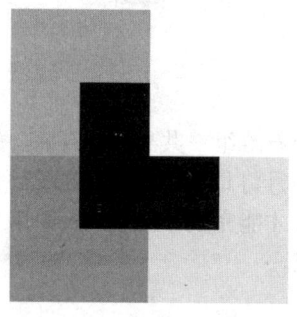

706...

1.每个字母有26种可能，每个数字有10种可能，那么密码的可能性有：

$P=26 \times 26 \times 26 \times 10 \times 10=26^3 \times 10^2=1757600$ 种

2.$P=26 \times 25 \times 24 \times 10 \times 9=1404000$ 种

3.$P=1 \times 25 \times 24 \times 10 \times 9=54000$ 种

707...

绳子将与管道脱离。

708...

这些蛇会逐渐相互填满对方的肚子，而且不会再继续吞食任何东西。因此这个圆环也就会停止缩小。

709...

是的。左下角的轮子将按逆时针方向转动，而其他的轮子都将按顺时针方向旋转。

710...

A。在脸上增加1个新的元素，然后增加1根头发和1个新的元素，然后增加1根头发，然后增加1根头发和1个新的元素，按照这个规律重复下去。

711...

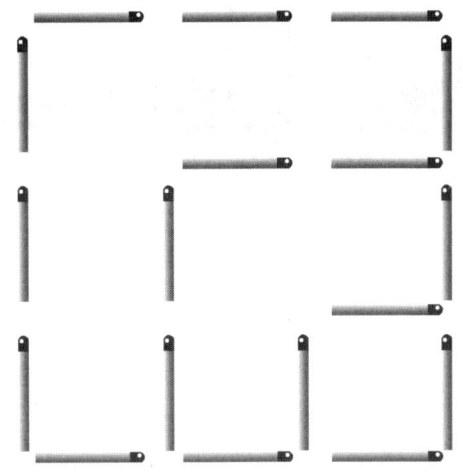

712...

两种解释都有可能。这个经典错觉表明视觉系统如何基于你期望的内容来聚集特点。如果你看到1个特点比如眼睛像少女，那么鼻子、下巴的特点也会聚集起来，呈现出少女的特质。

713...

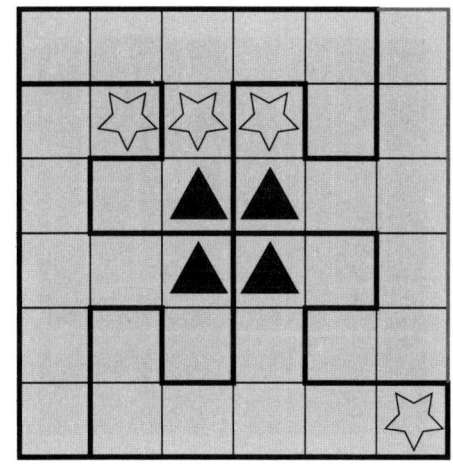

714...

嘴唇在保姆的背后，西班牙超现实主义者萨尔瓦多·达利对于两可图像非常着迷，将这幅画命名为"保姆背后神秘的嘴唇"。该画绘制于1941年。

715...

图中有5个脑袋，但是可以数出10个完整的身体。

716...

在第121号大厦和编号开始处之间一共有120栋大厦。相应地就有120栋编号高于294的大厦。因此，街两旁建筑共有294＋120=414栋。

717...

你可以同时看到1个岛屿和两只狗。

718...

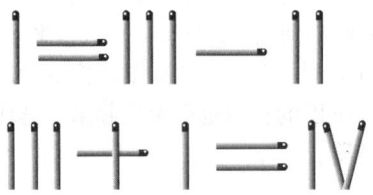

719...

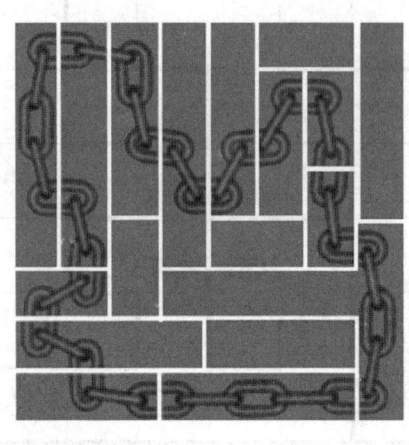

720...

如图所示切 6 次。

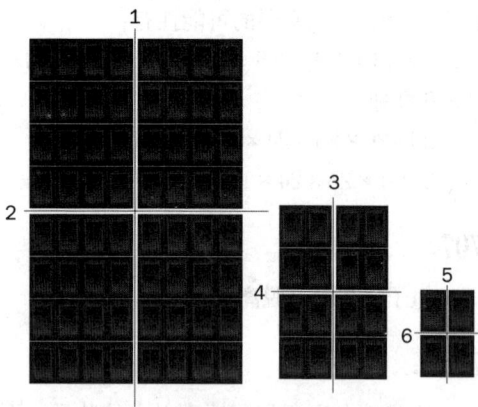

721...

这两个结不能互相抵消，但是可以挪动位置，使两个结位置互换。

722...

倒 6 次即可解决问题，有 4 种不同方法，其中 1 种解法如下图所示。

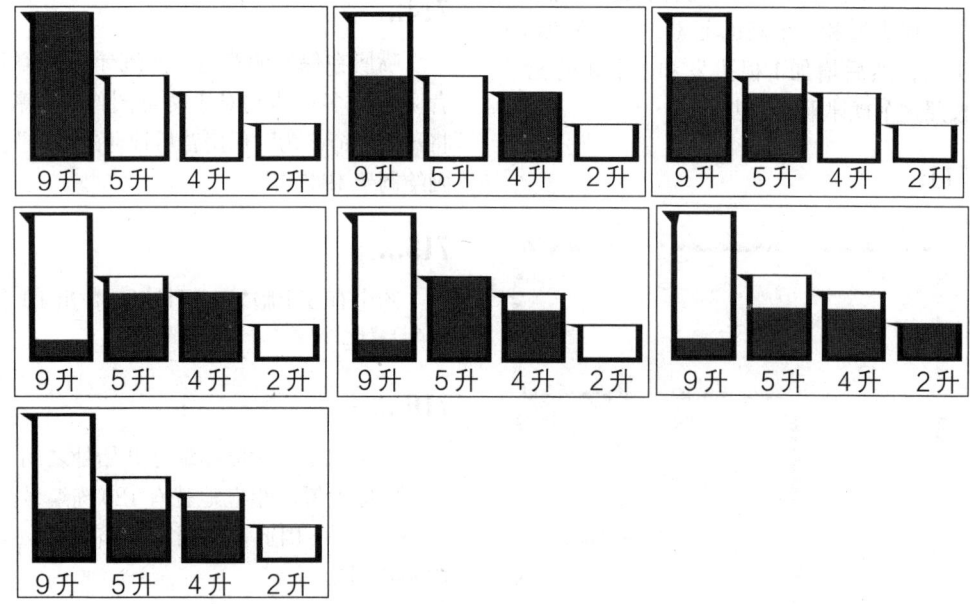

723...

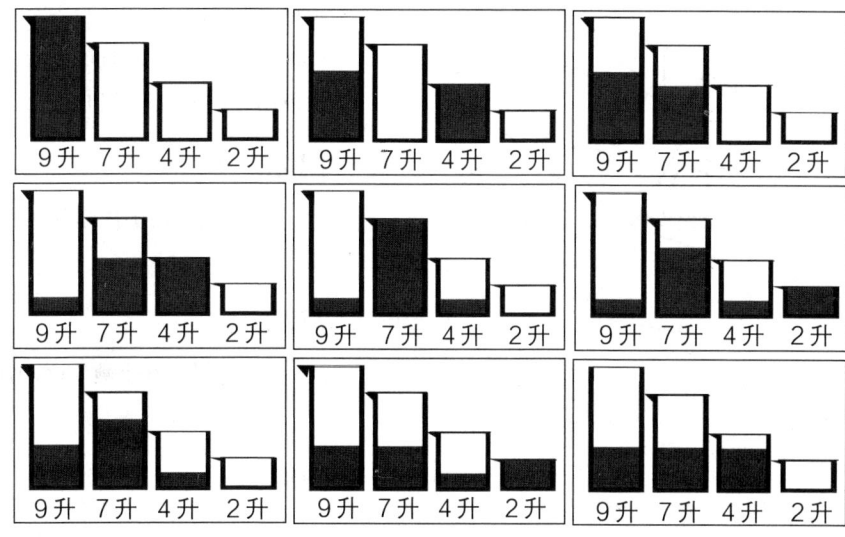

```
5    3
5   8   6
    6
10  9   8
```

724...

倒8次即可解决问题。其中1种解法如下图所示。

9升 7升 4升 2升	9升 7升 4升 2升	9升 7升 4升 2升
9升 7升 4升 2升	9升 7升 4升 2升	9升 7升 4升 2升
9升 7升 4升 2升	9升 7升 4升 2升	9升 7升 4升 2升

725...

如图所示，琴弦开始振动，4和6处的纸片会掉下来。

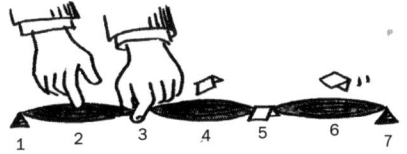

726...

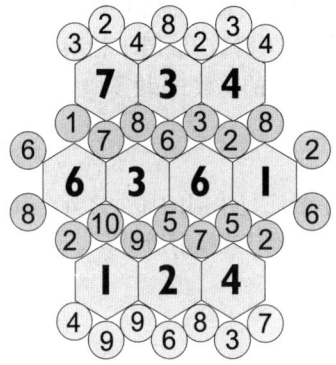

727...

C。最小部分顺时针旋转90°。中间部

分保持不动，最大部分逆时针旋转90°。

728...

爱因斯坦。

729...

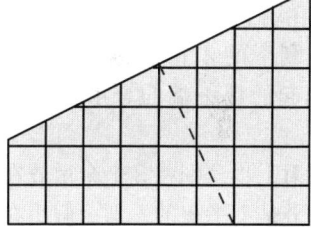

730...

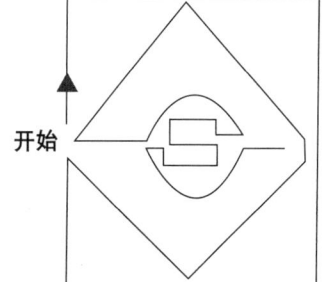

开始

731…

如图所示，一共有 15 个正方形。

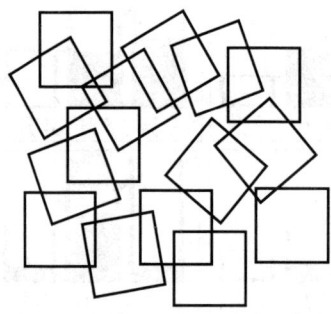

732…

A。

733…

把 8 个金币分成 2 个部分，一部分 6 个金币，一部分 2 个。

不管假币在哪一部分，我们只用 2 步就可以把它找出来：

先将第 1 部分的金币一边 3 个分别放在天平的左右两边。如果天平是平衡的，那么假币一定在剩下的 2 个中。

再将剩下的 2 个金币分别放在天平的两端，翘起的那一端的金币较轻，这个就是假币。

如果第 1 步分别将 3 个金币放在天平的两端，天平是不平衡的，那么假币在翘起的那端。

再取这 3 个金币中的任意 2 个分别放在天平的两端，如果天平不平衡，那么轻的那一端放的就是假币。

如果天平仍然是平衡的，那么剩下的那个就是假币。

734…

事实上，在水滴落入水中 150 毫秒之后，你会再次看到水滴从碗中升起来，这一过程用 1 台超高速相机可以拍摄得到。

735…

燃烧需要氧气，没有氧气就不能燃烧。当蜡烛燃烧用完玻璃瓶中的氧气时，蜡烛就会熄灭，这时玻璃瓶里的水位会上升，以填充被用尽的氧气的空间。

736…

B。只有此图中的横向和纵向线条数量相等。

737…

5。每行前 2 个数字之和加 1 等于后 2 个数之和。

738…

5。横向计算，把左边和中间的数字增加 1 倍，然后再加起来，就可以得到右边的数字。

739…

4。每行数字加起来都等于 14。

740…

C。

741…

60 块砖。你不需要将所有的砖块清点 1 遍，只需要数出最上面那层砖块的数量（12 块）并将其与层数（5 层）相乘，这样你就可以得出砖块的总数 60 块了。

742…

除了最底行中间的那个之外，其他都是同一箭轮经旋转或反射所得。

743…

D。

744…

B。把大正方形分成 4 个部分，每个部

分的字母都按相同的形式排列。

745...

B。其他图都是向左看的皱眉，向右看的微笑。

746...

C 和 E。

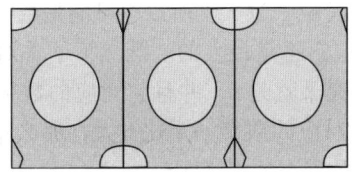

747...

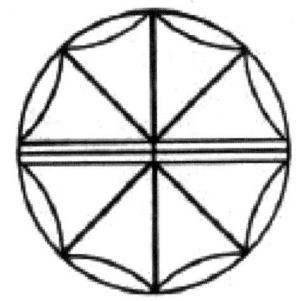

748...

将棋子从左至右标上号码。如果预留的空间在左边，那么把2号棋子和3号棋子移到左边（图中的移动步骤①）。在2号棋子和3号棋子的原位放入5号棋子和6号棋子（移动步骤②）。然后把6号棋子和4号棋子移到左侧（移动步骤③）。

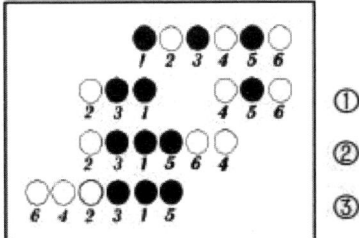

749...

移动的顺序为：第1堆到第2堆，第2堆到第3堆，第3堆到第1堆，如下表所示。

堆号	原有火柴数	第1次移动	第2次移动	第3次移动
第1堆	11	11-7=4	4	4+4=8
第2堆	7	7+7=14	14-6=8	8
第3堆	6	6	6+6=12	12-4=8

750...

牌的顺序是 Q，K，Q，Q，K，K，K。

751...

他打开1条链子上的3个环（3次操作），再用这3个环把剩下的4个链子连接起来，这样一共是6次操作。

752...

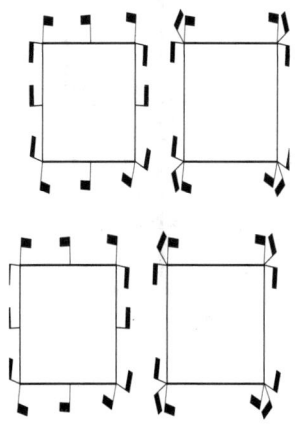

753...

每个 × 都是在外围的格子中顺时针移动，每个○则是逆时针移动。

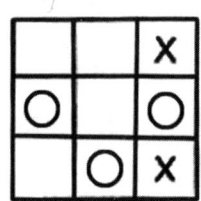

754...

把这个图形看成是 1 个不透明的正方形放在 1 个不透明的长方形上。按上 1 个图形的旋转方法，下边的长方形要旋转 45。，方向不限；上边的正方形需要旋转 90。，方向不限。所以，答案是 C。

755...

把前 2 个图形重叠放置，我们会发现如果在线条的同侧有 2 个三角重合的话，在第 3 幅图中它就变成 1 个正方形；如果在线条同侧有 1 个三角形和 1 个圆形位置重叠，则在第 3 幅图中 2 个图形都消失；如果三角形和圆形关于线条对称，则 2 个图形在第 3 幅图中保持它们在原始图中的位置。最后的结果是：

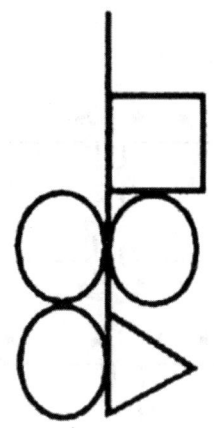

756...

答案是 C。其他图形都可以用 1 条不折回的线条画成。

757...

缺失的字母是 R。这个句子拼出来就是 "What is the answer（答案是什么）"。

758...

直径下方的 3 个数字之和等于上方数字的 $\frac{1}{3}$。所以答案是 1。

759...

既然箱子 C 不是最小的，那么，在箱子 A，B，C，D 中，箱子 D 是最小的。所以箱子 D 的数字不是 4 就是 5。箱子 C 对应的可能的数字是 2，3 或者 4（不是最大的，也不是最小的）。箱子 C 和箱子 D 的数字之和最少是 6，但是不大于 7。1 ~ 5 之间任意 2 个数字之和最大的可能是 7。因为箱子 A 比箱子 C 或者箱子 D 大，所以它可能是数字 2 或者 3，但它不是最大的。既然箱子 A 对应的数字不是 2 就是 3，并且它对应的数字加上箱子 E 对应的数字一定比 6 大，那么箱子 E 对应的数字不是 4 就是 5。

由此可得：

箱子 A=2 或者 3；

箱子 C=2 或者 3；

箱子 D=4 或者 5；

箱子 E=4 或者 5。

由于箱子 A 对应的数字大于箱子 C 对应的数字，所以，箱子 A=2；箱子 C=3；箱子 D=4；箱子 E=5；箱子 B=1。

760...

第 1 步：把 3 放到 4 的外边。

第 2 步：把 2 放到 6 的外边。

第 3 步：把 1 放到 12 和 13 下面的中间。

第 4 步：把 15 放到 13 和 14 下面的中间。

第 5 步：把 11 当做顶点放在最下边。

总的来说，如果 N 为三角形的边长（用硬币数来表示），使得三角形倒转所要移动硬币的最小数目可以用这个算式来求出：

$$\frac{N（N+1）}{6}$$

如果有余数，则四舍五入，取最相近的整数。

例如 N=5，5×6÷6=5

则把 1 个边长为 5 枚硬币长度的三角形倒转过来至少需要移动 5 枚硬币。

761...

杰克在离开家之前给挂钟上过发条。当他回来时，挂钟走过的时间等于他去朋友家的时间加上返回来的时间以及在朋友家停留的时间。因为杰克到达朋友家和离开的时候都看过时间。用他离开家的总时间减去在朋友家停留的时间，然后除以2，就得到了他在回家路上所花费的时间。把这个时间加到他离开朋友家时的时间上，就是他回家后的正确时间了。

762...

第7步：从1到4。
第8步：从15到6。
第9步：从6到13。
第10步：从12到14。
第11步：从4到13。
第12步：从14到12。
第13步：从11到13。

763...

如果乒乓球跑到墙根，那么铁球就不会压碎它了。

764...

答案是D。其余的4个图形都包含凹面和凸面，图形D只包含凸面。

765...

图形4是唯一1个不包含三角形的。

766...

5张。

767...

字母R在线的上方。因为在线的上方的字母都是有封闭空间的。

768...

这个句子是：There are 100 years in a cen-

tury（1个世纪有100年）。

769...

答案是JJ（June6月和July7月的首字母）。这些字母是从October（10月）November（11月）开始的每2个月单词的首字母。

770...

如下图在中间画条直线，就会看到答案了。答案是June（6月）。

771...

答案是35。每个格子中的第2个数字是第1个数字的平方再减1。

772...

数字9在直线下边，数字10在直线上边。因为数字1，2，6和10的英文单词都是3个字母；别的都是4个或者更多。

773...

把第1个图形看做2个透明的三角形共用1个基座。让左边的三角形以基座为轴翻转180。，这样就可以得到第2个图形。同理，让左边连着圆圈的线条以基座为轴翻转180。，就会得到答案C。

774...

T=15。因为A=2，所以我们可以把A=2代入4个等式，可以得到：

2+B=H
H+P=T
T+2=F
B+P+F=30

443

消去别的字母，可以得到 T=15。

775...

从左至右数起的第 7 个笼子和第 14 个笼子。

776...

答案为 5。每行前 2 个数字之和加 1 等于后 2 个数字之和。

777...

1 个正方体有 6 个面；1 个三棱锥有 4 个面；1 个三角形有 3 条边。因此对照 6：4（3：2）的比例，只有答案 A 符合条件。

778...

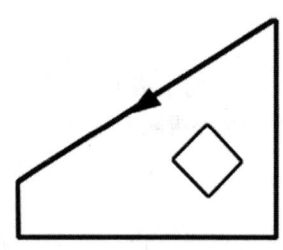

779...

顺序应该是：

A，6，2，10，3，7，4，9，5，8。

780...

1 个数字都不用改变，把整个算式倒过来就可以得到 245。

$$
\begin{array}{r}
86 \\
91 \\
+68 \\
\hline
245
\end{array}
$$

781...

图 E 是与其他不同的 1 项。其他 4 个旋转 90。后可以和原图重合。

782...

$C = 100$

$D = 500$

$M = 1000$

$\overline{V} = 5000$

$\overline{X} = 10000$

$\overline{L} = 50000$

$\overline{C} = 100000$

$\overline{D} = 500000$

$\overline{M} = 1000000$

783...

所缺的数字是 $\frac{1}{30}$。规律如下：$12 = \frac{1}{7} \times 84$，$2 = \frac{1}{6} \times 12$，$\frac{2}{5} = \frac{1}{5} \times 2$，$\frac{1}{10} = \frac{1}{4} \times \frac{2}{5}$，依据规律，所缺的数字为：$\frac{1}{30} = \frac{1}{3} \times \frac{1}{10}$。

784...

答案是 23。整个圆里数字的和都是 150。

785...

答案是 "There are 180 degrees in a triangle"（三角形的内角和是 180 度）。

786...

$$
\begin{array}{r}
70839 \\
- 6458 \\
\hline
64381
\end{array}
$$

787...

这里是 1 种答案。

BIKE（自行车）

BITE（咬）

MITE（细微的）

MATE（伙伴）

MATH（数学）

788...

从下往上会发现，如果下方的 2 个球不是同一个颜色，那么中上方的球是黑色的；

如果下方的2个球是同一个颜色，那么中上方的球是白色的。金字塔的上面3层如下图所示：

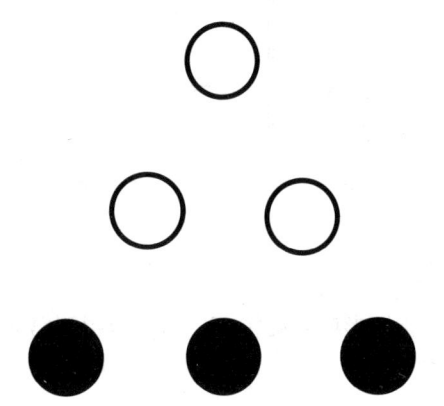

789...

　　1－A；2－B；3－C；4－D；2－D；5－B；3－B；1－B；6－C；7－A；1－A；6－E；3－C；1－C；5－A；1－B；3－A；1－A；6－C；8－B；6－B；2－E或C；4－B；2－B。

790...

　　从外面的大盒子里拿出1块糖，放到里面最小的盒子里就可以了。这样，最小的盒子里就有了5块糖（两对加1块）。将这5块糖算进第2个小盒子的糖果数目中，第2个小盒子中的糖果数现在是5+4=9块（4对加1块）。第3个小盒子中现在有了9+4=13块糖果（6对加1块）。最外面的大盒子中有13+8=21块（10对加1块）。

791...

　　这里是3种方法。你还能找到别的方法吗？

2	10
5	8	6
3	1	4
	9	7

3	9
5	7	4
1	10	2
	6	8

8	10
6	1	3
4	9	5
	7	2

792...

$$
\begin{matrix}
1 \\ 8 \\ 15
\end{matrix} \Big\} d=7 \quad
\begin{matrix}
2 \\ 7 \\ 12
\end{matrix} \Big\} d=5 \quad
\begin{matrix}
6 \\ 10 \\ 14
\end{matrix} \Big\} d=4
$$

$$
\begin{matrix}
9 \\ 11 \\ 13
\end{matrix} \Big\} d=2 \quad
\begin{matrix}
3 \\ 4 \\ 5
\end{matrix} \Big\} d=1
$$

793...

　　杰克说的是字母"e"。

794...

　　将1号硬币移到与2号和3号相邻的位置，再将2号移到与5号和6号相邻的位置，将6号移到1号和3号相邻的位置，最后将1号移到与2号和6号相邻的位置。

795...

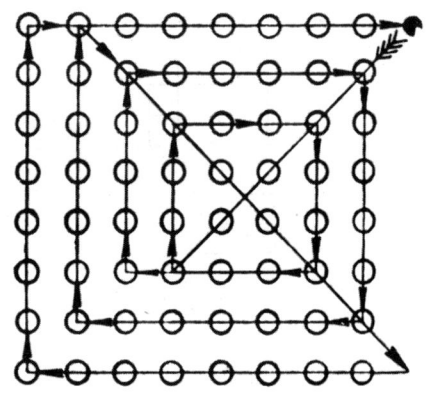

796...

　　它将出现在B的下面。把这个数除以7，看看余数是多少。如果余数是1，那么这个数属于A那一列；如果是2，那么这个数属于B那一列。依此类推，100除以7的余数是2，那么100属于B那一列。

797…

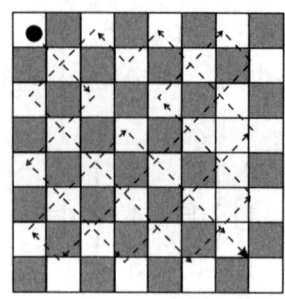

798…

缺失的数字是 4。把第 1 排的数和第 2 排的数加在一起就是第 3 排的数。

$$
\begin{array}{r}
65927 \\
+\ 14354 \\
\hline
80281
\end{array}
$$

799…

如图所示是几种答案：

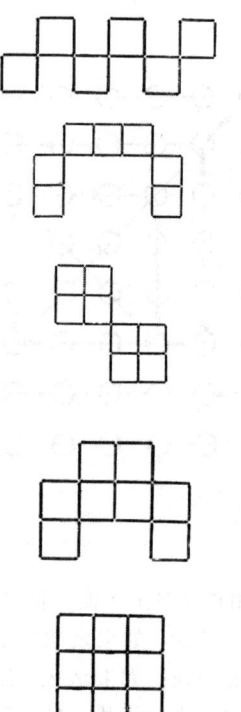

800…

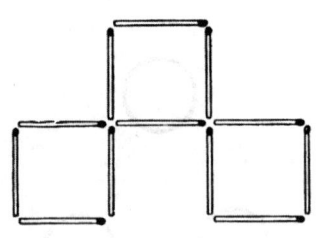

801…

把图形向右旋转 90。就可以得到第 2 个图形。

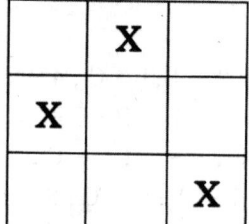

802…

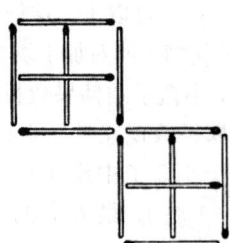

803…

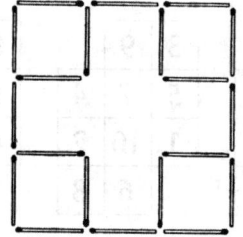

804...

以下是几种答案：

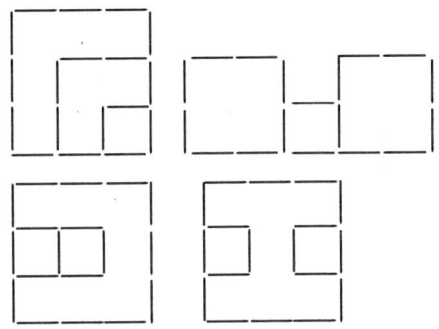

805...

这些图形都是数字 1 到 4 进行旋转后的镜像。下一个出现的标记将是以同样的方式更改的数字 5。如下所示：

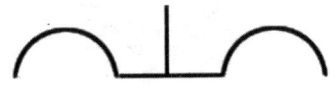

806...

总共要走 11 步。设碟片的数目等于 n，那么总共要移动的次数就是 2n-1。

由题得：2×6-1=11。

807...

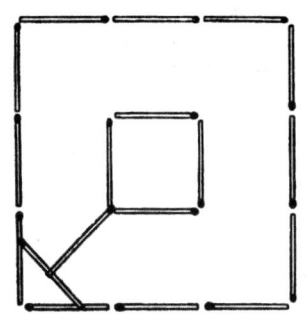

808...

至少需要拿走 9 根火柴。最终结果如下

图所示：

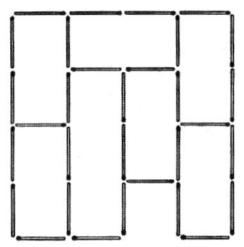

809...

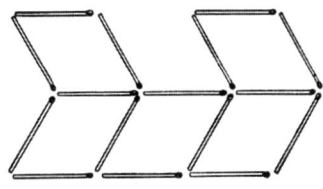

810...

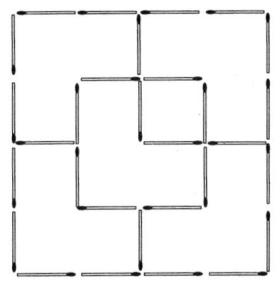

811...

图 E。除了 E 之外，每个图形中的圆圈数量比边长数多 1，线段数比边长数少 1。图形 E 是个八边形，但是中间只有 8 个圆圈和 6 个线段。

812...

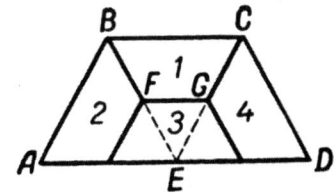

813...

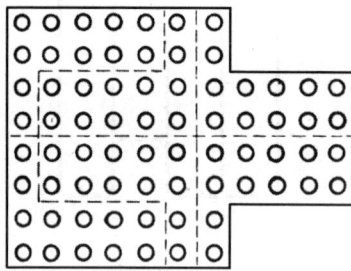

814...

图形 D 是唯一 1 个没有被直线平分的图形。

815...

816...

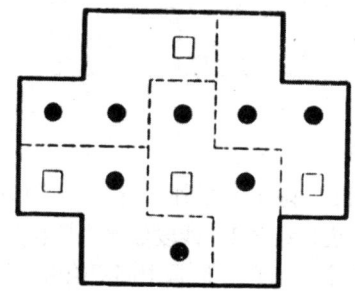

817...

这里是 1 种答案。

PART（部分）

WART（缺点）

WANT（想要）

WANE（衰落）

WINE（酒）

818...

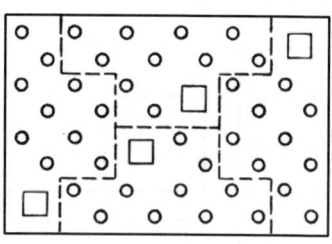

819...

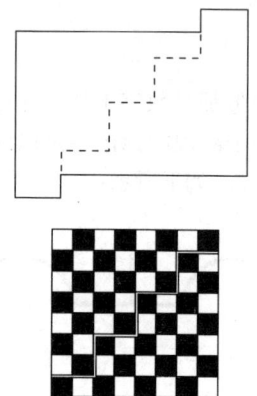

820...

沿着 abcde 切割，图形 bcd 是各个正方形的中心。然后如图 2 拼接。

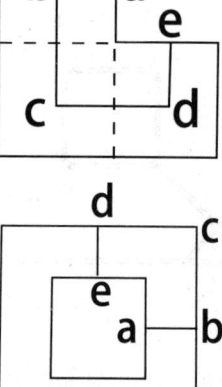

图 1

图 2

821...

直线必须在马蹄形上相交。

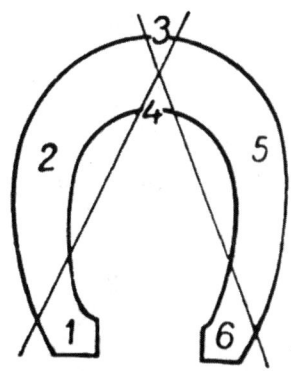

822...

答案如图所示。其中阴影部分为切割下来拼成正方形的部分。

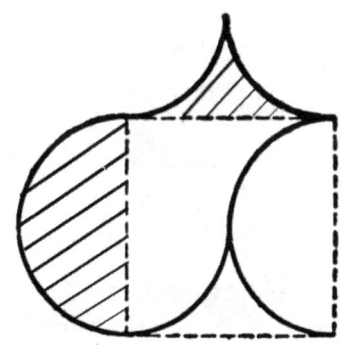

823...

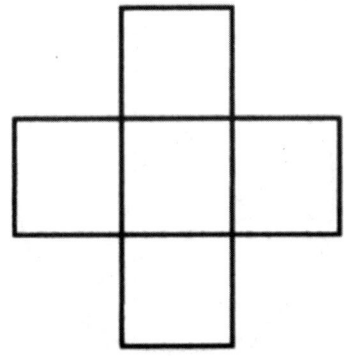

824...

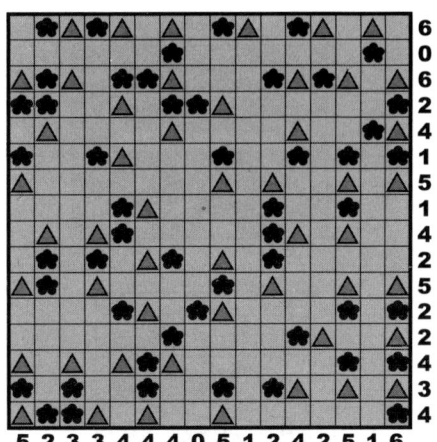

825...

如果你从1面镜子中看这些字母，它们和原先在纸上看没有变化。

826...

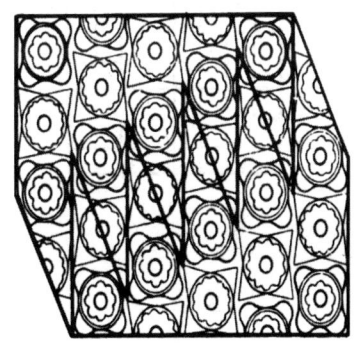

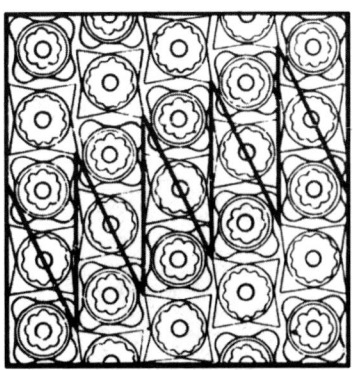

827…

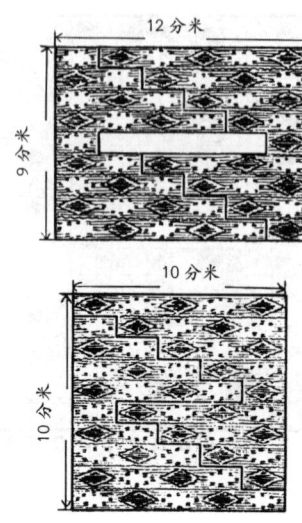

828…

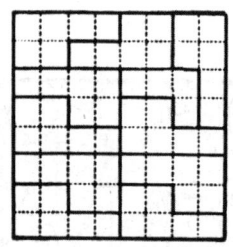

829…

因为萨米是个女孩子。

830…

木匠应该沿着 BA，CA，B1A1 和 C1A1 来锯这 2 个椭圆形。然后把得到的 8 个部分粘在一起，就会形成如图所示的圆形桌面。

831…

设 △ABC 是那块需要翻转的补丁。毛皮修整师沿着 DE 和 DF 来剪开它（E 和 F 是 BC 和 AB 的中点），并且把剪开后形成的 3 块毛皮都翻转过去。这三块毛皮是围绕着垂直轴的 2 个三角形和围绕着 EF 的四边形。当他把这三块重新缝在一起的时候，三角形 ABC 的补丁在另一面仍旧保留原状。

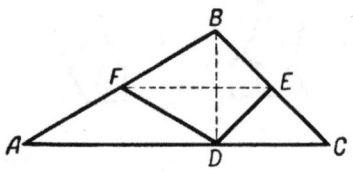

832…

833…

若要求得最大的数目，每条直线应该与其他各条线都相交，且任意交点上只有 2 条直线。

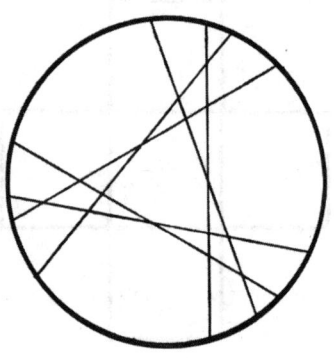

834...

答案是 30。每个格子里的第 2 个数字是第 1 个数字立方加 3 得来的。所以，缺失的数字是 $3^3+3=27+3=30$。

835...

答案如下图所示，阴影部分为剪下来拼成正方形的部分。

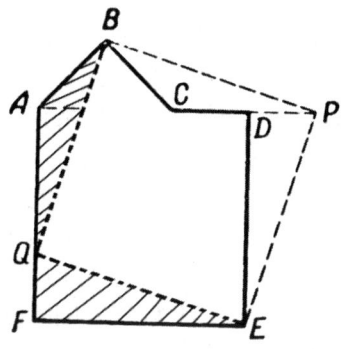

836...

在图 A 中画出 CA、EL，它们分别垂直于 AF，LM 等于 EL。连接 EM，用 EM 构建出 1 个等边 △ EMN，画出 KN 的延长线，与 CD 相交与 P 点。如果画图无误的话，CP 会等于 CK。

沿着图 A 中的实线把它切割成 6 个部分，然后拼成图 B 中的等边三角形。

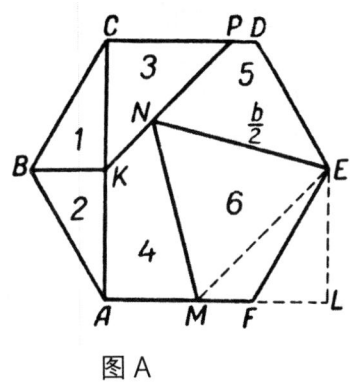

图 A

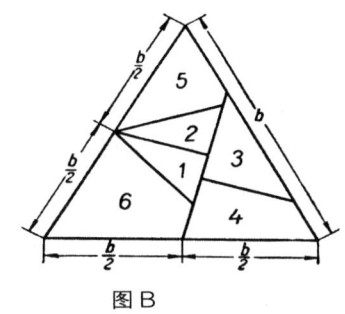

图 B

837...

共有 42 个三角形。

838...

答案是 3，2。这些数字是按照字母表的顺序排列的。

839...

图形 H 是唯一 1 个逆时针指向的。

840...

madam（女士），level（水平），civic（公民的），radar（雷达），repaper（用纸重新包），deified（神化的），rotator（回转装置）等。

841...

隐藏的是 "Nobel Prize"（诺贝尔奖）。图示为 no bell prize，与 nobel prize 谐音。

842...

无须改变数字，只要将等式上下颠倒一下就可以了。

$$
\begin{array}{r}
18 \\
66 \\
+\ 89 \\
\hline
173
\end{array}
$$

843...

答案是① PSV。

844...

将第 1 部分的 2 个图案合并，我们会发现 2 个正方形重叠会变成 1 个圆，2 个圆重叠会消失，没有合并的正方形和圆保持原样。

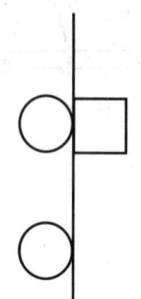

845...

答案是 2。在每行中，这些数字的和都是 10。

846...

三角形内外的字母拼在一起是 IT IS HIGH NOON（现在是正午），所以这个谜底是数字 12。

847...

24 个。

848...

$$
\begin{array}{r}
15 \\
\times 35 \\
\hline
75 \\
45 \\
\hline
525
\end{array}
$$

849...

30 个。分别为 △ABC，△ABE，△ABH，△ABI，△ACD，△ACE，△ACH，△ADH，△AEF，△AFG，△AFH，△AGH，△AHI，△BCD，△BCH，△BCI，△BDH，△BEH，△BGH，△CEF，△CEH，△CEJ，△CFH，△CFJ，△CHI，△DGH，△EFH，△EHJ，△FHI，△FHJ。

850...

$$
\begin{array}{r}
24.42 \\
54.42 \\
+ 14.42 \\
\hline
93.26
\end{array}
$$

851...

先看 A 与 ABC 的乘积。可以推出 A 是 1，2 或者 3，因为如果 A 大于 3，则乘积会有四位数。A 不是 1，否则乘积会以 C 结尾。如果 A 是 3，那么 C 是 1，（1×3=3），但 C 不可能是 1，否则 C×ABC 就会是三位数。那么可知 A 是 2。而 C 不可能是 1，所以 C 是 6。现在考虑一下 B 与 ABC 的乘积。B 等于 4 或者 8，因为，B×6 的最后 1 位数等于 B。但如果 B 是 4 的话，乘积是三位数（4×246=984）。因此，B 是 8。所以 ABC=286，BAC=826，可以得出：

$$
\begin{array}{r}
286 \\
\times 826 \\
\hline
1716 \\
572 \\
2288 \\
\hline
236236
\end{array}
$$

852...

$$
\begin{array}{r}
775 \\
\times 33 \\
\hline
2325 \\
2325 \\
\hline
25575
\end{array}
$$

853...

顺序是：Q，Q，K，K，Q，K，Q，K。

854...

甲先把 1 枚棋子放入 a 中，然后想方法使乙把第2枚棋子放入a中。最后，甲就可以把最后1枚棋子放入a中，从而取得游戏的胜利。

855...

答案是15。

每行第1格的数字 × 第2格的数字 − 第3格的数字 = 第4格的数字。

6 × 3−7=11

8 × 2−9=7

9 × 2−9=9

7 × 3−6=15

856...

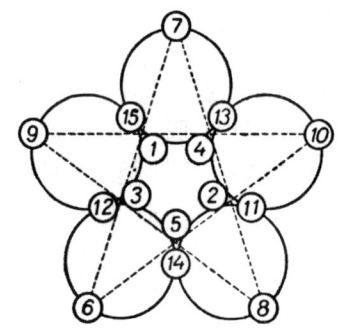

857...

图5是唯一1个不含有正方形的图形。

858...

书虫一共走了2.8厘米。书虫如果要从第1册的第1页开始向右侧的第3册推进的话，第1件事情就是先从第1册的封面开始破坏，之后是第2册的封底，接着是2厘米厚的书，然后是第2册的封面，最后是第3册的封底（即思维游戏的终点线）。期间，一共经过4个封页以及1册书的厚度，享用了2.8厘米的美味。

859...

线段OD是圆的半径，它的长度是14厘米。四边形ABCO是个长方形，它与圆的中心以及圆周都相交。因此，线段OB（即圆的半径）的长度为14厘米。因为长方形的两个对角线的长度相等，所以，线段AC与线段OB的长度相等，即14厘米。

860...

6支箭的分数刚好达到100分，那么他射中的靶环依次为：16，16，17，17，17，17。

861...

公园里有4头狮子、31只鸵鸟。以下是解题的方法：因为他算出有35个头，所以，最少有70条腿。但是，他算出一共有78条腿，也就是比最少的数多了8条腿，因此，多出的8条腿必定是狮子的。8除以2便是四条腿的动物的数量。这样，狮子的数量是4。

862...

看起来，青蛙是按照每天0.4米的速度向上爬的。第7天的时候，它将向上爬了2.8米。到了第8天的白天时候，它就会从井里爬出。所以，答案就是8天。

863...

贝蒂骑1个小时的自行车后把自行车放在路边，并继续步行2个小时，行走8千米后到达她的姑妈家；纳丁步行2个小时后到达放自行车的地方，然后骑1个小时的自行车，这样她就能和贝蒂同时在最短的时间到达姑妈家。

864...

我们当然要掀开1号扑克牌，因为它的底面是蓝色。我们可以不顾红色底面的扑克牌，这样，我们把2号扑克牌略过。3号扑克牌是K，它的底面是蓝色或者红色都无关紧要，这样它也可以略过。最后，我们要把4号扑克牌翻过来。如果1号扑克牌是K，并且4号扑克牌的底面是红色，那么这个答案就是"肯定的";如果 1 号扑克牌不是 K 或者 4 号扑克牌的底面是蓝色,那么这个答案就是"否定的"。

865...

90% 的账面价值与 125% 的账面价值之间差了 35%。而 35% 相当于 105 元,所以 1% 就是 3 元。因此,原账面价值就等于 300 元。

866...

那个农民建议每个选手驾驶对方的马车。因为他们打的赌是"第 1 个到达终点的将输掉比赛"。

867...

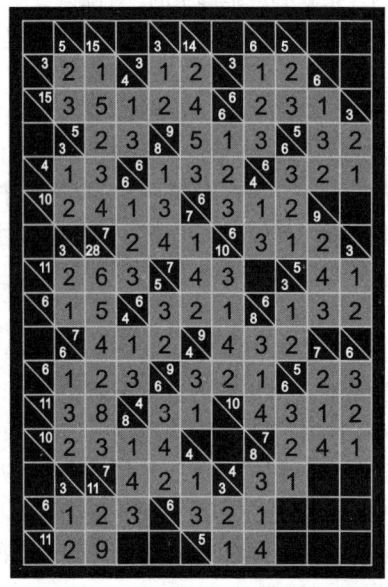

868...

葛鲁丘想出来 1 个十分巧妙的方法。他让商店的包装师找出 1 个 0.9 米宽、1.2 米长的大盒子。他把喇叭的橡胶球拆掉,然后把喇叭放在盒子的对角线位置上(这个对角线的长度为 1.5 米)。这样,就符合邮局的标准了。

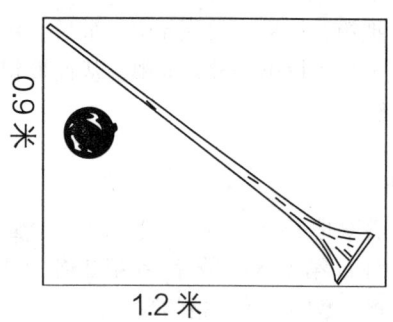

869...

纳库克拉斯偷走了 60 枚 1 元硬币、15 枚 5 角硬币以及 50 枚 5 分硬币。

870...

这只蜥蜴爬行的正好是 1 个直角三角形。如果 1 个直角三角形的三个点都与 1 个圆的边相接触,那么,这个直角三角形的斜边就等于这个圆的直径。所以,圆(窝)的直径就是 5 米(即 $4^2 + 3^2 = 25$,25 的平方根等于 5)。

871...

答案如下:

$$
\begin{array}{r}
147 \\
25\,\overline{)3675} \\
25 \\
\hline
117 \\
100 \\
\hline
175 \\
175 \\
\end{array}
$$

872...

乘客车厢每个 4 元,买了 3 个(共 12 元);货物车厢每个 0.5 元,买了 15 个(共 7.5 元);煤炭车厢每个 0.25 元,买了 2 个(共 0.5 元)。这些费用加起来就是 12 + 7.5 + 0.5 = 20。

873...

这个问题的答案就是用分数来表示整数，比如$3\frac{3}{3}$，即等于偶数4。

874...

其中的1个答案为：草莓酱每罐0.5元，而桃酱每罐0.4元。3罐草莓酱花费1.5元，而4罐桃酱则花费1.6元，这样，一共花费了3.1元。

875...

车主每次都在前一次的基础上降价20%，所以，最后的售价是563.20元。

876...

这个思维游戏至少有两种解题方法：

2	1	9
4	3	8
6	5	7

3	2	7
6	5	4
9	8	1

877...

878...

答案如下：

$1+2+3+4+5+6+7+8\times9=100$

879...

答案如下：

$$
\begin{array}{r}
17 \\
\times\ 4 \\
\hline
68 \\
+\ 25 \\
\hline
93
\end{array}
$$

880...

证明如下：

$10+10+5+7=32$。
答案就是10个泡泡。

881...

移动的步骤如下：从2号到3号、从8号到5号、从10号到7号、从3号到9号、从5号到2号、从7号到4号、从9号到6号、从4号到10号、从6号到8号、从1号到6号、从2号到4号、从6号到5号、4号到3号、从10号到9号、从5号到7号、从3号到2号、从9号到1号、从7号到10号。

882...

答案如下图所示：

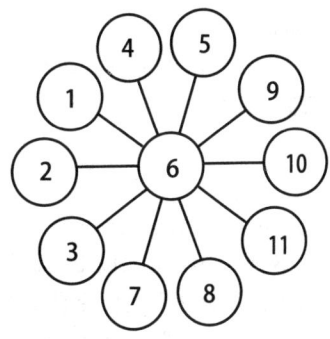

883...

你可以用好几种方法排列这些数字。下面是其中的 1 种方法：1 条线上的数字为 3，6，9，7，2，另外 1 条线的数字为 5，4，9，8，1。当然，两条线中都有数字 9。

884...

答案如图所示

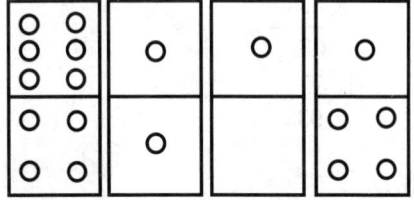

885...

动物园里有 5 只大猩猩、25 只猿以及 70 只狐猴。

886...

这个题的关键在于了解每个数字都是前一个数字的 2 倍再加 1。所以，5 的 2 倍再加 1 等于 11，11 的 2 倍再加 1 等于 23，23 的 2 倍再加 1 等于 47，这样，就得出答案了。

887...

艾玛是 27.5 岁，苏琦是 16.5 岁。要算出这个答案，你必须得从后往前算。当苏琦 5.5 岁时，艾玛是 16.5 岁，即艾玛的年龄是苏琦的 3 倍；当苏琦到了 3 倍于艾玛的这个年龄时，她就 49.5 岁了；当艾玛还是这个年龄的一半时，即 24.75 岁，苏琦的年龄就是 13.75 岁；而艾玛现在年龄的正好是苏琦那时年龄的 2 倍，即 27.5 岁。

888...

加尔文赔了 4 元钱。他在第 1 个雕像交易中赚了 18 元（198 元除以 11 就是 10% 的利润）。然而，在第 2 个雕像交易中他却赔了 22 元（198 元除以 9 就是 10% 的损失）。这样，赔的 22 元减去赚的 18 元就是损失的钱。

889...

在第 1 层，将布袋（7）和（2）交换，这样就得到单个布袋数字（2）和两位数字（78），两个数相乘结果为 156。接着，把第 3 行的单个布袋（5）与中间那行的布袋（9）交换，这样，中间那行数字就是 156。然后，将布袋（9）与第 3 行两位数中的布袋（4）交换，这样，布袋（4）移到右边成为单个布袋。这时，第 3 行的数字为（39）和（4），相乘的结果为 156。总共移动了 5 步就把这个题完成了。

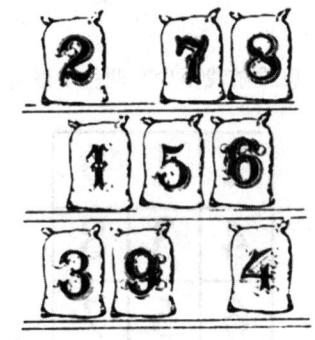

890...

9 个垫圈等于 1 个螺钉的重量。

891...

马奇现在 30 岁，她的妹妹维罗妮卡 10 岁。

892...

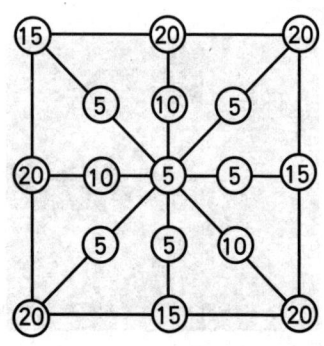

893...

答案如下图：

16	3	2	13
5	10	11	8
9	6	7	12
4	15	14	1

894...

这3艘轮船下次同一天驶出纽约港需要等到240天以后。因为240是12，16，20的最小公倍数，在这期间3艘轮船都可以完成航行。至于这段时间，每艘轮船所航行的次数，可以按以下方式计算。

第1艘轮船：$240 \div 12 = 20$ 次；

第2艘轮船：$240 \div 16 = 15$ 次；

第3艘轮船：$240 \div 20 = 12$ 次。

895...

如果按照正常计算，艾米和贝茜分别会卖得15元和10元，一共是25元。当贝茜带60只小鸡去集市，每5只小鸡中，2只是自己的，3只是艾米的，这样直到把艾米的小鸡卖完；接下来，她开始卖自己剩下的10只小鸡。按理说，她自己的5只小鸡应该价值2.5元，但是，在最后两笔交易中她每次都损失了5角。所以，最终少了1元。

896...

数字3是这组递进数字的关键。你必须按照减去3，除以3，加上3，减去3，除以3，加上3的顺序计算。我们先从第1洞的分数12中减去3，得出9，即第2洞的分数；然后让9除以3，得出3，即第3洞的分数；

接着，再加上3，得出6，即第4洞的分数；再从6中减去3，得出3，即第5洞的分数；然后，再除以3，得出1，即第6洞的分数；最后，第7洞的分数就是1加上3，得出4，即这个题的答案。

897...

贝特萨罗特教授应该按以下方式下注：斯威·贝利，12元；杨特·萨拉，15元；桑德·胡弗斯，20元。当然，如果别的马获胜的话，教授就太不走运了。

898...

7	6	1	4	3	6
2	2	0	2	2	6
7	4	6	5	6	2
1	1	5	4	0	4
5	7	3	6	0	6
5	1	0	1	0	4
3	4	2	7	7	3
0	3	1	6	5	3
3	5	5	5	1	4
1	0	2	3	1	0
7	2	6	7	4	3
0	0	3	4	3	4

899...

将字母用以下数字来代替：$a = 2$，$b = 11$，$c = 8$，$d = 1$，$e = 14$，$f = 4$，$h = 13$，$i = 5$，$j = 9$。

900...

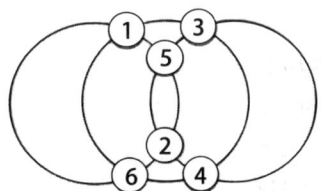

901...

当奈德毕业时，他已经 60 岁了。

902...

$$\begin{array}{r} 96233 \\ + 62513 \\ \hline 158746 \end{array}$$

903...

$$\begin{array}{r} 173 \\ + \quad 4 \\ \hline 177 \end{array} \qquad \begin{array}{r} 85 \\ + 92 \\ \hline 177 \end{array}$$

904...

这 50 枚硬币分别是:12 枚 1 元硬币、12 枚 5 角硬币、14 枚 1 角硬币、12 枚 5 分硬币，总共为 $1 \times 12 + 0.5 \times 12 + 0.1 \times 14 + 0.05 \times 12 = 20$ 元。

905...

巴里、伯特、哈利和拉里骑车行走 1 千米所用的时间分别是 $\frac{1}{6}$ 小时、$\frac{1}{9}$ 小时、$\frac{1}{12}$ 小时和 $\frac{1}{15}$ 小时。所以，他们行走 1 圈所用的时间就分别是 $\frac{1}{18}$ 小时、$\frac{1}{27}$ 小时、$\frac{1}{36}$ 小时和 $\frac{1}{45}$ 小时。这样，他们会在 $\frac{1}{9}$ 小时之后第 1 次相遇（即 $6\frac{2}{3}$ 分钟）。4 乘以 $6\frac{2}{3}$ 分钟得出 $26\frac{2}{3}$ 分钟，即他们第 4 次相遇所需的时间。

906...

这个题的答案是:

$$\frac{242}{303} = .798679867986\cdots$$

907...

答案如下:

$$\begin{array}{r} 98765 \\ + 1234 \\ \hline 99999 \end{array}$$

908...

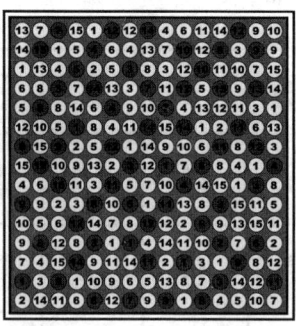

909...

她们开始以 10 元出售 3 个玩具熊。第 1 个女人卖了 30 只玩具熊，赚了 100 元；第 2 个女人卖了 24 只玩具熊，赚了 80 元；第 3 个女人卖了 21 只玩具熊，赚了 70 元。下午的时候，她们开始以 10 元出售 1 只玩具熊。这样，第 1 个女人卖了她最后的 3 只玩具熊，赚了 30 元；第 2 个女人卖了剩下的 5 只玩具熊，赚了 50 元；第 3 个女人卖了剩下的 6 只玩具熊，赚了 60 元。所以，她们每个人都赚了 130 元。

910...

答案是 11 次。时针和分针在每个小时里相遇的时间会比前 1 个小时晚大约 5 分钟。从午夜开始计算，两个指针会在以下时间相遇：1:05；2:10；3:16；4:21；5:27；6:32；7:38；8:43；9:49；10:54；12:00。

911...

其中 1 种答案如图所示:

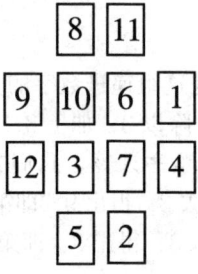

912...

第 1 个到第 6 个数字已列出，用序列数乘以它前 1 个序列数的数值便可得出该序列数的数值。这样，第 2 个数值为 $2 \times 1 = 2$；第 3 个数值为 $3 \times 2 = 6$；第 4 个数值为 $4 \times 6 = 24$。那么，第 7 个数值就是 5040（7×720）。

913...

答案为 2521。

914...

旅行包里有 1 枚 5 角硬币、39 枚 1 角硬币以及 60 枚 1 分硬币。

915...

答案为：$55\frac{5}{5}$。

916...

先分析一下调查结果：

（1）在食用辛辣芥末的 234 人当中，有 90 个人只食用辛辣芥末（$234-144 = 90$）。

（2）在食用清淡芥末的 213 个人当中，有 69 个人只食用清淡芥末（$213-144 = 69$）。

这就说明有三类人群：

（1）食用辛辣芥末的有 90 人。

（2）食用清淡芥末的有 69 人。

（3）既食用辛辣芥末又食用清淡芥末的有 144 人。

共 303 人。

然而，报告上却显示只有 300 个人接受了调查。

917...

如果这个大图的边长为 8 厘米，那么各尺寸的正方形个数依次为：

8×8 厘米　1 个

6×6 厘米　4 个

4×4 厘米　9 个

2×2 厘米　18 个

1×1 厘米　8 个

总共 40 个正方形。

918...

需要 5 分钟的时间。解决这个问题，首先要把时间转换成秒。

（1）打开凉水的水龙头，浴缸放满水需要 400 秒，即每秒进 $\frac{1}{400}$ 的水。

（2）打开热水的水龙头，需要 480 秒的时间，即每秒进 $\frac{1}{480}$ 的水。

（3）浴缸放完水需要 800 秒的时间，即每秒排 $\frac{1}{800}$ 的水。

如果我们取 4800 作为它们共同的分母，便会得出以下等式：

$$\frac{12}{4800} + \frac{10}{4800} - \frac{6}{4800} = \frac{16}{4800} = \frac{1}{300}$$

这个值就是每秒放入浴缸的实际水量。这样，浴缸放满水就需要 300 秒，即 5 分钟。

919...

如果想要带回 100 千克的玉米面，那么，需要带来 $111\frac{1}{9}$ 千克的玉米（111.111 千克减去 10% 等于 100 千克）。

920...

$123-45-67+89 = 100$。

921...

第 1 行是 2, 3, 1；中间是 1, 2, 3；最后一行是 3, 1, 2。或者，第 1 行是 3, 1, 2；中间是 1, 2, 3；最后一行是 2, 3, 1。

922...

这 3 只鸟是 25, 6, 19。

923...

这条鱼头长 60 米、尾巴长 180 米、身体长 240 米，鱼的总长度为 480 米。

924...

三角形中每个处在内部的数字都是它上面与之紧密相连的两个数字的乘积。比如，数字 8 是 2×4 所得的结果，32 是 2×16 所得出的结果，依此类推。

```
                2
              2 — 2
            2 — 4 — 2
          2 — 8 — 8 — 2
        2 —16 —64 —16 — 2
      2   32  1024  1024  32   2
```

925...

把脸靠近这枚硬币，然后吹。如果用力吹，那么风会把这枚硬币从盘子上吹下来。你所挑选的盘子的边缘坡度要小。

926...

任何两个三位数的差的中间位置上的数字都是 9（第 2 个三位数是第 1 个三位数颠倒之后的数字；所谓的差是指大的数字减去小的数字所得的结果）。同时，这个结果的第 1 位和第 3 位的数字之和也等于 9。所以，如果最后 1 位的数字是 8，那么，第 1 位的数字就是 1，而第 2 位的数字是 9。

927...

称量茶叶按以下步骤进行：(1) 把 5 千克的砝码放在秤盘上，然后把 9 千克的砝码放在另外 1 个秤盘上。现在，在 5 千克砝码的秤盘上称出 4 千克茶叶；(2) 把两个砝码拿走，并把 4 千克茶叶放在 1 个秤盘上，然后再称出另外 4 千克茶叶；(3) 接着称出 4 千克茶叶；(4) 再称出 4 千克茶叶；这时，剩下的茶叶也是 4 千克；在 (5)、(6)、(7)、(8) 和 (9) 当中，利用天平的刻度将每份 4 千克的茶叶各分成 2 千克。

928...

答案如下：

20	1	12
3	11	19
10	21	2

929...

```
      850
      850
  + 29786
  ────────
    31486
```

930...

奥斯汀家和姑妈家相距 60 千米。如果他以每小时 15 千米的速度骑车的话，他会在下午 4 点到（即晚餐开始前 1 个小时）。如果他以每小时 10 千米的速度骑的话，他会花 6 个小时（即迟到 1 个小时）。所以，奥斯汀以每小时 12 千米的速度骑车，他会花 5 个小时，他将在下午 5 点准时到达。

931...

答案是 18。下面那行上的每个数在调换其各位数字的位置后正好是这个数上面那个数的平方。比如，上面那行的第 1 个数字是 4，它的平方是 16，16 调换位置后是 61，即下面那行的第 1 个数。我们取最后数字 9 的平方，即 81，这样，调换位置后就是 18。

932...

根据碑铭上所说的，莎拉·方丹太太比她的丈夫先去世。如果是那样的话，她怎么会是寡妇呢？

933...

答案如下图：

4	9	5
A		8
7		3
6	10	2

934...

逆风而行时，他每小时可以行 15 千米，顺风而行时，他每小时可以行 20 千米，两种情况下每小时差了 5 千米。5 千米的一半是 2.5 千米，所以，风的速度是每小时 2.5 千米。这样，在没有风的时候，他骑车的速度就可以达到每小时 17.5 千米，即 15 千米和 20 千米之间的数。

935...

阴影部分的面积是边长为 3 厘米的正方形的 $\frac{1}{4}$。这个正方形的面积是 9 平方厘米，那么阴影部分的面积就是 $2\frac{1}{4}$ 平方厘米。将边长为 4 厘米的正方形围绕小正方形旋转到任何位置，遮盖部分的面积总是相等。在旋转过程中，当大正方形将线段 ac 平分时，遮盖部分的这个更小的正方形面积就是 $1\frac{1}{2}$ 厘米乘以 $1\frac{1}{2}$ 厘米，即 $2\frac{1}{4}$ 平方厘米。

936...

每个数都是前 1 个数的数位上的数字之积，即 49 等于 7 乘以 7、36 等于 4 乘以 9、18 等于 3 乘以 6。所以，答案是 8，即 1 乘以 8。

937...

解决这个题之前，先把这个圆柱体想象成 1 个展开的平面（如图所示）。苍蝇的位置在 F 点，蜘蛛的位置在 S 点。将左边的线段延长 1 厘米至 B 点，线段 BS 与图中顶端线段相交于 A 点，而这个点就是蜘蛛应该从圆柱体边上经过的地方。蜘蛛行走的路线就是 1 个直角三角形的斜边，这个三角形底边长 4 厘米、高 3 厘米。这样，斜边长为 5 厘米，这是蜘蛛所能走的最短路线。

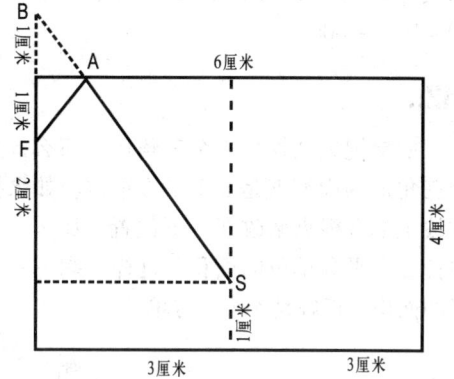

938...

这个大学生需要 10652 元。

$$\begin{array}{r} SEND \\ + MORE \\ \hline MONEY \end{array} = \begin{array}{r} 9567 \\ + 1085 \\ \hline 10652 \end{array}$$

939...

每种面值的硬币各有 500 枚，它们依次为：

500 枚 1 元硬币 = 500 元；

500 枚 5 角硬币 = 250 元；

500 枚 1 角硬币 = 50 元。

940...

下面的步骤清楚地说明了计算过程：

步骤 1：20 × 4 = 80（周长）。

步骤 2：80 ÷ 3.14 = 25.48（直径）。

步骤 3：25.48 × 25.48 = 649.23（正方形面积）。

步骤 4：25.48 ÷ 2 = 12.74（圆半径）。

步骤 5：12.74 × 12.74 × 3.14 = 509.65（圆面积）。

步骤 6：649.23 − 509.65 = 139.58（四个角的面积）。

步骤 7：139.58 ÷ 4 = 34.9 平方厘米（蜘蛛网的面积）。

941...

将最大和最小的数组成 1 对（1 + 100 = 101；2 + 99 = 101；3 + 98 = 101），依此类推，这样，会得到 50 对数字。所以，50 × 101 = 5050。

942...

如果把火柴摆成 1 个三角形，那么，这个三角形的面积就是 6 个平方单位。如果把虚线上的 3 根火柴改变一下位置，那么，会去掉 2 个平方单位的面积。这样，剩下的图形的面积就正好是 4 个平方单位。

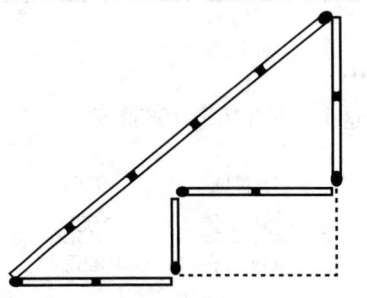

943...

在这个递进关系中，每袋里的硬币都比它前一袋的硬币少。每袋里的硬币数都是第 1 袋里的硬币数（即 60 枚硬币）与那袋的序数比。

第 1 袋 = 60 枚硬币

第 2 袋 = 30 枚硬币（$\frac{1}{2}$）

第 3 袋 = 20 枚硬币（$\frac{1}{3}$）

第 4 袋 = 15 枚硬币（$\frac{1}{4}$）

第 5 袋 = 12 枚硬币（$\frac{1}{5}$）

第 6 袋 = 10 枚硬币（$\frac{1}{6}$）

944...

完整的算式应该是：

$$
\begin{array}{r}
117 \\
\times\ 319 \\
\hline
1053 \\
117\ \ \ \\
351\ \ \ \ \\
\hline
37323 \\
\end{array}
$$

945...

加尔文为每辆拖拉机花了 60 元，为每辆挖土机花了 15 元，为每辆卡车花了 5 元。这样，第 3 堆玩具一共花了 950 元，第 4 堆玩具共花了 80 元。

946...

答案是 24 个鸡蛋。因为 1 只鸡 1 天下 $\frac{2}{3}$ 个鸡蛋，所以，6 只鸡 1 天下 4 个鸡蛋，那么 6 天就下 24 个鸡蛋。

947...

盒子 1 的重量是 $5\frac{1}{2}$ 千克；

盒子 2 的重量是 $6\frac{1}{2}$ 千克；

盒子 3 的重量是 7 千克；

盒子 4 的重量是 $4\frac{1}{2}$ 千克；

盒子 5 的重量是 $3\frac{1}{2}$ 千克。

948...

这两个数分别是 11 和 1.1。这两个不论相加还是相乘，结果都是 12.1。

949...

答案如下：

1 × X	1 0 0
3 3 ×	3 3 0
5 × 5	5 0 5
× 7 7	0 7 7
+ × 9 9	+ 0 9 9
1 1 1 1	1 1 1 1

950...

这是个难题，但是它却有不止 1 个答案。下面是我们所知道的 1 个答案：

$$3^3 + 3^3 + 3^3 + (\frac{3}{3})^3 + 3 \times 3 + 3 \times 3$$
$$= 27 + 27 + 27 + 1 + 9 + 9 = 100$$

951...

以下是我们知道的两个答案：

$$
\begin{array}{r}
24794 \\
-16452 \\
\hline
8342
\end{array}
$$

$$
\begin{array}{r}
36156 \\
-28693 \\
\hline
7463
\end{array}
$$

952...

答案是 301。

953...

布伦希尔德 1 天喝 $\frac{3}{140}$ 桶的啤酒。140 除以 3，得出 $46\frac{2}{3}$ 天，即布伦希尔德自己喝光 1 桶啤酒所用的天数。

$$\frac{1}{14} - \frac{1}{20} = \frac{20}{280} - \frac{14}{280}$$

$$= \frac{6}{280}$$

$$= \frac{3}{140}$$

954...

这个题不止有 1 个答案，下面是其中之一：
$1 + 2 + 45 - 67 + 89 = 70$。

955...

下图所示答案是将数字放在正方形边周围的 1 种方法。

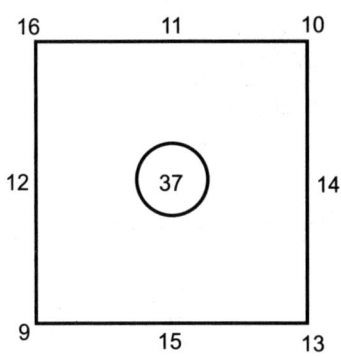

956...

满足条件的三明治的总数为 121。

957...

下图中的答案只是众多方案中的 1 个：

6	5	4	3	2	1
5	3	1	6	4	2
4	1	2	5	6	3
3	6	5	2	1	4
2	4	6	1	3	5
1	2	3	4	5	6

958...

因为正方形正中央的 4 个数字以及四个角的数字相加的结果也是 2000。同时，每个象限的 4 个数字相加的结果都是 2000。另外，还有两组数字的相加结果等于 2000，那么，就看你能不能找到了。

499	502	507	492
506	493	498	503
494	509	500	497
501	496	495	508

959…

在圣诞节这一天,巴顿是8岁、温德尔是5岁、苏珊是3岁。

960…

这是我们知道的1个解答这个题的办法。

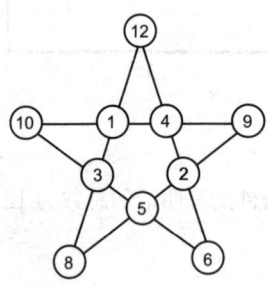

961…

第1个冲过终点的是青蛙。当它们到达橡树时,青蛙跳了7次,正好到达橡树,而蚱蜢在跳第5次时却超出了1米。这时,它们转身往回跳。由于蚱蜢每跳3次,青蛙就可以跳5次。所以,青蛙当然会轻松击败蚱蜢。

962…

大的长袜里有54个玩具,小的长袜里则有45个玩具。54正好是45的翻版。2个袜子里的玩具总和为99,其 $\frac{1}{11}$ 为9,即2个长袜里玩具个数的差。

963…

下图中的答案是解决这个题的方法之一。

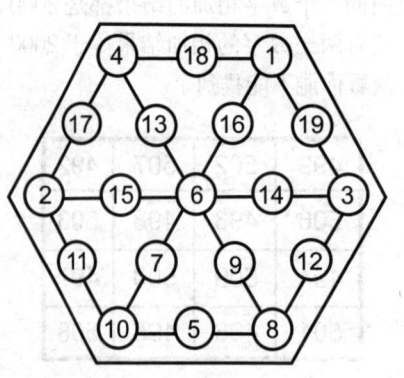

964…

在答案中,两个数位上的数字组成了1个奇数:13 + 3 + 3 + 1 = 20(注意:13是由两个数位上的数字组成的)。

965…

$$
\begin{array}{r}
759 \\
75 \\
+\ 629 \\
\hline
1463
\end{array}
$$

966…

马修斯第1趟拿了54个托盘,第2趟拿了45个托盘。54的 $\frac{2}{3}$ 等于36,而36是45的 $\frac{4}{5}$。

967…

10点时,两个修士撞钟需要 $56\frac{1}{4}$ 秒。下面解释一下钟是如何工作的:5点时,撞5次钟,1至5次之间有4个间隔。所以,用总时间25秒除以4,得出每次间隔需要的时间,即 $6\frac{1}{4}$ 秒。现在,撞10次钟,1至10次之间有9个间隔。这样,我们再用9乘以 $6\frac{1}{4}$,得出 $56\frac{1}{4}$ 秒,即10点撞钟所需要的时间。

968…

答案如下图:

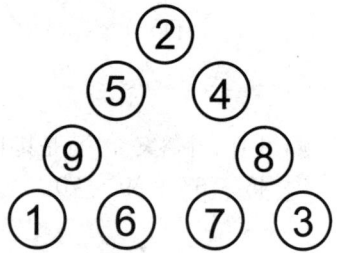

969…

奈德损失了整整14元。那筐高尔夫球的成本是6元,他又给了那位先生8元。

970...

最好的计算方法就是从哈比的有利位置考虑问题：首先他离开帽子航行了 5 分钟，然后转身向回航行了 5 分钟并把帽子捡起来。在这个过程当中，帽子以水流速度在下游漂流了 1 千米，由于帽子用了 10 分钟漂流 1 千米，所以我们依此计算得出河流的水流速度是 6 千米 / 小时。

971...

内圈的数字是 5，6，7，8，这 4 个数字相加的结果等于 26。而外圈的数字是 1，2，3，4，9，10，11，12，它们相加的结果等于 52，正好是内圈数字相加结果的 2 倍。

972...

莫里提行走的总路程除以总时间就是答案所要的平均速度。假如老秃山每个山坡从底部到顶部的距离都是 20 千米，那么莫里提上山会用 2 个小时、下山会用 1 个小时。由于返回去所用的时间也是 3 个小时，所以整个路程就用了 6 个小时。在这个时间之内，他一共走了 80 千米的路。这样，平均速度就等于 80 除以 6，即 $13\frac{1}{3}$ 千米 / 小时。

973...

开始一共有 10 个人。80 元的账，每个人应平摊 8 元。本森这对孪生兄弟离开之后，还剩下 8 个人，他们必须再多支付 2 元才能弥补差额。这样，8 个人每人支付 10 元（多支付 2 元）。

974...

在 1 千米的赛道上，哈利和哈里特用时 4 分钟，布罗迪一家用时 10 分钟，两者差 6 分钟。哈利的雪橇比布罗迪的雪橇快两倍半。

975...

各种面值的伪钞包括：

面值	数	总值
1 元	10	10 元
5 元	100	500 元
10 元	9	90 元
50 元	18	900 元
总计	137	1500 元

976...

任何数的 $\frac{3}{4}$ 的 $\frac{2}{3}$ 都等于这个数的一半。答案如下：

$$\frac{2}{3} \times \frac{3}{4} \times 111 = \frac{1}{2} \times 111$$
$$= 55.5 \, 元$$

977...

把那个算式颠倒过来。这时，原来的数字表达式在重新排列之后就变成 81 加上 19，其结果就是 100。

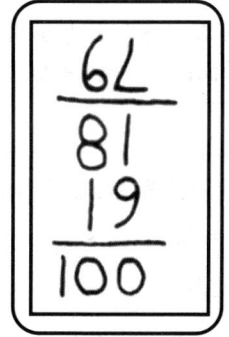

978...

A 港口距离 B 港口 300 千米。

船从 A 港口驶到 B 港口：

$20 \times 15 = 300$ 千米

船从 B 港口驶到 A 港口：

$15 \times (15 + 5) = 300$ 千米

979...

拜罗斯夫人是 30 岁，她女儿塞西莉是 10 岁。现在，拜罗斯夫人的年龄是她女儿的 3 倍。5 年前，当她 25 岁时，塞西莉是 5 岁，即是女儿年龄的 5 倍。

980...

当你把2与191相加时，你首先在1的右下部画1条线，然后把2放在下面。此时，这个数字就读作$19\frac{1}{2}$，这当然比20小。

981...

苏巴克有11头牲畜、埃比尼泽有7头牲畜、押沙龙有21头牲畜。

982...

以75千米/小时的速度，客车穿过0.5千米的隧道需要24秒。这就是说，当弗瑞德到达隧道出口时，火车头已经从隧道口出来并行驶了3秒；因此时间太晚，他无法引起司机的注意。但是，由于火车完全进入隧道需要6秒的时间，所以等最后的车厢从隧道出来也需要6秒的时间。从弗瑞德开始向隧道出口跑，整个火车需要30秒才能驶出隧道。而弗瑞德跑到隧道出口需要27秒，这足够可以吸引煞车手的注意，从而拯救了乘车的旅客。

983...

下面是弗朗昆教授最后想出来的答案。

$$44 + \frac{44}{4} = 55$$

984...

5个价值2角的蓝色线轴、30个价值1角的红色线轴以及8个价值5角的绿色线轴。这样，一共是8元。

985...

安德鲁叔叔是按照下图的样子将钱放置在8个间隔里的。

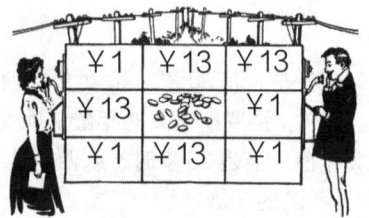

986...

答案如图：

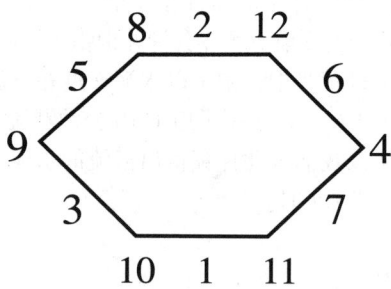

987...

下面是其中的1种解答方法。

19	22	26	12
25	13	18	23
14	28	20	17
21	16	15	27

988...

$$9 + 8 + 7 - 6 - 5 - 4 \times 3 - 2 + 1 = 0$$

989...

答案为：

$$\begin{array}{r} 198 \\ \times\ 27 \\ \hline 5346 \end{array}$$

990...

九宫图中的9个数字相加之和为45。

因为方块中的3行（或列）都分别包括数字1～9当中的1个，将这9个数字相加之和除以 3 便得到"魔数"——15。

总的来说，任何 n 阶魔方的"魔数"都可以很容易用这个公式求出：

和为 15 的三数组合有 8 种可能性：

9+5+1　9+4+2　8+6+1　8+5+2　8+4+3
7+6+2　7+5+3　6+5+4

方块中心的数字必须出现在这些可能组合中的 4 组。5 是唯一在 4 组三数组合中都出现的。因此它必然是中心数字。

9 只出现于 2 个三数组合中。因此它必须处在边上的中心，这样我们就得到完整的一行：9+5+1。

3 和 7 也是只出现在 2 个三数组合中。剩余的 4 个数字只能有 1 种填法——这就证明了魔方的独特性（当然，旋转和镜像的情况不算）。

991...

将小正方形上下 2 个数字相乘，再将正方形左右 2 个数字相乘，然后用较大的值减去较小的值，其结果就是该正方形内的值。

答案如图所示：

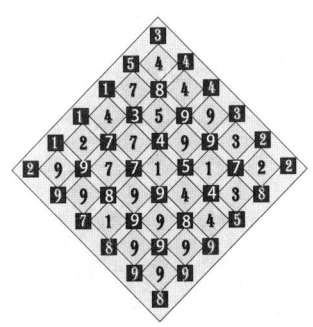

992...

有 880 种解法。我们在此举 1 例。

16	5	2	11
3	10	13	8
9	4	7	14
6	15	12	1

993...

7		10	−	43		20
+		×		÷		=
3		9		11		6
×		+		+		÷
2		1		12		8
÷	5	−			−	4	×

994...

下列答案中 n 指前 1 个数：

1. 122（n+3）×2
2. 132（n−7）×3
3. 19　2n−3

995...

这个问题把你难住了吗？许多人认为答案是 1.5 千克，实际上应该是 2 千克。

996...

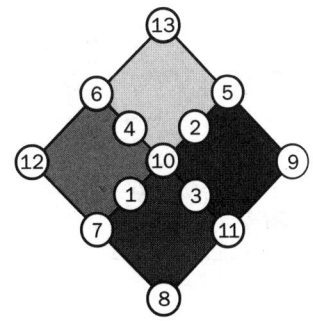

997…

28	4	3	31	35	10
36	18	21	24	11	1
7	23	12	17	22	30
8	13	26	19	16	29
5	20	15	14	25	32
27	33	34	6	2	9

998…

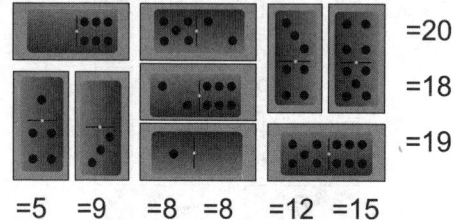

=20
=18
=19

=5　=9　=8　=8　=12　=15

999…

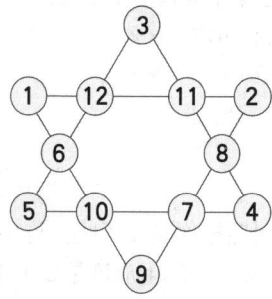

1000…

8	8	3	6	5	5
8	4	4	7	7	4
5	5	5	8	3	5
9	8	3	4	7	3
7	5	9	3	5	8
6	4	4	8	3	4

1001…

总共要转 12 圈半。滚轴每走 1 个单位的距离，传送带就前进两个单位的距离，而滚轴走 1 个单位的距离要转 5/4 圈。

1002…

4	+	2	=	6
−		×		+
1	+	4	=	5
=		=		=
3	+	8	=	11

1003…

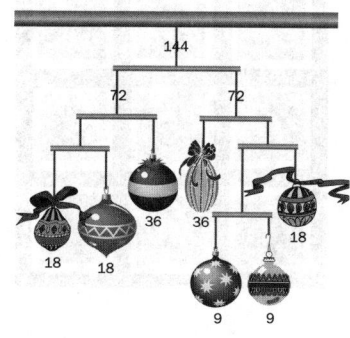

1004…

8。每条直线上的 3 个圆中的数字之和为 20。

1005…

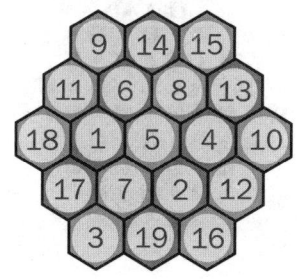

1006...

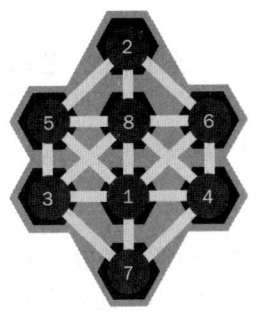

1007...

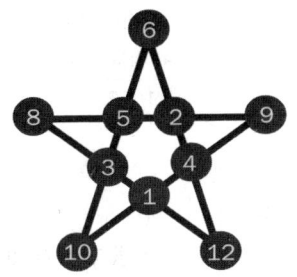

1008...

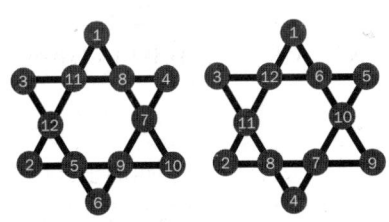

1009...

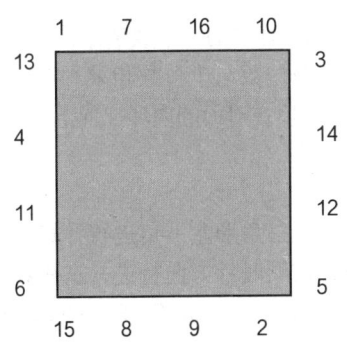

1010...

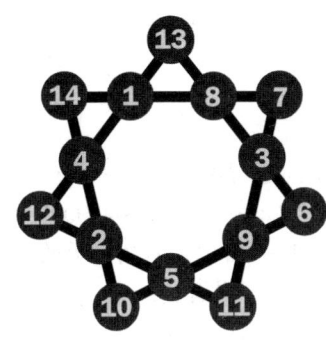

1011...

19。把这个图形水平、垂直分成 4 部分，形成 4 个 3×3 的正方形。在每个正方形中，把外面的 4 个数字相加，所得的和就是中间的数字。

1012...

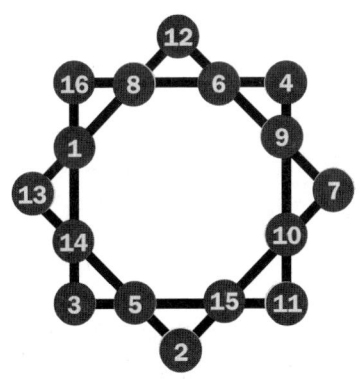

1013...

425。计算的规则是：由顶部数字颠倒排列顺序后组成的四位数减去由中间数字组成的四位数，所得结果再被由底部数字组成的四位数减去，这时所得的结果就是 3 个方格内的数字。

1014...

7 千克。

左边	右边
6 千克 ×4 = 24	7 千克 ×4 = 28
8 千克 ×2 = 16	6 千克 ×2 = 12
40	40

1015...

这个问题可不简单。一共有 12!（12 阶乘 =1×2×3×⋯×11×12=479001600）种方法将数字 1 ~ 12 填入六角形上的三角形中。这里给出其中 1 种解法：

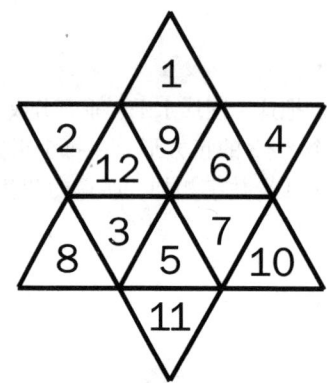

1016...

6。

6 × 7 = 42。

1017...

71。把前 2 个数字加起来，就得到第 3 个数字，在链形图中依次进行。

1018...

39。钩 =6，星 =9，叉 =3，圈 =24。

1019...

4。把相邻 2 个椭圆中间的 2 个数字相减，所得结果放在 2 个椭圆交叉的位置上。

1020...

6。无论是纵向计算还是横向计算，这些

数字相加都等于 15。

1021...

30。按纵列进行计算，把上面的数字除以 2，就是中间的数字，再把中间的数字乘以 3，就是下面的数字。

1022...

A。外环三角形里的数字跟与之相对应的内环三角形里的数字之和等于最中间的三角形里的数字。

1023...

$$\begin{array}{r} 289 \\ + 764 \\ \hline 1053 \end{array}$$

1024...

A=4，B=14，C=20。

中间的数字是上下数字的总和与左右数字总和的差的 2 倍。

1025...

C。将数字相加，直到得到 1 个个位数字。比如，A=9（2+9+4+3=18，1+8=9）。

1026...

40。将每行、每列拐角的正方格里的数字加在一起，并将答案放在按顺时针方向旋转的下一个中间的正方格里。

1027...

9。把外环中的每个数字都看做 1 个两位数，并把个位数与十位数相乘。再把所得结果加上 1，填在对面的内环位置上。

1028...

16。从三角形左下角进行计算，围绕这个三角形按顺时针方向行进，这些数字分别是 1，2，3，4，5，6，7，8，9 的平方数。

1029...

24。每横行中：左边的数字 × 中间的数字 ÷4= 右边的数字。（2×4）÷4=2;（16×12）÷4=48；（8×12）÷4=24。

1030...

B。顺时针读，数字等于前一个图形的边数。

1031...

4。将第1条斜线上的3个数字每个都加5，得到的结果为第2条斜线上对应的数字，再将第2条斜线上的数字每个都减4，即得到第3条斜线上的数字。

1032...

132。其他的数里面都包含数字4。

1033...

68。方形 =7，X=11，Z=3，心形 =17

1034...

2。在每个正方形中，外面三个角上的数字之和除以中间角上的数字，所得结果都是6。

1035...

22。中间的数字等于下面两个数字相加，再减去最上面那个数字。

1036...

72。将数字盘上半部分中的数字乘以1个特定的数，得到的积放入对应的下半部分的位置。第1个数字盘中乘以的特定数字为3，第2个为6，第3个为9。

1037...

1。把下面2个圆中对应位置上的数字相乘，就得到左上角圆中的数字；右上角圆中的数字等于下面2个圆中对应位置上的数字和。

1038...

6个。★ =3，n=3/2，○ =2。

1039...

移动的规则是每个数字都朝顺时针方向移动（n－1）步。比如，数字12朝顺时针方向移动11步。

1040...

14。
（17+11+12）－（14+19）= 7
（18+16+15）－（6+5）= 38
（19+16+2）－（15+8）= 14

1041...

4。把每个正方形中对应位置的数字相加，左边部分数字的和等于20，上面的和等于22，右边部分的和等于24，下面部分的和等于26。

1042...

7。内环每个部分的数字都等于对面位置上外面的2个数字之和。

1043...

上半个：÷，×；下半个：×，×。

1044...

9。在这些三角形中，下面2个角上数字

的和减去顶角上的数字，都等于每个三角形中间的数字。

1045…

8。在每个正方形中，上面的数字与下面的数字相乘，再减去左右两边的数字之和，每次得到的结果都是 40。

1046…

33。星 =8，钩 =12，叉 =13，圈 =5。

1047…

A=10，B=14。

用外面的数字减去里面的数字，将每个角的差额都加在一起，所得的值正是中间的数字。

1048…

1。在每个圆中，先把上面两格中的数字平方，所得结果相加，就是最下面的数字。

1049…

281。从上向下进行，这些数字依次是 14 的倍数，从 112 到 182 颠倒数字顺序以后得到的。

1050…

－，－，×。

1051…

100。计算的规则是：每个三角形内的数字之和都等于 200。

1052…

229，230，231。

1053…

22。这个圆中有两个行进的数列。从第 1 个数字开始，顺时针方向进行，把第 1 个数字加上 1，然后加上 2，3，4，把所得结果

填在不相邻的空格中。从第 2 个数字开始，先加上 3，然后 4，5，6，把所得结果填在剩下的不相邻的空格中。

1054…

33。从最下面一行数字开始，把相邻两格的数字相加，把所得的和填在它们的正上方。同样方法向上进行。

1055…

2。在每个图形中，中间的数字等于左右两边的数字之和减去上下 2 个数字之和。

1056…

49。相对的两个数字都是彼此的平方；7 的平方是 49。

1057…

60 岁。如果将他的整个寿命设为 "X" 年，那么：

他的孩童时期 =1/4X

他的青年时期 =1/5X

他的成人期 =1/3X

他的老年时期 =13

1/4X+1/5X+1/3X+13=X

X=60

1058…

8679。将题目所在的页面颠倒，然后把 2 个数字相加。

1059…

$5 \times 4 \div 2 + 7 = 17$。

1060…

6。在每幅图中，将最上面 3 个数相乘，所得的两位数结果分别写在下面的两个圆圈中。

1061…

上半个：$4 \times 6 \div 2$；下半个：$8 \div 2 \times 3$。

1062...

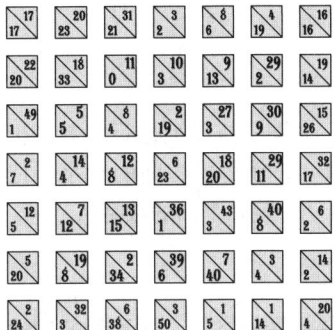

1063...

（6+7+11）÷3×2+5 - 12=9

1064...

5	7	8	15	4	7	5	6
11	6	9	8	16	12	10	10
7	12	10	12	3	11	6	8
6	7	2	5	7	7	15	10
12	15	10	8	5	12	8	7
6	7	11	13	9	9	6	6
9	8	10	6	9	8	1	2
3	6	4	10	10	10	15	15

1065...

（4×7÷2+8+9）×6÷3=62。

1066...

题1：一共有90个两位的阿拉伯数字，如下图所示。在它们之中有8个有连续的数字，所以答案是82个两位数。

10	11	12	13	14	15	16	17	18	19
20	21	22	23	24	25	26	27	28	29
30	31	32	33	34	35	36	37	38	39
40	41	42	43	44	45	46	47	48	49
50	51	52	53	54	55	56	57	58	59
60	61	62	63	64	65	66	67	68	69
70	71	72	73	74	75	76	77	78	79
80	81	82	83	84	85	86	87	88	89
90	91	92	93	94	95	96	97	98	99

题2：有9个两位数包含有相同的数字，所以答案是81个两位数。

题3：也许你可以在1分钟之内做完这一长串的计算。对于任何的这类四位数只要算1次就可以了，如图所示。

345	543 - 345 =	198
456	654 - 456 =	198
567	765 - 567 =	198
678	876 - 678 =	198
789	987 - 789 =	198
1234	4321 - 1234 =	3087
2345	5432 - 2345 =	3087
3456	6543 - 3456 =	3087
4567	7654 - 4567 =	3087
5678	8765 - 5678 =	3087
6789	9876 - 6789 =	3087

1067...

5。在每个星星中，把星星角上的偶数相加，再把奇数相加，偶数和与奇数和相减就是中间的数字。

1068...

[（9 - 3）×4+19 - 8]÷5+4=11。

1069...

47。A=2，B=3，C=5，D=7，E=11，F=13，G=17。

1070...

8。每个钟的分针和时针所指向的数字和皆为13。

1071...

那个生气的面具在第2行右边倒数第2个。

人的感知系统总是能够很容易察觉异常的事物，而完全不需要系统的查找。这个原理被用于飞机、汽车等系统里，从而使它们的显示器能够随时随地地探测出任何异常的变化。

1072…

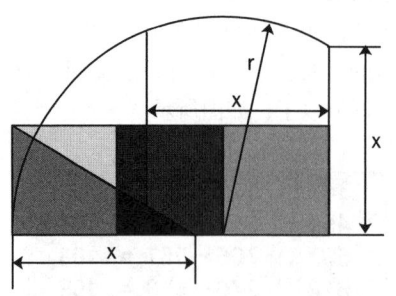

1073…

40。每个色子都有 21 个点。我们能看见 23 个点，所以还有 63-23=40 个点是看不见的。

1074…

缺失的是：

4	7	8	15

1	4	14	15	1	3	5	12	14	14	4	7	11	12	3	13	2
12	13	4	5	6	10	16	3	5	7	2	16	9	7	6	8	10
11	8	1	14	12	6	5	2	11	9	1	7	12	14	10	5	7
10	9	13	2	15	5	6	16	7	4	2	9	11	12	15	10	6
13	6	3	15	8	9	2	3	4	3	7	8	16	4	1		
7	11	7	4	16	8	6	8	5	7	6	13	16	1	4	7	
8	9	4	2	5	12	15	9	13	10	11	12	1	13	8	10	11
5	8	15	16	6	10	2	14	11	14	11	14	1	10	9	14	13	16
2	8	11	13	4	11	7	1	15	4	2	1	3	2	6	11	15
6	7	9	12	9	15	3	14	2	6	7	5	5	7	9	13	
3	7	11	13	10	1	16	10	7	9	11	3	1	3	14	16	
3	7	10	14	11	2	4	10	14	15	14	5	8	5	2	12	
3	4	4	2	5	6	10	13	4	3	4	2	6	12	14	5	
8	13	6	7	2	4	3	5	6	10	3	9	11	1	8		
11	9	10	12	3	5	11	12	2	4	2	4	15	8			
12	8	4	1	2	15	16	13	13	10	7	9	14	11			
4	16	12	2	4	8	1	14	3	13	4	2	1	15			
3	4	11	16	5	12	1	4	15	10	2	4	13	15			
12	11	1	10	1	7	8	5	10	4	15	8	5	7	10	12	
16	3	6	16	10	15	8	4	12	14	12	1	1	16			

1075…

9。它是唯一 1 个里面图形的边数比外面图形边数多的图例。

1076…

圆圈和背景的亮度是一样的。一系列射线从 1 个客观上并不存在的圆圈发散出来会造成 1 种强烈的亮度对比，让人感觉这些圆圈比背景亮。

1077…

11。在图中按纵列进行计算，把上面的数字加上 4，就得到中间的数字。把中间的数字加上 6，就是下面的数字。

1078…

在赫尔曼栅格中，交叉处的四边都是亮的，而白条只有两侧是亮的，所以注视交叉处的视网膜区域比注视白条的区域受到了更多的侧抑制，这样交叉处显得比其他区域暗一些，在交叉处就能看到灰点。

1079…

B。从左向右进行，把每块表上的数字加上 1，再把这些数字的最前一位移至最后一位。

1080…

B。每个小方框里的箭头每次逆时针旋转 90°。

1081…

22	21	13	5	46	38	30
31	23	15	14	6	47	39
40	32	24	16	8	7	48
49	41	33	25	17	9	1
2	43	42	34	26	18	10
11	3	44	36	35	27	19
20	12	4	45	37	29	28

1082…

当转动眼球观察图片时，虚幻的黑点在

白点中间产生或消失；注视圆心时，白点就会消失。美国视觉科学家迈克尔·莱文和詹森·麦卡纳尼于 2002 年发现了这个闪烁栅格的奇异变化。

1083...

空格中的箭头应该朝西。排列的顺序是：西、南、东、北。在第 1 列，此顺序由上而下排列；第 2 列，由下而上排列；第 3 列，再次由上而下排列，往后依此类推。

1084...

在这个例子中，视觉系统对中心和背景的反应时间可能存在微小的差异。对中心的反应更快、持续时间更短，这引起了交叉点闪烁。环顾图片时，视觉系统对白色交叉点做出反应，发出强烈的白色信号，但是如果凝视任何交叉点，随即信号就会变弱，背景的侧抑制发生了，视觉系统感知到的就是交叉点变暗了。

1085...

八阶魔方具有许多"神秘"的特性，而且超出魔方定义的一般要求。

比如说每行、每列的一半相加之和等于魔数的一半等。

52	61	4	13	20	29	36	45
14	3	62	51	46	35	30	19
53	60	5	12	21	28	37	44
11	6	59	54	43	38	27	22
55	58	7	10	23	26	39	42
9	8	57	56	41	40	25	24
50	63	2	15	18	31	34	47
16	1	64	49	48	33	32	17

1086...

日本视觉科学家和艺术家秋吉北冈于

2002 年创作了这个闪烁栅格错觉的变形。

1087...

28。(9 + 8) × 1 = 17
(5 + 6) × 3 = 33
(6 + 7) × 4 = 52
(3 + 11) × 2 = 28

1088...

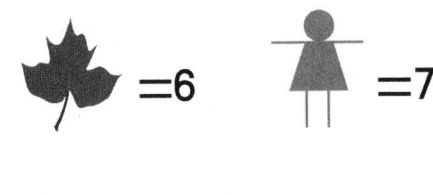

1089...

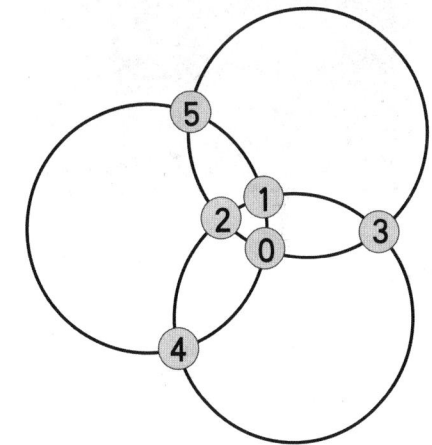

1090...

B。Billy 那块地的篱笆最长。

1091...

如果球直接掉进水池里，它排出的水量等于它本身的体积。

如果球落到船上，那么它排除的水量等

于它自身的重量（阿基米德定律）。由于铅球的密度比水的密度大，因此落到船上所排出的水的体积要更大。

1092...

在这幅图中，存在许多可能存在的圆。当眼睛扫过这幅图，你的视觉系统不断寻求最佳解释；但另一方面又有新的解释不断产生。

1093...

8。在每个图形中，中间的数字等于上面 2 个数字的乘积减去下面 2 个数字的乘积。

1094...

可以，如右图，抽烟斗的人能看到经过镜墙反射出来的火柴光。

1095...

$$C_n^k = \frac{n!}{k!(n-k)!} = \frac{54!}{6!(54-6)!} =$$

$$\frac{54 \times 53 \times 52 \times \cdots \times 3 \times 2 \times 1}{(6 \times 5 \times 4 \times 3 \times 2 \times 1) \times (48 \times 47 \times 46 \times \cdots 3 \times 2 \times 1)}$$

$$=25827165$$

1096...

该图由一系列同心圆组成。

1097...

同心圆。

1098...

这些条形是平行的。

1099...

C。从左上角的方块开始沿第 1 行进行，再沿第 2 行回来，依此类推，图形按照白圈、黑圈、三角的顺序循环排列。

1100...

10。每列数字之和均为 23。

1101...

4。将每格外圈的 2 个数字相乘，将乘积放入内圈顺时针隔开 2 格的位置。

1102...

E。从左上角的方框开始，按照逆时针方向以螺旋形向中心移动。白色圆圈在两个相对应的尖角之间交替，同时，黑色圆圈按逆时针方向每次移动 1 步。

1103...

男孩看到的自己是右边凸起的。

1104...

8。这组数列的偶数位遵循这样的公式，把前面的数字乘以 2，然后再加 1，就等于后面的数字，依此类推。

1105...

7。将每个三角形角上的数字加起来，乘以 2，并将最终结果放入三角形中间。

1106...

88。左边的数字的平方 + 右边的数字的平方 + 上边的数字 = 中间的数字。

1107...

E。每竖行里的数字每次将被颠倒顺序，竖行里最小的数字将被去掉。

1108...

E。

1109...

声音的传播跟光一样，也遵循反射定律。

当两根管子跟墙所成的角度分别相等时，两个孩子能够听到对方讲话。声波反射到墙面上，然后再通过墙反射到管子上。

1110...

它们有的向左游，有的向右游。

1111...

21。将每个三角形各个角上的数字相加起来，得出的和放入下一个三角形中间，这样便是将三角形 D 三个角上的数字和放入三角形 A 中。

1112...

A。下面每个方框中的图形与其上面的图形加在一起可以形成 1 个正方形。

1113...

从左向右横向进行，把前 2 个图形叠加在一起，就可以得到第 3 个图形。

1114...

4。按行计算，从中间一行开始，把左右两边的数字相加，结果填在中间的位置上。上下两行也按同样方法进行，但是把所得的和填在对面的中间位置上。

1115...

C。每个五边形里的图形是由它下面的 2 个五边形里的图形叠加而成的，而当 2 个五边形里有相同的符号时，这一符号将被去掉。

1116...

E。

1117...

15。其他数字都是质数。

1118...

5 和 9。$4 \times 4 = 16$，$6 \times 8 = 48$，$5 \times 9 = 45$，将 3 个结果相加，就等于 109。

1119...

1：00。分针朝前走 20 分，时针朝后走 1 个小时。

1120...

1121...

放入1个四边形。4个四边形=3个向右箭头=6个向上箭头。

1122...

27个。

1123...

A。在每块手表中，有两个显示时间的数字是相同的。

1124...

11。分别求出上面2个数字的平均值，第1个平均值加1，就是第1个图形下面的数字；第2个图形加2，第3个加3，下面的图形加4。

1125...

简单的策略就是：要放置这8个棋子，就要记住每次你放1个棋子，它的最终位置应该是上一个的开始位置。如此考虑的话，就总会有1条路。

很现实的办法就是把8个棋子先摆上去，然后逆向思维。

1126...

一边描画一边计算还得同时牢记所走的每一步——这肯定会让你疯掉的。要想选择简单的方法，那就只需要写下连接每个圆圈的可能的路线。到达下一个圆圈的路线的数字和与之相连接的路线的总和是相等的。

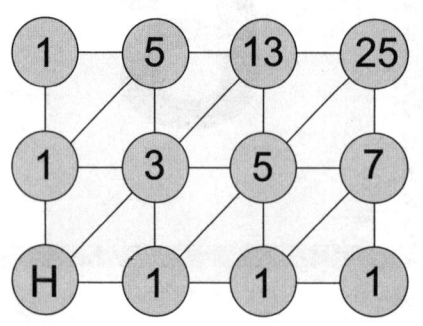

1127...

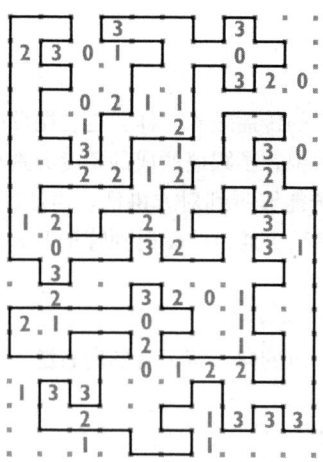

1128...

横向进行，把左右两边的图形添加在一起，就可以得到中间的图形。缺失部分如图所示。

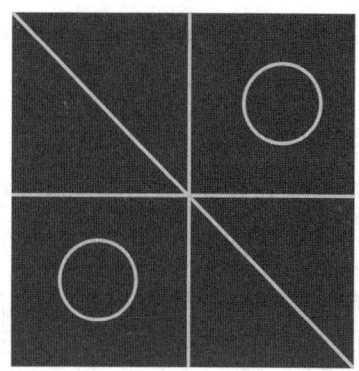

1129...

C。C图中各个图标都刚好是3图中各个图标直线对称图。

1130...

60。把经过中间圆上的直线两端的数字相乘，就可以得到这个答案。

1131...

10。在每个星星图形中，如果你把上面

3个角上的数字相加，再减去下面2个角上的数字的和，所得结果就是中间的数字。

1132...

4。在每个图中，把小人两只手上的数字和脚上的数字都看成是两位数，两数相加，就得到头部的数字。

1133...

E图中没有曲线。

1134...

6。从左边开始向右移动，把每两个多米诺骨牌作为1组。每组牌中两张牌上圆点数量的差依次是4，6，8，10。

1135...

D。每个圆圈里的图形是由它下面的两个圆圈里的图形叠加而成的，而当这两个圆圈里有相同的符号或线段时，这一符号或线段将被去掉。

1136...

G。在火柴人上加入2条线，拿走1条；加上3条线，拿走2条；加上4条线，拿走3条。

1137...

6：45。分针分别朝后走15、30、45分，时针分别朝前走3、6、9个小时。

1138...

B。横排前面2个方框中的圆圈数相乘得到第3个框中的圆圈数，竖排相除。

1139...

654。每列的前3个数字相加，最后一列将显示为987654321。

1140...

如图所示，对于房子总数为偶数的情况，到所有的房子距离最近的点应该在最中间的两栋房子的中心。

而对于房子总数为奇数的情况，到所有房子距离最近的点应该是最中间的那栋房子。

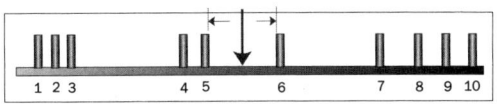

1141...

D。每个三角形中圆圈的数量与围绕着的多边形边数相同。

1142...

48。这6个数字都可以用于飞镖记分。60（20的3倍），57（19的3倍），54（18的3倍），51（17的3倍），50（靶心）及48（16的3倍）。

1143...

5。这个方框包括：

1个1
1（1×1）
4个2
2的平方（2×2）
9个3
3的平方（3×3）
16个4
4的平方（4×4）
25个5
5的平方（5×5）
36个6
6的平方（6×6）
49个7
7的平方（7×7）

1144...

1535。这是1个24小时钟表显示的时间，每步向前走75分钟。

1145...

168。每个方框里的数字都是它正下方 2 个方框中数字的乘积。

1146...

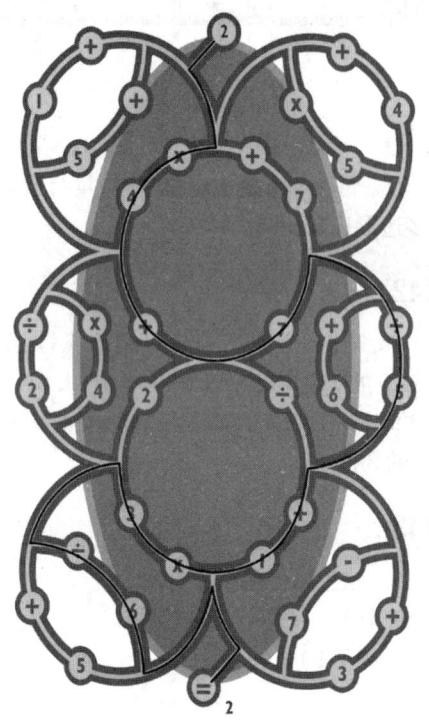

1147...

2：53。从左向右，小时数依次减少 1，2，3，4；分针数依次增加 11，12，13，14。

1148...

随机分布的方块似乎向反方向移动，同时深度也会发生分离。

1149...

它会逐渐旋转起来。其中，斑点清晰的边缘是 1 个关键因素。

1150...

V。这种排列是根据字母表中字母的顺序而排定的。"拐弯之处"的字母是由指向字母的铅笔数引出的。

看一下字母 L（哪个都可以）。字母 L 前进到了字母 M。但是，字母 M 却并没有前进到字母 N，这是因为有两支指向 O 的铅笔，于是字母 M 就跳了 2 步，前进到字母 O。运用同样的原理，字母 O 前进了 3 步到了字母 R，字母 R 则前进了 4 步到了字母 V。

1151...

175。计算的规则是：（左窗户处的数值 + 右窗户处的数值）× 门上的数值。

1152...

如图：

```
C W C O A L M K W O E A C K L G O Z A N
L H E M I N G W A Y N E I Y L M O X A E
L E E C M O X K W A X F E X A N B K O S
C F A K K E N Z A E X L A E B L P E F B
A Y E L H M Z N O E X I A I F H R K L U
M O Q V T O A T E U I W E H T E O G M O
A T K V L A V C H A E M N O L E U A B C
F S I A T A M Q L S O I C K E N S S T A
A L S T V E M W M N O E I A C H T A C T
F O O X W A B E A L L E I T A W W A C G
G T O X A E A K E A K I L A A S T A W N
O N F B C H J K W L L T J I I E X G H I
E N O L F M G O Z A V N A E B E D C W L
R V O L F I G A E Z I J C C K K T P
E W U V E C U O P T E G B P N H T S E I
C S E W X H L H J A L E C E K L T U Z K
U A T A E E C K U W P Q R A R A E P A Z
A U S T E N X A T A Q W A L E D A W V E
H A P E X E E A B C B A C A E W W E X L E
C C W A O R W E I L D K M N O P P E L T U
```

1153...

水平线会移动。

1154...

1. 28（×3）+1
2. 6（−5）×2
3. 11（×2）+7
4. 22（×2）−2
5. 13（÷2）+6
6. 17（−7）÷2

7. 20 （-4）×2

8. 20 原数的平方 +4

9. 8 将原数开方 +3

10. 4 原数的平方 -5

11. 80 （+8）×5

12. 36 （-11）×4

13. 62 （×6）+8

14. 71 （×4）-13

15. 13 （÷4）+3

16. 19 （÷5）-3

17. 36 （-13）×6

18. 162（+3）×9

19. 361 +2，再平方

20. 6   -4，再开方

1155...

B。

因为它们都是由3条线构成。

1156...

F。

1157...

F 应该在 5 的位置上。1 = B 或 D，2 = A，3 = E，4 = C，5 = F，6 = B 或 D。

1158...

6∶20。分针每次向前走 20 分，时针每次向后走 2 个小时。

1159...

五边形的边数为奇数，其他图形都有偶数条边。

1160...

1 朵云。数值分别为：云 =3，伞 =2，月亮 =4。

1161...

E。如图所示，图形 A 和图形 B 交换了位置。

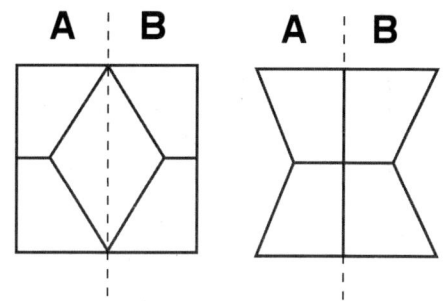

1162...

D。D 里面包含 E，F，H 这 3 个字母。而其他项里面的字母在字母表中的顺序都是相连的。

1163...

C。包括头在内，该项火柴人的组成部分数量为奇数，其余都为偶数。

1164...

答案如图所示。原题中选的是 18 个点，其实用任意多少个点都可以做到把它们从头到尾相连，且连线不相交。

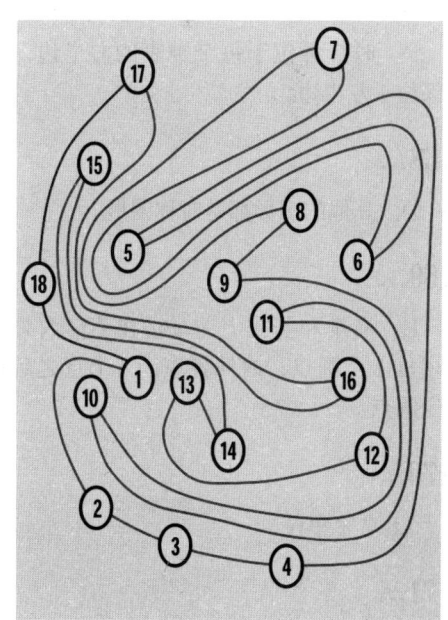

1165...

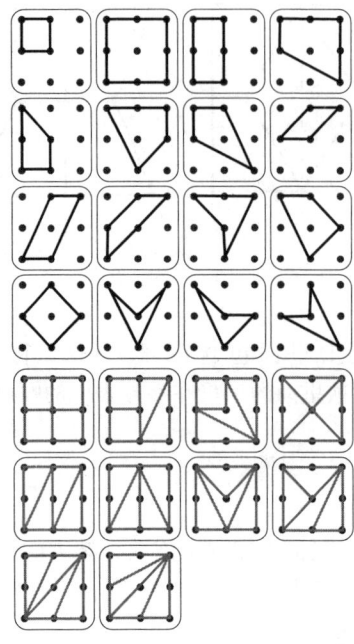

1166...

E。

1167...

D。时针都位于每个钟表的右半边，分针都位于左半边。

1168...

D。其他的图形都是对称图形。

1169...

B。横排和竖排上，每格在菱形内外分别增加 1 个圆点，内外各填满 4 个点之后再减少圆点。

1170...

1.803 个单位。

1171...

23。方形 =9，叉 =5，Z=6，心 =7。

1172...

在每行中，从左边的圆圈开始，沿着顺时针方向增加 1/4，即得到下一个图形，圆圈的颜色互相颠倒。

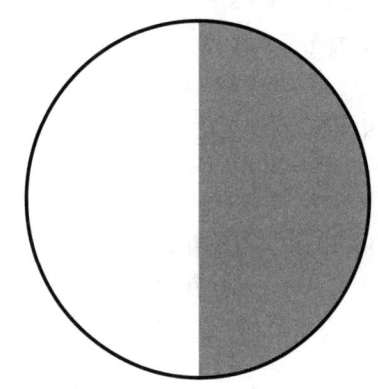

1173...

D。其他图形都是同一个图形旋转后的样子。

1174...

如图，19 个瓢虫分别在不同的空间内。

一般情况下，3 个三角形相交，最多只能形成 19 个独立的空间。

这一点很容易证明。2 个三角形相交，最多能够形成 7 个独立的空间，而第 3 个三角形的每条边最多能够与 4 条直线相交，因此它能够与前 2 个三角形再形成 12 个新的空间，所以加起来就是 19 个空间。

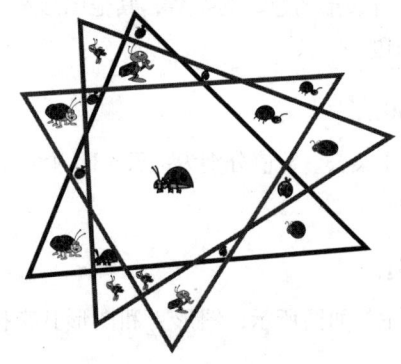

1175...

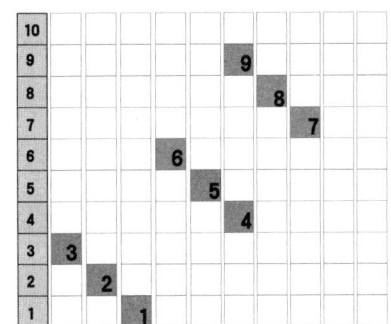

1176...

C。

1177...

当你按顺时针方向旋转每根螺钉时，螺钉会拧到一起。

市政建设所使用的灯泡卡口螺纹方向与通常的灯泡相反，目的是令这些灯泡无法拧入普通家庭中的灯泡卡座内，从而降低灯泡被偷盗的几率。

1178...

4100。

1179...

A。

1180...

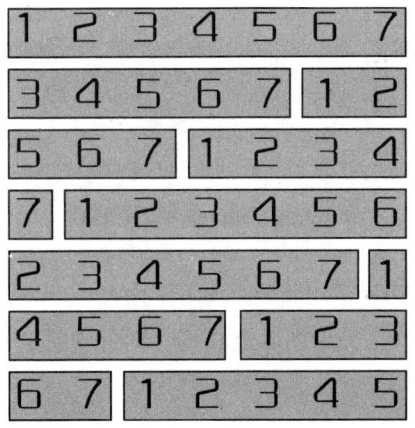

1181...

如图所示，绳子拉开之后有两个结。

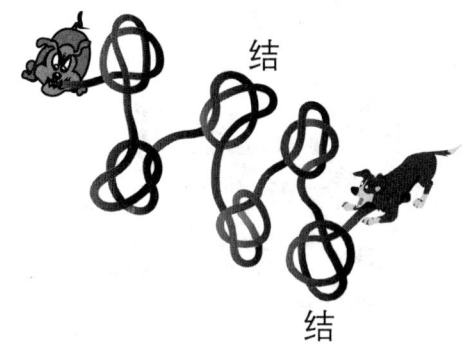

1182...

第5行、第3列的2R。

1183...

3-C。线路1到达2的位置，线路2到达1的位置。

1184...

一共有252种路线。下图中的数字表示所有可能的路线经过该数字所在交叉点的累积次数。

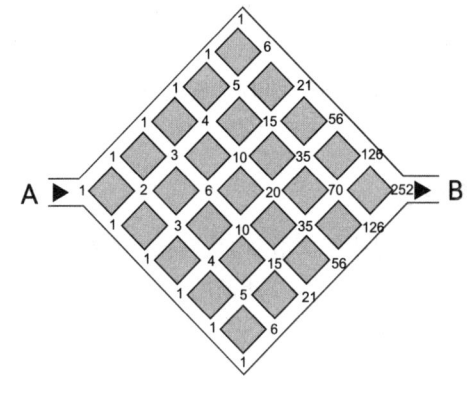

1185...

11或20。将3个圆圈内各数位上的数字相加的结果再相加，总数是19。

1186...

1187...

四边形。因为它是个闭合的图形。

1188...

14。计算的规则是：每行左边的数字与 3 的商再加上 4 等于中间的数字；再将中间的数字重复上面的计算步骤，结果便是该行右边的数字。那么，问号处的数字计算如下：

$78 \div 3 = 26$；

$26 + 4 = 30$；

$30 \div 3 = 10$；

$10 + 4 = 14$。

1189...

A。大弧每次顺时针旋转 $90°$，小弧每次顺时针旋转 $180°$。

1190...

C。弧线每次增多 1/4 圆弧，并在前面弧线结束的地方开始 1 条新的 1/4 圆弧。

1191...

4。在第 1 个五边形里，$5 \times 5 \times 125 = 3125$ 或者 5^5；在第 2 个五边形里，$3 \times 9 \times 9 = 243$ 或者 3^5；同样的，$16 \times 8 \times 8 = 1024$ 或者 4^5。

1192...

C。分针朝前走 5 分钟，时针朝前走 3 个小时。

1193...

B。

1194...

最先出现的裂缝是图中间横向的那条，从正方形左边的中间向右延伸到右边离右上角 1/3 的地方。

通常要判断两个裂缝中哪个更早出现并不难：更早出现的裂缝会完全穿过这两个裂缝的交点。

1195...

E。最大的图形垂直反向放置，且缩为最小；最小的图形变成最大的，方向不变。

1196...

G。

1197...

4。角上的数字总和乘以 2 等于中间的数字。

1198...

B。分针朝后走 15 分，时针朝前走 3 个小时。

1199...

C。从左上角开始并按照顺时针方向、以螺旋形向中心移动。7个不同的符号每次按照相同的顺序重复。

1200...

B。每行和每列中都包含这4个符号。

1201...

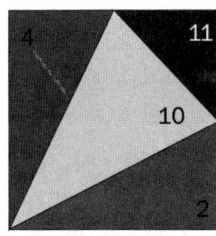

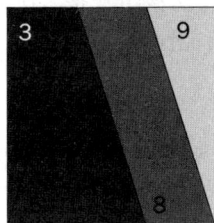

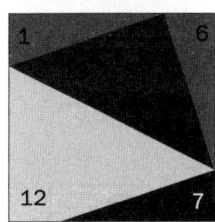

1202...

B。规律为：减1点，加2点；每增加或减少1点，盒子按照逆时针方向旋转90°。

1203...

A。

1204...

42。左上角数字乘以右下角数字或者右上角数字乘以左下角数字，都能得到中间的数字。

1205...

8.6。有两个序列，分别加上1.65和1.92。 如：3.65+1.65= 5.3，4.92+1.92=6.84，然后依此类推。

1206...

F。曲线部分变成直线，直线部分变成曲线。

1207...

0。从左向右进行，把每2个数字当做1个两位数，这些数字都是7的倍数。

1208...

☆ = 1   ▲ = 6

⬡ = 3   ◇ = 4

1209...

25%。

1210...

答案是B。将各行前两个数值相乘，再加上第3个数值，其结果就是等号后两位数的数值。

那么，最后一行的表达式为 4×7 + 5 = 33。

1211...

2 5 6	9 1 7	3 8 4
1 7 8	3 4 5	9 6 2
9 3 4	8 6 2	7 1 5
5 6 2	7 3 1	8 4 9
3 9 7	2 8 4	1 5 6
4 8 1	5 9 6	2 7 3
6 4 9	1 2 8	5 3 7
7 1 3	6 5 9	4 2 8
8 2 5	4 7 3	6 9 1

1212...

C。

1213...

D。小圆圈在各阶段依次由左至右、由下至上移动。

1214...

2个。

1215...

456。第 1 个图形代表的值是 789；第 2 个图形代表的值是 456；第 3 个图形代表的是 123。

1216...

缺失部分应当有 2 个点。将每行或每列顶端的正方形中的数字相加，将和放入相反行或列的中间格中。

1217...

84。将 A 的小时数乘以 B 的分钟数，得到 C 的吨数；然后将 B 的小时数乘以 C 的分钟数，得到 D 的吨数……E 的小时数乘以 A 的分钟数，得到 B 的吨数。

1218...

数字 6 有 11 种分拆法，数字 10 则有 42 种分拆法。

随着数字增大，分拆的方法数迅速增加。

n=50 时，有 204 226 种；

n=100 时，有 190 569 292 种。

1219...

如图所示是其中的 1 种路线。

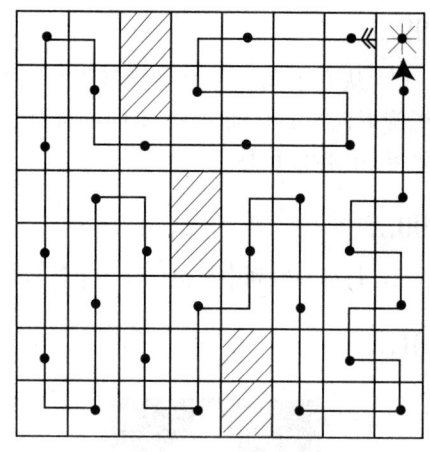

1220...

如果有 2 个孩子，那么他们性别的可能情况如下：男孩与男孩、男孩与女孩、女孩与男孩，以及女孩与女孩。所以，2 个孩子都是女孩的可能性是 25%。

1221...

4 只猫，每只猫都紧邻相邻角落中的猫的尾巴。

1222...

如图可以看出 3 个抽屉中纸托蛋糕的摆放形式。

 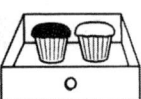 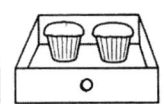

在这 3 种可能中，下一个拿出的还是巧克力纸托蛋糕的有 2 种。

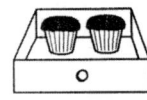  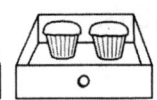

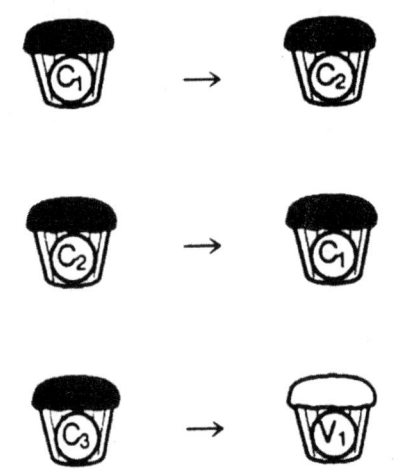

所以，答案是 $\frac{2}{3}$ 的可能性。

1223...

答案是0。将第1条斜线上的3个数字每个都加2，得到第2条斜线上的数字，再将第2条斜线上的数字每个都减3，会得到第3条斜线上的数字。

1224...

1225...

把9上下颠倒过来当做6，再把它与8交换位置，这样两边算式的和都得18。

1226...

第1行和第5行中，个位数相加等于10，其余各位相加均得9，2个数之和等于1000000。第2行和第6行、第3行和第7行、第4行和第8行相加均得1000000。所有数相加得4000000。

1227...

画个表格，将字母A，B，C，D列一边，1，2，3，4列一边。答案为：

A=3；B=1；C=4；D=2。

1228...

```
  62174
+62980
────────
 125154
```

1229...

如果81个学生曾经选修过地理课，那么90个学生（还有10个学生没有上过地质或者地理课）至少选修过2门课的学生中有9个学生只选修过地质课。既然90个学生中有63个选修过地质课，那么还剩下27个学生只选修过地理课。

27+9=36

36÷100 是 36%

答案是36%。

既然有36个学生只选修过地理课或者地质课中的1门；10个学生什么都没选，那么还有54个学生至少上过地质课和地理课中的1门。

1230...

```
   111
   333
   500
   077
 +090
──────
  1111
```

1231...

4个数字的唯一解法：

1+1+2+4=1×1×2×4

5个数字的3种解法：

1+1+1+2+5=1×1×1×2×5

1+1+1+3+3=1×1×1×3×3

1+1+2+2+2=1×1×2×2×2

1232...

下面就是字母串的外观。

4265
　8
　3
1790

用到的数字之和为 51（17×3=51），从 1 ~ 9 的数字之和是 45，差为 51-45=6。因为 D 和 G 都计算了两次，所以 D+G=6，E+F=11。因为 A=4，所以 D 和 G 必须是 1 和 5。数字 7 不可能是 E 或者 F。因为如果其中 1 个是 7 的话，另外 1 个就要是 4。这是不可能的。同样，B，C 或者 D 也不能是 7。因为 4+7=11，这就要求上边一排剩下的 2 个字母之和等于 6，而这也是不可能的。因此 7 和 0 是属于下排的。这就是说下排剩下的 2 个数字之和为 10，因为 G+H+I+J=17。这 2 个数字中的 1 个只能是 1 或者 5。如果是 5 的话，就需要 2 个 5，这是不可能的。因此 D=5，G=1。所以，I=9。这个时候，数字串是这样的：

4BC5
　E
　F
1790

E+F 必须 =11。则可能的组合为：

2+9，3+8，4+7，5+6。

唯一可以能的组合是 3+8。所以，B=2；C=6；D=5；E=8；F=3；G=1；H=7；I=9。

1233...

以下是各种可能性：

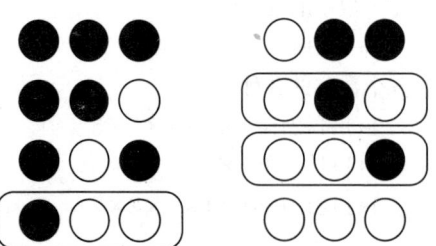

因此，取出的球中正好有 2 个白球的概率为 $\frac{3}{8}$。

1234...

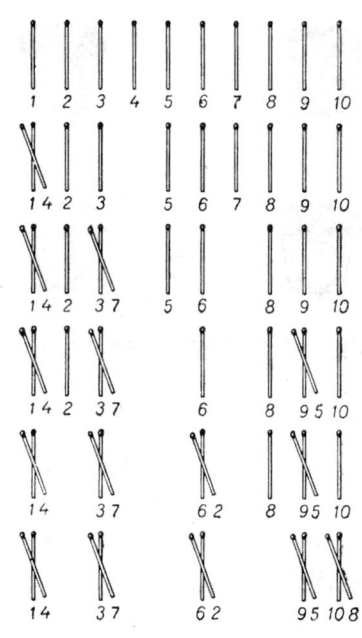

1235...

答案是 96。

1236...

答案是 "three words"（3 个单词）。

1237...

这里是 21 个 4 个字母的单词：

twin（双胞胎之一）；wine（酒）；lint（线头）；kiln（炉）；kilt（撩起）；lent（四旬斋）；wink（眨眼）；wilt（枯萎）；like（喜欢）；link（联系）；welt（世界）；kine（电视显像管）；tine（叉）；tile（砖瓦）；lien（扣押权）；newt（蝾螈）；kite（风筝）；line（线）；went（过去——go 的过去式）；wile（诡计）；knit（编织）。

1238...

可以形成 15 个锐角。

1239...

答案为 Doorbell（门铃）。别的东西都有把手。

1240...

17 个。别忘了 44 有 2 个 4。

1241...

这是 1 种方法：

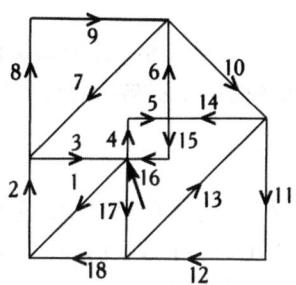

1242...

共有 720 种排法。使用下面的式子来解决问题：

$$6!=6×5×4×3×2×1=720$$

1243...

应该从图中的"×"开始（设为 13 号位置）沿顺时针方向 1，2，3，…地数下去，每到 13 就把那个点上的小猫吃掉。顺序是 13 号，1 号，3 号，6 号，10 号，5 号，2 号，4 号，9 号，11 号，12 号，7 号，8 号。所以，白老鼠的位置是 8 号位置。

1244...

There are 206 bones in the human body（人体共有 206 块骨骼）。

1245...

所缺的字母是 n，得到的单词是 sandwich（三明治）。

1246...

答案是"No time on the clock"（表上没有时间了）。

1247...

答案是 Book（书）。所组成的 4 个新单词为：Bookshelf（书架），Bookworm（书虫，）Bookmobile（流动图书馆），Bookmark（书签）。

1248...

这个单词是 Shine（使发光，出众）。组成的新单词为：Moonshine（月光），Shoeshine（鞋油），Monkeyshine（恶作剧）。

1249...

```
    73544
    73544
    73544
+  494046
   714678
```

1250...

其中的 2 种解法：

a	c	d	b
d	b	a	c
b	d	c	a
c	a	b	d

a	d	c	b
b	c	d	a
d	a	b	c
c	b	a	d

是黑格。

1251...

1	14	15	4
12	7	6	9
8	11	10	5
13	2	3	16

第 1 行：
12+142+152+42=438
第 4 行：
132+22+32+162=438

第 2 行：
122+72+62+92=310
第 3 行：
82+112+102+52=310

1252...

每个数字倒过来读都和原来的一样。

1253...

不能。骑士从黑格开始跳，下一步只能跳到白格上，同理，从白格开始跳，下一步只能跳到黑格上。棋盘上共 64 个方格，从 a1（黑格）开始跳的话，经过 1，3，5…61，63 步之后，骑士最后应该跳入白格中。而 h8

1254...

把相邻 2 个数都拆成个位数相加就变成了下面的数字。例如：
8+9（89）＋5+3（53）=25
5+3（53）＋1+7（17）=16
所以，缺失的数字应该是 1+6（16）＋1+7（17）=15

1255...

最后 1 个数是 625。用 10 减去数字里的每位数上的数字得到破解后的数字。

1256...

答案是 5。在每个星星中，上面 3 个数字的和减去下面 2 个数字的和，所得的结果就是星星中间的数字。

1257...

答案是 "There are 50 stars on the United States flag"（美国的国旗上有 50 颗星）。

1258...

答案是 1234321。

1259...

答案是 6。由题意知：
6M=B，8B=F，3F=Y。
我们可以计算出 1 个 yump（Y）中 bop（B）的个数：8×3=24。1 个 yump（Y）中 murk（M）的个数是：24×6=144。所以 144÷24=6。

1260...

答案是 448。每个三角形中，A×B-2=C。

1261...

227。在每列中，把第 1 个数字除以 3，得到第 3 个数字。然后把 2 个数字相加再加 3 就得到中间的数字。

1262...

缺失的数字是 3。这里的数字和手机键盘上的数字是一一对应的。

1263...

答案是 26。20 和 32 的中点是（20+32）÷2=26。所以 16a 和 36a 的中点 26a 也是 26。

1264...

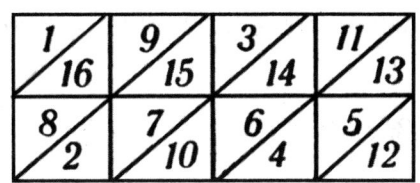

1265...

陈述②是正确的。

1266...

缺失的数字是 14 或者是 2。拿起任意 1 块，并观察和它相对的那块。你会发现较大的数字是较小数字的 3 倍减 1。

1267...

这个钟要花费 10 秒钟来敲 11 下。因为第 1 下相当于在 0 秒的时候敲的，2 声耗时 1 秒，3 声耗时 2 秒。依此类推。

1268...

添加 Head（头，顶端，最前头）。Head-line（标题）;Headphone（戴在头上的收话器）;Headwaters（河源）。

1269...

这里是 15 个。

burn（烧）; numb（冻僵）; bun（糕点）;

sum（总计）; run（跑）; nub（小块）; sun（太阳）; bum（游荡者）; res（物品）; men（男人的复数形式）; rum（甜酒）; muse（诗魂）; use（使用）; ruse（策略）; user（用户）。

1270...

Be on time（准时）。

1271...

Z=-7。每行的数字都是它上面那行的 2 个数字之差（后 1 个减前 1 个）。

<table>
<tr><td>12</td><td></td><td>18</td><td></td><td>26</td><td></td><td>38</td><td></td><td>49</td></tr>
<tr><td></td><td>6</td><td></td><td>8</td><td></td><td>12</td><td></td><td>11</td><td></td></tr>
<tr><td></td><td></td><td>2</td><td></td><td>4</td><td></td><td>-1</td><td></td><td></td></tr>
<tr><td></td><td></td><td></td><td>2</td><td></td><td>-5</td><td></td><td></td><td></td></tr>
<tr><td></td><td></td><td></td><td></td><td>-7</td><td></td><td></td><td></td><td></td></tr>
</table>

1272...

句子是：There are 360 degrees in a square（正方形的内角和是 360 度）。

1273...

这是其中 1 种方法：

MEAL（膳食）

MEAT（肉）

MOAT（护城河）

BOAT（船）

BOOT（靴子）

1274...

都能转动。C 轮和 D 轮沿顺时针旋转，B 轮沿逆时针旋转。

1275...

$$
\begin{array}{r}
9021 \\
581 \\
581 \\
+581 \\
\hline
10764
\end{array}
$$

1276...

最多会出现 24 个交叉。如下图所示:

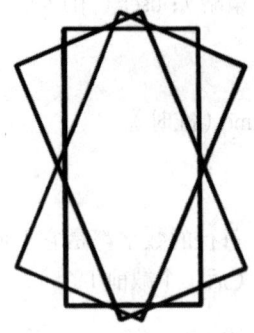

1277...

这是其中 1 种方法:

S T R A I N（拉紧，努力）

T R A I N（训练，修剪）

R A I N（雨）

R A N（跑，运转）

A N（一个，一种）

A（每一，任何）

1278...

F 的值为 23。

将①代入②得到 :A+B+P=T

将⑤代入上式得 :8+B+P=T ⑥

再将③代入④得到 :B+P+T+A=30

将⑤代入上式得: 22-B-P=T ⑦

将⑥和⑦相加得: 30=2T, 即 T=15 ⑧

将⑤和⑧带入③得到 :F=15+8=23

1279...

① CAGI

② ◇ ◇ ◇ ○
　　　　○
　　　　○

字母与图形的对应关系如下: D= 水平的; C= 垂 直 的; A= ○; E= ◇; G=3; B=2;

Y= 分开; I= 连接。

1280...

以下是 2 种答案:

212+222+232+242=

252+262+272

362+372+382+392+402=

412+422+432+442

1281...

是业余选手的妈妈。

1282...

321 个。960 除以 3 再加上 1（数列第 1 个数）。

1283...

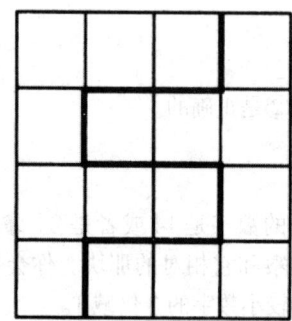

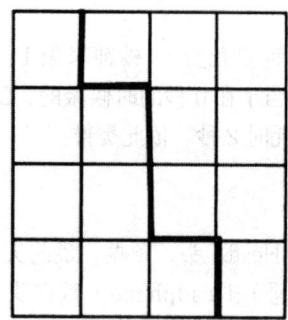

1284...

答案是 -9。每个格子里的后 1 个数字都是前 1 个数字的立方再减 1。

1285...

相互补的图为: A-E, B-F, C-G, D-H。由图 A 可得图 H 为:

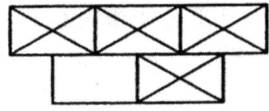

1286...

R 的值为 20。已知 Q+M=C, 可以得出 Q+M+K=R。因为 R+Q=S, 所以在等式 M+K+S=40 里, 用 R+Q 代替 S, 等式变为: M+K+R+Q=40, 或者 M+K+R=32。

重新排列这些等式来解 R, 可以得到:

8+M+K=R

32-M-K=R

所以 R=20。因为 R+Q=S, 所以 20+8=S, 即 S=28。

1287...

答案是 -8。直线上方的每个图形, 无论是圆圈还是方块, 每个都加 2。直线下方的每个图形, 无论是圆圈还是方块, 每个都减 2。圆圈和方块谁先谁后没有区别。

1288...

下图中的阴影部分就是应漆成蓝色的地方。

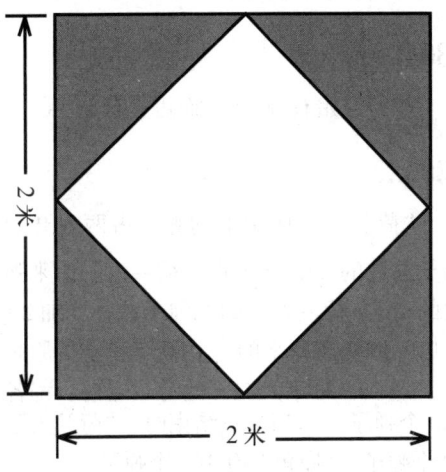

1289...

房屋的施工人员忘记把门牌号安装在各个单元内的各个房间上。他们在五金店把这些号码以每个 1 元出售。因为弗莱尔·布莱尔庄园只有 9 个单元, 每间房屋只需要 1 个号码。因此, 4 个顾客买 4 个号码一共要花 4 元。

1290...

将食指放在桌子上, 方向要与这枚 1 角硬币相对。然后, 轻轻地用手指抓动桌布。这样, 硬币会慢慢地向相反的方向移动, 不一会儿, 它就可以从玻璃杯下面"走"出来。

1291...

尽管抓住钞票看上去是很简单的事情, 但是如果没有尝试 1 次就想抓住它是不可能的。因为, 你的反应不够快。

1292...

移动的顺序如下:(1)将 4 号扑克牌放在 1 号扑克牌上;(2)6 号扑克牌放在 9 号扑克牌上;(3)8 号扑克牌放在 3 号扑克牌上;(4)2 号扑克牌放在 7 号扑克牌上;(5)5 号扑克牌放在 10 号扑克牌上。

1293...

舰长的检查路线如下: 从 2 号指挥中心进去, 然后是 E, N, H, 3, J, M, 4, L, 3, G, 2, C, 1, B, N, K, 3, I, N, F, 2, D, N, A, 1。

1294...

拿破仑将路标杆放回原处, 这样, 上面标有他刚刚去过的城镇的名字的牌子就指向他来的方向, 同时, 他也知道应该去的地方了。

1295...

把这张纸放在这枚硬币上, 用 1 支铅笔在硬币上的纸上直接涂画。这时, 硬币的轮廓将会显现在纸上, 当然也就看到了硬币的日期。

1296...

也许有人会采取将纸带猛拉出来的办法，但是，由于纸带太长，因而行不通。必须先在距离硬币 2 厘米的地方把纸带从一边剪断或者撕掉才行。抓住纸带的另一端，并且拉直使纸带与瓶子成 90°。然后，伸出另一只手的食指，快速击打手与瓶子之间纸带的中间位置。这样，纸带就会快速从硬币下面脱出，同时由于速度很快，硬币会依靠惯性而不至于从瓶子的顶部掉落。

1297...

祖父的生日宴会有许多人参加。下面列出的是在场的家庭成员，其中也包括祖父：2 个兄弟、2 个姐妹，他们的父母，以及父母各自的父母——这样，对孩子而言就有 1 个祖父和 1 个外祖父，1 个祖母和 1 个外祖母。因此，共有 10 位家庭成员。

1298...

这个题的秘密就在于两只手交叉时的位置。没有经验的人将两只手交叉时，手掌往往朝向身体，这样就会出现我们所描述的结果。要解决这个难题，要把右手的手掌向内转并把左手的手掌向外转，然后再抓住瓶塞。这样，两只手不仅不会相互交叉在一起反而会轻而易举地分开。

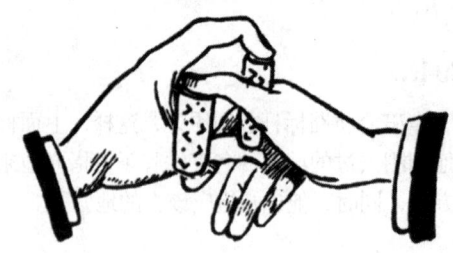

1299...

马尔文得到 94.25 元，哈维得到 74.25 元，布鲁斯得到 41.25 元，罗洛得到 23.25 元。

1300...

奈德的得分如下：10 分靶槽内有 14 个铁圈，共得分 140；20 分靶槽内有 8 个铁圈，共得分 160；50 分靶槽内有 2 个铁圈，共得分 100；100 分靶槽内有 1 个铁圈，得分 100。这样，140 + 160 + 100 + 100 = 500。

1301...

这位船长当然就是挪亚了。他的那艘巨轮装载了来自世界各地的动物，这些动物自然不是为了出售。因为没有陆地，所以他根本无须担心风向问题，所有的港口都被水淹没，他最希望的就是找到陆地将船停泊。

1302...

S，H，O，N，I，X 是字母表中颠倒后照样可以读出来的字母。因此，可以加在它们后面的就只剩下"Z"了。

1303...

因为每个人所能分得的财产与各自服务的时间长短有关。女佣人分得了 1 份遗产，会客室的那个仆人分得了 3 份遗产，厨师则分得了 6 份遗产，这样，总共有 10 份。每份遗产为 7000 元的 $\frac{1}{10}$，即 700 元，也就是那个女佣人所得的遗产。同时，会客室的那个仆人得到 2100 元，而厨师得到 4200 元。

1304...

帕特开始有 50 元，而迈克有 30 元。

1305...

"荷兰人"所剩下的弹子占两人开始时弹子总数的 $\frac{1}{5}$，或者占"荷兰人"原来弹子数的 $\frac{2}{5}$。"荷兰人"的原弹子数在增加 20 个之后，就变成原来的 $\frac{6}{5}$；20 个弹子占原来的 $\frac{1}{5}$。所以，每个人在开始游戏之前，都各有 100 个弹子。而当游戏结束时，"荷兰人"有 40 个弹子，"鹿角"有 160 个弹子。

1306...

A桶中原来有66升的葡萄酒，B桶中原来有30升的葡萄酒。

1307...

在拿走玻璃杯之前，先把第2根火柴点着。然后，再用它点着支撑在两个玻璃杯之间的那根火柴；当这根也点着时，等一两秒钟，然后吹灭。稍等片刻，这根火柴就会熔贴在玻璃杯上。然后，你可以将另一侧的玻璃杯拿走，这时，这根火柴将会悬在空中。

1308...

因为面包是3个人平分的，那么，每个人就吃了$2\frac{2}{3}$片面包。这就是说那个拿3片面包的人只分给了弗西斯$\frac{1}{3}$片面包，而那个拿5片面包的人则分给了弗西斯$2\frac{1}{3}$片面包，这样，他分出的面包是第1个人的7倍。因此，他有资格分得7枚硬币，而第1个人只能分得1枚硬币。这就是公平的解决办法。

1309...

答案为：37—37—37。计算如下：$37 \times 3 = 111$；$37 \times 6 = 222$；$37 \times 9 = 333$。

1310...

首先，要从一个方向进行。第二，当你把1枚硬币翻过来后，先跳过下一枚硬币，然后再开始计数。

1311...

巡视员的行走路程可以减少到19千米，他只需重复两次路过两条铁轨。他的巡查路线为：E—I—J—K—J—F—B—C—B—A—E—F—G—H—D—C—G—K—L—H。重复路过的两条铁轨是JK段和BC段。

1312...

酒杯里的水和水杯里的酒相等。证明如下：

（1）假如每个玻璃杯里都有100个单位的液体，茶匙可以容纳10个单位的液体。

（2）珀西用茶匙从水杯取出10单位的水并倒入酒杯，然后搅拌均匀。

（3）现在酒杯里有110个单位的液体。当珀西从酒杯取出1匙液体后，两种液体他将各取出$\frac{1}{11}$。这样，茶匙里有$9\frac{1}{11}$个单位的酒、有$\frac{10}{11}$个单位的水。然后，他把茶匙里的液体倒入水杯里。

（4）现在水杯里有$90\frac{10}{11}$个单位的水、有$9\frac{1}{11}$个单位的酒，总共有100个单位的液体。

（5）酒杯里现在有$90\frac{10}{11}$个单位的酒、有$9\frac{1}{11}$个单位的水，总共有100个单位的液体。

1313...

8位圣诞老人总共握手28次。A与其他7位握手，B因为已经与A握过手所以只需与其他6位握手，而C只需与其余5位握手，依此类推，握手的总次数为：

$$7 + 6 + 5 + 4 + 3 + 2 + 1 = 28。$$

1314...

火车头T将车厢B向上推，使它进入C。然后T绕到另一侧将车厢A向上推，使它与车厢B相连接；接着，T将车厢A和车厢B向下拉，使它们都在右边的岔轨。然后，T再经左边绕到C，接着，再将车厢A推到主铁轨。T将车厢B留在右边的岔轨，然后再绕回到车厢A，并把它拉到主铁轨与左边岔轨的交叉口，接着再把它向上推，使它进入左边的岔轨。最后，T再回到原来的出发地。

1315...

那个不走的时钟每天会显示两次正确的时间，1周共显示14次。而那个每天慢1个小时的时钟每显示正确1次则需要12天。所以，就正确性而言，那个不走的时钟要强于那个慢走的时钟。

1316...

我们利用反向思维从剩下的 8 块儿糖算起。因为桌上剩下的糖是第 3 个旅行者醒过来时的 $\frac{2}{3}$，所以他醒来时，桌上的盘子内会有 12 块儿糖；同样地，这 12 块儿糖是第 2 个旅行者醒过来时的 $\frac{2}{3}$，所以，他醒来时，盘子里有 18 块儿糖；这 18 块儿糖是第 1 个旅行者醒来时的 $\frac{2}{3}$，这就是说盘子里原来有 27 块儿糖。

1317...

安德森夫妇有 4 个女儿、3 个儿子。

1318...

哈里特让俱乐部的场地管理员通过附近的水管把洞里灌满水，这样网球就浮出了水面。

1319...

你只需要保证从下一个放顶针的位置可以滑到前一个顶针开始的位置。比如，将顶针放在 W 点，并把它滑到 X 点；然后，将下一个顶针放在 Y 点，并把它滑到 W 点；接着，再把 1 个顶针放在 Z 点，并把它滑到 Y 点。依此类推，直到所有 7 个顶针都放好。

1320...

把两根绳子的底端紧紧地系在一起（如图 1 所示），然后，爬到左边那根绳子的顶端，并将两根绳子缠在自己的两条腿上，在紧紧抓住绳子的同时，用匕首将右边的绳子割断；接着，使绳子从刚才系绳子的环上穿过去，并把绳子往下拽，直到绳结到达这个环（如图 2 所示）。

再抓住右边的两根绳子，然后换到右边，并且把左边的绳子从环上切开，顺着双绳子落在地上。最后，把两根绳子从环上拉下来。

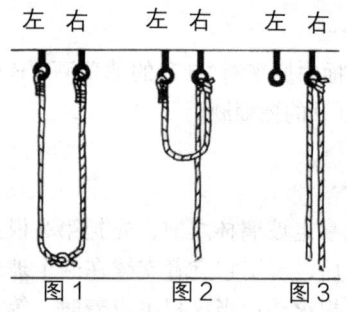

图 1　　图 2　　图 3

1321...

当多朗格·基德开始拽绳子时，他会发现自己也升在空中而且距离地面的高度与钟相同。当钟距离地面 1 米时，基德也是 1 米。无论他拽绳子有多快或者慢，他距离地面的高度与钟相同。两者会一起到达塔的上面，而这也是牧师想要做的。

1322...

女儿将炮弹作为平衡物先下去，然后国王和儿子把上面篮子里的炮弹取出来，让儿子下去，这时让女儿作为平衡物。接着，让炮弹单独下去，当它落地时，让儿子和炮弹作为平衡物，他们的合力可以使国王下来。王子然后从篮子里出来，再让炮弹单独下去。接着，女儿下去，炮弹上来。儿子再把炮弹取出来，然后单独下来，他的妹妹上去。女儿接着把炮弹放在另一个篮子里，使自己降落到地面上。

1323...

下面就是特雷弗·托兹的解决办法。他骑着自己的马到拉洛尼的马厩，并把这匹马算到作为遗产的马内，这样总数就达到了 18。他然后分给了约翰 9 匹马（18 的一半），分给詹姆士 6 匹马（18 的 $\frac{1}{3}$），分给威廉 2 匹马（18 的 $\frac{1}{9}$）。他的这种分法是按照地主的遗嘱进行的，同时，也使各方都得到了满足。最后，特雷弗骑着自己的马高兴地回家了。

1324...

参加比赛者从1号帽子取1枚硬币、从2号帽子取2枚硬币、从3号帽子取3枚硬币，往后依此类推。这之后，他们把这50枚硬币放在秤上称。如果这50枚金币都是真的话，那么，它们的总重量将是500克；但是，由于其中的1枚或者多枚硬币是伪造的，所以总重量小于500克。将这个重量从500减去之后的差就是装有伪造币的帽子的号码。比如，如果伪造币装在6号帽子里，由于硬币堆里有6枚硬币在这个帽子里，那么，秤上显示的总重量就是494克。将494从500减去之后的差是6，这就是装有伪造币的帽子的号码。

1325...

先将3号和4号硬币翻面，然后将4号和5号硬币翻面，最后将2号和3号硬币翻面。

1326...

将2号和3号筹码移到方格9和10；将5号和6号筹码移到方格2和3；将8号和9号筹码移到方格5和6；将1号和2号筹码移到方格8和9。

1327...

打这个赌，每副牌你都会赢26元。每对扑克的确是1张红、1张黑。因为每堆扑克底部的扑克牌颜色不同，所以当你洗牌时，扑克牌都是交互排列的。你自己不妨试试看。但是，你只能洗1次牌。

1328...

这8张扑克牌在这副扑克中的放置顺序为A，K，K，A，K，K，A，A。当然，这副扑克牌的正面是朝下的。

1329...

如果这3块表要再次在中午显示正确时间，那么，每天慢1分钟的那块表必须等到它慢24小时中的12个小时，而每天都快1分钟的那块表必须等到它快24小时中的12个小时。以每天1分钟的速度，那么这3块表要过整整720天才能再次在中午显示正确时间。

1330...

因为有35个头，所以最少有70条腿（每只鸡都有两条腿）。农夫说一共有94条腿，这就是说额外有24条腿。将额外的腿数除以2得出12，即兔子笼中四条腿的动物的个数。我们知道兔子有12只，所以另一个笼子里就有23只野鸡。

1331...

下面是其中的1种答案。

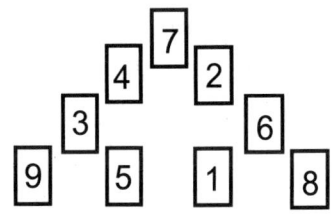

1332...

答案如下：

①对应的是E；②对应的是H；③对应的是B；④对应的是M；⑤对应的是I；⑥对应的是N；⑦对应的是F；⑧对应的是D；⑨对应的是K。

1333...

这个题的答案与题本身一样，都有很长的历史了，即：人。当人是婴儿的时候，四肢着地；壮年时，用两条腿走路；年老时，走路就需要拐杖帮忙了。

1334...

罗杰最少要从抽屉里拿出3只袜子。如

果前两只正好搭配，他不会有疑问；如果不搭配的话，那么第3只袜子必定与前两只袜子中的1只搭配。

1335...

下面就是操作的步骤：

（1）将3升的罐子倒满酒，然后把酒倒入5升的桶中。

（2）将3升的罐子重新倒满酒，然后，再倒入5升的桶中，倒满为止。

（3）3升的罐子这时剩下1升的酒。然后，把5升桶中的酒倒回浪姆酒桶；接着，把3升的罐子里剩下的1升酒倒进5升的桶里。

（4）将3升的罐子重新倒满酒，然后倒入5升的桶内。这时，桶内正好有比利·伯恩斯想得到的4升酒，即他此次想要购买的酒。

1336...

正确的移动步骤如下：2号移到1号、5号移到2号、3号移到5号、6号移到3号、7号移到6号、4号移到7号、1号移到4号、3号移到1号、6号移到3号、7号移到6号。这样，6只海马互换了位置，最后7号位置是空的。

1337...

亚历山大和他的妹妹西比拉的得分如下：两箭射中25环、两箭射中20环、两箭射中3环。

1338...

第1步将9号正方形内的棋子依次从下面正方形跳过，13号、14号、6号、4号、3号、1号、2号、7号、15号、17号、16号和11号，然后将被跳过棋子全都拿走；第2步将12号正方形内的棋子从8号正方形跳过；第3步将10号正方形内的棋子从5号和12号正方形跳过；最后一步将原来9号正方形内的棋子从原来10号正方形内的棋子上跳过，这样，原来的9号棋子就回到了最初跳到的地方。

1339...

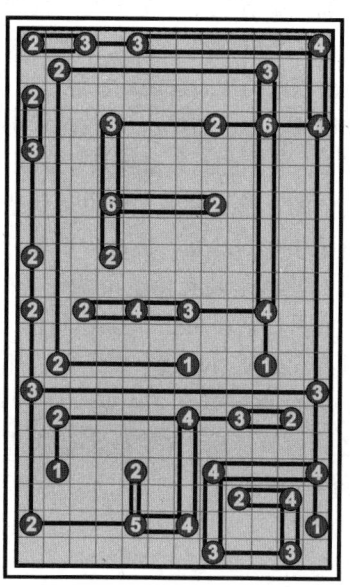

1340...

我们把最小正方形看做是长、宽为1个单位的正方形，这种正方形有64个。然后我们找边长为2个单位的正方形，这种正方形有49个。现在将各种正方形分类如下：

1×1 64个；

2×2 49个；

3×3 36个；

4×4 25个；

5×5 16个；

6×6 9个；

7×7 4个；

8×8 1个；

总数为204个正方形。

1341...

一共为114千米。下面的图表向我们说明了一切。

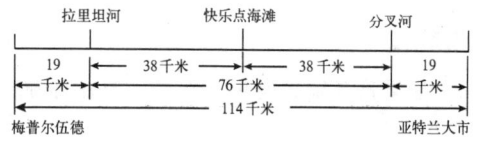

1342...

这4个砝码的分量分别是1千克、3千克、9千克和27千克。

1343...

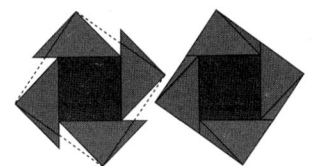

1344...

1345...

这里以"3R4"表示"把3号板条箱往右推4格"。同理，"L"表示向左，"U"表示向上，"D"表示向下。

首先，1R1，然后4L1和U3。现在我们需要通过7R1、6R1和5L1来腾出一些空间。先4D4然后R4，4号板条箱就移出去了。用同样的方法移出3号、1号和2号板条箱。5L2，U3，D4，然后L4，5号就被推出去了。6号和7号也用同样的方法推出去。

1346...

可能的排列顺序应该是6×5×4×3=360种。

1347...

??? 7 ???
1 3 5 7 9 11 13
最重的西瓜是13千克。

1348...

不可能做到。

1349...

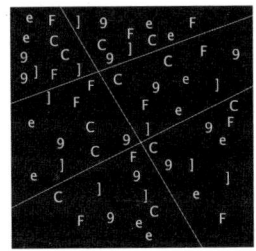

1350...

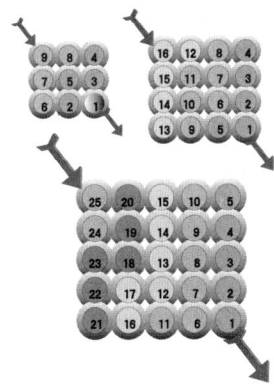

1351...

1352…

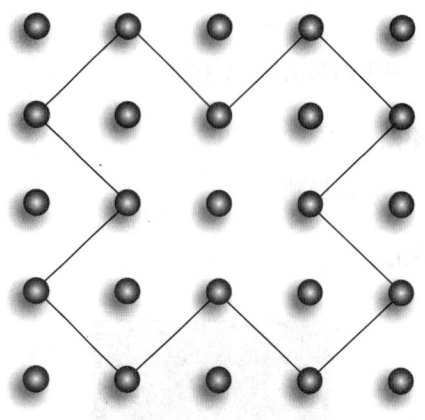

1353…

浸在水里的物体的浮力等于它所排出的水的重量。

你可能想说结果应该是在天平右端原来的重物基础上再加上与左端容器里重物承受的浮力相等的重量，然而真的是这么简单吗？

根据牛顿定律，作用力与反作用力相等。那么容器里的水对重物的浮力就等于重物对水的反作用力。

因此，天平右端的重量减少时，天平左端的重量相应增加。

所以要达到平衡，天平右端需要加上2W 的重量，W 等于重物在左端容器里排出的水的重量。

1354…

1，7，8 和 9。

1355…

旗子会上升。

1356…

第 1 份菜单中你有 2 道可以选择，第 2 份菜单中你有 3 道可以选择，而第 3 份菜单中你有 2 种选择。因此，你的选择一共是

2×3×2=12 种。

1357…

满足条件的排列方法只有唯一的 1 种，如下图所示。

而如果有 3 对以上的夫妻，情况会发生很大的变化。下面列举了从 3 对到 10 对夫妻满足条件的排列数：

n=3…………　1
n=4…………　2
n=5…………13
n=6…………80
n=7…………579
n=8…………4738
n=9…………43387
n=10………439792

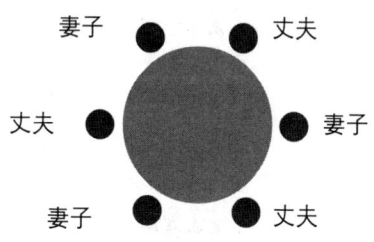

1358…

图中显示的是 1 台电视机。

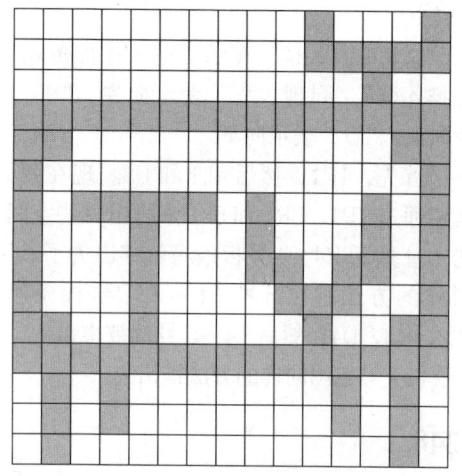

"干旱"。

1359…

可以走遍所有的楼层。最少的步骤是 19 步，顺序如下：

0-8-16-5-13-2-10-18-7-15-4-12-1-9-17-6-14-3-11-19（12 "上"，7 "下"）

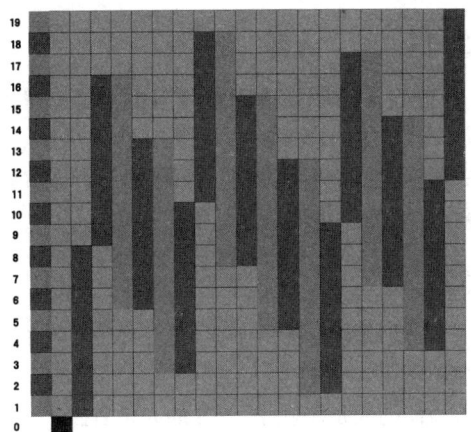

1365…

可以把每 2 个力相加，按顺序算出它们的合力，直到得到最后的作用力，或者把它们按照下面所示加起来。

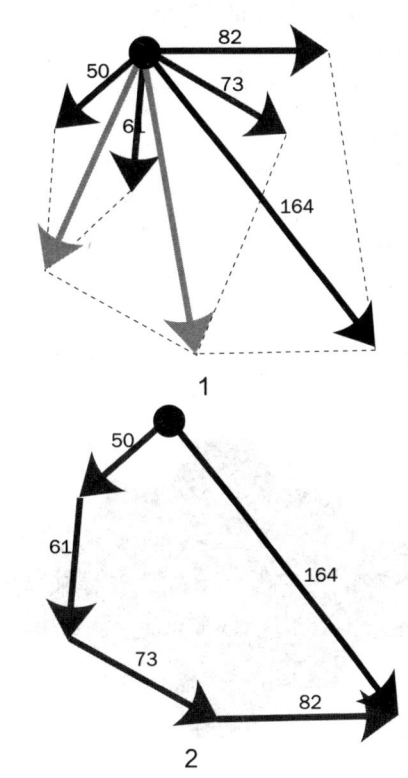

1360…

我们必须记住的是水压所产生的巨大力量是以距离为代价的。

因此，大活塞每活动 1 个单位距离，那么小活塞应该要活动 7 个单位距离。

加在小汽缸上的压力应该是 7 个单位，那么这个压力能够举起的重量应该是 49，也就是 7 倍。

1361…

链条会开始向空盘的这一端滑动，直到左端的"臂"要比右端更长。

1362…

C 公司。

1363…

（17+6+5+9）－（11+2+4+8）=12

1364…

不正确，随着水平面上升，指示标指向

1366…

有 6 种方法排列这 3 个盒子。

称 1 次可以在 2 种可能性中决定 1 个，称 2 次可以在 4 种可能性中选择，称 3 次可以在 8 种可能性中选择……

一般来说，"n" 次称重将最多决定 2n 种可能性。

在我们的题目中：

称重 1 次：A>B

称重 2 次：A<C

结论：C>A>B，问题就解决了。

如果第 2 步称重时：A>C

那么就有两种可能性：A>B>C或A>C>B，所以我们需要第3次称重来比较B和C。所以最多需要称3次。

1367...

C。每行第1格的数字 × 第2格的数字 – 第3格的数字 = 第4格的数字。

（6×2）–5=7

（8×3）–17=7

（9×2）–9=9

（7×4）–10=18

1368...

F。

1369...

1370...

D。每个多米诺骨牌数字（包括空白）在每行、每列中出现1次。

1371...

A=35，B=15。

每行小方格中的数字除以3，然后再将它们相乘就得到中间的数字。

1372...

三角形面积是24个平方单位，正方形面积为36个平方单位。

假设三角形面积为X，我们可以得出这

个方程式：3/4X=36/2，答案是 X=24。

1373...

沿着地平线发射的炮弹将最先落地，然后是与地平线成45°角发射的炮弹，最后是与地平线成90°角的炮弹。

1374...

假设没有摩擦力和空气阻力，这个球将以不断增加的速度一直下落直到到达地心。在那一点它将开始减速下落到另一边，然后停止，再无休止地重新下落。

1375...

N是既是左撇子同时也是右撇子的学生数。

7N的人是左撇子，9N的人是右撇子。

那么 N+6N+8N=15N 即全班的学生数。

而右撇子在学生总数中所占的比例是9N/15N，即3/5，超过班上一半的人数。

1376...

箱子的重量为3个单位。

1377...

B。每个数字向顺时针方向移动该数字对应的次数。

1378...

8块饼干。

1379...

B。方框内图形的边应当每次增加1条边。

如此推算，则B项中的图形应当有2条边才能符合规律。

1380...

E。原先在圆后面的三角形移到圆的前面来，和例子中的变化正好相反。

1381...

1382...

1个全满的圆。观察三角形顶角，从前1个到后1个，刚好增加1/4份。同样道理，比较各个三角形的下角，从前1个到后1个，也是刚好增加1/4份，全满后又重新开始。

1383...

1。把每排数字当成1个三位数，从上到下分别是17，18，19的平方数。

1384...

转动纸张，空白面朝上，数字"2"在左上角。然后把右边向左折，这样数字"5"靠着数字"2"。现在，将下半部往上折，结果数字"4"靠着数字"5"。接下来将"4"和"5"向内折，位于数字"6"和"3"之间。最后，把数字"1"和"2"折到小数字堆上，到此一切结束。

1385...

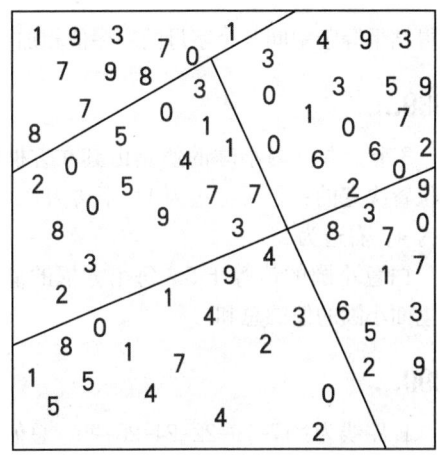

1386...

透镜2比透镜1更厚，因此经过透镜2的光线弯曲度更大，会聚太阳光也更强。如下图所示。

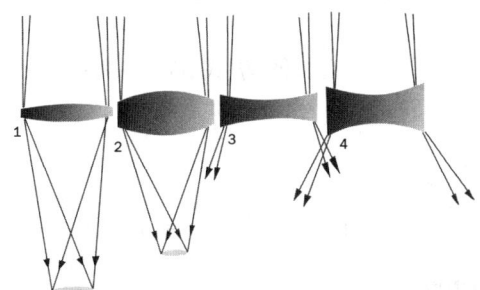

透镜3和透镜4都是凹透镜，它们根本不会会聚太阳光，因此它们下面的纸不可能燃起来。

1387...

2。乘客行走的方向用平行四边形图示如下：

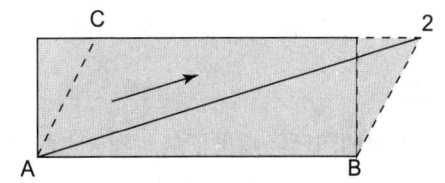

1388...

K。在每行中，左右两边的数字相乘，所得结果等于中间3个字母的顺序值相加。

1389...

3个。方框内小球的值是由其在方框内的位置决定的：位于上边为1，下边为3，左边为4，右边为2。

白色小圆的值等于5。每个方框的值等于里面小圆的值的总和。

1390...

1. 路线为：17-19-22-24-28-20，总值为130。

2. 路线为：17-19-22-28-25-20，总值为131；17-23-22-24-25-20，总值为131。

3. 路线为：17-24-26-28-25-20，最大值是140。

4. 路线为：17-19-22-24-25-20，最小值是127。

5. 一共有2种方式：17-24-26-24-25-20；17-23-22-26-28-20。

1391...

5个太阳。月亮=2；云=3，太阳=4。

1392...

B。把下面的图形向上翻折，再沿着邻接的边相对上面的图形对称过去。

1393...

B。这样每个横排和竖排上都有10个点。

1394...

17358。所有奇数加1；所有偶数减1。

1395...

下边的图已经画出了从B到A点的接线法，一共需要用去233厘米的电线。

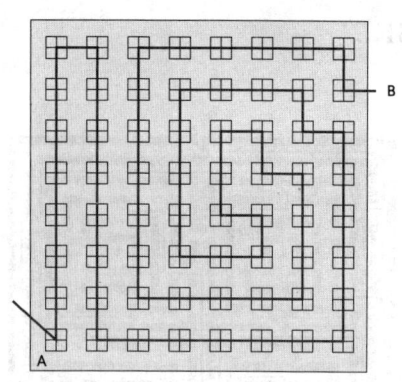

1396...

624。中间方格中的数字是它所在的行其他两个数字差额的4倍。

1397...

设丢失的数字为X，然后一层层填满空格，那么顶部的数字就为3X+28。我们知道这个数字等于112，因而3X=112-28=84，所以X=28。

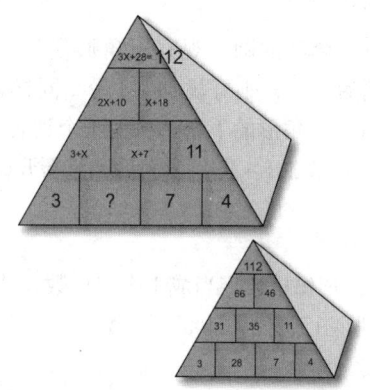

1398...

D。从左向右沿着每行移动，图中的圆围绕正方形的边顺时针方向移动3格，三角形沿着左上角和右下角的对角线往返移动，小星星从上到下以Z字形移动。

1399...

D。其他3个表格中的数字的总和都大

于100。

1400...

7。把每个部分外边的2个数字相加，再把得到的结果写在对面的中心位置上。

1401...

8。在每个图中按纵列进行计算，把上下2个数字相加，对左边的表格来说，所得结果填在它右边表格中间的正方形中；对右边的表格来说，所得结果填在它左边表格中间的正方形中。

1402...

58和86。在第1个椭圆中，所有的数字都是8的倍数。在第2个椭圆中，它们都是7的倍数。

1403...

D。圆圈和三角形交替变换位置。

1404...

1. F
2. B
3. E
4. F
5. C

1405...

如图将三角形的3个角分别向内折，中间形成1个长方形，这样A，B，C3个角加起来正好是1个平角，也就是相加之和等于180°。

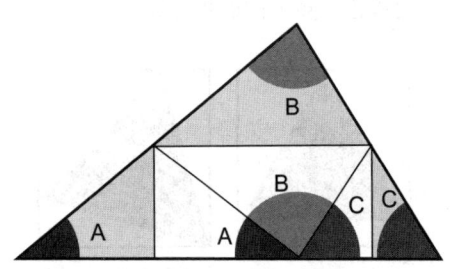

除了欧几里德平面，还存在球面和双曲平面，在球面上的三角形3个内角之和大于180°，而在双曲平面上的三角形内角和则小于180°。

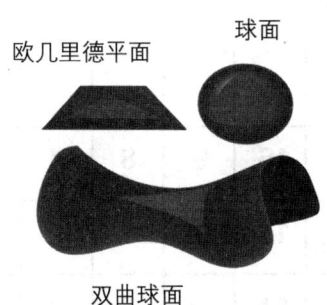

欧几里德平面　球面

双曲球面

1406...

11。每组由圆圈组成的三角形中，从最长一排开始，把3个相邻的数字相加，所得结果填在这些数字的正上方或者正下方中间的位置，从每个三角形的底边向顶角进行计算。

1407...

2。表情代表的是数字，根据其内部含有的或者周边增加的元素而计（不包括头本身）。将顶部代表的数字与右下角代表的数字相乘，除以左下角代表的数字，便得到中间的数字。

1408...

40。星=7，钩=8，叉=14，圈=11。

1409...

66。从左向右计算，把前一个数字乘以2，再减去2，就得到下一个数字。

1410...

C。将钟表每次向前移动100分钟。

1411...

人们总是习惯将"奶牛""白色""喝"与"牛奶"而不是"水"联系在一起。通过让人不断重复白色，你强化了这种联系。

1412...

表 C 的值为 41。每个方格所代表的数字如表所示

16	9	8	1
15	10	7	2
14	11	6	3
13	12	5	4

1413...

C。

1414...

1. 圆形的数值为 2，五角星的数值为 3，三角形的数值为 5。所以天平 C 的右端需要放 4 个五角星才能平衡。

2. 五角星的数值为 1，三角形的数值为 3，圆形的数值为 6。所以天平 C 的右端需要放 2 个圆形才能平衡。

1415...

C。三角形中间的数字为顶上各数平方数的和。

1416...

两条对角线之间的度数是 60°。如果将第 3 个面的对角线——BC 连接起来，那么，就可以构成等边三角形 ABC。因为同是立方体对角线，所以它们的长度都相等。由于是等边三角形，所以每个角的度数都是 60°。

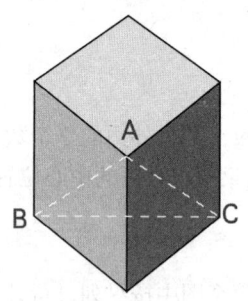

1417...

F。奇数的个位和十位数字交换位置，其他不变。

1418...

2。其中的数字等于叠加在一起的面的数量。

1419...

1 点 9 分 9 秒。

1420...

D。没有点的三角形保持在原来的位置，有点的三角形顺时针旋转，落到不动的 2 个三角形最近的 1 条边上。

1421...

B。圆点的位置每隔 4 个部分重复 1 次。

1422...

最小的内接正三角形边长为 1，面积约为 0.4330；

最大的内接正三角形边长为 1.035，面积约为 0.4641。

内接正三角形的面积计算公式是：4 S2

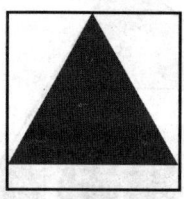 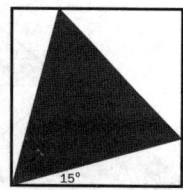

1423...

这个地方是 5 号路与 4 号街的交叉点。

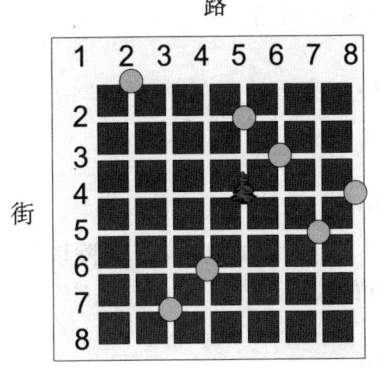

1424...

A.66。前 2 个数字相加的结果就是第 3 个数字。

B.154。计算的规则是:(n+3)×2。

C.9 和 20。该行两组数字排列的规律为:1 个满足加 3、加 4、加 5,依此类推;另外 1 个是每次都加 2。

D.51。计算的规则是:(2n-3)。

E.-49。计算的规则是:(2n-15)。

F.70。数字排列的规律为:(2n-12)、(2n-22),依此类推。

G.343。计算的规则是:(n×前一个数字)÷2。

1425...

直角三角形的内接正方形只有 2 个,摆放位置如图所示。而最大的是用深色标示出来的那个正方形。

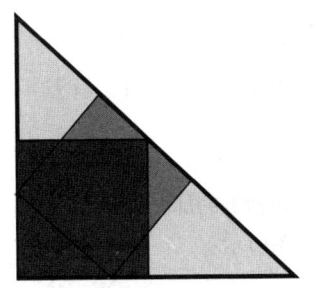

1426...

4 个月亮。太阳 =9,月亮 =5,云 =3。

1427...

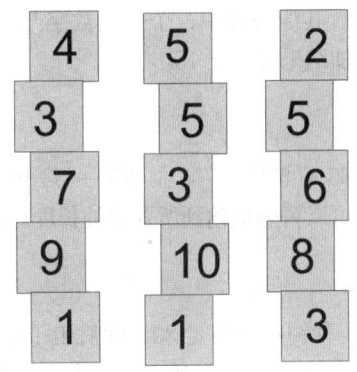

1428...

将三角形任意两边的中点连结起来,这条线段与三角形的另一边所组成的长方形就是面积最大的内接长方形。锐角三角形有 3 个这样的内接长方形(形状不同,面积相同);直角三角形有 2 个;钝角三角形只有 1 个。这个内接长方形的面积是三角形面积的一半,这一点用折纸很容易就能证明。

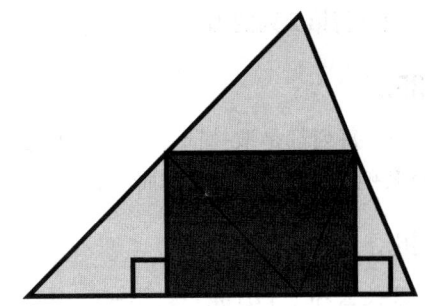

1429...

砝码的重量是 2 个单位。由于它位于第 8 个单位的位置上,所以,它的重量需要 2 个单位(总重量为 8×2 = 16),才能维持系统的平衡。

左右两边的平衡关系如下:

（3×8 + 2×4）+（6×7）+（1×6 + 1×8）=（5×2 + 4×8）+（2×6 + 2×9）+（2×8）

1430...

26。其他各球中，个位上数字与十位上数字相加结果都等于 10。

1431...

1236 + 873 + 706 + 257 + 82 = 3154，加起来可以精确地达到所要求的长度。

1432...

D。秒钟数朝前走 30，朝后走 15，交替变化。分钟数朝后走 10，朝前走 5，交替变化。时钟数朝前走 2，朝后走 1，交替变化。

1433...

8。左上角数字减去左下角数字，得出第 1 个差。右上角数字中减去右下角数字，得出第 2 个差。

将第 1 个差减去第 2 个差，即为正方形中间的数字。

1434...

第 2 行第 2 列的 1D。

1435...

D。每列都是取掉前一列的最小值，然后将其剩下的数字颠倒排列而成的。

1436...

3 朵云和 1 个月亮。太阳 =6，月亮 =7，云 =9。

1437...

所需数值是 6。右边盒子在秤上显示的重量是 9 个单位，而左边则是 3 个单位。所以，6×9（54）与 18×3（54）可以使秤的两边保持平衡。

1438...

10。菱形周围有 8 组数字，3 个数字 1 组，它们的和等于 15；10 + 3 + 2 = 15，8 + 2 + 5 = 15 等。

1439...

D。

1440...

11。将上面的数相加，再除以 2，就是最下面的数。

1441...

3。每个数字盘的数字和为 30。

1442...

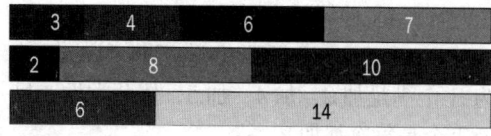

1443...

4，8。计算的规则是:（A×B）-（C×D）= EF。

1444...

A。

1445...

27。第 1 个盘中的数字的平方数放入第 2 个盘中相应的位置，第 1 个盘中的数字的立方数放入第 3 个盘中相应的位置。

1446...

1 个箭头。椭圆 =1，箭头 =2，菱形 =3。

1447...

中间朝下的那张牌是 5。
如图所示:

1448…

6：50。分针分别朝后走 5、10、15 分，而时针分别朝前走 1、2、3 个小时。

1449…

35。星 =6，钩 =3，叉 =17，圈 =12。

1450…

D。

1451…

49 米。她在各段路上行走的路程依次如下：

A = 9 米；B = 8 米；C = 8 米；D = 6 米；E = 6 米；F = 4 米；G = 4 米；H = 2 米；I = 2 米。

一共 49 米。

1452…

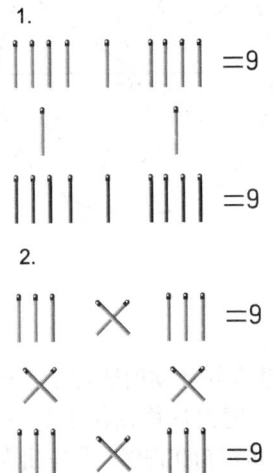

1453…

旗杆的长度为 10 米。

旗杆与它影子的比例等于测量杆与它影子的比例。

1454…

3 只瓢虫有 125 种方式降落在 5 朵不同的花朵上。即 $5^3=125$ 种。

1455…

$\sqrt{\frac{x}{2}} + \frac{8}{9}x + 2 = x$

这里 x= 蜂群中的蜜蜂数

整理式子为：$(x-72)(2x-9)=0$

很明显 x 不等于 4.5（假设 2x-9=0 得出的结果），所以 x 一定是 72，那么整个蜂群一共有 72 只蜜蜂。

1456…

R。每个字母代表其在字母表中的序列数，乘以 2 所得的积填入相对的三角形中。

I（9）×2=18（R）。

1457…

剩下的字母连成的话：Knight who can't defeat dragons get fired（打不过巨龙的骑士，就要被炒鱿鱼）。

如图所示

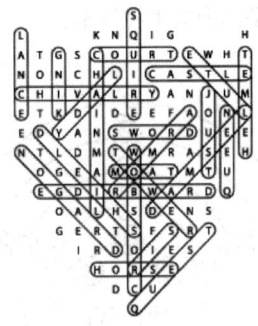

1458…

正确答案是⑤。这个例子把 1 个看似不可行的问题转化成 1 个可行的简单问题。

举个例子，$2^5=32$。

$2^4+2^3+2^2+2^1+2^0$

$=16+8+4+2+1=31$

它就比 32 少 1。

1459...

这道题的标题已经告诉你应该怎样面对如下的 3 道题了：

①一样远。

②6 次敲钟共用 30 秒钟，因此 12 次敲钟需要 60 秒钟——通常人们会这么想。但是当钟敲到第 6 下时，每两次敲钟之间的停顿共 5 次，每次停顿是 $30÷5=6$ 秒。第 1 次与第 12 次敲钟之间共有 11 次停顿，那么，12 次敲钟一共需要 66 秒。

③总会有 1 架飞机经过假设的 3 个点。

1460...

从等式的前 2 个部分可以看出 $A=2B$。因为 $C-A=6$，所以 $A=C-6$，那么，$2B=C-6$。

如果用 2B 替代 A，可以得到 $7B=2C$，即 $B=\dfrac{2C}{7}$。

由于 $B=\dfrac{C-6}{2}$

可得，$\dfrac{C-6}{2}=\dfrac{2C}{7}$

所以，$C=14$。

则 $A=8$，$B=4$。

1461...

以下是其中的 1 种答案：

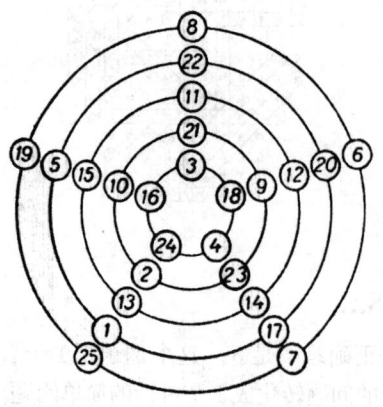

1462...

2 分（"偶数"面值）硬币在：

左手

右手（×3）奇数 ×3= 奇数

左手（×2）奇数 ×2= 偶数

和：奇数 + 偶数 = 奇数

　

右手

偶数 ×3= 偶数

偶数 ×2= 偶数

和：偶数 + 偶数 = 偶数

如果乘以 3 和 2 以外的其他奇数和偶数，这个小陷阱依然成立。

1463...

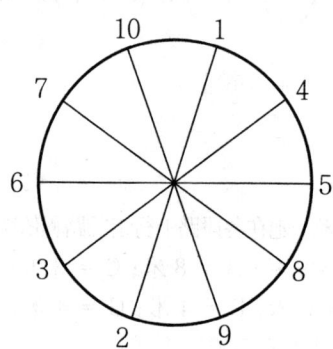

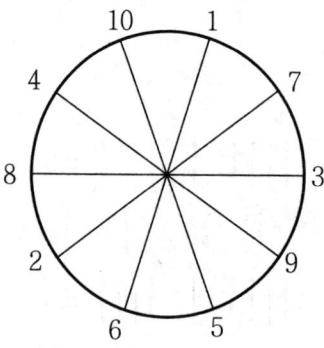

1464...

会产生车轮转动的感觉。该同心圆错觉由查尔斯·寇伯尔德创作于 1881 年，19 世纪末和 20 世纪初在许多广告中出现。

1465...

卡车的速度是 30 千米 / 小时，那么它每 2 分钟走 1 千米；如果速度是 20 千米 / 小时，则它每 3 分钟走 1 千米，而且每走 1 千米要比前一种速度下慢 1 分钟。两种速度相差的 2 个小时即 120 分钟，即 120 千米就是农庄与城市之间的距离。

在速度为 30 千米 / 小时的情况下，卡车在 4 小时以内走完 120 千米。这个速度会提前 1 个小时到达，如果要在 11 点到达就应该用 120÷5=24，即速度为 24 千米 / 小时。

1466...

其中的 1 种答案（直接用分数表示）：

$$\frac{1}{3} + \frac{6}{1} + \frac{3}{4} + \frac{5}{3} + \frac{5}{4} = 10$$

$$\frac{2}{1} + \frac{5}{1} + \frac{2}{6} + \frac{6}{3} + \frac{4}{6} = 10$$

$$\frac{4}{1} + \frac{2}{3} + \frac{4}{2} + \frac{5}{2} + \frac{5}{6} = 10$$

1467...

221 个银币。如果把你的库克拉全部换成金币的话，你可以换到 40×7=280。但是只剩下 161 个金币，还缺少 280-161=119 个金币。剩下的只能用银币补充。金币和银币的价值比为：13∶7。

$$13∶7=X∶119$$
$$7X=1547$$
$$X=221$$

1468...

玛莎把 1 个数的 $\frac{4}{3}$ 乘以这个数的 $\frac{2}{3}$。但是 $\frac{4}{3} \times \frac{2}{3} = \frac{8}{9}$，或者说应该是正确答案减去本身的 $\frac{1}{9}$。正确的体积数的 $\frac{1}{9}$ 等于 20 立方米，所以，答案是 180 立方米。

1469...

概率分别为 $\frac{343}{1000}$；$\frac{7}{24}$。

如果仅仅是从包里的 10 个球中拿出 1 个绿球，那么总共是 $\frac{7}{10}$ 的概率。所以在把球放回去的情况下，3 次都拿到绿球的概率是 $\frac{7}{10} \times \frac{7}{10} \times \frac{7}{10} = \frac{343}{1000}$。

如果不把球放进去，第 1 次拿绿球的概率是 $\frac{7}{10}$；第 2 次拿绿球的概率是 $\frac{6}{9}$；第 3 次则是 $\frac{5}{8}$。所以概率是 $\frac{7}{10} \times \frac{6}{9} \times \frac{5}{8} = \frac{7}{24}$。

1470...

总共有 9×8×7×6×5×4×3×2×1=362880 种不同的坐法。

1471...

奥德丽会先到达目的地。假设他们走的速度都是 2 千米 / 小时，跑的速度都是 6 千米 / 小时。在这种情况下他们行进了 12 千米。利用公式 vt=s（v= 速度，t= 时间，s= 距离）来求出每个人使用的时间。

南茜（走了一半的距离然后跑了一半的距离）：

2t=6，t=3 小时（走）

6t=6，t=1 小时（跑）

3+1=4 小时（总共）

奥德丽（走了一半的时间，跑了一半的时间）：

$$2 \times \frac{t}{2} + 6 \times \frac{t}{2} = 12$$
$$t+3t=12$$
$$4t=12$$

t=3 小时（总共）

1472...

答案是 60 天之后。如果 1 个钟表每小时快 1 分钟，那么在 1 天时间内，它就会快 24 分钟。在第 2 天结束时，它会快 48 分钟。那么 5 天后，它会快 120 分钟。这就意味着它 10 天可以快 4 个小时，那么 60 天之后就快了 24 个小时。另外 1 个慢的钟表在原理上和快的是一致的。所以 60 天之后它正好慢了 24 个小时。

1473...

答案是 E。

1474...

概率是$\frac{1}{5}$。所有的可能性都列在下边:

蓝色1 蓝色2

蓝色1 绿色

蓝色1 黄色

蓝色2 绿色

蓝色2 黄色

1475...

这个物体应该放在距离支点5厘米的地方。设右边放在距离支点X厘米的地方可以保持跷跷板的平衡,依据题意得:

$$5 \times 10 + 6 \times 5 = 80$$
$$16X = 80$$
$$X = 5$$

1476...

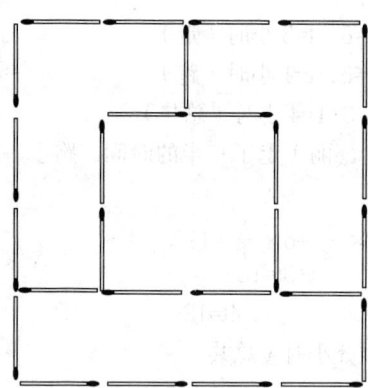

1477...

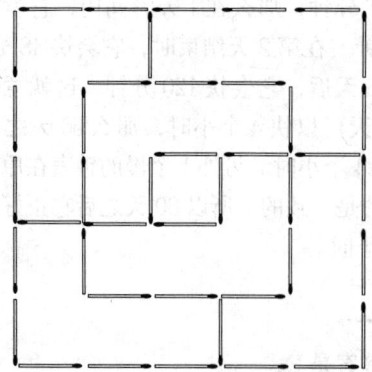

1478...

15个小时。设X小时后2个切片上的细菌数量相等,解题过程如下:

$$7500 - 150X = 4500 + 50X$$
$$200X = 3000$$
$$X = 15$$

1479...

答案如下图所示:

			3		1	1
			3	4		
				2		
	1		4	2		
	1					
		3	3			
					4	2	2
					4	

1480...

如下图所示,用6个1号图形的毛坯可以拼成矩形。

			3		1	1
			3	4		
				2		
	1		4	2		
	1					
		3	3			
					4	2	2
					4	

其他6种图形的切分法见下图。

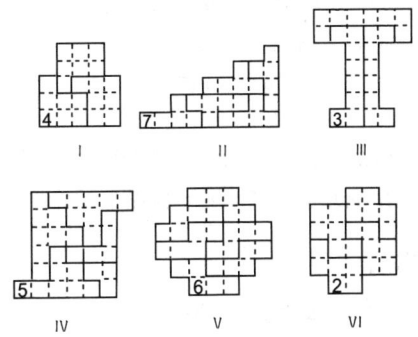

1481...

这些数字系统看起来可能是这个 样子：
1，2，3，4，5，6，7，8，9，◇，☆，※，
10

（这里我们可以用任意的标志来表示原来的10，11和12。）原来的13变成了10。如果你选择还把10称为10，那么新的标志就要起个新的名字了。别的含有新标志的数字也是一样的。

1482...

目标距离A点75英里，距离B点90英里。用圆规在刻度计上截取75英里长的长度，然后以A为圆心画个弧形。接着用圆规在刻度计上截取90英里长的长度，然后以B为圆心画个弧形。目标就在2个圆弧相交的海平面的交点上。

1483...

下图是1种答案：

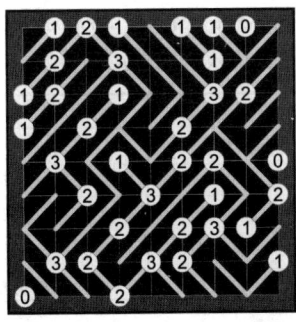

1484...

把铅弹放入罐子中，然后向罐子中加满水，水会占满各个铅弹之间的间隙。把铅弹拿出来，计算罐子中水的体积，然后用罐子的体积减去水的体积就可以得出铅弹的体积。

1485...

骰子相对的两面数字之和等于7，所以，下面2个骰子隐藏的面的数字之和等于7 + 7 = 14。最上面的骰子的底面的数字是3（用7减去上面的数字4）。由此可以得出，隐藏的5个面的数字之和为：14+3=17。

1486...

设A是原来的三位数。因为骰子相对的两面的数字之和等于7，则第2个数字是777-A，那么，六位数字就是1000A+777-A=999A+777=111（9A+7）。把这个数除以111后减去7，得出的数再除以9，就可以求出A是多少。例子中的算法是朋友将254523÷111=2293的最终结果告诉了你，你就可以算出结果了。2293-7=2286，2286÷9=254。

1487...

首先，测量瓶子内液体的高度。然后，将瓶子颠倒，并测量瓶子内空气柱的高度。将这2个高度相加，便得出1个虚构圆柱体的高度。现在，用液体的高度除以圆柱体的高度，这样便可以得出瓶内液体体积所占瓶子的百分比。如果虚构圆柱体的高度是5厘米，而液体高度是4厘米，那么，用4除以5，得出80%，即液体体积所占的百分比。

1488...

这个问题可以通过逆推法解决：
第1家 第2家 第3家
24 ＋ 24 ＋ 24 ＝ 72
↓ ↓

$$12 + 12 + 48 = 72$$
$$\downarrow \qquad\qquad \downarrow$$
$$6 + 42 + 24 = 72$$
$$\downarrow \quad \downarrow$$
$$39 + 21 + 12 = 72$$

可以得出：第1家车站原来有拖拉机39台，第2家车站有21台，第3家车站有12台。

1489...

如图：∠x = 90°。

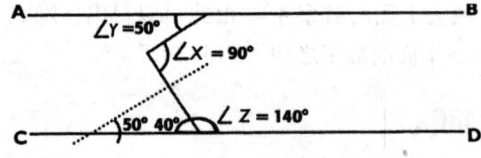

1490...

这道题我们用逆推法来做。懒人第3次过桥时，他只有12元钱。12元钱加上第2次过桥后给魔鬼的24元钱，那么他第2次过桥后有36元钱。因此，他在第2次过桥之前有18元钱。用18元钱加上他第1次过桥后给魔鬼的24元钱，他第1次过桥后共有42元钱。那么，他原来身上有21元钱。

1491...

在大哥把自己的苹果分给2个弟弟之前，他有16个苹果，所以他分给二弟和小弟苹果各4个。在二哥分苹果之前，他的苹果数目是8个，这就是说大哥有了 $16-\frac{1}{2}\times4=14$ 个，小弟有2个苹果。在小弟分苹果之前，他有4个苹果，而二哥有 $8-\frac{1}{2}\times2=7$ 个苹果，大哥有13个苹果。由于每个人得到的苹果数与他们3年前各自的年龄相等。

所以，小弟今年7岁，二哥10岁，大哥16岁。

1492...

设最后每个男孩各有 x 个蘑菇。那么玛露西亚给了柯里（x-2）个蘑菇，给了安德 $\frac{1}{2}$

x 个蘑菇，给了瓦尼亚（x+2）个蘑菇，给了佩提亚 2x 个蘑菇。由题可得：

$$x-2+\frac{1}{2}x+x+2+2x=45$$
$$4\frac{1}{2}x=45$$
$$x=10$$

所以，玛露西亚分给柯里8个蘑菇，安德5个蘑菇，瓦尼亚12个蘑菇，佩提亚20个蘑菇。

1493...

这个物体共有54块外部表面（相当于9个立方体的表面）。由于每个立方体需要1升的油漆，所以总共需要9×1=9升油漆来涂整个物体表面。

1494...

在20分钟内，他们各走了6次、9次、12次和15次 $\frac{1}{3}$ 千米。这些数字可以被3整除。他们在20分钟内共3次回到起始位置：分别在第 $6\frac{2}{3}$ 分钟、第 $13\frac{1}{3}$ 分钟和第20分钟。

1495...

任意1个四位数可以写做：
1000a+100b+10c+d
将第1位转换到最后：
1000b+100c+10d+a
两式之和：
1001a+1100b+110c+11d
很明显，这个方程式能够被11整除，而4个孩子的答案中只有托里亚说的数字能够被11整除。

1496...

答案是15年。有好几种解题方法，其中1个就是列表比较它们的运动轨迹。

Y（3年）	X（5年）
3年是1个公转周期	$\frac{3}{5}$个公转周期
6年是2个公转周期	$\left(1+\frac{1}{5}\right)$个公转周期
9年是3个公转周期	$\left(1+\frac{4}{5}\right)$个公转周期
12年是4个公转周期	$\left(2+\frac{2}{5}\right)$个公转周期
15年是5个公转周期	3个公转周期

1497…

如果将射击的结果列表,我们就会明白只有1种方法可以将这18次射击结果平均分给3个人。

安德沙 25 20 20 3 2 1

波莱雅 25 20 10 10 5 1

迪 亚 50 10 5 3 2 1

第1行是安德沙的射击成绩,其中2个数字之和等于22环。第1行和第3行中有3环的成绩。第3行是迪亚的射击成绩,他射中了靶心。

1498…

答案是18。

在 10～22 之间,只有 18 是 9 的偶数倍数。检验:$18 \times 4.5 = 81$。

1499…

最多有31个区域。2个圆最多有3个相邻的区域;3个圆有7个;4个圆有13个;5个圆有21个。每增加1个圆,增加的区域数就比上1次的增加数多2个。增加的规律为:4,6,8,10,…所以,6个圆就是21+10=31个区域。

1500…

	甲	乙	丙
起初	4n	7n	13n
第1步以后	8n	14n	2n
第2步以后	16n	4n	4n
第3步以后	8n	8n	8n

第3步以后每个人手中的硬币数都是甲原来拥有的硬币数的2倍。那么剩下的算法就很简单了。